福建市场占有年鉴

（2011）

国家统计局福建调查总队
福建省工商行政管理局　编
福建省企业信息中心

（京）新登字 041 号

图书在版编目（CIP）数据

福建市场占有年鉴. 2011／ 国家统计局福建调查总队，福建省工商行政管理局，福建省企业信息中心编. --北京：中国统计出版社，2011.11
ISBN 978-7-5037-6424-0

Ⅰ. ①福… Ⅱ. ①国… ②福… ③福… Ⅲ. ①市场－福建省－2011－年鉴 Ⅳ. ①F723.8-54

中国版本图书馆 CIP 数据核字（2011）第 225462 号

福建市场占有年鉴-2011

作　　者／国家统计局福建调查总队　福建省工商行政管理局　福建省企业信息中心
责任编辑／佘竟雄　钟　钰
责任校对／郑　芳
封面设计／陈连钦
出版发行／中国统计出版社
通信地址／北京市西城区月坛南街 57 号　邮编　100826
办公地址／北京市丰台区西三环南路甲 6 号
电　　话／（010）63376907
E-mail／yearbook@gj.stats.cn
印　　刷／福州展丽彩色印刷有限公司
经　　销／新华书店
开　　本／890×1240 毫米　1/16
字　　数／1690 千字
印　　张／34
版　　别／2011 年 11 月第 1 版
版　　次／2011 年 11 月第 2 次印刷
书　　号／ISBN　978-7-5037-6424-0/F·3074
定　　价／360.00　元

《福建市场占有年鉴（2011）》编委会及组成人员

编辑说明

一、《福建市场占有年鉴（2011）》（以下简称《占有年鉴》），是一部全面反映福建省经济竞争力和市场占有现状，反映省内市场商品结构的大型资料书。全书既宣传了福建省经济发展成就及具有竞争优势的领域，展示各地区、各类企业风采，又将帮助企业制定正确的发展战略，进一步开拓市场，提升市场地位。该书对有关部门研究消费情况、产业及产品结构，制订政策也有所裨益。

二、经省人民政府研究，决定建立福建省产品市场占有率统计调查制度（《福建省人民政府办公厅关于建立福建产品市场占有率统计调查制度的通知》闽政办发明电[2002]84号）。《占有年鉴》是在该项调查资料基础上进行扩充，收集、整理相关资料，推算有关指标后汇编。全书主要内容由九大部分组成：资料篇、区域篇、行业篇、企业篇、产品篇、排行篇、品牌篇、论坛篇及附录。

三、《占有年鉴》引用的资料数字，均按国家统计规定，做到全面、准确、统一、可比。书中符号使用说明："空格"表示该项指标数据不足本表最小单位数、数据不详或无该项数据；"#"表示其中主要项。书中表格数据未备注的，工业仅包括规模以上工业；批发、零售业仅包括限额以上批发、零售业；住宿、餐饮业仅包括星级住宿、限额以上餐饮业。书中所表述的"国内"，仅指我国大陆地区，未包括我国台湾省、香港及澳门地区。

四、本书仅供查询参考。书中指标推算数据、文章论述仅代表本编辑部观点，资料若有其他用途，请读者向相关单位查询，以相关单位提供的资料为准，否则责任由读者自负。

五、本书由国家统计局福建调查总队和福建省工商行政管理局牵头组织政府有关部门、科研院校、企事业单位联合编辑。书中资料截止时间为2011年10月10日止，资料核对之后或截止日之后资料发生变化的，本书无法再行更正。

六、本书编辑过程中，得到省直有关单位、福建调查总队、省统计局有关处室、各设区市调查队、工商局，各有关企事业单位以及有关著作者的大力支持与帮助，参与书稿编撰、审定的同志付出了辛勤劳动和巨大努力，在此，我们一并致以诚挚的感谢。本书有关篇章在撰稿过程中，参考了大量的专著，受联系渠道的制约，我们无法与这些专著作者一一取得联系，请有关作者看到本书后与我们联系，我们将赠送本书作为稿酬，并再次表示谢意。

七、《占有年鉴》编辑范围广、工作量大、时间短，编辑工作疏漏和错误在所难免，敬请广大读者批评指正。

目　录

一、资料篇

二、区域篇

三、行业篇

四、产品篇

五、企业篇

六、排行篇

七、品牌篇

八、论坛篇

九、附 录

1 资料篇

1-1 全国各省（市、区）地区生产总值

（2006-2010 年）　　　　单位：亿元

地区	2006	2007	2008	2009	2010
全国	**216314.43**	**265810.31**	**314045.43**	**340506.87**	**401202.03**
北京	8117.78	9846.81	11115.00	12153.03	14113.58
天津	4462.74	5252.76	6719.01	7521.85	9224.46
河北	11467.60	13607.32	16011.97	17235.48	20394.26
山西	4878.61	6024.45	7315.40	7358.31	9200.86
内蒙古	4944.25	6423.18	8496.20	9740.25	11672.00
辽宁	9304.52	11164.30	13668.58	15212.49	18457.27
吉林	4275.12	5284.69	6426.10	7278.75	8667.58
黑龙江	6211.80	7104.00	8314.37	8587.00	10368.60
上海	10572.24	12494.01	14069.86	15046.45	17165.98
江苏	21742.05	26018.48	30981.98	34457.30	41425.48
浙江	15718.47	18753.73	21462.69	22990.35	27722.31
安徽	6112.50	7360.92	8851.66	10062.82	12359.33
福建	7583.85	9248.53	10823.01	12236.53	14737.12
江西	4820.53	5800.25	6971.05	7655.18	9451.26
山东	21900.19	25776.91	30933.28	33896.65	39169.92
河南	12362.79	15012.46	18018.53	19480.46	23092.36
湖北	7617.47	9333.40	11328.89	12961.10	15967.61
湖南	7688.67	9439.60	11555.00	13059.69	16037.96
广东	26587.76	31777.01	36796.71	39482.56	46013.06
广西	4746.16	5823.41	7021.00	7759.16	9569.85
海南	1044.91	1254.17	1503.06	1654.21	2064.50
重庆	3907.23	4676.13	5793.66	6530.01	7925.58
四川	8690.24	10562.39	12601.23	14151.28	17185.48
贵州	2338.98	2884.11	3561.56	3912.68	4602.16
云南	3988.14	4772.52	5692.12	6169.75	7224.18
西藏	290.76	341.43	394.85	441.36	507.46
陕西	4743.61	5757.29	7314.58	8169.80	10123.48
甘肃	2276.70	2702.40	3166.82	3387.56	4120.75
青海	648.50	797.35	1018.62	1081.27	1350.43
宁夏	725.90	919.11	1203.92	1353.31	1689.65
新疆	3045.26	3523.16	4183.21	4277.05	5437.47

注：2005-2008 年数据在第二次经济普查后作了修订。

1-2 全国各省（市、区）农林牧渔业总产值

（2006-2010 年）　　单位：亿元

地区	2006	2007	2008	2009	2010
全国	**42424.40**	**48892.96**	**58002.15**	**60361.01**	**69319.76**
北京	270.00	272.30	303.90	314.95	328.02
天津	271.00	240.74	268.10	281.65	317.33
河北	2771.80	3075.77	3505.20	3640.93	4309.42
山西	512.40	498.39	595.90	908.74	1047.85
内蒙古	1085.90	1276.44	1525.70	1570.58	1843.57
辽宁	1841.30	2128.00	2476.90	2704.58	3106.53
吉林	1155.50	1359.76	1614.80	1734.26	1850.28
黑龙江	1387.70	1700.65	2123.40	2251.10	2536.30
上海	237.00	255.98	280.40	283.15	287.03
江苏	2707.10	3064.72	3590.60	3816.02	4297.14
浙江	1514.60	1597.15	1780.00	1873.40	2172.86
安徽	1779.90	2070.09	2446.50	2569.46	2955.45
福建	1496.40	1692.16	1965.00	2001.24	2307.06
江西	1228.30	1426.93	1680.50	1733.82	1900.58
山东	4056.60	4766.23	5613.00	6003.09	6650.94
河南	3589.70	3879.93	4669.50	4871.51	5734.20
湖北	1871.00	2296.84	2940.50	2985.19	3501.99
湖南	2131.90	2632.19	3324.50	3207.88	3787.47
广东	2678.30	2821.24	3298.00	3337.59	3754.86
广西	1648.10	2026.22	2389.80	2377.20	2720.99
海南	543.90	548.32	665.00	705.04	821.31
重庆	637.20	720.73	871.40	913.11	1021.13
四川	2602.10	3377.00	3903.40	3689.81	4081.81
贵州	610.60	697.02	843.80	875.20	997.82
云南	1209.80	1331.70	1594.50	1706.19	1810.53
西藏	70.00	79.80	88.50	93.38	100.77
陕西	818.70	1002.85	1277.90	1337.22	1666.06
甘肃	561.40	686.10	808.10	876.28	1057.02
青海	100.60	121.25	153.40	157.30	201.32
宁夏	152.20	182.95	227.20	243.50	305.94
新疆	883.50	1063.50	1176.70	1297.61	1846.18

1-3 全国各省（市、区）农林牧渔业分行业总产值

（2010 年） 单位：亿元

地区	农林牧渔业总产值	农业	林业	牧业	渔业
全国	**69319.76**	**36941.11**	**2595.47**	**20825.73**	**6422.37**
北京	328.02	154.22	16.81	139.58	11.51
天津	317.33	168.25	2.36	87.49	50.26
河北	4309.42	2470.11	51.26	1443.76	142.47
山西	1047.85	668.99	65.01	250.84	6.11
内蒙古	1843.57	900.45	76.57	822.42	15.86
辽宁	3106.53	1140.30	82.48	1270.64	491.00
吉林	1850.28	866.94	68.34	831.45	25.35
黑龙江	2536.30	1369.20	95.55	965.80	53.75
上海	287.03	155.27	7.53	62.91	52.62
江苏	4297.14	2269.56	78.12	923.25	805.25
浙江	2172.86	1041.30	119.35	448.42	522.18
安徽	2955.45	1544.43	135.28	864.98	294.82
福建	2307.06	976.58	189.35	380.28	674.18
江西	1900.58	801.36	186.80	584.05	255.58
山东	6650.94	3670.07	86.53	1774.46	847.37
河南	5734.20	3540.83	115.29	1805.89	71.23
湖北	3501.99	1921.67	65.37	925.04	458.58
湖南	3787.47	2059.55	207.43	1118.20	232.70
广东	3754.86	1760.18	176.34	947.25	741.44
广西	2720.99	1339.58	173.47	870.73	247.16
海南	821.31	341.67	123.80	158.56	173.53
重庆	1021.13	623.33	30.40	326.55	27.21
四川	4081.81	2069.33	112.90	1705.16	129.83
贵州	997.82	587.31	41.01	304.16	13.82
云南	1810.53	925.58	184.23	588.81	48.06
西藏	100.77	46.14	2.45	48.89	0.23
陕西	1666.06	1107.24	35.18	434.99	8.29
甘肃	1057.02	757.56	18.54	181.80	1.17
青海	201.32	92.07	3.77	101.45	0.12
宁夏	305.94	195.14	8.68	82.13	8.04
新疆	1846.18	1376.89	35.27	375.79	12.67

1-4 全国各省（市、区）主要农产品产量

（2010 年）

地区	粮食（万吨）	谷物（万吨）				豆类（万吨）	薯类（万吨）
			稻谷（万吨）	小麦（万吨）	玉米（万吨）		
全国	**54647.71**	**49637.06**	**19576.10**	**11518.08**	**17724.51**	**1896.54**	**3114.12**
北京	115.68	113.16	0.19	28.39	84.17	1.17	1.36
天津	159.74	157.36	11.20	53.20	92.74	1.92	0.46
河北	2975.90	2844.29	54.23	1230.62	1508.72	33.52	98.09
山西	1085.10	1035.16	0.46	232.24	766.00	24.05	25.89
内蒙古	2158.20	1821.20	74.78	165.23	1465.69	166.04	170.96
辽宁	1765.40	1677.10	457.60	3.70	1150.50	37.00	51.30
吉林	2842.50	2654.11	568.50	1.24	2004.00	112.90	75.49
黑龙江	5012.80	4284.75	1843.90	92.50	2324.40	601.85	126.20
上海	118.40	116.25	90.33	19.25	2.95	1.18	0.97
江苏	3235.10	3110.40	1807.86	1008.10	218.48	85.22	39.47
浙江	770.67	698.98	648.15	24.68	12.15	30.42	41.27
安徽	3080.49	2911.16	1383.42	1206.67	312.75	121.91	47.42
福建	661.89	525.84	507.94	1.02	15.21	18.68	117.37
江西	1954.69	1869.73	1858.30	2.11	8.44	27.91	57.05
山东	4335.68	4105.32	106.35	2058.60	1932.06	41.06	189.30
河南	5437.09	5207.14	471.19	3082.22	1634.79	93.33	136.62
湖北	2315.80	2174.13	1557.81	343.07	261.02	44.26	97.41
湖南	2847.49	2689.20	2506.00	9.90	168.10	40.29	118.00
广东	1316.49	1135.86	1060.60	0.25	72.09	18.31	162.32
广西	1412.32	1332.49	1121.25	0.57	208.70	23.66	56.17
海南	180.38	147.60	138.47		9.08	2.16	30.63
重庆	1156.10	822.08	518.57	45.93	251.56	41.92	292.10
四川	3222.90	2656.90	1512.10	427.70	669.00	98.30	467.70
贵州	1112.30	911.58	445.65	24.83	415.43	26.59	174.13
云南	1531.00	1277.97	616.57	45.98	612.98	79.48	173.55
西藏	91.20	88.50	0.59	24.28	2.76	2.35	0.35
陕西	1164.90	1042.07	81.01	403.80	532.20	45.04	77.79
甘肃	958.30	737.65	4.11	250.90	390.40	35.45	185.20
青海	102.00	56.95		37.28	10.73	8.50	36.55
宁夏	356.50	310.26	69.99	70.33	165.81	3.75	42.50
新疆	1170.70	1121.88	58.98	623.49	421.61	28.32	20.50

1-4 续表 1　　　　(2010 年)

地区	油料（万吨）				棉花（万吨）	麻类（万吨）	
		花生（万吨）	油菜籽（万吨）	芝麻（万吨）			黄红麻（万吨）
全国	**3230.13**	**1564.39**	**1308.19**	**58.66**	**596.11**	**31.75**	**6.93**
北京	1.55	1.50					
天津	0.64	0.50			6.27		
河北	140.29	129.23	2.89	1.05	56.95	0.07	0.06
山西	17.59	2.11	0.64	0.43	6.93		
内蒙古	128.15	2.88	22.39	0.20	0.11	0.10	
辽宁	99.60	96.15	0.05	0.22	0.07		
吉林	70.44	37.09		1.25	0.52		
黑龙江	27.53	4.93	0.18	0.05		2.17	
上海	2.29	0.25	2.04		0.35		
江苏	151.97	37.70	112.44	1.81	26.08	0.20	
浙江	39.47	5.37	33.26	0.84	2.94		
安徽	227.60	86.40	133.73	6.61	31.60	2.37	1.24
福建	26.64	25.03	1.45	0.15			
江西	107.57	40.80	63.84	2.84	13.08	1.02	0.11
山东	342.16	339.04	2.66	0.12	72.41		
河南	540.72	427.61	88.87	23.22	44.72	3.88	3.84
湖北	311.80	64.45	232.57	13.93	47.18	3.26	0.07
湖南	195.26	27.30	166.62	1.26	22.70	6.42	0.08
广东	88.16	87.13	0.80	0.24			
广西	45.81	43.50	1.47	0.59	0.21	1.22	1.08
海南	9.49	9.23		0.25		0.10	0.10
重庆	44.45	9.05	34.22	0.68		1.47	
四川	268.52	61.53	205.21	0.47	1.42	6.41	0.21
贵州	60.34	7.68	51.62		0.10	0.09	
云南	34.23	7.01	25.98			0.56	
西藏	5.86		5.84				
陕西	56.08	8.98	37.27	2.21	6.92	0.06	
甘肃	64.05	0.17	33.22		7.56	0.26	
青海	34.38		33.73				
宁夏	20.85						
新疆	66.62	1.74	15.14	0.15	247.90	1.90	

1-4 续表 2　　　　　　　　　　（2010 年）

地区	甘蔗（万吨）	甜菜（万吨）	烟叶（万吨）	烤烟（万吨）	蚕茧（万吨）	桑蚕茧（万吨）	茶叶（万吨）
全国	**11078.87**	**929.62**	**300.37**	**273.13**	**87.27**	**68.88**	**147.51**
北京							
天津							
河北		48.98	0.65	0.32	0.14	0.07	
山西		22.58	1.20	0.76	0.54	0.54	
内蒙古		160.96	1.51	1.22	0.74		
辽宁		4.87	2.86	2.45	4.99		
吉林		7.75	7.23	3.14	0.43		
黑龙江		175.00	9.58	8.49	0.31		
上海	2.75						
江苏	10.17	0.09	0.05		7.91	7.91	1.49
浙江	74.29		0.32		6.39	6.39	16.27
安徽	22.37		2.98	2.91	3.32	3.32	8.33
福建	61.55		12.56	12.45			27.26
江西	59.10		3.76	3.62	0.76	0.76	2.98
山东			6.92	6.74	4.28	4.24	1.19
河南	26.12		28.75	28.74	2.83	2.11	4.27
湖北	32.36		12.38	7.83	0.71	0.69	16.57
湖南	76.60		22.22	21.26			11.77
广东	1300.15		5.51	4.93	9.14	9.14	5.33
广西	7119.62		2.68	2.03	26.47	26.47	3.92
海南	385.37						0.12
重庆	11.68		8.10	6.39	2.03	2.03	2.52
四川	93.40	0.24	24.53	19.42	11.08		16.93
贵州	52.24		39.11	37.02	0.06	0.06	5.23
云南	1750.92		99.14	95.40	2.50	2.50	20.73
西藏							
陕西	0.20		6.77	6.73	2.55	2.55	2.51
甘肃		22.02	1.23	1.01			0.08
青海			0.07				
宁夏			0.24	0.24			
新疆		486.97					

1-4 续表 3　　　　　　　　　　　　　　（2010 年）

地区	水果（万吨）	苹果（万吨）	柑桔（万吨）	梨（万吨）	葡萄（万吨）	香蕉（万吨）	橡胶（吨）
全国	**21401.41**	**3326.33**	**2645.24**	**1505.71**	**854.89**	**956.05**	**690812**
北京	115.17	10.38		15.86	4.21		
天津	60.04	5.55		3.57	10.33		
河北	1612.42	272.46		375.83	107.55		
山西	474.86	256.65		34.22	21.95		
内蒙古	278.17	7.77		8.03	5.31		
辽宁	733.10	209.47		126.14	63.43		
吉林	218.04	15.35		14.14	15.26		
黑龙江	279.64	11.70		3.76	5.67		
上海	101.93		20.16	3.84	9.08		
江苏	738.57	56.63	5.36	66.91	33.19		
浙江	701.31		190.78	37.93	42.59		
安徽	805.30	40.69	2.78	96.63	26.11		
福建	642.77		272.30	18.53	10.02	88.21	
江西	468.40		268.60	11.68	2.90		
山东	2793.85	798.84		111.21	95.78		
河南	2393.99	408.96	4.17	94.66	48.41		
湖北	778.52	0.97	301.04	48.05	13.12		
湖南	788.41		388.92	15.46	10.08		
广东	1235.90		350.04	6.22		371.27	13433
广西	1094.41		313.21	22.26	23.20	186.49	378
海南	375.07		4.85			172.29	346366
重庆	238.47	0.53	139.02	29.44	4.33	0.17	
四川	722.93	42.93	292.94	87.34	21.65	3.43	
贵州	123.47	1.55	20.37	18.21	4.67	0.61	
云南	397.91	25.79	41.66	33.20	20.60	133.58	330635
西藏	2.17	0.51	0.05	0.12			
陕西	1476.48	856.01	28.68	79.99	32.23		
甘肃	488.54	201.66	0.33	33.42	12.84		
青海	3.84	0.57		0.44			
宁夏	228.86	35.44		3.30	13.76		
新疆	1028.85	65.87		105.29	196.57		

1-4 续表 4　　（2010 年）

地区	松脂（吨）	生漆（吨）	油桐籽（吨）	油茶籽（吨）	木材（万立方米）	肉类产量（万吨）	
							猪牛羊肉（万吨）
全国	**1115711**	**20093**	**433624**	**1092243**	**8089.60**	**7925.83**	**6123.15**
北京					9.72	46.27	27.54
天津					21.47	42.61	32.57
河北					71.34	416.71	332.58
山西					4.77	72.44	63.60
内蒙古					320.55	238.66	210.80
辽宁					194.64	406.71	277.94
吉林					475.89	238.88	166.91
黑龙江					571.43	197.91	165.66
上海						26.17	18.41
江苏					150.90	365.81	223.91
浙江	1416		72	40301	198.21	175.11	134.93
安徽	7621	213	3054	25864	458.19	376.94	271.28
福建	87758	147	23244	94815	684.57	180.21	150.69
江西	71982	822	12663	179697	340.74	289.92	233.37
山东					301.28	704.36	454.54
河南	2550	2034	120701	20823	237.98	638.37	516.54
湖北	37813	7823	16919	71054	221.10	379.35	312.73
湖南	36946	2484	38701	390455	557.60	494.79	439.28
广东	181141	188	6050	82417	654.91	441.10	282.64
广西	495750	29	72536	143749	1270.36	387.80	258.53
海南	3519				95.75	68.47	44.58
重庆	407	1085	14650	3505	26.14	192.46	156.27
四川	11662	675	22041	4360	162.61	656.64	546.42
贵州	8215	1614	63815	20368	181.10	179.09	163.48
云南	168065	1031	22029	7774	532.24	321.37	285.32
西藏					69.90	24.98	24.74
陕西	866	1915	17096	7061	32.66	102.62	93.69
甘肃		33	53		3.03	84.36	77.98
青海					1.61	28.29	27.42
宁夏						25.71	23.32
新疆					36.49	121.74	105.47

1-4 续表 5 （2010 年）

地区				奶类（万吨）		绵羊毛（吨）	
	猪肉（万吨）	牛肉（万吨）	羊肉（万吨）		牛奶（万吨）		细羊毛（吨）
全国	**5071.24**	**653.06**	**398.86**	**3747.96**	**3575.62**	**386768**	**123173**
北京	24.10	2.04	1.40	64.10	64.08	339	13
天津	27.97	3.10	1.50	69.34	69.04	467	34
河北	245.19	58.08	29.31	449.08	439.76	29290	3945
山西	53.09	4.92	5.60	74.94	73.23	7094	764
内蒙古	71.89	49.71	89.20	945.68	905.18	107452	50442
辽宁	228.43	41.57	7.94	126.65	121.22	12154	2347
吉林	119.84	43.24	3.83	44.63	43.52	22801	13660
黑龙江	114.48	39.04	12.13	558.78	552.49	27058	5574
上海	17.87		0.54	24.71	24.71	44	
江苏	213.06	3.48	7.37	57.28	57.28	350	67
浙江	131.90	1.13	1.90	20.27	20.26	1873	
安徽	238.76	18.32	14.20	20.48	20.48	164	9
福建	146.62	2.25	1.82	15.71	15.41		
江西	221.11	11.16	1.10	11.85	11.40		
山东	353.21	68.66	32.67	271.56	253.05	9011	1539
河南	408.29	83.05	25.20	307.89	290.91	8930	970
湖北	286.95	17.69	8.09	30.41	13.99		
湖南	412.41	16.27	10.60	7.80	7.80		
广东	275.46	6.27	0.91	14.49	14.23		
广西	241.53	13.70	3.30	8.21	8.21		
海南	41.23	2.25	1.10	0.19	0.19		
重庆	147.55	6.27	2.45	7.98	7.98	4	4
四川	492.21	29.41	24.80	70.31	69.81	7060	887
贵州	148.09	11.99	3.40	4.59	4.59	441	131
云南	242.53	29.89	12.90	54.15	50.41	1865	237
西藏	1.26	14.77	8.71	29.38	23.28	8172	997
陕西	79.13	7.30	7.26	177.58	137.46	6921	3092
甘肃	46.30	16.08	15.60	36.28	36.28	27546	8099
青海	9.18	8.46	9.78	26.26	26.22	16894	873
宁夏	8.53	7.49	7.30	84.55	84.55	6889	374
新疆	23.05	35.47	46.95	132.83	128.60	83950	29116

1-4 续表 6　　　　　　　　　　　　　　　　（2010 年）

地区		山羊毛（吨）	羊绒（吨）	禽蛋（万吨）	蜂蜜（万吨）	水产品总产量（万吨）	
	半细羊毛（吨）						海水产品（万吨）
全国	**114944**	**42714**	**18518**	**2762.74**	**40.12**	**5373.00**	**2797.53**
北京	85	79	41	15.14	0.30	6.34	0.90
天津	433	2		18.74		34.49	3.90
河北	16304	2728	776	339.08	1.12	106.33	58.26
山西	974	1285	666	70.48	0.32	3.17	
内蒙古	15443	12579	8104	50.00	0.42	11.38	
辽宁	6366	2565	1293	275.73	0.17	430.38	349.74
吉林	8770	756	185	95.64	1.20	16.60	
黑龙江	19399	1724	819	105.26	1.64	39.97	
上海		162		6.28		28.97	12.15
江苏	282	1		190.57	0.51	460.44	136.45
浙江	1873	441		44.28	7.21	477.95	381.23
安徽	155	115		119.02	1.64	193.31	
福建				26.28	0.86	586.96	512.80
江西				41.97	1.15	215.34	
山东	4709	4586	824	384.28	0.62	783.83	646.33
河南	6249	5235	933	388.59	9.83	57.86	
湖北		14	100	132.59	1.54	353.09	
湖南		2		91.73	1.08	198.00	
广东		6		34.41	1.55	729.03	401.50
广西				20.02	0.93	275.51	154.45
海南				3.50	0.07	149.48	117.89
重庆				37.22	1.19	22.43	
四川	4151	461	34	144.39	4.30	105.06	
贵州	303	53	3	12.51	0.19	8.79	
云南	1310	70	9	20.80	0.65	29.78	
西藏	1682	1306	1117	0.29		0.05	
陕西	2215	2320	1496	47.07	0.43	6.04	
甘肃	5229	1696		13.81	0.09	1.23	
青海	4796	1083	417	1.56	0.11	0.16	
宁夏	1827	535	378	7.15	0.08	9.00	
新疆	12390	2909	1324	24.35	0.86	10.11	

1-4 续表 7　　（2010 年）

地区	天然生产（万吨）	人工养殖（万吨）	鱼类（万吨）	虾蟹类（万吨）	贝类（万吨）	藻类（万吨）	其他（万吨）
全国	**1315.23**	**1482.30**	**906.32**	**310.44**	**1170.44**	**156.60**	**142.09**
北京	0.90						
天津	2.48	1.42	1.13	1.40	0.26		0.20
河北	25.33	32.93	15.17	7.89	30.80	0.03	4.38
山西							
内蒙古							
辽宁	118.27	231.47	59.58	22.41	190.51	26.50	33.21
吉林							
黑龙江							
上海	12.15		1.22	0.90			0.03
江苏	57.93	78.52	38.87	20.13	67.60	2.99	5.95
浙江	298.66	82.57	198.68	78.09	67.62	4.45	15.84
安徽							
福建	208.90	303.90	161.92	38.53	222.14	59.94	12.22
江西							
山东	250.07	396.26	166.43	40.84	330.71	53.05	40.33
河南							
湖北							
湖南							
广东	152.43	249.07	132.52	56.98	183.22	6.60	12.70
广西	66.71	87.74	41.75	28.83	72.87		10.60
海南	99.47	18.42	89.05	14.44	4.71	3.04	6.64
重庆							
四川							
贵州							
云南							
西藏							
陕西							
甘肃							
青海							
宁夏							
新疆							

1-4 续表 8 （2010 年）

地区	淡水产品(万吨)	天然生产（万吨）	人工养殖（万吨）	鱼类（万吨）	虾蟹类（万吨）	贝类（万吨）	其他（万吨）
全国	**2575.47**	**228.94**	**2346.53**	**2225.64**	**248.13**	**53.80**	**47.89**
北京	5.44	0.42	5.02	5.41			
天津	30.59	0.97	29.62	25.01	5.19	0.10	0.30
河北	48.07	9.22	38.85	44.33	2.77	0.39	0.58
山西	3.17	0.08	3.09	3.13			
内蒙古	11.38	3.07	8.31	11.10	0.14		0.14
辽宁	80.64	5.68	74.96	72.55	6.38	0.10	1.61
吉林	16.60	1.98	14.62	16.52	0.06		
黑龙江	39.97	4.69	35.28	39.41	0.53		
上海	16.82	0.57	16.25	9.90	6.82		0.09
江苏	324.00	33.24	290.76	238.14	69.93	11.68	4.24
浙江	96.72	9.22	87.50	62.29	15.17	4.46	14.80
安徽	193.31	31.59	161.72	152.93	28.76	7.95	3.67
福建	74.16	8.19	65.97	62.68	5.10	4.84	1.53
江西	215.34	29.25	186.09	188.28	14.66	7.75	4.65
山东	137.49	13.09	124.40	125.81	10.33	0.93	0.43
河南	57.86	3.24	54.62	55.33	1.81	0.16	0.55
湖北	353.09	26.37	326.72	299.23	47.28	3.35	3.24
湖南	198.00	9.67	188.33	190.02	2.73	2.75	2.50
广东	327.53	12.86	314.67	287.40	27.50	6.78	5.84
广西	121.06	11.69	109.37	116.09	1.34	1.63	2.00
海南	31.59	1.95	29.04	30.36	0.20	0.17	0.86
重庆	22.43	1.10	21.33	22.24	0.11		0.06
四川	105.06	5.80	99.26	103.31	0.69	0.48	0.58
贵州	8.79	1.21	7.58	8.58	0.17		
云南	29.78	2.31	27.47	29.27	0.27	0.14	0.10
西藏	0.05		0.05				
陕西	6.04	0.42	5.62	6.02			
甘肃	1.23		1.23	1.22			
青海	0.16		0.16	0.15			
宁夏	9.00		9.00	8.92	0.09		
新疆	10.11	1.02	9.09	9.99	0.05		0.06

1-5　全国各省（市、区）工业主营业务收入

（2006-2010 年）　　单位：亿元

地区	2006	2007	2008	2009	2010
全国	**313592.45**	**399717.06**	**500020.07**	**542522.43**	**697744.00**
北京	8914.16	10440.17	11275.82	12173.06	14807.11
天津	8794.35	10180.91	12914.20	13243.33	17319.62
河北	13124.58	17109.89	22474.08	24119.47	31628.93
山西	5849.43	7855.75	10130.61	9139.67	12712.50
内蒙古	4205.33	5775.35	8470.30	10410.15	13387.83
辽宁	13997.96	17965.81	24372.24	27870.09	36049.59
吉林	4456.24	5906.21	8119.17	9690.67	12647.34
黑龙江	5773.81	6518.43	8212.36	7729.74	9899.14
上海	19266.93	23112.35	26058.02	25421.08	32084.08
江苏	41015.28	52594.30	66481.84	71724.90	91077.41
浙江	28577.90	35248.46	39630.60	39873.57	50536.31
安徽	5863.07	7868.85	10980.44	12787.17	18164.60
福建	9661.48	12227.31	14816.17	16338.61	21479.37
江西	4173.74	6241.14	8526.41	9921.50	14250.47
山东	38116.06	49186.24	62034.19	70826.13	83663.00
河南	13809.07	18936.82	25389.80	28246.65	36163.12
湖北	7314.81	9390.43	13081.90	15331.62	21151.56
湖南	5968.67	8348.97	11285.44	13077.27	18669.79
广东	43550.87	53927.94	63371.65	66117.81	84114.85
广西	3176.21	4287.36	5668.99	6554.72	9235.85
海南	598.44	937.20	1077.81	1009.34	1322.83
重庆	3197.97	4262.99	5667.61	6626.55	9039.03
四川	7711.35	10611.52	14286.43	17479.21	23062.82
贵州	1948.57	2430.62	2922.35	3234.59	3926.01
云南	3357.53	4306.61	4961.12	4987.32	6356.24
西藏	33.71	36.73	45.20	48.88	59.71
陕西	4380.18	5512.63	7194.60	8188.52	10888.80
甘肃	2513.89	3193.35	3752.44	3866.99	5148.40
青海	657.08	785.91	1044.94	1092.31	1525.08
宁夏	841.77	1041.14	1334.19	1390.09	1879.99
新疆	2742.02	3475.69	4439.14	4001.38	5492.61

1-6 全国各省（市、区）主要工业产品产量

（2010 年）

地区	原油（万吨）	天然气（亿立方米）	原盐（万吨）	成品糖（万吨）	啤酒（万千升）	卷烟（亿支）
全国	**20301.40**	**948.48**	**7037.76**	**1117.59**	**4490.16**	**23752.60**
北京					164.64	203.00
天津	3332.70	17.20	207.60		31.97	220.50
河北	599.00	12.70	418.97	2.75	134.68	775.00
山西			2.00	4.35	33.92	147.50
内蒙古			278.42	12.04	113.03	265.00
辽宁	950.00	8.00	161.57	6.11	248.06	265.30
吉林	702.30	13.70			142.17	400.00
黑龙江	4004.90	30.00		22.28	187.69	431.00
上海	8.30	3.30			65.36	882.60
江苏	186.00	0.60	522.44	0.14	258.59	959.50
浙江			12.91	0.17	283.41	851.00
安徽			146.15		154.11	1225.80
福建			33.39	3.73	188.78	843.80
江西			205.33	0.01	123.70	559.00
山东	2786.00	5.33	2500.56	0.99	537.15	1333.10
河南	497.90	6.72	254.58	0.96	411.04	1650.40
湖北	86.50	2.00	598.55		187.06	1314.70
湖南			228.56	0.73	104.19	1752.70
广东	1287.10	78.40	17.01	94.85	400.16	1303.50
广西	2.70		8.80	705.46	138.26	710.50
海南	20.00	1.80	15.11	30.69	16.11	87.50
重庆		1.20	165.51	1.90	75.19	501.00
四川	15.10	237.65	764.09	3.81	158.90	914.20
贵州		0.12		1.01	33.36	1196.20
云南		0.06	96.36	179.78	54.72	3573.80
西藏					13.33	
陕西	3017.30	223.50	40.98		94.37	830.00
甘肃	58.20	0.20	16.55	0.73	65.52	400.00
青海	186.10	56.10	167.65		12.50	
宁夏	3.10				14.10	
新疆	2558.20	249.90	174.67	45.10	44.09	150.00

1-6 续表 1　　　　（2010 年）

地区	纱（万吨）	布（亿米）	机制纸及纸板（万吨）	焦炭（万吨）	硫酸（万吨）	烧碱（万吨）
全国	**2717.00**	**800.00**	**9832.63**	**38864.03**	**7090.47**	**2228.39**
北京	0.37		10.57	160.57		6.70
天津	3.81	2.60	88.90	238.37	32.34	122.12
河北	123.62	61.69	412.58	5045.70	71.88	78.85
山西	4.51	0.73	20.96	8504.75	24.87	48.49
内蒙古	2.06	1.00	28.84	2034.29	241.58	130.50
辽宁	14.93	7.14	83.23	1875.76	84.36	56.38
吉林	5.81	0.40	82.36	411.29	26.23	23.94
黑龙江	2.94	0.31	77.42	957.02	10.92	4.36
上海	4.66	1.78	86.94	630.75	28.66	72.63
江苏	434.58	124.13	1088.22	1393.58	441.42	272.20
浙江	214.87	207.96	1399.64	282.25	108.83	107.72
安徽	56.54	11.35	208.86	874.90	445.45	29.00
福建	184.18	31.20	428.86	143.05	59.21	20.11
江西	74.68	8.32	186.27	798.84	227.30	20.58
山东	731.38	162.10	1638.57	3429.00	556.29	531.38
河南	399.88	43.87	967.79	2572.13	249.02	140.28
湖北	169.58	49.07	175.81	947.12	925.78	76.02
湖南	78.53	5.00	381.71	581.86	261.29	73.49
广东	45.16	35.50	1422.79	195.40	236.92	26.53
广西	10.16	2.63	199.02	391.80	264.27	43.01
海南			51.43			
重庆	14.07	17.36	185.77	359.17	222.00	24.35
四川	70.81	15.39	341.95	1159.17	391.81	106.93
贵州	1.40	0.10	20.20	713.18	615.38	11.29
云南	0.54	0.01	34.84	1607.26	1068.19	17.83
西藏						
陕西	27.12	8.70	86.63	1570.88	132.47	22.67
甘肃	0.61	0.10	11.57	244.32	247.90	21.69
青海	0.57			129.76	30.48	1.66
宁夏	0.10		78.92	424.03	53.01	46.70
新疆	39.53	1.56	31.98	1187.83	32.61	90.98

1-6 续表 2 （2010 年）

地区	纯碱（万吨）	农用氮、磷、钾化肥（万吨）	乙烯（万吨）	化学农药原药（万吨）	初级形态的塑料（万吨）	化学纤维（万吨）
全国	**2034.82**	**6337.86**	**1421.34**	**223.52**	**4432.59**	**3090.00**
北京		0.23	96.15		128.17	0.26
天津	46.82	1.49	109.26	0.30	274.67	12.80
河北	230.40	173.42		3.77	72.46	23.42
山西	17.55	331.37		0.13	20.24	1.00
内蒙古	110.51	123.47		4.88	137.40	
辽宁	13.23	67.74	91.74	2.98	150.73	19.45
吉林		24.67	83.33	1.02	101.81	27.23
黑龙江		64.91	54.36	0.51	109.41	8.19
上海		2.54	226.72	5.28	361.23	49.00
江苏	267.28	259.99	121.47	60.56	562.43	1027.16
浙江	12.66	34.46	52.59	24.48	460.17	1366.43
安徽	35.36	254.49	1.70	15.19	57.69	22.04
福建	17.79	57.46	84.48	0.07	152.50	206.15
江西		114.56		1.87	11.13	17.92
山东	442.13	845.74	85.57	24.66	369.72	93.30
河南	188.14	399.87	21.2	14.38	186.28	52.25
湖北	143.04	863.93		19.97	80.30	11.66
湖南	47.09	332.63		14.00	49.74	4.55
广东	40.01	54.57	203.96	0.89	472.62	44.54
广西	3.71	86.91		0.12	18.77	
海南		66.56			20.78	4.00
重庆	106.52	175.37		0.13	1.89	6.71
四川	170.78	510.06		17.61	105.62	51.22
贵州		384.30		0.03	6.24	
云南	14.33	363.97		0.12	17.73	3.56
西藏						
陕西	25.99	95.90		0.08	40.86	2.31
甘肃	13.66	89.31	69.48	0.13	112.59	0.36
青海	74.74	304.14			3.67	
宁夏		95.17		1.32	47.76	
新疆	13.08	158.63	119.33	0.04	297.98	34.49

1-6 续表 3 （2010 年）

地区	水泥（万吨）	平板玻璃（万重量箱）	生铁（万吨）	粗钢（万吨）	钢材（万吨）	金属切削机床（万台）
全国	**188191.17**	**66330.80**	**59733.34**	**63722.99**	**80276.58**	**69.73**
北京	1049.04		411.94	427.54	794.16	1.68
天津	831.62	686.83	1926.36	2162.11	4494.19	0.17
河北	12790.21	12368.50	13710.11	14458.79	16782.88	0.16
山西	3668.25	1673.37	3402.44	3048.82	2866.37	0.17
内蒙古	5435.52	1196.58	1358.97	1232.84	1341.39	
辽宁	4785.82	1262.08	5508.07	5389.82	5669.42	13.29
吉林	3079.97	422.26	813.16	990.37	1063.56	0.13
黑龙江	3592.25	692.58	555.73	652.74	567.11	0.53
上海	670.80	1.51	1901.39	2214.27	2475.94	1.34
江苏	15829.74	5731.50	5214.64	6243.38	9135.95	7.00
浙江	11317.16	4136.72	915.60	1228.53	2839.75	15.19
安徽	8068.91	1044.29	1845.07	1855.59	2454.75	2.63
福建	5921.17	2765.35	558.81	1086.88	1340.56	0.31
江西	6262.68	437.30	1745.39	1911.37	1984.40	0.31
山东	14742.57	8033.39	5832.41	5570.84	6784.61	12.99
河南	11564.48	2419.92	2090.16	2327.42	3273.72	0.80
湖北	9000.96	4653.04	2311.91	2788.46	3026.55	0.37
湖南	8748.85	1757.32	1744.01	1767.14	1816.13	0.39
广东	11610.94	7822.92	807.37	1239.51	2932.77	2.88
广西	7516.51	518.60	1113.46	1204.57	1560.36	0.48
海南	1264.05	175.94			14.54	
重庆	4621.05	678.61	426.64	456.63	720.94	0.70
四川	13377.54	4417.17	1594.13	1581.18	1980.44	0.73
贵州	3809.60	177.18	376.88	360.48	391.57	0.13
云南	5786.17	736.08	1337.31	1293.77	1205.28	3.63
西藏	219.12					
陕西	5496.55	1378.03	513.94	604.82	997.34	2.45
甘肃	2425.34	658.30	625.49	662.25	699.16	0.60
青海	811.09	150.00	111.69	137.33	138.01	0.10
宁夏	1422.31	0.83	39.13		33.03	0.57
新疆	2470.90	334.60	941.13	825.54	891.70	

注：据中国钢铁协会测算，2010 年扣除重复钢材后的社会最终钢材产量为 61700 万吨（下表同）。

1-6 续表 4 （2010 年）

地区	大中型拖拉机（万台）	汽车（万吨）	轿车（万辆）	家用洗衣机（万台）	家用电冰箱（万台）	房间空气调节器（万台）
全国	**38.35**	**1826.53**	**957.59**	**6247.73**	**7295.72**	**10887.47**
北京		150.26	62.25	0.40		
天津	1.12	73.81	63.52	34.10	62.84	405.13
河北	0.06	71.04	13.97	20.20		
山西		0.32				
内蒙古		5.16				
辽宁		70.77	41.68		87.77	189.69
吉林	0.20	164.15	112.15			
黑龙江	0.21	24.77	2.02			
上海	0.97	169.89	159.77	216.60	218.55	400.41
江苏	7.95	74.40	31.38	1216.60	782.84	537.90
浙江	3.69	31.91	27.37	1804.45	779.67	314.20
安徽		118.87	62.60	1267.00	2078.91	1607.78
福建		19.50	10.68			
江西	0.34	37.28	7.64		114.17	171.21
山东	9.85	81.46	30.17	624.46	795.34	410.92
河南	8.16	23.52	1.92	7.60	366.47	14.51
湖北	0.14	157.77	52.71	70.20	134.26	729.32
湖南	0.28	16.62	10.18	73.50	31.31	
广东		134.75	111.45	467.80	1457.76	5442.29
广西		136.61	7.30			
海南		13.60	9.29			
重庆		161.43	85.17	221.50	72.58	544.62
四川	0.44	10.15		214.81	81.22	119.49
贵州		0.84	0.18		196.35	
云南	4.74	10.19				
西藏						
陕西		65.21	52.12		35.68	
甘肃		2.07	2.07	8.50		
青海						
宁夏						
新疆	0.19	0.18				

1-6 续表 5

（2010 年）

地区	移动通信手持机（万部）	微型电子计算机设备（万台）	集成电路（亿块）	彩色电视机（万台）	发电量（亿千瓦小时）	水电（亿千瓦小时）
全国	**99827.36**	**24584.46**	**652.50**	**11830.03**	**42071.60**	**7221.72**
北京	27387.96	938.59	25.27		269.00	4.40
天津	9107.90	1.02	8.90	212.67	589.08	
河北			0.13		1993.12	5.55
山西					2151.00	36.63
内蒙古	10.30			204.37	2489.28	16.29
辽宁	56.40	0.32	1.02	575.12	1295.11	43.98
吉林	126.11			12.22	604.56	105.50
黑龙江		3.01			777.43	22.53
上海	129.38	9388.44	113.46	254.03	876.19	
江苏	1949.54	9364.56	223.21	1660.88	3359.18	2.98
浙江	2406.09	157.32	30.40	477.03	2568.36	230.85
安徽		1.81	0.50	395.33	1443.85	18.85
福建	1064.25	738.27	0.12	903.10	1356.32	453.69
江西	1536.53	9.06		67.66	664.45	117.85
山东	5374.60	21.44	2.01	1137.69	3042.73	2.14
河南	2.20			17.45	2191.78	91.67
湖北	454.18	189.26	0.01		2043.00	1263.83
湖南				15.22	1226.28	502.53
广东	48626.59	3581.11	161.01	4494.77	3236.94	348.86
广西		0.90	3.77	60.75	1032.15	475.26
海南					152.66	13.34
重庆	650.26	189.19		65.87	504.29	169.25
四川	816.53	0.16	27.45	1208.94	1794.63	1213.42
贵州	118.49		0.21	66.93	1385.63	416.58
云南					1365.03	814.12
西藏					21.02	15.85
陕西	10.05				1112.26	87.24
甘肃			55.03		791.53	262.32
青海					468.26	371.11
宁夏					587.16	18.02
新疆					679.32	97.08

1-7 全国工业分行业企业数

（2006-2010 年）

单位：户

行业名称	2006	2007	2008	2009	2010
合　计	**301961**	**336768**	**426113**	**434364**	**452872**
煤炭开采和洗选业	6797	7537	9212	8798	9016
石油和天然气开采业	175	184	299	323	310
黑色金属矿采选业	2495	2899	3984	4004	4262
有色金属矿采选业	1862	2183	2539	2457	2443
非金属矿采选业	2601	3004	3953	4267	4633
其他采矿业	16	24	26	27	39
农副食品加工业	16356	18140	22800	24550	25612
食品制造业	6056	6644	8108	8735	9152
饮料制造业	3914	4422	5411	5904	6371
烟草制品业	179	150	156	158	151
纺织业	25345	27914	33133	32412	33384
纺织服装、鞋、帽制造业	13072	14770	18237	18265	18547
皮革、毛皮、羽毛（绒）及其制品业	6859	7452	8622	8520	8854
木材加工及木、竹、藤、棕、草制品业	6374	7852	10314	10765	11366
家具制造业	3603	4110	5386	5576	5934
造纸及纸制品业	7892	8376	10011	9937	10270
印刷业和记录媒介的复制	5029	5083	6481	6618	6850
文教体育用品制造业	3633	4087	4797	4752	4827
石油加工、炼焦及核燃料加工业	2160	2149	2416	2337	2324
化学原料及化学制品制造业	20715	22981	28224	28793	29504
医药制造业	5368	5748	6524	6807	7039
化学纤维制造业	1402	1556	2029	1944	1939
橡胶制品业	3353	3695	4649	4720	4856
塑料制品业	13504	15376	19484	19894	21033
非金属矿物制品业	21936	24278	30524	32544	34793
黑色金属冶炼及压延加工业	6999	7161	8012	7773	7881
有色金属冶炼及压延加工业	5863	6701	8200	8041	8200
金属制品业	15573	18008	24547	24771	25703
通用设备制造业	22905	26757	36919	37374	39699
专用设备制造业	11615	13409	18685	19147	20083
交通运输设备制造业	12586	14091	18808	19441	20718
电气机械及器材制造业	16905	19322	25727	26443	27537
通信设备、计算机及其他电子设备制造业	9709	11220	14347	14284	14838
仪器仪表及文化、办公用机械制造业	4084	4526	5620	5716	5828
工艺品及其他制造业	5764	6416	7692	7797	7937
废弃资源和废旧材料回收加工业	529	652	1087	1165	1302
电力、热力的生产和供应业	5731	5565	6242	6332	6558
燃气生产和供应业	526	591	856	909	970
水的生产和供应业	2476	1735	2052	2064	2109

1-8 全国各省（市、区）工业企业数

（2006-2010 年）　　单位：户

地区	2006	2007	2008	2009	2010
全国	**301961**	**336768**	**426113**	**434364**	**452872**
北京	6400	6397	7205	6890	6884
天津	6301	6361	7950	8326	7947
河北	10634	10870	12447	13096	13927
山西	4668	4472	4415	4023	4240
内蒙古	3075	3364	3993	4465	4611
辽宁	14754	16556	21876	23364	23832
吉林	3249	3984	5257	5936	6181
黑龙江	2956	3172	4392	4408	4596
上海	14404	15099	18792	17906	16684
江苏	36319	41841	65495	60817	64136
浙江	45686	51604	58816	59971	64364
安徽	6523	8111	11392	14122	16277
福建	13755	15178	17212	18154	19227
江西	5333	6028	7367	7539	7908
山东	31936	36145	42629	45518	44037
河南	11895	13510	18700	18105	19548
湖北	7546	8996	12067	14027	16106
湖南	8999	10201	12391	13311	13844
广东	37494	42260	52574	52188	53389
广西	4051	4408	5427	5678	6583
海南	595	488	548	494	497
重庆	3208	3916	6119	6412	7130
四川	8995	10709	13725	13267	13706
贵州	2594	2296	2676	2791	2963
云南	2602	2698	3320	3489	3599
西藏	204	100	88	90	97
陕西	3375	3372	4025	4480	4564
甘肃	1733	1841	1940	1987	2000
青海	435	471	515	523	555
宁夏	761	745	901	969	975
新疆	1481	1575	1859	2018	2465

1-9 全国各省（市、区）建筑业总产值

（2006-2010 年）　　　　单位：亿元

地区	2006	2007	2008	2009	2010
全国	**41557.16**	**51043.71**	**62036.81**	**76807.74**	**96031.13**
北京	2167.92	2576.77	3066.17	4059.70	5196.02
天津	983.93	1221.94	1453.79	1911.48	2424.49
河北	1448.73	1614.69	2044.81	2525.05	3231.46
山西	939.67	1060.70	1355.44	1826.10	2143.46
内蒙古	467.01	681.10	780.05	964.73	1125.58
辽宁	1774.99	2100.04	2505.17	3384.65	4690.31
吉林	607.69	738.34	994.65	1142.84	1348.78
黑龙江	699.84	875.88	1036.75	1342.39	1769.70
上海	2285.38	2524.18	3245.77	3830.54	4300.19
江苏	5424.85	7010.57	8601.51	10265.11	12405.92
浙江	5655.61	6971.71	8156.06	9588.72	12007.89
安徽	1168.24	1516.98	1854.64	2239.57	2864.96
福建	1161.99	1544.17	1852.74	2204.13	2935.94
江西	668.89	786.14	1032.94	1323.24	1690.02
山东	2791.81	3289.05	3821.93	4579.15	5496.59
河南	1530.93	2151.72	2824.05	3596.49	4400.61
湖北	1667.00	2110.80	2605.08	3421.89	4345.20
湖南	1462.88	1828.81	2115.44	2507.40	3161.73
广东	2592.58	2999.51	3270.28	3809.30	4715.46
广西	512.83	612.74	753.21	934.38	1222.31
海南	64.94	82.18	111.18	143.94	199.48
重庆	895.09	1128.71	1496.32	1915.25	2534.36
四川	1753.23	2109.98	2592.95	3337.45	4163.07
贵州	312.34	348.79	393.67	523.91	622.96
云南	672.35	756.68	906.91	1196.22	1510.96
西藏	49.36	60.29	72.91	94.93	122.07
陕西	830.41	1173.10	1651.18	2309.14	3063.61
甘肃	344.33	436.90	481.27	579.89	751.99
青海	108.37	125.44	143.00	204.34	279.61
宁夏	130.84	154.95	191.54	259.22	342.69
新疆	383.11	450.83	625.37	786.59	963.72

1-10 全国各省（市、区）建筑业企业数

（2006-2010 年）

单位：户

地区	2006	2007	2008	2009	2010
全国	**60166**	**62074**	**71095**	**70817**	**71863**
北京	2634	2689	3209	3226	3262
天津	1088	1094	1329	1365	1438
河北	1952	1916	2230	2139	2132
山西	1353	1360	1774	1696	1727
内蒙古	677	716	753	782	787
辽宁	3221	3171	3803	4367	4612
吉林	862	870	1092	945	932
黑龙江	1781	1733	1971	1919	1945
上海	2687	2694	3047	2957	2983
江苏	6371	7012	8412	8629	8893
浙江	4113	4328	4639	4772	5052
安徽	1985	2129	2313	2363	2432
福建	1776	1823	2003	2086	2180
江西	1180	1166	1335	1292	1276
山东	5437	5536	6349	6217	6135
河南	2464	3023	3827	4082	4294
湖北	2213	2490	2972	2860	2846
湖南	1754	1782	1925	1843	1822
广东	4114	4145	4311	4255	4249
广西	978	1029	1122	994	977
海南	120	100	149	139	104
重庆	2373	2403	2382	2365	2326
四川	3384	3180	3887	3380	3414
贵州	586	581	608	574	550
云南	1714	1721	1941	1927	1932
西藏	153	128	171	165	175
陕西	815	872	964	985	982
甘肃	807	781	860	837	757
青海	362	368	411	383	369
宁夏	472	470	483	474	474
新疆	740	764	823	799	806

1-11　全国各省（市、区）建筑业分行业总产值

（2010 年）　　　　单位：亿元

地区	建筑业总产值	房屋和土木工程建筑业	建筑安装业	建筑装饰业	其他建筑业
全国	**96031.13**	**84073.74**	**7226.80**	**3231.69**	**1498.91**
北京	5196.02	4371.94	444.12	320.41	59.54
天津	2424.49	1986.57	258.25	50.69	128.98
河北	3231.46	2946.28	217.72	43.57	23.89
山西	2143.46	1997.37	77.98	24.12	44.00
内蒙古	1125.58	1064.80	38.85	9.93	11.99
辽宁	4690.31	3963.60	473.22	194.93	58.57
吉林	1348.78	1153.97	166.56	17.43	10.82
黑龙江	1769.70	1390.69	275.41	29.62	73.97
上海	4300.19	3427.77	519.87	314.21	38.35
江苏	12405.92	10616.06	1037.68	535.57	216.60
浙江	12007.89	11195.95	368.52	352.61	90.80
安徽	2864.96	2466.46	298.25	67.52	32.73
福建	2935.94	2634.23	146.27	96.78	58.67
江西	1690.02	1514.28	110.96	34.00	30.78
山东	5496.59	4744.01	535.29	133.40	83.88
河南	4400.61	3811.65	357.49	113.80	117.68
湖北	4345.20	3776.41	410.64	75.10	83.05
湖南	3161.73	2932.24	157.89	37.77	33.83
广东	4715.46	3622.12	446.94	591.23	55.17
广西	1222.31	1128.74	73.25	8.50	11.82
海南	199.48	191.61	5.35	1.24	1.29
重庆	2534.36	2324.90	113.77	53.43	42.26
四川	4163.07	3840.65	229.89	61.45	31.08
贵州	622.96	549.41	58.43	5.61	9.51
云南	1510.96	1385.51	82.75	18.91	23.79
西藏	122.07	116.78	0.47	3.07	1.75
陕西	3063.61	2805.97	133.26	17.27	107.10
甘肃	751.99	652.70	81.85	7.86	9.57
青海	279.61	258.89	16.61	1.75	2.36
宁夏	342.69	332.00	4.63	4.57	1.50
新疆	963.72	870.16	84.63	5.33	3.59

1-12　全国各省（市、区）交通、邮电行业主要产品概况

（2010年）

地区	客运量（万人）	货运量（万吨）	邮政业务总量（亿元）	函　件（亿件）	快　递（万件）	报刊期发数（万份）
全国	**3269508**	**3241807**	**1985.30**	**74.01**	**233891.99**	**17158.31**
北京	135045	21762	107.34	6.77	18002.54	726.57
天津	24525	40013	33.84	1.06	3670.09	210.44
河北	90847	156596	58.12	2.43	4573.71	509.13
山西	38424	124367	39.24	0.77	1479.26	345.38
内蒙古	24043	137231	16.62	0.34	1432.11	190.45
辽宁	101525	158484	58.41	0.85	4585.59	383.68
吉林	64486	40729	25.77	0.93	1854.98	185.10
黑龙江	46895	59314	47.71	0.93	2308.21	367.74
上海	10233	87256	176.45	11.66	24318.86	980.37
江苏	226073	179014	188.34	9.36	23796.47	1091.63
浙江	226946	171038	154.07	8.49	24898.17	1050.08
安徽	159388	228104	45.93	2.11	3604.17	602.24
福建	75798	66083	69.06	2.52	10068.96	503.25
江西	76447	100635	36.85	1.80	2350.51	361.11
山东	249358	301313	104.82	5.40	11783.52	1617.98
河南	167223	202962	89.80	2.47	5765.03	802.85
湖北	103268	93422	55.71	0.99	5476.61	556.24
湖南	156404	149540	49.05	0.84	4227.67	717.95
广东	456139	192343	378.00	7.63	59107.54	1904.62
广西	75751	115476	28.58	0.72	2277.91	360.22
海南	44209	22455	9.90	0.12	681.23	83.94
重庆	126066	81377	30.72	0.54	2829.44	1132.72
四川	241868	134305	69.99	2.25	5810.56	577.26
贵州	70819	39735	15.50	0.59	1120.92	195.59
云南	39407	51564	18.91	0.55	2108.52	300.76
西藏	8165	982	1.88	0.03	195.33	41.87
陕西	93171	104414	37.42	0.97	2582.50	517.16
甘肃	53771	30270	11.32	0.38	1012.86	210.06
青海	10951	11057	3.23	0.05	162.72	47.35
宁夏	13560	32325	4.10	0.17	474.91	277.84
新疆	31937	48459	18.63	0.29	1331.12	306.75

1-12 续表

(2010 年)

地区	集邮业务（万枚）	电信业务总量（亿元）	固定长途电话通话时长（亿分钟）	移动电话通话时长（亿分钟）	移动电话年末用户（万户）	互联网上网人数（万人）
全国	**114623**	**29993.18**	**734.90**	**43261.23**	**85900**	**45730**
北京	16913	1120.00	26.83	1163.56	2130	1218
天津	5339	399.46	7.30	548.92	1090	648
河北	2765	1293.51	24.85	2091.18	4354	2197
山西	1018	696.69	15.25	1041.25	2205	1250
内蒙古	1661	584.75	8.54	1032.87	2034	747
辽宁	4399	1113.22	24.75	1578.84	3342	1916
吉林	874	587.40	8.96	1002.56	1805	882
黑龙江	3478	697.87	14.55	1201.18	2072	1127
上海	5156	1098.79	35.80	1011.04	2362	1239
江苏	7448	2140.42	58.23	2735.71	5923	3306
浙江	6598	1947.77	56.97	2660.20	5047	2786
安徽	605	841.62	13.52	1104.48	2799	1392
福建	3526	1145.33	25.73	1663.13	3022	1848
江西	2540	655.15	12.59	1022.42	1811	950
山东	4361	1855.86	29.05	2771.77	6190	3332
河南	8158	1383.65	29.17	2177.60	4402	2417
湖北	6843	983.32	32.12	1327.32	3455	1902
湖南	2276	1008.94	22.29	1593.00	3257	1747
广东	11470	4175.38	149.95	5536.01	9625	5324
广西	1191	793.31	23.85	1167.70	2215	1226
海南	367	214.76	5.36	375.52	594	303
重庆	778	550.58	6.72	889.52	1664	990
四川	4628	1380.70	23.64	2128.32	4156	1998
贵州	1226	496.97	9.05	903.87	1801	751
云南	2199	754.13	16.89	1249.24	2245	1021
西藏	244	62.46	2.06	82.99	158	81
陕西	2296	819.82	18.36	1273.96	2518	1295
甘肃	1490	411.83	10.04	661.54	1390	655
青海	717	111.07	4.28	159.58	398	188
宁夏	1388	131.10	2.83	220.02	437	175
新疆	2672	537.32	15.36	885.94	1360	819

1-13 全国各省（市、区）批发和零售业、住宿和餐饮业社会消费品零售总额

（2006-2010 年） 单位：亿元

地区	2006	2007	2008	2009	2010
全国	**76410.00**	**89210.00**	**114830.10**	**132678.40**	**156998.43**
北京	3275.22	3800.20	4645.50	5309.90	6229.30
天津	1356.79	1603.70	2078.70	2430.80	2902.59
河北	3397.42	3986.20	4991.10	5764.90	6821.79
山西	1613.44	1914.10	2421.10	2809.00	3318.15
内蒙古	1595.27	1904.10	2463.00	2855.30	3384.00
辽宁	3434.65	4030.10	5032.40	5812.60	6887.64
吉林	1675.84	1999.20	2549.20	2957.30	3504.92
黑龙江	1997.71	2331.10	2928.30	3401.80	4039.22
上海	3360.41	3847.80	4577.20	5173.20	6070.49
江苏	6623.18	7838.10	9905.10	11484.10	13606.84
浙江	5325.35	6214.00	7533.30	8622.30	10245.41
安徽	2029.40	2403.70	3045.20	3527.80	4197.70
福建	2704.23	3187.90	3866.70	4481.00	5310.03
江西	1428.02	1683.10	2142.00	2484.40	2956.25
山东	7122.55	8438.80	10658.80	12363.00	14620.34
河南	3880.47	4597.50	5815.40	6746.40	8004.22
湖北	3412.00	4028.50	5109.70	5928.40	7013.85
湖南	2834.22	3356.50	4222.60	4913.70	5839.50
广东	9118.08	10598.10	12986.60	14891.80	17458.44
广西	1600.84	1897.90	2395.80	2790.70	3312.00
海南	308.30	362.00	463.20	537.50	639.29
重庆	1403.58	1661.20	2147.10	2479.00	2938.58
四川	3421.65	4015.60	4944.80	5758.70	6810.07
贵州	689.77	821.80	1075.20	1247.30	1482.68
云南	1188.88	1394.60	1764.70	2051.10	2500.09
西藏	89.70	112.00	130.00	156.60	185.25
陕西	1522.00	1800.90	2317.10	2699.70	3195.67
甘肃	717.47	833.30	1023.60	1183.00	1394.54
青海	180.11	208.30	259.70	300.50	350.83
宁夏	198.96	233.30	295.40	339.30	403.61
新疆	727.59	847.70	1041.50	1177.50	1375.13

注：2008 年数据为第二次经济普查后修订数据。

1-14 全国各省（市、区）批发和零售业、住宿和餐饮业企业数

（2006-2010 年）

单位：户

地区	2006	2007	2008	2009	2010
全国	**73879**	**80778**	**138086**	**130660**	**149078**
北京	7189	8304	11914	12566	12312
天津	2006	2232	3999	3891	4415
河北	1520	1574	2664	2507	3381
山西	1403	1572	2116	2151	3092
内蒙古	1127	1171	1862	1883	2140
辽宁	2897	3185	6130	5129	5974
吉林	838	889	1267	1257	1562
黑龙江	1122	1125	1718	1706	2026
上海	5143	4799	10796	7351	7386
江苏	5344	5774	15300	13388	14835
浙江	5687	6213	11424	10991	12214
安徽	1367	1544	2596	2726	3472
福建	3100	3294	4480	4356	4997
江西	1003	1059	1416	1326	1920
山东	5620	7525	14583	14153	15922
河南	5388	6233	8879	8404	8600
湖北	1947	2011	2924	3256	4888
湖南	1819	1948	3625	3320	3830
广东	8797	9223	13184	13219	15253
广西	1357	1368	1919	1853	2046
海南	593	608	816	848	1038
重庆	1339	1474	2859	3026	3418
四川	1536	1675	3429	3117	4533
贵州	459	488	943	945	1168
云南	1763	1671	2004	2017	2445
西藏	94	104	117	109	106
陕西	1024	1216	2011	2263	2751
甘肃	647	662	767	813	1104
青海	216	232	298	247	269
宁夏	399	407	489	500	532
新疆	1135	1198	1557	1135	1449

1-15　全国按主要国别（地区）出口总额

（2006-2010 年）　　单位：万美元

地　区	2006	2007	2008	2009	2010
亚洲	**45572692**	**56787403**	**66411850**	**56865091**	**73195484**
#中国香港	15530907	18443625	19072903	16622857	21830205
中国澳门	218539	264099	260212	185009	214080
日本	9162267	10200859	11613245	9786766	12104349
东南亚	5222455	6678092	7852956	7155981	8743061
阿联酋	1140478	1702362	2364369	1863180	2123534
欧洲	**21536973**	**28784856**	**34342205**	**26465129**	**35518797**
#德国	4031460	4871429	5920895	4991638	6804718
法国	1391066	2032739	2330592	2146006	2765139
意大利	1597198	2116961	2662879	2024319	3113944
芬兰	495843	656417	734953	452605	549894
英国	2416321	3165627	3607274	3127794	3876704
丹麦	364599	458985	556830	422496	518470
瑞典	327786	454885	511628	415659	570886
瑞士	250948	360046	390935	265783	303115
西班牙	1148882	1652846	2079868	1406304	1817572
北美洲	**21911386**	**25211509**	**27427243**	**23855383**	**30584271**
#加拿大	1551672	1935569	2179588	1767458	2221613
美国	20344842	23267655	25238355	22080222	28328655
大洋洲及太平洋群岛	**1600926**	**2110096**	**2587812**	**2492696**	**3301671**
#澳大利亚	1362488	1798966	2224726	2064177	2722026
拉丁美洲及非洲	**6271583**	**8883713**	**12300196**	**10482882**	**15175208**

注：本表中东南亚仅包括菲律宾、马来西亚、新加坡、泰国。

1-16　福建省农林牧渔业分行业总产值

（2006-2010 年）　　单位：亿元

行业名称	2006	2007	2008	2009	2010
农林牧渔业总产值	**1449.78**	**1692.16**	**1965.02**	**2001.24**	**2307.06**
#农业	602.00	685.34	763.02	826.22	976.58
林业	105.79	120.72	149.76	162.20	189.35
牧业	266.75	340.27	425.68	366.91	380.28
渔业	410.75	474.32	549.35	565.58	674.18

注：2005-2007 年数据根据 2006 年农业普查结果进行了调整。

1-17 福建省工业分行业工业总产值

（2006-2010 年）

单位：亿元

行业名称	2006	2007	2008	2009	2010
合　计	**10005.08**	**12517.91**	**15212.81**	**16762.82**	**21901.23**
煤炭开采和洗选业	63.30	74.57	114.94	127.60	149.82
黑色金属矿采选业	37.43	64.44	124.43	124.09	234.64
有色金属矿采选业	25.42	38.55	52.03	47.08	67.64
非金属矿采选业	36.40	48.86	60.15	74.83	95.38
农副食品加工业	446.95	575.09	775.27	927.16	1247.77
食品制造业	202.66	270.99	348.10	412.96	555.35
饮料制造业	127.66	178.78	243.72	297.43	377.42
烟草制品业	102.23	128.00	144.15	153.43	170.60
纺织业	589.14	709.49	795.99	889.23	1120.26
纺织服装、鞋、帽制造业	553.75	701.41	862.03	979.45	1154.99
皮革、毛皮、羽毛（绒）及其制品业	616.99	835.59	1052.61	1216.82	1564.46
木材加工及木、竹、藤、棕、草制品业	128.42	194.71	279.59	361.49	459.97
家具制造业	104.17	120.60	160.65	168.50	220.26
造纸及纸制品业	235.73	291.41	363.73	400.31	534.65
印刷业和记录媒介的复制	57.03	64.58	77.06	83.01	98.30
文教体育用品制造业	89.99	109.54	131.35	131.01	149.86
石油加工、炼焦及核燃料加工业	167.70	174.89	209.43	339.81	641.47
化学原料及化学制品制造业	387.29	467.06	542.27	566.59	780.09
医药制造业	80.47	93.02	108.33	121.67	148.44
化学纤维制造业	179.48	226.55	237.32	250.69	327.80
橡胶制品业	161.53	192.89	229.38	254.30	293.78
塑料制品业	342.37	432.66	541.52	610.14	762.16
非金属矿物制品业	616.51	827.41	975.89	1089.93	1334.78
黑色金属冶炼及压延加工业	430.24	562.73	757.26	734.77	947.93
有色金属冶炼及压延加工业	196.14	275.16	333.45	327.16	482.56
金属制品业	213.16	291.12	360.62	356.66	449.28
通用设备制造业	207.47	304.85	429.89	480.56	621.94
专用设备制造业	192.90	253.94	318.47	371.89	480.46
交通运输设备制造业	376.15	525.28	647.15	729.04	1037.43
电气机械及器材制造业	454.80	570.06	706.88	710.86	963.89
通信设备、计算机及其他电子设备制造业	1472.13	1580.62	1717.86	1713.20	2311.50
仪器仪表及文化、办公机械制造业	109.45	126.16	145.84	140.04	215.43
工艺品及其他制造业	263.43	330.82	376.79	429.72	534.70
废弃资源和废旧材料回收加工业	1.48	1.54	4.52	9.93	18.79
电力、热力的生产和供应业	702.88	836.95	942.39	1068.50	1249.74
燃气生产和供应业	8.87	11.56	13.34	33.60	65.50
水的生产和供应业	23.35	26.04	28.43	29.36	32.21

1-18 福建省工业分行业主营业务收入

（2006-2010 年）　　单位：亿元

行业名称	2006	2007	2008	2009	2010
合　计	**9661.48**	**12227.31**	**14816.17**	**16338.61**	**21479.37**
煤炭开采和洗选业	62.91	79.42	118.72	130.14	152.49
黑色金属矿采选业	36.72	61.00	123.59	123.46	231.73
有色金属矿采选业	24.89	37.60	47.02	41.66	56.36
非金属矿采选业	35.59	47.10	60.76	75.17	94.88
农副食品加工业	421.50	563.64	743.14	900.80	1205.35
食品制造业	192.93	258.23	335.27	394.40	535.02
饮料制造业	121.90	175.48	239.48	288.95	367.04
烟草制品业	101.08	127.82	142.76	152.18	167.77
纺织业	556.79	677.54	765.58	866.58	1086.81
纺织服装、鞋、帽制造业	536.34	687.03	844.20	960.04	1115.50
皮革、毛皮、羽毛（绒）及其制品业	599.76	821.45	1044.11	1192.42	1527.41
木材加工及木、竹、藤、棕、草制品业	120.19	188.88	267.68	354.53	447.34
家具制造业	97.56	116.31	154.73	164.40	216.86
造纸及纸制品业	227.76	281.22	349.43	385.51	525.77
印刷业和记录媒介的复制	56.35	63.80	77.09	81.53	97.93
文教体育用品制造业	87.10	105.17	126.28	125.75	146.17
石油加工、炼焦及核燃料加工业	166.55	187.72	198.64	315.51	648.04
化学原料及化学制品制造业	376.14	459.24	543.69	549.39	780.74
医药制造业	72.74	85.46	97.22	111.59	138.10
化学纤维制造业	160.59	211.89	230.00	227.42	312.14
橡胶制品业	159.24	199.74	234.45	255.36	298.75
塑料制品业	330.20	421.72	522.41	586.51	743.08
非金属矿物制品业	607.32	822.80	950.13	1068.04	1318.47
黑色金属冶炼及压延加工业	407.71	556.68	734.17	731.09	954.55
有色金属冶炼及压延加工业	195.84	274.74	329.32	318.78	468.14
金属制品业	206.13	284.86	346.68	340.31	430.91
通用设备制造业	203.81	301.34	423.12	471.58	609.70
专用设备制造业	180.34	245.47	314.90	362.30	492.30
交通运输设备制造业	355.55	506.74	615.78	687.26	998.60
电气机械及器材制造业	444.22	557.98	678.02	685.83	927.74
通信设备、计算机及其他电子设备制造业	1434.44	1509.04	1672.92	1702.41	2281.22
仪器仪表及文化、办公机械制造业	105.60	123.71	143.12	136.81	213.24
工艺品及其他制造业	249.61	318.39	361.49	417.00	524.35
废弃资源和废旧材料回收加工业	1.46	1.52	4.70	9.46	18.58
电力、热力的生产和供应业	693.54	830.87	935.18	1061.29	1240.83
燃气生产和供应业	8.84	11.07	13.15	32.61	72.23
水的生产和供应业	22.24	24.64	27.24	30.54	33.21

1-19 福建省工业分行业企业数

（2006-2010年） 单位：户

行业名称	2006	2007	2008	2009	2010
合 计	**13755**	**15178**	**17212**	**18154**	**19227**
煤炭开采和洗选业	192	201	208	208	204
黑色金属矿采选业	72	81	89	88	92
有色金属矿采选业	79	101	105	94	99
非金属矿采选业	133	154	182	201	207
农副食品加工业	684	746	881	974	1045
食品制造业	359	386	429	480	525
饮料制造业	228	283	364	431	522
烟草制品业	6	5	5	6	6
纺织业	883	939	1004	1029	1084
纺织服装、鞋、帽制造业	1071	1157	1248	1313	1352
皮革、毛皮、羽毛（绒）及其制品业	941	1030	1136	1161	1182
木材加工及木、竹、藤、棕、草制品业	622	814	989	991	1025
家具制造业	199	238	287	291	333
造纸及纸制品业	532	558	610	627	657
印刷业和记录媒介的复制	205	205	234	254	254
文教体育用品制造业	173	205	228	237	230
石油加工、炼焦及核燃料加工业	20	22	23	23	30
化学原料及化学制品制造业	526	592	726	757	796
医药制造业	89	95	111	119	119
化学纤维制造业	76	81	88	84	83
橡胶制品业	191	201	232	243	252
塑料制品业	777	837	931	980	1020
非金属矿物制品业	1647	1805	1924	1992	2079
黑色金属冶炼及压延加工业	168	193	187	178	186
有色金属冶炼及压延加工业	109	128	139	137	144
金属制品业	372	439	525	603	645
通用设备制造业	456	548	701	757	824
专用设备制造业	309	333	395	473	501
交通运输设备制造业	411	452	559	567	642
电气机械及器材制造业	421	471	571	630	719
通信设备、计算机及其他电子设备制造业	385	403	467	495	528
仪器仪表及文化、办公机械制造业	185	193	218	227	234
工艺品及其他制造业	781	846	936	1009	1087
废弃资源和废旧材料回收加工业	8	7	17	22	29
电力、热力的生产和供应业	342	347	370	379	397
燃气生产和供应业	8	7	12	11	14
水的生产和供应业	95	75	81	83	81

1-20 福建省各银行年末人民币存款余额

（2006-2010 年） 单位：亿元

银行名称	2006	2007	2008	2009	2010
中国人民银行	173.94	310.40	323.90	442.16	624.13
中国工商银行	1306.81	1372.65	1707.09	1977.81	2206.84
中国农业银行	1476.40	1565.82	1760.33	2120.93	2569.00
中国银行	787.95	806.62	1001.12	1280.41	1583.18
中国建设银行	1699.63	1966.24	2246.09	2835.01	3214.83
国家开发银行	17.38	24.76	48.15	57.54	158.92
农业发展银行	11.78	21.96	30.52	150.93	45.77
交通银行	179.24	222.02	269.51	354.01	439.06
中信银行	186.13	259.28	257.41	367.78	525.97
中国光大银行	155.83	167.56	158.30	209.36	281.60
华夏银行	25.65	44.83	63.57	73.95	101.34
招商银行	175.59	188.95	244.60	316.97	455.80
浦发银行				55.91	116.32
兴业银行	802.53	929.06	1084.99	1464.97	1771.61
中国民生银行	152.30	205.27	231.74	304.45	397.25
恒丰银行					51.72
城市商业银行	378.56	494.04	469.18	685.22	1058.39
农村商业银行					98.33
农村合作银行	60.18	168.74	208.21	245.49	296.58
农村信用社	705.03	738.68	920.16	1110.15	1331.15
村镇银行				1.83	5.68
信托投资公司	0.93	0.35	0.35	0.39	0.37
邮政储蓄银行	494.03	458.13	549.28	671.50	808.30
中资财务公司				20.08	29.72

1-21 福建省建筑业分行业总产值

（2006-2010 年） 单位：亿元

行业名称	2006	2007	2008	2009	2010
建筑业总产值	**1189.37**	**1596.69**	**1921.26**	**2302.37**	**3062.17**
#房屋和土木工程建筑业	993.79	1359.42	1623.41	1987.61	2677.20
建筑安装业	111.45	115.61	137.14	128.44	149.79
建筑装饰业	46.94	59.46	70.90	80.16	98.92
其他行业	37.19	62.20	89.81	106.16	136.27

1-22 重点商品福建省销售业态排行

（2010 年）

单位：%

重点商品名称	超市	百货	专卖店	专业店	其他
食用油	93.49	4.05	0.95	1.38	0.13
盒装牛奶	90.59	1.65	4.99	2.60	0.17
凉茶饮料	84.87	0.15	8.32	2.96	3.70
矿泉水	80.85	5.36	3.18	3.79	6.82
啤酒	62.84	3.75	5.15	10.01	18.25
男式西服	7.75	24.78	60.84	3.59	3.04
衬衫	4.08	42.85	46.76	3.03	3.28
女装	2.51	34.35	58.53	0.68	3.93
茄克衫	3.33	44.32	43.65	4.47	4.23
西裤	2.74	33.04	50.81	1.71	11.70
运动鞋	2.14	30.87	53.83	9.03	4.13
皮鞋	5.99	39.46	41.89	6.90	5.76
电池	58.13	28.41	3.98	3.59	5.89
床上用品	19.41	50.27	24.90	2.55	2.87
彩电	11.19	17.94	27.47	41.26	2.14
冰箱	13.26	14.33	23.88	47.91	0.62
洗衣机	4.59	22.70	31.98	38.37	2.36
电热水器	5.41	14.49	25.76	47.00	7.34
空调	5.51	18.84	26.71	42.88	6.06
传真机	15.76	15.02	24.02	40.36	4.84
电话机	20.49	20.13	15.78	25.74	17.86
影碟机	15.19	20.02	25.80	31.86	7.13
计算器	42.73	26.44	10.47	17.25	3.11
电脑	7.30	2.48	43.52	44.89	1.81
小家电	36.44	15.89	13.85	22.72	11.10

注：资料来源于 2010 年福建省 165 户大型商场、超市的抽样调查。

1-23 重点商品福建省最佳促销方式排行

（2010 年）　　单位：%

重点商品名称	打折	送小礼品	抽彩	会员制	广告促销	其他
食用油	45.36	21.83	2.06	8.84	18.42	3.49
盒装牛奶	29.71	24.83	7.23	13.18	24.29	0.76
凉茶饮料	34.52	12.25	10.93	14.14	25.62	2.54
矿泉水	33.54	17.92	2.33	13.01	23.24	9.96
啤酒	28.69	12.62	1.28	14.33	33.25	9.83
男式西服	80.07	1.22	3.12	7.09	6.43	2.07
衬衫	80.41	8.95	3.55	4.95	1.81	0.33
女装	74.78	1.87	6.33	9.24	6.54	1.24
茄克衫	81.25	4.06	0.86	9.46	4.08	0.29
西裤	81.02	4.10	0.27	6.82	5.89	1.90
运动鞋	70.07	5.31	2.10	4.02	16.00	2.50
皮鞋	73.81	9.48	2.17	9.04	2.39	3.11
电池	29.01	25.51	3.84	9.15	14.49	18.00
床上用品	55.73	12.18	3.12	1.82	20.55	6.60
彩电	39.04	13.46	16.57	4.95	21.23	4.75
冰箱	38.17	17.77	20.58	3.21	17.31	2.96
洗衣机	38.94	17.20	13.37	7.84	21.54	1.11
电热水器	48.22	21.24	3.94	5.93	18.39	2.28
空调	45.16	22.83	10.27	0.37	17.54	3.83
传真机	39.80	13.44	9.64	7.11	14.47	15.54
电话机	45.79	14.45	4.85	7.46	12.71	14.74
影碟机	33.54	26.13	13.77	0.99	20.53	5.04
计算器	34.97	18.48	9.68	3.25	12.77	20.85
电脑	43.61	15.17	5.63	13.72	18.66	3.21
小家电	45.62	20.33	4.92	6.64	14.99	7.50

注：资料来源于 2010 年福建省 165 户大型商场、超市的抽样调查。

1-24 重点商品福建消费者选购因素排行

（2010 年）　　单位：%

重点商品名称	品　牌	质　量	价　格
食用油	31.05	57.92	11.03
盒装牛奶	38.21	49.83	11.96
凉茶饮料	37.91	36.81	25.28
矿泉水	43.38	33.56	23.06
啤酒	47.48	35.00	17.52
男式西服	65.73	24.98	9.29
衬衫	54.20	29.52	16.28
女装	36.97	30.76	32.27
茄克衫	45.22	34.91	19.87
西裤	50.48	34.64	14.88
运动鞋	41.51	39.92	18.57
皮鞋	55.12	40.96	3.92
电池	33.40	49.20	17.40
床上用品	20.03	56.80	23.17
彩电	54.35	30.93	14.72
冰箱	51.35	38.38	10.27
洗衣机	47.95	43.63	8.42
电热水器	35.23	56.46	8.31
空调	43.69	46.93	9.38
传真机	34.20	51.45	14.35
电话机	15.96	56.25	27.79
影碟机	34.36	42.27	23.37
计算器	12.03	47.63	40.34
电脑	48.35	31.91	19.74
小家电	23.31	52.20	24.49

注：资料来源于 2010 年福建省 165 户大型商场、超市的抽样调查。

1-25 重点商品福建消费者最容易接受价格分布情况

（2010年）

重点商品名称	价格范围	选择比重（%）	价格范围	选择比重（%）	价格范围	选择比重（%）
食用油（5升/瓶）	40元以下	31.57	40-60元	62.12	60元以上	6.31
盒装牛奶（250毫升/盒）	1.5元以下	4.55	1.5-2.2元	88.28	2.5元以上	7.17
凉茶饮料（350毫升/瓶）	1.5元以下	25.56	1.5-2.0元	44.71	2.0元以上	29.73
矿泉水（350毫升/瓶）	1.2元以下	28.44	1.2-1.8元	47.34	1.8元以上	24.22
啤酒（听）	2.5元以下	16.33	2.5-4.5元	70.67	4.5元以上	13.00
男式西服（套）	800元以下	23.89	800-1500元	53.68	1500元以上	22.43
衬衫（件）	100元以下	17.16	100-300元	70.17	300元以上	12.67
女装（套）	150元以下	18.28	150-400元	69.86	400元以上	11.86
茄克衫（件）	150元以下	10.19	150-250元	72.84	250元以上	16.97
西裤（件）	100元以下	12.05	100-200元	66.05	200元以上	21.90
运动鞋（双）	150元以下	22.71	150-300元	66.25	300元以上	11.04
皮鞋（双）	150元以下	13.03	150-400元	69.99	400元以上	16.98
电池（个）	0.8元以下	7.55	0.8-2.5元	86.72	2.5元以上	5.73
床上用品（套）	500元以下	20.54	500-1000元	64.16	1000元以上	15.30
彩电（29寸/台）	1800元以下	13.44	1800-2700元	68.27	2700元以上	18.29
冰箱（台）	1200元以下	18.25	1200-2000元	63.80	2000元以上	17.95
洗衣机（台）	1000元以下	14.65	1000-2000元	71.54	2000元以上	13.81
电热水器（台）	800元以下	24.67	800-1000元	57.16	1000元以上	18.17
空调（台）	1000元以下	21.55	1000-2000元	66.13	2000元以上	12.32
传真机（台）	800元以下	12.65	800-1500元	70.49	1500元以上	16.86
电话机（台）	50元以下	24.91	50-100元	54.34	100元以上	20.75
影碟机（台）	300元以下	15.24	300-800元	64.48	800元以上	20.28
计算器（台）	20元以下	15.79	20-60元	67.46	60元以上	16.75
电脑（台式机/台）	5000元以下	15.43	5000-8000元	66.72	8000元以上	17.85
小家电（台）	80元以下	14.59	80-200元	73.40	200元以上	12.01

注：资料来源于2010年福建省165户大型商场、超市的抽样调查。

1-26 福建省按主要国别（地区）出口总额

（2006-2010 年）　　单位：万美元

地　区	2006	2007	2008	2009	2010
亚洲	**1657543**	**1982670**	**2273738**	**2219567**	**2902323**
#中国香港	306116	359411	372959	350678	455702
中国澳门	923	1781	1554	1401	2998
日本	604052	621943	659531	507220	540847
东南亚	219447	305910	381409	446477	567623
阿联酋	64566	81862	97129	108139	121220
欧洲	**964977**	**1261120**	**1465109**	**1264698**	**1640547**
#德国	151468	200119	270675	254420	338727
法国	60607	85408	84134	83939	110858
意大利	68507	89109	103286	94084	125495
芬兰	14505	24238	27411	15801	20697
英国	101557	114538	153166	145678	187950
丹麦	22531	26328	32525	23301	29589
瑞典	14350	20756	57260	20234	24651
瑞士	46713	83521	57206	21942	14742
西班牙	60514	80134	83551	88787	112045
北美洲	**1094134**	**1194448**	**1290114**	**1177783**	**1605509**
#加拿大	86366	107706	108199	93524	118966
美国	1007757	1086714	1181903	1084240	1486505
大洋洲	**73376**	**93024**	**108836**	**112401**	**133950**
#澳大利亚	61027	78549	94332	94761	114185
拉丁美洲及非洲	**336144**	**462776**	**561387**	**557453**	**864546**

注：本表中东南亚仅包括菲律宾、马来西亚、新加坡、泰国。

1-27 福建省各设区市地区生产总值

（2006-2010 年） 单位：亿元

地 区	2006	2007	2008	2009	2010
福州市	1664.05	1974.58	2284.16	2604.04	3123.41
厦门市	1168.02	1387.85	1560.02	1737.23	2060.07
莆田市	423.68	511.70	609.96	691.42	850.33
三明市	453.58	545.69	666.92	800.24	975.10
泉州市	1900.76	2283.70	2705.29	3069.50	3564.97
漳州市	716.91	854.81	1002.02	1178.01	1430.71
南平市	393.19	466.58	559.14	621.65	728.65
龙岩市	450.01	553.44	672.85	824.88	990.90
宁德市	384.00	457.46	542.67	612.28	738.61

1-28 福建省各设区市农林牧渔业总产值

（2006-2010 年） 单位：亿元

地 区	2006	2007	2008	2009	2010
福州市	313.26	346.12	402.31	410.88	480.01
厦门市	31.06	29.79	34.86	33.26	37.53
莆田市	93.21	107.82	124.92	127.37	146.40
三明市	169.13	189.07	221.21	233.22	269.17
泉州市	171.12	188.12	211.09	205.17	232.11
漳州市	294.40	329.66	376.51	386.43	448.77
南平市	162.10	181.61	218.51	229.12	262.19
龙岩市	142.08	159.70	193.96	189.67	212.31
宁德市	152.35	160.27	187.34	196.53	236.16

1-29 福建省各设区市农林牧渔业分行业总产值

（2010 年）　　单位：万元

地　区	农林牧渔业总产值	农业	林业	牧业	渔业
福州市	4800148	1298939	133141	611016	2581890
厦门市	375252	160640	1054	118864	62909
莆田市	1463966	516680	22431	289495	523724
三明市	2691727	1503366	636028	361655	125730
泉州市	2321066	855665	31498	546093	832794
漳州市	4487707	2186507	133326	483697	1469577
南平市	2621855	1243100	522710	579049	168819
龙岩市	2123098	880849	271542	821353	96323
宁德市	2361621	1120073	141772	167477	880043

1-30 福建省各设区市主要农产品产量

（2010 年）　　单位：吨

地　区	粮食	油料	甘蔗	茶叶	水果	肉类	水产品
福州市	606917	45887	26329	16578	528975	253053	1771046
厦门市	43018	9429	4219	1340	18859	72007	37940
莆田市	306167	43940	52517	3777	182778	129061	726190
三明市	1119567	22618	43985	27388	1114632	152614	76570
泉州市	807929	54735	11641	52404	462280	232275	994480
漳州市	700788	38677	333909	49425	2551085	256930	1445170
南平市	1391332	26816	85978	47052	893529	295366	89250
龙岩市	986294	19433	14963	13392	337856	432490	62115
宁德市	656900	4907	41972	61260	337659	77182	671422

1-31 福建省各设区市工业总产值

（2006-2010 年）　　单位：亿元

地　区	2006	2007	2008	2009	2010
福州市	2230.45	2751.60	3276.52	3634.66	4545.41
厦门市	2382.28	2751.96	2978.07	2812.76	3688.95
莆田市	482.79	627.16	800.42	959.09	1266.53
三明市	478.84	636.61	877.88	974.28	1328.85
泉州市	2674.42	3416.63	4271.40	4883.59	6260.41
漳州市	785.43	998.87	1244.26	1436.18	1938.92
南平市	318.51	419.25	526.67	599.31	777.36
龙岩市	388.47	538.03	716.12	845.61	1177.34
宁德市	263.90	377.80	521.46	617.33	917.45

1-32 福建省各设区市工业主营业务收入

（2006-2010 年）　　单位：亿元

地　区	2006	2007	2008	2009	2010
福州市	2028.59	2551.56	2988.97	3342.18	4202.47
厦门市	2311.15	2657.29	2938.94	2772.49	3677.58
莆田市	454.29	605.52	771.50	927.72	1241.05
三明市	445.61	619.98	845.12	949.63	1300.40
泉州市	2507.26	3265.01	4095.54	4659.05	5993.32
漳州市	717.89	923.39	1155.69	1348.45	1867.97
南平市	287.53	385.87	484.34	549.76	729.36
龙岩市	366.75	514.03	685.22	809.05	1127.90
宁德市	248.82	357.07	479.39	564.30	851.96

1-33　福建省各设区市工业分行业主营业务收入

（2010 年）　　单位：万元

行业名称	合计	福州市	厦门市	莆田市	三明市
煤炭开采和洗选业	1524916	19812			443618
黑色金属矿采选业	2317256				285923
有色金属矿采选业	563632				274060
非金属矿采选业	948831	209332	3518	24091	365467
农副食品加工业	12053543	3054534	1246488	1285116	356595
食品制造业	5350198	766324	304929	219793	372023
饮料制造业	3670402	406165	874964	348383	113364
烟草制品业	1677722	5699	715477		7522
纺织业	10868058	3736530	850139	235648	1432841
纺织服装、鞋、帽制造业	11154950	951636	876027	766346	104677
皮革、毛皮、羽毛（绒）及其制品业	15274097	1247270	473085	2546503	10011
木材加工及木、竹、藤、棕、草制品业	4473428	258849	28307	137190	1601170
家具制造业	2168621	501278	321957	107635	54710
造纸及纸制品业	5257728	362833	390151	370072	503135
印刷业和记录媒介的复制	979295	181839	246534	80216	16722
文教体育用品制造业	1461668	139720	564031	123391	6666
石油加工、炼焦及核燃料加工业	6480405	330558	40750		33150
化学原料及化学制品制造业	7807449	604159	2125653	244091	1269320
医药制造业	1381021	435186	190866	34098	100166
化学纤维制造业	3121435	1736671	199788		27392
橡胶制品业	2987496	54864	1322075	609370	84092
塑料制品业	7430816	2534740	1219430	500555	224631
非金属矿物制品业	13184656	2024424	759274	281879	976392
黑色金属冶炼及压延加工业	9545525	3304968	273359	37125	1979629
有色金属冶炼及压延加工业	4681426	747044	867984	68761	176032
金属制品业	4309113	589299	1119750	548166	117790
通用设备制造业	6096975	787807	885259	195181	808953
专用设备制造业	4923000	627938	1464861	183265	330369
交通运输设备制造业	9985951	3412948	2328636	189910	229287
电气机械及器材制造业	9277371	2153368	2592202	66076	127223
通信设备、计算机及其他电子设备制造业	22812231	7534751	12955286	614009	45904
仪器仪表及文化、办公机械制造业	2132410	534574	630137	589946	11145
工艺品及其他制造业	5243531	809839	398376	1060943	46778
废弃资源和废旧材料回收加工业	185821	13700	7314	32192	34972
电力、热力的生产和供应业	12408285	1828901	376611	380020	419220
燃气生产和供应业	722290	76408		505857	2447
水的生产和供应业	332145	53062	122534	24721	10603

1-33 续表　　　　（2010 年）　　　　单位：万元

行业名称	泉州市	漳州市	南平市	龙岩市	宁德市
煤炭开采和洗选业	80959		20125	960402	
黑色金属矿采选业	1812544	6502	11969	198098	2220
有色金属矿采选业	99965	1177	78071	89492	20868
非金属矿采选业	77616	59057	77143	104499	28108
农副食品加工业	1055454	3242797	681930	491094	639536
食品制造业	1733912	1214731	304301	255338	178846
饮料制造业	697066	360621	251808	221030	397001
烟草制品业			7849	941175	
纺织业	3710310	174055	315608	376175	36754
纺织服装、鞋、帽制造业	7749815	350083	56384	275352	24631
皮革、毛皮、羽毛（绒）及其制品业	10751949	184821	15291	37378	7789
木材加工及木、竹、藤、棕、草制品业	138482	280329	1532441	345035	151626
家具制造业	262629	724733	87684	67388	40606
造纸及纸制品业	1966967	1109875	320396	135069	99229
印刷业和记录媒介的复制	348233	63345	3381	36298	2727
文教体育用品制造业	271967	228144	24406	86881	16462
石油加工、炼焦及核燃料加工业	5955392	74439	5672	35763	4682
化学原料及化学制品制造业	1533313	741810	720292	449406	119404
医药制造业	164400	97854	166205	37393	154854
化学纤维制造业	1100226	20611	1553	669	34526
橡胶制品业	818291	15375	58873	16619	7938
塑料制品业	1457148	369385	95933	88497	940497
非金属矿物制品业	6490344	852766	248719	1214043	336816
黑色金属冶炼及压延加工业	867059	1428373	256178	544032	854802
有色金属冶炼及压延加工业	507103	205285	508246	1113529	487444
金属制品业	649201	974803	41675	57046	211383
通用设备制造业	1604471	556601	141993	436675	680035
专用设备制造业	1094064	130870	87227	888131	116275
交通运输设备制造业	632329	1722546	106544	691287	672464
电气机械及器材制造业	898962	1250200	681107	171856	1336377
通信设备、计算机及其他电子设备制造业	839138	621186	34264	159647	8045
仪器仪表及文化、办公机械制造业	55565	207437	31669	12849	59089
工艺品及其他制造业	2549717	239526	21414	78855	38083
废弃资源和废旧材料回收加工业		50986		46657	
电力、热力的生产和供应业	1737899	1101291	290806	609599	802562
燃气生产和供应业	133962	1982		1634	
水的生产和供应业	86704	16070	6452	4072	7926

1-34 福建省各设区市建筑业企业总收入

（2006-2010 年）　　单位：万元

地 区	2006	2007	2008	2009	2010
福州市	4275075	5584030	7180818	8827725	10605696
厦门市	2147035	3024111	3620549	4304040	5259280
莆田市	384169	447116	592500	778022	1144897
三明市	320089	416272	572987	895968	1406699
泉州市	1870819	2592660	3105327	3795746	4983956
漳州市	622507	1179920	1321432	1106483	1199272
南平市	235809	353967	395872	410233	554268
龙岩市	683967	989816	1264193	1709960	2297012
宁德市	300739	413832	518700	527754	711777

1-35 福建省各设区市建筑业企业数

（2006-2010 年）　　单位：户

地 区	2006	2007	2008	2009	2010
福州市	556	585	688	704	748
厦门市	355	387	448	403	466
莆田市	98	99	128	146	145
三明市	97	101	120	132	140
泉州市	337	370	425	440	491
漳州市	129	131	167	164	165
南平市	117	122	137	137	148
龙岩市	137	140	172	179	187
宁德市	88	87	113	114	116

1-36 福建省各设区市金融系统各项存款额

（2006-2010 年）　　单位：亿元

地 区	2006	2007	2008	2009	2010
福州市	2896.25	3290.11	3858.76	4740.58	5961.07
厦门市	1830.70	2234.58	2430.42	3160.42	4234.53
莆田市	377.84	398.81	474.17	637.24	716.27
三明市	402.20	425.51	513.12	594.96	754.47
泉州市	1646.04	1851.28	2175.04	621.74	3276.23
漳州市	519.21	603.15	707.94	485.63	1085.49
南平市	400.99	419.36	498.11	2685.74	751.86
龙岩市	351.71	410.70	520.70	856.47	784.76
宁德市	271.21	292.03	364.61	683.64	669.68

注：以上数据不含外资银行。

1-37 福建省各设区市批发和零售业、住宿和餐饮业社会消费品零售总额

（2006-2010 年）　　单位：万元

地 区	2006	2007	2008	2009	2010
福州市	7755301	9409928	11343731	13386447	16242808
厦门市	3149439	3620463	4189207	5661225	6850248
莆田市	1458794	1728578	2061362	2461311	2903654
三明市	1259868	1492830	1829244	2066536	2455812
泉州市	6469016	7556644	9061139	10552000	12344277
漳州市	2583480	3022806	3637827	4002101	4726326
南平市	1509149	1743973	2088797	2252168	2620382
龙岩市	1459041	1677214	2083577	2619733	3121663
宁德市	1398219	1626422	1985562	2020255	2346438

1-38 福建省各县（市、区）地区生产总值

（2006-2010 年）

单位：亿元

地 区	2006	2007	2008	2009	2010
福州市辖区	804.42	957.13	1111.61	1327.98	1545.23
福清市	296.21	352.40	401.51	411.35	477.39
长乐市	180.47	213.15	238.95	254.67	303.13
闽侯县	102.04	122.01	138.58	196.89	238.55
连江县	99.65	116.96	135.92	157.75	188.53
罗源县	47.39	58.66	70.65	78.88	103.89
闽清县	56.01	62.57	69.67	73.78	84.29
永泰县	33.01	39.13	44.16	61.60	72.98
平潭县	44.85	52.56	60.49	73.58	89.69
厦门市	1168.02	1387.85	1560.02	1737.23	2060.07
莆田市辖区	344.71	417.54	499.49	572.04	710.53
仙游县	78.97	94.16	110.47	119.38	139.80
三明市辖区	105.22	127.78	166.00	186.89	227.46
永安市	89.25	107.20	128.05	149.92	182.81
明溪县	16.39	19.83	23.31	26.61	31.76
清流县	15.75	19.43	23.60	35.07	42.47
宁化县	25.20	31.10	37.17	48.14	58.82
大田县	33.06	39.39	48.74	66.00	85.72
尤溪县	52.32	61.65	70.81	83.14	99.95
沙县	48.92	59.14	72.79	85.80	104.29
将乐县	25.65	30.46	36.19	44.08	53.59
泰宁县	24.18	28.71	34.49	39.53	45.43
建宁县	17.64	21.01	25.77	35.08	42.81
泉州市辖区	407.90	488.05	583.20	703.57	825.88
石狮市	200.52	240.17	287.80	325.32	370.24
晋江市	492.50	588.51	697.72	798.89	908.88
南安市	251.67	300.26	364.13	413.43	482.28
惠安县	221.02	269.52	315.21	344.52	399.37
安溪县	157.89	192.85	239.15	248.95	305.99
永春县	104.03	123.89	143.71	148.81	170.96
德化县	60.36	72.30	84.30	88.64	101.67
漳州市辖区	180.93	220.00	257.74	299.82	349.04
龙海市	175.52	209.84	244.42	294.79	365.50

1-38 续表　　(2006-2010 年)　　单位：亿元

地　区	2006	2007	2008	2009	2010
云霄县	35.08	41.50	49.46	58.32	73.31
漳浦县	81.21	97.22	111.67	125.60	150.00
诏安县	50.05	58.60	68.74	80.91	97.22
长泰县	32.11	39.09	47.01	61.75	78.99
东山县	37.36	43.42	51.09	59.00	78.41
南靖县	55.86	63.88	74.93	89.49	107.20
平和县	48.44	56.09	65.83	72.50	87.73
华安县	20.35	25.18	31.12	35.83	43.31
南平市辖区	102.83	120.53	142.26	152.74	176.43
邵武市	56.02	66.19	80.67	89.31	106.19
武夷山市	34.30	41.66	49.39	55.90	65.79
建瓯市	52.76	63.19	76.89	87.19	103.24
建阳市	40.01	47.72	58.35	66.38	78.55
顺昌县	29.46	35.10	40.37	44.91	51.65
浦城县	34.25	40.73	49.15	54.92	64.65
光泽县	17.57	20.57	26.59	29.20	34.32
松溪县	12.88	15.43	18.16	20.49	23.86
政和县	13.11	15.45	18.25	20.61	23.97
龙岩市辖区	184.82	228.24	275.13	342.32	409.73
漳平市	45.31	54.28	65.14	82.96	101.60
长汀县	34.57	43.19	52.96	72.69	88.30
永定县	63.74	76.51	93.84	94.62	110.97
上杭县	54.53	68.29	84.45	108.34	126.66
武平县	32.89	39.79	48.19	61.56	74.16
连城县	34.15	43.14	53.27	62.40	79.48
宁德市辖区	64.21	76.89	90.03	108.36	126.82
福安市	88.50	109.47	130.63	142.84	177.17
福鼎市	63.42	75.90	90.51	107.56	133.85
霞浦县	55.77	62.99	73.95	79.87	93.87
古田县	45.29	53.66	63.63	69.19	81.87
屏南县	18.17	21.62	25.89	28.80	34.38
寿宁县	19.92	22.84	27.07	29.95	36.34
周宁县	15.33	18.10	21.41	22.91	27.23
柘荣县	13.39	15.99	19.55	22.81	27.08

1-39 福建省各县（市、区）农林牧渔业总产值

（2006-2010 年）

单位：万元

地　区	2006	2007	2008	2009	2010
福州市辖区	192098	190162	201303	204177	222882
福清市	702880	796777	917010	913423	1056775
长乐市	386060	380730	436982	450179	532528
闽侯县	257050	264268	325181	339460	396106
连江县	698947	814503	963961	986398	1156449
罗源县	205558	238954	274591	277285	327227
闽清县	171025	180225	206052	217923	261672
永泰县	226689	256011	302368	317580	377408
平潭县	292319	339577	395652	402390	469102
厦门市	310591	297853	348594	332630	375252
莆田市辖区	687720	806738	941818	962389	1103791
仙游县	244387	271416	307392	311356	360175
三明市辖区	112264	118269	136882	142440	162289
永安市	194645	221019	258759	271392	309533
明溪县	86596	104068	121039	132482	162662
清流县	96455	108998	128200	137033	159060
宁化县	173283	201337	238467	250005	290120
大田县	191531	211343	247683	259625	301456
尤溪县	324240	351692	403804	429747	495889
沙县	186697	213660	250588	258553	293453
将乐县	122410	131685	154838	163458	186986
泰宁县	93653	109385	129297	135300	154382
建宁县	109523	119222	142514	152116	175897
泉州市辖区	219602	212277	243312	230054	258753
石狮市	207481	227103	259004	251395	290941
晋江市	198531	221932	251201	251239	295562
南安市	233775	250494	285900	275015	300978
惠安县	312802	358248	382572	362629	401120
安溪县	241399	284237	326804	330445	381052
永春县	185927	203930	223581	219690	248331
德化县	114859	122988	138555	131242	144329
漳州市辖区	141680	170761	204482	180669	194816
龙海市	452509	507441	571052	581214	676745

1-39 续表 （2006-2010 年） 单位：万元

地　区	2006	2007	2008	2009	2010
云霄县	238299	262116	304837	317291	366248
漳浦县	525294	594804	676147	688851	794528
诏安县	328549	365293	416231	430953	496798
长泰县	131219	141606	163529	168579	195181
东山县	247305	258775	302218	309095	362908
南靖县	347212	391986	443241	465259	546379
平和县	389699	444594	507662	542676	647512
华安县	142202	159235	175714	179692	206593
南平市辖区	236161	272168	332819	324575	349253
邵武市	200471	221170	260996	272865	311431
武夷山市	127218	144672	171383	180702	206824
建瓯市	287549	322222	380962	404040	474132
建阳市	203515	221832	262452	281169	321554
顺昌县	114587	127915	151389	160477	184209
浦城县	180971	205375	242908	256398	292941
光泽县	112349	117836	166777	182782	220715
松溪县	80961	95147	112343	119450	136840
政和县	77251	87788	103028	108695	123955
龙岩市辖区	232182	267189	340497	318512	333460
漳平市	156898	174578	199898	204673	240143
长汀县	207850	241374	287321	284941	313324
永定县	215364	233638	276871	269574	305451
上杭县	236756	260192	328711	311327	334483
武平县	195264	221879	270804	268685	322313
连城县	176440	198188	235525	238952	273924
宁德市辖区	236244	248314	292466	294689	346786
福安市	255954	269816	312601	326743	395181
福鼎市	213830	214295	251278	265107	330870
霞浦县	310886	298997	354336	368965	453441
古田县	228993	263125	304455	328128	389524
屏南县	82194	90709	106061	112002	132793
寿宁县	99205	109401	126169	134892	157799
周宁县	47501	55298	64495	67727	80353
柘荣县	48665	52741	61512	67061	74875

1-40 福建省各县（市、区）农林牧渔业分行业总产值

（2010 年）　　单位：万元

地　区	农林牧渔业总产值	农业	林业	牧业	渔业
福州市辖区	222882	114239	5254	36049	56455
福清市	1056775	214859	3133	263689	533383
长乐市	532528	130944	1251	76821	309857
闽侯县	396106	247215	5453	86942	39897
连江县	1156449	90881	4407	29111	997529
罗源县	327227	82900	3886	18868	203113
闽清县	261672	183639	24340	30624	20518
永泰县	377408	206078	84198	51066	27266
平潭县	469102	28183	1221	17846	393873
厦门市	375252	160640	1054	118864	62909
莆田市辖区	1103791	293111	8890	220736	490594
仙游县	360175	223569	13541	68759	33130
三明市辖区	162289	87557	36613	26592	7434
永安市	309533	143505	82277	51658	15343
明溪县	162662	107903	37595	10316	5059
清流县	159060	83421	35466	20138	18468
宁化县	290120	169455	61941	40477	11334
大田县	301456	196846	41640	54367	6476
尤溪县	495889	300957	129241	45783	12574
沙　县	293453	136640	76769	58498	11802
将乐县	186986	101014	52506	19960	10556
泰宁县	154382	68691	43886	18038	18367
建宁县	175897	107378	38095	15828	8317
泉州市辖区	258753	63845	1412	56016	134435
石狮市	290941	10957	45	4521	275226
晋江市	295562	61050	188	62401	161123
南安市	300978	138406	4236	134579	15556
惠安县	401120	64974	401	84272	240972
安溪县	381052	277030	5137	86166	1669
永春县	248331	171346	8779	56605	1750
德化县	144329	68056	11299	61532	2062
漳州市辖区	194816	68049	3436	97770	16819
龙海市	676745	239938	8889	85230	304918

1-40 续表　　（2010 年）　　单位：万元

地　区	农林牧渔业总产值	农业	林业	牧业	渔业
云霄县	366248	155489	8133	27310	159542
漳浦县	794528	294078	7565	62195	380082
诏安县	496798	189929	2273	26362	253588
长泰县	195181	120544	12386	39543	17075
东山县	362908	24749	482	7967	313763
南靖县	546379	400900	48102	66190	12518
平和县	647512	537914	23855	45892	8471
华安县	206593	154917	18204	25238	2802
南平市辖区	349253	94545	51428	168485	10156
邵武市	311431	146122	62629	44296	47351
武夷山市	206824	115384	40764	33938	10154
建瓯市	474132	251004	131312	44377	28455
建阳市	321554	177377	70036	44000	19041
顺昌县	184209	84654	53017	20521	18417
浦城县	292941	172611	40844	45199	19548
光泽县	220715	41011	13223	154792	6639
松溪县	136840	80664	33849	11603	6225
政和县	123955	79727	25610	11840	2831
龙岩市辖区	333460	77297	28112	210558	11010
漳平市	240143	127838	41859	46638	16603
长汀县	313324	145043	39800	104635	16259
永定县	305451	125315	30824	129135	8062
上杭县	334483	139524	38210	136026	14797
武平县	322313	150076	42251	112074	11072
连城县	273924	115756	50486	82287	18520
宁德市辖区	346786	68080	9327	29015	229244
福安市	395181	221485	25103	38920	104590
福鼎市	330870	127481	17290	15552	165554
霞浦县	453441	88089	11191	18737	327078
古田县	389524	297093	23613	21500	34001
屏南县	132793	92879	13829	15534	8154
寿宁县	157799	119461	21711	10876	2962
周宁县	80353	53314	8777	9511	5161
柘荣县	74875	52191	10932	7833	3299

1-41 福建省各县（市、区）工业总产值

（2006-2010 年）　　单位：亿元

地　区	2006	2007	2008	2009	2010
福州市辖区	877.93	1081.67	1303.15	1396.83	1655.38
福清市	629.43	726.53	845.14	851.68	1034.78
长乐市	392.69	504.75	590.02	677.41	854.16
闽侯县	153.43	207.86	233.07	303.34	430.98
连江县	55.40	80.04	108.42	140.65	193.19
罗源县	46.31	62.58	90.25	143.20	224.92
闽清县	60.51	66.85	76.98	87.00	105.17
永泰县	10.74	14.98	18.51	19.46	24.05
平潭县	4.01	6.33	10.99	15.08	22.78
厦门市	2382.28	2751.96	2978.07	2812.76	3688.95
莆田市辖区	425.77	547.59	698.12	840.69	1107.78
仙游县	57.02	79.57	102.30	118.40	158.75
三明市辖区	190.86	243.71	342.96	307.11	375.57
永安市	100.61	131.44	169.36	214.05	294.16
明溪县	8.69	12.11	17.30	20.70	31.71
清流县	10.23	13.77	19.49	24.85	37.46
宁化县	9.50	13.86	20.78	26.71	40.41
大田县	30.92	41.13	58.71	73.99	114.58
尤溪县	30.95	43.76	57.14	62.47	92.24
沙县	58.80	82.24	121.90	150.73	211.21
将乐县	17.58	25.64	31.85	42.59	62.32
泰宁县	11.22	14.85	19.88	25.85	31.31
建宁县	9.48	14.10	18.52	25.22	37.87
泉州市辖区	729.71	898.53	1121.07	1322.12	1758.09
石狮市	250.94	316.61	394.90	459.27	563.16
晋江市	897.81	1125.84	1335.50	1515.28	1859.57
南安市	295.67	403.64	521.63	592.46	764.27
惠安县	237.81	311.01	410.03	492.46	611.04
安溪县	130.66	190.19	278.20	278.85	426.05
永春县	68.79	89.43	115.57	130.66	169.62
德化县	63.04	81.38	94.50	92.48	108.60
漳州市辖区	224.16	280.39	324.48	364.68	466.62
龙海市	313.71	387.56	485.07	541.82	710.87

1-41 续表　　（2006-2010 年）　　单位：亿元

地　区	2006	2007	2008	2009	2010
云霄县	14.18	21.43	33.46	41.17	69.86
漳浦县	37.33	50.31	61.20	76.87	109.76
诏安县	28.76	39.28	52.19	65.11	90.65
长泰县	40.01	58.41	78.85	99.10	146.71
东山县	32.83	40.26	48.08	62.21	99.78
南靖县	71.55	85.88	108.93	122.77	150.41
平和县	12.65	18.98	26.79	30.67	44.32
华安县	10.24	16.37	25.21	31.79	49.93
南平市辖区	142.82	173.57	196.48	197.69	258.08
邵武市	50.08	68.01	90.85	107.64	138.82
武夷山市	9.55	14.80	20.22	26.93	35.74
建瓯市	28.36	41.40	56.06	72.96	95.10
建阳市	29.29	41.75	59.95	74.28	94.70
顺昌县	22.48	28.65	33.01	37.10	46.26
浦城县	18.24	23.61	31.28	35.56	45.68
光泽县	10.16	15.42	21.80	25.11	31.96
松溪县	3.40	6.55	8.81	11.44	16.57
政和县	4.13	5.49	8.21	10.60	14.47
龙岩市辖区	236.05	322.63	414.29	480.23	620.74
漳平市	27.41	36.37	50.23	60.45	87.02
长汀县	18.10	27.48	39.80	54.23	82.48
永定县	36.22	49.46	69.61	76.00	112.81
上杭县	43.02	59.92	79.08	88.43	145.16
武平县	11.65	16.26	23.98	33.49	51.26
连城县	16.01	25.90	39.13	52.78	77.87
宁德市辖区	33.97	61.57	52.27	94.25	89.13
福安市	104.82	146.38	226.97	218.83	363.61
福鼎市	48.92	68.26	99.49	127.22	207.88
霞浦县	11.51	16.37	24.10	30.72	46.34
古田县	21.88	29.02	39.06	49.07	70.02
屏南县	8.77	12.04	16.51	19.69	28.38
寿宁县	12.22	13.84	19.20	23.60	35.94
周宁县	9.54	13.33	19.45	23.44	33.64
柘荣县	12.26	16.99	24.40	30.50	42.52

1-42 福建省各县（市、区）工业主营业务收入

（2006-2010 年）　　　　单位：万元

地　区	2006	2007	2008	2009	2010
福州市辖区	7441523	9413778	11398494	12170111	14402724
福清市	6098562	7066597	7832402	8061799	9685842
长乐市	3734157	4820589	5645097	6394800	8247104
闽侯县	1415510	1973562	2069422	2851920	4091962
连江县	462402	778963	1017243	1368998	1821131
罗源县	408313	586395	873874	1415146	2277322
闽清县	582719	661974	760339	852089	1031125
永泰县	103532	152092	185191	197899	253076
平潭县	39222	61694	107602	109066	214372
厦门市	23111482	26572926	29389402	27724933	36775751
莆田市辖区	3995813	5285826	6712116	8111939	10859668
仙游县	547115	769414	1002932	1165304	1550880
三明市辖区	1850456	2450279	3284176	3012707	3731362
永安市	834365	1204860	1634120	2066269	2859629
明溪县	81196	117128	166453	197781	310460
清流县	90104	135023	179006	228578	346552
宁化县	89456	135004	201014	263018	388869
大田县	294086	403994	577042	722920	1117582
尤溪县	293684	419639	530532	616453	870265
沙县	560325	798324	1192478	1467466	2080983
将乐县	159272	247498	308479	416846	614316
泰宁县	111636	148607	194510	256772	311012
建宁县	91514	139448	183387	247496	372966
泉州市辖区	6281142	8107930	10007751	11777878	16336998
石狮市	2497698	3148417	3915870	4595248	5523641
晋江市	8694771	10896501	13159930	14606886	17857180
南安市	2891808	3987032	5076482	5821029	7475106
惠安县	2276301	3054575	3984457	4784884	5842529
安溪县	1147820	1801471	2745553	2772497	4171990
永春县	679257	865254	1141469	1319040	1671486
德化县	603811	788893	923848	913015	1054227
漳州市辖区	1945904	2531378	2866340	3221367	4274621
龙海市	2946876	3585281	4469357	5105392	6917669

1-42 续表 （2006-2010 年） 单位：万元

地　区	2006	2007	2008	2009	2010
云霄县	137786	208924	323661	402103	687359
漳浦县	335973	460575	585979	730284	1067322
诏安县	279621	392138	519602	643591	896036
长泰县	341506	529107	757805	980019	1454274
东山县	300280	385570	470357	613515	975813
南靖县	677635	799780	1054169	1184213	1471579
平和县	118528	189933	266037	300801	438290
华安县	94775	151250	243566	303223	496701
南平市辖区	1258880	1525578	1706363	1697675	2288993
邵武市	466608	670168	875015	1051352	1359726
武夷山市	87184	146557	185725	253643	339917
建瓯市	281724	402411	535796	695605	905242
建阳市	279278	405722	550328	695226	923258
顺昌县	175007	230229	327729	363640	450866
浦城县	151471	210435	283819	312059	431158
光泽县	99061	151486	215693	226740	297226
松溪县	36402	64763	79519	104397	156389
政和县	39669	51400	83389	97216	140835
龙岩市辖区	2185521	3008895	3906309	4572887	5879145
漳平市	267519	357478	488766	588308	855737
长汀县	174317	265812	377105	515355	804258
永定县	356653	493222	683105	745544	1121505
上杭县	420684	605643	787211	845140	1357064
武平县	113862	157699	230963	326566	505640
连城县	148904	251579	378762	496741	755611
宁德市辖区	270093	523636	406961	810922	1073026
福安市	1006194	1416179	2091198	1966838	3093490
福鼎市	468028	648056	934989	1202882	1993550
霞浦县	112879	158113	236900	305030	460984
古田县	213106	279678	349791	412637	556803
屏南县	84288	117757	165010	195294	274913
寿宁县	117194	136110	182637	224663	336510
周宁县	90765	128009	189721	228749	319699
柘荣县	125669	163146	236707	296034	410631

注：2006-2007 年数据不包括福建省电力公司和福建水泥股份有限公司数据。

1-43 福建省各县（市、区）批发和零售业、住宿和餐饮业社会消费品零售总额

（2006-2010 年）

单位：万元

地　区	2006	2007	2008	2009	2010
福州市辖区	5524748	6832867	8265793	9712232	11801298
福清市	833096	949737	1133407	1335169	1556831
长乐市	378298	429919	506640	603851	723684
闽侯县	278937	329373	406226	516240	709187
连江县	213930	253604	303882	364159	442266
罗源县	125354	146227	171572	202292	241189
闽清县	121935	138375	164015	194697	225344
永泰县	120400	139842	165082	195068	228239
平潭县	158605	189986	227116	262738	314770
厦门市	3149439	3620463	4189207	5661225	6850248
莆田市辖区	1198087	1436123	1716594	2053885	2445164
仙游县	260707	292455	344768	407426	458490
三明市辖区	346272	413845	499028	579046	695671
永安市	259892	302540	369132	400283	458229
明溪县	41581	50241	60306	66683	77543
清流县	49538	58167	69180	77940	91019
宁化县	75882	90768	113276	128947	155234
大田县	105804	126809	151152	169249	205780
尤溪县	112960	131365	166001	178592	216974
沙　县	117099	140367	178558	213813	261357
将乐县	55088	65153	81380	91560	106110
泰宁县	50214	60168	74678	87015	102338
建宁县	45539	53408	66553	73408	85558
泉州市辖区	1688917	2007903	2366371	2844000	3405994
石狮市	1026931	1184275	1432053	1652600	1902471
晋江市	1270744	1496728	1811647	2089400	2413714
南安市	913497	1046954	1273071	1468000	1737198
惠安县	627854	728705	877109	1005600	1154546
安溪县	473465	555211	671251	786500	899163
永春县	264056	302273	359756	403700	487868
德化县	203551	234595	269880	302200	343324
漳州市辖区	790560	961926	1155457	1301822	1824151
龙海市	467422	536621	641193	702449	746231

1-43 续表　　（2006-2010 年）　　单位：万元

地　区	2006	2007	2008	2009	2010
云霄县	175606	197850	234454	253117	267080
漳浦县	326955	376898	456682	494970	528843
诏安县	241086	271322	323371	349849	391173
长泰县	74638	85503	107102	115673	122457
东山县	130029	148743	180090	195913	220751
南靖县	136871	170263	205259	220626	225578
平和县	194433	221052	269960	297428	328375
华安县	45880	52622	64260	70255	71688
南平市辖区	384578	450376	534170	578396	674403
邵武市	243361	279861	339903	386895	458432
武夷山市	136909	155766	190740	212712	247896
建瓯市	187990	216615	262955	292574	346732
建阳市	138042	162322	194788	201498	231348
顺昌县	99532	113807	135291	140604	157985
浦城县	142284	162718	192392	193164	224147
光泽县	59362	68975	81402	88940	102155
松溪县	56614	64807	76291	78002	87931
政和县	60479	68727	80866	79385	89354
龙岩市辖区	593593	684285	869336	1113524	1321241
漳平市	146657	168720	208133	257381	303294
长汀县	135385	155561	191633	245207	291409
永定县	179471	206546	248968	302650	359670
上杭县	156154	178641	226422	282355	321996
武平县	117734	134747	161822	195138	230535
连城县	130048	148715	177263	223478	293518
宁德市辖区	243834	281872	356056	436032	526949
福安市	313315	366892	434956	385310	450882
福鼎市	247797	288684	359738	360575	412060
霞浦县	209170	243102	307944	331613	381982
古田县	169144	196715	233698	208445	238385
屏南县	55282	63961	76696	74746	85738
寿宁县	73410	84495	98573	93211	103551
周宁县	50284	58782	69260	75674	84815
柘荣县	35983	41920	48641	54649	62076

2 区域篇

2-1　全国各省（市、区）地区生产总值占全国比重及位次

（2006-2010 年）　　单位：%

地区	2006		2007		2008		2009		2010	
	比重	位次	比重	位次	比重	位次	比重	位次	比重	位次
北京	3.49	10	3.52	10	3.33	12	3.33	13	3.23	13
天津	1.92	21	1.88	22	2.02	21	2.06	20	2.11	20
河北	4.93	6	4.86	6	4.80	6	4.72	6	4.67	6
山西	2.10	17	2.15	17	2.19	17	2.01	21	2.11	21
内蒙古	2.12	16	2.30	16	2.55	15	2.67	15	2.67	15
辽宁	4.00	8	3.99	8	4.10	8	4.16	7	4.22	7
吉林	1.84	22	1.89	21	1.93	22	1.99	22	1.98	22
黑龙江	2.67	14	2.54	15	2.49	16	2.35	16	2.37	16
上海	4.54	7	4.47	7	4.22	7	4.12	8	3.93	8
江苏	9.34	3	9.30	2	9.30	2	9.43	2	9.48	2
浙江	6.75	4	6.70	4	6.44	4	6.29	4	6.34	4
安徽	2.63	15	2.63	14	2.66	14	2.75	14	2.83	14
福建	3.26	13	3.31	13	3.25	13	3.35	12	3.37	12
江西	2.07	18	2.07	19	2.09	20	2.10	19	2.16	19
山东	9.41	2	9.21	3	9.28	3	9.28	3	8.96	3
河南	5.31	5	5.37	5	5.41	5	5.33	5	5.28	5
湖北	3.27	12	3.34	12	3.40	11	3.55	11	3.65	11
湖南	3.30	11	3.37	11	3.47	10	3.58	10	3.67	10
广东	11.42	1	11.36	1	11.04	1	10.81	1	10.53	1
广西	2.04	19	2.08	18	2.11	19	2.12	18	2.19	18
海南	0.45	28	0.45	28	0.45	28	0.45	28	0.47	28
重庆	1.68	24	1.67	24	1.74	23	1.79	23	1.81	23
四川	3.73	9	3.78	9	3.78	9	3.87	9	3.93	9
贵州	1.00	26	1.03	26	1.07	26	1.07	26	1.05	26
云南	1.71	23	1.71	23	1.71	24	1.69	24	1.65	24
西藏	0.12	31	0.12	31	0.12	31	0.12	31	0.12	31
陕西	2.04	20	2.06	20	2.19	18	2.24	17	2.32	17
甘肃	0.98	27	0.97	27	0.95	27	0.93	27	0.94	27
青海	0.28	30	0.29	30	0.31	30	0.30	30	0.31	30
宁夏	0.31	29	0.33	29	0.36	29	0.37	29	0.39	29
新疆	1.31	25	1.26	25	1.26	25	1.17	25	1.24	25

2-2 全国各省（市、区）农林牧渔业总产值占全国比重及位次

（2006-2010 年）

单位：%

地区	2006		2007		2008		2009		2010	
	比重	位次	比重	位次	比重	位次	比重	位次	比重	位次
北京	0.64	27	0.56	26	0.52	26	0.52	26	0.47	26
天津	0.64	26	0.49	28	0.46	28	0.47	28	0.46	27
河北	6.53	3	6.29	4	6.04	5	6.03	5	6.22	3
山西	1.21	25	1.02	25	1.03	25	1.51	22	1.51	22
内蒙古	2.56	18	2.61	18	2.63	18	2.60	18	2.66	17
辽宁	4.34	9	4.35	9	4.27	9	4.48	9	4.48	9
吉林	2.72	17	2.78	16	2.78	16	2.87	15	2.67	16
黑龙江	3.27	14	3.48	12	3.66	12	3.73	12	3.66	12
上海	0.56	28	0.52	27	0.48	27	0.47	27	0.41	29
江苏	6.38	4	6.27	5	6.19	4	6.32	3	6.20	4
浙江	3.57	12	3.27	14	3.07	14	3.10	14	3.13	14
安徽	4.20	10	4.23	10	4.22	10	4.26	10	4.26	10
福建	3.53	13	3.46	13	3.39	13	3.32	13	3.33	13
江西	2.90	15	2.92	15	2.90	15	2.87	16	2.74	15
山东	9.56	1	9.75	1	9.68	1	9.95	1	9.59	1
河南	8.46	2	7.94	2	8.05	2	8.07	2	8.27	2
湖北	4.41	8	4.70	8	5.07	8	4.95	8	5.05	8
湖南	5.03	7	5.38	7	5.73	6	5.31	7	5.46	6
广东	6.31	5	5.77	6	5.69	7	5.53	6	5.42	7
广西	3.88	11	4.14	11	4.12	11	3.94	11	3.93	11
海南	1.28	24	1.12	24	1.15	24	1.17	25	1.18	25
重庆	1.50	21	1.47	21	1.50	21	1.51	21	1.47	23
四川	6.13	6	6.91	3	6.73	3	6.11	4	5.89	5
贵州	1.44	22	1.43	22	1.45	22	1.45	24	1.44	24
云南	2.85	16	2.72	17	2.75	17	2.83	17	2.61	19
西藏	0.16	31	0.16	31	0.15	31	0.15	31	0.15	31
陕西	1.93	20	2.05	20	2.20	19	2.22	19	2.40	20
甘肃	1.32	23	1.40	23	1.39	23	1.45	23	1.52	21
青海	0.24	30	0.25	30	0.26	30	0.26	30	0.29	30
宁夏	0.36	29	0.37	29	0.39	29	0.40	29	0.44	28
新疆	2.08	19	2.18	19	2.03	20	2.15	20	2.66	18

2-3 全国各省（市、区）主要农产品国内市场占有率及位次

（2010 年） 单位：%

地区	粮食		谷物		稻谷		小麦		玉米		豆类		薯类	
	占有率	位次	占有率	位次	占有率	位次	占有率	位次	占有率	位次	占有率	位次	占有率	位次
北京	0.21	29	0.23	29			0.25	19	0.47	23	0.06	31	0.04	28
天津	0.29	27	0.32	26	0.06	26	0.46	15	0.52	22	0.10	29	0.01	30
河北	5.45	7	5.73	6	0.28	25	10.68	3	8.51	5	1.77	16	3.15	13
山西	1.99	21	2.09	19			2.02	11	4.32	8	1.27	21	0.83	26
内蒙古	3.95	11	3.67	12	0.38	22	1.43	12	8.27	6	8.75	2	5.49	7
辽宁	3.23	13	3.38	13	2.34	16	0.03	25	6.49	7	1.95	14	1.65	19
吉林	5.20	9	5.35	9	2.90	12	0.01	27	11.31	2	5.95	4	2.42	16
黑龙江	9.17	2	8.63	2	9.42	3	0.80	13	13.11	1	31.73	1	4.05	10
上海	0.22	28	0.23	28	0.46	20	0.17	23	0.02	30	0.06	30	0.03	29
江苏	5.92	4	6.27	4	9.24	4	8.75	5	1.23	18	4.49	7	1.27	23
浙江	1.41	23	1.41	23	3.31	10	0.21	21	0.07	26	1.60	17	1.33	22
安徽	5.64	6	5.86	5	7.07	7	10.48	4	1.76	15	6.43	3	1.52	20
福建	1.21	24	1.06	24	2.59	14	0.01	28	0.09	25	0.98	23	3.77	12
江西	3.58	12	3.77	11	9.49	2	0.02	26	0.05	29	1.47	19	1.83	17
山东	7.93	3	8.27	3	0.54	19	17.87	2	10.90	3	2.16	12	6.08	3
河南	9.95	1	10.49	1	2.41	15	26.76	1	9.22	4	4.92	6	4.39	9
湖北	4.24	10	4.38	10	7.96	5	2.98	9	1.47	16	2.33	10	3.13	14
湖南	5.21	8	5.42	7	12.80	1	0.09	24	0.95	20	2.12	13	3.79	11
广东	2.41	16	2.29	16	5.42	9			0.41	24	0.97	24	5.21	8
广西	2.58	15	2.68	14	5.73	8			1.18	19	1.25	22	1.80	18
海南	0.33	26	0.30	27	0.71	18			0.05	28	0.11	28	0.98	25
重庆	2.12	19	1.66	21	2.65	13	0.40	17	1.42	17	2.21	11	9.38	2
四川	5.90	5	5.35	8	7.72	6	3.71	7	3.77	9	5.18	5	15.02	1
贵州	2.04	20	1.84	20	2.28	17	0.22	20	2.34	13	1.40	20	5.59	5
云南	2.80	14	2.57	15	3.15	11	0.40	16	3.46	10	4.19	8	5.57	6
西藏	0.17	31	0.18	30			0.21	22	0.02	31	0.12	27	0.01	31
陕西	2.13	18	2.10	18	0.41	21	3.51	8	3.00	11	2.37	9	2.50	15
甘肃	1.75	22	1.49	22	0.02	27	2.18	10	2.20	14	1.87	15	5.95	4
青海	0.19	30	0.11	31			0.32	18	0.06	27	0.45	25	1.17	24
宁夏	0.65	25	0.63	25	0.36	23	0.61	14	0.94	21	0.20	26	1.36	21
新疆	2.14	17	2.26	17	0.30	24	5.41	6	2.38	12	1.49	18	0.66	27

2-3 续表 1　　　　　　　　　　（2010 年）　　　　　　　　　　单位：%

地区	油料		花生		油菜籽		芝麻		棉花		麻类		黄红麻	
	占有率	位次	占有率	位次	占有率	位次	占有率	位次	占有率	位次	占有率	位次	占有率	位次
北京	0.05	30	0.10	25										
天津	0.02	31	0.03	26					1.05	13				
河北	4.34	8	8.26	3	0.22	18	1.80	9	9.55	3	0.21	17	0.93	9
山西	0.54	26	0.13	23	0.05	24	0.73	14	1.16	11				
内蒙古	3.97	9	0.18	22	1.71	15	0.34	18	0.02	19	0.31	14		
辽宁	3.08	11	6.15	4			0.37	17	0.01	21				
吉林	2.18	13	2.37	12			2.12	8	0.09	16				
黑龙江	0.85	23	0.31	21	0.01	25	0.09	22			6.85	6		
上海	0.07	29	0.02	27	0.16	20			0.06	17				
江苏	4.70	7	2.41	11	8.60	5	3.08	6	4.38	7	0.64	13		
浙江	1.22	20	0.34	20	2.54	12	1.43	10	0.49	14				
安徽	7.05	5	5.52	6	10.22	4	11.26	3	5.30	6	7.46	5	17.93	2
福建	0.82	24	1.60	14	0.11	22	0.26	19						
江西	3.33	10	2.61	10	4.88	7	4.85	4	2.19	9	3.21	10	1.62	5
山东	10.59	2	21.67	2	0.20	19	0.21	21	12.15	2				
河南	16.74	1	27.33	1	6.79	6	39.58	1	7.50	5	12.23	3	55.36	1
湖北	9.65	3	4.12	7	17.78	1	23.74	2	7.91	4	10.26	4	0.99	8
湖南	6.05	6	1.74	13	12.74	3	2.15	7	3.81	8	20.23	1	1.18	7
广东	2.73	12	5.57	5	0.06	23	0.40	16						
广西	1.42	18	2.78	9	0.11	21	1.00	12	0.03	18	3.85	9	15.63	3
海南	0.29	27	0.59	15			0.43	15			0.31	15	1.11	6
重庆	1.38	19	0.58	16	2.62	10	1.17	11			4.63	8		
四川	8.31	4	3.93	8	15.69	2	0.81	13	0.24	15	20.19	2	3.04	4
贵州	1.87	16	0.49	18	3.95	8			0.02	20	0.27	16		
云南	1.06	22	0.45	19	1.99	14					1.77	11		
西藏	0.18	28			0.45	17								
陕西	1.74	17	0.57	17	2.85	9	3.76	5	1.16	12	0.17	18		
甘肃	1.98	15	0.01	28	2.54	13			1.27	10	0.80	12		
青海	1.06	21			2.58	11								
宁夏	0.65	25												
新疆	2.06	14	0.11	24	1.16	16	0.26	20	41.59	1	5.98	7		

2-3 续表 2　　（2010 年）　　单位：%

地区	甘蔗		甜菜		烟叶		烤烟		蚕茧		桑蚕茧		茶叶	
	占有率	位次	占有率	位次	占有率	位次	占有率	位次	占有率	位次	占有率	位次	占有率	位次
北京														
天津														
河北			5.27	4	0.22	21	0.12	21	0.16	19	0.10	14		
山西			2.43	5	0.40	20	0.28	20	0.62	16	0.78	13		
内蒙古			17.32	3	0.50	18	0.45	18	0.85	14				
辽宁			0.52	8	0.95	16	0.90	16	5.72	6				
吉林			0.83	7	2.41	10	1.15	14	0.49	17				
黑龙江			18.82	2	3.19	8	3.11	7	0.35	18				
上海	0.02	16												
江苏	0.09	15	0.01	10	0.02	25			9.07	4	11.49	3	1.01	15
浙江	0.67	7			0.11	22			7.32	5	9.27	4	11.03	5
安徽	0.20	13			0.99	15	1.07	15	3.80	8	4.82	6	5.65	7
福建	0.56	8			4.18	6	4.56	6					18.48	1
江西	0.53	9			1.25	14	1.33	13	0.87	13	1.10	11	2.02	12
山东					2.30	11	2.47	9	4.91	7	6.16	5	0.81	16
河南	0.24	12			9.57	3	10.52	3	3.24	9	3.06	9	2.90	10
湖北	0.29	11			4.12	7	2.87	8	0.81	15	1.01	12	11.23	4
湖南	0.69	6			7.40	5	7.79	4					7.98	6
广东	11.74	3			1.83	13	1.81	12	10.47	3	13.26	2	3.61	8
广西	64.26	1			0.89	17	0.74	17	30.33	1	38.43	1	2.65	11
海南	3.48	4											0.08	17
重庆	0.11	14			2.70	9	2.34	11	2.33	12	2.95	10	1.71	13
四川	0.84	5	0.03	9	8.17	4	7.11	5	12.70	2			11.48	3
贵州	0.47	10			13.02	2	13.55	2	0.07	20	0.09	15	3.54	9
云南	15.80	2			33.01	1	34.93	1	2.86	11	3.63	8	14.06	2
西藏														
陕西					2.25	12	2.47	10	2.92	10	3.70	7	1.70	14
甘肃			2.37	6	0.41	19	0.37	19					0.06	18
青海					0.02	24								
宁夏					0.08	23	0.09	22						
新疆			52.38	1										

2-3 续表 3　　（2010 年）　　单位：%

地区	水果												橡胶	
			苹果		柑桔		梨		葡萄		香蕉			
	占有率	位次	占有率	位次	占有率	位次	占有率	位次	占有率	位次	占有率	位次	占有率	位次
北京	0.54	27	0.31	16			1.05	19	0.49	26				
天津	0.28	29	0.17	18			0.24	27	1.21	18				
河北	7.53	3	8.19	4			24.96	1	12.58	2				
山西	2.22	17	7.72	5			2.27	12	2.57	11				
内蒙古	1.30	22	0.23	17			0.53	23	0.62	23				
辽宁	3.43	12	6.30	6			8.38	2	7.42	4				
吉林	1.02	25	0.46	14			0.94	21	1.78	14				
黑龙江	1.31	21	0.35	15			0.25	26	0.66	22				
上海	0.48	28			0.76	13	0.26	25	1.06	21				
江苏	3.45	11	1.70	9	0.20	14	4.44	9	3.88	7				
浙江	3.28	14			7.21	8	2.52	11	4.98	6				
安徽	3.76	8	1.22	11	0.10	17	6.42	5	3.05	9				
福建	3.00	15			10.29	6	1.23	17	1.17	20	9.23	5		
江西	2.19	18			10.15	7	0.78	22	0.34	27				
山东	13.05	1	24.02	2			7.39	3	11.20	3				
河南	11.19	2	12.29	3	0.16	16	6.29	6	5.66	5				
湖北	3.64	10	0.03	20	11.38	4	3.19	10	1.53	16				
湖南	3.68	9			14.70	1	1.03	20	1.18	19				
广东	5.77	5			13.23	2	0.41	24			38.83	1	1.94	3
广西	5.11	6			11.84	3	1.48	16	2.71	10	19.51	2	0.05	4
海南	1.75	20			0.18	15					18.02	3	50.14	1
重庆	1.11	23	0.02	22	5.26	9	1.96	15	0.51	25	0.02	8		
四川	3.38	13	1.29	10	11.07	5	5.80	7	2.53	12	0.36	6		
贵州	0.58	26	0.05	19	0.77	12	1.21	18	0.55	24	0.06	7		
云南	1.86	19	0.78	13	1.57	10	2.21	14	2.41	13	13.97	4	47.86	2
西藏	0.01	31	0.02	23			0.01	30						
陕西	6.90	4	25.73	1	1.08	11	5.31	8	3.77	8				
甘肃	2.28	16	6.06	7	0.01	18	2.22	13	1.50	17				
青海	0.02	30	0.02	21			0.03	29						
宁夏	1.07	24	1.07	12			0.22	28	1.61	15				
新疆	4.81	7	1.98	8			6.99	4	22.99	1				

2-3 续表 4　　（2010 年）　　单位：%

地区	松脂		生漆		油桐籽		油茶籽		木材		肉类产量			
													猪牛羊肉	
	占有率	位次	占有率	位次	占有率	位次	占有率	位次	占有率	位次	占有率	位次	占有率	位次
北京									0.12	26	0.58	26	0.45	27
天津									0.27	25	0.54	27	0.53	26
河北									0.88	20	5.26	6	5.43	5
山西									0.06	27	0.91	24	1.04	24
内蒙古									3.96	10	3.01	15	3.44	14
辽宁									2.41	15	5.13	7	4.54	9
吉林									5.88	7	3.01	14	2.73	15
黑龙江									7.06	4	2.50	16	2.71	16
上海											0.33	29	0.30	31
江苏									1.87	18	4.62	11	3.66	13
浙江	0.13	13			0.02	14	3.69	7	2.45	14	2.21	20	2.20	20
安徽	0.68	10	1.06	10	0.70	13	2.37	8	5.66	8	4.76	10	4.43	10
福建	7.87	4	0.73	12	5.36	5	8.68	4	8.46	2	2.27	18	2.46	19
江西	6.45	5	4.09	8	2.92	11	16.45	2	4.21	9	3.66	13	3.81	12
山东									3.72	11	8.89	1	7.42	3
河南	0.23	12	10.12	3	27.84	1	1.91	9	2.94	12	8.05	3	8.44	2
湖北	3.39	6	38.93	1	3.90	9	6.51	6	2.73	13	4.79	9	5.11	6
湖南	3.31	7	12.36	2	8.93	4	35.75	1	6.89	5	6.24	4	7.17	4
广东	16.24	2	0.94	11	1.40	12	7.55	5	8.10	3	5.57	5	4.62	8
广西	44.43	1	0.14	14	16.73	2	13.16	3	15.70	1	4.89	8	4.22	11
海南	0.32	11							1.18	19	0.86	25	0.73	25
重庆	0.04	15	5.40	6	3.38	10	0.32	14	0.32	24	2.43	17	2.55	18
四川	1.05	8	3.36	9	5.08	6	0.40	13	2.01	17	8.28	2	8.92	1
贵州	0.74	9	8.03	5	14.72	3	1.86	10	2.24	16	2.26	19	2.67	17
云南	15.06	3	5.13	7	5.08	7	0.71	11	6.58	6	4.05	12	4.66	7
西藏									0.86	21	0.32	31	0.40	29
陕西	0.08	14	9.53	4	3.94	8	0.65	12	0.40	23	1.29	22	1.53	22
甘肃			0.16	13	0.01	15			0.04	28	1.06	23	1.27	23
青海									0.02	29	0.36	28	0.45	28
宁夏											0.32	30	0.38	30
新疆									0.45	22	1.54	21	1.72	21

2-3 续表 5　　　　　　　　　　　（2010 年）　　　　　　　　　　　单位：%

地区	猪肉		牛肉		羊肉		奶类				绵羊毛			
									牛奶				细羊毛	
	占有率	位次	占有率	位次	占有率	位次	占有率	位次	占有率	位次	占有率	位次	占有率	位次
北京	0.48	26	0.31	29	0.35	27	1.71	13	1.79	13	0.09	21	0.01	20
天津	0.55	25	0.47	26	0.38	26	1.85	12	1.93	12	0.12	18	0.03	19
河北	4.83	7	8.89	3	7.35	4	11.98	3	12.30	3	7.57	3	3.20	6
山西	1.05	22	0.75	24	1.40	19	2.00	10	2.05	10	1.83	12	0.62	14
内蒙古	1.42	21	7.61	4	22.36	1	25.23	1	25.32	1	27.78	1	40.95	1
辽宁	4.50	11	6.36	6	1.99	15	3.38	8	3.39	8	3.14	8	1.91	8
吉林	2.36	18	6.62	5	0.96	20	1.19	16	1.22	16	5.90	6	11.09	3
黑龙江	2.26	19	5.98	7	3.04	10	14.91	2	15.45	2	7.00	5	4.53	5
上海	0.35	28			0.14	31	0.66	21	0.69	19	0.01	23		
江苏	4.20	13	0.53	25	1.85	16	1.53	14	1.60	14	0.09	20	0.05	18
浙江	2.60	17	0.17	30	0.48	24	0.54	23	0.57	22	0.48	16		
安徽	4.71	10	2.80	11	3.56	8	0.55	22	0.57	21	0.04	22	0.01	21
福建	2.89	16	0.34	27	0.46	25	0.42	24	0.43	23				
江西	4.36	12	1.71	18	0.28	28	0.32	26	0.32	26				
山东	6.96	4	10.51	2	8.19	3	7.25	5	7.08	5	2.33	9	1.25	9
河南	8.05	3	12.72	1	6.32	5	8.21	4	8.14	4	2.31	10	0.79	11
湖北	5.66	5	2.71	12	2.03	14	0.81	18	0.39	25				
湖南	8.13	2	2.49	13	2.66	11	0.21	29	0.22	29				
广东	5.43	6	0.96	23	0.23	30	0.39	25	0.40	24				
广西	4.76	9	2.10	16	0.83	22	0.22	27	0.23	27				
海南	0.81	24	0.34	28	0.28	28	0.01	31	0.01	31				
重庆	2.91	15	0.96	22	0.61	23	0.21	28	0.22	28				
四川	9.71	1	4.50	10	6.22	6	1.88	11	1.95	11	1.83	13	0.72	12
贵州	2.92	14	1.84	17	0.85	21	0.12	30	0.13	30	0.11	19	0.11	17
云南	4.78	8	4.58	9	3.24	9	1.44	15	1.41	15	0.48	17	0.19	16
西藏	0.02	31	2.26	15	2.18	13	0.78	19	0.65	20	2.11	11	0.81	10
陕西	1.56	20	1.12	21	1.82	18	4.74	6	3.84	6	1.79	14	2.51	7
甘肃	0.91	23	2.46	14	3.91	7	0.97	17	1.01	17	7.12	4	6.58	4
青海	0.18	29	1.30	19	2.45	12	0.70	20	0.73	18	4.37	7	0.71	13
宁夏	0.17	30	1.15	20	1.83	17	2.26	9	2.36	9	1.78	15	0.30	15
新疆	0.45	27	5.43	8	11.77	2	3.54	7	3.60	7	21.71	2	23.64	2

2-3 续表 6　　（2010 年）　　单位：%

地区	半细羊毛		山羊毛		羊绒		禽蛋		蜂蜜		水产品总产量		海水产品	
	占有率	位次	占有率	位次	占有率	位次	占有率	位次	占有率	位次	占有率	位次	占有率	位次
北京	0.07	22	0.19	19	0.22	15	0.55	24	0.75	22	0.12	26	0.03	12
天津	0.38	18					0.68	23			0.64	17	0.14	11
河北	14.18	2	6.39	5	4.19	9	12.27	3	2.78	11	1.98	13	2.08	9
山西	0.85	17	3.01	11	3.59	10	2.55	12	0.79	21	0.06	28		
内蒙古	13.44	3	29.45	1	43.76	1	1.81	13	1.04	20	0.21	22		
辽宁	5.54	6	6.01	6	6.98	4	9.98	4	0.43	24	8.01	6	12.50	5
吉林	7.63	5	1.77	13	1.00	13	3.46	10	3.00	8	0.31	21		
黑龙江	16.88	1	4.04	8	4.42	8	3.81	9	4.09	5	0.74	16		
上海			0.38	17			0.23	28			0.54	19	0.43	10
江苏	0.25	20					6.90	5	1.27	18	8.57	5	4.88	7
浙江	1.63	13	1.03	16			1.60	15	17.96	2	8.90	4	13.63	4
安徽	0.13	21	0.27	18			4.31	8	4.10	4	3.60	11		
福建							0.95	19	2.15	14	10.92	3	18.33	2
江西							1.52	16	2.88	10	4.01	9		
山东	4.10	10	10.74	3	4.45	7	13.91	2	1.54	17	14.59	1	23.10	1
河南	5.44	7	12.26	2	5.04	6	14.07	1	24.50	1	1.08	15		
湖北			0.03	22	0.54	14	4.80	7	3.85	7	6.57	7		
湖南							3.32	11	2.69	12	3.69	10		
广东			0.01	23			1.25	18	3.88	6	13.57	2	14.35	3
广西							0.72	22	2.31	13	5.13	8	5.52	6
海南							0.13	29	0.18	28	2.78	12	4.21	8
重庆							1.35	17	2.97	9	0.42	20		
四川	3.61	11	1.08	15	0.18	16	5.23	6	10.73	3	1.96	14		
贵州	0.26	19	0.12	21	0.02	18	0.45	26	0.47	23	0.16	25		
云南	1.14	16	0.16	20	0.05	17	0.75	21	1.61	16	0.55	18		
西藏	1.46	15	3.06	10	6.03	5	0.01	31						
陕西	1.93	12	5.43	7	8.08	2	1.70	14	1.06	19	0.11	27		
甘肃	4.55	8	3.97	9			0.50	25	0.23	26	0.02	29		
青海	4.17	9	2.54	12	2.25	11	0.06	30	0.26	25				
宁夏	1.59	14	1.25	14	2.04	12	0.26	27	0.21	27	0.17	24		
新疆	10.78	4	6.81	4	7.15	3	0.88	20	2.14	15	0.19	23		

2-3 续表 7　　　　　　　　　　（2010 年）　　　　　　　　　　单位：%

地区	天然生产		人工养殖		鱼类		虾蟹类		贝类		藻类		其他	
	占有率	位次	占有率	位次	占有率	位次	占有率	位次	占有率	位次	占有率	位次	占有率	位次
北京	0.07	12												
天津	0.19	11	0.10	10	0.12	11	0.45	10	0.02	10			0.14	10
河北	1.93	9	2.22	8	1.67	9	2.54	9	2.63	8	0.02	8	3.08	9
山西														
内蒙古														
辽宁	8.99	5	15.62	4	6.57	6	7.22	6	16.28	3	16.92	3	23.37	2
吉林														
黑龙江														
上海	0.92	10			0.13	10	0.29	11					0.02	11
江苏	4.40	8	5.30	7	4.29	8	6.49	7	5.78	7	1.91	7	4.19	8
浙江	22.71	1	5.57	6	21.92	1	25.16	1	5.78	6	2.84	5	11.15	3
安徽														
福建	15.88	3	20.50	2	17.87	3	12.41	4	18.98	2	38.27	1	8.60	5
江西														
山东	19.01	2	26.73	1	18.36	2	13.16	3	28.25	1	33.88	2	28.38	1
河南														
湖北														
湖南														
广东	11.59	4	16.80	3	14.62	4	18.36	2	15.65	4	4.22	4	8.94	4
广西	5.07	7	5.92	5	4.61	7	9.29	5	6.23	5			7.46	6
海南	7.56	6	1.24	9	9.83	5	4.65	8	0.40	9	1.94	6	4.60	7
重庆														
四川														
贵州														
云南														
西藏														
陕西														
甘肃														
青海														
宁夏														
新疆														

2-3 续表 8　　　　（2010 年）　　　　单位：%

地区	淡水产品		天然生产		人工养殖		鱼类		虾蟹类		贝类		其他	
	占有率	位次	占有率	位次	占有率	位次	占有率	位次	占有率	位次	占有率	位次	占有率	位次
北京	0.21	27	0.18	26	0.21	27	0.24	27						
天津	1.19	17	0.42	23	1.26	17	1.12	18	2.09	10	0.18	17	0.63	16
河北	1.87	14	4.03	10	1.65	14	1.99	14	1.12	12	0.72	12	1.20	13
山西	0.12	28	0.04	27	0.13	28	0.14	28						
内蒙古	0.44	22	1.34	16	0.35	24	0.50	21	0.06	21			0.28	17
辽宁	3.13	11	2.48	13	3.20	11	3.26	10	2.57	9	0.19	16	3.36	9
吉林	0.64	21	0.86	18	0.62	21	0.74	20	0.02	24				
黑龙江	1.55	15	2.05	14	1.50	15	1.77	15	0.21	17				
上海	0.65	20	0.25	24	0.69	20	0.44	23	2.75	8			0.19	19
江苏	12.58	3	14.52	1	12.39	3	10.70	3	28.18	1	21.72	1	8.86	4
浙江	3.76	10	4.03	9	3.73	10	2.80	12	6.12	5	8.29	6	30.89	1
安徽	7.51	6	13.80	2	6.89	6	6.87	6	11.59	3	14.78	2	7.66	5
福建	2.88	12	3.58	11	2.81	12	2.82	11	2.06	11	8.99	5	3.20	10
江西	8.36	4	12.78	3	7.93	5	8.46	5	5.91	6	14.40	3	9.70	3
山东	5.34	7	5.72	5	5.30	7	5.65	7	4.16	7	1.73	10	0.90	15
河南	2.25	13	1.41	15	2.33	13	2.49	13	0.73	14	0.30	14	1.14	14
湖北	13.71	1	11.52	4	13.92	1	13.44	1	19.05	2	6.23	7	6.76	6
湖南	7.69	5	4.22	8	8.02	4	8.54	4	1.10	13	5.11	8	5.22	7
广东	12.72	2	5.62	6	13.41	2	12.91	2	11.08	4	12.61	4	12.20	2
广西	4.70	8	5.10	7	4.66	8	5.22	8	0.54	15	3.02	9	4.18	8
海南	1.23	16	0.85	19	1.26	16	1.36	16	0.08	19	0.32	13	1.80	11
重庆	0.87	19	0.48	21	0.91	19	1.00	19	0.04	22			0.12	21
四川	4.08	9	2.53	12	4.23	9	4.64	9	0.28	16	0.90	11	1.22	12
贵州	0.34	25	0.53	20	0.32	25	0.39	25	0.07	20				
云南	1.16	18	1.01	17	1.17	18	1.32	17	0.11	18	0.27	15	0.20	18
西藏														
陕西	0.23	26	0.18	25	0.24	26	0.27	26						
甘肃	0.05	29			0.05	29	0.06	29						
青海	0.01	30			0.01	30	0.01	30						
宁夏	0.35	24			0.38	23	0.40	24	0.04	23				
新疆	0.39	23	0.44	22	0.39	22	0.45	22	0.02	25			0.12	20

2-4 全国各省（市、区）工业国内市场占有率及位次

（2006-2010 年）　　单位：%

地区	2006		2007		2008		2009		2010	
	占有率	位次	占有率	位次	占有率	位次	占有率	位次	占有率	位次
北京	2.84	10	2.61	11	2.26	14	2.24	15	2.12	15
天津	2.80	11	2.55	12	2.58	12	2.44	12	2.48	14
河北	4.19	8	4.28	8	4.49	8	4.45	8	4.53	8
山西	1.87	16	1.97	16	2.03	16	1.68	19	1.82	18
内蒙古	1.34	20	1.44	20	1.69	18	1.92	16	1.92	17
辽宁	4.46	6	4.49	7	4.87	7	5.14	6	5.17	6
吉林	1.42	18	1.48	19	1.62	20	1.79	18	1.81	19
黑龙江	1.84	17	1.63	17	1.64	19	1.42	21	1.42	21
上海	6.14	5	5.78	5	5.21	5	4.69	7	4.60	7
江苏	13.08	2	13.16	2	13.30	1	13.22	1	13.05	1
浙江	9.11	4	8.82	4	7.93	4	7.35	4	7.24	4
安徽	1.87	15	1.97	15	2.20	15	2.36	14	2.60	13
福建	3.08	9	3.06	9	2.96	9	3.01	10	3.08	10
江西	1.33	21	1.56	18	1.71	17	1.83	17	2.04	16
山东	12.15	3	12.31	3	12.41	3	13.05	2	11.99	3
河南	4.40	7	4.74	6	5.08	6	5.21	5	5.18	5
湖北	2.33	13	2.35	13	2.62	11	2.83	11	3.03	11
湖南	1.90	14	2.09	14	2.26	13	2.41	13	2.68	12
广东	13.89	1	13.49	1	12.67	2	12.19	3	12.06	2
广西	1.01	24	1.07	23	1.13	22	1.21	23	1.32	22
海南	0.19	30	0.23	29	0.22	29	0.19	30	0.19	30
重庆	1.02	23	1.07	24	1.13	23	1.22	22	1.30	23
四川	2.46	12	2.65	10	2.86	10	3.22	9	3.31	9
贵州	0.62	27	0.61	27	0.58	27	0.60	27	0.56	27
云南	1.07	22	1.08	22	0.99	24	0.92	24	0.91	24
西藏	0.01	31	0.01	31	0.01	31	0.01	31	0.01	31
陕西	1.40	19	1.38	21	1.44	21	1.51	20	1.56	20
甘肃	0.80	26	0.80	26	0.75	26	0.71	26	0.74	26
青海	0.21	29	0.20	30	0.21	30	0.20	29	0.22	29
宁夏	0.27	28	0.26	28	0.27	28	0.26	28	0.27	28
新疆	0.87	25	0.87	25	0.89	25	0.74	25	0.79	25

2-5 全国各省（市、区）主要工业产品国内市场占有率及位次

（2010 年） 单位：%

地区	原油		天然气		原盐		成品糖		啤酒		卷烟	
	占有率	位次	占有率	位次	占有率	位次	占有率	位次	占有率	位次	占有率	位次
北京									3.67	10	0.85	25
天津	16.42	2	1.81	7	2.95	9			0.71	27	0.93	24
河北	2.95	9	1.34	9	5.95	5	0.25	12	3.00	15	3.26	15
山西					0.03	24	0.39	9	0.76	25	0.62	27
内蒙古					3.96	6	1.08	7	2.52	17	1.12	23
辽宁	4.68	7	0.84	10	2.30	14	0.55	8	5.52	6	1.12	22
吉林	3.46	8	1.44	8					3.17	13	1.68	20
黑龙江	19.73	1	3.16	6			1.99	6	4.18	8	1.81	19
上海	0.04	17	0.35	13					1.46	22	3.72	11
江苏	0.92	12	0.06	17	7.42	4	0.01	20	5.76	5	4.04	9
浙江					0.18	22	0.02	19	6.31	4	3.58	12
安徽					2.08	15			3.43	12	5.16	7
福建					0.47	18	0.33	11	4.20	7	3.55	13
江西					2.92	10			2.75	16	2.35	17
山东	13.72	4	0.56	12	35.53	1	0.09	15	11.96	1	5.61	4
河南	2.45	10	0.71	11	3.62	7	0.09	16	9.15	2	6.95	3
湖北	0.43	13	0.21	14	8.50	3			4.17	9	5.53	5
湖南					3.25	8	0.07	17	2.32	18	7.38	2
广东	6.34	6	8.27	4	0.24	19	8.49	3	8.91	3	5.49	6
广西	0.01	19			0.13	23	63.12	1	3.08	14	3.02	16
海南	0.10	15	0.19	15	0.21	21	2.75	5	0.36	28	0.37	28
重庆			0.13	16	2.35	13	0.17	13	1.67	20	2.11	18
四川	0.07	16	25.06	2	10.86	2	0.34	10	3.54	11	3.85	10
贵州			0.01	19			0.09	14	0.74	26	5.04	8
云南			0.01	20	1.37	16	16.09	2	1.22	23	15.05	1
西藏									0.30	30		
陕西	14.86	3	23.56	3	0.58	17			2.10	19	3.49	14
甘肃	0.29	14	0.02	18	0.24	20	0.07	17	1.46	21	1.68	20
青海	0.92	11	5.91	5	2.38	12			0.28	31		
宁夏	0.02	18							0.31	29		
新疆	12.60	5	26.35	1	2.48	11	4.04	4	0.98	24	0.63	26

2-5 续表 1　　（2010 年）　　单位：%

地区	纱		布		机制纸及纸板		焦炭		硫酸		烧碱	
	占有率	位次	占有率	位次	占有率	位次	占有率	位次	占有率	位次	占有率	位次
北京	0.01	28			0.11	29	0.41	27			0.30	27
天津	0.14	21	0.33	17	0.90	15	0.61	25	0.46	23	5.48	5
河北	4.55	7	7.71	4	4.20	7	12.98	2	1.01	19	3.54	9
山西	0.17	20	0.09	21	0.21	26	21.88	1	0.35	27	2.18	14
内蒙古	0.08	23	0.13	20	0.29	25	5.23	5	3.41	12	5.86	4
辽宁	0.55	15	0.89	14	0.85	18	4.83	6	1.19	18	2.53	13
吉林	0.21	18	0.05	22	0.84	19	1.06	20	0.37	26	1.07	20
黑龙江	0.11	22	0.04	23	0.79	21	2.46	12	0.15	28	0.20	28
上海	0.17	19	0.22	18	0.88	16	1.62	17	0.40	25	3.26	12
江苏	15.99	2	15.52	3	11.07	4	3.59	9	6.23	6	12.22	2
浙江	7.91	4	26.00	1	14.23	3	0.73	23	1.53	17	4.83	6
安徽	2.08	11	1.42	11	2.12	10	2.25	14	6.28	5	1.30	17
福建	6.78	5	3.90	8	4.36	6	0.37	28	0.84	20	0.90	24
江西	2.75	9	1.04	13	1.89	12	2.06	15	3.21	14	0.92	23
山东	26.92	1	20.26	2	16.66	1	8.82	3	7.85	4	23.85	1
河南	14.72	3	5.48	6	9.84	5	6.62	4	3.51	10	6.30	3
湖北	6.24	6	6.13	5	1.79	14	2.44	13	13.06	2	3.41	10
湖南	2.89	8	0.63	15	3.88	8	1.50	18	3.69	9	3.30	11
广东	1.66	12	4.44	7	14.47	2	0.50	26	3.34	13	1.19	18
广西	0.37	17	0.33	16	2.02	11	1.01	21	3.73	8	1.93	16
海南					0.52	22						
重庆	0.52	16	2.17	9	1.89	13	0.92	22	3.13	15	1.09	19
四川	2.61	10	1.92	10	3.48	9	2.98	11	5.53	7	4.80	7
贵州	0.05	24	0.01	24	0.21	27	1.84	16	8.68	3	0.51	26
云南	0.02	27			0.35	23	4.14	7	15.07	1	0.80	25
西藏												
陕西	1.00	14	1.09	12	0.88	17	4.04	8	1.87	16	1.02	21
甘肃	0.02	25	0.01	24	0.12	28	0.63	24	3.50	11	0.97	22
青海	0.02	26					0.33	29	0.43	24	0.07	29
宁夏					0.80	20	1.09	19	0.75	21	2.10	15
新疆	1.45	13	0.20	19	0.33	24	3.06	10	0.46	22	4.08	8

2-5 续表 2　　（2010 年）　　单位：%

地区	纯碱		农用氮、磷、钾化肥		乙烯		化学农药原药		初级形态的塑料		化学纤维	
	占有率	位次	占有率	位次	占有率	位次	占有率	位次	占有率	位次	占有率	位次
北京					6.76	6			2.89	12	0.01	25
天津	2.30	11	0.02	29	7.69	5	0.13	19	6.20	7	0.41	15
河北	11.32	3	2.74	13			1.69	12	1.63	18	0.76	11
山西	0.86	16	5.23	8			0.06	20	0.46	24	0.03	23
内蒙古	5.43	7	1.95	15			2.18	11	3.10	11		
辽宁	0.65	19	1.07	21	6.45	7	1.33	13	3.40	10	0.63	13
吉林			0.39	27	5.86	10	0.46	16	2.30	16	0.88	10
黑龙江			1.02	23	3.82	12	0.23	18	2.47	14	0.27	17
上海			0.04	28	15.95	1	2.36	10	8.15	5	1.59	7
江苏	13.14	2	4.10	10	8.55	3	27.09	1	12.69	1	33.24	2
浙江	0.62	21	0.54	26	3.70	13	10.95	3	10.38	3	44.22	1
安徽	1.74	13	4.02	11	0.12	15	6.80	6	1.30	19	0.71	12
福建	0.87	15	0.91	24	5.94	9	0.03	25	3.44	9	6.67	3
江西			1.81	16			0.84	14	0.25	27	0.58	14
山东	21.73	1	13.34	2	6.02	8	11.03	2	8.34	4	3.02	4
河南	9.25	4	6.31	4	1.49	14	6.43	7	4.20	8	1.69	5
湖北	7.03	6	13.63	1			8.93	4	1.81	17	0.38	16
湖南	2.31	10	5.25	7			6.26	8	1.12	20	0.15	19
广东	1.97	12	0.86	25	14.35	2	0.40	17	10.66	2	1.44	8
广西	0.18	22	1.37	20			4.08	9	0.42	25		
海南			1.05	22					0.47	23	0.13	20
重庆	5.23	8	2.77	12			0.06	20	0.04	30	0.22	18
四川	8.39	5	8.05	3			7.88	5	2.38	15	1.66	6
贵州			6.06	5			0.01	27	0.14	28		
云南	0.70	17	5.74	6			0.05	23	0.40	26	0.12	21
西藏												
陕西	1.28	14	1.51	17			0.04	24	0.92	22	0.07	22
甘肃	0.67	18	1.41	19	4.89	11	0.06	20	2.54	13	0.01	24
青海	3.67	9	4.80	9					0.08	29		
宁夏			1.50	18			0.59	15	1.08	21		
新疆	0.64	20	2.50	14	8.40	4	0.02	26	6.72	6	1.12	9

2-5 续表 3　　（2010 年）　　单位：%

地区	水泥		平板玻璃		生铁		粗钢		钢材		金属切削机床	
	占有率	位次	占有率	位次	占有率	位次	占有率	位次	占有率	位次	占有率	位次
北京	0.56	27			0.69	26	0.67	26	0.99	23	2.41	9
天津	0.44	28	1.04	18	3.22	8	3.39	9	5.60	5	0.24	22
河北	6.80	4	18.65	1	22.95	1	22.69	1	20.91	1	0.23	24
山西	1.95	20	2.52	11	5.70	5	4.78	5	3.57	9	0.24	22
内蒙古	2.89	16	1.80	14	2.28	14	1.93	16	1.67	17		
辽宁	2.54	17	1.90	13	9.22	3	8.46	4	7.06	4	19.06	2
吉林	1.64	22	0.64	23	1.36	19	1.55	20	1.32	20	0.19	25
黑龙江	1.91	21	1.04	17	0.93	23	1.02	23	0.71	26	0.76	16
上海	0.36	30			3.18	9	3.47	8	3.08	11	1.92	10
江苏	8.41	1	8.64	4	8.73	4	9.80	2	11.38	2	10.04	4
浙江	6.01	7	6.24	7	1.53	18	1.93	17	3.54	10	21.78	1
安徽	4.29	10	1.57	15	3.09	10	2.91	11	3.06	12	3.77	7
福建	3.15	13	4.17	8	0.94	22	1.71	19	1.67	18	0.44	20
江西	3.33	12	0.66	22	2.92	11	3.00	10	2.47	13	0.44	20
山东	7.83	2	12.11	2	9.76	2	8.74	3	8.45	3	18.63	3
河南	6.15	6	3.65	9	3.50	7	3.65	7	4.08	6	1.15	11
湖北	4.78	8	7.01	5	3.87	6	4.38	6	3.77	7	0.53	19
湖南	4.65	9	2.65	10	2.92	12	2.77	12	2.26	15	0.56	18
广东	6.17	5	11.79	3	1.35	20	1.95	15	3.65	8	4.13	6
广西	3.99	11	0.78	21	1.86	16	1.89	18	1.94	16	0.69	17
海南	0.67	26	0.27	26					0.02	30		
重庆	2.46	18	1.02	19	0.71	25	0.72	25	0.90	24	1.00	13
四川	7.11	3	6.66	6	2.67	13	2.48	13	2.47	14	1.05	12
贵州	2.02	19	0.27	25	0.63	27	0.57	27	0.49	27	0.19	25
云南	3.07	14	1.11	16	2.24	15	2.03	14	1.50	19	5.21	5
西藏	0.12	31										
陕西	2.92	15	2.08	12	0.86	24	0.95	24	1.24	21	3.51	8
甘肃	1.29	24	0.99	20	1.05	21	1.04	22	0.87	25	0.86	14
青海	0.43	29	0.23	27	0.19	28	0.22	28	0.17	28	0.14	27
宁夏	0.76	25			0.07	29			0.04	29	0.82	15
新疆	1.31	23	0.50	24	1.58	17	1.30	21	1.11	22		

2-5 续表 4　　（2010 年）　　单位：%

地区	大中型拖拉机		汽车				家用洗衣机		家用电冰箱		房间空气调节器	
					轿车							
	占有率	位次	占有率	位次	占有率	位次	占有率	位次	占有率	位次	占有率	位次
北京			8.23	5	6.50	7	0.01	15				
天津	2.92	6	4.04	11	6.63	5	0.55	11	0.86	14	3.72	7
河北	0.16	15	3.89	12	1.46	14	0.32	12				
山西			0.02	27								
内蒙古			0.28	24								
辽宁			3.87	13	4.35	10			1.20	11	1.74	10
吉林	0.52	12	8.99	2	11.71	2						
黑龙江	0.55	11	1.36	17	0.21	21						
上海	2.53	7	9.30	1	16.68	1	3.47	7	3.00	7	3.68	8
江苏	20.73	3	4.07	10	3.28	11	19.47	3	10.73	4	4.94	5
浙江	9.62	5	1.75	16	2.86	13	28.88	1	10.69	5	2.89	9
安徽			6.51	8	6.54	6	20.28	2	28.49	1	14.77	2
福建			1.07	19	1.12	15						
江西	0.89	9	2.04	15	0.80	18			1.56	10	1.57	11
山东	25.68	1	4.46	9	3.15	12	10.00	4	10.90	3	3.77	6
河南	21.28	2	1.29	18	0.20	22	0.12	14	5.02	6	0.13	13
湖北	0.37	14	8.64	4	5.50	8	1.12	10	1.84	9	6.70	3
湖南	0.73	10	0.91	20	1.06	16	1.18	9	0.43	16		
广东			7.38	7	11.64	3	7.49	5	19.98	2	49.99	1
广西			7.48	6	0.76	19						
海南			0.74	21	0.97	17						
重庆			8.84	3	8.89	4	3.55	6	0.99	13	5.00	4
四川	1.15	8	0.56	23			3.44	8	1.11	12	1.10	12
贵州			0.05	26	0.02	23			2.69	8		
云南	12.36	4	0.56	22								
西藏												
陕西			3.57	14	5.44	9			0.49	15		
甘肃			0.11	25	0.22	20	0.14	13				
青海												
宁夏												
新疆	0.50	13	0.01	28								

2-5 续表 5　　（2010 年）　　单位：%

地区	移动通信手持机		微型电子计算机		集成电路		彩色电视机		发电量		水电	
	占有率	位次	占有率	位次	占有率	位次	占有率	位次	占有率	位次	占有率	位次
北京	27.44	2	3.82	4	3.87	7			0.64	29	0.06	27
天津	9.12	3			1.36	8	1.80	10	1.40	25		
河北					0.02	14			4.74	9	0.08	26
山西									5.11	7	0.51	19
内蒙古	0.01	16					1.73	11	5.92	5	0.23	23
辽宁	0.06	15			0.16	11	4.86	6	3.08	15	0.61	18
吉林	0.13	13					0.10	18	1.44	24	1.46	14
黑龙江			0.01	11					1.85	21	0.31	20
上海	0.13	12	38.19	1	17.39	3	2.15	9	2.08	19		
江苏	1.95	6	38.09	2	34.21	1	14.04	2	7.98	1	0.04	28
浙江	2.41	5	0.64	8	4.66	5	4.03	7	6.10	4	3.20	11
安徽			0.01	12	0.08	12	3.34	8	3.43	11	0.26	21
福建	1.07	8	3.00	5	0.02	15	7.63	5	3.22	14	6.28	6
江西	1.54	7	0.04	10			0.57	12	1.58	23	1.63	13
山东	5.38	4	0.09	9	0.31	10	9.62	4	7.23	3	0.03	29
河南							0.15	16	5.21	6	1.27	16
湖北	0.45	11	0.77	6					4.86	8	17.50	1
湖南							0.13	17	2.91	16	6.96	4
广东	48.71	1	14.57	3	24.68	2	37.99	1	7.69	2	4.83	9
广西					0.58	9	0.51	15	2.45	18	6.58	5
海南									0.36	30	0.18	25
重庆	0.65	10	0.77	7			0.56	14	1.20	27	2.34	12
四川	0.82	9			4.21	6	10.22	3	4.27	10	16.80	2
贵州	0.12	14			0.03	13	0.57	13	3.29	12	5.77	7
云南									3.24	13	11.27	3
西藏									0.05	31	0.22	24
陕西	0.01	17							2.64	17	1.21	17
甘肃					8.43	4			1.88	20	3.63	10
青海									1.11	28	5.14	8
宁夏									1.40	26	0.25	22
新疆									1.61	22	1.34	15

2-6 全国各省（市、区）建筑业总产值占全国比重及位次

（2006-2010 年）　　单位：%

地区	2006		2007		2008		2009		2010	
	比重	位次	比重	位次	比重	位次	比重	位次	比重	位次
北京	5.22	6	5.05	5	4.94	6	5.29	4	5.41	4
天津	2.37	15	2.39	15	2.34	17	2.49	17	2.52	17
河北	3.49	12	3.16	12	3.30	12	3.29	11	3.37	11
山西	2.26	16	2.08	18	2.18	18	2.38	18	2.23	18
内蒙古	1.12	24	1.33	23	1.26	23	1.26	23	1.17	24
辽宁	4.27	7	4.11	10	4.04	10	4.41	9	4.88	6
吉林	1.46	22	1.45	22	1.60	21	1.49	22	1.40	22
黑龙江	1.68	19	1.72	19	1.67	19	1.75	19	1.84	19
上海	5.50	5	4.95	6	5.23	5	4.99	5	4.48	9
江苏	13.05	2	13.73	1	13.87	1	13.36	1	12.92	1
浙江	13.61	1	13.66	2	13.15	2	12.48	2	12.50	2
安徽	2.81	13	2.97	14	2.99	13	2.92	14	2.98	15
福建	2.80	14	3.03	13	2.99	14	2.87	15	3.06	14
江西	1.61	21	1.54	20	1.67	20	1.72	20	1.76	20
山东	6.72	3	6.44	3	6.16	3	5.96	3	5.72	3
河南	3.68	10	4.22	7	4.55	7	4.68	7	4.58	7
湖北	4.01	9	4.14	8	4.20	8	4.46	8	4.52	8
湖南	3.52	11	3.58	11	3.41	11	3.26	12	3.29	12
广东	6.24	4	5.88	4	5.27	4	4.96	6	4.91	5
广西	1.23	23	1.20	24	1.21	24	1.22	24	1.27	23
海南	0.16	30	0.16	30	0.18	30	0.19	30	0.21	30
重庆	2.15	17	2.21	17	2.41	16	2.49	16	2.64	16
四川	4.22	8	4.13	9	4.18	9	4.35	10	4.34	10
贵州	0.75	27	0.68	27	0.63	27	0.68	27	0.65	27
云南	1.62	20	1.48	21	1.46	22	1.56	21	1.57	21
西藏	0.12	31	0.12	31	0.12	31	0.12	31	0.13	31
陕西	2.00	18	2.30	16	2.66	15	3.01	13	3.19	13
甘肃	0.83	26	0.86	26	0.78	26	0.75	26	0.78	26
青海	0.26	29	0.25	29	0.23	29	0.27	29	0.29	29
宁夏	0.31	28	0.30	28	0.31	28	0.34	28	0.36	28
新疆	0.92	25	0.88	25	1.01	25	1.02	25	1.00	25

2-7 全国各省（市、区）批发和零售业、住宿和餐饮业国内消费市场份额及位次

（2006-2010 年）

单位：%

地区	2006		2007		2008		2009		2010	
	市场份额	位次	市场份额	位次	市场份额	位次	市场份额	位次	市场份额	位次
北京	4.19	11	4.13	11	4.05	10	4.00	10	3.97	10
天津	1.73	23	1.74	23	1.81	23	1.83	23	1.85	23
河北	4.34	9	4.34	9	4.35	8	4.35	8	4.35	8
山西	2.06	17	2.08	17	2.11	18	2.12	18	2.11	18
内蒙古	2.04	19	2.07	18	2.14	17	2.15	17	2.16	17
辽宁	4.39	6	4.38	6	4.38	7	4.38	7	4.39	7
吉林	2.14	16	2.17	16	2.22	16	2.23	16	2.23	16
黑龙江	2.55	15	2.54	15	2.55	15	2.56	15	2.57	15
上海	4.30	10	4.18	10	3.99	11	3.90	11	3.87	11
江苏	8.47	3	8.52	3	8.63	3	8.66	3	8.67	3
浙江	6.81	4	6.76	4	6.56	4	6.50	4	6.53	4
安徽	2.59	14	2.61	14	2.65	14	2.66	14	2.67	14
福建	3.46	13	3.47	13	3.37	13	3.38	13	3.38	13
江西	1.83	21	1.83	21	1.87	21	1.87	21	1.88	21
山东	9.10	2	9.18	2	9.28	2	9.32	2	9.31	2
河南	4.96	5	5.00	5	5.06	5	5.08	5	5.10	5
湖北	4.36	8	4.38	7	4.45	6	4.47	6	4.47	6
湖南	3.62	12	3.65	12	3.68	12	3.70	12	3.72	12
广东	11.66	1	11.53	1	11.31	1	11.22	1	11.12	1
广西	2.05	18	2.06	19	2.09	19	2.10	19	2.11	19
海南	0.39	28	0.39	28	0.40	28	0.41	28	0.41	28
重庆	1.79	22	1.81	22	1.87	22	1.87	22	1.87	22
四川	4.37	7	4.37	8	4.31	9	4.34	9	4.34	9
贵州	0.88	27	0.89	27	0.94	25	0.94	25	0.94	25
云南	1.52	24	1.52	24	1.54	24	1.55	24	1.59	24
西藏	0.11	31	0.12	31	0.11	31	0.12	31	0.12	31
陕西	1.95	20	1.96	20	2.02	20	2.03	20	2.04	20
甘肃	0.92	26	0.91	26	0.89	27	0.89	26	0.89	26
青海	0.23	30	0.23	30	0.23	30	0.23	30	0.22	30
宁夏	0.25	29	0.25	29	0.26	29	0.26	29	0.26	29
新疆	0.93	25	0.92	25	0.91	26	0.89	27	0.88	27

2-8 全国各省（市、区）交通、邮电行业主要产品国内市场占有率及位次

（2010 年） 单位：%

地区	客运量		货运量		邮政业务总量		函件		快递		报刊期发数	
	占有率	位次	占有率	位次	占有率	位次	占有率	位次	占有率	位次	占有率	位次
北京	4.13	9	0.67	29	5.41	5	9.14	5	7.70	5	4.23	8
天津	0.75	26	1.23	24	1.70	19	1.43	13	1.57	14	1.23	24
河北	2.78	14	4.83	8	2.93	11	3.29	9	1.96	12	2.97	14
山西	1.18	24	3.84	12	1.98	16	1.04	20	0.63	23	2.01	20
内蒙古	0.74	27	4.23	10	0.84	25	0.46	26	0.61	24	1.11	27
辽宁	3.11	12	4.89	7	2.94	10	1.14	18	1.96	11	2.24	16
吉林	1.97	19	1.26	23	1.30	22	1.26	16	0.79	22	1.08	28
黑龙江	1.43	21	1.83	20	2.40	14	1.26	17	0.99	19	2.14	17
上海	0.31	30	2.69	17	8.89	3	15.75	1	10.40	3	5.71	6
江苏	6.91	5	5.52	5	9.49	2	12.65	2	10.17	4	6.36	4
浙江	6.94	4	5.28	6	7.76	4	11.46	3	10.65	2	6.12	5
安徽	4.87	7	7.04	2	2.31	15	2.85	11	1.54	15	3.51	10
福建	2.32	16	2.04	19	3.48	9	3.40	7	4.30	7	2.93	15
江西	2.34	15	3.10	15	1.86	18	2.43	12	1.00	18	2.10	18
山东	7.63	2	9.29	1	5.28	6	7.29	6	5.04	6	9.43	2
河南	5.11	6	6.26	3	4.52	7	3.34	8	2.46	9	4.68	7
湖北	3.16	11	2.88	16	2.81	12	1.34	14	2.34	10	3.24	12
湖南	4.78	8	4.61	9	2.47	13	1.13	19	1.81	13	4.18	9
广东	13.95	1	5.93	4	19.04	1	10.31	4	25.27	1	11.10	1
广西	2.32	17	3.56	13	1.44	21	0.97	21	0.97	20	2.10	19
海南	1.35	22	0.69	28	0.50	28	0.17	29	0.29	28	0.49	29
重庆	3.86	10	2.51	18	1.55	20	0.73	24	1.21	16	6.60	3
四川	7.40	3	4.14	11	3.53	8	3.05	10	2.48	8	3.36	11
贵州	2.17	18	1.23	25	0.78	26	0.80	22	0.48	26	1.14	26
云南	1.21	23	1.59	21	0.95	23	0.74	23	0.90	21	1.75	22
西藏	0.25	31	0.03	31	0.09	31	0.04	31	0.08	30	0.24	31
陕西	2.85	13	3.22	14	1.88	17	1.32	15	1.10	17	3.01	13
甘肃	1.64	20	0.93	27	0.57	27	0.51	25	0.43	27	1.22	25
青海	0.33	29	0.34	30	0.16	30	0.06	30	0.07	31	0.28	30
宁夏	0.41	28	1.00	26	0.21	29	0.23	28	0.20	29	1.62	23
新疆	0.98	25	1.49	22	0.94	24	0.40	27	0.57	25	1.79	21

2-8 续表 （2010 年） 单位：%

地区	集邮业务		电信业务总量		固定长途电话通话时长		移动电话通话时长		移动电话用户		互联网用户	
	占有率	位次	占有率	位次	占有率	位次	占有率	位次	占有率	位次	占有率	位次
北京	14.76	1	3.73	9	3.65	8	2.69	16	2.48	18	2.66	17
天津	4.66	7	1.33	27	0.99	26	1.27	27	1.27	27	1.42	27
河北	2.41	14	4.31	7	3.38	10	4.83	7	5.07	6	4.80	6
山西	0.89	25	2.32	19	2.07	18	2.41	18	2.57	17	2.73	14
内蒙古	1.45	20	1.95	22	1.16	25	2.39	19	2.37	20	1.63	25
辽宁	3.84	10	3.71	10	3.37	11	3.65	10	3.89	9	4.19	8
吉林	0.76	26	1.96	21	1.22	24	2.32	22	2.10	22	1.93	22
黑龙江	3.03	13	2.33	18	1.98	19	2.78	14	2.41	19	2.46	18
上海	4.50	8	3.66	11	4.87	4	2.34	21	2.75	14	2.71	15
江苏	6.50	4	7.14	2	7.92	2	6.32	3	6.90	3	7.23	3
浙江	5.76	6	6.49	3	7.75	3	6.15	4	5.88	4	6.09	4
安徽	0.53	29	2.81	14	1.84	20	2.55	17	3.26	12	3.04	12
福建	3.08	12	3.82	8	3.50	9	3.84	8	3.52	11	4.04	10
江西	2.22	16	2.18	20	1.71	21	2.36	20	2.11	21	2.08	21
山东	3.80	11	6.19	4	3.95	7	6.41	2	7.21	2	7.29	2
河南	7.12	3	4.61	5	3.97	6	5.03	5	5.12	5	5.29	5
湖北	5.97	5	3.28	13	4.37	5	3.07	11	4.02	8	4.16	9
湖南	1.99	18	3.36	12	3.03	14	3.68	9	3.79	10	3.82	11
广东	10.01	2	13.92	1	20.40	1	12.80	1	11.20	1	11.64	1
广西	1.04	24	2.64	16	3.25	12	2.70	15	2.58	16	2.68	16
海南	0.32	30	0.72	28	0.73	28	0.87	28	0.69	28	0.66	28
重庆	0.68	27	1.84	23	0.92	27	2.06	24	1.94	24	2.16	20
四川	4.04	9	4.60	6	3.22	13	4.92	6	4.84	7	4.37	7
贵州	1.07	23	1.66	25	1.23	23	2.09	23	2.10	23	1.64	24
云南	1.92	19	2.51	17	2.30	16	2.89	13	2.61	15	2.23	19
西藏	0.21	31	0.21	31	0.28	31	0.19	31	0.18	31	0.18	31
陕西	2.00	17	2.73	15	2.50	15	2.94	12	2.93	13	2.83	13
甘肃	1.30	21	1.37	26	1.37	22	1.53	26	1.62	25	1.43	26
青海	0.63	28	0.37	30	0.58	29	0.37	30	0.46	30	0.41	29
宁夏	1.21	22	0.44	29	0.38	30	0.51	29	0.51	29	0.38	30
新疆	2.33	15	1.79	24	2.09	17	2.05	25	1.58	26	1.79	23

2-9　全国主要国别（地区）出口市场分布

（2006-2010 年）　　　　单位：%

地　区	2006	2007	2008	2009	2010
亚洲	**47.03**	**46.63**	**46.42**	**47.32**	**46.39**
#中国香港	16.03	15.15	13.33	13.83	13.84
中国澳门	0.23	0.22	0.18	0.15	0.14
日本	9.46	8.38	8.12	8.14	7.67
东南亚	5.39	5.48	5.49	5.96	5.54
阿联酋	1.18	1.40	1.65	1.55	1.35
欧洲	**22.23**	**23.64**	**24.00**	**22.02**	**22.51**
#德国	4.16	4.00	4.14	4.15	4.31
法国	1.44	1.67	1.63	1.79	1.75
意大利	1.65	1.74	1.86	1.68	1.97
芬兰	0.51	0.54	0.51	0.38	0.35
英国	2.49	2.60	2.52	2.60	2.46
丹麦	0.38	0.38	0.39	0.35	0.33
瑞典	0.34	0.37	0.36	0.35	0.36
瑞士	0.26	0.30	0.27	0.22	0.19
西班牙	1.19	1.36	1.45	1.17	1.15
北美洲	**22.61**	**20.70**	**19.17**	**19.85**	**19.38**
#加拿大	1.60	1.59	1.52	1.47	1.41
美国	21.00	19.11	17.64	18.38	17.96
大洋洲	**1.65**	**1.73**	**1.81**	**2.07**	**2.09**
#澳大利亚	1.41	1.48	1.55	1.72	1.73
拉丁美洲及非洲	**6.47**	**7.30**	**8.60**	**8.72**	**9.62**

注：本表中东南亚仅包括菲律宾、马来西亚、新加坡、泰国。

2-10 福建市场三大产地（区域）商品类值销售比重

（2008-2009 年）

类值名称	类值代码	2008			
		销售合计（万元）	商品产地区域（%）		
			省内	省外	境外
商品类值总计	01	38280384.00	42.06	51.65	6.29
食品、饮料、烟酒	11	12892914.90	40.34	55.45	4.21
#肉禽蛋类	13	510449.39	95.63	4.37	
其它食品类	14	3128647.70	25.59	71.38	3.03
饮料类	15	1355515.10	48.95	47.88	3.17
烟酒类	16	7898302.70	41.13	53.74	5.13
服装鞋帽、针、纺织品	17	5607624.04	48.00	44.82	7.18
#服装类	18	3952056.23	52.39	39.04	8.57
鞋帽类	19	1186408.25	33.29	61.76	4.95
针、纺织品	20	469159.56	48.27	50.63	1.10
化妆品类	21	253399.48	16.96	75.32	7.72
金银珠宝类	22	189248.24	66.20	28.25	5.55
日用品类	23	917767.24	33.68	64.22	2.10
#洗涤用品类	24	494447.10	22.15	76.01	1.84
儿童玩具类	25	78749.17	25.17	72.61	2.22
五金、电料类	26	167394.90	55.81	43.23	0.96
体育、娱乐用品类	27	240413.04	30.80	67.57	1.63
书报、杂志类	28	561238.68	20.04	75.26	4.70
电子出版物及音像制品类	29	272324.36	21.94	78.00	0.06
家用电器和音像器材类	30	2457926.66	13.49	80.92	5.59
中西药品类	31	3316801.75	38.35	55.93	5.72
#西药	32	1955867.74	12.22	78.03	9.75
中草药及中成药	33	774425.28	37.48	62.52	
文化办公用品类	34	410100.52	31.24	66.33	2.43
通讯器材类	35	537700.24	20.68	72.93	6.39
其他类	36	10455529.96	53.06	37.27	9.67

2-10 续表　　　　　　　　（2008-2009 年）

类值名称	类值代码	2009			
		销售合计（万元）	商品产地区域（%）		
			省内	省外	境外
商品类值总计	**01**	**44809900.00**	**41.55**	**52.52**	**5.93**
食品、饮料、烟酒	**11**	**16246715.70**	**40.23**	**54.76**	**5.01**
#肉禽蛋类	13	600084.21	94.16	5.84	
其它食品类	14	3971907.09	23.20	74.35	2.45
饮料类	15	1605078.04	49.66	48.83	1.51
烟酒类	16	10069646.36	42.23	50.89	6.88
服装鞋帽、针、纺织品	**17**	**7475779.56**	**48.71**	**44.91**	**6.38**
#服装类	18	5285504.98	54.11	39.48	6.41
鞋帽类	19	1586800.06	31.01	60.59	8.40
针、纺织品	20	603474.52	47.92	51.28	0.80
化妆品类	**21**	**294851.68**	**14.22**	**76.23**	**9.55**
金银珠宝类	**22**	**208162.40**	**65.69**	**26.29**	**8.02**
日用品类	**23**	**1132129.00**	**31.86**	**61.69**	**6.45**
#洗涤用品类	24	624586.10	23.72	75.31	0.97
儿童玩具类	25	100773.12	22.26	69.97	7.77
五金、电料类	**26**	**210050.50**	**56.90**	**42.23**	**0.87**
体育、娱乐用品类	**27**	**309673.60**	**28.19**	**70.12**	**1.69**
书报、杂志类	**28**	**715094.48**	**21.12**	**74.45**	**4.43**
电子出版物及音像制品类	**29**	**362978.24**	**22.56**	**77.25**	**0.19**
家用电器和音像器材类	**30**	**3059865.90**	**14.05**	**80.06**	**5.89**
中西药品类	**31**	**4367875.58**	**38.45**	**53.27**	**8.28**
#西药	32	2538892.78	11.98	78.82	9.20
中草药及中成药	33	1026404.24	35.92	64.08	
文化办公用品类	**34**	**479588.28**	**31.85**	**66.42**	**1.73**
通讯器材类	**35**	**650986.88**	**21.61**	**71.83**	**6.56**
其他类	**36**	**9296148.20**	**54.40**	**38.95**	**6.65**

注：本表商品销售类值包括限额以上和限额以下批发、零售业。

2-11 福建省主要国别（地区）出口市场分布

（2006-2010 年）　　　　单位：%

地　区	2006	2007	2008	2009	2010
亚洲	**40.17**	**39.70**	**39.90**	**41.63**	**40.60**
#中国香港	7.42	7.20	6.55	6.58	6.37
中国澳门	0.02	0.04	0.03	0.03	0.04
日本	14.64	12.45	11.57	9.51	7.57
东南亚	5.32	6.13	6.69	8.37	7.94
阿联酋	1.56	1.64	1.70	2.03	1.70
欧洲	**23.39**	**25.25**	**25.71**	**23.72**	**22.95**
#德国	3.67	4.01	4.75	4.77	4.74
法国	1.47	1.71	1.48	1.57	1.55
意大利	1.66	1.78	1.81	1.76	1.76
芬兰	0.35	0.49	0.48	0.30	0.29
英国	2.46	2.29	2.69	2.73	2.63
丹麦	0.55	0.53	0.57	0.44	0.41
瑞典	0.35	0.42	1.00	0.38	0.34
瑞士	1.13	1.67	1.00	0.41	0.21
西班牙	1.47	1.60	1.47	1.67	1.57
北美洲	**26.52**	**23.92**	**22.64**	**22.09**	**22.46**
#加拿大	2.09	2.16	1.90	1.75	1.66
美国	24.42	21.76	20.74	20.33	20.79
大洋洲	**1.78**	**1.86**	**1.91**	**2.11**	**1.87**
#澳大利亚	1.48	1.57	1.66	1.78	1.60
南美洲及非洲	**8.15**	**9.27**	**9.85**	**10.46**	**12.09**

注：本表中东南亚仅包括菲律宾、马来西亚、新加坡、泰国。

2-12 福建省各设区市地区生产总值占全省比重及位次

（2006-2010年）

单位：%

地　区	2006		2007		2008		2009		2010	
	比重	位次	比重	位次	比重	位次	比重	位次	比重	位次
福州市	22.03	2	21.85	2	21.54	2	21.45	2	21.60	2
厦门市	15.46	3	15.36	3	14.71	3	14.31	3	14.24	3
莆田市	5.61	7	5.66	7	5.75	7	5.70	7	5.88	7
三明市	6.00	5	6.04	6	6.29	6	6.59	6	6.74	6
泉州市	25.16	1	25.27	1	25.51	1	25.29	1	24.65	1
漳州市	9.49	4	9.46	4	9.45	4	9.70	4	9.89	4
南平市	5.20	8	5.16	8	5.27	8	5.12	8	5.04	9
龙岩市	5.96	6	6.12	5	6.35	5	6.80	5	6.85	5
宁德市	5.08	9	5.06	9	5.12	9	5.04	9	5.11	8

2-13 福建省各设区市农林牧渔业总产值占全省比重及位次

（2006-2010年）

单位：%

地　区	2006		2007		2008		2009		2010	
	比重	位次	比重	位次	比重	位次	比重	位次	比重	位次
福州市	20.49	1	20.45	1	20.41	1	20.43	1	20.65	1
厦门市	2.03	9	1.76	9	1.77	9	1.65	9	1.61	9
莆田市	6.10	8	6.37	8	6.34	8	6.33	8	6.30	8
三明市	11.06	4	11.17	3	11.22	3	11.59	3	11.58	3
泉州市	11.19	3	11.12	4	10.71	5	10.20	5	9.98	6
漳州市	19.26	2	19.48	2	19.11	2	19.21	2	19.30	2
南平市	10.60	5	10.73	5	11.09	4	11.39	4	11.28	4
龙岩市	9.29	7	9.44	7	9.84	6	9.43	7	9.13	7
宁德市	9.97	6	9.47	6	9.51	7	9.77	6	10.16	5

2-14 福建省各设区市农林牧渔业分行业总产值占全省比重及位次

（2010 年）　　　　单位：%

地　区	农林牧渔业		农业		林业		牧业		渔业	
	比重	位次	比重	位次	比重	位次	比重	位次	比重	位次
福州市	20.65	1	13.30	3	7.03	6	15.36	2	38.30	1
厦门市	1.61	9	1.64	9	0.06	9	2.99	9	0.93	9
莆田市	6.30	8	5.29	8	1.18	8	7.28	7	7.77	5
三明市	11.58	3	15.39	2	33.59	1	9.09	6	1.86	7
泉州市	9.98	6	8.76	7	1.66	7	13.73	4	12.35	4
漳州市	19.30	2	22.39	1	7.04	5	12.16	5	21.80	2
南平市	11.28	4	12.73	4	27.61	2	14.55	3	2.50	6
龙岩市	9.13	7	9.02	6	14.34	3	20.64	1	1.43	8
宁德市	10.16	5	11.47	5	7.49	4	4.21	8	13.05	3

2-15 福建省各设区市工业总产值占全省比重及位次

（2006-2010 年）　　　　单位：%

地　区	2006		2007		2008		2009		2010	
	比重	位次	比重	位次	比重	位次	比重	位次	比重	位次
福州市	22.29	3	21.98	3	21.54	2	21.68	2	20.75	2
厦门市	23.81	2	21.98	2	19.58	3	10.78	3	16.84	3
莆田市	4.83	5	5.01	6	5.26	6	5.72	6	5.78	6
三明市	4.79	6	5.09	5	5.77	5	5.81	5	6.07	5
泉州市	26.73	1	27.29	1	28.08	1	29.13	1	28.58	1
漳州市	7.85	4	7.98	4	8.18	4	8.57	4	8.85	4
南平市	3.18	8	3.35	8	3.46	8	3.58	9	3.55	9
龙岩市	3.88	7	4.30	7	4.71	7	5.04	7	5.38	7
宁德市	2.64	9	3.02	9	3.43	9	3.68	8	4.19	8

2-16　福建省各设区市工业省内市场占有率及位次

（2006-2010 年）　　单位：%

地　区	2006		2007		2008		2009		2010	
	占有率	位次	占有率	位次	占有率	位次	占有率	位次	占有率	位次
福州市	21.65	3	21.48	3	20.69	2	20.99	2	20.02	2
厦门市	24.67	2	22.37	2	20.35	3	17.41	3	17.52	3
莆田市	4.85	5	5.10	6	5.34	6	5.83	6	5.91	6
三明市	4.76	6	5.22	5	5.85	5	5.96	5	6.19	5
泉州市	26.76	1	27.48	1	28.35	1	29.26	1	28.55	1
漳州市	7.66	4	7.77	4	8.00	4	8.47	4	8.90	4
南平市	3.07	8	3.25	8	3.35	8	3.45	9	3.47	9
龙岩市	3.91	7	4.33	7	4.74	7	5.08	7	5.37	7
宁德市	2.66	9	3.01	9	3.32	9	3.54	8	4.06	8

2-17　福建省各设区市工业分行业省内市场占有率及位次

（2010 年）　　单位：%

地　区	煤炭开采和洗选业		黑色金属矿采选业		有色金属矿采选业		非金属矿采选业		农副食品加工业	
	占有率	位次	占有率	位次	占有率	位次	占有率	位次	占有率	位次
福州市	1.30	5					22.06	2	25.34	2
厦门市							0.37	9	10.34	4
莆田市							2.54	8	10.66	3
三明市	29.09	2	12.34	2	48.62	1	38.52	1	2.96	9
泉州市	5.31	3	78.22	1	17.74	2	8.18	4	8.76	5
漳州市			0.28	5	0.21	6	6.22	6	26.90	1
南平市	1.32	4	0.52	4	13.85	4	8.13	5	5.66	6
龙岩市	62.98	1	8.55	3	15.88	3	11.01	3	4.07	8
宁德市			0.10	6	3.70	5	2.96	7	5.31	7

2-17 续表 1 (2010 年) 单位：%

地区	食品制造业		饮料制造业		烟草制品业		纺织业		纺织服装、鞋、帽制造业	
	占有率	位次	占有率	位次	占有率	位次	占有率	位次	占有率	位次
福州市	14.32	3	11.07	3	0.34	5	34.38	1	8.53	2
厦门市	5.70	5	23.84	1	42.65	2	7.82	4	7.85	3
莆田市	4.11	8	9.49	6			2.17	7	6.87	4
三明市	6.95	4	3.09	9	0.45	4	13.18	3	0.94	7
泉州市	32.41	1	18.99	2			34.14	2	69.47	1
漳州市	22.70	2	9.83	5			1.60	8	3.14	5
南平市	5.69	6	6.86	7	0.47	3	2.90	6	0.51	8
龙岩市	4.77	7	6.02	8	56.10	1	3.46	5	2.47	6
宁德市	3.34	9	10.82	4			0.34	9	0.22	9

2-17 续表 2 (2010 年) 单位：%

地区	皮革、毛皮、羽毛（绒）及其制品业		木材加工及木、竹、藤、棕、草制品业		家具制造业		造纸及纸制品业		印刷业和记录媒介的复制	
	占有率	位次	占有率	位次	占有率	位次	占有率	位次	占有率	位次
福州市	8.17	3	5.79	5	23.12	2	6.90	6	18.57	3
厦门市	3.10	4	0.63	9	14.85	3	7.42	4	25.17	2
莆田市	16.67	2	3.07	8	4.96	5	7.04	5	8.19	4
三明市	0.07	8	35.79	1	2.52	8	9.57	3	1.71	7
泉州市	70.39	1	3.10	7	12.11	4	37.41	1	35.56	1
漳州市	1.21	5	6.27	4	33.42	1	21.11	2	6.47	5
南平市	0.10	7	34.26	2	4.04	6	6.09	7	0.35	8
龙岩市	0.24	6	7.71	3	3.11	7	2.57	8	3.71	6
宁德市	0.05	9	3.39	6	1.87	9	1.89	9	0.28	9

2-17 续表 3　　（2010 年）　　单位：%

地　区	文教体育用品制造业		石油加工、炼焦及核燃料加工业		化学原料及化学制品制造业		医药制造业		化学纤维制造业	
	占有率	位次	占有率	位次	占有率	位次	占有率	位次	占有率	位次
福州市	9.56	4	5.10	2	7.74	6	31.51	1	55.64	1
厦门市	38.59	1	0.63	4	27.23	1	13.82	2	6.40	3
莆田市	8.44	5			3.13	8	2.47	9		
三明市	0.46	9	0.51	6	16.26	3	7.25	6	0.88	5
泉州市	18.61	2	91.90	1	19.64	2	11.90	4	35.25	2
漳州市	15.61	3	1.15	3	9.50	4	7.09	7	0.66	6
南平市	1.67	7	0.09	7	9.23	5	12.03	3	0.05	7
龙岩市	5.94	6	0.55	5	5.76	7	2.71	8	0.02	8
宁德市	1.13	8	0.07	8	1.53	9	11.21	5	1.11	4

2-17 续表 4　　（2010 年）　　单位：%

地　区	橡胶制品业		塑料制品业		非金属矿物制品业		黑色金属冶炼及压延加工业		有色金属冶炼及压延加工业	
	占有率	位次	占有率	位次	占有率	位次	占有率	位次	占有率	位次
福州市	1.84	6	34.11	1	15.35	2	34.62	1	15.96	3
厦门市	44.25	1	16.41	3	5.76	6	2.86	7	18.54	2
莆田市	20.40	3	6.74	5	2.14	8	0.39	9	1.47	9
三明市	2.81	4	3.02	7	7.41	4	20.74	2	3.76	8
泉州市	27.39	2	19.61	2	49.23	1	9.08	4	10.83	5
漳州市	0.51	8	4.97	6	6.47	5	14.96	3	4.39	7
南平市	1.97	5	1.29	8	1.89	9	2.68	8	10.86	4
龙岩市	0.56	7	1.19	9	9.21	3	5.70	6	23.79	1
宁德市	0.27	9	12.66	4	2.55	7	8.96	5	10.41	6

2-17 续表 5　　（2010 年）　　单位：%

地区	金属制品业		通用设备制造业		专用设备制造业		交通运输设备制造业	
	占有率	位次	占有率	位次	占有率	位次	占有率	位次
福州市	13.68	4	12.92	4	12.76	4	34.18	1
厦门市	25.99	1	14.52	2	29.76	1	23.32	2
莆田市	12.72	5	3.20	8	3.72	6	1.90	8
三明市	2.73	7	13.27	3	6.71	5	2.30	7
泉州市	15.07	3	26.32	1	22.22	2	6.33	6
漳州市	22.62	2	9.13	6	2.66	7	17.25	3
南平市	0.97	9	2.33	9	1.77	9	1.07	9
龙岩市	1.32	8	7.16	7	18.04	3	6.92	4
宁德市	4.91	6	11.15	5	2.36	8	6.73	5

2-17 续表 6　　（2010 年）　　单位：%

地区	电气机械及器材制造业		通信设备、计算机及其他电子设备制造业		仪器仪表及文化、办公用机械制造业		工艺品及其他制造业	
	占有率	位次	占有率	位次	占有率	位次	占有率	位次
福州市	23.21	2	33.03	2	25.07	3	15.44	3
厦门市	27.94	1	56.79	1	29.55	1	7.60	4
莆田市	0.71	9	2.69	5	27.67	2	20.23	2
三明市	1.37	8	0.20	7	0.52	9	0.89	7
泉州市	9.69	5	3.68	3	2.61	6	48.63	1
漳州市	13.48	4	2.72	4	9.73	4	4.57	5
南平市	7.34	6	0.15	8	1.49	7	0.41	9
龙岩市	1.85	7	0.70	6	0.60	8	1.50	6
宁德市	14.40	3	0.04	9	2.77	5	0.73	8

2-17 续表 7 （2010 年） 单位：%

地区	废弃资源和废旧材料回收加工业		电力、热力的生产和供应业		燃气生产和供应业		水的生产和供应业	
	占有率	位次	占有率	位次	占有率	位次	占有率	位次
福州市	7.37	5	24.23	1	10.58	3	15.98	3
厦门市	3.94	6	4.99	8			36.89	1
莆田市	17.32	4	5.04	7	70.04	1	7.44	4
三明市	18.82	3	5.55	6	0.34	4	3.19	6
泉州市			23.03	2	18.55	2	26.10	2
漳州市	27.44	1	14.59	3	0.27	5	4.84	5
南平市			3.85	9			1.94	8
龙岩市	25.11	2	8.08	5	0.23	6	1.23	9
宁德市			10.63	4			2.39	7

2-18 福建省各设区市建筑业省内市场占有率及位次

（2006-2010 年） 单位：%

地区	2006		2007		2008		2009		2010	
	占有率	位次	占有率	位次	占有率	位次	占有率	位次	占有率	位次
福州市	39.44	1	37.22	1	38.66	1	39.49	1	37.66	1
厦门市	19.81	2	20.16	2	19.49	2	19.25	2	18.67	2
莆田市	3.54	6	2.98	6	3.19	6	3.48	7	4.07	7
三明市	2.95	7	2.77	7	3.09	7	4.01	6	4.99	5
泉州市	17.26	3	17.28	3	16.72	3	16.98	3	17.70	3
漳州市	5.74	5	7.87	4	7.12	4	4.95	5	4.26	6
南平市	2.18	9	2.36	9	2.13	9	1.84	9	1.97	9
龙岩市	6.31	4	6.60	5	6.81	5	7.65	4	8.16	4
宁德市	2.77	8	2.76	8	2.79	8	2.36	8	2.53	8

2-19　福建省各设区市金融系统各项存款占全省比重及位次

（2006-2010 年）

单位：%

地　区	2006		2007		2008		2009		2010	
	比重	位次	比重	位次	比重	位次	比重	位次	比重	位次
福州市	33.31	1	33.15	1	33.43	1	32.64	1	32.69	1
厦门市	21.05	2	22.51	2	21.06	2	21.76	2	23.22	2
莆田市	4.34	7	4.02	8	4.11	8	4.10	8	3.93	8
三明市	4.63	5	4.29	5	4.45	6	4.39	6	4.14	6
泉州市	18.93	3	18.65	3	18.84	3	18.49	3	17.97	3
漳州市	5.97	4	6.08	4	6.13	4	5.90	4	5.95	4
南平市	4.61	6	4.23	6	4.32	7	4.28	7	4.12	7
龙岩市	4.04	8	4.14	7	4.51	5	4.71	5	4.30	5
宁德市	3.12	9	2.94	9	3.16	9	3.34	9	3.67	9

2-20　福建省各设区市批发和零售业、住宿和餐饮业省内消费市场份额及位次

（2006-2010 年）

单位：%

地　区	2006		2007		2008		2009		2010	
	市场份额	位次	市场份额	位次	市场份额	位次	市场份额	位次	市场份额	位次
福州市	28.68	1	29.52	1	29.63	1	29.73	1	30.30	1
厦门市	11.65	3	11.36	3	10.94	3	12.57	3	12.78	3
莆田市	5.39	7	5.42	6	5.38	7	5.47	6	5.42	6
三明市	4.66	9	4.68	9	4.78	9	4.59	8	4.58	8
泉州市	23.92	2	23.70	2	23.67	2	23.44	2	23.03	2
漳州市	9.55	4	9.48	4	9.50	4	8.89	4	8.82	4
南平市	5.58	5	5.47	5	5.46	5	5.00	7	4.89	7
龙岩市	5.40	6	5.26	7	5.44	6	5.82	5	5.82	5
宁德市	5.17	8	5.10	8	5.19	8	4.49	9	4.38	9

2-21 福建省各县（市、区）地区生产总值占全省比重及位次

（2006-2010 年）

单位：%

地 区	2006		2007		2008		2009		2010	
	比重	位次	比重	位次	比重	位次	比重	位次	比重	位次
福州市辖区	10.66	2	10.60	2	10.49	2	10.91	2	10.70	2
福清市	3.92	6	3.90	6	3.79	6	3.38	7	3.31	7
长乐市	2.39	12	2.36	12	2.25	14	2.09	13	2.10	14
闽侯县	1.35	18	1.35	17	1.31	18	1.62	15	1.65	15
连江县	1.32	19	1.30	19	1.28	19	1.30	17	1.31	17
罗源县	0.63	38	0.65	36	0.67	35	0.65	37	0.72	31
闽清县	0.74	29	0.69	33	0.66	36	0.61	38	0.58	42
永泰县	0.44	50	0.43	51	0.42	52	0.51	47	0.51	50
平潭县	0.59	41	0.58	41	0.57	41	0.60	39	0.62	38
厦门市	15.47	1	15.37	1	14.72	1	14.27	1	14.26	1
莆田市辖区	4.57	5	4.63	5	4.71	5	4.70	5	4.92	5
仙游县	1.05	23	1.04	23	1.04	23	0.98	23	0.97	23
三明市辖区	1.39	15	1.42	15	1.57	15	1.54	16	1.57	16
永安市	1.18	20	1.19	21	1.21	21	1.23	19	1.27	18
明溪县	0.22	62	0.22	62	0.22	63	0.22	63	0.22	63
清流县	0.21	63	0.22	63	0.22	62	0.29	59	0.29	59
宁化县	0.33	55	0.34	54	0.35	54	0.40	53	0.41	53
大田县	0.44	49	0.44	50	0.46	49	0.54	44	0.59	41
尤溪县	0.69	34	0.68	34	0.67	34	0.68	33	0.69	35
沙县	0.65	36	0.66	35	0.69	33	0.70	32	0.72	30
将乐县	0.34	54	0.34	55	0.34	55	0.36	55	0.37	54
泰宁县	0.32	56	0.32	56	0.33	56	0.32	56	0.31	56
建宁县	0.23	60	0.23	60	0.24	61	0.29	58	0.30	58
泉州市辖区	5.40	4	5.41	4	5.50	4	5.78	4	5.72	4
石狮市	2.66	9	2.66	9	2.71	9	2.67	10	2.56	10
晋江市	6.52	3	6.52	3	6.58	3	6.56	3	6.29	3
南安市	3.33	7	3.33	7	3.43	7	3.40	6	3.34	6
惠安县	2.93	8	2.99	8	2.97	8	2.83	8	2.77	9
安溪县	2.09	14	2.14	14	2.26	13	2.04	14	2.12	13
永春县	1.38	16	1.37	16	1.36	16	1.22	20	1.18	21
德化县	0.80	27	0.80	27	0.80	28	0.73	30	0.70	33
漳州市辖区	2.40	11	2.44	11	2.43	11	2.46	11	2.42	12
龙海市	2.32	13	2.32	13	2.31	12	2.42	12	2.53	11
云霄县	0.46	44	0.46	47	0.47	46	0.48	50	0.51	49

2-21 续表 （2006-2010 年） 单位：%

地区	2006		2007		2008		2009		2010	
	比重	位次	比重	位次	比重	位次	比重	位次	比重	位次
漳浦县	1.08	22	1.08	22	1.05	22	1.03	22	1.04	22
诏安县	0.66	35	0.65	37	0.65	37	0.66	35	0.67	36
长泰县	0.43	52	0.43	52	0.44	51	0.51	46	0.55	45
东山县	0.49	43	0.48	43	0.48	45	0.48	49	0.54	47
南靖县	0.74	30	0.71	30	0.71	31	0.74	28	0.74	28
平和县	0.64	37	0.62	38	0.62	38	0.60	41	0.61	40
华安县	0.27	57	0.28	57	0.29	57	0.29	57	0.30	57
南平市辖区	1.36	17	1.34	18	1.34	17	1.25	18	1.22	20
邵武市	0.74	28	0.73	29	0.76	29	0.73	29	0.74	29
武夷山市	0.45	46	0.46	46	0.47	47	0.46	51	0.46	51
建瓯市	0.70	33	0.70	31	0.73	30	0.72	31	0.71	32
建阳市	0.53	42	0.53	42	0.55	42	0.55	43	0.54	46
顺昌县	0.39	53	0.39	53	0.38	53	0.37	54	0.36	55
浦城县	0.45	47	0.45	48	0.46	48	0.45	52	0.45	52
光泽县	0.23	61	0.23	61	0.25	59	0.24	61	0.24	62
松溪县	0.17	67	0.17	67	0.17	67	0.17	67	0.17	67
政和县	0.17	66	0.17	66	0.17	66	0.17	66	0.17	66
龙岩市辖区	2.45	10	2.53	10	2.60	10	2.81	9	2.84	8
漳平市	0.60	39	0.60	39	0.61	39	0.68	34	0.70	34
长汀县	0.46	45	0.48	44	0.50	44	0.60	40	0.61	39
永定县	0.84	25	0.85	25	0.89	24	0.78	27	0.77	27
上杭县	0.72	32	0.76	28	0.80	27	0.89	25	0.88	26
武平县	0.44	51	0.44	49	0.45	50	0.51	48	0.51	48
连城县	0.45	48	0.48	45	0.50	43	0.51	45	0.55	44
宁德市辖区	0.85	24	0.85	24	0.85	26	0.89	24	0.88	25
福安市	1.17	21	1.21	20	1.23	20	1.17	21	1.23	19
福鼎市	0.84	26	0.84	26	0.85	25	0.88	26	0.93	24
霞浦县	0.74	31	0.70	32	0.70	32	0.66	36	0.65	37
古田县	0.60	40	0.59	40	0.60	40	0.57	42	0.57	43
屏南县	0.24	59	0.24	59	0.24	60	0.24	62	0.24	61
寿宁县	0.26	58	0.25	58	0.26	58	0.25	60	0.25	60
周宁县	0.20	64	0.20	64	0.20	64	0.19	64	0.19	64
柘荣县	0.18	65	0.18	65	0.18	65	0.19	65	0.19	65

2-22 福建省各县（市、区）农林牧渔业总产值占全省比重及位次

（2006-2010 年）

单位：%

地 区	2006		2007		2008		2009		2010	
	比重	位次	比重	位次	比重	位次	比重	位次	比重	位次
福州市辖区	1.26	40	1.12	46	1.02	48	1.01	48	0.96	48
福清市	4.60	1	4.71	3	4.65	3	4.54	3	4.55	3
长乐市	2.52	7	2.25	8	2.22	8	2.24	8	2.29	8
闽侯县	1.68	16	1.56	21	1.65	20	1.69	15	1.70	15
连江县	4.57	2	4.81	1	4.89	1	4.90	1	4.97	1
罗源县	1.34	34	1.41	30	1.39	31	1.38	30	1.41	29
闽清县	1.12	47	1.07	47	1.05	46	1.08	46	1.13	44
永泰县	1.48	28	1.51	26	1.53	25	1.58	22	1.62	19
平潭县	1.91	14	2.01	12	2.01	11	2.00	12	2.02	12
厦门市	2.03	13	1.76	15	1.77	15	1.65	16	1.61	20
莆田市辖区	4.50	3	4.77	2	4.78	2	4.78	2	4.75	2
仙游县	1.60	19	1.60	18	1.56	22	1.55	24	1.55	23
三明市辖区	0.73	57	0.70	57	0.69	58	0.71	57	0.70	58
永安市	1.27	39	1.31	37	1.31	36	1.35	33	1.33	34
明溪县	0.57	62	0.62	62	0.61	62	0.66	61	0.70	57
清流县	0.63	60	0.64	61	0.65	60	0.68	58	0.68	59
宁化县	1.13	46	1.19	44	1.21	43	1.24	42	1.25	42
大田县	1.25	41	1.25	41	1.26	40	1.29	37	1.30	36
尤溪县	2.12	10	2.08	11	2.05	10	2.14	10	2.13	10
沙 县	1.22	42	1.26	39	1.27	39	1.29	38	1.26	39
将乐县	0.80	53	0.78	53	0.79	54	0.81	54	0.80	54
泰宁县	0.61	61	0.65	60	0.66	59	0.67	59	0.66	61
建宁县	0.72	58	0.70	56	0.72	56	0.76	56	0.76	56
泉州市辖区	1.44	29	1.25	40	1.23	41	1.14	44	1.11	45
石狮市	1.36	33	1.34	32	1.31	35	1.25	40	1.25	41
晋江市	1.30	37	1.31	33	1.27	38	1.25	41	1.27	38
南安市	1.53	25	1.48	27	1.45	29	1.37	31	1.29	37
惠安县	2.05	11	2.12	10	1.94	12	1.80	14	1.73	14
安溪县	1.58	20	1.68	16	1.66	19	1.64	17	1.64	18
永春县	1.22	43	1.21	43	1.13	45	1.09	45	1.07	46
德化县	0.75	54	0.73	55	0.70	57	0.65	62	0.62	62
漳州市辖区	0.93	50	1.01	49	1.04	47	0.90	51	0.84	53
龙海市	2.96	5	3.00	5	2.90	5	2.89	5	2.91	5
云霄县	1.56	21	1.55	23	1.55	23	1.58	23	1.58	21

2-22 续表

（2006-2010 年）

单位：%

地　区	2006		2007		2008		2009		2010	
	比重	位次	比重	位次	比重	位次	比重	位次	比重	位次
漳浦县	3.44	4	3.52	4	3.43	4	3.42	4	3.42	4
诏安县	2.15	9	2.16	9	2.11	9	2.14	9	2.14	9
长泰县	0.86	51	0.84	52	0.83	53	0.84	53	0.84	52
东山县	1.62	18	1.53	25	1.53	26	1.54	26	1.56	22
南靖县	2.27	8	2.32	7	2.25	7	2.31	7	2.35	7
平和县	2.55	6	2.63	6	2.58	6	2.70	6	2.79	6
华安县	0.93	49	0.94	50	0.89	50	0.89	52	0.89	51
南平市辖区	1.54	24	1.61	17	1.69	17	1.61	20	1.50	24
邵武市	1.31	36	1.31	36	1.32	34	1.36	32	1.34	33
武夷山市	0.83	52	0.85	51	0.87	51	0.90	50	0.89	50
建瓯市	1.88	15	1.90	13	1.93	13	2.01	11	2.04	11
建阳市	1.33	35	1.31	35	1.33	33	1.40	29	1.38	31
顺昌县	0.75	55	0.76	54	0.77	55	0.80	55	0.79	55
浦城县	1.18	44	1.21	42	1.23	42	1.27	39	1.26	40
光泽县	0.73	56	0.70	58	0.85	52	0.91	49	0.95	49
松溪县	0.53	64	0.56	63	0.57	63	0.59	63	0.59	63
政和县	0.51	65	0.52	65	0.52	65	0.54	65	0.53	65
龙岩市辖区	1.52	26	1.58	20	1.73	16	1.58	21	1.43	27
漳平市	1.03	48	1.03	48	1.01	49	1.02	47	1.03	47
长汀县	1.36	32	1.43	29	1.46	28	1.42	28	1.35	32
永定县	1.41	30	1.38	31	1.40	30	1.34	34	1.31	35
上杭县	1.55	22	1.54	24	1.67	18	1.55	25	1.44	26
武平县	1.28	38	1.31	34	1.37	32	1.34	35	1.39	30
连城县	1.15	45	1.17	45	1.20	44	1.19	43	1.18	43
宁德市辖区	1.55	23	1.47	28	1.48	27	1.46	27	1.49	25
福安市	1.67	17	1.59	19	1.59	21	1.62	19	1.70	16
福鼎市	1.40	31	1.27	38	1.28	37	1.32	36	1.42	28
霞浦县	2.03	12	1.77	14	1.80	14	1.83	13	1.95	13
古田县	1.50	27	1.55	22	1.54	24	1.63	18	1.68	17
屏南县	0.54	63	0.54	64	0.54	64	0.56	64	0.57	64
寿宁县	0.65	59	0.65	59	0.64	61	0.67	60	0.68	60
周宁县	0.31	67	0.33	66	0.33	66	0.34	66	0.35	66
柘荣县	0.32	66	0.31	67	0.31	67	0.33	67	0.32	67

2-23 福建省各县（市、区）农林牧渔业分行业总产值占全省比重及位次

（2010 年）

单位：%

地区	农林牧渔业		农业		林业		牧业		渔业	
	比重	位次	比重	位次	比重	位次	比重	位次	比重	位次
福州市辖区	0.96	48	1.17	40	0.28	52	0.91	40	0.84	21
福清市	4.55	3	2.20	13	0.17	58	6.63	1	7.91	2
长乐市	2.29	8	1.34	32	0.07	61	1.93	18	4.60	8
闽侯县	1.70	15	2.53	9	0.29	51	2.19	13	0.59	23
连江县	4.97	1	0.93	46	0.23	54	0.73	43	14.80	1
罗源县	1.41	29	0.85	51	0.21	56	0.47	53	3.01	14
闽清县	1.13	44	1.88	17	1.29	31	0.77	42	0.30	28
永泰县	1.62	19	2.11	14	4.45	3	1.28	29	0.40	27
平潭县	2.02	12	0.29	65	0.06	62	0.45	56	5.84	4
厦门市	1.61	20	1.64	22	0.06	63	2.99	9	0.93	20
莆田市辖区	4.75	2	3.00	6	0.47	45	5.55	2	7.28	3
仙游县	1.55	23	2.29	11	0.72	38	1.73	19	0.49	25
三明市辖区	0.70	58	0.90	48	1.93	24	0.67	46	0.11	55
永安市	1.33	34	1.47	28	4.35	4	1.30	28	0.23	40
明溪县	0.70	57	1.10	41	1.99	23	0.26	63	0.08	60
清流县	0.68	59	0.85	50	1.87	25	0.51	51	0.27	32
宁化县	1.25	42	1.74	21	3.27	8	1.02	37	0.17	45
大田县	1.30	36	2.02	15	2.20	17	1.37	27	0.10	57
尤溪县	2.13	10	3.08	3	6.83	2	1.15	32	0.19	42
沙　县	1.26	39	1.40	31	4.05	5	1.47	24	0.18	44
将乐县	0.80	54	1.03	43	2.77	10	0.50	52	0.16	48
泰宁县	0.66	61	0.70	55	2.32	14	0.45	55	0.27	34
建宁县	0.76	56	1.10	42	2.01	22	0.40	57	0.12	52
泉州市辖区	1.11	45	0.65	60	0.07	60	1.41	26	1.99	18
石狮市	1.25	41	0.11	67			0.11	67	4.08	10
晋江市	1.27	38	0.63	61	0.01	66	1.57	21	2.39	16
南安市	1.29	37	1.42	30	0.22	55	3.38	7	0.23	39
惠安县	1.73	14	0.67	59	0.02	65	2.12	16	3.57	12
安溪县	1.64	18	2.84	7	0.27	53	2.17	14	0.02	67
永春县	1.07	46	1.75	20	0.46	47	1.42	25	0.03	66
德化县	0.62	62	0.70	57	0.60	41	1.55	23	0.03	65
漳州市辖区	0.84	53	0.70	58	0.18	57	2.46	12	0.25	36
龙海市	2.91	5	2.46	10	0.47	46	2.14	15	4.52	9
云霄县	1.58	21	1.59	23	0.43	49	0.69	45	2.37	17

2-23 续表

（2010 年）

单位：%

地区	农林牧渔业		农业		林业		牧业		渔业	
	比重	位次	比重	位次	比重	位次	比重	位次	比重	位次
漳浦县	3.42	4	3.01	5	0.40	50	1.56	22	5.64	5
诏安县	2.14	9	1.94	16	0.12	59	0.66	47	3.76	11
长泰县	0.84	52	1.23	36	0.65	40	0.99	38	0.25	35
东山县	1.56	22	0.25	66	0.03	64	0.20	65	4.65	7
南靖县	2.35	7	4.11	2	2.54	13	1.66	20	0.19	43
平和县	2.79	6	5.51	1	1.26	32	1.15	31	0.13	51
华安县	0.89	51	1.59	24	0.96	35	0.63	48	0.04	64
南平市辖区	1.50	24	0.97	44	2.72	11	4.23	4	0.15	49
邵武市	1.34	33	1.50	26	3.31	7	1.11	35	0.70	22
武夷山市	0.89	50	1.18	39	2.15	19	0.85	41	0.15	50
建瓯市	2.04	11	2.57	8	6.93	1	1.12	34	0.42	26
建阳市	1.38	31	1.82	18	3.70	6	1.11	36	0.28	30
顺昌县	0.79	55	0.87	49	2.80	9	0.52	50	0.27	33
浦城县	1.26	40	1.77	19	2.16	18	1.14	33	0.29	29
光泽县	0.95	49	0.42	64	0.70	39	3.89	5	0.10	56
松溪县	0.59	63	0.83	52	1.79	26	0.29	61	0.09	58
政和县	0.53	65	0.82	53	1.35	29	0.30	60	0.04	63
龙岩市辖区	1.43	27	0.79	54	1.48	28	5.29	3	0.16	47
漳平市	1.03	47	1.31	33	2.21	16	1.17	30	0.25	37
长汀县	1.35	32	1.49	27	2.10	20	2.63	11	0.24	38
永定县	1.31	35	1.28	35	1.63	27	3.25	8	0.12	54
上杭县	1.44	26	1.43	29	2.02	21	3.42	6	0.22	41
武平县	1.39	30	1.54	25	2.23	15	2.82	10	0.16	46
连城县	1.18	43	1.19	38	2.67	12	2.07	17	0.27	31
宁德市辖区	1.49	25	0.70	56	0.49	44	0.73	44	3.40	13
福安市	1.70	16	2.27	12	1.33	30	0.98	39	1.55	19
福鼎市	1.42	28	1.31	34	0.91	36	0.39	58	2.46	15
霞浦县	1.95	13	0.90	47	0.59	42	0.47	54	4.85	6
古田县	1.68	17	3.04	4	1.25	33	0.54	49	0.50	24
屏南县	0.57	64	0.95	45	0.73	37	0.39	59	0.12	53
寿宁县	0.68	60	1.22	37	1.15	34	0.27	62	0.04	62
周宁县	0.35	66	0.55	62	0.46	48	0.24	64	0.08	59
柘荣县	0.32	67	0.53	63	0.58	43	0.20	66	0.05	61

2-24 福建省各县（市、区）工业总产值占全省比重及位次

（2006-2010 年）

单位：%

地区	2006		2007		2008		2009		2010	
	比重	位次	比重	位次	比重	位次	比重	位次	比重	位次
福州市辖区	8.77	3	8.64	3	8.57	3	8.33	3	7.56	4
福清市	6.29	5	5.80	5	5.56	5	5.08	5	4.72	6
长乐市	3.92	7	4.03	7	3.88	7	4.04	7	3.90	7
闽侯县	1.53	15	1.66	15	1.53	16	1.81	15	1.97	14
连江县	0.55	26	0.64	24	0.71	23	0.84	22	0.88	23
罗源县	0.46	29	0.50	29	0.59	28	0.85	21	1.03	20
闽清县	0.60	23	0.53	28	0.51	31	0.52	32	0.48	34
永泰县	0.11	55	0.12	55	0.12	62	0.12	64	0.11	64
平潭县	0.04	66	0.05	66	0.07	65	0.09	65	0.10	65
厦门市	23.81	1	21.98	1	19.58	1	16.78	1	16.84	1
莆田市辖区	4.26	6	4.37	6	4.59	6	5.02	6	5.06	5
仙游县	0.57	25	0.64	25	0.67	24	0.71	26	0.72	25
三明市辖区	1.91	14	1.95	14	2.25	13	1.83	14	1.71	16
永安市	1.01	19	1.05	19	1.11	19	1.28	18	1.34	18
明溪县	0.09	64	0.10	63	0.11	63	0.12	62	0.14	61
清流县	0.10	57	0.11	61	0.13	58	0.15	59	0.17	56
宁化县	0.09	61	0.11	59	0.14	55	0.16	55	0.18	54
大田县	0.31	37	0.33	38	0.39	35	0.44	36	0.52	30
尤溪县	0.31	36	0.35	35	0.38	36	0.37	39	0.42	38
沙　县	0.59	24	0.66	22	0.80	20	0.90	20	0.96	21
将乐县	0.18	46	0.20	46	0.21	47	0.25	45	0.28	46
泰宁县	0.11	54	0.12	56	0.13	57	0.15	56	0.14	62
建宁县	0.09	62	0.11	58	0.12	61	0.15	57	0.17	55
泉州市辖区	7.29	4	7.18	4	7.37	4	7.89	4	8.03	3
石狮市	2.51	10	2.53	11	2.60	12	2.74	12	2.57	12
晋江市	8.97	2	8.99	2	8.78	2	9.04	2	8.49	2
南安市	2.96	9	3.22	8	3.43	8	3.53	8	3.49	8
惠安县	2.38	11	2.48	12	2.70	11	2.94	10	2.79	11
安溪县	1.31	17	1.52	16	1.83	15	1.66	16	1.95	15
永春县	0.69	21	0.71	20	0.76	21	0.78	23	0.77	24
德化县	0.63	22	0.65	23	0.62	26	0.55	30	0.50	33
漳州市辖区	2.24	13	2.24	13	2.13	14	2.18	13	2.13	13
龙海市	3.14	8	3.10	9	3.19	9	3.23	9	3.25	9
云霄县	0.14	48	0.17	48	0.22	45	0.25	46	0.32	45

2-24 续表 （2006-2010 年） 单位：%

地 区	2006		2007		2008		2009		2010	
	比重	位次	比重	位次	比重	位次	比重	位次	比重	位次
漳浦县	0.37	32	0.40	33	0.40	33	0.46	33	0.50	32
诏安县	0.29	39	0.31	40	0.34	39	0.39	38	0.41	39
长泰县	0.40	31	0.47	32	0.52	30	0.59	28	0.67	27
东山县	0.33	35	0.32	39	0.32	41	0.37	40	0.46	35
南靖县	0.72	20	0.69	21	0.72	22	0.73	25	0.69	26
平和县	0.13	49	0.15	49	0.18	49	0.18	52	0.20	52
华安县	0.10	56	0.13	52	0.17	50	0.19	50	0.23	48
南平市辖区	1.43	16	1.39	17	1.29	18	1.18	19	1.18	19
邵武市	0.50	27	0.54	27	0.60	27	0.64	27	0.63	29
武夷山市	0.10	59	0.12	57	0.13	56	0.16	54	0.16	58
建瓯市	0.28	40	0.33	37	0.37	37	0.44	37	0.43	36
建阳市	0.29	38	0.33	36	0.39	34	0.44	35	0.43	37
顺昌县	0.22	42	0.23	43	0.22	46	0.22	47	0.21	50
浦城县	0.18	44	0.19	47	0.21	48	0.21	48	0.21	51
光泽县	0.10	58	0.12	54	0.14	54	0.15	58	0.15	60
松溪县	0.03	67	0.05	65	0.06	66	0.07	66	0.08	66
政和县	0.04	65	0.04	67	0.05	67	0.06	67	0.07	67
龙岩市辖区	2.36	12	2.58	10	2.72	10	2.86	11	2.83	10
漳平市	0.27	41	0.29	41	0.33	40	0.36	41	0.40	41
长汀县	0.18	45	0.22	44	0.26	42	0.32	42	0.38	42
永定县	0.36	33	0.40	34	0.46	32	0.45	34	0.52	31
上杭县	0.43	30	0.48	31	0.52	29	0.53	31	0.66	28
武平县	0.12	52	0.13	53	0.16	53	0.20	49	0.23	47
连城县	0.16	47	0.21	45	0.26	43	0.31	43	0.36	43
宁德市辖区	0.34	34	0.49	30	0.34	38	0.56	29	0.41	40
福安市	1.05	18	1.17	18	1.49	17	1.31	17	1.66	17
福鼎市	0.49	28	0.55	26	0.65	25	0.76	24	0.95	22
霞浦县	0.12	53	0.13	51	0.16	52	0.18	51	0.21	49
古田县	0.22	43	0.23	42	0.26	44	0.29	44	0.32	44
屏南县	0.09	63	0.10	64	0.11	64	0.12	63	0.13	63
寿宁县	0.12	51	0.11	60	0.13	60	0.14	60	0.16	57
周宁县	0.10	60	0.11	62	0.13	59	0.14	61	0.15	59
柘荣县	0.12	50	0.14	50	0.16	51	0.18	53	0.19	53

2-25 福建省各县（市、区）工业省内市场占有率及位次

（2006-2010 年）

单位：%

地 区	2006		2007		2008		2009		2010	
	占有率	位次	占有率	位次	占有率	位次	占有率	位次	占有率	位次
福州市辖区	7.94	3	7.92	3	7.89	3	7.64	3	6.86	4
福清市	6.51	5	5.95	5	5.42	5	5.06	6	4.61	6
长乐市	3.99	7	4.06	7	3.91	7	4.02	7	3.93	7
闽侯县	1.51	15	1.66	15	1.43	17	1.79	15	1.95	15
连江县	0.49	28	0.66	24	0.70	23	0.86	22	0.87	23
罗源县	0.44	30	0.49	30	0.60	28	0.89	21	1.08	20
闽清县	0.62	23	0.56	27	0.53	30	0.54	30	0.49	35
永泰县	0.11	55	0.13	53	0.13	59	0.12	62	0.12	64
平潭县	0.04	66	0.05	66	0.07	65	0.07	65	0.10	65
厦门市	24.67	1	22.37	1	20.35	1	17.41	1	17.52	1
莆田市辖区	4.27	6	4.45	6	4.65	6	5.09	5	5.17	5
仙游县	0.58	25	0.65	25	0.69	24	0.73	26	0.74	25
三明市辖区	1.98	14	2.06	14	2.27	13	1.89	14	1.78	16
永安市	0.89	19	1.01	19	1.13	19	1.30	17	1.36	18
明溪县	0.09	64	0.10	64	0.12	63	0.12	63	0.15	61
清流县	0.10	60	0.11	60	0.12	62	0.14	59	0.17	56
宁化县	0.10	61	0.11	61	0.14	55	0.17	54	0.19	54
大田县	0.31	35	0.34	37	0.40	34	0.45	35	0.53	31
尤溪县	0.31	36	0.35	35	0.37	37	0.39	39	0.41	40
沙　县	0.60	24	0.67	22	0.83	20	0.92	20	0.99	21
将乐县	0.17	45	0.21	45	0.21	47	0.26	44	0.29	45
泰宁县	0.12	54	0.13	56	0.13	56	0.16	55	0.15	60
建宁县	0.10	58	0.12	58	0.13	60	0.16	57	0.18	55
泉州市辖区	6.70	4	6.83	4	6.93	4	7.40	4	7.78	3
石狮市	2.67	10	2.65	10	2.71	11	2.89	11	2.63	12
晋江市	9.28	2	9.17	2	9.11	2	9.17	2	8.51	2
南安市	3.09	9	3.36	8	3.51	8	3.66	8	3.56	8
惠安县	2.43	11	2.57	11	2.76	10	3.01	10	2.78	11
安溪县	1.23	17	1.52	16	1.90	15	1.74	16	1.99	14
永春县	0.73	20	0.73	20	0.79	21	0.83	23	0.80	24
德化县	0.64	22	0.66	23	0.64	26	0.57	29	0.50	34
漳州市辖区	2.08	13	2.13	13	1.98	14	2.02	13	2.04	13
龙海市	3.15	8	3.02	9	3.09	9	3.21	9	3.30	9
云霄县	0.15	48	0.18	48	0.22	46	0.25	46	0.33	44

2-25 续表　　（2006-2010 年）　　单位：%

地　区	2006		2007		2008		2009		2010	
	比重	位次	比重	位次	比重	位次	比重	位次	比重	位次
漳浦县	0.36	33	0.39	34	0.41	33	0.46	34	0.51	33
诏安县	0.30	38	0.33	39	0.36	38	0.40	38	0.43	39
长泰县	0.36	32	0.45	31	0.52	31	0.62	28	0.69	27
东山县	0.32	34	0.32	40	0.33	40	0.39	40	0.46	36
南靖县	0.72	21	0.67	21	0.73	22	0.74	25	0.70	26
平和县	0.13	50	0.16	49	0.18	49	0.19	52	0.21	51
华安县	0.10	57	0.13	55	0.17	50	0.19	51	0.24	48
南平市辖区	1.34	16	1.28	17	1.18	18	1.07	19	1.09	19
邵武市	0.50	27	0.56	26	0.61	27	0.66	27	0.65	28
武夷山市	0.09	62	0.12	57	0.13	58	0.16	56	0.16	57
建瓯市	0.30	37	0.34	38	0.37	36	0.44	36	0.43	38
建阳市	0.30	39	0.34	36	0.38	35	0.44	37	0.44	37
顺昌县	0.19	43	0.19	46	0.23	45	0.23	47	0.21	50
浦城县	0.16	46	0.18	47	0.20	48	0.20	49	0.21	52
光泽县	0.11	56	0.13	54	0.15	54	0.14	60	0.14	62
松溪县	0.04	67	0.05	65	0.06	67	0.07	66	0.07	66
政和县	0.04	65	0.04	67	0.06	66	0.06	67	0.07	67
龙岩市辖区	2.33	12	2.53	12	2.70	12	2.87	12	2.80	10
漳平市	0.29	41	0.30	41	0.34	39	0.37	41	0.41	41
长汀县	0.19	44	0.22	43	0.26	43	0.32	42	0.38	42
永定县	0.38	31	0.42	33	0.47	32	0.47	33	0.53	30
上杭县	0.45	29	0.51	29	0.54	29	0.53	31	0.65	29
武平县	0.12	52	0.13	52	0.16	53	0.21	48	0.24	47
连城县	0.16	47	0.21	44	0.26	42	0.31	43	0.36	43
宁德市辖区	0.29	40	0.44	32	0.28	41	0.51	32	0.51	32
福安市	1.07	18	1.19	18	1.45	16	1.24	18	1.47	17
福鼎市	0.50	26	0.55	28	0.65	25	0.76	24	0.95	22
霞浦县	0.12	53	0.13	51	0.16	51	0.19	50	0.22	49
古田县	0.23	42	0.24	42	0.24	44	0.26	45	0.27	46
屏南县	0.09	63	0.10	63	0.11	64	0.12	64	0.13	63
寿宁县	0.13	51	0.11	59	0.13	61	0.14	61	0.16	58
周宁县	0.10	59	0.11	62	0.13	57	0.14	58	0.15	59
柘荣县	0.13	49	0.14	50	0.16	52	0.19	53	0.20	53

2-26 福建省各县（市、区）批发和零售业、住宿和餐饮业省内消费市场份额及位次

（2006-2010 年）

单位：%

地 区	2006		2007		2008		2009		2010	
	市场份额	位次	市场份额	位次	市场份额	位次	市场份额	位次	市场份额	位次
福州市辖区	20.43	1	21.43	1	21.59	1	21.57	1	22.01	1
福清市	3.08	8	2.98	9	2.96	9	2.97	8	2.90	9
长乐市	1.40	15	1.35	15	1.32	15	1.34	14	1.35	14
闽侯县	1.03	19	1.03	19	1.06	19	1.15	17	1.32	15
连江县	0.79	27	0.80	27	0.79	28	0.81	25	0.82	25
罗源县	0.46	45	0.46	45	0.45	46	0.45	43	0.45	41
闽清县	0.45	46	0.43	48	0.43	49	0.43	48	0.42	47
永泰县	0.45	47	0.44	47	0.43	48	0.43	47	0.43	45
平潭县	0.59	35	0.60	35	0.59	35	0.58	34	0.59	34
厦门市	11.65	2	11.36	2	10.94	2	12.57	2	12.78	2
莆田市辖区	4.43	5	4.50	5	4.48	5	4.56	5	4.56	4
仙游县	0.96	21	0.92	22	0.90	24	0.90	20	0.86	21
三明市辖区	1.28	16	1.30	16	1.30	16	1.29	15	1.30	16
永安市	0.96	22	0.95	20	0.96	20	0.89	22	0.85	23
明溪县	0.15	66	0.16	66	0.16	66	0.15	66	0.14	65
清流县	0.18	63	0.18	63	0.18	63	0.17	61	0.17	59
宁化县	0.28	53	0.28	53	0.30	53	0.29	53	0.29	53
大田县	0.39	51	0.40	51	0.39	51	0.38	51	0.38	51
尤溪县	0.42	50	0.41	50	0.43	47	0.40	50	0.40	50
沙 县	0.43	49	0.44	46	0.47	44	0.47	40	0.49	39
将乐县	0.20	60	0.20	58	0.21	57	0.20	56	0.20	55
泰宁县	0.19	62	0.19	61	0.20	61	0.19	58	0.19	57
建宁县	0.17	65	0.17	64	0.17	64	0.16	64	0.16	63
泉州市辖区	6.25	3	6.30	3	6.18	3	6.32	3	6.35	3
石狮市	3.80	6	3.71	6	3.74	6	3.67	6	3.55	6
晋江市	4.70	4	4.70	4	4.73	4	4.64	4	4.50	5
南安市	3.38	7	3.28	7	3.33	7	3.26	7	3.24	8
惠安县	2.32	10	2.29	10	2.29	10	2.23	11	2.15	11
安溪县	1.75	12	1.74	12	1.75	12	1.75	12	1.68	12
永春县	0.98	20	0.95	21	0.94	21	0.90	21	0.91	20
德化县	0.75	29	0.74	29	0.71	30	0.67	30	0.64	31
漳州市辖区	2.92	9	3.02	8	3.02	8	2.89	9	3.40	7
龙海市	1.73	13	1.68	13	1.67	13	1.56	13	1.39	13
云霄县	0.65	33	0.62	33	0.61	33	0.56	36	0.50	38

2-26 续表 （2006-2010 年） 单位：%

地区	2006		2007		2008		2009		2010	
	市场份额	位次	市场份额	位次	市场份额	位次	市场份额	位次	市场份额	位次
漳浦县	1.21	17	1.18	17	1.19	17	1.10	18	0.99	18
诏安县	0.89	26	0.85	26	0.84	26	0.78	27	0.73	27
长泰县	0.28	54	0.27	54	0.28	54	0.26	54	0.23	54
东山县	0.48	44	0.47	43	0.47	43	0.44	45	0.41	49
南靖县	0.51	41	0.53	37	0.54	38	0.49	39	0.42	46
平和县	0.72	30	0.69	30	0.71	29	0.66	31	0.61	32
华安县	0.17	64	0.17	65	0.17	65	0.16	65	0.13	66
南平市辖区	1.42	14	1.41	14	1.40	14	1.28	16	1.26	17
邵武市	0.90	25	0.88	25	0.89	25	0.86	23	0.86	22
武夷山市	0.51	40	0.49	41	0.50	42	0.47	41	0.46	40
建瓯市	0.70	31	0.68	31	0.69	31	0.65	32	0.65	30
建阳市	0.51	39	0.51	40	0.51	39	0.45	44	0.43	43
顺昌县	0.37	52	0.36	52	0.35	52	0.31	52	0.29	52
浦城县	0.53	38	0.51	39	0.50	40	0.43	49	0.42	48
光泽县	0.22	57	0.22	56	0.21	56	0.20	57	0.19	58
松溪县	0.21	58	0.20	59	0.20	60	0.17	60	0.16	61
政和县	0.22	56	0.22	57	0.21	58	0.18	59	0.17	60
龙岩市辖区	2.20	11	2.15	11	2.27	11	2.47	10	2.46	10
漳平市	0.54	37	0.53	38	0.54	37	0.57	35	0.57	35
长汀县	0.50	42	0.49	42	0.50	41	0.54	37	0.54	37
永定县	0.66	32	0.65	32	0.65	32	0.67	29	0.67	29
上杭县	0.58	36	0.56	36	0.59	36	0.63	33	0.60	33
武平县	0.44	48	0.42	49	0.42	50	0.43	46	0.43	44
连城县	0.48	43	0.47	44	0.46	45	0.50	38	0.55	36
宁德市辖区	0.90	24	0.88	24	0.93	23	0.97	19	0.98	19
福安市	1.16	18	1.15	18	1.14	18	0.86	24	0.84	24
福鼎市	0.92	23	0.91	23	0.94	22	0.80	26	0.77	26
霞浦县	0.77	28	0.76	28	0.80	27	0.74	28	0.71	28
古田县	0.63	34	0.62	34	0.61	34	0.46	42	0.44	42
屏南县	0.20	59	0.20	60	0.20	59	0.17	63	0.16	62
寿宁县	0.27	55	0.27	55	0.26	55	0.21	55	0.19	56
周宁县	0.19	61	0.18	62	0.18	62	0.17	62	0.16	64
柘荣县	0.13	67	0.13	67	0.13	67	0.12	67	0.12	67

3 行业篇

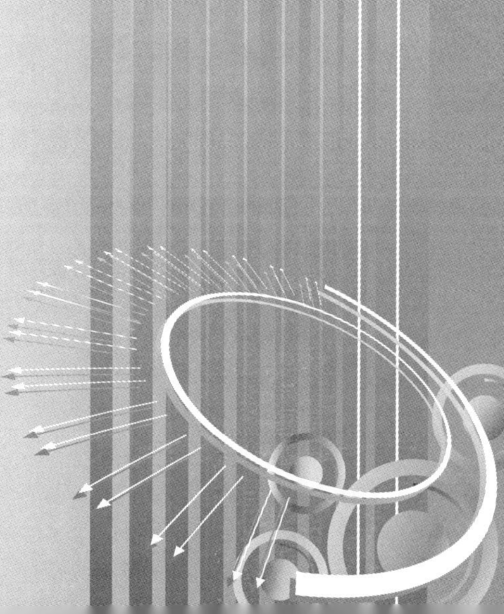

3-1　农林牧渔业分行业总产值占全国比重排名前5个省（市、区）

（2008-2010年）　　单位：%

行业名称	2008					
	福建	第1位	第2位	第3位	第4位	第5位
农林牧渔业	第13位 3.39	山东 9.68	河南 8.05	四川 6.73	江苏 6.19	河北 6.04
#农业	第17位 2.72	山东 10.33	河南 9.13	河北 6.28	江苏 6.23	四川 5.73
林业	第 4 位 6.96	云南 8.53	湖南 7.22	江西 7.00	福建 6.96	广西 5.77
牧业	第17位 2.07	四川 9.89	河南 8.56	山东 8.28	湖南 7.11	河北 6.85
渔业	第 4 位 10.56	山东 13.19	江苏 12.79	广东 12.54	福建 10.56	浙江 7.84

3-1 续表 1　　（2008-2010年）　　单位：%

行业名称	2009					
	福建	第1位	第2位	第3位	第4位	第5位
农林牧渔业	第13位 3.32	山东 9.95	河南 8.07	江苏 6.32	四川 6.11	河北 6.03
#农业	第16位 2.70	山东 10.53	河南 9.26	江苏 6.36	河北 6.30	四川 5.90
林业	第 3 位 6.87	云南 8.31	湖南 7.38	福建 6.87	江西 6.86	河南 5.68
牧业	第19位 1.88	山东 8.65	河南 8.50	四川 8.20	河北 6.93	辽宁 6.02
渔业	第 4 位 10.05	山东 13.28	江苏 12.78	广东 11.75	福建 10.05	辽宁 7.85

3-1 续表 2　　（2008-2010年）　　单位：%

行业名称	2010					
	福建	第1位	第2位	第3位	第4位	第5位
农林牧渔业	第13位 3.33	山东 9.59	河南 8.27	河北 6.22	江苏 6.20	四川 5.89
#农业	第16位 2.64	山东 9.93	河南 9.59	河北 6.69	江苏 6.14	四川 5.60
林业	第2位 7.30	湖南 7.99	福建 7.30	江西 7.20	云南 7.10	广东 6.79
牧业	第16位 1.83	河南 8.67	山东 8.52	四川 8.19	河北 6.93	辽宁 6.10
渔业	第 4 位 10.50	山东 13.19	江苏 12.54	广东 11.54	福建 10.50	浙江 8.13

3-2 全国工业分行业主营业务收入占全国比重及位次

（2006-2010 年）

单位：%

行业名称	2006		2007		2008		2009		2010	
	比重	位次	比重	位次	比重	位次	比重	位次	比重	位次
煤炭开采和洗选业	2.38	16	2.40	15	3.06	13	3.20	13	3.38	13
石油和天然气开采业	2.48	14	2.13	16	2.21	16	1.46	21	1.52	20
黑色金属矿采选业	0.44	34	0.52	32	0.73	30	0.67	30	0.88	26
有色金属矿采选业	0.55	31	0.56	31	0.54	32	0.53	33	0.55	32
非金属矿采选业	0.32	35	0.32	35	0.36	35	0.41	35	0.43	35
农副食品加工业	4.05	11	4.29	11	4.71	8	5.09	7	4.97	7
食品制造业	1.47	21	1.46	21	1.49	20	1.63	19	1.60	19
饮料制造业	1.25	23	1.25	22	1.23	22	1.38	22	1.31	22
烟草制品业	1.01	25	0.94	26	0.85	26	0.90	26	0.81	29
纺织业	4.77	8	4.54	7	4.15	10	4.14	10	4.03	12
纺织服装、鞋、帽制造业	1.88	18	1.84	18	1.81	18	1.87	17	1.72	17
皮革、毛皮、羽毛（绒）及其制品业	1.28	22	1.24	23	1.14	23	1.15	23	1.11	23
木材加工及木、竹、藤、棕、草制品业	0.75	29	0.84	28	0.93	25	1.04	24	1.03	24
家具制造业	0.58	30	0.59	30	0.60	31	0.62	31	0.62	31
造纸及纸制品业	1.58	19	1.54	19	1.50	19	1.47	20	1.46	21
印刷业和记录媒介的复制	0.53	33	0.51	33	0.52	33	0.53	32	0.50	33
文教体育用品制造业	0.54	32	0.51	34	0.48	34	0.47	34	0.44	34
石油加工、炼焦及核燃料加工业	4.80	7	4.49	8	4.53	9	3.92	11	4.20	10
化学原料及化学制品制造业	6.48	4	6.63	4	6.66	3	6.69	4	6.80	4
医药制造业	1.50	20	1.49	20	1.48	21	1.67	18	1.64	18
化学纤维制造业	1.00	26	1.00	25	0.78	29	0.70	29	0.72	30
橡胶制品业	0.85	27	0.85	27	0.83	27	0.86	27	0.84	27
塑料制品业	1.99	17	1.98	17	1.92	17	1.95	16	1.94	16
非金属矿物制品业	3.62	12	3.75	12	4.07	12	4.44	9	4.48	9
黑色金属冶炼及压延加工业	8.22	2	8.74	2	9.13	1	8.09	2	7.81	3
有色金属冶炼及压延加工业	4.10	10	4.48	9	4.13	11	3.87	12	4.18	11
金属制品业	2.66	13	2.78	13	2.91	14	2.86	15	2.82	15
通用设备制造业	4.24	9	4.46	10	4.77	7	4.91	8	4.93	8
专用设备制造业	2.46	15	2.57	14	2.82	15	3.04	14	3.05	14
交通运输设备制造业	6.42	5	6.66	3	6.58	4	7.57	3	7.89	2
电气机械及器材制造业	5.63	6	5.81	6	5.87	6	5.97	6	6.04	5
通信设备、计算机及其他电子设备制造业	10.54	1	9.76	1	8.64	2	8.15	1	7.91	1
仪器仪表及文化、办公用机械制造业	1.12	24	1.05	24	0.97	24	0.91	25	0.91	25
工艺品及其他制造业	0.80	28	0.83	29	0.81	28	0.81	28	0.82	28
废弃资源和废旧材料回收加工业	0.14	38	0.17	38	0.23	37	0.27	37	0.34	37
电力、热力的生产和供应业	7.09	3	6.56	5	6.05	5	6.23	5	5.81	6
燃气生产和供应业	0.28	36	0.28	36	0.32	36	0.35	36	0.36	36
水的生产和供应业	0.21	37	0.19	37	0.18	38	0.18	38	0.16	38

3-3 工业分行业国内市场占有率排名前5个省（市、区）

（2007-2009年）　　单位：%

行业名称	2007					
	福建	第1位	第2位	第3位	第4位	第5位
煤炭开采和洗选业	第20位 0.83	山西 23.57	河南 14.40	山东 14.11	内蒙古 8.09	河北 5.51
石油和天然气开采业		黑龙江 23.57	新疆 14.29	山东 10.89	陕西 10.66	天津 8.13
黑色金属矿采选业	第10位 2.94	河北 27.53	辽宁 12.92	山东 9.60	内蒙古 5.97	山西 4.75
有色金属矿采选业	第15位 1.68	河南 23.57	山东 14.49	内蒙古 7.62	湖南 7.17	云南 6.22
非金属矿采选业	第11位 3.64	山东 21.51	河南 9.75	江苏 6.84	湖北 6.28	广东 5.74
农副食品加工业	第8位 3.29	山东 26.49	河南 9.23	江苏 6.81	广东 6.58	辽宁 6.00
食品制造业	第7位 4.41	山东 19.47	广东 9.91	河南 9.15	内蒙古 6.32	河北 5.98
饮料制造业	第8位 3.51	山东 12.73	四川 12.19	广东 8.71	浙江 8.25	江苏 6.75
烟草制品业	第12位 3.42	云南 19.54	湖南 9.48	上海 7.54	江苏 6.44	广东 6.14
纺织业	第6位 3.73	江苏 23.37	浙江 22.50	山东 19.93	广东 7.86	河南 3.82
纺织服装、鞋、帽制造业	第5位 9.37	江苏 22.78	广东 18.19	浙江 17.54	山东 11.18	福建 9.37
皮革、毛皮、羽毛（绒）及其制品业	第3位 16.54	浙江 21.44	广东 19.35	福建 16.54	山东 9.97	江苏 7.51
木材加工及木、竹、藤、棕、草制品业	第6位 5.60	山东 17.98	江苏 15.90	浙江 9.49	广东 8.76	河南 5.71
家具制造业	第7位 4.93	广东 27.65	浙江 15.67	山东 10.78	上海 8.40	江苏 6.58
造纸及纸制品业	第6位 4.57	山东 22.55	广东 15.60	江苏 11.47	浙江 11.38	河南 8.03
印刷业和记录媒介的复制	第9位 3.13	广东 24.43	浙江 11.38	上海 8.24	山东 8.04	江苏 7.65
文教体育用品制造业	第6位 5.18	广东 34.68	浙江 16.66	江苏 15.60	山东 11.08	上海 8.30
石油加工、炼焦及核燃料加工业	第21位 1.05	山东 13.26	辽宁 12.58	广东 8.59	山西 5.81	上海 5.56
化学原料及化学制品制造业	第15位 1.73	江苏 19.73	山东 16.31	广东 9.54	浙江 8.17	上海 6.22

3-3 续表 1　　　　（2007-2009 年）　　　　单位：%

行业名称	2007					
	福建	第 1 位	第 2 位	第 3 位	第 4 位	第 5 位
医药制造业	第 20 位 1.43	山东 14.08	江苏 10.69	浙江 9.15	广东 6.42	河南 5.32
化学纤维制造业	第 3 位 5.32	浙江 37.56	江苏 31.73	福建 5.32	广东 4.12	河南 3.40
橡胶制品业	第 5 位 5.91	山东 28.10	江苏 12.92	浙江 10.42	广东 7.97	福建 5.91
塑料制品业	第 6 位 5.34	广东 25.07	浙江 17.01	江苏 12.13	山东 10.18	上海 5.83
非金属矿物制品业	第 6 位 5.49	山东 18.13	河南 11.36	广东 11.30	江苏 8.55	浙江 5.95
黑色金属冶炼及压延加工业	第 19 位 1.59	河北 15.60	江苏 14.83	山东 8.65	辽宁 7.38	上海 5.12
有色金属冶炼及压延加工业	第 20 位 1.53	江苏 10.36	河南 9.34	山东 8.89	广东 8.19	浙江 7.71
金属制品业	第 9 位 2.57	广东 23.11	江苏 17.57	浙江 12.64	山东 10.41	上海 7.62
通用设备制造业	第 14 位 1.69	江苏 18.30	山东 15.57	浙江 14.11	上海 10.52	辽宁 7.83
专用设备制造业	第 12 位 2.39	山东 16.50	江苏 13.56	广东 8.71	浙江 8.11	河南 7.64
交通运输设备制造业	第 18 位 1.90	广东 11.02	上海 10.02	江苏 8.97	山东 8.84	浙江 7.57
电气机械及器材制造业	第 8 位 2.40	广东 26.27	江苏 16.82	浙江 12.68	山东 10.74	上海 6.79
通信设备、计算机及其他电子设备制造业	第 8 位 3.87	广东 34.16	江苏 20.77	上海 13.18	北京 7.27	山东 5.04
仪器仪表及文化、办公用机械制造业	第 7 位 2.94	广东 31.48	江苏 18.91	浙江 11.30	上海 7.50	山东 5.98
工艺品及其他制造业	第 4 位 9.65	广东 25.00	浙江 17.61	山东 16.61	福建 9.65	江苏 7.14
废弃资源和废旧材料回收加工业	第 20 位 0.22	浙江 24.14	广东 24.06	湖南 15.01	上海 7.48	江苏 7.13
电力、热力的生产和供应业	第 11 位 3.17	广东 12.71	浙江 8.75	江苏 8.02	山东 7.31	河南 6.20
燃气生产和供应业	第 21 位 0.97	广东 21.75	上海 8.66	江苏 8.07	山东 7.04	北京 6.82
水的生产和供应业	第 10 位 3.30	广东 26.12	浙江 9.14	江苏 6.89	山东 5.54	湖北 5.00

3-3 续表 2　　（2007-2009 年）　　单位：%

行业名称	2008					
	福建	第 1 位	第 2 位	第 3 位	第 4 位	第 5 位
煤炭开采和洗选业	第 21 位 0.78	山西 23.05	山东 12.45	河南 11.41	内蒙古 9.51	河北 6.13
石油和天然气开采业		黑龙江 23.11	新疆 13.33	山东 11.73	陕西 9.60	天津 8.69
黑色金属矿采选业	第 7 位 3.40	河北 28.16	辽宁 15.04	山东 7.81	内蒙古 5.51	四川 4.81
有色金属矿采选业	第 13 位 1.74	河南 23.46	山东 15.48	内蒙古 7.71	湖南 6.52	青海 5.25
非金属矿采选业	第 12 位 3.33	山东 18.01	河南 8.72	广东 7.82	江苏 7.60	湖南 6.73
农副食品加工业	第 12 位 3.15	山东 24.66	河南 9.01	辽宁 6.79	江苏 6.42	广东 6.13
食品制造业	第 6 位 4.49	山东 19.09	河南 10.12	广东 9.64	内蒙古 6.23	上海 5.00
饮料制造业	第 8 位 3.90	四川 13.03	山东 11.52	广东 7.95	河南 7.40	浙江 7.35
烟草制品业	第 12 位 3.35	云南 18.38	湖南 9.49	上海 7.57	江苏 6.37	广东 5.89
纺织业	第 6 位 3.69	江苏 23.05	浙江 20.94	山东 20.86	广东 8.02	河南 4.50
纺织服装、鞋、帽制造业	第 5 位 9.30	江苏 23.19	广东 18.14	浙江 15.40	山东 10.62	福建 9.30
皮革、毛皮、羽毛（绒）及其制品业	第 3 位 18.34	广东 20.02	浙江 18.43	福建 18.34	山东 9.89	河北 6.98
木材加工及木、竹、藤、棕、草制品业	第 6 位 5.76	山东 17.27	江苏 15.67	浙江 7.94	广东 7.77	河南 7.30
家具制造业	第 6 位 5.16	广东 27.14	浙江 14.53	山东 12.79	上海 6.56	辽宁 6.41
造纸及纸制品业	第 6 位 4.66	山东 19.51	广东 16.85	江苏 11.60	浙江 11.01	河南 8.50
印刷业和记录媒介的复制	第 12 位 2.97	广东 24.05	浙江 9.69	山东 8.61	江苏 8.14	上海 7.43
文教体育用品制造业	第 6 位 5.23	广东 34.81	江苏 15.99	浙江 15.42	山东 12.18	上海 6.79
石油加工、炼焦及核燃料加工业	第 23 位 0.88	山东 13.36	辽宁 12.15	广东 8.44	山西 7.03	上海 5.41
化学原料及化学制品制造业	第 16 位 1.63	江苏 19.56	山东 16.88	广东 9.14	浙江 7.89	上海 5.69

3-3 续表 3　　（2007-2009 年）　　单位：%

行业名称	2008					
	福建	第 1 位	第 2 位	第 3 位	第 4 位	第 5 位
医药制造业	第 20 位 1.31	山东 14.25	江苏 11.53	浙江 7.78	广东 6.14	河南 5.83
化学纤维制造业	第 3 位 5.92	浙江 38.51	江苏 32.21	福建 5.92	广东 4.02	山东 3.30
橡胶制品业	第 6 位 5.65	山东 28.71	江苏 13.37	浙江 9.62	广东 7.68	河南 5.89
塑料制品业	第 6 位 5.43	广东 24.43	浙江 15.10	江苏 12.25	山东 9.56	上海 5.66
非金属矿物制品业	第 7 位 4.67	山东 17.10	河南 12.15	广东 10.39	江苏 8.62	辽宁 6.11
黑色金属冶炼及压延加工业	第 18 位 1.61	河北 16.47	江苏 14.14	山东 8.33	辽宁 7.55	天津 5.72
有色金属冶炼及压延加工业	第 19 位 1.59	河南 11.12	江苏 10.27	山东 9.61	江西 8.75	广东 8.26
金属制品业	第 10 位 2.38	广东 20.49	江苏 18.20	浙江 11.69	山东 9.73	上海 6.67
通用设备制造业	第 13 位 1.77	江苏 18.59	山东 16.18	浙江 12.10	上海 9.12	辽宁 8.98
专用设备制造业	第 13 位 2.23	山东 15.61	江苏 14.38	广东 7.73	河南 7.43	辽宁 6.75
交通运输设备制造业	第 18 位 1.87	江苏 10.70	广东 10.38	山东 9.37	上海 8.92	浙江 7.44
电气机械及器材制造业	第 10 位 2.31	广东 23.75	江苏 19.06	浙江 12.04	山东 10.60	上海 5.88
通信设备、计算机及其他电子设备制造业	第 7 位 3.87	广东 34.19	江苏 22.54	上海 12.56	北京 6.05	山东 5.85
仪器仪表及文化、办公用机械制造业	第 7 位 2.95	广东 27.07	江苏 23.01	浙江 10.07	上海 7.38	山东 5.13
工艺品及其他制造业	第 4 位 8.98	广东 26.39	浙江 15.85	山东 15.58	福建 8.98	江苏 5.98
电力、热力的生产和供应业	第 13 位 3.09	广东 12.11	浙江 8.44	江苏 8.15	山东 7.23	河南 5.50
燃气生产和供应业	第 22 位 0.83	广东 17.51	上海 10.01	江苏 8.76	内蒙古 8.02	山东 6.87
水的生产和供应业	第 10 位 3.09	广东 23.42	浙江 9.40	江苏 7.77	湖北 6.82	山东 5.88

3-3 续表 4　　（2007-2009 年）　　单位：%

行业名称	2009					
	福建	第 1 位	第 2 位	第 3 位	第 4 位	第 5 位
煤炭开采和洗选业	第 21 位 0.75	山西 19.42	河南 14.64	山东 11.03	内蒙古 10.56	河北 7.17
石油和天然气开采业		黑龙江 19.16	陕西 12.37	新疆 11.78	天津 10.91	山东 8.75
黑色金属矿采选业	第 7 位 3.42	河北 25.88	辽宁 18.44	山东 7.96	内蒙古 7.25	四川 4.84
有色金属矿采选业	第 14 位 1.46	河南 22.50	山东 17.50	内蒙古 7.78	湖南 6.99	青海 6.71
非金属矿采选业	第 12 位 3.36	山东 16.76	河南 8.81	广东 8.28	辽宁 7.34	四川 7.00
农副食品加工业	第 12 位 3.26	山东 24.03	河南 8.41	辽宁 7.35	江苏 6.66	四川 5.43
食品制造业	第 6 位 4.45	山东 19.35	河南 9.66	广东 9.61	内蒙古 5.99	上海 4.68
饮料制造业	第 8 位 3.87	四川 14.59	山东 11.42	广东 8.07	河南 6.84	江苏 6.35
烟草制品业	第 13 位 3.12	云南 17.73	湖南 9.20	上海 7.99	湖北 6.29	江苏 6.08
纺织业	第 6 位 3.86	江苏 21.43	山东 21.28	浙江 20.30	广东 8.20	河南 4.63
纺织服装、鞋、帽制造业	第 5 位 9.47	江苏 22.02	广东 18.31	浙江 13.33	山东 11.98	福建 9.47
皮革、毛皮、羽毛（绒）及其制品业	第 1 位 19.11	福建 19.11	广东 18.85	浙江 16.63	山东 10.45	河北 7.80
木材加工及木、竹、藤、棕、草制品业	第 6 位 6.31	山东 18.11	江苏 14.74	河南 7.15	广东 6.81	浙江 6.70
家具制造业	第 7 位 4.84	广东 25.11	山东 14.25	浙江 13.13	辽宁 7.42	上海 5.72
造纸及纸制品业	第 6 位 4.82	山东 20.31	广东 14.93	江苏 11.51	浙江 10.25	河南 8.17
印刷业和记录媒介的复制	第 13 位 2.84	广东 23.72	山东 9.67	浙江 9.50	江苏 8.03	上海 6.62
文教体育用品制造业	第 6 位 4.89	广东 33.80	江苏 16.72	山东 14.40	浙江 14.22	上海 5.47
石油加工、炼焦及核燃料加工业	第 19 位 1.48	山东 14.12	辽宁 11.94	广东 8.99	河北 5.50	山西 5.23
化学原料及化学制品制造业	第 17 位 1.51	山东 19.35	江苏 19.20	广东 8.56	浙江 7.51	上海 4.72

3-3 续表 5　　（2007-2009 年）　　单位：%

行业名称	2009					
	福建	第 1 位	第 2 位	第 3 位	第 4 位	第 5 位
医药制造业	第 23 位 1.23	山东 14.56	江苏 12.17	浙江 6.92	广东 6.28	河南 5.82
化学纤维制造业	第 3 位 5.99	浙江 36.93	江苏 34.01	福建 5.99	山东 3.80	广东 3.71
橡胶制品业	第 6 位 5.50	山东 30.83	江苏 12.92	浙江 8.91	广东 7.50	河南 5.85
塑料制品业	第 6 位 5.53	广东 23.60	浙江 14.07	江苏 10.94	山东 10.37	辽宁 5.66
非金属矿物制品业	第 8 位 4.44	山东 17.00	河南 12.25	广东 9.22	江苏 8.10	辽宁 6.82
黑色金属冶炼及压延加工业	第 18 位 1.67	河北 16.93	江苏 14.25	辽宁 8.35	山东 7.96	天津 6.54
有色金属冶炼及压延加工业	第 18 位 1.52	江苏 10.68	山东 10.56	河南 10.48	江西 8.67	广东 8.33
金属制品业	第 11 位 2.19	广东 20.15	江苏 17.85	山东 10.88	浙江 10.57	辽宁 5.66
通用设备制造业	第 14 位 1.76	山东 18.06	江苏 17.44	浙江 10.33	辽宁 10.12	上海 8.43
专用设备制造业	第 13 位 2.20	山东 15.85	江苏 14.33	河南 7.95	辽宁 7.56	广东 6.99
交通运输设备制造业	第 19 位 1.67	江苏 11.47	广东 10.04	山东 9.62	上海 9.25	吉林 7.16
电气机械及器材制造业	第 10 位 2.12	广东 21.87	江苏 19.52	山东 11.59	浙江 11.07	上海 4.93
通信设备、计算机及其他电子设备制造业	第 6 位 3.85	广东 34.79	江苏 23.17	上海 11.43	山东 6.42	北京 5.29
仪器仪表及文化、办公用机械制造业	第 9 位 2.77	江苏 25.76	广东 22.79	浙江 10.67	山东 5.98	上海 5.90
工艺品及其他制造业	第 4 位 9.46	广东 23.80	山东 16.63	浙江 14.61	福建 9.46	江苏 7.13
废弃资源和废旧材料回收加工业	第 14 位 0.65	广东 30.83	浙江 14.93	天津 10.50	江苏 9.97	新疆 6.97
电力、热力的生产和供应业	第 12 位 3.14	广东 11.34	浙江 8.29	江苏 8.01	山东 7.35	河南 5.59
燃气生产和供应业	第 16 位 1.73	广东 16.88	内蒙古 10.08	上海 9.03	江苏 8.99	山东 7.03
水的生产和供应业	第 10 位 3.16	广东 22.42	浙江 9.56	江苏 7.19	山东 5.83	湖北 5.28

3-4 建筑业分行业总产值占全国比重排名前5个省（市、区）

（2008-2010年） 单位：%

行业名称	2008					
	福建	第1位	第2位	第3位	第4位	第5位
建筑业	第14位 2.99	江苏 13.87	浙江 13.15	山东 6.16	广东 5.27	上海 5.23
#房屋和土木工程建筑业	第14位 2.99	浙江 14.10	江苏 13.63	山东 6.06	上海 4.74	广东 4.67
建筑安装业	第16位 2.64	江苏 14.45	上海 8.28	山东 7.82	北京 6.55	广东 6.43
建筑装饰业	第7位 3.24	广东 17.27	江苏 16.28	上海 10.95	北京 10.79	浙江 10.57
其他建筑业	第9位 4.08	江苏 18.25	河南 9.96	浙江 7.27	湖北 7.12	山东 6.22

3-4 续表1

（2008-2010年） 单位：%

行业名称	2009					
	福建	第1位	第2位	第3位	第4位	第5位
建筑业	第15位 2.87	江苏 13.36	浙江 12.48	山东 5.96	北京 5.29	上海 4.99
#房屋和土木工程建筑业	第14位 2.90	浙江 13.27	江苏 13.05	山东 5.82	北京 5.07	河南 4.65
建筑安装业	第17位 2.18	江苏 14.59	上海 8.35	山东 8.22	广东 6.28	北京 5.99
建筑装饰业	第10位 3.04	广东 17.14	江苏 16.74	浙江 9.95	上海 9.89	北京 9.57
其他建筑业	第9位 3.96	江苏 18.10	河南 8.81	湖北 7.80	天津 7.69	浙江 6.83

3-4 续表2

（2008-2010年） 单位：%

行业名称	2010					
	福建	第1位	第2位	第3位	第4位	第5位
建筑业	第14位 3.06	江苏 12.92	浙江 12.50	山东 5.72	北京 5.41	广东 4.91
#房屋和土木工程建筑业	第14位 3.13	浙江 13.32	江苏 12.63	山东 5.64	北京 5.20	辽宁 4.71
建筑安装业	第17位 2.02	江苏 14.36	山东 7.41	上海 7.19	辽宁 6.55	广东 6.18
建筑装饰业	第9位 2.99	广东 18.29	江苏 16.57	浙江 10.91	北京 9.91	上海 9.72
其他建筑业	第10位 3.91	江苏 14.45	天津 8.60	河南 7.85	陕西 7.15	浙江 6.06

3-5 全国农林牧渔业分行业总产值占全国比重及位次

（2006-2010 年）　　单位：%

行业名称	2006		2007		2008		2009		2010	
	比重	位次	比重	位次	比重	位次	比重	位次	比重	位次
农业	50.79	1	50.43	1	48.35	1	50.71	1	53.29	1
林业	3.78	4	3.81	4	3.71	4	3.91	4	3.74	4
牧业	32.15	2	32.98	2	35.49	2	32.25	2	30.04	2
渔业	10.45	3	9.12	3	8.97	3	9.32	3	9.26	3

3-6 全国建筑业分行业总产值占全国比重及位次

（2006-2010 年）　　单位：%

行业名称	2006		2007		2008		2009		2010	
	比重	位次	比重	位次	比重	位次	比重	位次	比重	位次
房屋和土木工程建筑业	86.88	1	86.69	1	86.66	1	87.58	1	87.55	1
建筑安装业	8.01	2	8.17	2	8.30	2	7.58	2	7.53	2
建筑装饰业	3.67	3	3.62	3	3.53	3	3.41	3	3.37	3
其他建筑业	1.44	4	1.52	4	1.51	4	1.43	4	1.56	4

3-7 福建省农林牧渔业分行业总产值占全省比重及位次

（2006-2010 年）　　单位：%

行业名称	2006		2007		2008		2009		2010	
	比重	位次	比重	位次	比重	位次	比重	位次	比重	位次
农业	42.01	1	40.50	1	38.83	1	41.29	1	42.33	1
林业	7.07	4	7.13	4	7.62	4	8.10	4	8.21	4
牧业	18.69	3	20.11	3	21.66	3	18.33	3	16.48	3
渔业	30.97	2	28.03	2	27.96	2	28.26	2	29.22	2

3-8 福建省工业分行业主营业务收入占全省比重及位次

（2006-2010 年）

单位：%

行业名称	2006		2007		2008		2009		2010	
	比重	位次	比重	位次	比重	位次	比重	位次	比重	位次
煤炭开采和洗选业	0.65	30	0.65	30	0.80	30	0.80	28	0.71	29
黑色金属矿采选业	0.38	32	0.50	32	0.83	29	0.76	30	1.08	25
有色金属矿采选业	0.26	34	0.31	34	0.32	34	0.25	34	0.26	35
非金属矿采选业	0.37	33	0.39	33	0.41	33	0.46	33	0.44	33
农副食品加工业	4.36	8	4.61	7	5.02	7	5.51	6	5.61	5
食品制造业	2.00	18	2.11	18	2.26	17	2.41	15	2.49	15
饮料制造业	1.26	23	1.44	24	1.62	21	1.77	22	1.71	22
烟草制品业	1.05	26	1.05	25	0.96	27	0.93	26	0.78	28
纺织业	5.76	5	5.54	6	5.17	6	5.30	7	5.06	7
纺织服装、鞋、帽制造业	5.55	6	5.62	5	5.70	5	5.88	5	5.19	6
皮革、毛皮、羽毛（绒）及其制品业	6.21	4	6.72	4	7.05	2	7.30	2	7.11	2
木材加工及木、竹、藤、棕、草制品业	1.24	24	1.54	22	1.81	20	2.17	18	2.08	20
家具制造业	1.01	27	0.95	27	1.04	25	1.01	25	1.01	26
造纸及纸制品业	2.36	14	2.30	16	2.36	15	2.36	16	2.45	16
印刷业和记录媒介的复制	0.58	31	0.52	31	0.52	32	0.50	32	0.46	32
文教体育用品制造业	0.90	28	0.86	28	0.85	28	0.77	29	0.68	30
石油加工、炼焦及核燃料加工业	1.72	20	1.54	23	1.34	24	1.93	21	3.02	13
化学原料及化学制品制造业	3.89	10	3.76	11	3.67	11	3.36	12	3.63	11
医药制造业	0.75	29	0.70	29	0.66	31	0.68	31	0.64	31
化学纤维制造业	1.66	21	1.73	20	1.55	23	1.39	24	1.45	23
橡胶制品业	1.65	22	1.63	21	1.58	22	1.56	23	1.39	24
塑料制品业	3.42	12	3.45	12	3.53	12	3.59	11	3.46	12
非金属矿物制品业	6.29	3	6.73	3	6.41	3	6.54	3	6.14	3
黑色金属冶炼及压延加工业	4.22	9	4.55	9	4.96	8	4.47	8	4.44	9
有色金属冶炼及压延加工业	2.03	17	2.25	17	2.22	18	1.95	20	2.18	19
金属制品业	2.13	15	2.33	15	2.34	16	2.08	19	2.01	21
通用设备制造业	2.11	16	2.46	14	2.86	13	2.89	13	2.84	14
专用设备制造业	1.87	19	2.01	19	2.13	19	2.22	17	2.29	18
交通运输设备制造业	3.68	11	4.14	10	4.16	10	4.21	9	4.65	8
电气机械及器材制造业	4.60	7	4.56	8	4.58	9	4.20	10	4.32	10
通信设备、计算机及其他电子设备制造业	14.85	1	12.34	1	11.29	1	10.42	1	10.62	1
仪器仪表及文化、办公用机械制造业	1.09	25	1.01	26	0.97	26	0.84	27	0.99	27
工艺品及其他制造业	2.58	13	2.60	13	2.44	14	2.55	14	2.44	17
废弃资源和废旧材料回收加工业	0.02	37	0.01	37	0.03	37	0.06	37	0.09	37
电力、热力的生产和供应业	7.18	2	6.80	2	6.31	4	6.50	4	5.78	4
燃气生产和供应业	0.09	36	0.09	36	0.09	36	0.20	35	0.34	34
水的生产和供应业	0.23	35	0.20	35	0.18	35	0.19	36	0.15	36

3-9 福建省各银行各项存款比重及位次

（2006-2010 年）　　单位：%

银行名称	2006		2007		2008		2009		2010	
	比重	位次	比重	位次	比重	位次	比重	位次	比重	位次
中国人民银行	1.98	12	3.12	9	2.80	9	3.00	9	3.43	9
中国工商银行	14.87	3	13.80	3	14.75	3	13.41	3	12.14	3
中国农业银行	16.80	2	15.74	2	15.21	2	14.38	2	14.14	2
中国银行	8.96	5	8.11	5	8.65	5	8.68	5	8.71	5
中国建设银行	19.34	1	19.77	1	19.41	1	19.22	1	17.69	1
交通银行	2.04	10	2.23	11	2.33	10	2.40	11	2.42	12
兴业银行	9.13	4	9.34	4	9.37	4	9.93	4	9.75	4
招商银行	2.00	11	1.90	13	2.11	12	2.15	12	2.51	11
中信银行	2.12	9	2.61	10	2.22	11	2.49	10	2.89	10
中国光大银行	1.77	13	1.68	15	1.37	15	1.42	15	1.55	15
中国民生银行	1.73	14	2.06	12	2.00	13	2.06	13	2.19	13
城市商业银行	4.31	8	4.97	7	4.05	8	4.65	7	5.82	7
农业发展银行	0.13	18	0.22	18	0.26	18	1.02	16	0.25	21
国家开发银行	0.20	17	0.25	17	0.42	17	0.39	18	0.87	16
华夏银行	0.29	16	0.45	16	0.55	16	0.50	17	0.56	18
农村合作银行	0.68	15	1.70	14	1.80	14	1.66	14	1.63	14
农村信用社	8.02	6	7.43	6	7.95	6	7.53	6	7.33	6
村镇银行							0.01	21	0.03	23
信托投资公司	0.01	19								
邮政储蓄银行	5.62	7	4.61	8	4.75	7	4.55	8	4.45	8
中资财务公司							0.14	20	0.16	22
浦发银行							0.38	19	0.64	17
恒丰银行									0.28	20
农村商业银行									0.54	19

3-10 福建省建筑业分行业总产值占全省比重及位次

（2006-2010 年）　　单位：%

行业名称	2006		2007		2008		2009		2010	
	比重	位次	比重	位次	比重	位次	比重	位次	比重	位次
房屋和土木工程建筑业	83.56	1	85.14	1	84.50	1	86.33	1	87.43	1
建筑安装业	9.37	2	7.24	2	7.14	2	5.58	2	4.89	2
建筑装饰业	3.95	3	3.72	4	3.69	4	3.48	4	3.23	4
其他行业	3.13	4	3.90	3	4.67	3	4.61	3	4.45	3

3-11 福建省工业分行业三大市场销售比重

（2009-2010 年）

行业名称	代码	2009			
		销售收入（万元）	销售区域（%）		
			省内	省外	境外
一、全部工业		**180866569.17**	**39.61**	**30.05**	**30.34**
二、采掘业、制造业		**168846379.27**	**35.31**	**32.19**	**32.50**
（一）按轻重分					
（1）轻工业		70678598.47	36.51	29.10	34.39
（2）重工业		98167780.80	34.44	34.41	31.15
（二）按行业分					
（1）采掘业		4308725.78	73.52	25.73	0.75
煤炭开采和洗选业	06	1286197.66	88.09	11.91	
黑色金属矿采选业	08	1301026.71	70.88	29.12	
有色金属矿采选业	09	473074.29	46.85	53.15	
非金属矿采选业	10	1248427.12	71.38	26.03	2.60
（2）制造业		164537653.49	34.31	32.36	33.33
农副食品加工业	13	9513977.52	54.31	22.20	23.49
食品制造业	14	4326902.18	29.34	42.46	28.20
饮料制造业	15	3526478.20	56.70	38.30	5.00
烟草制品业	16	1528189.52	57.52	42.38	0.10
纺织业	17	9556938.99	46.87	29.18	23.95
纺织服装、鞋、帽制造业	18	11175209.17	22.83	26.57	50.61
皮革、毛皮、羽毛（绒）及其制品业	19	13160736.84	20.24	34.30	45.46
木材加工及木、竹、藤、棕、草制品业	20	4401021.68	41.69	37.66	20.65
家具制造业	21	1978603.73	20.81	11.73	67.46

3-11 续表 1　　　　　　　　　　(2009-2010 年)

行业名称	代码	2009			
		销售收入（万元）	销售区域（%）		
			省内	省外	境外
造纸及纸制品业	22	4532283.26	69.62	25.67	4.71
印刷业和记录媒介的复制	23	1359056.29	58.37	26.44	15.20
文教体育用品制造业	24	1441604.26	4.80	10.10	85.10
石油加工、炼焦及核燃料加工业	25	2601408.49	70.30	29.60	0.10
化学原料及化学制品制造业	26	5928055.09	46.25	41.98	11.77
医药制造业	27	1160380.35	22.84	61.94	15.23
化学纤维制造业	28	2252000.26	53.93	38.46	7.61
橡胶制品业	29	2740710.63	27.57	44.16	28.27
塑料制品业	30	6765494.65	34.77	26.08	39.15
非金属矿物制品业	31	13008796.38	38.02	37.84	24.14
黑色金属冶炼及压延加工业	32	7420590.52	71.73	25.61	2.66
有色金属冶炼及压延加工业	33	3243647.55	21.03	53.49	25.48
金属制品业	34	4230901.34	39.40	25.69	34.91
通用设备制造业	35	5702173.64	37.74	42.06	20.20
专用设备制造业	36	4157735.33	28.32	57.51	14.17
交通运输设备制造业	37	7395828.16	28.09	41.74	30.17
电气机械及器材制造业	39	7306025.08	22.60	37.41	39.99
通信设备、计算机及其他电子设备制造业	40	17355279.38	6.78	23.39	69.83
仪器仪表及文化、办公用机械制造业	41	1601387.10	17.48	29.36	53.16
工艺品及其他制造业	42	5038656.69	15.36	16.79	67.85
废弃资源和废旧材料回收加工业	43	127581.21	85.47	14.53	

行业名称	代码	2010			
		销售收入（万元）	销售区域（%）		
			省内	省外	境外
一、全部工业		**231993265.30**	**40.50**	**31.70**	**27.90**
二、采掘业、制造业		**217737123.60**	**36.60**	**33.80**	**29.70**
（一）按轻重分					
（1）轻工业		87618483.70	34.02	32.69	33.29
（2）重工业		130118639.90	38.28	34.47	27.25
（二）按行业分					
（1）采掘业		6026207.60	76.74	22.76	0.50
煤炭开采和洗选业	06	1555902.90	83.92	16.08	
黑色金属矿采选业	08	2389758.70	87.38	12.62	
有色金属矿采选业	09	641819.10	44.42	55.58	
非金属矿采选业	10	1438726.90	65.72	32.20	2.08
（2）制造业		211710916.00	35.43	34.06	30.51
农副食品加工业	13	12672521.70	51.58	23.93	24.49
食品制造业	14	5693665.70	30.36	41.54	28.10
饮料制造业	15	4331194.60	48.87	44.28	6.85
烟草制品业	16	1634737.40	42.26	57.50	0.24
纺织业	17	11654674.00	46.68	30.86	22.46
纺织服装、鞋、帽制造业	18	13106002.30	17.50	35.00	47.50
皮革、毛皮、羽毛（绒）及其制品业	19	15844931.40	19.64	36.80	43.56
木材加工及木、竹、藤、棕、草制品业	20	5278346.10	42.26	38.76	18.98
家具制造业	21	2484934.10	15.86	16.83	67.31

（2009-2010 年）

行业名称	代码	2010			
		销售收入（万元）	销售区域（%）		
			省内	省外	境外
造纸及纸制品业	22	5859032.20	60.18	35.09	4.73
印刷业和记录媒介的复制	23	1602499.60	58.20	29.22	12.58
文教体育用品制造业	24	1818119.00	9.12	12.11	78.77
石油加工、炼焦及核燃料加工业	25	6457706.50	70.04	29.84	0.12
化学原料及化学制品制造业	26	8220236.60	46.67	40.94	12.39
医药制造业	27	1397689.50	24.66	60.89	14.45
化学纤维制造业	28	3174760.20	50.44	42.62	6.94
橡胶制品业	29	3387948.10	30.06	41.95	27.99
塑料制品业	30	8472458.50	32.56	34.53	32.91
非金属矿物制品业	31	15506401.30	48.22	35.01	16.77
黑色金属冶炼及压延加工业	32	9677471.60	73.34	24.12	2.54
有色金属冶炼及压延加工业	33	4728195.00	26.50	48.47	25.03
金属制品业	34	5278238.70	36.84	30.12	33.04
通用设备制造业	35	7315871.10	36.65	41.55	21.80
专用设备制造业	36	5521901.90	31.45	51.79	16.76
交通运输设备制造业	37	10413608.00	37.02	40.82	22.16
电气机械及器材制造业	39	9505660.10	25.47	36.68	37.85
通信设备、计算机及其他电子设备制造业	40	22438207.10	9.41	26.27	64.32
仪器仪表及文化、办公用机械制造业	41	1890181.70	12.91	32.34	54.75
工艺品及其他制造业	42	6093123.70	11.17	16.47	72.36
废弃资源和废旧材料回收加工业	43	250598.30	98.28	1.72	

注：本表所指工业包括规模以上和规模以下工业。

3-12 福建省农林牧渔业分行业总产值占全省比重排名前5个设区市

（2008-2010年）　　单位：%

行业名称	2008				
	第1位	第2位	第3位	第4位	第5位
农林牧渔业	福州市 20.41	漳州市 19.11	三明市 11.22	南平市 11.09	泉州市 10.71
#农业	漳州市 22.31	三明市 15.49	福州市 13.20	南平市 12.70	宁德市 11.17
林业	三明市 31.93	南平市 29.99	龙岩市 13.92	宁德市 7.28	漳州市 7.11
牧业	龙岩市 21.21	福州市 15.77	泉州市 14.73	漳州市 13.21	南平市 12.54
渔业	福州市 38.06	漳州市 22.02	泉州市 13.06	宁德市 12.22	莆田市 8.06

3-12 续表1　　（2008-2010年）　　单位：%

行业名称	2009				
	第1位	第2位	第3位	第4位	第5位
农林牧渔业	福州市 20.43	漳州市 19.21	三明市 11.59	南平市 11.39	泉州市 10.20
#农业	漳州市 22.20	三明市 15.61	福州市 13.23	南平市 12.90	宁德市 11.27
林业	三明市 32.79	南平市 29.24	龙岩市 13.82	漳州市 7.42	宁德市 7.25
牧业	龙岩市 21.13	福州市 15.43	泉州市 13.94	南平市 13.47	漳州市 12.30
渔业	福州市 38.33	漳州市 22.10	泉州市 12.61	宁德市 12.44	莆田市 7.88

3-12 续表2　　（2008-2010年）　　单位：%

行业名称	2010				
	第1位	第2位	第3位	第4位	第5位
农林牧渔业	福州市 20.65	漳州市 19.30	三明市 11.58	南平市 11.28	宁德市 10.16
#农业	漳州市 22.39	三明市 15.39	福州市 13.30	南平市 12.73	宁德市 11.47
林业	三明市 33.59	南平市 27.61	龙岩市 14.34	宁德市 7.49	漳州市 7.04
牧业	龙岩市 20.64	福州市 15.36	南平市 14.55	泉州市 13.73	漳州市 12.16
渔业	福州市 38.30	漳州市 21.80	宁德市 13.05	泉州市 12.35	莆田市 7.77

3-13 福建省工业分行业省内市场占有率排名前 5 个设区市

（2008-2010 年）

单位：%

行业名称	2008				
	第 1 位	第 2 位	第 3 位	第 4 位	第 5 位
煤炭开采和洗选业	龙岩市 61.23	三明市 25.42	南平市 16.27	泉州市 11.01	福州市 0.72
黑色金属矿采选业	泉州市 72.54	龙岩市 15.33	三明市 11.12	南平市 0.54	漳州市 0.31
有色金属矿采选业	三明市 39.89	龙岩市 19.61	南平市 18.33	泉州市 11.35	宁德市 8.02
非金属矿采选业	福州市 33.56	三明市 22.33	泉州市 14.37	南平市 10.00	龙岩市 9.47
农副食品加工业	福州市 24.68	漳州市 19.22	泉州市 14.98	厦门市 14.41	莆田市 12.49
食品制造业	泉州市 36.14	漳州市 24.10	福州市 14.79	厦门市 6.87	南平市 5.42
饮料制造业	泉州市 26.54	厦门市 23.40	莆田市 12.96	福州市 11.39	宁德市 8.16
烟草制品业	龙岩市 55.25	厦门市 43.75	三明市 0.56	南平市 0.44	
纺织业	泉州市 37.82	福州市 33.65	三明市 10.59	厦门市 8.51	南平市 3.14
纺织服装、鞋、帽制造业	泉州市 69.21	福州市 8.27	莆田市 8.08	厦门市 7.52	漳州市 3.33
皮革、毛皮、羽毛（绒）及其制品业	泉州市 72.39	莆田市 13.50	福州市 7.98	厦门市 3.95	漳州市 1.10
木材加工及木、竹、藤、棕、草制品业	南平市 37.50	三明市 30.56	福州市 8.11	龙岩市 7.37	漳州市 6.35
家具制造业	漳州市 34.29	福州市 24.36	厦门市 18.37	泉州市 13.04	莆田市 3.33
造纸及纸制品业	泉州市 40.14	漳州市 16.11	厦门市 9.61	三明市 9.51	莆田市 7.70
印刷业和记录媒介的复制	泉州市 28.57	厦门市 28.22	福州市 26.24	莆田市 6.61	漳州市 5.97
文教体育用品制造业	厦门市 45.56	漳州市 18.72	泉州市 15.17	莆田市 8.95	福州市 8.69
石油加工、炼焦及核燃料加工业	泉州市 83.94	福州市 8.14	漳州市 4.08	厦门市 1.80	龙岩市 1.31
化学原料及化学制品制造业	厦门市 35.62	三明市 15.53	泉州市 14.18	南平市 9.84	福州市 8.37

3-13 续表 1　　（2008-2010 年）　　单位：%

行业名称	2008				
	第 1 位	第 2 位	第 3 位	第 4 位	第 5 位
医药制造业	福州市 37.13	厦门市 14.68	南平市 11.69	泉州市 10.28	宁德市 9.67
化学纤维制造业	福州市 46.15	泉州市 35.79	厦门市 14.24	莆田市 2.17	三明市 0.86
橡胶制品业	厦门市 40.94	泉州市 32.45	莆田市 20.47	福州市 2.22	三明市 1.79
塑料制品业	福州市 37.77	厦门市 20.57	泉州市 20.28	莆田市 8.95	宁德市 5.06
非金属矿物制品业	泉州市 52.83	福州市 16.39	龙岩市 8.13	厦门市 7.26	三明市 5.99
黑色金属冶炼及压延加工业	三明市 31.75	福州市 27.21	漳州市 12.41	泉州市 10.96	龙岩市 5.49
有色金属冶炼及压延加工业	厦门市 24.95	福州市 19.10	龙岩市 16.24	泉州市 13.52	南平市 10.38
金属制品业	厦门市 31.18	漳州市 21.03	福州市 14.67	泉州市 13.79	莆田市 10.37
通用设备制造业	福州市 22.94	泉州市 21.05	厦门市 18.02	宁德市 10.71	漳州市 10.26
专用设备制造业	厦门市 28.05	龙岩市 20.97	泉州市 10.61	福州市 14.99	三明市 5.37
交通运输设备制造业	厦门市 36.84	福州市 25.78	漳州市 13.44	宁德市 7.25	泉州市 7.13
电气机械及器材制造业	厦门市 30.39	福州市 23.52	宁德市 13.38	漳州市 11.26	南平市 9.52
通信设备、计算机及其他电子设备制造业	厦门市 56.26	福州市 34.85	漳州市 3.51	泉州市 2.75	莆田市 2.09
仪器仪表及文化、办公用设备制造业	莆田市 32.74	福州市 28.11	厦门市 20.11	漳州市 11.88	泉州市 3.34
工艺品及其他制造业	泉州市 56.26	福州市 17.28	厦门市 10.71	莆田市 9.29	宁德市 4.77
废弃资源和废旧材料回收加工业	漳州市 39.29	福州市 19.16	厦门市 15.72	莆田市 13.08	三明市 9.77
电力、热力的生产和供应业	福州市 14.44	泉州市 13.46	漳州市 10.93	宁德市 5.69	龙岩市 4.85
燃气生产和供应业	福州市 61.23	泉州市 19.26	厦门市 17.41	三明市 1.40	龙岩市 0.71
水的生产和供应业	厦门市 32.78	泉州市 28.14	福州市 17.05	莆田市 6.58	漳州市 6.06

3-13 续表 2　　（2008-2010 年）　　单位：%

行业名称	2009				
	第 1 位	第 2 位	第 3 位	第 4 位	第 5 位
煤炭开采和洗选业	龙岩市 59.90	三明市 27.32	泉州市 9.15	福州市 2.14	南平市 1.48
黑色金属矿采选业	泉州市 74.20	三明市 14.94	龙岩市 9.84	南平市 0.58	漳州市 0.34
有色金属矿采选业	三明市 42.41	南平市 19.74	龙岩市 18.07	泉州市 13.92	宁德市 5.66
非金属矿采选业	福州市 28.99	三明市 28.53	泉州市 10.51	龙岩市 10.06	南平市 10.04
农副食品加工业	福州市 26.65	漳州市 22.68	厦门市 12.21	莆田市 11.14	泉州市 10.95
食品制造业	泉州市 35.52	漳州市 21.28	福州市 15.81	厦门市 6.13	南平市 5.60
饮料制造业	泉州市 24.89	厦门市 22.97	福州市 11.83	莆田市 10.17	宁德市 8.96
烟草制品业	龙岩市 55.78	厦门市 42.85	三明市 0.73	南平市 0.57	福州市 0.07
纺织业	泉州市 36.38	福州市 34.33	三明市 12.10	厦门市 7.01	南平市 3.10
纺织服装、鞋、帽制造业	泉州市 69.74	厦门市 8.12	福州市 8.02	莆田市 6.96	漳州市 3.48
皮革、毛皮、羽毛（绒）及其制品业	泉州市 72.70	莆田市 13.82	福州市 8.10	厦门市 3.28	漳州市 1.20
木材加工及木、竹、藤、棕、草制品业	南平市 36.85	三明市 33.44	福州市 7.07	龙岩市 7.03	漳州市 5.89
家具制造业	漳州市 35.20	福州市 25.38	厦门市 13.08	泉州市 12.85	莆田市 4.00
造纸及纸制品业	泉州市 39.82	漳州市 19.84	三明市 8.52	厦门市 8.17	莆田市 7.98
印刷业和记录媒介的复制	泉州市 32.77	福州市 24.31	厦门市 24.19	莆田市 7.31	漳州市 6.25
文教体育用品制造业	厦门市 35.77	漳州市 22.90	泉州市 17.47	莆田市 8.96	福州市 8.39
石油加工、炼焦及核燃料加工业	泉州市 88.44	福州市 8.28	漳州市 1.59	龙岩市 0.72	厦门市 0.49
化学原料及化学制品制造业	厦门市 29.80	三明市 17.24	泉州市 15.30	南平市 9.21	福州市 8.60

3-13 续表 3　　（2008-2010 年）　　单位：%

行业名称	2009				
	第 1 位	第 2 位	第 3 位	第 4 位	第 5 位
医药制造业	福州市 34.82	厦门市 14.72	南平市 12.05	宁德市 9.96	泉州市 9.63
化学纤维制造业	福州市 54.26	泉州市 38.45	厦门市 5.23	宁德市 1.02	三明市 0.79
橡胶制品业	厦门市 41.80	泉州市 32.79	莆田市 18.69	三明市 2.48	福州市 1.78
塑料制品业	福州市 35.69	泉州市 22.04	厦门市 15.36	莆田市 10.43	宁德市 7.40
非金属矿物制品业	泉州市 52.17	福州市 16.22	龙岩市 9.14	三明市 6.70	厦门市 5.83
黑色金属冶炼及压延加工业	福州市 33.30	三明市 24.57	漳州市 14.31	泉州市 10.29	宁德市 7.05
有色金属冶炼及压延加工业	龙岩市 19.98	厦门市 18.31	福州市 18.02	泉州市 14.12	宁德市 10.00
金属制品业	厦门市 28.06	漳州市 19.49	泉州市 16.54	福州市 14.74	莆田市 13.04
通用设备制造业	泉州市 24.02	福州市 22.39	厦门市 12.39	三明市 11.43	漳州市 9.75
专用设备制造业	厦门市 23.72	泉州市 23.27	龙岩市 21.50	福州市 13.97	三明市 6.39
交通运输设备制造业	福州市 32.36	厦门市 26.90	漳州市 15.94	宁德市 6.53	泉州市 6.41
电气机械及器材制造业	厦门市 29.52	福州市 24.97	宁德市 13.36	漳州市 11.10	泉州市 9.56
通信设备、计算机及其他电子设备制造业	厦门市 55.75	福州市 33.69	泉州市 3.77	漳州市 3.35	莆田市 2.51
仪器仪表及文化、办公用设备制造业	福州市 32.51	莆田市 30.84	厦门市 15.78	漳州市 13.28	泉州市 3.31
工艺品及其他制造业	泉州市 49.48	莆田市 18.20	福州市 16.67	厦门市 8.16	漳州市 4.91
废弃资源和废旧材料回收加工业	漳州市 26.23	莆田市 25.50	三明市 20.39	福州市 11.72	龙岩市 9.46
电力、热力的生产和供应业	福州市 25.28	泉州市 22.60	漳州市 18.22	宁德市 10.04	龙岩市 6.91
燃气生产和供应业	莆田市 74.99	福州市 17.02	泉州市 6.90	三明市 0.61	龙岩市 0.48
水的生产和供应业	厦门市 37.77	泉州市 24.98	福州市 15.66	莆田市 7.78	漳州市 5.00

3-13 续表 4 （2008-2010 年） 单位：%

行业名称	2010				
	第 1 位	第 2 位	第 3 位	第 4 位	第 5 位
煤炭开采和洗选业	龙岩市 62.98	三明市 29.09	泉州市 5.31	南平市 1.32	福州市 1.30
黑色金属矿采选业	泉州市 78.22	三明市 12.34	龙岩市 8.55	南平市 0.52	漳州市 0.28
有色金属矿采选业	三明市 48.62	泉州市 17.74	龙岩市 15.88	南平市 13.85	宁德市 3.70
非金属矿采选业	三明市 38.52	福州市 22.06	龙岩市 11.01	泉州市 8.18	南平市 8.13
农副食品加工业	漳州市 26.90	福州市 25.34	莆田市 10.66	厦门市 10.34	泉州市 8.76
食品制造业	泉州市 32.41	漳州市 22.70	福州市 14.32	三明市 6.95	厦门市 5.70
饮料制造业	厦门市 23.84	泉州市 18.99	福州市 11.07	宁德市 10.82	漳州市 9.83
烟草制品业	龙岩市 56.10	厦门市 42.65	南平市 0.47	三明市 0.45	福州市 0.34
纺织业	福州市 34.38	泉州市 34.14	三明市 13.18	厦门市 7.82	龙岩市 3.46
纺织服装、鞋、帽制造业	泉州市 69.47	福州市 8.53	厦门市 7.85	莆田市 6.87	漳州市 3.14
皮革、毛皮、羽毛（绒）及其制品业	泉州市 70.39	莆田市 16.67	福州市 8.17	厦门市 3.10	漳州市 1.21
木材加工及木、竹、藤、棕、草制品业	三明市 35.79	南平市 34.26	龙岩市 7.71	漳州市 6.27	福州市 5.79
家具制造业	漳州市 33.42	福州市 23.12	厦门市 14.85	泉州市 12.11	莆田市 4.96
造纸及纸制品业	泉州市 37.41	漳州市 21.11	三明市 9.57	厦门市 7.42	莆田市 7.04
印刷业和记录媒介的复制	泉州市 35.56	厦门市 25.17	福州市 18.57	莆田市 8.19	漳州市 6.47
文教体育用品制造业	厦门市 38.59	泉州市 18.61	漳州市 15.61	福州市 9.56	莆田市 8.44
石油加工、炼焦及核燃料加工业	泉州市 91.90	福州市 5.10	漳州市 1.15	厦门市 0.63	龙岩市 0.55
化学原料及化学制品制造业	厦门市 27.23	泉州市 19.64	三明市 16.26	漳州市 9.50	南平市 9.23

3-13 续表 5　　（2008-2010 年）　　单位：%

行业名称	2010				
	第 1 位	第 2 位	第 3 位	第 4 位	第 5 位
医药制造业	福州市 31.51	厦门市 13.82	南平市 12.03	泉州市 11.90	宁德市 11.21
化学纤维制造业	福州市 55.64	泉州市 35.25	厦门市 6.40	宁德市 1.11	三明市 0.88
橡胶制品业	厦门市 44.25	泉州市 27.39	莆田市 20.40	三明市 2.81	南平市 1.97
塑料制品业	福州市 34.11	泉州市 19.61	厦门市 16.41	宁德市 12.66	莆田市 6.74
非金属矿物制品业	泉州市 49.23	福州市 15.35	龙岩市 9.21	三明市 7.41	漳州市 6.47
黑色金属冶炼及压延加工业	福州市 34.62	三明市 20.74	漳州市 14.96	泉州市 9.08	宁德市 8.96
有色金属冶炼及压延加工业	龙岩市 23.79	厦门市 18.54	福州市 15.96	南平市 10.86	泉州市 10.83
金属制品业	厦门市 25.99	漳州市 22.62	泉州市 15.07	福州市 13.68	莆田市 12.72
通用设备制造业	泉州市 26.32	厦门市 14.52	三明市 13.27	福州市 12.92	宁德市 11.15
专用设备制造业	厦门市 29.76	泉州市 22.22	龙岩市 18.04	福州市 12.76	三明市 6.71
交通运输设备制造业	福州市 34.18	厦门市 23.32	漳州市 17.25	龙岩市 6.92	宁德市 6.73
电气机械及器材制造业	厦门市 27.94	福州市 23.21	宁德市 14.40	漳州市 13.48	泉州市 9.69
通信设备、计算机及其他电子设备制造业	厦门市 56.79	福州市 33.03	泉州市 3.68	漳州市 2.72	莆田市 2.69
仪器仪表及文化、办公用设备制造业	厦门市 29.55	莆田市 27.67	福州市 25.07	漳州市 9.73	宁德市 2.77
工艺品及其他制造业	泉州市 48.63	莆田市 20.23	福州市 15.44	厦门市 7.60	漳州市 4.57
废弃资源和废旧材料回收加工业	漳州市 27.44	龙岩市 25.11	三明市 18.82	莆田市 17.32	福州市 7.37
电力、热力的生产和供应业	福州市 24.23	泉州市 23.03	漳州市 14.59	宁德市 10.63	龙岩市 8.08
燃气生产和供应业	莆田市 70.04	泉州市 18.55	福州市 10.58	三明市 0.34	漳州市 0.27
水的生产和供应业	厦门市 36.89	泉州市 26.10	福州市 15.98	莆田市 7.44	漳州市 4.84

3-14　福建省农林牧渔业分行业总产值占全省比重排名前5个县（市、区）

（2008-2010年）　　单位：%

行业名称	2008				
	第1位	第2位	第3位	第4位	第5位
农林牧渔业	连江县 4.89	莆田市辖区 4.78	福清市 4.65	漳浦县 3.43	龙海市 2.90
#农业	平和县 5.26	南靖县 4.09	尤溪县 3.19	漳浦县 3.09	古田县 2.96
林业	建瓯市 7.25	尤溪县 6.35	永泰县 4.40	建阳市 4.16	永安市 4.07
牧业	福清市 6.62	龙岩市辖区 5.62	莆田市辖区 5.13	上杭县 3.92	南平市辖区 3.85
渔业	连江县 14.93	福清市 7.64	莆田市辖区 7.39	平潭县 5.86	漳浦县 5.82

3-14 续表1　　（2008-2010年）　　单位：%

行业名称	2009				
	第1位	第2位	第3位	第4位	第5位
农林牧渔业	连江县 4.90	莆田市辖区 4.78	福清市 4.54	漳浦县 3.42	龙海市 2.89
#农业	平和县 5.34	南靖县 4.10	尤溪县 3.23	古田县 3.05	漳浦县 3.00
林业	建瓯市 7.17	尤溪县 6.25	永安市 4.05	永泰县 4.05	沙　县 4.03
牧业	福清市 6.59	龙岩市辖区 5.72	莆田市辖区 5.49	南平市辖区 4.05	上杭县 3.79
渔业	连江县 14.91	福清市 7.78	莆田市辖区 7.38	平潭县 5.87	漳浦县 5.79

3-14 续表2　　（2008-2010年）　　单位：%

行业名称	2010				
	第1位	第2位	第3位	第4位	第5位
农林牧渔业	连江县 4.97	莆田市辖区 4.75	福清市 4.55	漳浦县 3.42	龙海市 2.91
#农业	平和县 5.51	南靖县 4.11	尤溪县 3.08	古田县 3.04	漳浦县 3.01
林业	建瓯市 6.93	尤溪县 6.83	永泰县 4.45	永安市 4.35	沙　县 4.05
牧业	福清市 6.63	莆田市辖区 5.55	龙岩市辖区 5.29	南平市辖区 4.23	光泽县 3.89
渔业	连江县 14.80	福清市 7.91	莆田市辖区 7.28	平潭县 5.84	漳浦县 5.64

4 产品篇

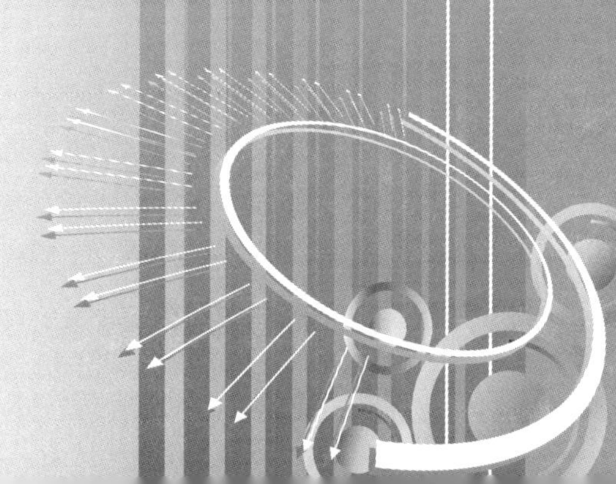

4-1 主要农产品国内市场占有率排名前5个省（市、区）

（2008-2010年）　　单位：%

产品名称	2008					
	福建	第1位	第2位	第3位	第4位	第5位
粮食	第24位 1.23	河南10.15	山东 8.06	黑龙江 7.99	江苏 6.01	四川 5.94
#谷物	第24位 1.10	河南10.71	山东 8.44	黑龙江 7.32	江苏 6.37	安徽 5.95
稻谷	第14位 2.65	湖南13.17	江西 9.70	江苏 9.23	湖北 7.99	黑龙江 7.91
小麦	第28位 0.01	河南27.13	山东18.09	河北10.86	安徽10.38	江苏 8.88
玉米	第25位 0.08	吉林12.55	山东11.38	黑龙江10.98	河南 9.73	河北 8.69
豆类	第23位 0.85	黑龙江32.64	内蒙古 7.62	安徽 6.36	四川 5.69	云南 5.49
薯类	第10位 3.68	四川13.69	重庆 9.27	贵州 7.21	甘肃 7.20	内蒙古 6.57
油料	第24位 0.86	河南17.11	山东11.53	湖北 9.68	四川 8.46	安徽 7.72
#花生	第13位 1.68	河南26.92	山东23.60	河北 9.81	广东 5.63	安徽 5.45
油菜籽	第21位 0.11	湖北17.76	四川15.56	安徽11.59	江苏 9.32	湖南 9.08
芝麻	第22位 0.17	河南37.88	湖北21.67	安徽12.46	江西 4.44	江苏 3.24
棉花		新疆40.39	山东13.89	河北 9.84	河南 8.69	湖北 6.85
麻类		黑龙江26.40	湖南16.96	四川10.88	新疆 9.76	湖北 7.68
#黄红麻		河南52.38	安徽22.62	广西11.90	四川 3.57	湖北 2.38
甘蔗	第9位 0.57	广西66.17	云南15.29	广东 9.66	海南 4.18	四川 0.94
甜菜		新疆43.70	黑龙江25.89	内蒙古16.93	河北 5.91	吉林 2.42
烟叶	第6位 4.90	云南30.41	贵州14.02	河南 9.41	四川 8.03	湖南 6.80
#烤烟	第6位 5.26	云南31.99	贵州14.37	河南10.18	湖南 7.13	四川 6.94
蚕茧		广西24.53	四川11.66	江苏10.89	广东 9.24	浙江 9.02
#桑蚕茧		广西26.84	四川12.76	江苏11.91	广东10.11	浙江 9.87
茶叶	第1位 19.63	福建19.63	云南13.67	浙江12.88	四川11.05	湖北10.33

4-1 续表 1　　（2008-2010 年）　　单位：%

产品名称	2008					
	福建	第 1 位	第 2 位	第 3 位	第 4 位	第 5 位
水果	第 14 位 3.29	山东13.59	河南11.08	河北 7.98	陕西 6.49	广东 5.63
#苹果		山东25.57	陕西24.98	河南12.54	河北 8.76	山西 7.47
柑桔	第 5 位 11.00	湖南12.77	广东12.03	广西11.39	四川11.05	福建11.00
梨	第 17 位 1.25	河北26.15	山东 8.79	辽宁 6.93	河南 6.48	陕西 6.31
葡萄	第 19 位 1.34	新疆23.06	河北13.82	山东12.66	辽宁 8.59	河南 6.11
香蕉	第 5 位 11.26	广东44.43	海南19.35	广西12.38	云南12.10	福建11.26
橡胶		海南50.64	云南46.94	广东 2.36	广西 0.06	
松脂	第 4 位 8.14	广西49.75	广东14.77	云南13.64	福建 8.14	江西 5.68
生漆	第 11 位 1.37	湖北43.30	贵州12.26	陕西12.19	河南 9.11	四川 5.42
油桐籽	第 7 位 5.74	广西18.60	河南17.96	贵州16.95	湖南10.32	四川 7.62
油茶籽	第 4 位 7.73	湖南40.54	江西19.33	广西12.85	福建 7.73	浙江 5.01
木材	第 3 位 9.34	广西13.75	湖南10.80	福建 9.34	江西 7.53	黑龙江 6.77
肉类产量	第 19 位 2.33	山东 9.07	四川 8.13	河南 8.03	湖南 6.13	河北 5.79
#猪牛羊肉	第 18 位 2.63	四川 9.16	河南 8.95	湖南 7.41	河北 6.17	湖北 5.32
#猪肉	第 15 位 2.96	四川 9.44	湖南 8.01	河南 7.95	山东 6.95	湖北 5.64
牛肉	第 29 位 0.34	河南13.71	山东11.53	河北 9.26	内蒙古 7.03	吉林 6.52
羊肉	第 25 位 0.42	内蒙古22.30	新疆12.10	山东 8.73	河北 6.97	河南 6.97
奶类	第 25 位 0.39	内蒙古24.36	河北13.63	黑龙江13.56	河南 7.90	山东 6.47
#牛奶	第 24 位 0.41	内蒙古25.65	黑龙江14.30	河北14.19	河南 7.85	山东 6.48
绵羊毛		内蒙古26.21	新疆22.85	河北 9.29	甘肃 6.73	黑龙江 6.38
#细羊毛		内蒙古41.86	新疆19.57	吉林13.40	甘肃 6.27	河北 5.66

4-1 续表 2　　（2008-2010 年）　　单位：%

产品名称	2008					
	福建	第 1 位	第 2 位	第 3 位	第 4 位	第 5 位
半细羊毛		黑龙江16.53	新疆16.05	河北13.25	内蒙古12.25	辽宁 6.70
山羊毛		内蒙古22.05	新疆14.19	河南14.01	山东10.05	河北 7.89
羊绒		内蒙古44.47	辽宁 7.98	新疆 6.73	西藏 5.43	河南 5.22
禽蛋	第 18 位 1.22	河北15.21	河南13.76	山东13.51	辽宁 9.41	江苏 6.37
蜂蜜	第 14 位 2.00	河南25.50	浙江21.25	四川10.50	安徽 3.75	广东 3.25
水产品总产量	第 3 位 11.07	山东14.92	广东13.90	福建11.07	江苏 8.68	浙江 8.55
#海水产品	第 2 位 18.32	山东23.46	福建18.32	广东14.50	浙江12.99	辽宁12.17
#天然生产	第 3 位 15.76	浙江20.23	山东19.72	福建15.76	广东12.23	辽宁 9.06
人工养殖	第 2 位 20.73	山东26.96	福建20.73	广东16.64	辽宁15.08	浙江 6.20
#鱼类	第 3 位 17.82	山东19.60	浙江19.32	福建17.82	广东15.24	海南 9.78
虾蟹类	第 4 位 11.81	浙江23.27	广东17.56	山东16.14	福建11.81	广西 9.14
贝类	第 2 位 19.58	山东27.98	福建19.58	辽宁15.81	广东15.53	浙江 6.32
藻类	第 1 位 36.05	福建36.05	山东35.90	辽宁17.36	广东 4.22	浙江 2.46
其他	第 5 位 9.66	山东26.62	内蒙古24.41	广东10.97	江苏 9.75	福建 9.66
淡水产品	第 11 位 2.87	湖北13.64	广东13.22	江苏13.05	江西 6.29	湖南 7.77
#天然生产	第 11 位 3.38	江苏14.32	安徽13.79	湖北13.48	江西10.72	湖南 7.12
人工养殖	第 11 位 2.81	广东14.05	湖北13.66	江苏12.91	江西 8.02	湖南 7.85
#鱼类	第 11 位 2.79	湖北13.84	广东13.31	江苏10.91	湖南 8.51	江西 8.48
虾蟹类	第 10 位 1.95	江苏32.89	湖北14.90	广东11.99	安徽11.76	浙江 6.24
贝类	第 5 位 9.38	江苏18.36	安徽17.56	江西13.77	广东13.37	福建 9.38
其他	第 8 位 3.62	浙江29.46	广东14.73	江西10.08	安徽 8.79	江苏 8.53

4-1 续表 3　　（2008-2010 年）　　单位：%

产品名称	2009					
	福建	第 1 位	第 2 位	第 3 位	第 4 位	第 5 位
粮食	第 24 位 1.26	河南10.15	黑龙江 8.20	山东 8.13	江苏 6.09	四川 6.02
#谷物	第 24 位 1.11	河南10.71	山东 8.49	黑龙江 7.56	江苏 6.44	安徽 6.01
稻谷	第 12 位 2.64	湖南13.22	江西 9.77	江苏 9.24	湖北 8.16	黑龙江 8.07
小麦	第 27 位 0.01	河南26.55	山东17.78	河北10.86	安徽10.23	江苏 8.73
玉米	第 25 位 0.09	山东11.72	黑龙江11.71	吉林11.04	河南 9.97	河北 8.94
豆类	第 24 位 0.93	黑龙江32.04	内蒙古 7.42	云南 6.75	安徽 6.59	四川 5.20
薯类	第 10 位 3.88	四川15.43	重庆 9.49	贵州 6.97	甘肃 6.39	山东 6.22
油料	第 24 位 0.83	河南16.90	山东10.60	湖北 9.96	四川 8.30	安徽 7.62
#花生	第 14 位 1.67	河南28.05	山东22.50	河北 9.11	广东 5.69	安徽 5.11
油菜籽	第 21 位 0.11	湖北17.32	四川14.64	安徽11.55	湖南11.23	江苏 8.91
芝麻	第 20 位 0.24	河南42.15	湖北22.89	安徽10.66	江西 4.45	陕西 3.25
棉花		新疆39.59	山东14.45	河北 9.48	河南 8.12	湖北 7.54
麻类		湖南19.87	四川17.00	河南11.94	黑龙江11.55	湖北 9.87
#黄红麻		河南61.79	安徽15.99	广西11.52	四川 3.66	湖北 1.90
甘蔗	第 8 位 0.57	广西64.97	云南15.24	广东10.84	海南 4.15	四川 0.81
甜菜		新疆58.29	黑龙江15.32	内蒙古15.27	河北 4.28	甘肃 2.84
烟叶	第 7 位 4.75	云南29.91	贵州12.73	河南 9.70	四川 8.47	湖南 7.10
#烤烟	第 6 位 5.14	云南31.28	贵州13.12	河南10.57	四川 7.48	湖南 7.46
蚕茧		广西27.06	四川12.87	广东10.36	江苏 9.50	浙江 8.22
#桑蚕茧		广西29.60	四川14.08	广东11.33	江苏10.40	浙江 8.99
茶叶	第 1 位 19.56	福建19.56	云南13.46	浙江12.32	四川11.39	湖北10.61

4-1 续表 4　　（2008-2010 年）　　单位：%

产品名称	2009					
	福建	第 1 位	第 2 位	第 3 位	第 4 位	第 5 位
水果	第 15 位 3.16	山东13.38	河南10.92	河北 7.74	陕西 6.70	广东 5.69
#苹果		陕西25.42	山东24.34	河南12.27	河北 8.74	山西 7.53
柑桔	第 7 位 10.58	湖南13.43	广东12.77	江西11.87	广西11.47	四川11.00
梨	第 17 位 1.29	河北25.53	山东 8.18	辽宁 7.74	河南 6.47	新疆 6.13
葡萄	第 19 位 1.24	新疆24.33	河北13.23	山东11.78	辽宁 8.09	河南 5.81
香蕉	第 5 位 11.26	广东40.51	海南18.06	广西17.62	云南13.08	福建10.26
橡胶		海南49.62	云南48.22	广东 2.10	广西 0.06	
松脂	第 4 位 7.14	广西44.90	广东16.10	云南15.45	福建 7.14	江西 5.48
生漆	第 11 位 1.06	湖北37.82	陕西15.37	湖南13.66	贵州 9.67	河南 7.63
油桐籽	第 6 位 5.69	河南19.72	广西19.02	贵州14.88	湖南10.12	四川 6.60
油茶籽	第 4 位 7.64	湖南35.83	江西23.00	广西11.41	福建 7.64	湖北 5.64
木材	第 2 位 8.99	广西 13.63	福建 8.99	湖南 7.73	黑龙江 7.51	广东 7.42
肉类产量	第 18 位 2.29	山东 8.94	四川 8.27	河南 8.04	湖南 6.23	广东 5.58
#猪牛羊肉	第 19 位 2.48	四川 8.92	河南 8.44	山东 7.50	湖南 7.14	河北 5.69
#猪肉	第 15 位 2.92	四川 9.70	湖南 8.08	河南 7.97	山东 6.98	湖北 5.72
牛肉	第 28 位 0.34	河南13.21	山东10.96	河北 8.69	内蒙古 7.46	吉林 6.58
羊肉	第 24 位 0.45	内蒙古22.65	新疆11.25	山东 8.45	河北 7.20	河南 6.65
奶类	第 24 位 0.42	内蒙古25.02	黑龙江14.32	河北12.35	河南 8.07	山东 6.92
#牛奶	第 24 位 0.43	内蒙古25.66	黑龙江15.02	河北12.83	河南 8.01	山东 6.71
绵羊毛		内蒙古28.03	新疆19.67	河北 9.50	甘肃 7.18	黑龙江 6.95
#细羊毛		内蒙古42.59	新疆20.10	吉林13.42	甘肃 6.71	河北 4.89

产品名称	2009					
	福建	第 1 位	第 2 位	第 3 位	第 4 位	第 5 位
半细羊毛		黑龙江18.31	河北15.04	内蒙古13.72	新疆11.94	河南 6.04
山羊毛		内蒙古37.32	河南 9.88	山东 9.25	新疆 8.90	河北 6.03
羊绒		内蒙古43.48	新疆 7.43	陕西 7.17	辽宁 7.17	山东 5.45
禽蛋	第 19 位 1.05	河南13.96	山东13.75	河北12.88	辽宁 9.59	江苏 6.75
蜂蜜	第 13 位 2.24	河南25.16	浙江21.97	四川11.22	安徽 4.06	黑龙江 3.79
水产品总产量	第 3 位 11.09	山东14.73	广东13.73	福建11.09	江苏 8.66	浙江 8.61
#海水产品	第 2 位 18.49	山东23.36	福建18.49	广东14.44	浙江13.19	辽宁12.21
#天然生产	第 3 位 15.89	浙江21.74	山东19.20	福建15.89	广东11.95	辽宁 8.87
人工养殖	第 2 位 20.85	山东27.14	福建20.85	广东16.70	辽宁15.25	广西 5.85
#鱼类	第 3 位 17.84	浙江21.30	山东18.64	福建17.84	广东14.38	海南 9.85
虾蟹类	第 4 位 12.01	浙江24.78	广东18.53	山东14.36	福建12.01	广西 9.29
贝类	第 2 位 19.44	山东28.80	福建19.44	辽宁15.92	广东15.49	广西 6.15
藻类	第 1 位 37.42	福建37.42	山东34.19	辽宁16.74	广东 4.64	浙江 2.84
其他	第 5 位 9.27	山东28.60	辽宁22.33	浙江10.34	广东 9.81	福建 9.27
淡水产品	第 12 位 2.95	湖北13.71	广东12.96	江苏12.84	江西 8.26	湖南 7.72
#天然生产	第 11 位 3.58	江苏14.69	安徽14.08	湖北12.01	江西10.42	山东 5.88
人工养殖	第 12 位 2.88	湖北13.88	广东13.66	江苏12.66	江西 8.04	湖南 7.99
#鱼类	第 11 位 2.88	湖北13.64	广东13.09	江苏10.78	湖南 8.53	江西 8.38
虾蟹类	第 11 位 1.86	江苏31.08	湖北17.49	安徽11.96	广东11.52	浙江 5.59
贝类	第 5 位 9.62	江苏18.67	安徽15.88	江西14.67	广东12.77	福建 9.62
其他	第 8 位 3.79	浙江29.49	广东14.41	江苏10.48	江西10.02	安徽 8.44

4-1 续表 6　（2008-2010 年）　单位：%

产品名称	2010					
	福建	第 1 位	第 2 位	第 3 位	第 4 位	第 5 位
粮食	第 24 位 1.21	河南 9.95	黑龙江 9.17	山东 7.93	江苏 5.92	四川 5.90
#谷物	第 24 位 1.06	河南10.49	黑龙江 8.63	山东 8.27	江苏 6.27	安徽 5.86
稻谷	第 14 位 2.59	湖南12.80	江西 9.49	黑龙江 9.42	江苏 9.24	湖北 7.96
小麦	第 28 位 0.01	河南26.76	山东17.87	河北10.68	安徽10.48	江苏 8.75
玉米	第 25 位 0.09	黑龙江13.11	吉林11.31	山东10.90	河南 9.22	河北 8.51
豆类	第 23 位 0.98	黑龙江31.73	内蒙古 8.75	安徽 6.43	吉林 5.95	四川 5.18
薯类	第 12 位 3.77	四川15.02	重庆 9.38	山东 6.08	甘肃 5.95	贵州 5.59
油料	第 24 位 0.82	河南16.74	山东10.59	湖北 9.65	四川 8.31	安徽 7.05
#花生	第 14 位 1.60	河南27.33	山东21.67	河北 8.26	辽宁 6.15	广东 5.57
油菜籽	第 22 位 0.11	湖北17.78	四川15.69	湖南12.74	安徽10.22	江苏 8.60
芝麻	第 19 位 0.26	河南39.58	湖北23.74	安徽11.26	江西 4.85	陕西 3.76
棉花		新疆41.59	山东12.15	河北 9.55	湖北 7.91	河南 7.50
麻类		湖南20.23	四川20.19	河南12.23	湖北10.26	安徽 7.46
#黄红麻		河南55.36	安徽17.93	广西15.63	四川 3.04	江西 1.62
甘蔗	第 8 位 0.56	广西64.26	云南15.80	广东11.74	海南 3.48	四川 0.84
甜菜		新疆52.38	黑龙江18.82	内蒙古17.32	河北 5.27	山西 2.43
烟叶	第 6 位 4.18	云南33.01	贵州13.02	河南 9.57	四川 8.17	湖南 7.40
#烤烟	第 6 位 4.56	云南34.93	贵州13.55	河南10.52	湖南 7.79	四川 7.11
蚕茧		广西30.33	四川12.70	广东10.47	江苏 9.07	浙江 7.32
#桑蚕茧		广西38.43	广东13.26	江苏11.49	浙江 9.27	山东 6.16
茶叶	第 1 位 18.48	福建18.48	云南14.06	四川11.48	湖北11.23	浙江11.03

4-1 续表 7　　（2008-2010 年）　　单位：%

产品名称	2010					
	福建	第 1 位	第 2 位	第 3 位	第 4 位	第 5 位
水果	第 15 位 3.00	山东13.05	河南11.19	河北 7.53	陕西 6.90	广东 5.77
#苹果		陕西25.73	山东24.02	河南12.29	河北 8.19	山西 7.72
柑桔	第 6 位 10.29	湖南14.70	广东13.23	广西11.84	湖北11.38	四川11.07
梨	第 17 位 1.23	河北24.96	辽宁 8.38	山东 7.39	新疆 6.99	安徽 6.42
葡萄	第 20 位 1.17	新疆22.99	河北12.58	山东11.20	辽宁 7.42	河南 5.66
香蕉	第 5 位 9.23	广东38.83	广西19.51	海南18.02	云南13.97	福建 9.23
橡胶		海南50.14	云南47.86	广东 1.94	广西 0.05	
松脂	第 4 位 7.87	广西44.43	广东16.24	云南15.06	福建 7.87	江西 6.45
生漆	第 12 位 0.73	湖北38.93	湖南12.36	河南10.12	陕西 9.53	贵州 8.03
油桐籽	第 5 位 5.36	河南27.84	广西16.73	贵州14.72	湖南 8.93	福建 5.36
油茶籽	第 4 位 8.68	湖南35.75	江西16.45	广西13.16	福建 8.68	广东 7.55
木材	第 2 位 8.46	广西15.70	福建 8.46	广东 8.10	黑龙江 7.06	湖南 6.89
肉类产量	第 18 位 2.27	山东 8.89	四川 8.28	河南 8.05	湖南 6.24	广东 5.57
#猪牛羊肉	第 19 位 2.46	四川 8.92	河南 8.44	山东 7.42	湖南 7.17	河北 5.43
#猪肉	第 16 位 2.89	四川 9.71	湖南 8.13	河南 8.05	山东 6.96	湖北 5.66
牛肉	第 27 位 0.34	河南12.72	山东10.51	河北 8.89	内蒙古 7.61	吉林 6.62
羊肉	第 25 位 0.46	内蒙古22.36	新疆11.77	山东 8.19	河北 7.35	河南 6.32
奶类	第 24 位 0.42	内蒙古25.23	黑龙江14.91	河北11.98	河南 8.21	山东 7.25
#牛奶	第 23 位 0.43	内蒙古25.32	黑龙江15.45	河北12.30	河南 8.14	山东 7.08
绵羊毛		内蒙古27.78	新疆21.71	河北 7.57	甘肃 7.12	黑龙江 7.00
#细羊毛		内蒙古40.95	新疆23.64	吉林11.09	甘肃 6.58	黑龙江 4.53

4-1 续表 8　　（2008-2010 年）　　单位：%

产品名称	2010					
	福建	第 1 位	第 2 位	第 3 位	第 4 位	第 5 位
半细羊毛		黑龙江16.88	河北14.18	内蒙古13.44	新疆10.78	吉林 7.63
山羊毛		内蒙古29.45	河南12.26	山东10.74	新疆 6.81	河北 6.39
羊绒		内蒙古43.76	陕西 8.08	新疆 7.15	辽宁 6.98	西藏 6.03
禽蛋	第 19 位 0.95	河南14.07	山东13.91	河北12.27	辽宁 9.98	江苏 6.90
蜂蜜	第 14 位 2.15	河南24.50	浙江17.96	四川10.73	安徽 4.10	黑龙江 4.09
水产品总产量	第 3 位 10.92	山东14.59	广东13.57	福建10.92	浙江 8.90	江苏 8.57
#海水产品	第 2 位 18.33	山东23.10	福建18.33	广东14.35	浙江13.63	辽宁12.50
#天然生产	第 3 位 15.88	浙江22.71	山东19.01	福建15.88	广东11.59	辽宁 8.99
人工养殖	第 2 位 20.50	山东26.73	福建20.50	广东16.80	辽宁15.62	广西 5.92
#鱼类	第 3 位 17.87	浙江21.92	山东18.36	福建17.87	广东14.62	海南 9.83
虾蟹类	第 4 位 12.41	浙江25.16	广东18.36	山东13.16	福建12.41	广西 9.29
贝类	第 2 位 18.98	山东28.25	福建18.98	辽宁16.28	广东15.65	广西 6.23
藻类	第 1 位 38.27	福建38.27	山东33.88	辽宁16.92	广东 4.22	浙江 2.84
其他	第 5 位 8.60	山东28.38	辽宁23.37	浙江11.15	广东 8.94	福建 8.60
淡水产品	第 12 位 2.88	湖北13.71	广东12.72	江苏12.58	江西 8.36	湖南 7.69
#天然生产	第 11 位 3.58	江苏14.52	安徽13.80	江西12.78	湖北11.52	山东 5.72
人工养殖	第 12 位 2.81	湖北13.92	广东13.41	江苏12.39	湖南 8.02	江西 7.93
#鱼类	第 11 位 2.82	湖北13.44	广东12.91	江苏10.70	湖南 8.54	江西 8.46
虾蟹类	第 11 位 2.06	江苏28.18	湖北19.05	安徽11.59	广东11.08	浙江 6.12
贝类	第 5 位 8.99	江苏21.72	安徽14.78	江西14.40	广东12.61	福建 8.99
其他	第 10 位 3.20	浙江30.89	广东12.20	江西 9.70	江苏 8.86	安徽 7.66

4-2 主要工业产品国内市场占有率排名前5个省（市、区）

（2008-2010年）　　单位：%

产品名称	2008					
	福建	第1位	第2位	第3位	第4位	第5位
原煤	第21位 0.22	山西23.53	内蒙古16.97	陕西 8.72	河南 7.50	山东 4.99
原油		黑龙江21.16	山东14.73	新疆14.29	陕西12.97	天津10.49
天然气		新疆29.90	四川24.41	陕西18.22	广东 7.60	青海 5.55
原盐	第18位 0.53	山东31.23	江苏10.54	四川 9.40	湖北 8.00	河北 6.09
成品糖	第 8 位 0.52	广西64.24	云南14.50	广东 8.83	新疆 3.71	海南 3.27
啤酒	第 9 位 4.80	山东11.55	河南 9.31	广东 7.32	浙江 6.90	江苏 5.84
卷烟	第14位 3.38	云南15.31	湖南 7.42	河南 7.14	山东 5.73	湖北 5.61
纱	第 6 位 5.80	山东28.83	江苏17.35	河南14.37	浙江 7.43	湖北 5.94
布	第 7 位 3.78	山东18.56	浙江17.10	江苏10.50	湖北 5.12	河北 5.04
机制纸及纸板	第 7 位 3.53	山东18.20	浙江15.29	广东13.75	河南11.79	江苏11.73
硫酸	第21位 0.92	云南15.89	湖北10.31	山东 8.44	江苏 7.18	贵州 6.60
烧碱	第17位 1.57	山东19.72	江苏13.45	天津 7.51	河南 6.37	浙江 5.79
纯碱	第17位 1.00	江苏15.94	山东15.74	河南12.04	河北11.75	四川 6.28
农用氮、磷、钾化肥	第22位 1.01	山东14.55	湖北10.03	河南 8.92	山西 7.08	四川 6.30
化学农药原药	第17位 0.60	江苏28.33	浙江13.00	山东12.55	安徽10.63	湖南 9.28
初级形态的塑料	第23位 0.97	江苏14.07	广东11.21	上海 9.05	浙江 8.93	山东 8.76
化学纤维	第 3 位 6.28	浙江43.83	江苏32.88	福建 6.28	山东 3.26	河南 1.93
水泥	第13位 3.25	山东10.00	江苏 9.14	河南 7.37	浙江 7.35	广东 6.83

4-2 续表 1　　（2008-2010 年）　　单位：%

产品名称	2008					
	福建	第 1 位	第 2 位	第 3 位	第 4 位	第 5 位
平板玻璃	第 10 位 2.85	河北15.72	广东11.58	江苏10.27	山东10.18	浙江 7.85
生铁	第 20 位 1.10	河北24.13	山东 9.89	辽宁 8.71	江苏 8.20	山西 5.91
粗钢	第 20 位 1.27	河北23.16	江苏 9.72	山东 8.91	辽宁 8.13	山西 4.69
钢材	第 16 位 1.90	河北19.89	江苏12.66	山东 8.64	辽宁 7.37	天津 5.17
金属切削机床	第 18 位 0.49	辽宁23.62	山东23.30	浙江14.72	江苏13.75	云南 4.21
大中型拖拉机		山东26.41	江苏24.24	河南24.10	浙江 9.17	天津 5.90
汽车	第 22 位 0.64	广东 9.44	吉林 9.22	上海 8.63	重庆 8.22	北京 8.20
#轿车	第 19 位 0.60	广东16.19	上海15.63	吉林11.90	天津10.68	重庆 8.08
家用洗衣机		浙江34.87	安徽16.43	江苏15.36	山东10.21	广东 7.50
家用电冰箱		安徽23.76	广东16.89	江苏12.67	山东12.53	浙江12.37
房间空气调节器		广东47.60	江苏 8.53	安徽 8.00	天津 6.07	湖北 6.00
移动通信手持机	第 8 位 1.26	北京37.00	广东25.33	天津16.09	山东 8.65	浙江 3.88
微型电子计算机	第 5 位 4.73	上海42.20	江苏38.56	广东 8.29	北京 5.06	福建 4.73
集成电路	第 9 位 0.18	江苏34.80	广东27.40	上海19.91	甘肃 7.36	北京 4.31
彩色电视机	第 5 位 6.47	广东45.23	内蒙古 9.60	江苏 9.15	四川 8.85	福建 6.47
发电量	第 14 位 3.13	江苏 8.01	广东 7.99	山东 7.94	内蒙古 6.16	浙江 6.06
#水电	第 8 位 5.67	湖北20.69	四川14.68	云南10.63	广西 8.86	贵州 6.51

4-2 续表 2　　（2008-2010 年）　　单位：%

产品名称	2009					
	福建	第 1 位	第 2 位	第 3 位	第 4 位	第 5 位
原煤	第 20 位 0.85	内蒙古20.37	山西20.13	陕西10.03	河南 7.79	山东 4.88
原油		黑龙江21.11	山东14.93	陕西14.23	新疆13.26	天津12.12
天然气		新疆28.78	四川22.70	陕西22.23	广东 6.85	青海 5.05
原盐	第 17 位 0.66	山东35.61	四川11.97	江苏 7.85	湖北 7.73	河北 5.91
成品糖	第 9 位 0.44	广西61.57	云南16.73	广东 9.26	海南 3.21	新疆 3.05
啤酒	第 8 位 4.58	山东11.46	河南 8.95	广东 8.42	浙江 6.26	湖北 6.03
卷烟	第 14 位 3.49	云南15.10	湖南 7.39	河南 7.05	山东 5.68	湖北 5.58
纱	第 5 位 6.60	山东27.94	江苏16.79	河南14.22	浙江 8.17	福建 6.60
布	第 8 位 3.96	浙江25.77	山东22.27	江苏16.27	河北 6.02	湖北 5.46
机制纸及纸板	第 8 位 3.62	山东17.17	浙江15.36	广东14.30	江苏11.53	河南10.67
硫酸	第 20 位 0.85	云南14.66	湖北12.31	贵州 8.62	山东 8.12	江苏 6.76
烧碱	第 20 位 1.18	山东21.61	江苏12.68	河南 6.07	天津 5.97	浙江 5.37
纯碱	第 15 位 0.99	山东18.46	江苏12.77	河南10.96	河北10.26	四川 8.67
农用氮、磷、钾化肥	第 23 位 0.94	山东13.38	湖北12.99	河南 7.89	四川 7.22	山西 5.86
乙烯	第 12 位 1.89	广东20.52	上海16.81	江苏13.20	北京 7.84	吉林 7.82
化学农药原药	第 19 位 0.32	江苏28.49	山东13.73	浙江11.34	湖南 8.11	安徽 7.50
初级形态的塑料	第 18 位 1.65	江苏14.93	广东11.55	浙江10.73	上海 8.40	山东 7.71
化学纤维	第 3 位 6.69	浙江44.08	江苏32.87	福建 6.69	山东 3.25	河南 1.95
水泥	第 13 位 3.33	江苏 8.81	山东 8.55	河南 7.22	浙江 6.58	河北 6.50

4-2 续表 3　　（2008-2010 年）　　单位：%

产品名称	2009					
	福建	第 1 位	第 2 位	第 3 位	第 4 位	第 5 位
平板玻璃	第 9 位 3.57	河北18.72	广东13.83	山东10.40	江苏 8.98	湖北 6.02
生铁	第 22 位 1.00	河北24.10	山东 9.54	辽宁 9.21	江苏 8.31	山西 5.73
粗钢	第 20 位 1.34	河北23.66	江苏 9.70	山东 8.88	辽宁 8.39	山西 4.63
钢材	第 16 位 1.93	河北21.84	江苏11.37	山东 8.47	辽宁 7.11	天津 5.88
金属切削机床	第 21 位 0.32	辽宁24.07	山东20.54	浙江16.72	江苏16.49	广东 4.44
大中型拖拉机		江苏25.22	山东22.77	河南17.35	云南13.93	浙江 8.27
汽车	第 18 位 0.98	北京 9.21	上海 9.06	重庆 8.60	广西 8.59	广东 8.20
#轿车	第 15 位 1.09	上海16.36	广东13.43	吉林11.52	重庆 8.37	北京 7.19
家用洗衣机		浙江32.34	安徽20.15	江苏15.05	山东10.70	广东 6.83
家用电冰箱		安徽26.40	广东17.85	山东13.91	浙江12.85	江苏11.25
房间空气调节器		广东50.97	安徽12.66	湖北 6.37	重庆 4.72	天津 4.65
移动通信手持机	第 8 位 1.09	北京34.48	广东29.22	天津13.82	山东 8.81	浙江 4.49
微型电子计算机	第 5 位 3.33	江苏44.91	上海40.19	广东 5.75	北京 4.63	福建 3.33
集成电路	第 12 位 0.03	江苏39.50	广东23.27	上海17.44	甘肃 7.93	浙江 5.15
彩色电视机	第 5 位 6.89	广东41.35	江苏11.63	山东11.01	四川 7.51	福建 6.89
发电量	第 14 位 3.15	江苏 7.88	山东 7.70	广东 7.42	浙江 6.05	内蒙古 6.04
#水电	第 8 位 4.48	湖北19.59	四川17.31	云南10.12	广西 8.39	湖南 6.65

4-2 续表 4　　（2008-2010 年）　　单位：%

产品名称	2010					
	福建	第 1 位	第 2 位	第 3 位	第 4 位	第 5 位
原油		黑龙江19.73	天津16.42	陕西14.86	山东13.72	新疆12.60
天然气		新疆26.35	四川25.06	陕西23.56	广东 8.27	青海 5.91
原盐	第 18 位 0.47	山东35.53	四川10.86	湖北 8.50	江苏 7.42	河北 5.95
成品糖	第 11 位 0.33	广西63.12	云南16.09	广东 8.49	新疆 4.04	海南 2.75
啤酒	第 7 位 4.20	山东11.96	河南 9.15	广东 8.91	浙江 6.31	江苏 5.76
卷烟	第 13 位 3.55	云南15.05	湖南 7.38	河南 6.95	山东 5.61	湖北 5.53
纱	第 5 位 6.78	山东26.92	江苏15.99	河南14.72	浙江 7.91	福建 6.78
布	第 8 位 3.90	浙江26.00	山东20.26	江苏15.52	河北 7.71	湖北 6.13
机制纸及纸板	第 6 位 4.36	山东16.66	广东14.47	浙江14.23	江苏11.07	河南 9.84
焦炭	第 28 位 0.37	山西21.88	河北12.98	山东 8.82	河南 6.62	内蒙古 5.23
硫酸	第 20 位 0.84	云南15.07	湖北13.06	贵州 8.68	山东 7.85	安徽 6.28
烧碱	第 24 位 0.90	山东23.85	江苏12.22	河南 6.30	内蒙古 5.86	天津 5.48
纯碱	第 15 位 0.87	山东21.73	江苏13.14	河北11.32	河南 9.25	四川 8.39
农用氮、磷、钾化肥	第 24 位 0.91	湖北13.63	山东13.34	四川 8.05	河南 6.31	贵州 6.06
乙烯	第 9 位 5.94	上海15.95	广东14.35	江苏 8.55	新疆 8.40	天津 7.69
化学农药原药	第 25 位 0.03	江苏27.09	山东11.03	浙江10.95	湖北 8.93	四川 7.88
初级形态的塑料	第 9 位 3.44	江苏12.69	广东10.66	浙江10.38	山东 8.34	上海 8.15
化学纤维	第 3 位 6.67	浙江44.22	江苏 33.24	福建 6.67	山东 3.02	河南 1.69
水泥	第 13 位 3.15	江苏 8.41	山东 7.83	四川 7.11	河北 6.80	广东 6.17

4-2 续表 5　　（2008-2010 年）　　单位：%

产品名称	2010					
	福建	第 1 位	第 2 位	第 3 位	第 4 位	第 5 位
平板玻璃	第 8 位 4.17	河北18.65	山东12.11	广东11.79	江苏 8.64	湖北 7.01
生铁	第 22 位 0.94	河北22.95	山东 9.76	辽宁 9.22	江苏 8.73	山西 5.70
粗钢	第 19 位 1.71	河北22.69	江苏 9.80	山东 8.74	辽宁 8.46	山西 4.78
钢材	第 18 位 1.67	河北20.91	江苏11.38	山东 8.45	辽宁 7.06	天津 5.60
金属切削机床	第 20 位 0.44	浙江21.78	辽宁19.06	山东18.63	江苏10.04	云南 5.21
大中型拖拉机		山东25.68	河南21.28	江苏20.73	云南12.36	浙江 9.62
汽车	第 19 位 1.07	上海 9.30	吉林 8.99	重庆 8.84	湖北 8.64	北京 8.23
#轿车	第 15 位 1.12	上海16.68	吉林11.71	广东11.64	重庆 8.89	天津 6.63
家用洗衣机		浙江28.88	安徽20.28	江苏19.47	山东10.00	广东 7.49
家用电冰箱		安徽28.49	广东19.98	山东10.90	江苏10.73	浙江10.69
房间空气调节器		广东49.99	安徽14.77	湖北 6.70	重庆 5.00	江苏 4.94
移动通信手持机	第 8 位 1.07	广东48.71	北京27.44	天津 9.12	山东 5.38	浙江 2.41
微型电子计算机	第 5 位 3.00	上海38.19	江苏38.09	广东14.57	北京 3.82	福建 3.00
集成电路	第 15 位 0.02	江苏34.21	广东24.68	上海17.39	甘肃 8.43	浙江 4.66
彩色电视机	第 5 位 7.63	广东37.99	江苏14.04	四川10.22	山东 9.62	福建 7.63
发电量	第 14 位 3.22	江苏 7.98	广东 7.69	山东 7.23	浙江 6.10	内蒙古 5.92
#水电	第 6 位 6.28	湖北17.50	四川16.80	云南11.27	湖南 6.96	广西 6.58

4-3 交通、邮电行业主要产品国内市场占有率排名前5个省（市、区）

（2008-2010年）　　单位：%

产品名称	2008					
	福建	第1位	第2位	第3位	第4位	第5位
客运量	第15位 2.52	广东 16.68	浙江 7.61	山东 7.50	四川 7.19	江苏 6.44
货运量	第19位 2.26	山东 9.66	安徽 7.11	广东 5.62	江苏 5.52	浙江 5.49
邮政业务总量	第8位 3.47	广东 17.71	上海 12.39	江苏 9.13	北京 6.26	浙江 6.19
#函件	第8位 3.60	上海 16.41	江苏 11.98	广东 11.15	浙江 10.17	北京 9.21
特快专递	第7位 3.69	广东 21.49	上海 19.33	北京 8.91	江苏 7.88	浙江 6.52
报刊期发数	第13位 3.30	江苏 8.80	浙江 6.69	上海 6.10	湖北 5.81	山西 5.71
集邮业务	第11位 3.42	北京 19.50	江苏 9.51	广东 6.36	河南 5.37	浙江 5.18
电信业务总量	第8位 3.78	广东 15.47	浙江 6.69	江苏 6.54	山东 6.41	河南 4.84
#固定电话长途通话时长	第9位 3.46	广东 18.08	江苏 10.83	浙江 8.85	河南 4.44	山东 4.31
移动电话长途通话时长	第4位 5.94	广东 18.68	浙江 11.57	江苏 8.42	福建 5.94	山东 5.05
移动电话用户	第10位 3.69	广东 13.09	山东 7.22	浙江 6.20	江苏 6.17	河南 5.46
互联网上网人数	第5位 4.63	广东 15.28	浙江 7.07	江苏 6.99	山东 6.65	福建 4.63

4-3 续表1　　（2008-2010年）　　单位：%

产品名称	2009					
	福建	第1位	第2位	第3位	第4位	第5位
客运量	第15位 2.52	广东 14.07	山东 7.88	四川 7.39	江苏 6.74	浙江 6.69
货运量	第19位 2.06	山东 10.06	安徽 6.96	河南 6.02	广东 6.00	江苏 5.40
邮政业务总量	第8位 3.49	广东 18.40	上海 11.87	江苏 9.41	浙江 6.79	北京 5.42
#函件	第8位 3.44	上海 17.23	江苏 12.57	浙江 11.10	广东 10.59	北京 8.54
特快专递	第7位 3.75	广东 22.72	上海 18.40	江苏 9.42	北京 8.07	浙江 7.95
报刊期发数	第13位 3.68	江苏 8.19	浙江 7.45	山东 6.24	上海 6.05	河南 5.81
集邮业务	第9位 3.81	北京 16.18	江苏 7.46	广东 7.20	浙江 5.75	河南 5.51
电信业务总量	第8位 3.69	广东 15.06	江苏 6.49	浙江 6.36	山东 6.24	河南 4.77
#固定电话长途通话时长	第9位 3.48	广东 17.86	江苏 9.24	浙江 8.83	山东 4.51	湖北 4.38
移动电话长途通话时长	第8位 3.84	广东 12.71	山东 6.54	江苏 6.28	浙江 6.14	河南 5.25
移动电话用户	第11位 3.53	广东 11.94	山东 7.14	江苏 6.61	浙江 5.96	河南 5.34
互联网用户	第8位 4.24	广东 12.65	山东 7.21	江苏 7.20	浙江 6.38	河南 5.23

4-3 续表2　　（2008-2010年）　　单位：%

产品名称	2010					
	福建	第1位	第2位	第3位	第4位	第5位
客运量	第16位 2.32	广东 13.95	山东 7.63	四川 7.40	浙江 6.94	江苏 6.91
货运量	第19位 2.04	山东 9.29	安徽 7.04	河南 6.26	广东 5.93	江苏 5.52
邮政业务总量	第9位 3.48	广东 19.04	江苏 9.49	上海 8.89	浙江 7.76	北京 5.41
#函件	第7位 3.40	上海 15.75	江苏 12.65	浙江 11.46	广东 10.31	北京 9.14
特快专递	第7位 4.30	广东 25.27	浙江 10.65	上海 10.40	江苏 10.17	北京 7.70
报刊期发数	第15位 2.93	广东 11.10	山东 9.43	重庆 6.60	江苏 6.36	浙江 6.12
集邮业务	第12位 3.08	北京 14.76	广东 10.01	河南 7.12	江苏 6.50	湖北 5.97
电信业务总量	第8位 3.82	广东 13.92	江苏 7.14	浙江 6.49	山东 6.19	河南 4.61
#固定电话长途通话时长	第9位 3.50	广东 20.40	江苏 7.92	浙江 7.75	上海 4.87	湖北 4.37
移动电话通话时长	第8位 3.84	广东 12.80	山东 6.41	江苏 6.32	浙江 6.15	河南 5.03
移动电话用户	第11位 3.52	广东 11.20	山东 7.21	江苏 6.90	浙江 5.88	河南 5.12
互联网上网人数	第10位 4.04	广东 11.64	山东 7.29	江苏 7.23	浙江 6.09	河南 5.29

4-4 福建若干产品出口市场占有率

（2009-2010年）

单位：%

产品名称	2009	2010	产品名称	2009	2010
水海产品	13.90	17.07	电容器	4.25	3.20
蔬菜	10.73	8.96	二极管及类似半导体器件	1.60	0.97
茶叶	8.14	8.50	电线电缆	3.07	3.68
蘑菇罐头	58.53	64.18	照相机	7.11	6.42
天然硫酸钡（重晶石）	14.96	10.91	自行车	0.50	0.45
成品油	0.41	0.48	汽车零件	4.99	4.67
医药品	2.31	2.42	船舶	4.34	3.89
新的充气橡胶轮胎	4.94	4.91	医疗仪器及器械	5.19	5.92
纸及纸板（未切成形）	2.17	2.97	手表	3.24	3.58
玻璃制品	1.83	3.89	日用钟	22.82	25.65
家用陶瓷器皿	4.13	5.38	家具及其零件	7.36	7.66
钢材	1.26	1.58	玩具	0.32	1.92
手用或机用工具	3.92	4.69	足球、篮球、排球	13.39	14.13
电扇	0.97	0.72	伞	45.94	45.73
纺织机械及零件	3.11	4.56	塑料制品	7.80	8.44
金属加工机床	0.92	1.00	机电产品	3.10	3.15
电子计算器	6.19	7.11	高新技术产品	2.78	2.68
轴承	2.83	2.41	电动机及发电机	5.17	5.72
静止式变流器	1.15	1.01	自动数据处理设备的零件	15.24	11.99
蓄电池	1.64	1.73	竹编结品	15.90	12.13
原电池	4.59	4.64	草编结品	10.01	9.75
电话机	0.41	0.43	塑料编织袋（周转袋除外）	2.42	3.19
收音设备（包括收录音组合机）	1.45	0.49	松香及树脂酸	6.65	5.75
电视机（包括整套散件）	11.94	13.30			

4-5　福建省各设区市主要农产品省内市场占有率及位次

（2010 年）　　单位：%

产品名称	福州市		厦门市		莆田市		三明市		泉州市	
	占有率	位次	占有率	位次	占有率	位次	占有率	位次	占有率	位次
粮食	9.17	7	0.65	9	4.63	8	16.91	2	12.21	4
油料	17.22	2	3.54	8	16.49	3	8.49	6	20.54	1
甘蔗	4.28	6	0.69	9	8.53	3	7.15	4	1.89	8
茶叶	6.08	6	0.49	9	1.39	8	10.05	5	19.22	2
水果	8.23	4	0.29	9	2.84	8	17.34	2	7.19	5
肉类	13.31	4	3.79	9	6.79	7	8.03	6	12.22	5
水产品	30.15	1	0.65	9	12.36	4	1.30	7	16.93	3

4-5 续表　　（2010 年）　　单位：%

产品名称	漳州市		南平市		龙岩市		宁德市	
	占有率	位次	占有率	位次	占有率	位次	占有率	位次
粮食	10.59	5	21.02	1	14.90	3	9.92	6
油料	14.52	4	10.06	5	7.29	7	1.84	9
甘蔗	54.25	1	13.97	2	2.43	7	6.82	5
茶叶	18.13	3	17.26	4	4.91	7	22.47	1
水果	39.69	1	13.9	3	5.26	6	5.25	7
肉类	13.52	3	15.54	2	22.75	1	4.06	8
水产品	24.60	2	1.52	6	1.06	8	11.43	5

5 企业篇

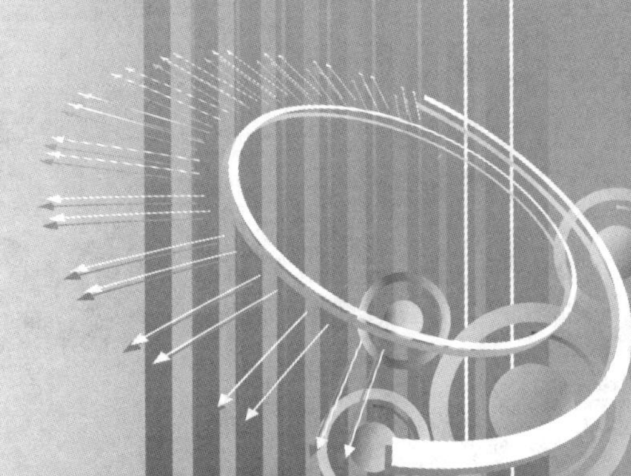

5-1 全国工业分行业企业数占全国比重及位次

（2006-2010 年） 单位：%

行业名称	2006		2007		2008		2009		2010	
	比重	位次	比重	位次	比重	位次	比重	位次	比重	位次
煤炭开采和洗选业	2.25	16	2.24	15	2.16	15	2.03	15	1.99	16
石油和天然气开采业	0.06	38	0.05	37	0.07	37	0.07	37	0.07	37
黑色金属矿采选业	0.83	30	0.86	30	0.93	29	0.92	30	0.94	30
有色金属矿采选业	0.62	33	0.65	31	0.60	31	0.57	31	0.54	31
非金属矿采选业	0.86	29	0.89	29	0.93	30	0.98	29	1.02	29
其他采矿业	0.01	39	0.01	39	0.01	39	0.01	39	0.01	39
农副食品加工业	5.42	6	5.39	6	5.35	7	5.65	7	5.66	7
食品制造业	2.01	18	1.97	19	1.90	18	2.01	16	2.02	15
饮料制造业	1.30	25	1.31	25	1.27	25	1.36	24	1.41	24
烟草制品业	0.06	37	0.04	38	0.04	38	0.04	38	0.03	38
纺织业	8.39	1	8.29	1	7.78	2	7.46	3	7.37	3
纺织服装、鞋、帽制造业	4.33	9	4.39	9	4.28	11	4.20	11	4.10	11
皮革、毛皮、羽毛（绒）及其制品业	2.27	15	2.21	16	2.02	16	1.96	17	1.96	17
木材加工及木、竹、藤、棕、草制品业	2.11	17	2.33	14	2.42	13	2.48	13	2.51	13
家具制造业	1.19	27	1.22	26	1.26	26	1.28	26	1.31	25
造纸及纸制品业	2.61	13	2.49	13	2.35	14	2.29	14	2.27	14
印刷业和记录媒介的复制	1.67	23	1.51	23	1.52	22	1.52	22	1.51	22
文教体育用品制造业	1.20	26	1.21	27	1.13	27	1.09	27	1.07	28
石油加工、炼焦及核燃料加工业	0.72	32	0.64	32	0.57	32	0.54	32	0.51	32
化学原料及化学制品制造业	6.86	4	6.82	4	6.62	4	6.63	4	6.51	4
医药制造业	1.78	22	1.71	21	1.53	21	1.57	21	1.55	21
化学纤维制造业	0.46	34	0.46	34	0.48	34	0.45	34	0.43	34
橡胶制品业	1.11	28	1.10	28	1.09	28	1.09	28	1.07	27
塑料制品业	4.47	8	4.57	8	4.57	8	4.58	8	4.64	8
非金属矿物制品业	7.26	3	7.21	3	7.16	3	7.49	2	7.68	2
黑色金属冶炼及压延加工业	2.32	14	2.13	17	1.88	19	1.79	20	1.74	20
有色金属冶炼及压延加工业	1.94	19	1.99	18	1.92	17	1.85	18	1.81	18
金属制品业	5.16	7	5.35	7	5.76	6	5.70	6	5.68	6
通用设备制造业	7.59	2	7.95	2	8.66	1	8.60	1	8.77	1
专用设备制造业	3.85	11	3.98	11	4.38	10	4.41	10	4.43	10
交通运输设备制造业	4.17	10	4.18	10	4.41	9	4.48	9	4.57	9
电气机械及器材制造业	5.60	5	5.74	5	6.04	5	6.09	5	6.08	5
通信设备、计算机及其他电子设备制造业	3.22	12	3.33	12	3.37	12	3.29	12	3.28	12
仪器仪表及文化、办公用机械制造业	1.35	24	1.34	24	1.32	24	1.32	25	1.29	26
工艺品及其他制造业	1.91	20	1.91	20	1.81	20	1.80	19	1.75	19
废弃资源和废旧材料回收加工业	0.18	35	0.19	35	0.26	35	0.27	35	0.29	35
电力、热力的生产和供应业	1.90	21	1.65	22	1.46	23	1.46	23	1.45	23
燃气生产和供应业	0.17	36	0.18	36	0.20	36	0.21	36	0.21	36
水的生产和供应业	0.82	31	0.52	33	0.48	33	0.48	33	0.47	33

5-2 全国各省（市、区）工业企业数占全国比重及位次

（2006-2010 年）

单位：%

地区	2006		2007		2008		2009		2010	
	比重	位次	比重	位次	比重	位次	比重	位次	比重	位次
北京	2.12	14	1.90	14	1.69	16	1.59	16	1.52	17
天津	2.09	15	1.89	15	1.87	14	1.92	14	1.75	14
河北	3.52	9	3.23	9	2.92	10	3.01	13	3.08	11
山西	1.55	17	1.33	17	1.04	20	0.93	23	0.94	23
内蒙古	1.02	22	1.00	22	0.94	23	1.03	21	1.02	20
辽宁	4.89	5	4.92	5	5.13	5	5.38	5	5.26	5
吉林	1.08	20	1.18	19	1.23	19	1.37	18	1.36	19
黑龙江	0.98	23	0.94	23	1.03	21	1.01	22	1.01	21
上海	4.77	6	4.48	7	4.41	6	4.12	8	3.68	8
江苏	12.03	3	12.42	3	15.37	1	14.00	1	14.16	2
浙江	15.13	1	15.32	1	13.80	2	13.81	2	14.21	1
安徽	2.16	13	2.41	13	2.67	13	3.25	9	3.59	9
福建	4.56	7	4.51	6	4.04	8	4.18	6	4.25	7
江西	1.77	16	1.79	16	1.73	15	1.74	15	1.75	15
山东	10.58	4	10.73	4	10.00	4	10.48	4	9.72	4
河南	3.94	8	4.01	8	4.39	7	4.17	7	4.32	6
湖北	2.50	12	2.67	12	2.83	12	3.23	10	3.56	10
湖南	2.98	10	3.03	11	2.91	11	3.06	11	3.06	12
广东	12.42	2	12.55	2	12.34	3	12.01	3	11.79	3
广西	1.34	18	1.31	18	1.27	18	1.31	19	1.45	18
海南	0.20	29	0.14	29	0.13	29	0.11	30	0.11	30
重庆	1.06	21	1.16	20	1.44	17	1.48	17	1.57	16
四川	2.98	11	3.18	10	3.22	9	3.05	12	3.03	13
贵州	0.86	25	0.68	25	0.63	25	0.64	25	0.65	25
云南	0.86	24	0.80	24	0.78	24	0.80	24	0.79	24
西藏	0.07	31	0.03	31	0.02	31	0.02	31	0.02	31
陕西	1.12	19	1.00	21	0.94	22	1.03	20	1.01	22
甘肃	0.57	26	0.55	26	0.46	26	0.46	27	0.44	27
青海	0.14	30	0.14	30	0.12	30	0.12	29	0.12	29
宁夏	0.25	28	0.22	28	0.21	28	0.22	28	0.22	28
新疆	0.49	27	0.47	27	0.44	27	0.46	26	0.54	26

5-3 全国各省（市、区）建筑业企业数占全国比重及位次

（2006-2010 年）

单位：%

地区	2006		2007		2008		2009		2010	
	比重	位次	比重	位次	比重	位次	比重	位次	比重	位次
北京	4.38	8	4.33	9	4.51	8	4.56	8	4.54	8
天津	1.81	20	1.76	20	1.87	20	1.93	19	2.00	19
河北	3.24	13	3.09	13	3.14	13	3.02	13	2.97	14
山西	2.25	18	2.19	18	2.50	18	2.39	18	2.40	18
内蒙古	1.13	26	1.15	26	1.06	26	1.10	26	1.10	25
辽宁	5.35	6	5.11	6	5.35	7	6.17	4	6.42	4
吉林	1.43	22	1.40	23	1.54	22	1.33	23	1.30	23
黑龙江	2.96	14	2.79	16	2.77	15	2.71	16	2.71	15
上海	4.47	7	4.34	8	4.29	9	4.18	9	4.15	9
江苏	10.59	1	11.30	1	11.83	1	12.18	1	12.37	1
浙江	6.84	4	6.97	3	6.53	3	6.74	3	7.03	3
安徽	3.30	12	3.43	12	3.25	12	3.34	12	3.38	11
福建	2.95	15	2.94	14	2.82	14	2.95	14	3.03	13
江西	1.96	19	1.88	19	1.88	19	1.82	20	1.78	20
山东	9.04	2	8.92	2	8.93	2	8.78	2	8.54	2
河南	4.10	9	4.87	7	5.38	6	5.76	6	5.98	5
湖北	3.68	11	4.01	10	4.18	10	4.04	10	3.96	10
湖南	2.92	16	2.87	15	2.71	17	2.60	17	2.54	17
广东	6.84	3	6.68	4	6.06	4	6.01	5	5.91	6
广西	1.63	21	1.66	21	1.58	21	1.40	21	1.36	22
海南	0.20	31	0.16	31	0.21	31	0.20	31	0.14	31
重庆	3.94	10	3.87	11	3.35	11	3.34	11	3.24	12
四川	5.62	5	5.12	5	5.47	5	4.77	7	4.75	7
贵州	0.97	27	0.94	27	0.86	27	0.81	27	0.77	27
云南	2.85	17	2.77	17	2.73	16	2.72	15	2.69	16
西藏	0.25	30	0.21	30	0.24	30	0.23	30	0.24	30
陕西	1.35	23	1.40	22	1.36	23	1.39	22	1.37	21
甘肃	1.34	24	1.26	24	1.21	24	1.18	24	1.05	26
青海	0.60	29	0.59	29	0.58	29	0.54	29	0.51	29
宁夏	0.78	28	0.76	28	0.68	28	0.67	28	0.66	28
新疆	1.23	25	1.23	25	1.16	25	1.13	25	1.12	24

5-4 全国各省（市、区）批发和零售业、住宿和餐饮业企业数占全国比重及位次

（2006-2010 年）

单位：%

地区	2006		2007		2008		2009		2010	
	比重	位次	比重	位次	比重	位次	比重	位次	比重	位次
北京	9.73	2	10.28	2	8.63	4	9.62	4	8.26	4
天津	2.72	10	2.76	10	2.90	10	2.98	10	2.96	12
河北	2.06	15	1.95	15	1.93	15	1.92	16	2.27	16
山西	1.90	16	1.95	16	1.53	17	1.65	18	2.07	17
内蒙古	1.53	21	1.45	22	1.35	21	1.44	20	1.44	20
辽宁	3.92	9	3.94	9	4.44	8	3.93	8	4.01	8
吉林	1.13	25	1.10	25	0.92	25	0.96	25	1.05	24
黑龙江	1.52	22	1.39	23	1.24	22	1.31	22	1.36	22
上海	6.96	7	5.94	7	7.82	6	5.63	7	4.95	7
江苏	7.23	6	7.15	6	11.08	1	10.25	2	9.95	3
浙江	7.70	3	7.69	5	8.27	5	8.41	5	8.19	5
安徽	1.85	17	1.91	17	1.88	16	2.09	15	2.33	14
福建	4.20	8	4.08	8	3.24	9	3.33	9	3.35	9
江西	1.36	24	1.31	24	1.03	24	1.01	24	1.29	23
山东	7.61	4	9.32	3	10.56	2	10.83	1	10.68	1
河南	7.29	5	7.72	4	6.43	7	6.43	6	5.77	6
湖北	2.64	11	2.49	11	2.12	13	2.49	12	3.28	10
湖南	2.46	12	2.41	12	2.63	11	2.54	11	2.57	13
广东	11.91	1	11.42	1	9.55	3	10.12	3	10.23	2
广西	1.84	18	1.69	19	1.39	20	1.42	21	1.37	21
海南	0.80	27	0.75	27	0.59	27	0.65	27	0.70	28
重庆	1.81	19	1.82	18	2.07	14	2.32	14	2.29	15
四川	2.08	14	2.07	13	2.48	12	2.39	13	3.04	11
贵州	0.62	28	0.60	28	0.68	26	0.72	26	0.78	26
云南	2.39	13	2.07	14	1.45	19	1.54	19	1.64	19
西藏	0.13	31	0.13	31	0.08	31	0.08	31	0.07	31
陕西	1.39	23	1.51	20	1.46	18	1.73	17	1.85	18
甘肃	0.88	26	0.82	26	0.56	28	0.62	28	0.74	27
青海	0.29	30	0.29	30	0.22	30	0.19	30	0.18	30
宁夏	0.54	29	0.50	29	0.35	29	0.38	29	0.36	29
新疆	1.54	20	1.48	21	1.13	23	1.03	23	0.97	25

5-5 福建省内资企业工商登记注册情况

（2010年）　　　　单位：户

项　目	年末企业单位合　计	#企业法人			
		年末户数	年末注册资金（亿元）	本　年开业数	本　年注销数
总　计	**51418**	**23741**	**3814.36**	**651**	**1087**
农、林、牧、渔业	1911	1293	56.04	19	56
采矿业	404	326	17.75	3	5
制造业	6418	5796	521.06	58	167
电力、燃气及水的生产和供应业	1862	1341	250.59	19	21
建筑业	2506	1033	311.07	50	54
交通运输、仓储和邮政业	2751	1042	317.14	37	36
信息传输、计算机服务和软件业	831	193	64.20	6	26
批发和零售业	18874	6335	440.38	152	396
住宿和餐饮业	859	508	20.11	7	29
金融业	6594	174	218.88	68	19
房地产业	1425	1166	451.59	39	35
租赁和商务服务业	3397	2372	877.41	117	125
科学研究、技术服务和地质勘查业	1368	746	88.55	19	30
水利、环境和公共设施管理业	324	273	37.13	16	10
居民服务和其他服务业	1424	773	59.91	22	65
教育	76	60	2.27	2	
卫生、社会保障和社会福利业	66	48	0.38	1	2
文化、体育和娱乐业	300	242	36.26	15	6
其他	28	20	43.65	1	5

5-6 福建省私营企业工商登记注册情况

（2010年）

项　目	户数（户）	投资者人数（人）	雇工人数（人）	出资金额（亿元）
总　计	**266693**	**610753**	**2404334**	**10300.00**
＃本期开业	55047	80054	380874	2328.69
＃城镇	218755	325665	1558660	8152.08
按注册类型分				
＃独资企业	34698	34243	285041	136.81
合伙企业	6102	25588	64697	84.41
有限责任公司	224902	545967	2042570	9683.64
股份有限公司	991	4955	12026	395.14
按行业分				
农、林、牧、渔业	7965	17754	72089	205.32
采矿业	1444	3486	14489	38.88
制造业	66530	148083	886919	2738.34
电力、燃气及水的生产和供应业	4196	19119	33218	299.58
建筑业	12280	26822	99459	669.92
交通运输、仓储和邮政业	6520	15723	50138	281.21
信息传输、计算机服务和软件业	9411	19672	66073	165.93
批发和零售业	92196	203290	678427	2263.61
住宿和餐饮业	4451	7502	43253	68.72
金融业	1880	4590	8895	387.83
房地产业	8400	20796	65978	1020.78
租赁和商务服务业	29139	74293	217657	1680.54
科学研究、技术服务和地质勘查业	7735	20028	58118	218.99
水利、环境和公共设施管理业	1147	2934	9125	82.02
居民服务和其他服务业	10304	20966	73199	120.74
教育	372	929	3197	3.37
卫生、社会保障和社会福利业	684	912	6034	8.70
文化、体育和娱乐业	1927	3619	17402	38.28
其他	112	235	664	7.23

注：合伙企业的出资金额为认缴出资金额，有限责任公司和股份有限公司的出资金额为注册资本。

5-7 福建省外资企业工商登记注册情况

（2010年）　　　　单位：亿美元

项　目	年末企业数（户）	注册资本	投资总额
总　计	**23463**	**693.58**	**1248.31**
农、林、牧、渔业	**620**	**12.07**	**20.86**
农业	394	6.10	10.45
林业	56	2.41	4.23
畜牧业	55	0.76	1.18
渔业	85	1.46	2.34
农、林、牧、渔服务业	30	1.34	2.67
采矿业	**51**	**1.15**	**2.22**
石油和天然气开采业	1	0.30	0.60
黑色金属矿采选业	4	0.02	0.03
有色金属矿采选业	8	0.17	0.63
非金属矿采选业	36	0.43	0.68
其他采矿业	2	0.22	0.29
制造业	**13631**	**468.11**	**835.09**
农副食品加工业	528	15.88	27.67
食品制造业	340	8.30	15.10
饮料制造业	157	5.62	11.70
纺织业	715	33.37	50.31
纺织服装、鞋、帽制造业	3301	73.23	100.98
皮革、毛皮、羽毛（绒）及其制品业	486	10.08	17.92
木材加工及木、竹、藤、棕、草制品业	330	5.36	9.46
家具制造业	243	5.47	9.12
造纸及纸制品业	267	11.65	23.14
印刷业和记录媒介的复制	109	2.26	3.16
文教体育用品制造业	349	8.89	15.06
石油加工、炼焦及核燃料加工业	33	26.54	76.51

5-7 续表 1 （2010 年） 单位：亿美元

项　目	年末企业数（户）	注册资本	投资总额
化学原料及化学制品制造业	478	21.98	33.80
医药制造业	94	3.71	6.72
化学纤维制造业	66	9.17	14.35
橡胶制品业	134	7.17	16.62
塑料制品业	634	16.41	29.38
非金属矿物制品业	780	27.11	49.45
黑色金属冶炼及压延加工业	37	10.21	15.59
有色金属冶炼及压延加工业	61	6.94	15.08
金属制品业	546	18.81	36.39
通用设备制造业	390	10.89	20.44
专用设备制造业	493	13.57	25.14
交通运输设备制造业	399	22.61	42.63
电气机械及器材制造业	631	28.62	53.13
通信设备、计算机及其他电子设备制造业	671	38.30	72.59
仪器仪表及文化、办公用机械制造业	375	8.63	16.86
工艺品及其他制造业	963	16.90	25.72
废弃资源和废旧材料回收加工业	21	0.45	1.06
电力、燃气及水的生产和供应业	**201**	**20.11**	**61.73**
电力、热力的生产和供应业	121	15.27	53.10
燃气生产和供应业	52	2.89	5.11
水的生产和供应业	28	1.95	3.52
建筑业	**176**	**6.64**	**13.39**
房屋和土木工程建筑业	55	4.89	10.73
建筑安装业	20	0.22	0.27
建筑装饰业	85	0.79	0.91
其他建筑业	16	0.75	1.48

5-7 续表 2　　　　（2010 年）　　　　单位：亿美元

项　目	年末企业数（户）	注册资本	投资总额
交通运输、仓储和邮政业	**463**	**20.56**	**35.69**
铁路运输业	4	0.06	0.07
道路运输业	37	0.83	1.25
城市公共交通业	14	0.84	1.55
水上运输业	89	10.86	17.58
航空运输业	23	0.28	0.28
管道运输业	1	0.02	0.02
装卸搬运和其他运输服务业	181	2.31	3.91
仓储业	107	5.33	11.00
邮政业	7	0.03	0.03
信息传输、计算机服务和软件业	**1549**	**13.28**	**16.75**
电信和其他信息传输服务业	1164	7.08	7.59
计算机服务业	81	1.81	2.96
软件业	304	4.39	6.20
批发和零售业	**2843**	**19.61**	**33.06**
批发业	1773	16.78	29.34
零售业	1070	2.83	3.72
住宿和餐饮业	**548**	**11.63**	**21.27**
住宿业	134	8.88	16.75
餐饮业	414	2.75	4.52
金融业	**182**	**9.41**	**9.86**
银行业	30	1.70	1.70
证券业	8	0.13	0.13
保险业	121	0.94	0.94
其他金融活动	23	6.64	7.09
房地产业	**1106**	**79.31**	**143.01**

5-7 续表 3　　（2010 年）　　单位：亿美元

项　目	年末企业数（户）	注册资本	投资总额
房地产业	1106	79.31	143.01
租赁和商务服务业	**1597**	**15.30**	**24.77**
租赁业	32	1.00	1.28
商务服务业	1565	14.31	23.49
科学研究、技术服务和地质勘查业	**188**	**4.26**	**7.25**
研究与试验发展	91	2.69	4.51
专业技术服务业	73	1.10	2.18
科技交流和推广服务业	22	0.22	0.26
地质勘查业	2	0.25	0.30
水利、环境和公共设施管理业	**63**	**5.21**	**8.54**
水利管理业	5	1.41	1.45
环境管理业	28	2.14	3.87
公共设施管理业	30	1.66	3.22
居民服务和其他服务业	**207**	**4.01**	**9.20**
居民服务业	77	0.31	0.39
其他服务业	130	3.71	8.81
教育	**3**	**0.01**	**0.02**
教育	3	0.01	0.02
卫生、社会保障和社会福利业	**3**	**0.52**	**1.49**
卫生	3	0.52	1.49
文化、体育和娱乐业	**32**	**2.38**	**4.09**
广播、电视、电影和音像业	1	0.27	0.50
文化艺术业	4	0.01	0.01
体育	8	0.58	1.19
娱乐业	19	1.52	2.39

5-8 福建省个体户工商登记注册情况

（2010 年）

项　目	户数（户）	从业人员（人）	资金数额（亿元）
总　计	**755961**	**1832909**	**322.22**
#本期开业	189717	449720	97.40
#城镇	462694	899465	186.74
按行业分			
农、林、牧、渔业	7273	26923	16.16
采矿业	1076	4599	2.23
制造业	41349	150951	32.48
电力、燃气及水的生产和供应业	859	2653	3.93
建筑业	424	1369	0.39
交通运输、仓储和邮政业	4452	11458	3.40
信息传输、计算机服务和软件业	4544	7682	0.77
批发和零售业	540083	1183642	201.90
住宿和餐饮业	63934	202156	25.01
金融业	3	10	
房地产业	2080	5847	0.66
租赁和商务服务业	7117	15653	4.62
科学研究、技术服务和地质勘查业	248	957	0.19
水利、环境和公共设施管理业	71	231	0.05
居民服务和其他服务业	74576	200427	24.92
教育	59	139	0.02
卫生、社会保障和社会福利业	946	2259	0.54
文化、体育和娱乐业	6860	15916	4.96
其他	7	37	

5-9 福建省各设区市私营企业工商登记注册情况

（2010年）

地　区	户数（户）	从业人员（人）	出资金额（亿元）
总　计	**266693**	**2404334**	**10300.00**
省局本部	2177	15988	878.23
福州市	57281	448109	2058.29
厦门市	73556	558983	1846.39
莆田市	10931	91964	447.67
三明市	13517	156918	601.42
泉州市	51766	606018	2105.00
漳州市	18039	157632	739.52
南平市	13966	127751	516.81
龙岩市	11288	135279	523.27
宁德市	14172	105692	583.38

5-10 福建省各设区市个体户工商登记注册情况

（2010年）

地　区	户数（户）	从业人员（人）	资金数额（亿元）
总　计	**755961**	**1832909**	**322.22**
福州市	129400	258754	45.19
厦门市	97523	585138	27.77
莆田市	49354	100580	31.35
三明市	65921	124699	29.05
泉州市	142706	281957	74.10
漳州市	88744	147080	26.32
南平市	60629	116841	32.26
龙岩市	62300	114952	32.78
宁德市	59384	102908	23.41

5-11　2010年福建省工业企业概况

2010年，福建工业领域认真贯彻落实省委、省政府提出的“科学发展、跨越发展”部署，积极强化工业生产运行调度和要素保障措施，工业生产呈现出持续、稳健发展的好态势，发展速度、运行质量同步协调，工业结构进一步优化，为“十一五”工业经济发展画上了圆满句号，为“十二五”工业经济持续发展奠定了坚实的基础。

2010年，全省规模以上工业实现工业总产值21901.23亿元，比上年增长25.1%；完成出口交货值4699.23亿元，增长19.2%；完成主营业务收入21479.37亿元，实现利税总额2578.45亿元，实现利润1754.18亿元。分轻重工业看，轻工业完成工业总产值9919.11亿元，占规模以上工业总产值的45.3%，比上年下降了1.0个百分点；重工业完成工业总产值11982.12亿元，占规模以上工业总产值的54.7%。分行业观察，除石油加工、炼焦及核燃料加工业外，其余36个工业行业全部实现增长，其中，24个行业实现两位数增长，增速超过30%的有：废弃资源和废旧材料回收加工业（88.2%）、交通运输设备制造业（34.4%）、燃气生产和供应业（33.1%）。实现工业增加值200亿元以上的行业有10个，分别是：农副食品加工业（274.28亿元），纺织业（297.52亿元），纺织服装、鞋、帽制造业（387.41亿元），皮革、毛皮、羽毛（绒）及其制品业（524.78亿元），化学原料及化学制品制造业（202.43亿元），塑料制品业（200.72亿元），交通运输设备制造业（274.44亿元），电气机械及器材制造业（256.24亿元），通信设备、计算机及其电子设备制造业（522.97亿元），电力热力的生产和供应业（322.32亿元）。

2010年全省规模以上工业经济效益综合指数达228.2，比上年提高30.7个点。计算工业经济效益综合指数的七项指标中，总资产贡献率为18.8%，比上年提高3.5个百分点；资产负债率（逆指标）为52.7%，比上年下降0.7个百分点；成本费用利润率为8.8%，比上年提高1.5个百分点；产品销售率为97.8%，比上年提高0.5个百分点；流动资产周转次数为2.9次，比上年增加0.2次。

从全国范围看，福建工业发展仍处于全国上游水平。2010年，全省规模以上工业完成工业总产值21901.23亿元，占全国比重为3.1%，位居全国第十位；实现主营业务收入21479.37亿元，占全国比重为3.1%，位居全国第十位，与排名前3位的江苏（占全国比重为13.1%）、广东（占全国比重为12.1%）、山东（占全国比重为12.0%）相比，差距较大。

截止2010年，全省拥有规模以上企业19227户，比上年增加1073户，主要分布在福州、厦门、泉州等地区。2006-2010年福建规模以上工业分行业企业数占全省比重及位次见表5-12。

茶产业

茶叶是福建的传统优势产业，全省除偏远岛屿外几乎县县产茶。2010年福建茶叶产量26.91万吨，居全国第一。福建茶产业集群主要分布在泉州、宁德、南平等地。

——安溪乌龙茶产业集群。安溪不仅是泉州也是福建省重点产茶县之一。2010年，安溪茶叶产量6.3万吨，涉茶总产值81亿元。

安溪茶叶最大的交易市场“中国茶都”，占地250亩，建筑面积18万平方米，建有1800间（套）商住两用店铺，两个茶叶交易大厅，可容纳3000个茶农交易摊位，已成为目前国内同类市场中投资最多、规模宏大、品位高雅、配套功能完善的茶叶专业市场。据不完全统计，交易大厅一天茶叶交易量最多达6万多公斤，交易额达300多万元。

在茶叶品牌建设方面，“安溪铁观音”已申报了国外延伸注册。目前，相关申报已经完成在日本、俄罗斯、美国、韩国、新加坡、泰国、马来西亚等地的可注册查询工作，进入“马德里协定”国际注册的既定程序。

在建设乌龙茶质量安全示范区方面，2010年3月，安溪县出口乌龙茶被福建省政府列为全省16个出口食品农产品示范区之一，2010年6月选定虎邱作为“安溪乌龙茶质量安全示范区建设”试点，覆盖全镇约3.65万亩茶园。据泉州出入境检验检疫局安溪办事处的数据显示，在短短的半年时间内，坐落于安溪县虎邱镇的乌龙茶安全示范区不仅在茶叶出口平均价格方面取得了突破，还吸引了大批国内的大企业到此建基地或收购茶叶，内销茶叶平均每公斤单价增至115元，同比增长10%以上。

——宁德茶产业集群。宁德是著名的茶叶之乡，茶叶产地优势明显。目前宁德市拥有茶园面积80多万亩，商品茶产值约30亿元，茶园面积、产量均居全国产茶地（市）之首，约占全省茶叶总产量的1/3。中国六大茶类中，宁德有绿茶、红茶、白茶、乌龙茶以及再加工的茉莉花茶和工艺茶，茶类之多为全国各地市之最。其中，“坦洋工夫”是福建三大工夫红茶之首，是宁德茶叶品牌之典范。

福安市作为宁德主要产茶县（市）之一，2010年，全市拥有茶园30万亩，毛茶产量2.57万吨，产值12.78亿元;是全国最大的茶树良种繁育基地，年出圃茶苗3亿多株，新植和改植换种高香型茶树优新品种8.08万亩。

2011年，宁德市将继续强力打造“金闽红”和“太姥银针”两个品牌。市政府初步决定以北京、西安、广州举办茶博会为平台，同相关县（市、区）合作开展三场品牌宣传推介活动，不断提高金闽红和太姥银针的知名度。

——南平茶产业集群。茶产业是武夷山市传统主导产业和农村经济的优势产业，从2006年开始，武夷山市委、市政府推出了“茶旅整合营销”的品牌打造之路，从北京到黑龙江、从香港到台湾，以“浪漫武夷、风雅茶韵”的茶旅营销活动开始风靡大江南北，构筑了一个让武夷茶走红的T台，极大提升了武夷茶的知名度。在随后的几年里，武夷岩茶（大红袍）传统制作技艺被列为首批国家非物质文化遗产，“武夷山大红袍”获得“中国驰名商标”称号，第二届、第四届海峡两岸茶业博览会在武夷山成功举办。2010年初，武夷山与张艺谋团队合作，成功推出印象·大红袍，使武夷茶产业在文化的烘托下更具特色。截至2010年底，全市工商注册的茶企业1300多家，全市涉茶人员超过5万人；茶业总产值超13亿元，而当年的农业总产值为20.68亿元；茶产业链条上已延伸出茶饮料、茶保健品、茶日用品、茶食品、茶宴等等。

纺织服装、鞋、箱包产业

福建纺织工业经过二十多年产能规模的快速拓展，纺织产业集聚、企业集群区域特色已明显突出，呈现出蓬勃发展趋势。一批以市、县、镇区域经济为特色，以大型企业为骨干，以中小企业为主的纺织产业集群开始形成并显示出较强的竞争力。截止2010年8月，福建被中国纺织工业协会授予纺织服装产业集群试点地区的共有17个市、县、区、镇，占全国纺织产业集群特色城镇数量的10%。

——泉州服装产业集群。经过二十多年的发展，泉州湾已形成从抽丝、织布、染整到服装生产一条完整的产业链和庞大的产业集群，聚集了53家上市企业，形成了产值近2千亿元的纺织服装产业集群。2010年，泉州共有规模以上纺织业企业360户，比上年增加2户，实现工业总产值387.99亿元，出口交货值达64.93亿元；共有规模以上纺织服装、鞋、帽制造业企业769个，增加46个，实现工业总产值810.18亿元，出口交货值达264.62亿元。

“十一五”期间，泉州纺织服装业知名品牌涌现，产业集群效应明显，赢得了多个产业集群试点地区荣誉：中国纺织产业基地市——晋江，以及“中国休闲服装名镇”——英林、“中国内衣名镇”——深沪、“中国织造名镇”——龙湖；“中国休闲服装名城”——石狮，以及“中国服装服饰辅料名镇”——宝盖、“中国休闲面料名镇”——鸿山等。

——**长乐纺织产业集群**。纺织业是长乐传统优势行业，经过三十多年的培育和发展，现已形成了化纤、纺纱、织造、染整、服装、纺机等行业，是当前国内纺织产业发展最快的地区之一，2005年被中国纺织工业协会授予“中国纺织产业基地市”。2010年，长乐市纺织行业实现产值545亿元，其中，规模以上企业225家，产值515.27亿元。分行业看，现有规模以上化纤企业19家，主要产品为涤纶短纤、长丝和锦纶长丝、切片，2010年产值达181.83亿元，产值超10亿元企业有6家。长乐锦纶产业主要产品为锦纶民用丝，年产能达40万吨以上。2010年投资90亿元，动工建设8个锦纶项目，全部投产后预计年增加锦纶产能61.5万吨（其中，切片21万吨），年产值增加215亿元；动工建设2个氨纶项目，投产后增加氨纶产能4万吨，年产值增加28亿元，将成为全国最大规模的锦纶切片和锦纶民用长丝生产基地之一。现有纺纱企业31家，纱锭450万锭，2010年实现产值214.43亿元，产值超10亿元企业有10家，是全国最大的纯涤纶生产地区。针织经编业是长乐纺织业中发展最早、成熟最快的传统行业，全市现有经编企业近744家，2010年产值150亿元，年产服饰面料、花边等产品35万吨，分别占全国市场份额的2/3和2/5。2006年1月，金峰镇被授予的“中国经编名镇”，2006年5月，松下镇被授予“中国花边名镇”。“十二五”期间，长乐将在加快产业升级、延伸产业链条、建设特色园区、壮大龙头企业、完善公共服务方面加大政策支持力度，充分发挥地域、机制、资金、集群等方面的优势，大力推进纺织工业的转型升级和长远发展。力争到2015年底，全市纺织工业总产值超过1000亿元，化纤行业总产能（含长丝、短纤、切片）达到330万吨；纺纱行业总产能达1000万锭，年产量超过270万吨；经编产能（编织机台数）达到20000台，针织产品年产量达到60万吨。

——**晋江鞋业产业集群**。作为晋江国民经济发展的重要支柱，晋江运动鞋业正在全力冲刺转型升级，在诸多产业中，鞋业成为晋江市域内发育最成熟、规模最大的产业集群。

鞋业为晋江赢得了一系列荣誉。2001年3月，晋江被中国轻工业联合会、中国皮革工业协会授予“中国鞋都”称号，2007年12月，被国家体育总局授予“国家体育产业基地”。该市现有鞋类生产企业3112家，从业人数超38万人，年产运动、旅游鞋9.5亿双，占全国总产量的40%、世界总产量的20%，产品远销163个国家和地区。2010年，晋江市拥有规模以上鞋业制造企业378家、纳税超千万元鞋企15家、上市鞋业公司12家。

目前，晋江拥有全球最为完善的运动鞋产业链，全市已形成了鞋成品、鞋机、鞋材、皮革、鞋业化工等生产企业齐头并进、互动发展的良好格局，形成了社会化分工、自主配套的一条龙生产协作群体，其中，专门为成品鞋从事配套生产的鞋底、鞋面、皮革、五金制品等专业厂家目前已达1500多家，鞋用机械产品已占据全市鞋业80%的市场份额，还拥有大量模具开发、鞋样设计、管理咨询、形象策划、营销推广、出口代理等专门为生产性企业提供产前、产中、产后服务的配套行业，企业已基本实现足不出户就能完成从生产到销售的全部流程。

截至2009年，晋江鞋业企业累计拥有19枚中国驰名商标、8件中国名牌产品、国家出口免验企业1家。2008年10月，经中国皮革工业协会复评，晋江再次荣获“中国鞋都”称赞。

全市制鞋企业依靠自主研发掌控了鞋业生产2000多种核心技术，拥有189项专利，鞋类产业质量稳定率达98.2%，先后有88家企业通过ISO9000系列认证、108家企业通过ISO14001认证。

——**泉州箱包产业集群**。近几年，泉州市包袋产业发展势头十分强劲，2010年全市包袋产业集群产值超过200亿元。在泉州市众多外向型行业中一枝独秀。泉州包袋行业已成为泉州市八大超100亿元的新兴产业集群之一，目前已有包袋生产企业1000多家，主要生产运动、休闲软包系列产品，已形成包袋机械、发泡材料、合成革、织带、拉链、五金扣具等较为完整的产业链条和以中高档PVC休闲运动包为主的制造基地，约占全国同类产品的36%，占全省同类产品的93%，已成为我国包袋出口和世界包袋生产的重要基地。

体育产业

泉州体育产业集群主要以体育用品制造业为主，主要包括体育器材、运动服装、运动鞋、旅游箱包四大类，体育制造业又以运动鞋发展最快、规模最大。据估算，2010年泉州体育用品业实现产值在千亿元以上，其中，规模以上企业实现产值达953亿元，比上年增长16.3%。全市产值超1亿元的运动鞋厂家140余家，实现产值730亿元，约占规模以上鞋业产值的70%；产值1亿元以上的体育运动服装厂家43家，实现产值166亿元，占规模以上运动服装企业产值的14.3%；规模以上体育器材厂家25家，实现产值16亿元，增长38.0%；体育用品销售业实现产值8.55亿元，增长23.8%。截止2010年，泉州体育用品制造业拥有12枚中国名牌和13枚中国驰名商标，全市有14个省级企业技术中心，2009年安踏被认定为国家企业技术中心。

——晋江体育产业集群。近年来，借助国家体育产业基地落户晋江的品牌效应，晋江市体育产业呈现加快发展态势，成为支撑该市经济发展的重要支柱产业。2010年，全市体育产业实现规模以上工业产值802.92亿元，比上年现价增长23.4%，占全部规模以上工业产值的比重达43.3%，所占比重较上年提升0.4个百分点；对规模以上工业产值增长的贡献率达44.5%，拉动全部规模以上工业产值增长10.1个百分点。现拥有规模以上工业企业697家，占全部规模以上工业企业数的46.3%，其中，超亿元企业158家，占全市亿元企业总数的42.3%；拥有大型企业12家，占全市总数的80%；拥有境内外上市公司19家，占全市上市企业总数的61.3%；拥有中国驰名商标15件（经国家工商总局认定）、中国名牌产品13项，品牌数量居各产业之首。

电子信息产业

2010年，福建省规模以上通信设备、计算机及其他电子设备制造业完成工业总产值2311.50亿元，实现主营业务收入2281.22亿元。

2010年全省通信设备、计算机及其他电子设备制造业主要呈现以下亮点：

一是平板显示行业景气高扬，产业链不断得到完善。随着液晶显示产品替代CRT产品速度的加快，以及几个项目的新增投产，平板显示产业总体规模继续壮大，2010年全省平板显示产业规模首次超过1000亿元，与平板显示产业链相关的企业大多实现快速增长。福清（融侨）显示器件产业园以台资企业捷联电子、华冠光电为龙头，2010年园区又新引进捷星显示科技、英冠达电子、亿冠晶电子等多个项目，在液晶显示产业中下游形成了较完整的产业链条。马尾（国家）显示器件产业园实行技术改造，加快产品转型升级，目前已成为全国重要的液晶显示模组与背光模组生产基地，其中，重点企业华映光电、华映显示科技、华映视讯2010年共完成产值100亿元左右。厦门火炬高新区与中国航空工业集团的下属企业达成协议，在火炬（翔安）产业区建设第5.5代低温多晶硅TFT-LCD及彩色滤光片生产线，这将有效填补福建省平板显示上游产业的空白，该项目建成投产后，年产值预计可达到60多亿元，将带动液晶材料等上游材料发展，并拉动下游消费电子产品、车载显示等行业的发展，完善产业链，形成产业聚集效应。

二是LED产业得益政策推动，呈现蓬勃发展势头。截至2010年年底，全省LED企业已超过250

家，2010年全省LED产业实现产值130亿元，比上年增长45%。据不完全统计，截至2010年，全省已投产、在建、签约或意向在谈的MOCVD生产线超过220条，这将有力充实福建省LED产业链上游。福建省委省政府高度重视LED产业发展，2010年10月8日，福建省政府召开了LED产业发展专题会，决定成立由福建省政府领导亲自挂帅，省直相关单位组成的推进LED产业发展工作领导小组，明确了推进LED产业的发展思路，强调发展LED产业要大力拓展应用市场，加强产业引导，强化产学研合作，加大财政金融扶持，不断优化产业发展环境等，并从2011年开始，增列LED产业专项扶持资金，用以推动福建省LED产业发展，这是福建省LED行业历史上首次获得政府专项扶持产业发展的有力政策支持。

三是新兴的物联网产业发展加快，正成为经济新增长点。2010年，福建省政府办公厅出台了由福建省信息化局编写的《福建省加快物联网发展行动方案（2010-2012年）》，提出将重点实施“129工程”，力争福建省物联网示范应用和技术研发及产业发展部分领域走在全国前列。全省物联网产业2010年产值达到150亿元，比上年增长50%。马尾显示器件产业园区正在重点推进“物联网产业园区”建设，并委托专业咨询机构编制了物联网产业发展规划，以新大陆二维码、上润智能传感器、冠林科技智能楼宇、国脉科技无线数据传输为技术核心，发展壮大与物联网应用直接相关的计算机、软件、集成电路、通信等相关产业。

四是科技水平显著提升，企业市场竞争力增强。厦门市三安光电科技有限公司完成的“用于TFT-LCD背光源的超高亮度LED芯片产业化”项目，获2010年第十届信息产业重大技术发明奖，此次重大技术发明仅有5个项目获奖，三安光电的获奖表明福建省在LED产业领域的企业创新和技术研发水平又跃上了一个新的台阶。欧浦登（福建）光学有限公司成功研发加工出全球最薄的LED液晶电视面板材料，厚度仅为0.7毫米，该面板专门为日本索尼公司的新款3D电视定做，公司还赢得了美国康宁公司的大量订单。捷星显示科技（福建）有限公司的3条液晶显示模组与整机生产线全部投产，该公司推出的“刀锋”系列超薄LED液晶显示器，厚度仅为1.29万厘米，为目前为止全球最薄的液晶显示器。

——**福州信息产业集群。**2010年，福州共有规模以上通信设备、计算机及其他电子设备制造业企业137个，完成工业总产值783.11亿元，出口交货值达507.38亿元，实现主营业务收入753.48亿元，利润总额达82.86亿元。

近年来，为做大做强光电产业，福清光电科技园依托全球最大的显示器制造商——融侨开发区（国家显示器产业园）原有的液晶显示产业，大力发展光电产业核心技术、部件和自主品牌，着力打造承接台湾地区电子信息产业转移的重要基地。截至2010年4月，福清光电科技园已入驻七大项目，在海关注册备案6个，投资总额达2.53亿元，初步形成了以冠捷、捷联、华冠等台资企业为龙头，福强精密印制线路板、冠茂金属制品、正茂塑胶、鑫铭电子等58家电子信息企业组成的显示器产业链，集合了模组、主控板、升压板、转轴、铝电解电容器、模具等生产于一体的显示器加工配套协作体系。2011年1月，福清国家平板显示高新技术产业化基地获得国家科技部认定，这是继2005年获得原信息产业部批准成为国家（福清）显示器产业园、2010年1月获得工业和信息化部批准成为全国首批国家新型工业化产业示范基地后，由国家部委授予的第三块“金字牌匾”。2010年，福清融侨开发区实现工业产值661.30亿元，其中，电子信息产业产值为438.50亿元，占全区总产值比重的66.3%。

——**厦门光电产业集群。**“十一五”期间，随着厦门市科技投入的持续增加，科技新政先行先试，科技进步和企业创新能力增强带动光电产业的持续健康发展，光电已渐成厦门市的支柱产业。

“十一五”期间，厦门市光电产业链迅速完善，产业集群不断壮大，吹响了厦门市产业转型的冲锋号。2010年厦门市光电产业实现总产值771.89亿元，比上年增长90.9%；销售收入768.74亿元，增长92.8%，光电产业已占厦门市工业总产值的20%左右；进出口总值达139亿美元，同比增长近1倍，成为推动厦门市经济转型和升级的重要动力。2010年，厦门光电产业创“五项全国之最”：一是厦门是中国大陆地区TFT液晶显示产业发展最为迅速的地区之一；二是厦门连续八年成为国内LED外延芯片实力最强、规模最大的生产基地；三是厦门成为全国乃至全球最大高端节能灯生产和出口基地；四是厦门聚光用高效砷化镓三结电池技术水平和市场份额双双全国领先；五是厦门光通信芯片技术水平位居国内领先地位。

在LED背光源市场的强势带动下，厦门市LED产值达到47.47亿元，带动相关产值约215亿元，厦门地产芯片占全国国产芯片总量的一半以上；2010年，厦门市功率型LED白光芯片光效达到100lm/w，技术水平处于国内领先水平，厦门乾照光电股份有限公司成功成为继三安光电股份有限公司之后，我国以LED外延芯片和太阳能光伏为主业的第二家上市公司，也是创业板第一家同类上市公司；厦门节能灯产量占全球近三成，拥有蔓佳美、通士达、三铁、萤火虫、立达信等国内外知著名的品牌；厦门聚光用高效砷化镓三结电池效率达到37%，占据国内60%以上军用航天市场；此外，厦门优讯研发出第一颗G/GEPON ONU光收发单芯片，填补了我国在这一领域的空白。

汽车产业

福建省汽车产业在全国已有一定的影响，逐步形成了以“东南汽车”和“金龙汽车”为主体的汽车产业群，拥有400多家整车及零配件生产企业，形成了闽中、闽南、闽西北三大汽车产业群。

——**福州汽车及零部件产业集群**。汽车工业是闽侯县的龙头产业，主要集中在青口投资区内，拥有福建戴姆勒汽车工业有限公司、东南（福建）汽车工业有限公司（以下简称“东南汽车”）两家整车厂，还有180多家的汽车配套厂，生产奔驰商务车、三菱轿车等世界著名品牌汽车。2010年，东南汽车共生产汽车12.07万辆，销售12.04万辆，分别比上年增长36.2%、41.0%；实现销售收入84.56亿元，增长45.0%。东南汽车成立十五年以来，累计实现销量近65万辆。目前，东南汽车按照三年30万辆的产销目标，制定新的市场战略和产品开发时间表，三菱国际品牌将主攻高端市场，东南自主品牌深入开拓中低端市场。2010年，福建戴姆勒汽车工业有限公司生产汽车11408辆，销售10711辆，销售收入34.11亿元。2010年以来，闽侯县加快推进海峡汽车文化广场建设，该项目占地1456亩，总投资22.6亿元，分为汽车超市综合区和4S专营区两大部分，全部建成后将成为集汽车销售、仓储、培训及品牌展示、文化推广等功能于一体的综合性服务园区。一条较为完整的汽车产业链在当地已经形成。

——**厦门汽车及零部件产业集群**。2010年，厦门共有规模以上汽车制造业企业53个，完成工业总产值173.71亿元，出口交货值达28.35亿元，实现主营业务收入167.38亿元，实现利润总额为9.67亿元。从具体生产企业看，2010年，厦门金龙联合汽车工业股份有限公司（以下简称“大金龙”）推出的原创城郊客车XMQ6120C和全新的一层半客车XMQ6129Y8在市场上大获成功。其中，XMQ6120C是国内首款城郊客车，该车获得来自北京、深圳、萧山、成都以及海外意大利、哥斯达黎加等地的批量订单，单一车型年销量超过600辆，销售额4亿元；XMQ6129Y8是大容量高速客运车型，在2010年5月面向市场推出后，以更大的载客量和更低的运营成本成为国内客运企业首选，上市以来累计销售超过300辆，成为国内一层半客车这一新兴细分市场的领跑者。此外，2010年，大金龙还在清洁能源客车和轻型客车等领域，向市场推出数款车型，同样获得市场的青睐。2010年，大金龙轻客销量超过9300辆，同比增长超过130%以上。在出口方面，截止2010年底，大金龙的产品已累计出口到全球80多个国家和地区，除了北美以外，金龙客车已经遍及其它五大洲。连续三年来，外销额超过12亿元，外销贡献超过20%。2010年，大金龙轻客出口突破5000辆，比上年增长226%，占据了我国轻客出口量20%左右的份额，出口业绩排名行业第二。其中，欧盟市场出口大中型客车200多辆，2011年有望超过500辆。迄今为止，大金龙仍是国内唯一一家向西欧国家批量销售车辆的客车制造商。

——泉州特种汽车基地。泉州市汽车及配件产业已由初期生产轮胎螺栓、螺母等紧固件及转向节肖、活塞销等低端产品，发展到专用车、电动旅游汽车、摩托车制造；汽车电子产业也初具萌芽，EPS汽车电子转向助力系统、无绳倒车雷达等产品已投放市场，汽车电脑等产品已研制成功；汽车配件产品品种丰富，生产有铝合金轮毂、发动机汽门室盖、车内电器、汽缸套、起动马达、发电机、电气喇叭、齿轮等。其中，部分企业产品已经向零部件总成发展，目前生产的总成零部件涉及离合器总成、变速箱、后桥拉杆总成、传动轴总成、保险杠、外观件、转向球头总成、横直拉杆总成、制动凸轮轴总成、前后桥总成、转向接头总成等。泉州市汽车及配件企业主要集中在鲤城江南、南安大霞美和晋江青阳、福埔、东石，鲤城区被中国重型汽车工程机械配件联合会授予“中国汽车工程机械配件产业基地”。

船舶产业

船舶制造业是福建重要的出口产业之一，目前主要分布于福州、厦门、漳州、宁德。

——宁德船舶产业集群。宁德是福建省四大民间船舶修造基地之一，2010年，宁德市船舶修造业产值达60多亿元。

目前，福安拥有船舶修、造、拆及涉船企业100多家，全行业已实现“三个之最”、形成“四个基地”。“三个之最”，即拥有全省综合实力最强的民营船舶企业，拥有全省目前最大的干船坞（10万吨级船坞2座），拥有全省民营船舶企业、船台、船坞数量最多的船舶修造基地，其中，船舶修造企业43家、船台66座84.7万吨，船坞17座41.5万吨。“四个基地”即：外轮修理基地、出口成品油轮建造基地、海洋工程船建造出口基地、省唯一民办的服务船舶行业的高级技师培训基地。2010年，福安船舶产业乘风破浪，开辟了受金融危机影响的传统三大主力建造船型之外，技术含量、经济附加值更高的全新产品领域，建造广泛使用于海上油田等领域的海洋工程船、驳船、拖轮等新船型，产业成功升级转型，迎来产业发展的又一个新时代。

“十一五”期间，福安市船舶工业产业结构的造、修（改）、拆、配套比例为70∶10∶16∶4，已成功建造了720标箱集装箱船、8.1万载重吨散货船、一级成品油船、16300吨化学品船、3500立方液化气船、8400马力多用途海工船、350吨海上工程船等多种船型。

——厦门游艇帆船产业集群。厦门是大陆第二家“游艇帆船产业发展试验基地”。据不完全统计，厦门现有游艇类企业47家。当地除拥有翰盛、唐荣、红龙、飞鹏等一批外向度高的游艇制造企业，2010年厦门已销售帆船游艇84艘，销售额高达4.5亿元，均创下历年新高。与往年相比，2010年售出船型的比例发生变化，其中，以水上休闲运动为主的小型船艇超过其他类型游艇，占销售总数的一半；此外，帆船、游艇零配件销售也呈上升趋势。这一趋势显示了厦门船艇市场已逐步成熟，也预示着中小型船艇将成为未来厦门船艇销售的主流方向。

五缘湾致力于打造中国最具规模的游艇及零配件交易集散地，已吸引来自全国各地的游艇及零配件商29家，还有多家商户明确了入驻意向。2010

年4月，五缘湾船艇保税仓库投入使用以来，已成功售出7艘来自意大利、英国、法国等进口游艇。目前国内第一艘西班牙 Rodman Muse 50 尺游艇已入驻五缘湾船艇保税仓库。

作为国内游艇帆船重要销售集散地之一，五缘湾游艇帆船港目前已规划并即将投入建设600个游艇停靠泊位和6万平方米的游艇产业建筑，其中包括游艇主题展览馆、游艇展销区、游艇专业保税仓库、游艇俱乐部会所、游艇商务办公及码头设施。

工程机械产业

截至2010年底，福建省机械装备制造业拥有规模以上企业3565家，资产总额达2751.80亿元；实现工业总产值3768.43亿元，占全省规模以上工业的比重为17.2%。

——厦门工程机械产业集群。厦门厦工机械股份有限公司（以下简称“厦工”）是厦门市工程机械产业出口的主力军，自1964年我国第一台轮式装载机在厦工诞生以来，厦工装载机产销量现已突破25万台，高居中国第一、世界第一。厦工已逐渐发展成为专业生产装载机、挖掘机、压路机、叉车、小型机械、混凝土机械、桩工机械等工程机械产品的大型骨干企业。2009年，厦工位列全球工程机械行业第39位。2010年，厦工实现产品销量4万台，销售收入首次超过100亿大关，比上年增长95%。2010年6月28日，由世界品牌实验室颁布“中国500最具价值品牌榜”，“厦工”以高达110.83亿元的品牌价值，位列中国工程机械行业第一。“十一五”期间，厦工销售收入由31亿元增加到103亿元，增长2.3倍；利润总额由3200万元增加到7.42亿元，增加21.0倍；总资产由21亿元增加到81亿元，增长2.7倍；净资产由9亿元增加到32亿元，增长2.5倍。

石化产业

“十一五”以来，福建石化产业挑起了全省经济大梁，建设了一批石化产业基地，使福建的石化产业发展从粗放走向集约，实现了从石化弱省向强省的转变。“十二五”期间，福建将重点建设湄洲湾、漳州古雷、福清江阴、宁德溪南半岛等四大石化基地。到2015年，福建省炼油生产能力力争达到3000万吨，乙烯生产能力达到200万吨，实现石化产值2300亿元，成为国内领先的大型石化基地。

——泉州石化产业集群。泉港区是全国九大炼油基地之一，是国家循环经济示范试点园区。以年炼油1200万吨、生产80万吨乙烯的福建炼油乙烯一体化项目为龙头，57家大型石化企业年产值达616亿元，石化园区开发约10平方公里。“十二五”期间，将形成年炼油1600万吨、100万吨乙烯生产能力，并集中开发12.9平方公里南山片区，建成3家百亿元企业、5家30亿元企业、10家10亿元企业。

石材产业

——闽南石材产业集群。南安是“中国建材之乡”、“中国水暖之乡”，石材产业占全国石材50%的产量和70%的市场份额，年产值超过200亿元；拥有国内潜力最大、配套最完整、名牌企业最集中的水暖产业集群，水暖产品3000多个品种、2万多种规格。目前，南安已有石粉、碎石综合利用企业135家，年可利用石粉180多万吨、碎石150多万吨，成为全国最大的石材循环经济绿色产业基地。截至2010年，南安市石材企业共获得中国驰名商标8个、名牌产品15个、著名商标9个，通过IS09000标准质量体系认证30多家、通过IS014000环境管理体系认证17家，有6家企业实质性参与国际和国内标准化制订。近年来，依靠科技进步、节能环保“双轮驱动”，南安石材产业不断发展壮大，已形成国内最大的石材产业集群，并向世界级石材产业制造基地和集散地迈进。闽南建材第一市场作为我国最大的石材加工出口、物流贸易和原材料集散地，被国家命名为“中国石材城”。南安市成功举办了十届“中国（南安）水头国际石材博览会”，成为名副其实的“中国建材之乡”。

陶瓷产业

陶瓷行业不仅是福建重要的支柱产业，在全国陶瓷行业中占有重要的地位，是我国陶瓷四大产区及主要的集散地之一，而且作为福建传统产业中最具代表性的行业之一，主要分布在晋江、德化、南安、闽清等地。

——**泉州陶瓷产业集群。**泉州日用陶瓷主要出口到美国、欧盟、日本、韩国、埃及、中国香港等50多个国家和地区。2010年，泉州检验检疫局共检验出口日用陶瓷7986批、1.38亿美元，分别比上年增长89.1%和82.0%，日用陶瓷出口不仅连续四年保持50%以上高速度增长，而且出口额首次超亿美元，创历史新记录。

德化县是我国三大瓷都之一，而泉州日用陶瓷出口80%以上由中国瓷都德化县出产。早在宋元时期，德化瓷就以“白如玉、薄如纸、明如镜、声如磬”而蜚声海内外。而今瓷都德化通过引进先进设备，加大新产品开发力度，推动企业转型升级，积极开拓国际市场，扩大了在海外市场的份额。

由于美国、欧盟等出口日用陶瓷均制定了严格的铅、镉溶出量限量标准和认证要求，对我国出口日用陶瓷提出新挑战。2002年，泉州市获“日用陶瓷质量许可证”和“输美日用陶瓷生产厂认证”日用陶瓷出口“两证”企业仅12家，年出口额不足1000万美元。但2007年以来，泉州企业取得日用陶瓷出口“双认证”企业从2007年的40家，增至2010年的79家，增长97.5%；年出口额更是从3000万美元，增到1.38亿美元，增长了3.6倍。

——**福州陶瓷产业集群。**陶瓷产业是福州市重点培育和发展的具有县域经济特色的产业集群之一，也是闽清县的支柱产业。闽清县现已形成集生产、加工、装配为一体的产业链，电瓷产量占全国的六分之一，年产值约14亿元，出口量占全国的三分之一，是福建省最大的电瓷出口基地，也是全国釉面砖重要生产基地之一，有着“中国陶瓷生产基地县”、“东南瓷都”和“陶瓷之都”的美誉。2010年，闽清规模以上建陶工业完成产值36.2亿元，电瓷工业完成产值14亿元。2010年，闽清建陶企业达1亿元以上有9家；产值达2亿元的有5家。陶瓷及相关产业的纳税占到闽清财政收入的50%以上。“五大战役”打响以来，闽清县通过抓结构调整、技改创新、质量品牌、改燃降耗，加快了陶瓷产业转型升级的步伐。除新上盛利达、大业、联兴3个抛光砖新型建材项目、引进联合电工电瓷、万腾电瓷附件等一批电瓷产业链高端项目外，另有16家建陶企业实施了技改扩产，年新增产值2.1亿元，豪业、腾龙等18家陶瓷企业还使用了天然气清洁能源。“闽清陶瓷”正实现由单一走向系列化、由低档次走向中高档次的华丽转身。

电机电器产业

福建电机电器产业经过多年的发展，产生了一批技术水平较高、竞争能力较强的名牌产品，如闽东电机、厦门中压开关柜、南平电线电缆、福州大通漆包线等。电机电器行业中“中小型电机、输配电设备、电线电缆、新能源电池”四大主要产业形成了初具规模的产业集群，即：福安电机电器产业集群、厦门输配电设备产业集群、南平电线电缆产业集群以及福安、南安正在形成的新型电池产业集群，有力支撑了行业的持续发展。

——**电机制造业。**从20世纪50年代起步，涵盖发电机及发电机组制造、电动机制造、水泵制造等方面，2010年，全省有规模以上电机制造业企业173家，总产值239.36亿元，出口交货值105.72亿元。全省的电机企业主要分布在福安、福州、南平、厦门、泉州、莆田等地。尤其福安，生产的中小型电机产量占全国的三分之一，占全省的80%，出口量也占全国的三分之一。目前，福安电机已有

“泰格”、“安波”、“亚南”3枚中国驰名商标，14家企业的25种产品获“福建省名牌产品”称号，17家企业获得“福建省著名商标”称号，130多家获得出口自营权和出口质量许可证，70%的产品销往欧洲、美洲、非洲、东南亚、中东等120多个国家和地区。2010年，宁德检验检疫局共检验出口福安电机375万台、货值3.32亿美元，分别比上年增长69.0%、68.0%，出口台数、货值再创新高。一是自营出口额大幅提升。2010年，福安电机企业自营出口额达2.70亿美元，增长69.8%。二是新兴市场成倍增长。出口俄罗斯、越南等新兴市场的福安电机分别达1415万美元、1231万美元、691万美元，分别增长3.5倍、1.3倍、1.5倍；三是三大品种全面增长。出口的电动机、发电机、发电机组分别达1.60亿美元、1.10亿美元、5798万美元，增幅均超六成。四是通过不断引进、开发高端产品，消化国际上先进技术，福安电机的高端市场占有量不断提升。2010年经检验出口欧盟的福安电机89.33万台、货值4267万美元，分别增长91.3%、61.6%。

——**输配电及控制设备制造行业。**该行业涉及变压器、整流器、电感器制造以及配电开关控制设备的制造等方面。2010年，全省输配电及控制设备制造业有规模以上企业202家，总产值208.66亿元，出口交货值23.18亿元。产品的水平和质量居国内中上游，最近几年，福州天宇集团开拓生产110kV变压器和110kV六氟化硫断路器，代表福建省输配电设备行业开始进入高压与超高压领域。厦门电工产业已获批成为国家科委特色产业基地。

——**电线、电缆与光缆制造行业。**2010年全省电线、电缆与光缆制造业有规模以上企业68家，总产值101.67亿元，出口交货值6.58亿元。福州冠城大通公司已发展成为我国漆包线行业的龙头企业之一。南平电缆行业经过40多年的发展，已成为南平市的支柱产业。

——**电池行业。**2010年全省电池制造业有规模以上企业69家，总产值达130.99亿元，出口交货值12.18亿元。产品主要分布在福安、南安等地。南安正在形成光伏电池产业集群。

（执笔：郑芳）

5-12 福建省工业分行业企业数占全省比重及位次

（2006-2010年）

单位：%

行业名称	2006		2007		2008		2009		2010	
	比重	位次	比重	位次	比重	位次	比重	位次	比重	位次
煤炭开采和洗选业	1.40	22	1.32	23	1.21	25	1.15	25	1.06	26
黑色金属矿采选业	0.52	33	0.53	31	0.52	31	0.48	31	0.48	31
有色金属矿采选业	0.57	31	0.67	29	0.61	30	0.52	30	0.51	30
非金属矿采选业	0.97	27	1.01	27	1.06	27	1.11	26	1.08	25
农副食品加工业	4.97	7	4.92	8	5.12	8	5.37	8	5.44	6
食品制造业	2.61	16	2.54	16	2.49	16	2.64	16	2.73	16
饮料制造业	1.66	19	1.86	19	2.11	19	2.37	18	2.71	17
烟草制品业	0.04	37	0.03	37	0.03	37	0.03	37	0.03	37
纺织业	6.42	4	6.19	4	5.83	4	5.67	4	5.64	5
纺织服装、鞋、帽制造业	7.79	2	7.62	2	7.25	2	7.23	2	7.03	2
皮革、毛皮、羽毛（绒）及其制品业	6.84	3	6.79	3	6.60	3	6.40	3	6.15	3
木材加工及木、竹、藤、棕、草制品业	4.52	8	5.36	7	5.75	5	5.46	6	5.33	7
家具制造业	1.45	21	1.57	20	1.67	20	1.60	20	1.73	20
造纸及纸制品业	3.87	9	3.68	10	3.54	11	3.45	12	3.42	12
印刷业和记录媒介的复制	1.49	20	1.35	21	1.36	21	1.40	21	1.32	21
文教体育用品制造业	1.26	25	1.35	22	1.32	23	1.31	23	1.2	24
石油加工、炼焦及核燃料加工业	0.15	34	0.14	34	0.13	34	0.13	34	0.16	34
化学原料及化学制品制造业	3.82	10	3.90	9	4.22	9	4.17	9	4.14	10
医药制造业	0.65	30	0.63	30	0.64	29	0.66	29	0.62	29
化学纤维制造业	0.55	32	0.53	32	0.51	32	0.46	32	0.43	32
橡胶制品业	1.39	23	1.32	24	1.35	22	1.34	22	1.31	22
塑料制品业	5.65	6	5.51	6	5.41	7	5.40	7	5.31	8
非金属矿物制品业	11.97	1	11.89	1	11.18	1	10.97	1	10.81	1
黑色金属冶炼及压延加工业	1.22	26	1.27	25	1.09	26	0.98	27	0.97	27
有色金属冶炼及压延加工业	0.79	28	0.84	28	0.81	28	0.75	28	0.75	28
金属制品业	2.70	15	2.89	14	3.05	14	3.32	13	3.35	13
通用设备制造业	3.32	11	3.61	11	4.07	10	4.17	10	4.29	9
专用设备制造业	2.25	18	2.19	18	2.29	17	2.61	17	2.61	18
交通运输设备制造业	2.99	13	2.98	13	3.25	13	3.12	14	3.34	14
电气机械及器材制造业	3.06	12	3.10	12	3.32	12	3.47	11	3.74	11
通信设备、计算机及其他电子设备制造业	2.80	14	2.66	15	2.71	15	2.73	15	2.75	15
仪器仪表及文化、办公用机械制造业	1.34	24	1.27	26	1.27	24	1.25	24	1.22	23
工艺品及其他制造业	5.68	5	5.57	5	5.44	6	5.56	5	5.65	4
废弃资源和废旧材料回收加工业	0.06	35	0.05	35	0.10	35	0.12	35	0.15	35
电力、热力的生产和供应业	2.49	17	2.29	17	2.15	18	2.09	19	2.06	19
燃气生产和供应业	0.06	36	0.05	36	0.07	36	0.06	36	0.07	36
水的生产和供应业	0.69	29	0.49	33	0.47	33	0.46	33	0.42	33

5-13　2010年福建省建筑业企业概况

建筑业是国民 经济的重要产业。2010 年，福建省完成建筑总产值 3091 亿元，比上年增长 27.5%；总承包和专业承包企业完成建筑业总产值 2852 亿元，增长 31.9%。全省建筑业实现增加值 1123 亿元，增长 19.1%，占全省GDP的 7.8%；上缴税收 122 亿元，增长 34.6%，占全省税收总收入的 15.9%。八个“建筑之乡”县市完成建筑业总产值 711 亿元，占全省产值 23.1%。全省房屋建筑施工面积 28406.86 万平方米，增长 31.0%；其中，新开工面积 12754 万平方米，增长 33.3%。2010 年全省新签工程施工合同额 3435 亿元，增长 39.9%；施工合同额累计 5180 亿元，增长 31.7%。福州、厦门、泉州等 3 个设区市共完成产值 2011 亿元，占全省建筑业总产值的 65.1%。惠安、上杭等 2 个“建筑之乡”县市共完成 288 亿元，占八个“建筑之乡”完成产值的 40.5%。2010 年福建省建筑业企业主要经济指标见下表。

福建省建筑业企业主要经济指标

（2008-2010 年）

项　目	2008	2009	2010
企业单位数（个）	2398	2479	2606
总产值（亿元）	1921.26	2302.37	3062.17
增加值（亿元）	632.77	756.18	969.86
竣工产值（亿元）	1243.69	1387.78	1742.46
房屋施工面积（万平方米）	20028.29	21690.97	28406.86
#本年新开工	8700.55	9704.00	14349.31
房屋竣工面积（万平方米）	7637.76	7435.06	9095.78
#住宅	4370.06	4468.37	5474.72
职工年末人数（万人）	153.90	182.97	229.57
流动资产年末数（亿元）	982.78	1136.30	1321.15
固定资产原值（亿元）	262.82	285.95	327.21
企业总收入（亿元）	1857.24	2235.59	2816.29
利润总额（亿元）	52.40	66.05	87.91
#工程结算利润	109.97	127.54	168.45
利税总额（亿元）	124.16	160.87	195.61

2010 年，全省有工作量的总承包和专业承包企业 2055 家，产值排列前 206 名企业完成建筑业总产值 1991 亿元，占全省产值 69.8%；户均产值 9.66 亿元，较上年增加 2.64 亿元。全省产值亿元以上企业 484 家，比上年增加 93 家，完成产值 2415 亿元，占全省产值 78.1%。全省产值 10 亿元以上的企业有 67 家，增加 16 家，产值 1328.34 亿元，占全省产值的 43.0%。中建七局三公司、闽南建工、

省六建、省建工集团等4家企业产值超过40亿元，中交一公局厦门公司、泷澄建设集团、中铁十七局六公司、九龙建设集团、中铁二十四局福建铁路建设公司5家企业产值超过30亿元，另有15家企业产值超过20亿元。重点骨干企业在拓展省外市场也取得良好业绩，全省完成省外产值超过5亿元的企业58家，比上年增加18家，完成省外产值696.27亿元，占全省省外产值的60.4%。

2010年，福建省施工企业在全国各省（直辖市）均有承接业务，完成省外产值1153亿元，增长40.4%；八个“建筑之乡”县市完成省外产值438亿元，比上年增长27.7%，占全省省外产值的38%。

2010年，福建省建设厅全面贯彻落实党的十七大精神，紧紧围绕中央扩大内需、促进经济平稳较快增长决策部署和《国务院关于支持福建省加快建设海峡西岸经济区的若干意见》的贯彻执行，认真总结近年来福建省在住房城乡建设系统规范权利运行、健全市场机制、完善中介组织等工作，力争通过两年左右的集中专项治理，在全省建立健全统一规范的工程建设有形市场，初步建立工程建设市场信用体系。

2010年6月，福建省建筑业协会、福建省工程建设质量安全协会公布了2010年福建省《闽江杯》优质工程奖（建筑装修工程）的名单，共有68个项目获奖。

从全国来看，2010年是“十一五”收官之年，在党中央、国务院有效应对国际金融危机、加快转变经济发展方式、调整经济结构、促进经济平稳较快发展等一系列政策作用下，全社会固定资产投资保持较快增长。建筑业在大规模投资拉动下，呈现平稳增长的态势。2010年，全国建筑业企业（指具有资质等级的总承包和专业承包建筑业企业，不含劳务分包建筑业企业，下同）完成建筑业总产值95206亿元，比上年增长24.0%；完成竣工产值52981亿元，增长12.1%；房屋建筑施工面积70.06亿平方米，增长19.0%；签订合同总额为169074亿元，增长26.6%；实现利润3422亿元，增长25.9%。截至2010年底，共有建筑业企业70061个，减少1.1%；从业人数为4043.37万人，增长10.1%；按建筑业总产值计算的劳动生产率为205883元/人，增长11.2%。 （摘编：朱翔）

注：本文数据均为快报数。

5-14 福建省各设区市建筑业企业数占全省比重及位次

（2006-2010年） 单位：%

地 区	2006		2007		2008		2009		2010	
	比重	位次	比重	位次	比重	位次	比重	位次	比重	位次
福州市	29.05	1	28.93	1	28.69	1	28.40	1	28.70	1
厦门市	18.55	2	19.14	2	18.68	2	18.68	2	17.88	3
莆田市	5.12	7	4.90	8	5.34	7	5.89	6	5.56	7
三明市	5.07	8	5.00	7	5.00	8	5.32	8	5.37	8
泉州市	17.61	3	18.30	3	17.72	3	17.75	3	18.84	2
漳州市	6.74	5	6.48	5	6.96	5	6.62	5	6.33	5
南平市	6.11	6	6.03	6	5.71	6	5.53	7	5.68	6
龙岩市	7.16	4	6.92	4	7.17	4	7.22	4	7.18	4
宁德市	4.60	9	4.30	9	4.71	9	4.60	9	4.45	9

5-15　2010年福建省批发和零售业、住宿和餐饮业企业概况

2010年，福建坚持以科学发展为主题，以加快转变、跨越发展为主线，促增长、调结构、统城乡、惠民生。在此推动下，全省消费品市场保持了平稳较快的增长势头。全年实现社会消费品零售总额再创新高，达5310.03亿元，比上年增长18.5%。“十一五”期间，社会消费品零售总额年均增长17.7%，增幅比“十五”期间提高5.5个百分点。分城乡看，2010年城镇市场实现消费品零售额4725.87亿元，增长19.6%；乡村市场实现零售额584.14亿元，增长10.2%。城镇消费品零售额增长幅度高于乡村9.4个百分点。城镇市场对社会消费品零售总额增长的贡献率达93.4%，拉动社会消费品零售总额增长17.3个百分点。

从消费品看，2010年，高档家电、住房、汽车、成品油、电子产品等成为消费热点。一是住房及家居类商品成为消费新亮点。2010年，全省限额以上批发零售业家用电器类、家具类、建筑装潢材料类零售额分别比上年增长50.2%、65.3%和67.8%。“十一五”期间，相关产品零售额年均分别增长21.2%、67.1%和56.7%。二是汽车消费成为拉动消费增长的主要动力。在刚性需求和优惠政策的双重刺激下，汽车消费的快速增长成为2010年福建省消费品市场的一大亮点，同时也成为推动消费增长的主要动力。全年限额以上批发零售企业实现汽车类零售额535.01亿元，增长36.0%，拉动全省社会消费品零售总额增长3.2个百分点。“十一五”期间，汽车类零售额年均增长33.0%。三是石油及制品类呈现恢复性增长。在车市不断升温和国际原油价格不断回升的双重影响下，石油及制品类扭转上年负增长的态势，实现快速增长。2010年石油及制品类实现零售额401.75亿元，比上年增长34.7%，拉动全省社会消费品零售总额增长2.4个百分点。四是健康消费、知识消费、娱乐消费成为消费时尚。2010年福建省限额以上批发和零售企业实现体育娱乐用品类零售额增长8.3%，书报杂志类增长34.4%，文化办公用品类增长40.5%。“十一五”期间，相关产品零售额年均分别增长28.5%、21.4%和51.3%。

从零售业态看，近年来，现代营销方式和新型流通业态蓬勃发展。随着商业经营形式发生巨大变革，多种零售业态遍地开花，大型购物中心、仓储式超市、超级市场、百货店、专业店、专卖店、便利店、网上商店等显示了强大的生命力。2010年，全省限额以上零售企业中，专业店实现零售额773.29亿元，比上年增长36.0%；专卖店实现零售额534.81亿元，增长37.2%；大型超市实现零售额180.31亿元，增长18.8%；百货商店实现零售额110.43亿元，增长24.7%；购物中心实现零售额29.67亿元，增长38.5%；便利店实现零售额3.85亿元，增长55.3%；网上商店实现零售额1.13亿元，增长3.2倍。

分地区看，沿海地区优势明显。2010年全省各设区市社会消费品零售均保持两位数的增长速度。沿海的福州、厦门、泉州、漳州4个设区市2010年分别实现社会消费品零售总额1624.28亿元、685.02亿元、1234.43亿元和472.63亿元，分别比上年增长21.3%、21.0%、17.0%和18.1%，分别拉动全省社会消费品零售总额增长6.4个百分点、2.7个百分点、4.0个百分点和1.6个百分点，4个设区市零售额占全省的比重达75.6%。莆田、三明、南平、龙岩和宁德社会消费品零售总额分别为290.37亿元、245.58亿元、262.04亿元、312.17亿元和234.64亿元，分别增长18.0%、18.8%、16.3%、19.2%和16.1%。

（摘编：张琛）

5-16 福建省批发和零售业、住宿和餐饮业分注册类型企业数占全省比重

（2006-2010 年）

单位：%

项　目	2006	2007	2008	2009	2010
总　计	**100.00**	**100.00**	**100.00**	**100.00**	**100.00**
内资企业	**95.70**	**95.44**	**95.34**	**94.03**	**95.42**
＃国有企业	11.62	9.50	7.77	8.36	6.10
集体企业	3.09	2.95	2.24	2.18	2.30
有限责任公司	26.10	25.45	23.99	26.65	31.19
股份有限公司	2.76	2.23	2.04	2.11	2.03
私营企业	49.49	52.38	56.83	51.68	51.05
其他企业	1.07	1.23	1.12	1.95	1.97
港澳台商投资企业	**1.73**	**2.02**	**1.99**	**2.87**	**2.23**
外商投资企业	**2.57**	**2.54**	**2.67**	**3.10**	**2.35**

5-17 福建省主要批发和零售业企业

（2010 年）

序号	企业名称	序号	企业名称
1	厦门建发股份有限公司	26	住重中骏（厦门）建机有限公司
2	中石化森美（福建）石油有限公司	27	厦门海翼厦工金属材料有限公司
3	厦门国贸集团股份有限公司	28	福建省烟草公司龙岩市公司
4	福建中烟工业公司	29	厦门市中信隆进出口有限公司
5	厦门象屿股份有限公司	30	国投京闽（福建）工贸有限公司
6	中国石油天然气股份有限公司福建销售分公司	31	福建省福农农资集团有限公司
7	厦门信达股份有限公司	32	厦门海沧经济贸易发展总公司
8	中国石油化工股份有限公司福建石油分公司	33	厦门嘉联恒进出口有限公司
9	福建省烟草公司泉州市公司	34	福建省饲料工业公司
10	福建炼油化工有限公司	35	永恩投资（集团）有限公司
11	永辉超市股份有限公司福建福州鼓楼分公司	36	龙岩鸿裕贸易有限公司
12	福建省烟草公司福州市公司	37	福建省烟草公司莆田市公司
13	厦门安踏贸易有限公司	38	福建新华发行（集团）有限公司
14	厦门海翼国际贸易有限公司	39	厦门七匹狼服装营销有限公司
15	中国航油集团福建石油有限公司	40	福建荣源钢铁贸易有限公司
16	厦门市嘉晟对外贸易有限公司	41	福建省烟草公司宁德市公司
17	福州闽台茶业有限公司	42	中国航空技术厦门有限公司
18	福建省烟草公司漳州市公司	43	福州喜盈门实业有限公司
19	福建凯西钢铁集团有限公司	44	福州华闽进出口有限公司
20	福建恒安集团厦门商贸有限公司	45	鑫东森集团有限公司
21	福建闽侯永辉商业有限公司	46	厦门夏商农产品集团有限公司
22	福建三钢国贸有限公司	47	厦门航空开发股份有限公司
23	福建省烟草公司三明市公司	48	厦门合鑫铜金属材料有限公司
24	福建省烟草公司厦门市公司	49	晋江市进出口有限公司
25	福建省烟草公司南平市公司	50	福建图图儿童用品有限责任公司

5-17 续表 1　　　　　　　　　　　　　　　　（2010 年）

序号	企业名称	序号	企业名称
51	厦门翰达进出口贸易有限公司	76	厦门中谷粮油贸易有限公司
52	福州国美电器有限公司	77	厦门兴海龙石油有限公司
53	厦门华特集团有限公司	78	厦门中宝汽车有限公司
54	泉州新华都购物广场有限公司	79	福建闽钢实业发展有限公司
55	福建新华都购物广场股份有限公司	80	厦门森那美信昌机器工程有限公司
56	厦门特步投资有限公司	81	厦门宇信兴业进出口贸易有限公司
57	福建同春药业股份有限公司	82	福建和盛集团有限公司
58	沃尔玛深国投百货有限公司福州山姆会员商店	83	福建省旅游贸易公司
59	厦门市明穗粮油贸易有限公司	84	福建省漳州市对外贸易公司
60	石狮市龙整进出口贸易有限公司	85	福建省福能电力燃料有限公司
61	福建省泉州市侨乡建材有限公司	86	福建格力电器销售有限公司
62	福建省闽粮购销有限公司	87	泉州五矿（集团）公司
63	福建省电力物资有限公司	88	华信石油有限公司
64	均和（厦门）商贸有限公司	89	福州建发实业有限公司
65	厦门市旺紫洲工贸有限公司	90	厦门市信达安贸易有限公司
66	中国卷烟销售公司厦门卷烟调拨站	91	福州中宝汽车销售服务有限公司
67	厦门路桥工程物资有限公司	92	福州麦多万嘉超市有限公司
68	厦门佳事通贸易有限公司	93	鸿星尔克（厦门）投资管理有限公司
69	厦门青岛啤酒东南营销有限公司	94	厦门协力五金矿产进出口有限公司
70	厦门育哲进出口有限公司	95	国药控股福建有限公司
71	福建省三农碳酸钙有限责任公司	96	厦门大亮贸易有限公司
72	福建省榕江进出口公司	97	厦门市诚丰瑞贸易有限公司
73	厦门明鑫达贸易发展有限公司	98	福建省泉州万国发展有限公司
74	中国轻鑫工程厦门有限公司	99	福建新华都综合百货有限公司
75	福建七匹狼实业股份有限公司	100	福建九州通医药有限公司

5-17 续表 2 （2010 年）

序号	企业名称	序号	企业名称
101	厦门空港航星汽车维修服务有限公司	126	九牧王股份有限公司厦门分公司
102	福州之星汽车贸易有限公司	127	福州轻工进出口有限公司
103	厦门骏泰通用机械有限公司	128	三明市永达物资贸易有限公司
104	泉州福宝汽车销售服务有限公司	129	福州永力通汽车贸易有限公司
105	阳光城集团股份有限公司	130	厦门市天虹商场有限公司
106	福建省新世纪经贸发展有限公司	131	中国铁路物资厦门钢铁有限公司
107	厦门森宝集团有限公司	132	厦门市荣鑫行化工有限公司
108	厦门拓兴成集团有限责任公司	133	莆田市宏发钢材交易市场有限公司
109	福建东百集团股份有限公司	134	东南融通（中国）系统工程有限公司
110	中国石化燃料油销售有限公司福建分公司	135	福州常春药业有限公司
111	福建小松工程机械有限公司	136	泉州化建股份有限公司
112	厦门亿力电力物资有限公司	137	福建省大东石油化工有限公司
113	福建苏宁电器有限公司	138	福建天福茗茶销售有限公司
114	厦门嘉华进出口贸易有限公司	139	厦门华特爱思开有限公司
115	厦门永乐思文家电有限公司	140	福建中鹭医药有限公司
116	厦门市中鹭达进出口有限公司	141	福建省医药有限责任公司
117	福建省南安市苏闽石油有限公司	142	福建中农农业生产资料有限公司
118	厦门信和达电子有限公司	143	鹭燕（福建）药业股份有限公司
119	厦门海润进出口有限公司	144	福建省福辉珠宝有限公司
120	泉州鹏润国美电器有限公司	145	漳州宝鼎贸易有限公司
121	厦门成大进出口贸易有限公司	146	厦门市东之星汽车销售有限公司
122	厦门新五菱汽车销售有限公司	147	厦门欣华晨进出口有限公司
123	厦门市海澳石油有限公司	148	福建福泰钢铁有限公司
124	厦门锦厦科技有限公司	149	厦门美的制冷产品销售有限公司
125	南安市中油油品经销有限公司	150	福建新吉福企业有限公司

5-17 续表 3　　　　　　　　　　　　　　（2010 年）

序号	企业名称	序号	企业名称
151	福建浩伦东方资源物产有限公司	176	厦门恒立兴机械有限公司
152	福州开发区鸿宇实业有限公司	177	福建省新特药业有限公司
153	厦门市成易进出口有限公司	178	厦门鹏联工贸有限公司
154	厦门三峡国际贸易有限公司	179	三六一度（厦门）工贸有限公司
155	厦门福厦苏宁电器有限公司	180	福州玖玖丰田汽车销售服务有限公司
156	福州华物实业（集团）有限公司	181	厦门国美电器有限公司
157	沃尔玛深国投百货有限公司厦门世贸分店	182	明一世代（福建）贸易有限公司
158	福建阳光集团有限公司	183	厦门英南进出口有限公司
159	厦门富山诚达百货商业广场有限公司	184	厦门银鹭集团有限公司
160	厦门大邦通商汽车贸易有限公司	185	厦门兴大进出口贸易有限公司
161	泉州闽中燃港丰石化有限公司	186	福建省莆田华闽进出口有限公司
162	福建中糖糖业发展有限公司	187	厦门昌和贸易发展有限公司
163	中海石油福建新能源有限公司	188	长乐国际机场航空油料有限责任公司
164	泉州市烟草公司城区分公司	189	福建省莆田富力进出口有限公司
165	福州中升丰田汽车销售有限公司	190	福建省金属材料有限公司
166	厦门百城商贸有限公司	191	厦门展志投资有限公司
167	福州恒瑞金属材料有限公司	192	厦门国贸实业有限公司
168	福建超大畜牧业有限公司	193	福建省储备粮管理有限公司
169	厦门新日精工贸易有限公司	194	福州华百隆贸易有限公司
170	厦门好聚合进出口有限公司	195	厦门森宝电子科技集团有限公司
171	泉州恒义信贸易发展有限公司	196	福建省农化经贸有限公司
172	福州中城大洋百货有限公司	197	福建津福贸易有限公司
173	漳州新鑫贸易有限公司	198	厦门中舜进出口有限公司
174	福建华夏汽车城发展有限公司	199	中骏重工（厦门）有限公司
175	龙岩瑞荣通用金属材料有限公司	200	东山县裕华石油化工有限公司

5-17 续表 4　　（2010 年）

序号	企业名称	序号	企业名称
201	福建闽海石化有限公司	226	福州中机中泰汽车销售有限公司
202	福建华贸进出口有限责任公司	227	福建盈众汽车有限公司
203	厦门华润燃气有限公司	228	厦门中马进出口有限公司
204	福建建州闽光物资有限公司	229	金光纸业（厦门）有限公司
205	福建东南医药有限公司	230	广州宝钢南方贸易有限公司厦门分公司
206	福建华信能源进出口有限公司	231	龙岩市丰洲贸易有限公司
207	福建美的制冷产品销售有限公司	232	厦门金华南进出口有限公司
208	厦门市盟友进出口有限公司	233	厦门市格朗经贸有限公司
209	泉州市华田工贸有限公司	234	福建荣强贸易有限公司
210	厦门美泽鑫源商贸有限公司	235	厦门厦工国际贸易有限公司
211	厦门兴荣国际物流有限公司	236	福建省化工建材有限公司
212	厦门非金属矿进出口有限公司	237	厦门中兵贸易有限公司
213	厦门克利尔能源工程有限公司	238	厦门万盛基业能源有限公司
214	中央储备粮漳州直属库	239	福建省润通汽车销售服务有限公司
215	厦门市鹭欣嘉贸易有限公司	240	福建艾利德贸易有限公司
216	厦门协力粮油食品进出口有限公司	241	福州家乐福商业有限公司
217	厦门市兆千塑胶有限公司	242	福建省安溪县对外贸易公司
218	厦门市盈众汽车销售有限公司	243	福建省南安市华龙石油有限公司
219	石狮中油通用石油销售有限公司	244	厦门鑫通贸易有限公司
220	重庆新日日顺家电销售有限公司福州分公司	245	福建榕泰汽车销售服务有限公司
221	厦门市华东海石油仓储有限公司	246	泉州市七匹狼体育用品有限公司
222	福建省鹭明鑫能源发展有限公司	247	福建省惠安县对外加工装配公司
223	福建省石狮市长江实业有限公司	248	福州开发区福燃煤炭运销有限公司
224	厦门钢立投资有限公司	249	福建福日实业发展有限公司
225	厦门良和钢铁销售有限公司	250	福建闽迈特五矿有限责任公司

5-17 续表 5　　　　　　　　　　　　　　　　（2010 年）

序号	企业名称	序号	企业名称
251	福州中升雷克萨斯汽车销售服务有限公司	276	福建众和营销有限公司
252	厦门市金水商贸有限公司	277	福安市良兴机电有限公司
253	深圳市天音通信发展有限公司厦门分公司	278	厦门信达通宝汽车销售服务有限公司
254	泉州宝闽钢材有限公司	279	福建省泉州闽星汽车销售服务有限公司
255	凯捷利集团有限公司	280	福建省晋江市华联金属材料贸易有限公司
256	三明市三元金属材料有限公司	281	福州龙泽投资有限公司
257	厦门古龙进出口有限公司	282	厦门海宏物流有限公司
258	晋江市大长江钢管贸易有限公司	283	泉州市泉港区爱德利贸易有限公司
259	厦门永佳和塑胶有限公司	284	福建省丰吉汽车贸易有限公司
260	福建华信控股股份有限公司	285	福建五丰大商场有限公司
261	福州万客隆经贸有限公司	286	厦门市国光工贸发展有限公司
262	福建闽东医药集团有限公司	287	福建省糖酒副食品总公司
263	中国船舶燃料供应福建有限公司	288	厦门华融实业有限公司
264	福建省福维尔进出口有限公司	289	厦门美东汽车销售服务有限公司
265	福州天浩贸易集团有限公司	290	厦门新成功汽车贸易有限公司
266	厦门塞尔福汽车有限公司	291	厦门市劲隆贸易有限公司
267	福建省晋江市福明鑫化建贸易有限公司	292	厦门东纶贸易有限公司
268	泉州华奥汽车销售服务有限公司	293	片仔癀（漳州）医药有限公司
269	福建申泰邮电器材有限公司	294	福建天成集团针棉毛织品进出口有限公司
270	厦门市金华穗商贸有限责任公司	295	福建省三明市浩伦园艺植保有限公司
271	厦门市泰成汽车服务有限公司	296	福州嘉利德斯汽车贸易有限公司
272	福州永达汽车销售服务有限公司	297	厦门中升丰田汽车销售服务有限公司
273	厦门龙怀进出口贸易有限公司	298	福州联合实业有限公司
274	福州民天实业有限公司	299	厦门森宝食品贸易有限公司
275	福建省惠明医药有限公司	300	厦门市诚景进出口有限公司

5-18　2010年福州市工业企业概况

2010年，福州市认真贯彻党的十七大及十七届四中、五中全会精神和胡锦涛总书记等中央领导同志来闽考察的重要讲话精神，围绕科学发展、跨越发展，加快转变经济发展方式，加速度、强投入、调结构，全市工业经济运行总体上呈现出较为稳健的增长势头。全市完成规模以上工业总产值4528.56亿元，比上年增长22.6%；实现规模以上工业增加值1076.33亿元。

2010年福州市工业经济运行呈现以下特点：

一是工业产业结构调整加快。重点扶持英冠达电子、力恒锦纶、德盛镍业等180项工业新增长点项目。戴姆勒汽车、中铝瑞闽、捷星显示等30项重点工业项目竣工投产，锦源纺织、悦得软包装等25项重点工业项目动工建设。

二是主导产业增长明显。电子信息、交通运输、纺织化纤、冶金等主导产业继续保持较快增长，产品竞争力不断增强。15家列入高增长培育计划企业发展强劲，全年增长50%以上；21家列入福建省培育的百亿元大企业、大集团，全年工业总产值超过1100亿元，增长30%以上。通信设备、计算机及其它电子设备制造业完成工业总产值722.83亿元，增长25.3%，超出全市规模以上工业平均水平2.7个百分点，对全市规模以上工业贡献率达18.3%，拉动全市规模以上工业增长4.1个百分点；交通运输设备制造业完成工业总产值353.87亿元，增长52.9%；纺织业完成工业总产值379.24亿元，增长19.9%；黑色金属冶炼及压延加工业完成工业总产值333.69亿元，增长27.6%。

三是工业经济效益显著提升。2010年，福州市工业经济效益综合指数达223.9，比上年提高25.6个点；实现利润总额323.64亿元，增长65.2%；产销衔接良好，产销率为96.9%，比上年提高0.4个百分点。

四是高新技术产业得到大力发展。2010年，福州市高新技术产业总产值突破1500亿元。全市已认定高新技术企业250家，上市企业25家。福州软件园拥有软件及电子信息等各类企业442家。福州市高新区拥有各类企业207家，其中，经认定的高新技术企业81家，实现高新技术产品产值358.80亿元，增长11.8%；利税31.00亿元，增长6.9%；出口创汇11.97亿美元，增长5.0%。

五是科技自主创新能力不断增强。全市已有2家国家级、48家省级、75家市级工业企业建立技术中心，福建星网锐捷通讯股份有限公司、福建新大陆科技集团有限公司被评为国家级创新型企业，福建福晶科技股份有限公司、福耀玻璃工业集团股份有限公司、福建邮科通信技术有限公司被评为国家级创新型（试点）企业。全市共实施星火计划59项，其中，国家级3项；火炬计划65项，其中，国家级13项。全市共有57项科技成果获得市科技进步奖。

六是质量技术监督不断加强。全市质量技术监督部门共抽查3452家企业产（商）品，4180批次，合格率为95.2%，其中，生产领域抽检1862家企业产品，1903批次，合格率为93.0%；流通领域抽检1590家企业商品2277批次，合格率为97.0%。共有101项产品获得“福建名牌产品”称号。全市共有13家企业21项产品采用国际标准或国外先进标准，法定计量技术机构8个，强制检定计量器具4.18万台件，增长18.9%。

2010年，福州共有规模以上工业企业2976户，占全省规模以上工业企业总数的15.0%。

福州市大中型工业企业详见表5-19。

注：本文数据均采用快报数。

5-19　福州市大中型工业企业

（2010 年）

企业规模	企业名称	企业规模	企业名称
大型	福建省电力有限公司	大型	福建星网锐捷股份有限公司
大型	福州市住电装有限公司	大型	福建源盛纺织服装城有限公司
大型	福建清禄鞋业有限公司	大型	飞毛腿（福建）电子有限公司
大型	华映光电股份有限公司	大型	福建顺大运动品有限公司
大型	福州高意通讯有限公司	大型	闽侯闽兴编织品有限公司
大型	东南（福建）汽车工业有限公司	大型	连江清禄鞋业有限公司
大型	福建省冠海造船工业有限公司	大型	福建亿鑫钢铁有限公司
大型	福建三金钢铁有限公司	大型	宝钢德盛不锈钢有限公司
大型	祥兴（福建）箱包集团有限公司	大型	明达工业（福建）有限公司
大型	福建捷联电子有限公司	大型	福建华冠光电有限公司
大型	福耀玻璃工业集团股份有限公司	大型	福建省长乐市金磊纺织有限公司
大型	福建吴航不锈钢制品有限公司	大型	福建鑫海冶金有限公司
大型	福建省长乐市金源纺织有限公司	大型	福建经纬集团有限公司
中型	福州市自来水总公司	中型	福建富士通信息软件有限公司
中型	福州汇邦制衣有限公司	中型	福建鑫诺通讯技术有限公司
中型	福建睿能电子有限公司	中型	福州瑞芯微电子有限公司
中型	福建嘉达纺织股份有限公司	中型	福建实达集团股份有限公司
中型	青岛啤酒（福州）有限公司	中型	福州福大自动化科技有限公司
中型	福建联迪商用设备有限公司	中型	福建福晶科技股份有限公司
中型	福建三元达通讯股份有限公司	中型	福州晚报印刷厂
中型	福州民天集团有限公司	中型	台福（福州）有限公司
中型	福州名成食品工业有限公司	中型	福州祥龙鞋业有限公司
中型	博能特（福州）工业有限公司	中型	福建福日电子股份有限公司
中型	福州瑞达精工股份有限公司	中型	福州尚飞制衣有限公司
中型	福州兴春赠品制造有限公司	中型	北京同仁堂健康药业（福州）有限公司

5-19 续表 1　　（2010 年）

企业规模	企业名称	企业规模	企业名称
中型	福州汇和科技有限公司	中型	合泰（福建）鞋业有限公司
中型	福州福田工艺品有限公司	中型	福建骏鹏五金有限公司
中型	福州佳新创辉机电有限公司	中型	福建鸿博光电科技有限公司
中型	福建省金得利集团有限公司	中型	福建省苍乐电子企业有限公司
中型	福建福顺半导体制造有限公司	中型	福州市仓山潘墩永达鞋业制品厂
中型	福建华夏塑胶有限公司	中型	福建腾龙鞋业有限公司
中型	福建三丰鞋业有限公司	中型	福州山昌电子有限公司
中型	福州源田针织服装有限公司	中型	福州春伦茶业有限公司
中型	福建源光电装有限公司	中型	福建福田服装集团有限公司
中型	福州蓝卡潞工业有限公司	中型	福州叶下塑革有限公司
中型	福建新代实业有限公司	中型	福州机床厂有限公司
中型	利莱森玛电机科技（福州）有限公司	中型	福州大世界橄榄有限公司
中型	福建正盛日用品有限公司	中型	日本电产三协（福州）有限公司
中型	福建新祥龙鞋业有限公司	中型	福州华鹰塑胶模具有限公司
中型	福建腾新食品股份有限公司	中型	福州奥特帕斯工业有限公司
中型	好事达（福建）股份有限公司	中型	福州宜美电子有限公司
中型	欧浦登（福建）光学有限公司	中型	福建捷福服装有限公司
中型	福州冠洲电子有限公司	中型	福州业通工艺品有限公司
中型	福州龙腾伟业机电有限公司	中型	福建鸿博印刷股份有限公司
中型	福州茂盛投资有限公司	中型	福建中能电气股份有限公司
中型	福州业通家居制造有限公司	中型	福建中澳科技有限公司
中型	福州永达鞋业有限公司	中型	福州淘帝服饰有限公司
中型	福建省康利特集团有限公司	中型	福建宏达机械有限公司
中型	福建省东南造船厂	中型	升兴集团股份有限公司
中型	中国国际钢铁制品有限公司	中型	福州大福有限公司

5-19 续表 2　　　　　　　　　　　　　　（2010 年）

企业规模	企业名称	企业规模	企业名称
中型	福建长隆纺织有限公司	中型	中铝瑞闽铝板带有限公司
中型	福建实达电脑设备有限公司	中型	福建中日达金属有限公司
中型	福州德克士食品有限公司	中型	福州开发区福禄鞋业有限公司
中型	福州开发区钜联鞋业有限公司	中型	福建省马尾造船股份有限公司
中型	LG 伊诺特（福州）有限公司	中型	福建爱普生有限公司
中型	东北理光（福州）印刷设备有限公司	中型	福建上润精密仪器有限公司
中型	福建哥仑布户外用品有限公司	中型	福州华昆赛车配件技研有限公司
中型	福建新大陆电脑股份有限公司	中型	福州光国运动器材有限公司
中型	福建新大陆通信科技股份有限公司	中型	福建友通实业有限公司
中型	飞毛腿电池有限公司	中型	福建顶益食品有限公司
中型	日立数字映像（中国）有限公司	中型	福州统一企业有限公司
中型	福建省冠林科技有限公司	中型	福建升腾资讯有限公司
中型	福建顶津食品有限公司	中型	福州华映视讯有限公司
中型	福建福光数码科技有限公司	中型	福建华映显示科技有限公司
中型	双翔（福建）电子有限公司	中型	福州大通机电有限公司
中型	福州钜全金属工业有限公司	中型	福州万德电气有限公司
中型	福建福人木业有限公司	中型	福建省大地管桩有限公司
中型	福建元盛食品工业有限公司	中型	福州汇源铝业有限公司
中型	福州开发区磊丰建材有限公司	中型	福州天虹舞蹈鞋有限公司
中型	福建电建杆塔制造有限责任公司	中型	中国福万（福建）玩具有限公司
中型	福州华润燃气有限公司	中型	福州茶花家居塑料日用品有限公司
中型	福州德通容器有限公司	中型	福建华科光电有限公司
中型	福建闽东本田发电机组有限公司	中型	福建日立工机有限公司
中型	福州日光照明电器有限公司	中型	福州佳宁化妆品有限公司
中型	福州福华纺织印染有限公司	中型	福州钜全汽车配件有限公司

5-19 续表 3 （2010 年）

企业规模	企业名称	企业规模	企业名称
中型	福州华联汽车配件有限公司	中型	福建富的乐运动品有限公司
中型	福州大同纤维纺织有限公司	中型	福州钜立机动车配件有限公司
中型	福州兆科智能卡有限公司	中型	福州高意光学有限公司
中型	福州山崎环境用品有限公司	中型	东芝照明（福州）有限公司
中型	福州海王福药制药有限公司	中型	福州大北农生物技术有限公司
中型	斯美伦（福州）防水服装有限公司	中型	福州市琴声电子有限公司
中型	福建新华印刷厂	中型	福建福马企业集团公司
中型	福州跃升鞋业有限公司	中型	福州天宇电气股份有限公司
中型	福州耀隆化工集团公司	中型	福建乾达重型机械有限公司
中型	福州国隆石制品有限公司	中型	福建升达冶金技术有限公司
中型	福州美涓家居制造有限公司	中型	福建联合动力机电科技有限公司
中型	福建省闽侯县华源工艺品有限公司	中型	福建祥鑫铝业有限公司
中型	福建宝丰管桩有限公司	中型	福建永德吉灯业股份有限公司
中型	福建建华管桩有限公司	中型	福州新裕电装有限公司
中型	福州福光橡塑有限公司	中型	福建戴姆勒汽车工业有限公司
中型	福州宝井钢材有限公司	中型	福建万丰鞋业有限公司
中型	福州东阳塑料制品有限公司	中型	福州中端电器有限公司
中型	福州六和机械有限公司	中型	福州萱裕金属配套有限公司
中型	丰生（福州）制动器有限公司	中型	福州新易制模有限公司
中型	福州小糸大亿车灯有限公司	中型	福州联泓交通器材有限公司
中型	福州福享汽车工业有限公司	中型	协展（福建）机械工业有限公司
中型	福州明芳汽车部件工业有限公司	中型	全兴汽车配件（福州）有限公司
中型	福州金锻工业有限公司	中型	福州泰维克汽车配件有限公司
中型	福建联福林业有限公司	中型	福州闽侯兰顿塑胶有限公司
中型	福建省轻工机械设备有限公司	中型	福建海源自动化机械股份有限公司

5-19 续表 4　　　　　　　　　　　　（2010 年）

企业规模	企业名称	企业规模	企业名称
中型	雅致集成房屋股份有限公司福州分公司	中型	福建省蓝建集团公司
中型	福州瑞华印制线路板有限公司	中型	福州百事可乐饮料有限公司
中型	福州闽泉编织有限公司	中型	福州闽侯富盛工艺品有限公司
中型	福建省连江县供电有限公司	中型	福州富成味精食品有限公司
中型	福建龙和食品实业有限公司	中型	瑞鑫集团（福州）实业有限公司
中型	福州百洋海味食品有限公司	中型	福建华电可门发电有限公司
中型	福建省罗源县供电有限公司	中型	罗源雄丰纸业有限公司
中型	福建德胜能源有限公司	中型	福建三钢小蕉实业发展有限公司罗源分公司
中型	闽清县供电有限公司	中型	福建水口发电有限公司
中型	福建省闽清豪业陶瓷有限公司	中型	闽清环宇陶瓷有限公司
中型	闽清聚福工艺品有限公司	中型	福建省闽清金城陶瓷有限公司
中型	福建省闽清新东方陶瓷有限公司	中型	福建省闽清三得利陶瓷有限公司
中型	福建省闽清县金陶瓷业有限公司	中型	福州小神龙表业技术研发有限公司
中型	闽清金盛钢业有限公司	中型	福建省永泰县供电有限公司
中型	福建省永泰县金泰纺织有限公司	中型	福州一化化学品股份有限公司
中型	平潭县供电有限公司	中型	福州利亚船舶工程有限公司
中型	福清达人塑胶有限公司	中型	福清市华丰塑胶制品有限公司
中型	诚丰家具（中国）有限公司	中型	福清昭和成鸿电子有限公司
中型	福清市加华塑胶有限公司	中型	福建福强精密印制线路板有限公司
中型	福耀集团（福建）工程玻璃有限公司	中型	福清天祥电子配件有限公司
中型	福建省万达汽车玻璃工业有限公司	中型	南方铝业（中国）有限公司
中型	福州丰大包装工业有限公司	中型	福建海壹食品饮料有限公司
中型	福清市东丰制衣有限公司	中型	福建冠良汽车配件工业有限公司
中型	福建缔邦实业有限公司	中型	福建五友模具科技有限公司
中型	福州富鸿齐电子有限公司	中型	福建省天海东方食品集团有限公司
中型	冠鸿光电科技（福建）有限公司	中型	福清泳贸塑胶有限公司

5-19 续表 5　　　　（2010 年）

企业规模	企业名称	企业规模	企业名称
中型	福清冠威塑料工业有限公司	中型	福建省福清供电有限公司
中型	睿鸿光电科技（福建）有限公司	中型	福清市茂山塑料制品有限公司
中型	绿星（福州）居室用品有限公司	中型	福清洪良染织科技有限公司
中型	福清福捷塑胶有限公司	中型	福清三照电子有限公司
中型	福清福星塑胶制品有限公司	中型	福清宏太鞋业有限公司
中型	福清佳宁化妆品有限公司	中型	福建冠华精密模具有限公司
中型	福清正伟塑胶制品有限公司	中型	福清宏福鞋业有限公司
中型	福清威霖鞋业有限公司	中型	福建永强力加动力设备有限公司
中型	英冠达（福建）电子科技有限公司	中型	捷星显示科技（福建）有限公司
中型	福州坤彩精华有限公司	中型	天邦电讯（福建）有限公司
中型	福清东晖运动用品公司	中型	福清市谊华水产食品有限公司
中型	福清市东威水产食品实业有限公司	中型	福清龙威水产食品有限公司
中型	福清市嘉叶现代农业开发有限公司	中型	福清市华盛水产食品有限公司
中型	福清市玉树家具有限公司	中型	福清贸旺水产发展公司
中型	福建融林塑胶五金实业有限公司	中型	福清市永超鞋革制品有限公司
中型	福建恒杰塑业新材料有限公司	中型	福建日新塑料制品有限公司
中型	福清华泰鞋业有限公司	中型	福清日强塑料制品有限公司
中型	福建宝利特集团有限公司	中型	丽珠集团福州福兴医药有限公司
中型	德尔塔（福建）家居用品有限公司	中型	福建省福抗药业股份有限公司
中型	福建丞翔家具有限公司	中型	福清华森塑胶有限公司
中型	福建振云塑业股份有限公司	中型	福清利亚塑胶有限公司
中型	福清市阳光食品有限公司	中型	福清登峰鞋业有限公司
中型	福建亚通新材料科技股份有限公司	中型	福清市福盛达塑胶制品有限公司
中型	福清星海鞋业有限公司	中型	华能国际电力股份有限公司福州电厂
中型	福建省长乐市供电有限公司	中型	福建省长乐市金林来纺织有限公司

5-19 续表 6　　　　（2010 年）

企业规模	企业名称	企业规模	企业名称
中型	福建省建乐鞋业有限公司	中型	福建省长乐市恒源纺织有限公司
中型	福州翔隆纺织有限公司	中型	福州明扬交通器材有限公司
中型	福建省长乐市宏顺型材有限公司	中型	福建省长乐市金鑫纺织有限公司
中型	福建省长乐市福荣针织有限公司	中型	福建省长乐市立峰纺织有限公司
中型	长乐力源锦纶实业有限公司	中型	长乐力恒锦纶科技有限公司
中型	福建省长乐市创造者锦纶实业有限公司	中型	福建永丰针纺有限公司
中型	福建东龙针纺有限公司	中型	福州德盛织染有限公司
中型	福州华冠针纺织品有限公司	中型	福建雪人股份有限公司
中型	长乐联丰染整有限公司	中型	福建和盛塑业有限公司
中型	福建省长乐市正隆纺织有限公司	中型	福建省长乐市第二棉纺织厂
中型	福建省长乐市永德纺织有限公司	中型	福建省长乐市正鑫纺织有限公司
中型	福建省长乐市星艺毛纺有限公司	中型	福建省金纶高纤股份有限公司
中型	福建省长乐市华源纺织有限公司	中型	福建凯邦锦纶科技有限公司
中型	福建省长乐市泰源纺织实业有限公司	中型	福州新密机电有限公司
中型	福建省长乐市金鹤毛绒有限公司	中型	福州通尔达电线电缆有限公司
中型	福建省长乐市三磊实业有限公司	中型	福建省长乐市金沙港针纺实业有限公司
中型	福建省长乐市天梭纺织实业有限公司	中型	福建省长乐市同升纺织有限公司
中型	福建省长乐市圆方纺织实业有限公司	中型	福建省长乐市华亚纺织有限公司
中型	福建省长乐市长源纺织有限公司	中型	福建锦江科技有限公司
中型	明一（福建）婴幼儿营养品有限公司	中型	福建省长乐市华良染整有限公司
中型	福建省长乐市福泰印染有限公司	中型	福建省长乐市广丰纺织有限公司
中型	长乐佳纶纺织实业有限公司	中型	福建省长乐市同源染织有限公司
中型	福建省长乐市华阳经编织造厂	中型	福建省长乐市金林生织造有限公司
中型	福建省长乐市新联纺织有限公司	中型	福州航港铝业有限公司
中型	福州东水食品有限公司	中型	福州闽威电路板实业有限公司
中型	福建省华威化纤染织有限公司		

5-20 2010年厦门市工业企业概况

2010年，受国内经济形势较好和国外市场探底趋稳的带动，厦门市工业产销两旺，工业生产持续快速增长。

2010年，厦门市规模以上工业完成工业总产值3772.22亿元，比上年增长33.1%，产值总量位列全省第三，增幅名列全省第二；实现工业增加值869.47亿元，增长23.1%，全年工业拉动GDP增长9.9个百分点，工业增加值占GDP的比重为42.3%，比上年提高3.3个百分点。

分产品看，规模以上工业产品中，彩色电视机573.13万台，增长96.3%；移动电话1064.25万部，增长59.6%；罐头40.02万吨，增长9.1%；软饮料191.36万吨，增长8.2%。

2010年厦门市工业经济运行呈现以下特点：

一是主导产业拉动作用明显。2010年，全市电子、机械、化工三大支柱行业共有规模以上工业企业1263家，占全市企业数的56.0%；完成工业总产值2769.31亿元，占全市规模以上工业的75.4%，行业集中度较上年提高2.0个百分点；对全市工业增长的贡献率为81.9%，拉动全市工业增长27.8个百分点。全年电子行业完成工业总产值1332.41亿元，增长42.1%；机械行业完成工业总产值944.13亿元，增长31.1%；化工行业完成工业总产值492.76亿元，增长28.6%。

二是十三条产业链有六条超过百亿元，两条超过五百亿。厦门市精心梳理、重点发展的十三条产业链，全年完成工业总产值2359.22亿元，占全市规模以上工业的64.3%，比上年增长32.6%，分别为汽车产业链、农副产品与食品加工产业链、工程机械产业链和现代照明和太阳能产业链，其中，计算机与通讯设备产业链、平板显示产业链规模已经超过500亿元。

三是新增企业生产形势良好。全年新增规模以上工业企业185家，完成工业总产值96.60亿元，实现产值增量79.11亿元，占全市产值增量的8.9%。

四是重点工业表现优异，支撑全市工业增长。全年规模以上工业产值超亿元的企业有434家，完成产值3142.18亿元，占全市工业总产值的85.6%，实现产值增量795.17亿元，对全市工业增长的贡献率达到89.6%。打造海西乃至全国重要的平板显示（光电）生产基地，近年大量引进了台湾平板显示（光电）制造大企业，出现了一大批产值规模大、订单来源稳、增长潜力足、科技含量高的企业，为全市工业增长做出重要贡献。

五是产销衔接良好。全年规模以上工业累计完成工业销售产值3651.20亿元，产销率为99.5%，比全省平均水平高出1.6个百分点，在全省九地市中稳居第一。完成出口交货值1561.46亿元，比上年增长32.6%，出口交货值率42.8%。

六是工业经济效益大幅度提高。2010年，规模以上工业经济效益综合指数为202.2，比上年提高20.6个点。其中，总资产贡献率13.9%，上升1.6个百分点；资本保值增值率121.4%，上升5.6个百分点；资产负债率53.2%，下降0.1个百分点；流动资产周转率2.1次，加快0.1次；成本费用利润率8.0%，上升0.6个百分点；全员劳动生产率13.74万元/人，增长18.4%。实现利润总额272.34亿元，增长44.3%。

2010年，全市有规模以上工业企业2255家，占全省规模以上工业企业总数的11.4%，居全省第四位。

厦门市大中型工业企业详见表5-21。

注：本文数据均采用快报数。

5-21 厦门市大中型工业企业

（2010 年）

企业规模	企业名称	企业规模	企业名称
大型	厦门蒙发利科技（集团）股份有限公司	大型	达运精密工业（厦门）有限公司
大型	厦门法拉电子股份有限公司	大型	厦门钢宇工业有限公司
大型	厦门多威电子有限公司	大型	明达实业（厦门）有限公司
大型	厦门正新实业有限公司	大型	厦门正新海燕轮胎有限公司
大型	厦门金龙旅行车有限公司	大型	厦门松霖科技有限公司
大型	宸鸿科技（厦门）有限公司	大型	厦门华侨电子股份有限公司
大型	欣贺（厦门）服饰有限公司	大型	厦门台松精密电子有限公司
大型	利胜电光源（厦门）有限公司	大型	厦门松下电子信息有限公司
大型	厦门迈士通电器有限公司	大型	联想移动通信科技有限公司
大型	厦门太古飞机工程有限公司	大型	戴尔（中国）有限公司
大型	玉晶光电（厦门）有限公司	大型	厦门华联电子有限公司
大型	厦门宏发电声股份有限公司	大型	世纪宝姿服装（厦门）有限公司
大型	厦门 TDK 有限公司	大型	宝宸（厦门）光学科技有限公司
大型	厦门正新橡胶工业有限公司	大型	路达（厦门）工业有限公司
大型	厦门厦工机械股份有限公司	大型	厦门新凯复材科技有限公司
大型	厦门讯扬电子科技有限公司	大型	厦门金龙联合汽车工业有限公司
大型	厦门建霖工业有限公司	大型	亚美（厦门）皮件有限公司
大型	友达光电（厦门）有限公司	大型	厦门通士达照明有限公司
大型	厦门银鹭食品有限公司	大型	冠捷显示科技（厦门）有限公司
中型	厦门京东方电子有限公司	中型	厦门高比特电子有限公司
中型	峻凌电子（厦门）有限公司	中型	景智电子（厦门）有限公司
中型	州巧科技（厦门）有限公司	中型	辅讯光电（厦门）有限公司
中型	厦门谊和商业道具有限公司	中型	晶宇光电（厦门）有限公司
中型	厦门宏泰发展有限公司	中型	厦门水务中环制水有限公司
中型	厦门市三安光电科技有限公司	中型	厦门帝尔特企业有限公司
中型	泰普生物科学（中国）有限公司	中型	厦门福祥礼服有限公司
中型	厦门富华兴印刷有限公司	中型	厦门峰裕汽车配件有限公司

5-21 续表 1 （2010 年）

企业规模	企业名称	企业规模	企业名称
中型	厦门市信达光电科技有限公司	中型	巨茂光电（厦门）有限公司
中型	厦门水务中环污水处理有限公司	中型	安费诺电子装配（厦门）有限公司
中型	瑞华高科技电子工业园（厦门）有限公司	中型	厦门安德鲁森食品有限公司
中型	林德（中国）叉车有限公司	中型	厦门水务集团有限公司
中型	诚益光学（厦门）有限公司	中型	厦门华祥苑实业有限公司
中型	柯达（中国）股份有限公司	中型	厦门钨业股份有限公司
中型	厦门市路桥建材有限公司	中型	厦门瀚盛游艇有限公司
中型	厦门翔鹭化纤股份有限公司	中型	厦门船舶重工股份有限公司
中型	腾龙特种树脂（厦门）有限公司	中型	翔鹭石化股份有限公司
中型	厦门众达钢铁有限公司	中型	正屋（厦门）电子有限公司
中型	福建千大包装印刷有限公司	中型	厦门华夏国际电力发展有限公司
中型	亚洲酿酒（厦门）有限公司	中型	厦门恒兴彩印有限公司
中型	良盛家饰品（厦门）有限公司	中型	厦门工程机械制动器厂
中型	厦门恒坤精密工业有限公司	中型	来福太（厦门）塑胶制品有限公司
中型	厦门美驰汽配工业有限公司	中型	厦门金三角特种织物有限公司
中型	厦门吉宏包装科技股份有限公司	中型	厦门凯嘉工贸有限公司
中型	厦门阳光恩耐照明有限公司	中型	嘉诚（厦门）工业有限公司
中型	厦门烟草工业有限责任公司	中型	厦门星鲨药业集团有限公司
中型	厦门嵘源日用品有限公司	中型	美吉斯制药（厦门）有限公司
中型	英科新创（厦门）科技有限公司	中型	厦门厦顺铝箔有限公司
中型	联盛（厦门）彩印有限公司	中型	厦门喜盈门家具制品有限公司
中型	厦门金达威集团股份有限公司	中型	海堡（厦门）橡胶有限公司
中型	厦门欧特电子有限公司	中型	厦门凯立五金企业有限公司
中型	厦门王氏明发打火机有限公司	中型	厦门立扬光学科技有限公司
中型	厦门汇科电子有限公司	中型	厦门华铃织造有限公司
中型	厦门威迪亚科技有限公司	中型	厦门光讯电子有限公司
中型	厦门连科工业有限公司	中型	奔田轻工（厦门）有限公司

5-21 续表 2 （2010 年）

企业规模	企业名称	企业规模	企业名称
中型	通达（厦门）科技有限公司	中型	鹏威（厦门）工业有限公司
中型	厦门瑞尔特卫浴工业有限公司	中型	厦门新钢金属制品有限公司
中型	福建安井食品股份有限公司	中型	厦门市华德康塑胶制品公司
中型	厦门新福莱科斯电子有限公司	中型	厦门泉舜餐饮纸容器有限公司
中型	厦门市易洁卫浴有限公司	中型	厦门鑫汇源制造有限公司
中型	厦门冠宜光学科技有限公司	中型	厦门科际精密器材有限公司
中型	沙迪克（厦门）有限公司	中型	恩比尔（厦门）机械制造有限公司
中型	厦门长天企业有限公司	中型	厦门华洋鑫电子科技有限公司
中型	赫比（厦门）精密塑胶制品有限公司	中型	莱尼电气线缆（厦门）有限公司
中型	博格步轻工制品有限公司	中型	受兴家居饰品（厦门）有限公司
中型	麦克罗加（厦门）纺织制品有限公司	中型	海拉（厦门）汽车电子有限公司
中型	柯达（厦门）数码影像有限公司	中型	百得（厦门）工业有限公司
中型	威鸿（厦门）光学有限公司	中型	崇仁（厦门）医疗器械有限公司
中型	厦门 ABB 振威电器设备有限公司	中型	厦门民兴工业有限公司
中型	科维彤创（厦门）电子工业有限公司	中型	厦门鑫叶印务有限公司
中型	厦门台和电子有限公司	中型	厦门侨兴工业有限公司
中型	厦门升明电子有限公司	中型	同致电子科技（厦门）有限公司
中型	振源（厦门）工业有限公司	中型	厦门市凌拓通信科技有限公司
中型	拥华（厦门）家用品有限公司	中型	厦门鑫兴鞋业有限公司
中型	瑞顿户外运动用品（厦门）有限公司	中型	厦门尚贸家饰工业有限公司
中型	厦门 ABB 低压电器设备有限公司	中型	厦门 ABB 开关有限公司
中型	厦门建松电器有限公司	中型	厦门富士电气化学有限公司
中型	厦门早龙食品有限公司	中型	海益（厦门）建材工业有限公司
中型	厦门哈隆电子有限公司	中型	厦门市金汤橡塑有限公司
中型	海盟（厦门）服饰股份有限公司	中型	厦门欧圣期洁具发展有限公司
中型	厦门天能电子有限公司	中型	宇科塑料（厦门）有限公司
中型	厦门星际电器有限公司	中型	厦门华电开关有限公司

5-21 续表 3　　(2010 年)

企业规模	企业名称	企业规模	企业名称
中型	厦门新技术集成有限公司	中型	好利来（中国）电子科技股份有限公司
中型	厦门太古可口可乐饮料有限公司	中型	厦门罗玛制衣有限公司
中型	华茂光学工业（厦门）有限公司	中型	厦门德大食品有限公司
中型	厦门鸿佳地毯有限公司	中型	厦门金霖电子有限公司
中型	厦门市东林电子有限公司	中型	飞利浦照明电子（厦门）有限公司
中型	宸阳光电科技（厦门）有限公司	中型	戴尔（厦门）有限公司
中型	瑞声达听力技术（中国）有限公司	中型	厦门智中精密研磨科技有限公司
中型	厦门唯美制衣有限公司	中型	厦门迈昕电子科技有限公司
中型	厦门市创业人工贸有限公司	中型	厦门坤懋服饰有限公司
中型	厦门群鑫机械工业有限公司	中型	厦门立达信光电有限公司
中型	厦门市润泓健康科技有限公司	中型	厦门市湖里星光金属制品工业有限公司
中型	厦门奥龙体育器材有限公司	中型	锐铭运动用品（厦门）有限公司
中型	厦门科华恒盛股份有限公司	中型	厦门雅迅网络股份有限公司
中型	厦门柏恩氏电子有限公司	中型	麦克奥迪实业集团有限公司
中型	艾美凯仪表（厦门）有限公司	中型	厦门兴联电子有限公司
中型	厦门达尔电子有限公司	中型	厦门顶尖电子有限公司
中型	施耐德电气华电开关（厦门）有限公司	中型	厦门敏讯信息技术股份有限公司
中型	贝莱胜电子（厦门）有限公司	中型	安保（厦门）塑胶工业有限公司
中型	辑美彩印（厦门）有限公司	中型	厦门莱恩迪贸易发展有限公司
中型	厦门西华家俱有限公司	中型	厦门金鹭特种合金有限公司
中型	厦门士林电机有限公司	中型	厦门虹鹭钨钼工业有限公司
中型	厦门锡华木业有限公司	中型	裕兴螺丝（厦门）工业有限公司
中型	厦门集立工业有限公司	中型	厦门立林科技有限公司
中型	钛积光电（厦门）有限公司	中型	厦门恒耀金属有限公司
中型	厦门宏美电子有限公司	中型	厦门柏科富翔彩印有限公司
中型	际诺思（厦门）轻工制品有限公司	中型	厦门华庆轻工制品有限公司
中型	厦门宏远达电器有限公司	中型	厦门宏发汽车电子有限公司

5-21 续表 4 （2010 年）

企业规模	企业名称	企业规模	企业名称
中型	厦门宏发电力电器有限公司	中型	厦门荣兴达旅游用品有限公司
中型	厦门 EPCOS 有限公司	中型	厦门姚明织带饰品有限公司
中型	厦门夏纺纺织有限公司	中型	富尔泰（福建）实业有限公司
中型	华懋（厦门）织造染整有限公司	中型	厦门华纶印染有限公司
中型	厦门元保运动器材有限公司	中型	厦门日上车实业有限公司
中型	厦门纬嘉运动器材有限公司	中型	厦门新长诚钢构浪板有限公司
中型	厦门谊瑞货架有限公司	中型	新视电子（厦门）有限公司
中型	东洲（厦门）纺织有限公司	中型	厦门革新塑胶制品有限公司
中型	朗美（厦门）健身器材有限公司	中型	厦门海莱照明有限公司
中型	厦门厦化实业有限公司	中型	厦门革新金属制造有限公司
中型	厦门佛大工业有限公司	中型	厦门进雄企业有限公司
中型	来明工业（厦门）有限公司	中型	厦门圣源金属制造有限公司
中型	厦门福太洋伞有限公司	中型	厦门厦晖橡胶金属工业有限公司
中型	杰宏（厦门）电子有限公司	中型	中日电热（厦门）有限公司
中型	三箭电子（厦门）有限公司	中型	厦门金龙汽车座椅有限公司
中型	信华科技（厦门）有限公司	中型	厦门贸联电子有限公司
中型	厦门罗丝美服装有限公司	中型	厦门智丞电子有限公司
中型	NEC 东金电子（厦门）有限公司	中型	明达玻璃（厦门）有限公司
中型	厦门宇诠复材科技有限公司	中型	厦门春保精密钨钢制品有限公司
中型	厦门香江塑化有限公司	中型	敦吉机电（厦门）有限公司
中型	厦高金属工业（厦门）有限公司	中型	厦门厦杏摩托有限公司
中型	春保材料科技（厦门）有限公司	中型	杏晖光学（厦门）有限公司
中型	厦门福莱克斯时装有限公司	中型	茂欣（厦门）工业有限公司
中型	弘大（厦门）旅行用品有限公司	中型	厦门飞羚纺织服装有限公司
中型	客贝利（厦门）休闲用品有限公司	中型	厦门科鑫电子有限公司
中型	厦门市育明工程机械有限公司	中型	厦门市怡成保洁机械有限公司
中型	厦门厦工重工有限公司	中型	厦门市逸超汽车配件有限公司
中型	厦门理研工业有限公司	中型	厦门三圈电池有限公司

5-21 续表 5　　　　　　　　　　　　（2010 年）

企业规模	企业名称	企业规模	企业名称
中型	厦门飞鹏运动器材有限公司	中型	厦门玉柴发动机有限公司
中型	厦门飞鹏高科技铝业有限公司	中型	厦门飞鹏工业有限公司
中型	厦门金伟电子器材有限公司	中型	厦门新鸿洲精密科技有限公司
中型	厦门金日制药有限公司	中型	厦门三德盛实业有限公司
中型	厦门银华机械厂	中型	高时（厦门）石业有限公司
中型	厦门安发纸业有限公司	中型	华夏山二实业有限公司
中型	青岛啤酒（厦门）有限公司	中型	厦门歌乐电子企业有限公司
中型	厦门鹏拓塑胶制品有限公司	中型	隆基（厦门）塑胶有限公司
中型	厦门合兴包装印刷股份有限公司	中型	厦门悠来斯球业有限公司
中型	ECCO（厦门）有限公司	中型	厦门蒙特实业有限公司
中型	亚昱（厦门）皮件有限公司	中型	厦门华诚实业有限公司
中型	厦门美美餐具工业有限公司	中型	厦门金鹏人造花有限公司
中型	厦门绿泉实业有限公司	中型	厦门玛司特电子工业有限公司
中型	厦门弘乐电子有限公司	中型	厦门福岛工业有限公司
中型	厦门思巴克运动用品有限公司	中型	厦门康乐佳运动器材有限公司
中型	雅米食品（厦门）有限公司	中型	厦门中药厂有限公司
中型	厦门龙胜达照明电器有限公司	中型	厦门永裕机械工业有限公司
中型	厦门市佳贝美集团有限公司	中型	厦门建潘卫厨有限公司
中型	厦门广群复材科技有限公司	中型	厦门优尔电器有限公司
中型	厦门同恒金属有限公司	中型	艾佩斯（厦门）电力设施有限公司
中型	富德士服装（厦门）有限公司	中型	安踏（厦门）体育用品有限公司
中型	厦门菲达斯服装有限公司	中型	华尔达（厦门）塑胶有限公司
中型	乔丹（厦门）实业有限公司	中型	厦门日上钢圈有限公司
中型	厦门翔邦高分子科技有限公司	中型	波特（厦门）鞋业有限公司
中型	厦门蒙发利电子有限公司	中型	厦门明蓓塑胶有限公司
中型	厦门市万杰隆工贸有限公司	中型	厦门市云中飞体育用品有限公司
中型	厦门福立鞋业有限公司	中型	厦门明和实业有限公司
中型	ECCO 皮革（厦门）有限公司	中型	厦门大统皮革制品有限公司

5-21 续表 6　　（2010 年）

企业规模	企业名称	企业规模	企业名称
中型	厦门中扬石业有限公司	中型	厦门向阳坊食品有限公司
中型	厦门古龙罐头食品有限公司	中型	厦门日扬塑料制品有限公司
中型	厦门银祥肉业有限公司	中型	厦门珏荣运动用品有限公司
中型	厦门达真电机有限公司	中型	厦门银祥肉制品有限公司
中型	太阳城（厦门）雨具有限公司	中型	厦门中盛粮油集团有限公司
中型	厦门麦丰密封件有限公司	中型	厦门东纶股份有限公司
中型	厦门宏达洋伞工业有限公司	中型	厦门东亚机械有限公司
中型	惠尔康东方（厦门）食品有限公司	中型	厦门惠尔康食品有限公司
中型	厦门银鹭重工有限公司	中型	厦门大自然纸业有限公司
中型	厦门埃菲铁件有限公司	中型	万益皮革（厦门）有限公司
中型	三捷科技（厦门）有限公司	中型	启高（厦门）机械工业有限公司
中型	厦门兴立工业有限公司	中型	厦门新阳洲水产品工贸有限公司
中型	厦门市台亚塑胶有限公司	中型	厦门市泓信超细纤维材料有限公司
中型	厦门市如意集团有限公司	中型	宝格丽（厦门）运动服饰有限公司
中型	厦门市洪氏企业有限公司	中型	厦门味之素来福如意食品有限公司
中型	玛立克（厦门）电气有限公司	中型	厦门五发电子有限公司
中型	乐捷显示科技（厦门）有限公司	中型	厦门泓信特种纤维有限公司
中型	厦门爱谱生电子科技有限公司	中型	厦门强力巨彩光电科技有限公司
中型	厦门兴盛食品有限公司	中型	厦门永红科技有限公司
中型	厦门路桥翔通股份有限公司	中型	厦门舫昌佛具有限公司
中型	柠檬（厦门）电气有限公司	中型	麦克奥迪（厦门）电气股份有限公司
中型	厦门京嘉光电科技有限公司	中型	厦门尚达电子绝缘材料有限公司
中型	厦门齐翔食品有限公司	中型	厦门光莆显示技术有限公司
中型	厦门雅合纸塑复合材料有限公司	中型	厦门瑞丰制面有限公司
中型	厦门亨东制动系统有限公司	中型	厦门市同安源水水产有限公司
中型	厦门高卓立科技有限公司	中型	厦门海鲜鸿食品有限公司
中型	厦门市德阳鞋业有限公司	中型	厦门弘信电子科技有限公司
中型	厦门万里石有限公司翔安分公司	中型	厦门三荣陶瓷开发有限公司

5-22 2010年莆田市工业企业概况

2010年，莆田市工业战线按照“以港兴市、工业强市”发展战略，围绕“做大总量、提升质量”和“调结构、扩内需、保增长”发展思路，以加速融入海峡西岸经济区为契机，加大工业生产力度，工业经济实现又好又快发展。2010年，全市全部工业实现工业增加值 390.20 亿元，按可比价格计算比上年增长 20.0%，实现工业总产值 1366.36 亿元，增长29.0%。其中，规模以上工业产值1266.21亿元，增长30.9%。

分行业看，规模以上工业产值中，家具制造业增长123.9%，电气机械及器材制造业增长54.8%，通用设备制造业增长50.4%，有色金属冶炼及压延加工业增长50.1%，仪器仪表及文化、办公用机械制造业增长38.5%，纺织服装、鞋、帽制造业增长30.5%。

分产量看，规模以上工业主要产品产量中，日用玻璃制品 11.92 万吨，增长 1.1 倍；涂料 5.45 万吨，增长73.3%；表253.20 万只，增长61.2%；罐头 11.09 万吨，增长 40.1%；水泥熟料 7.14 万吨，增长33.8%。

2010年莆田市工业经济运行呈现以下特点：

一是工业总量实现质的突破。2010年，全市规模以上工业总产值突破千亿大关，达1266.21亿元，比上年增长 30.9%，增幅比上年提高 10.2 个百分点，增幅居全省九设区市第四位，比全省平均增速高4.3个百分点。

二是重工业比重提高，拉动作用增强。2010年，莆田市重工业企业在LNG等临港重化工业项目的高增长拉动下完成工业总产值 390.24 亿元，占规模以上工业总产值的比重达30.8%，比上年提高1.1个百分点；增速达36.9%，比轻工业增速快7.1个百分点。

三是民营、国有工业引领全市工业发展。2010年，莆田市民营工业企业完成工业总产值 956.02亿元，比上年增长31.2%，对全市规模以上工业经济增长的贡献率达74.2%，比上年提高9.6个百分点，拉动全市规模以上工业增长 23.7 个百分点。在2009年LNG、莆田燃气电厂、福煤风电等国有企业投产翘尾因素的拉动下，国有工业实现工业总产值79.77亿元，增长70.6%，增幅高于全市规模以上工业平均增幅 38.7 个百分点，增幅居全市各经济类型首位。

四是企业效益提升，税源增加。2010年，全市规模以上工业经济效益综合指数达 231.8，比上年提高15.9个点；实现主营业务收入1235.94亿元，比上年增长 34.6%；利润总额 47.25 亿元，增长45.2%；全年产销率达99.2%，提高0.6个百分点；实现税金总额 25.42 亿元，增长 24.2%，成为全市税收重要增长极。

五是结构调整显成效，节能降耗有新进展。2010年，高新技术行业完成工业总产值 117.70 亿元，比上年现价增长35.5%，高于全市规模以上工业企业增长平均水平3.6个百分点。其中，电子及通信设备制造业增长36.8%；电子计算机及办公设备制造业增长41.3%。2010年万元工业增加值能耗0.45吨标准煤，比上年下降 6.2%，清洁能源结构比重升至43.5%。

六是工业增长由外需拉动型向内、外需拉动型并重转变。2010年，规模以上工业企业实现出口交货值 270.70 亿元，比上年增长 20.7%，但比销售产值增幅低 12.0 个百分点，占销售产值的比重为21.6%，比上年降低2.1个百分点。

2010 年，莆田市规模以上工业企业共有 1358户，占全省规模以上工业企业总数的 6.8%，居全省第七位。

莆田市大中型工业企业详见表5-23。

注：本文数据均采用快报数。

5-23 莆田市大中型工业企业

（2010 年）

企业规模	企业名称	企业规模	企业名称
大型	福建省新威电子工业有限公司	大型	英博雪津啤酒有限公司
大型	福建佳通轮胎有限公司	中型	莆田市自来水公司
中型	莆田市成果鞋革有限公司	中型	英博雪津啤酒有限公司二厂
中型	合众天成（福建）运动用品有限公司	中型	莆田市龙海鞋业有限公司
中型	莆田市三迪鞋服有限公司	中型	郭氏（福建）鞋业有限公司
中型	福建省新路体育用品有限公司	中型	莆田力奴鞋业有限公司
中型	莆田市祥冠鞋业有限公司	中型	莆田市城厢区万发皮革有限公司
中型	福建省莆田嘉裕华制鞋工业有限公司	中型	福建省莆田市华丰鞋业有限公司
中型	莆田市胜丰鞋业有限公司	中型	才子服饰股份有限公司
中型	莆田涵江金星鞋业有限公司	中型	莆田市莆罐食品工业有限公司
中型	福建长城华兴玻璃有限公司	中型	莆田市涵兴食品有限公司
中型	福建亿发集团有限公司	中型	福建莆田腾立鞋业有限公司
中型	莆田市荣兴机械有限公司	中型	福建省威龙鞋服有限公司
中型	福建省红太阳精品有限公司	中型	莆田市涵江步峰鞋业有限公司
中型	莆田市华林蔬菜基地有限公司	中型	华昌珠宝有限公司
中型	莆田涵江鞋业有限公司	中型	莆田市涵江大福鞋业有限公司
中型	莆田市东南香米业发展有限公司	中型	福建省莆田荔兴轻工实业有限责任公司
中型	莆田市涵江怡丰鞋业有限公司	中型	莆田市集友艺术框业有限公司
中型	莆田市精密铸锻有限公司	中型	莆田市维琪鞋业有限公司
中型	莆田恒昱鞋业有限公司	中型	汇鑫（莆田）鞋业有限公司
中型	福建省莆田大吉利鞋业有限公司	中型	福建金星传动件有限公司
中型	福建荔丰鞋业开发有限公司	中型	莆田市涵江区章圣鞋业有限公司
中型	莆田新果鞋业有限公司	中型	莆田市阳光塑胶有限公司

5-23 续表 1　　　　　　　　　（2010 年）

企业规模	企业名称	企业规模	企业名称
中型	莆田新飞天鞋业有限公司	中型	福建汇达时装有限公司
中型	莆田德信电子有限公司	中型	福建省莆田市德基电子有限公司
中型	莆田立丰鞋业有限公司	中型	莆田市德荣电子有限公司
中型	福建省新威电子实业有限公司	中型	莆田市涵江区百利电子塑胶有限公司
中型	百花（福建）文具有限公司	中型	莆田新盈液晶科技有限公司
中型	莆田启明鞋业有限公司	中型	福建莆田南华电路有限公司
中型	莆田华达电子有限公司	中型	莆田高林鞋业制品有限公司
中型	莆田市启源鞋业实业有限公司	中型	福建省安特半导体有限公司
中型	福建佩吉服装有限公司	中型	福建新世纪电子材料有限公司
中型	福建省莆田市协龙鞋业有限公司	中型	福建省莆田鞋业集团有限公司
中型	福建省莆田市双驰体育用品有限公司	中型	福建莆田侨发鞋业有限公司
中型	莆田市泰盛包装彩印厂	中型	莆田市益欣鞋业技术研发有限公司
中型	福建省闽中有机食品有限公司	中型	福建省莆田市宝龙鞋业有限公司
中型	莆田市明宝树脂化学有限公司	中型	福建省莆田三路鞋业有限公司
中型	莆田市来克体育用品有限公司	中型	莆田浩步鞋业有限公司
中型	福建协丰鞋业有限公司	中型	莆田绿森庄园酒业有限公司
中型	莆田市聚丰鞋材制品有限公司	中型	莆田立足鞋业有限公司
中型	莆田星昌鞋业有限公司	中型	福建省莆田协丰模具有限公司
中型	三棵树涂料股份有限公司	中型	莆田市荔城区双凤鞋业有限公司
中型	莆田市宏兴鞋材有限公司	中型	莆田市恒发制鞋有限公司
中型	莆田市皇家工贸有限公司	中型	莆田市华昇鞋业有限公司
中型	莆田市成进鞋业有限公司	中型	才子（福建）服饰有限公司
中型	福建洛弛制鞋技术发展有限公司	中型	莆田市新日鞋服有限公司

5-23 续表 2　　　　（2010 年）

企业规模	企业名称	企业规模	企业名称
中型	莆田市鑫峰食品工业有限公司	中型	莆田市华峰工贸有限公司
中型	莆田市奥力仕鞋服有限公司	中型	莆田市鑫龙鞋业有限公司
中型	福建省莆田市三利包装印刷有限公司	中型	莆田市昌盛鞋业有限公司
中型	莆田市永丰鞋业有限公司	中型	福建省黄石鞋业有限公司
中型	莆田市智诚日用品实业有限公司	中型	莆田市三箭塑胶五金有限公司
中型	福建省莆田新美食品有限公司	中型	莆田市金利莱斯服饰织造有限公司
中型	莆田市金威首饰有限公司	中型	莆田市永恒珠宝首饰有限公司
中型	福建众和纺织有限公司	中型	莆田艾力艾鞋服有限公司
中型	福建华兴玻璃有限公司	中型	福建锐鹰鞋塑有限公司
中型	福建莆田笏立鞋业有限公司	中型	福建莆田达福塑料工业有限公司
中型	中海福建天然气责任有限公司	中型	福建省莆田盐场
中型	福建奥帝斯服饰有限公司	中型	福建君合集团有限公司
中型	福建省莆田市华伦企业有限公司	中型	福建众和股份有限公司
中型	福建省仙游县供电有限公司	中型	福建东亚机械有限公司
中型	仙游县宝峰钢木家具有限公司	中型	福建省莆田市中茂集团公司
中型	莆田市协诚鞋业有限公司	中型	莆田市协胜鞋业有限公司
中型	莆田市日晶玻璃制品有限公司	中型	莆田市辉特体育用品有限公司
中型	福建省仙游亿承鞋业有限公司	中型	福建仙游泰立鞋业有限公司
中型	福建省莆田市山中集团公司	中型	仙游县南湖鞋业有限公司
中型	莆田市恒盛鞋业有限公司	中型	金威服装（福建）有限公司
中型	福建云敦服饰有限公司	中型	福建省艾力爱体育用品有限公司
中型	莆田市力天红木艺雕有限公司	中型	福建省新益电子有限公司
中型	仙游县大老古食品有限公司		

5-24 2010 年三明市工业企业概况

2010 年以来，围绕市委、市政府“突出工业、提升工业”的产业思路，三明市上下进一步优化发展环境、突破重大工业项目、扩张工业总量、加强资源整合、加强企业自主创新，全力推动工业跨越发展。同时不断强化运行监测调度，加大服务企业力度，加快推进产业转型升级，努力克服 6 月中旬至 7 月上旬特大暴雨灾害造成的不利影响，工业经济保持平稳快速运行态势。

2010 年，三明市规模以上工业完成增加值 415.61 亿元，比上年增长 22.6%，增幅比全省平均水平高 4.2 个百分点；“十一五”期间，全市规模以上工业增加值年均增长 22.7%，比“十五”时期提高 11.0 个百分点。实现工业总产值 1328.97 亿元，增长 26.2%。在规模以上工业企业中，国有企业、股份制企业和外商及港澳台投资企业分别完成增加值 11.86 亿元、320.44 亿元和 38.02 亿元，分别增长 3.0%、24.7%和 17.2%。

从行业看，在规模以上工业的 37 个行业大类中，有 12 个行业增加值总量在 10 亿元以上，其中增长较快的有：食品制造业比上年增长 56.7%；通用设备制造业增长 36.4%；非金属矿采选业增长 35.0%；电力、热力的生产和供应业增长 33.2%。在规模以上工业中，八大产业实现增加值 374.81 亿元，增长 21.3%，占规模以上工业的 90.2%。高技术产业增加值 7.96 亿元，比上年增长 32.6%。

规模以上工业企业实现利润 36.46 亿元，比上年增长 1.3 倍。其中，股份制企业实现利润 25.90 亿元，增长 1.4 倍；外商及港澳台投资企业实现利润 4.17 亿元，增长 1.0 倍；私营企业实现利润 19.99 亿元，增长 87.3%；国有及国有控股企业实现利润 9.07 亿元，增长 4.6 倍。

规模以上工业产品中，化学原料药产量 623.01 万吨，增长 138.5%；粗钢产量 431.74 万吨，增长 2.9%；钢材产量 490.21 万吨，增长 2.5%；发电量 83.33 亿千瓦小时，增长 46.5%；原煤 740.97 万吨，增长 11.2%；水泥 1569.98 万吨，增长 7.4%。

2010 年三明市工业经济运行呈现以下特点：

一是非公有制企业呈现出蓬勃的发展势头，对地方财力的贡献持续增强。截至 2010 年底，全市非公有制企业总数超过 1.4 万家，产值超亿元非公有制企业总数达 174 家，纳税超百万元非公有制企业总数达 472 家。2010 年，全市非公有制企业上缴税收首次突破 60 亿元大关，达 62.26 亿元，占全市税收总额的 70.7%，非公有制经济真正实现“三分天下有其二”。

二是加快发展方式转变，推进产学研合作。2010 年，三明市通过各种形式，引导企业加快发展方式转变，推进产学研合作，鼓励企业加大科研投入，开展自主创新和技术改造，培育自主品牌，推动企业调整结构，不断提高核心竞争力。如：福建省某生物集团研发的 L-苯丙氨酸技术填补国内空白，2010 年实现产值 2 亿多元，占国内 60%以上的市场份额，正在建设的年产 8000-10000 吨 L-苯丙氨酸项目，将大大提升公司的国际竞争能力。三明市某机械铸造公司 AOD 炉精炼产品成功进入了法国 ALSTOM 电力集团和西门子等世界五百强企业供应商名录，并为其部分核电站进行产品配套。三明某建材公司节能建材项目被国家列为新增 1000 亿中央投资十大节能工程、循环经济和重点流域工业污染治理工程项目。

2010 年，三明市规模以上工业企业共有 1696 户，占全省规模以上工业企业总数的 8.5%，居全省第五位。

三明市大中型工业企业详见表 5-25。

注：本文数据均采用快报数。

5-25 三明市大中型工业企业

（2010 年）

企业规模	企业名称	企业规模	企业名称
大型	福建省三钢（集团）有限责任公司	大型	福建三钢（集团）三明化工有限责任公司
大型	福建省青山纸业股份有限公司	大型	福建省永安煤业有限责任公司
大型	福建福维股份有限公司	中型	福建省三明纺织有限公司
中型	福建省三明钢铁厂劳动服务公司	中型	福建省闽光新型材料有限公司
中型	福建三农集团股份有限公司	中型	福建省三明齿轮箱有限责任公司
中型	健盛食品股份有限公司	中型	福建华盛集团三明冷冻食品有限公司
中型	福建三钢小蕉实业发展有限公司	中型	福建闽光冶炼有限公司
中型	英博雪津（三明）啤酒有限公司	中型	福建恒源供水股份有限公司
中型	福建汇天生物药业有限公司	中型	三明福维纺织有限公司
中型	福建汇华集团东南汽车缸套有限公司	中型	三明市丰润化工有限公司
中型	福建海峡科化股份有限公司烽林分公司	中型	福建省清流县供电有限公司
中型	福建红火水泥有限公司	中型	福建省清流氨盛化工有限公司
中型	福建省宁化县供电有限公司	中型	宁化行洛坑钨矿有限公司
中型	福建省大田县供电有限公司	中型	大田县上京煤矿
中型	福建省永安煤业有限责任公司上京分公司	中型	大田县太华煤矿
中型	大田县奇韬煤矿	中型	福建省尤溪县供电有限公司
中型	福建省尤溪县三林木业有限公司	中型	福建省尤溪广益纺织染整有限公司
中型	福建省瑞森家居有限公司	中型	福建省诚明金属冶炼有限公司
中型	福建尤溪华港电源科技有限公司	中型	福建省尤溪洋益纺织服装有限公司

5-25 续表 1　　（2010 年）

企业规模	企业名称	企业规模	企业名称
中型	福建省尤溪县红树林木业有限公司	中型	福建省尤溪县乾盛纺织有限责任公司
中型	尤溪县中泰纺织有限公司	中型	福建省沙县供电有限公司
中型	福建省三联化工股份有限公司	中型	福建环科化工橡胶集团有限公司
中型	福建省沙县兴业人造板有限公司	中型	福建环科集团三明市高科橡胶有限公司
中型	厦工（三明）重型机器有限公司	中型	福建省麦丹生物集团有限公司
中型	福建华橡自控技术股份有限公司	中型	大亚木业（福建）有限公司
中型	沙县宏盛塑料有限公司	中型	福建省将乐县长兴电子有限公司
中型	福建将乐安信煤业有限公司	中型	福建金牛水泥有限公司
中型	福建省铙山纸业集团公司	中型	建宁县联丰造纸有限公司（铙纸集团）
中型	福建省建宁县富强石材有限公司	中型	福建省华融禽业有限公司
中型	永安市宝福纺织有限公司	中型	福建省永安轴承有限责任公司
中型	永安市兴发针织有限公司	中型	福建日丰布业有限公司
中型	永安市浩宇纺织有限公司	中型	福建新龙马汽车股份有限公司永安汽车厂
中型	永安市启胜矿产有限公司	中型	福建海峡科化股份有限公司永安分公司
中型	福建兵工装备有限公司	中型	永安市宝华林实业发展有限公司
中型	智胜化工股份有限公司	中型	福建金林凯轻纺实业有限公司
中型	永安市川龙纺织有限公司	中型	福建新泰革业有限公司
中型	福建省永安林业（集团）股份有限公司	中型	永安市田龙纺织染整有限公司
中型	福建省永安万年水泥有限公司	中型	福建水泥股份有限公司建福水泥厂

5-26 2010年泉州市工业企业概况

2010年，泉州市把准经济健康发展脉搏，积极调整产业结构，转变经济增长方式，工业经济运行整体状况良好。全市规模以上工业生产呈现高位运行，全年规模以上工业产值增幅创近年来新高，保持较快增长中趋于稳定。2010年，完成工业总产值6230.46亿元。

分经济类型看：2010年，外商及港澳台商企业成中坚力量，拉动规模以上工业增长13.2个百分点，股份合作企业表现突出，拉动规模以上工业增长1.6个百分点。

分行业大类看：35个行业中有4个行业产值增幅超过50%，分别是：有色金属矿采选业、石油加工及炼焦业、燃气生产和供应业、化学原料及化学制品制造业。有9个行业产值增幅在24%-50%。

2010年泉州市工业经济运行呈现的特点：

一是工业对经济增长贡献率近七成。2010年，泉州市全部工业完成增加值1961.62亿元，增长16.4%，对经济增长的贡献率达到69.4%，拉动GDP增长8.9个百分点，是推动全市经济较快增长的主要因素。工业实现较快增长的主要动力是规模以上工业，全部工业总产值增长21.9%，规模以上工业总产值增长24.0%，对全部工业总产值增长的贡献率达到95.4%。

二是工业企业不断做大做强，亿元企业突破千家。全年产值超亿元企业数量突破千家，达1096家，共实现产值4810.79亿元，占规模以上工业产值的77.2%，拉动规模以上工业现价增长25.0个百分点，生产集中度不断提高。产值超亿元的千家企业主要分布在皮革、毛皮、羽毛（绒）及其制品业（195家），纺织服装、鞋、帽制造业（170家），非金属矿物制品业（127家），纺织业（92家）等传统优势产业。

三是传统产业和新兴产业争相竞逐、共同发展。全年五大传统产业实现产值3830.02亿元，比上年现价增长22.2%，其中，纺织鞋服产值超二千亿元大关，实现21.8%的较快增速，机械制造业实现34.7%的增长速度，其他三大传统产业也实现17%以上的增幅。同时五大新兴产业追赶步伐不断加快，全年实现产值超千亿，增幅达到57.6%。除修造船业较上年下滑外，其他四大新兴产业均实现35%以上增长速度，其中，石油化工业增幅62.3%。

四是工业生产结构调整有序推进。①高技术产业保持较强上升势头。全年高技术产业实现产值达109.23亿元，比上年现价增长38.0%，增幅高于规模以上工业9.6个百分点。其中，电子计算机外部设备制造和电子元器件制造业在市场需求不断扩大和龙头企业带动下实现266.4%和54.0%的高速增长。②“提重”调整成效显现。2010年以来泉州市重工业发展速度不断加快，全年重工业完成产值2593.24亿元，增长38.8%，高于轻工业增幅17.0个百分点，轻重工业比例由上年的61.4∶38.6调整为58.4∶41.6。③部分高污染、高耗能行业快速增长势头有所遏止。全年造纸业产值现价增长26.8%，比规模以上工业现价增速低1.6个百分点；黑色金属冶炼及压延加工业、有色金属冶炼及压延加工业、橡胶制品业和塑料制品业产值现价增幅均低于全市平均水平；非金属矿采选业继续下降，全年产值现价比上年下降5.4%。

2010年，泉州市规模以上工业企业共有5393户，占全省规模以上工业企业总数的27.2%，居全省第一位。

泉州市大中型工业企业详见表5-27。

注：本文数据均采用快报数。

5-27 泉州市大中型工业企业

（2010 年）

企业规模	企业名称	企业规模	企业名称
大型	福建鸿星尔克体育用品有限公司	大型	泉州鸿荣轻工有限公司
大型	泉州市三兴体育用品有限公司	大型	金莱克（中国）体育用品有限公司
大型	九牧王（中国）有限公司	大型	泉州匹克鞋业有限公司
大型	福建联合石油化工有限公司	大型	福建燕京啤酒股份有限公司
大型	福建达利食品集团有限公司	大型	福建三安钢铁有限公司
大型	福建荣新矿业有限公司	大型	福建省安溪新田矿产开发有限公司
大型	福建省安溪集荣矿业有限公司	大型	福建省天湖山能源实业有限公司
大型	福建冠福现代家用股份有限公司	大型	石狮市富贵鸟集团公司
大型	石狮市益兴针织服装有限公司	大型	石狮市大帝集团有限公司
大型	福建通达集团有限公司	大型	石狮市华宝集团有限公司
大型	福建福马食品集团有限公司	大型	福建恒安集团有限公司
大型	喜得龙（中国）有限公司	大型	贵人鸟（中国）有限公司
大型	三六一度（中国）有限公司	大型	乔丹体育股份有限公司
大型	福建德尔惠体育用品有限公司	大型	福建美克运动休闲股份有限公司
大型	清美（中国）有限公司	大型	福建浔兴拉链科技股份有限公司
大型	安踏（中国）有限公司	大型	安踏（泉州）体育用品有限公司
大型	福建百宏聚纤科技实业有限公司	大型	福建柒牌集团有限公司
大型	利郎（中国）有限公司	大型	福建省闽发铝业股份有限公司
大型	福建恒利集团有限公司	大型	中宇建材集团有限公司
大型	九牧集团有限公司	中型	泉州中侨（集团）股份有限公司
中型	泉州梅洋塑胶五金制品有限公司	中型	泉州皇星轻工有限公司
中型	泉州道崎鞋业有限公司	中型	泉州金科服装有限公司
中型	泉州益龙纺织有限公司	中型	泉州市百川服饰织造有限公司
中型	福建泉州大盛塑胶制品有限公司	中型	泉州市精益鞋业服装有限公司
中型	泉州华夏鞋服有限公司	中型	泉州宝马鞋业有限公司

5-27 续表 1 （2010 年）

企业规模	企业名称	企业规模	企业名称
中型	福建泉州鸿星迪路普鞋业有限公司	中型	泉州宝峰鞋业有限公司
中型	泉州煌兴服装有限公司	中型	福建鸿星沃登卡集团有限公司
中型	泉州华硕实业有限公司	中型	亚伦集团（福建）有限公司
中型	联泰（泉州）轻工有限公司	中型	泉州嘉成皮件手套有限公司
中型	泉州海天材料科技股份有限公司	中型	泉州梅峰扣具有限公司
中型	泉州鸿豪服装有限公司	中型	泉州天宇化纤织造实业有限公司
中型	福建格来德服饰实业有限公司	中型	泉州顶星鞋服有限公司
中型	泉州鸿霖制衣有限公司	中型	文创太阳能（福建）科技有限公司
中型	泉州佰源机械有限公司	中型	福建钧石能源有限公司
中型	泉州市金太阳电子科技有限公司	中型	泉州奇星机械有限公司
中型	卡丁（福建）儿童用品有限公司	中型	超越服饰（中国）有限公司
中型	泉州市艺达车用电器有限公司	中型	泉州东方手袋厂有限公司
中型	红孩儿（福建）儿童用品有限公司	中型	华珠（泉州）鞋业有限公司
中型	聚龙（泉州）轻工有限公司	中型	泉州嘉庆轻工有限公司
中型	泉州运城制版有限公司	中型	太阳海（福建）制衣有限公司
中型	泉州市丽达针织制衣有限公司	中型	泉州市群峰机械制造有限公司
中型	福建省泉州市安记食品有限公司	中型	美加美餐具股份有限公司
中型	泰亚鞋业股份有限公司	中型	福建宏远集团有限公司
中型	泉州天地星电子有限公司	中型	福建神州电子有限公司
中型	福建省泉州南琦鞋业有限公司	中型	泉州力声电子有限公司
中型	泉州喜乐路鞋服有限公司	中型	泉州市宏澳服装织造有限公司
中型	泉州华拉利鞋服手袋有限公司	中型	泉州祥嘉鞋服有限公司
中型	泉州盛克鞋服有限公司	中型	泉州红瑞兴纺织有限公司
中型	至和（福建）科技有限公司	中型	泉州华欣轻工有限公司
中型	福建省华亨体育用品有限公司	中型	宏玮协志（中国）有限公司

5-27 续表 2 （2010 年）

企业规模	企业名称	企业规模	企业名称
中型	泉州市东翔化工轻纺有限公司	中型	福建日香茶业有限公司
中型	福建新华旭专用车制造有限公司	中型	福建三宏再生资源科技有限公司
中型	新协志（福建）有限公司	中型	福建万龙金刚石工具有限公司
中型	泉州市自来水有限公司	中型	泉州回鑫包袋有限公司
中型	泉州三盛橡塑发泡鞋材有限公司	中型	依凌（泉州）服饰有限公司
中型	泉州市燃气有限公司	中型	泉州海日星工艺美术有限公司
中型	泉州佳乐电器有限公司	中型	福建南方路面机械有限公司
中型	福建宇源轻工有限公司	中型	泉州协兴轻工有限公司
中型	福建华诚鞋业有限公司	中型	泉州新豪鞋业有限公司
中型	福建维斯凯鞋业有限公司	中型	泉州万兴泰包袋制品有限公司
中型	华润雪花啤酒（福建）有限公司	中型	福建先创电子有限公司
中型	泉州奎生工艺有限公司	中型	福建省泉州成达鞋业有限公司
中型	虎都（中国）服饰有限公司	中型	泉州市顺通艺品有限公司
中型	泉州丰登制鞋有限公司	中型	泉州格林服装有限公司
中型	泉州南新漂染有限公司	中型	泉州市辉达服装织造有限公司
中型	福建宝通电子有限公司	中型	泉州市联益纺织印染有限公司
中型	福建泉州匹克体育用品有限公司	中型	福建格林集团有限公司
中型	泉州海天染整有限公司	中型	泉州维林森体育用品有限公司
中型	福建宝德集团有限公司	中型	福建宝德服饰有限公司
中型	福建峰达轻纺有限公司	中型	泉州子燕轻工有限公司
中型	福建烟草机械有限公司	中型	泉州市达宝轻工制品有限公司
中型	泉州罡晟服装有限公司	中型	泉州众志金刚石工具有限公司
中型	泉州南洋艺品有限公司	中型	东华（泉州）洋伞有限公司
中型	福建亚伦电子电器科技有限公司	中型	泉州市信和涂料有限公司
中型	泉州市世为鞋业有限公司	中型	泉州伟宝时装有限公司

5-27 续表 3 （2010 年）

企业规模	企业名称	企业规模	企业名称
中型	泉州佳骏时装有限公司	中型	泉州建文艺品有限公司
中型	泉州洛江泰华轻工实业有限公司	中型	泉州市洛江区双阳金刚石工具有限公司
中型	福建英凯制衣有限公司	中型	福建和诚鞋业有限公司
中型	泉州市恒泰鸿伟鞋业有限公司	中型	泉州丰泰鞋业有限公司
中型	泉州海都轻工有限公司	中型	旗牌王（中国）纺织服饰有限公司
中型	泉州洛江好利来鞋业有限公司	中型	泉州南茂艺品有限公司
中型	泉州佘氏织造有限公司	中型	福建泉州大华蓄电池有限公司
中型	福建省泉州市华邦电子有限公司	中型	泉州市振兴陶瓷工艺有限公司
中型	泉州市泉港宏力鞋业有限公司	中型	泉州明恒纺织有限公司
中型	泉州亚伦轻工有限公司	中型	福建新文行灯饰有限公司
中型	泉州市泉港山腰盐场	中型	福建宝峰轻工有限公司
中型	泉州市富士石业有限公司	中型	泉州泉昱实业有限公司
中型	泉州市华瑞电源有限公司	中型	泉州福海粮油工业有限公司
中型	泉州市天线宝宝食品有限公司	中型	福建湄洲湾氯碱工业有限公司
中型	福建万家鑫轻工发展有限公司	中型	福建德和铁塔设备制造有限公司
中型	泉州市泉港三青制衣厂	中型	泉州恒昂工贸有限公司
中型	惠安科丰鞋服有限公司	中型	百润（中国）有限公司
中型	福建省惠安县供电有限责任公司	中型	达派（中国）箱包有限公司
中型	泉州沥阳手袋有限公司	中型	中绿（福建）农业综合开发有限公司
中型	惠安县南江针织时装有限公司	中型	华润水泥（泉州）有限公司
中型	泉州正明鞋服有限公司	中型	泉州市三源塑胶轻工有限公司
中型	泉州万华世旺超纤有限公司	中型	匹克（中国）有限公司
中型	惠安县达利包装有限公司	中型	福建荣欣体育用品有限公司
中型	惠安县双喜制衣有限公司	中型	泉州嘉禾食品有限公司
中型	福建正和鞋业有限公司	中型	泉州克拉克体育用品有限公司

5-27 续表 4　　　　（2010 年）

企业规模	企业名称	企业规模	企业名称
中型	泉州市正亿体育用品有限公司	中型	惠安县华美塑胶制品有限公司
中型	泉州菱达纺织有限公司	中型	惠安县坚石水泥制品有限公司
中型	泉州锦信玩具有限公司	中型	福建隆盛轻工有限公司
中型	泉州芳源旅游用品有限公司	中型	福建省泉州市亿达机电有限公司
中型	福建省泉州市八哥运动休闲用品有限公司	中型	泉州集友鞋业有限公司
中型	科一（福建）超纤股份有限公司	中型	泉州芳源文体用品有限公司
中型	福建省泉州市力达机械有限公司	中型	泉州盛达轻工有限公司
中型	福建圣莎拉集团制衣有限公司	中型	福建惠安县嘉泰鞋材有限公司
中型	福建省惠安县建盛石雕厂	中型	福建志成鞋塑有限公司
中型	惠安县天荣石材有限公司	中型	泉州市美克体育用品有限公司
中型	泉州亿豪石业有限公司	中型	雀氏（福建）实业发展有限公司
中型	泉州船舶工业有限公司	中型	名郎（福建）鞋业有限公司
中型	安溪县群盛花园饰品有限公司	中型	安溪县颖鑫工艺有限公司
中型	福建省安溪县如意茶厂	中型	福建省安溪供电有限公司
中型	福建安溪富华工艺品有限公司	中型	福建安溪永发工艺品有限公司
中型	福建安溪合盛工艺品有限公司	中型	安溪新唐信家俱有限公司
中型	福建省安溪县凤华制衣有限公司	中型	福建省安溪雅斯达电器有限公司
中型	福建华城实业有限公司	中型	福建纬璇织造有限公司
中型	福建省安溪茶厂有限公司	中型	福建省安溪县富达纸品包装厂
中型	福建安溪佳胜针织服装有限公司	中型	福建安溪聚丰工艺品有限公司
中型	安溪县英发家具装饰有限公司	中型	泉州圣利人服装织造有限公司
中型	安溪县城厢博园工艺厂	中型	泉州市天纶纺织科技有限公司
中型	安溪县贤发工艺制品有限公司	中型	泉州市凯鹰电源电器有限公司
中型	福建省安溪县丰业纸品包装有限公司	中型	安溪县城厢宏盛水暖铁件加工点
中型	泉州闽华电器有限公司	中型	福建省闽华电源股份有限公司

5-27 续表 5　　（2010 年）

企业规模	企业名称	企业规模	企业名称
中型	泉州安溪鑫兴亿鞋业有限公司	中型	福建省安溪八马茶业有限公司
中型	泉州瑞麦食品有限公司	中型	福建省安溪恒星家俱有限公司
中型	泉州恒发工艺品有限公司	中型	福建省安溪县青贤矿业有限公司
中型	安溪县恒珀利锰铁矿有限公司	中型	福建省安溪县大坪绿色食品工程有限公司
中型	福建省安溪县德远矿业有限公司	中型	福建省安溪县祥华冠和茶厂
中型	福建省永春县供电有限责任公司	中型	福建永春添福雨具制品有限公司
中型	福建三豪织造有限公司	中型	福建省永春宏泰实业有限公司
中型	永春县南德针织时装有限公司	中型	福建欧美龙体育用品有限公司
中型	泉州锦林环保高新材料有限公司	中型	福建翔升纺织有限公司
中型	永春县泉永机械配件有限公司	中型	福建万家美轻纺服饰有限公司
中型	福建永春美岭人造板厂	中型	永春县西萍煤矿有限责任公司
中型	永春县铅坑煤矿有限责任公司	中型	永春福源锌业有限公司
中型	福建海汇化工有限公司	中型	福建省泉州美岭水泥有限公司
中型	福建省泉州双恒集团有限公司	中型	泉州来亚丝卫生用品有限公司
中型	福建省德化县佳美彩印包有限公司	中型	泉州市德化宏远陶瓷有限公司
中型	福建省德化龙峰陶瓷有限公司	中型	德化县新隆泰化工实业有限公司
中型	福建省德化县供电有限责任公司	中型	福建省德化县友盛陶瓷有限公司
中型	福律省德化必德陶瓷有限公司	中型	福建省协发光洋陶瓷有限公司
中型	福建省德化县佳美工艺品有限责任公司	中型	德化县顺尔美工艺品有限公司
中型	德化县顺德包装彩印有限公司	中型	泉州市创意集团公司
中型	福建省泉州冠杰陶瓷有限公司	中型	福建省德化鑫阳矿业有限公司
中型	石狮市迪娜胸围内衣公司	中型	飞亚世（石狮）体育用品有限公司
中型	特克威（中国）有限公司	中型	石狮市吉祥鸟鞋业有限公司
中型	福建霸岛鞋服有限公司	中型	石狮市拼牌体育用品有限公司
中型	福建省拼牌服饰有限公司	中型	福建石狮市福盛鞋业有限公司

（2010 年）

企业规模	企业名称	企业规模	企业名称
中型	石狮市小玩皮服装织造有限公司	中型	石狮市威敌狼鞋业有限公司
中型	石狮市佐岸服饰有限公司	中型	石狮市爱登堡制衣发展有限公司
中型	福建省石狮市电力联营公司	中型	石狮市意利王制衣发展有限公司
中型	石狮市伊思曼鞋服有限公司	中型	石狮市凯帝服饰织造有限公司
中型	圣天狐服饰织造（中国）有限公司	中型	石狮市信荣五金皮具有限公司
中型	石狮市雄豹狼服装发展有限公司	中型	石狮市皇鑫服饰有限公司
中型	石狮市豪健服装实业有限公司	中型	石狮市天皇星服饰有限公司
中型	石狮市豪迈王制衣有限公司	中型	石狮市猛士达鞋业有限公司
中型	石狮市尊贵鞋业发展有限公司	中型	石狮鑫键服饰织造有限公司
中型	石狮市必胜马鞋业有限公司	中型	福建野豹儿童用品有限公司
中型	石狮市彬伊奴服饰有限公司	中型	浪漫公子制衣有限公司
中型	盖奇（中国）织染服饰有限公司	中型	石狮市赛琪体育用品有限公司
中型	斯舒郎体育用品有限公司	中型	石狮市奥力体育用品有限公司
中型	石狮市凯而来体育用品有限公司	中型	福建凯斯特体育用品有限公司
中型	斯得雅（中国）有限公司	中型	福建省鑫盛达织造有限公司
中型	石狮市新奇达服饰有限公司	中型	福建龙诚纺织实业有限公司
中型	福建和益塑料有限公司	中型	石狮华飞制衣有限公司
中型	福建华翔服饰有限公司	中型	石狮市永兴鞋材有限公司
中型	福建省强力体育用品有限公司	中型	石狮市豪迈鞋业有限公司
中型	石狮市盈丰服饰有限公司	中型	石狮市富热服装鞋帽有限公司
中型	福建省石狮市华联服装配件企业有限公司	中型	石狮市锦荣塑料五金有限公司
中型	奥捷五金（福建）有限公司	中型	威兰西（中国）服饰有限公司
中型	石狮市豪德盛实业有限公司	中型	福建省石狮供水股份有限公司
中型	石狮市劲昌鞋服有限公司	中型	石狮市木仕美鞋服有限公司
中型	石狮市伊妮斯服饰有限公司	中型	石狮市鑫达工业有限公司

5-27 续表 7 （2010 年）

企业规模	企业名称	企业规模	企业名称
中型	石狮市信佳电子有限公司	中型	石狮市卡宾服饰发展有限公司
中型	福建金迈王鞋服制品有限公司	中型	石狮市利美斯制衣有限公司
中型	石狮市韦蓝琪服装织造有限公司	中型	福建省老人城服装发展有限公司
中型	石狮市飞鹰塑胶有限公司	中型	石狮市周织制衣有限公司
中型	福建省石狮市壁虎王制衣有限公司	中型	福建日盛化工有限公司
中型	福建省石狮市威明制衣实业有限公司	中型	福建省昇邦电子科技有限公司
中型	福建华丰纺织有限公司	中型	石狮市佳龙石化纺纤有限公司
中型	石狮市青灿五金工艺品有限公司	中型	石狮市亿祥染整有限公司
中型	石狮市华宝明祥食品有限公司	中型	石狮市祥鸿织造漂染有限公司
中型	石狮市贝瑞特服装洗染有限公司	中型	福建加多宝饮料有限公司
中型	福建冠兴皮革有限公司	中型	冠宏（中国）有限公司
中型	石狮市华润织造印染有限公司	中型	石狮市聚祥漂染有限公司
中型	石狮市清源印染发展有限公司	中型	福建协盛协丰印染实业有限公司
中型	协盛协丰（泉州）纺织实业有限公司	中型	金时达（福建）电子科技有限公司
中型	石狮市宏太纺织发展有限公司	中型	石狮市祥华集团有限公司
中型	石狮市锦祥漂染有限公司	中型	石狮市特斯无纺布制造有限公司
中型	石狮市鼎盛漂染织造有限公司	中型	石狮市润峰服装织染有限公司
中型	石狮市万峰盛漂染织造有限公司	中型	石狮市龙兴隆染织实业有限公司
中型	石狮市宝益织造印染有限公司	中型	石狮市快克体育用品有限公司
中型	鹏程实业有限公司	中型	石狮市鸿达纺织品整理有限公司
中型	诗葳琦服饰（福建）有限公司	中型	石狮雷腾服饰有限公司
中型	福建大帝实业有限公司	中型	福建普斯特服饰有限公司
中型	晋江奇峰食品有限公司	中型	晋江市亿泰鞋用材料有限公司
中型	泉州鑫泰鞋材有限公司	中型	晋江成昌鞋业有限公司
中型	佳亿（福建）鞋塑有限公司	中型	晋江兴安皮业有限公司

5-27 续表 8　　　　　　　　　　　　（2010 年）

企业规模	企业名称	企业规模	企业名称
中型	福建彬晖轻工有限公司	中型	泉州晋江大三豪鞋服有限公司
中型	晋江市顺超鞋服有限公司	中型	露友（中国）有限公司
中型	晋江市成达齿轮有限公司	中型	晋江明伟鞋服有限公司
中型	福建省晋江市群英包装有限公司	中型	福建凤竹纺织科技股份有限公司
中型	晋江振兴鞋塑有限公司	中型	晋江市温克王鞋业有限公司
中型	爱奇（福建）鞋塑有限公司	中型	晋江市金鼠王鞋业有限公司
中型	晋江豪达建材有限公司（福建省晋江西园豪达建材厂）	中型	晋江国源皮业有限公司
中型	福建美明达鞋业发展有限公司	中型	福建久久王食品工业有限公司
中型	冠科（福建）电子科技有限公司	中型	艾派集团（中国）有限公司
中型	福建省晋江市小兄弟食品工业有限公司	中型	福建雅客食品有限公司
中型	福建省好邻居食品工业有限公司	中型	福建惠康食品工业有限公司
中型	金冠（中国）食品有限公司	中型	泉州创姿电子有限公司
中型	晋江洋森服装有限公司	中型	福建省晋江保日达体育用品有限公司
中型	福建省晋江市元冠服饰有限公司	中型	晋江浩浪服饰有限公司
中型	晋江南泰鞋服有限公司	中型	晋江胜昌制衣有限公司
中型	晋江爱尔特服饰有限公司	中型	福建省晋江市华宇织造有限公司
中型	晋江市阿一波食品工贸有限公司	中型	福建省晋江福源食品有限公司
中型	晋江市安海新艺制革有限公司	中型	晋江市恒达陶瓷有限公司
中型	晋江腾达陶瓷有限公司	中型	泉州腾辉陶瓷有限公司
中型	联邦印染（泉州）有限公司	中型	福建晋工机械有限公司
中型	福建省晋江市兴达机电器材有限公司	中型	晋江市恒安卫生材料有限公司
中型	兴业皮革科技股份有限公司	中型	福建晋江市祥达陶瓷有限公司
中型	福建省晋江市矿建釉面砖厂	中型	福建省晋江豪山建材公司
中型	晋江远东陶瓷有限公司	中型	福建华泰集团有限公司
中型	福建省晋江市小虎陶瓷有限公司	中型	福建省晋江七彩陶瓷有限公司

5-27 续表 9　　　　　　　　　　　　（2010 年）

企业规模	企业名称	企业规模	企业名称
中型	福建省晋江市豪鹏陶瓷有限公司	中型	晋江前兴陶瓷有限公司
中型	福建东南陶瓷有限公司	中型	福建省晋江市永源建材有限公司
中型	福建省晋江市磁灶汇丰陶瓷建材厂	中型	佳辉（福建）陶瓷有限公司
中型	福建省晋江万利瓷业有限公司	中型	福建省晋江市联兴建材有限公司
中型	福建省晋江晋成陶瓷有限公司	中型	九牧王（中国）有限公司晋江公司
中型	福建省晋江诚达陶瓷厂	中型	福建省晋江市丹豪陶瓷有限公司
中型	福建省凤山石材集团有限公司	中型	晋江市趋时鞋服有限公司
中型	晋江市翔诚鞋塑有限公司	中型	晋江市泰亚鞋业发展有限公司
中型	福建高力克鞋业发展有限公司	中型	福建省晋江市大自然彩色印刷有限公司
中型	泉州振兴纺织有限公司	中型	福建恩东体育用品有限公司
中型	爱乐服装鞋业（福建）有限公司	中型	福建省晋江爱尔达鞋服有限公司
中型	福建省晋江市帝星鞋塑有限公司	中型	福建省晋江市国辉鞋服有限公司
中型	三斯达（福建）鞋业有限公司	中型	国发（福建）塑胶有限公司
中型	晋江市兆克鞋塑有限公司	中型	奇安达（福建）体育用品有限公司
中型	茂泰（福建）鞋材有限公司	中型	福建省晋江市陈埭爱利宝鞋服有限公司
中型	晋江市新风鞋塑有限公司	中型	三六一度（福建）体育用品有限公司
中型	达郎（福建）体育用品有限公司	中型	福建森羽鞋服有限公司
中型	福建省名乐体育用品有限公司	中型	福建八匹马鞋业发展有限公司
中型	晋江金益鞋服有限公司	中型	康踏（福建）体育用品有限公司
中型	晋江市助乐体育用品有限公司	中型	晋江市派乐鞋业有限公司
中型	福建省晋江市陈埭爱尔美制鞋有限公司	中型	福建省晋江八哥鞋业有限公司
中型	福建省求质体育用品有限公司	中型	泉州安超鞋业有限公司
中型	泉州市至诚纤维织造有限公司	中型	晋江大森制衣有限公司
中型	福建省晋江市中利鞋材有限公司	中型	福建省晋江市喜得狼体育用品有限公司
中型	福建金莱克体育用品有限公司	中型	晋江市慷慨橡塑制品有限公司

5-27 续表 10　　　　（2010 年）

企业规模	企业名称	企业规模	企业名称
中型	福建晋江市华利鞋业有限公司	中型	福建省晋江市时兴鞋服有限公司
中型	福联（福建）鞋塑有限公司	中型	晋江亿利亿鞋塑发展有限公司
中型	福建省霸克体育用品有限公司	中型	福建省晋江市新纪元鞋业发展有限公司
中型	泉州宝树包装有限公司	中型	晋江源泰皮革有限公司
中型	闽发（福建）鞋材有限公司	中型	富士达（福建）鞋塑有限公司
中型	福建省晋江市创新鞋业有限公司	中型	福建新纪元鞋材发展有限公司
中型	福建省晋江市亨美鞋业有限公司	中型	诚安（福建）鞋业有限公司
中型	福建省晋江远通鞋业有限公司	中型	福建省晋江市陈埭强力鞋塑有限公司
中型	福建华鸿鞋材有限公司	中型	福建省晋江市太平洋鞋业有限公司
中型	福建晋江万泰盛鞋服有限公司	中型	恒发（福建）轻工业发展有限公司
中型	鳄莱特（福建）轻工发展有限公司	中型	得利（福建）轻工有限公司
中型	鑫威（福建）轻工有限公司	中型	福建晋江龙之步鞋服有限公司
中型	福建省脚王体育用品有限公司	中型	福建省晋江市加来盟鞋塑有限公司
中型	道崎（福建）制鞋有限公司	中型	晋江喜伯登体育用品有限公司
中型	野力体育（中国）有限公司	中型	星泉（福建）鞋塑有限公司
中型	进源（福建）鞋业有限公司	中型	晋江市东风鞋塑有限公司
中型	福建省晋江市陈埭龙德鞋服有限公司	中型	骆驼（福建）户外用品有限公司
中型	福建省晋江步美斯鞋服有限公司	中型	福建得尔顺体育用品有限公司
中型	晋江市联盟服装织造有限公司	中型	福建省晋江市东石耐特克机械有限公司
中型	福建省泉州喜多多食品有限公司	中型	福建晋江富兴伞业有限公司
中型	梅花伞业股份有限公司	中型	富隆（福建）洋伞有限公司
中型	晋江富永雨具有限公司	中型	晋江鸿盛雨具有限公司
中型	晋江万裕达纺织服装有限公司	中型	泉州大和金属包装制品有限公司
中型	晋江集成轻工有限公司	中型	晋江连捷纺织印染实业有限公司
中型	晋江奇美宠物礼品工业有限公司	中型	晋江福联织造有限公司

5-27 续表 11　　　　　　　　　　　　（2010 年）

企业规模	企业名称	企业规模	企业名称
中型	晋江市隆盛针织印染有限公司	中型	福建晋江振华雨具制品有限公司
中型	福建雨丝梦洋伞实业有限公司	中型	晋江腾翔织造有限公司
中型	晋江市天守服装织造有限公司	中型	晋江思梦发织造制衣有限公司
中型	鸿泰（福建）雨件有限公司	中型	晋江源丰雨具有限公司
中型	晋江华峰织造印染实业有限公司	中型	晋江华闽织造有限公司
中型	晋江市侨利服装有限公司	中型	福建省晋江市深沪达丽服装针织有限公司
中型	晋江市万泉河服饰有限公司	中型	通亿（泉州）轻工有限公司
中型	晋江市沪翔服装织造有限公司	中型	晋江市嘉利服装有限公司
中型	福建浔兴集团有限公司	中型	晋江市达丽服装织造有限公司
中型	晋江市亿裕服装织造有限公司	中型	晋江市胜洋服装织造有限公司
中型	百佳（泉州）内衣有限公司	中型	晋江三东服装织造有限公司
中型	晋江市维顺达尔芙服饰有限公司	中型	福建省晋江市浩沙制衣有限公司
中型	晋江市健远服装织造有限公司	中型	福建省晋江市嘉雄服装织造有限公司
中型	福建龙峰纺织科技实业有限公司	中型	晋江市大力亚服装织造有限公司
中型	晋江市龙兴隆染织实业有限公司	中型	晋江万兴隆染织实业有限公司
中型	晋江市维盛织造漂染有限公司	中型	福建省联丰盛漂染植绒有限公司
中型	晋江市通亿针织服饰有限公司	中型	晋江市盛航服装织造有限公司
中型	福建著龙服装有限公司	中型	福建玛莱特针织制衣有限公司
中型	东方骆驼制衣织造（中国）有限公司	中型	福建省锐高服装化纤纺织有限公司
中型	晋江市达胜纺织实业有限公司	中型	晋江市浚龙服装织造有限公司
中型	晋江新龙泰服装织造有限公司	中型	福建天辉织造有限公司
中型	福建大发集团有限公司	中型	晋江市盛隆纺织实业有限公司
中型	晋江市天姿纺织实业有限公司	中型	晋江市永盟服装织造有限公司
中型	晋江市世兴达服饰织造有限公司	中型	晋江七匹狼服装制造有限公司

5-27 续表 12　　　　（2010 年）

企业规模	企业名称	企业规模	企业名称
中型	福建冠达星五金制品有限公司	中型	福建晋江恒达利鞋业有限公司
中型	福建省康利体育用品有限公司	中型	福建伟尔踏鞋业有限公司
中型	泉州市伊望奇体育用品有限公司	中型	名志体育用品（中国）有限公司
中型	晋江市远力鞋业有限公司	中型	福建省晋江市池店达仕鞋业有限公司
中型	泉州溶盛鞋业有限公司	中型	晋江华坤鞋业有限公司
中型	泉州市恒裕轻工发展有限公司	中型	菲莉集团（福建）有限公司
中型	泉州寰球鞋服有限公司	中型	泉州富信鞋业有限公司
中型	晋江国盛鞋材有限公司	中型	新华宝（福建）体育用品有限公司
中型	凯毅（福建）体育用品有限公司	中型	福建省舒华体育用品有限公司
中型	福建南鹰陶瓷有限公司	中型	福建省晋江市内坑社仔顺兴陶瓷建材厂
中型	福建省晋江市德铭陶瓷有限公司	中型	福建省安泰建材实业有限公司
中型	晋江市港龙陶瓷有限公司	中型	晋江市品质陶瓷建材有限公司
中型	福建省晋江市恒人鞋业有限公司	中型	晋江恒盛玩具有限公司
中型	源兴包装（中国）有限公司	中型	晋江市鸿达五金皮具有限公司
中型	福建信隆纺织有限公司	中型	福建裕隆纺纱有限公司
中型	福建省百凯弹性织造有限公司	中型	福建百凯纺织化纤实业有限公司
中型	晋江金豪雀服装织造有限公司	中型	福建省百凯拉链服饰有限公司
中型	福建省百凯经编实业有限公司	中型	晋江市远大服装织造有限公司
中型	晋江市狄威龙服装织造有限公司	中型	晋江市闽南水产开发有限公司
中型	晋江市宏伟服饰发展有限公司	中型	晋江南方织造有限公司
中型	福建利瑶纺织制衣有限公司	中型	晋江大赢家服饰织造有限公司
中型	晋江亿兴隆纺织实业有限公司	中型	晋江市华鑫织造发展有限公司
中型	福建鑫华股份有限公司	中型	晋江市三福纺织实业有限公司
中型	晋江市佳福化纤实业有限公司	中型	晋江福鑫纺织有限公司

5-27 续表 13　　　　　　　　　　　　　　　　（2010 年）

企业规模	企业名称	企业规模	企业名称
中型	福建省盈丰服装织造有限公司	中型	晋江市信鑫拉链织有限公司
中型	福建省晋江市龙湖雷马服装实业有限公司	中型	晋江福兴拉链有限公司
中型	福建省晋江市永和富华食品有限公司	中型	晋江市永信达织造制衣有限公司
中型	盛辉（福建）鞋材有限公司	中型	福建省索力鞋业有限公司
中型	晋江市恒祥服装织造有限公司	中型	晋江市永固纺织涂层有限公司
中型	福建集成伞业有限公司	中型	晋江市捷达汽车配件有限公司
中型	劲霸男装股份有限公司	中型	福建晋江市贝斯特织造有限公司
中型	福建墩煌服装有限公司	中型	福建劲霸经编有限公司
中型	晋江劲霸男装有限公司	中型	晋江柒牌服饰有限公司
中型	晋江市浪仕服装织造有限公司	中型	晋江市合盛轻工发展有限公司
中型	福建合德轻工有限公司	中型	福建高迪织造有限公司
中型	晋江市七彩狐服装织造有限公司	中型	晋江市三荣印花织造有限公司
中型	晋江市振祥服饰织造有限公司	中型	福建省德荣纺织科技有限公司
中型	锦兴（福建）化纤纺织实业有限公司	中型	晋江市锦福化纤聚合有限公司
中型	晋江志顺服装有限公司	中型	晋江市迪盛陶瓷建材有限公司
中型	福建省晋江协隆陶瓷有限公司	中型	晋江雄溢鞋塑有限公司
中型	泉州华祥纸业有限公司	中型	福建省晋江优兰发纸业有限公司
中型	晋江市恒兴雨具玩具有限公司	中型	晋江市辉达包装有限公司
中型	福建亲亲股份有限公司	中型	福建晋江凤竹纸品实业有限公司
中型	福马咪咪（福建）食品工业有限公司	中型	福建省晋江市信龙机械工业有限公司
中型	蜡笔小新（福建）食品工业有限公司	中型	峰安皮业股份有限公司
中型	复兴达（福建）鞋业发展有限公司	中型	福建省晋江市佳美食品有限公司
中型	晋江华威电源有限公司	中型	福建省晋江市三力机车有限公司
中型	福建晋江凤竹鞋业发展有限公司	中型	晋江金德织造有限公司

5-27 续表 14　　　　　　　　　　　　（2010 年）

企业规模	企业名称	企业规模	企业名称
中型	泉州市嘉利儿童用品有限公司	中型	福建省晋江市励精汽配有限公司
中型	晋江汇辉纺织有限公司	中型	晋江恒安家庭生活用纸有限公司
中型	福建兰峰制革有限公司	中型	福建泉州群发包装纸品有限公司
中型	晋江兴德织造有限公司	中型	泉州明辉轻工有限公司
中型	福建省长立体育用品有限公司	中型	雅客（中国）有限公司
中型	晋江市特步体育用品有限公司	中型	恒安（中国）纸业有限公司
中型	晋江市东盛服饰配件公司	中型	福建可利得皮革纤维有限公司
中型	恒安（中国）卫生用品有限公司	中型	晋江毅恒鞋材有限公司
中型	福建乐天食品有限公司	中型	耀利（中国）有限公司
中型	金保利（泉州）科技实业有限公司	中型	福建省大远鞋材发展有限公司
中型	福建省晋江市电力有限责任公司	中型	泛科轴承集团有限责任公司
中型	福建省南安市富源鞋业有限公司	中型	泉州市三星消防设备有限公司
中型	福建天广消防科技股份有限公司	中型	福建省南安市电力有限责任公司
中型	福建省南安市嘉华包装有限公司	中型	南安市三晶硅品精制有限公司
中型	福建固美金属有限公司	中型	福建宏发集团有限公司
中型	港龙（泉州）石材有限公司	中型	福建省泉州市日泰茶业有限公司
中型	福建高科日化有限公司	中型	南安市华益塑胶制造有限公司
中型	福建省南安市华盛陶瓷建材厂	中型	福建省南安市华盛建材有限公司
中型	汇磊石业（泉州）有限公司	中型	泉州宝丰石材有限公司
中型	福建飘戴服饰有限公司	中型	福建飞越鞋服有限公司
中型	福建省白沙消防工贸有限公司	中型	福建南安市万家美针织有限公司
中型	福建南安市南华鞋业有限公司	中型	福建省南安市三恒密胺制品有限公司
中型	南安市源兴塑胶制品有限公司	中型	福建恒利纸业有限公司
中型	福建省南安市新厅皮塑有限公司	中型	福建省南安市恒盛仿瓷餐具有限公司

5-27 续表 15　　　　　　　　　　　　　　　　　　（2010 年）

企业规模	企业名称	企业规模	企业名称
中型	福建省南安市南源针织时装有限公司	中型	南安市南磁电子有限公司
中型	南安市金枪王家居用品有限公司	中型	福建申利卡洁具发展有限公司
中型	南安市利达五金工业有限公司	中型	福建欧联卫浴有限公司
中型	福建省上水明珠发展有限公司	中型	泉州九牧洁具有限公司
中型	福建申利卡铝业发展有限公司	中型	辉煌水暖集团有限公司
中型	申鹭达集团有限公司	中型	申鹭达股份有限公司
中型	福建福泉集团有限公司	中型	南安南发毛织有限公司
中型	挑战狼（福建）服饰有限公司	中型	福建省南安市驰之狼制衣有限公司
中型	福建省南安市华兴雨具日用制品有限公司	中型	南安市嘉华制衣厂
中型	福建泉州联兴纸业集团有限公司	中型	泉州市宏利伞业有限公司
中型	泉州贵格纸业有限公司	中型	福建省泉州仙美服饰有限公司
中型	泉州市兴达轻工（集团）有限公司	中型	福建省南安市隆鹰鞋业有限公司
中型	福建省南安市剑桥鞋服有限公司	中型	福建省南安市波辉鞋服有限公司
中型	东野（福建）家具有限公司	中型	泉州市芙蓉工艺陶瓷有限公司
中型	南安市南泉制衣有限公司	中型	福建松立带钢有限公司
中型	福建省辉源达钢铁制品有限公司	中型	福建金锋钢业有限公司
中型	福建省辉源金属制品有限公司	中型	福建莱克石化有限公司
中型	福建中天生活用品有限公司	中型	福建省南安市南晶针织时装（中国）有限公司
中型	福建南安市东和轻工有限公司	中型	福建省足友体育用品有限公司
中型	福建省南安市帮登鞋业有限公司	中型	福建省金鹿日化有限公司
中型	福建南安劲达鞋服有限公司	中型	福建省南安市康美纺织漂染厂
中型	福建省大康体育用品有限公司	中型	福建省南安市森源木业有限公司
中型	南安市环亚泡塑企业有限公司	中型	福建泉工机械有限公司
中型	福建省南安市福山五金机电有限公司	中型	中骏电气（泉州）有限公司

（2010 年）

企业规模	企业名称	企业规模	企业名称
中型	泉州市双塔汽车零件有限公司	中型	泉州市闽达机械制造有限公司
中型	福建明佳机械科技股份有限公司	中型	南安南丰纺织有限公司
中型	福建省泉州市澳都制衣有限公司	中型	泉州市金华油脂食品有限公司
中型	福建泉州市金穗米业有限公司	中型	南安协进建材有限公司
中型	福建南安市新东源石业有限公司	中型	嘉华建材（福建）有限公司
中型	泉州市新豪山石材工贸有限公司	中型	福建省南安市泉隆石业有限公司
中型	泉州市华圣食品有限公司	中型	福建华仁油脂有限公司
中型	福建省南安市鹰山陶瓷有限公司	中型	南安市乐普艺术陶瓷有限公司
中型	福建省南安市吉祥保利建材厂	中型	福建省铭盛陶瓷发展有限公司
中型	福建省南安市豪联建材发展有限责任公司	中型	福建省南安鹏程石业有限公司
中型	福建泉州南星大理石有限公司	中型	福建省华辉石业股份有限公司
中型	福建省东升石业股份有限公司	中型	福建省新鹏飞实业发展有限公司
中型	福建省万隆石业股份有限公司	中型	福建溪石股份有限公司
中型	溪石集团发展有限公司	中型	南安市水头康利石材有限公司
中型	泉州利昌塑胶有限公司	中型	宏发集团（中国）有限公司
中型	汇盈化学品实业（泉州）有限公司	中型	南安市南星工业机械有限公司
中型	南安市南华纺织有限公司	中型	南安南泰时装针织有限公司
中型	南安南益纺织有限公司	中型	福建省南安市远达石材有限公司
中型	福建南安市振华副食品有限公司	中型	福建省南安市瑞达石业有限公司
中型	福建鹏翔实业有限公司	中型	环球石材（福建）有限公司
中型	泉州市新兴石材工艺有限公司	中型	泉州荣达陶瓷有限公司
中型	福建省南安市巨轮机械有限公司		

5-28　2010年漳州市工业企业概况

2010年，漳州市继续深入实施“工业强市”战略，积极采取有效措施，促进工业经济持续较快增长，运行质量稳步提高。全年全部工业总产值达2155.57亿元，比上年增长30.5%，其中，规模以上工业实现工业总产值1945.51亿元，增长33.4%，全部工业总产值和规模以上工业产值的增幅均创1995年以来新高；规模以上工业实现工业增加值534.63亿元，增长25.3%。

2010年漳州市工业经济运行呈现以下特点：

一是民营工业快速增长。2010年，漳州规模以上民营企业实现工业增加值220.60亿元，比上年增长43.0%，增幅同比提高13.2个百分点，对全市规模工业增长的贡献率达到59.8%。

二是亿元企业支撑有力。全市共有产值超亿元的工业企业372家，比上年增加107家，实现产值1397.19亿元，增长31.6%，占全市规模工业企业的71.8%。

三是重点产业聚集加快。2010年，漳州市石化工业、装备制造、特殊钢铁、食品工业等新的四大主导产业完成增加值332.94亿元，比上年增长31.9%。

四是县域工业增势强劲。2010年，漳州市8个县中有7个县规模以上工业增加值增幅高于全市平均水平，共实现工业增加值215.83亿元，比上年增长35.8%，增速高出全市规模以上工业平均水平10.5个百分点。

五是经济效益综合指数继续上扬。2010年，漳州市规模工业经济效益整体向好，经济效益综合指数整体呈上升走势，全市工业经济效益综合指数为203.2，比上年提高17.3个点。从七项构成指标看，有五项指标优于上年，分别是总资产贡献率11.2%，提高1.0个百分点；资本保值增值127.1%，提高5.4个百分点；成本费用利润率4.5%，提高0.2个百分点；全员劳动生产率15.99万元/人，增加2.12万元/人；产品销售率97.7%，提高1.3个百分点。流动资产周转次数2.7次，与上年持平，只有资产负债率（逆指标）略差于上年，上升了0.03个百分点。

六是“4+4”产业是拉动全市利润增长的重要力量。2010年，全市规模以上工业实现利润79.85亿元，比上年增长48.4%。分轻重工业看，轻工业的利润增长速度高于重工业。2010年，轻工业实现利润35.06亿元，增长81.5%，重工业实现利润44.79亿元，增长29.8%。分行业看，全市35个行业大类中，有32个行业实现盈利，3个行业亏损。四大主导产业与四大战略产业共实现利润63.90亿元，增长40.6%，占全市规模以上工业利润总额的80.0%，拉动全市利润增长34.3个百分点。

2010年，漳州市规模以上工业企业数达2338家，占全省规模以上工业企业总数的11.8%，居全省第三位。

漳州市大中型工业企业详见表5-29。

注：本文数据均采用快报数。

5-29 漳州市大中型工业企业

（2010年）

企业规模	企业名称	企业规模	企业名称
大型	福建省东山县海魁水产集团有限公司	大型	正兴车轮集团有限公司
大型	漳州灿坤实业有限公司	大型	南靖万利达科技有限公司
大型	漳州蒙发利实业有限公司	中型	漳州水仙药业有限公司
中型	福建标新易开盖集团有限公司	中型	漳州片仔癀药业股份有限公司
中型	福建龙溪轴承（集团）股份有限公司	中型	福建标新集团（漳州）制罐有限公司
中型	漳州新园轻工实业有限责任公司	中型	福建糖业股份有限公司
中型	福建二菱电子有限公司	中型	漳州市益泉食品有限公司
中型	福建三宝钢铁有限公司	中型	太平洋制罐（漳州）有限公司
中型	漳州大北农农牧科技有限公司	中型	福建三宝特钢有限公司
中型	漳州隆升体育用品有限公司	中型	漳州天保龙食品有限公司
中型	信华食品（漳州）有限公司	中型	雅歌乐器（漳州）有限公司
中型	全世好（漳州）家具有限公司	中型	丰笙实业（漳州）有限公司
中型	漳州宏源表业有限公司	中型	漳州三川钢管制品有限公司
中型	漳州万利达光催化科技有限公司	中型	漳州市国辉工贸有限公司
中型	福建东林家俱有限公司	中型	漳州科晖专用汽车制造有限公司
中型	漳州科华技术有限责任公司	中型	福建万顺粉末涂料有限公司
中型	新佳美（漳州）日用品有限公司	中型	漳州万利达生活电器有限公司
中型	漳州申荣木制品有限公司	中型	宝诺（福建）电子有限公司
中型	福建东方食品集团有限公司	中型	漳州市万安实业有限公司
中型	漳州裕兴进出口贸易有限公司	中型	尧富家具（漳州）有限公司
中型	漳州市百乐家具有限公司	中型	漳州宝丰实业有限公司
中型	福建省明欣集团有限公司	中型	福建漳州市港昌罐头食品有限公司
中型	漳州科能电器有限公司	中型	漳州金鑫辉包装有限公司
中型	福建思特电子有限公司	中型	大闽食品（漳州）有限公司
中型	富华（漳州）光学工业有限公司	中型	漳州市恒丽电子有限公司
中型	漳州矢崎汽车配件有限公司	中型	新利达（漳州）包装纸品有限公司
中型	漳州市闽达印铁有限公司	中型	福建力佳股份有限公司

5-29 续表 1　　　　（2010 年）

企业规模	企业名称	企业规模	企业名称
中型	青蛙王子（中国）日化有限公司	中型	漳州杰安塑料有限公司
中型	漳州富亿纸品有限公司	中型	漳州市天辰纸品包装有限公司
中型	漳州市孚美实业有限公司	中型	漳州市荣昌企业发展有限公司
中型	福建永嘉家具有限公司	中型	漳州柏桦木业有限公司
中型	漳州市林奇钢管有限公司	中型	漳州红梅家具有限公司
中型	福建省信实节能照明有限公司	中型	福建省云霄县供电有限公司
中型	福建宝润光电有限公司	中型	云霄县大众兴纺织工业有限公司
中型	漳州市常山海之味冷冻食品有限公司	中型	漳州市东林电子有限公司
中型	福建肯博纺织工业有限公司	中型	漳浦县供电有限公司
中型	漳州泉丰食品开发有限公司	中型	漳州仂元工业有限公司
中型	福建省漳浦县扬绿化工有限公司	中型	漳浦菲普斯照明有限公司
中型	台玻福建光伏玻璃有限公司	中型	漳浦桂宏工业有限公司
中型	漳州天福茶业有限公司	中型	漳浦县南顺时装针织有限公司
中型	福建省诏安县供电有限公司	中型	漳州一帆重工有限公司
中型	诏安县安邦水产食品有限公司	中型	福建省诏安县海利水产有限公司
中型	福建省长泰厦广实业有限公司	中型	漳州市燕锋水产食品有限公司
中型	敦信纸业有限责任公司	中型	福建省长泰县供电有限公司
中型	长泰南华糖业有限公司	中型	福建省联盛纸业有限责任公司
中型	漳州立泰医疗康复器材有限公司	中型	长泰县长庆合成化工有限公司
中型	三力（福建）拉链有限公司	中型	福建元吉体育用品有限公司
中型	福建攀达实业有限公司	中型	福建荣树实业有限公司
中型	安安（中国）有限公司	中型	海德信（漳州）电光源有限公司
中型	福建鑫晟钢业有限公司	中型	漳州达林五金有限公司
中型	漳州市立达信电光源有限公司	中型	福建权昱工业有限公司
中型	桑德美耐皿制品（福建）有限公司	中型	漳州立强五金机械有限公司
中型	漳州万晖洁具有限公司	中型	福建长信纸业包装有限公司
中型	福建华祥电源科技有限公司	中型	俪人鞋业（福建）有限公司

5-29 续表 2　　（2010 年）

企业规模	企业名称	企业规模	企业名称
中型	福建长泰承义工业有限公司	中型	欧仕儿童用品（福建）有限公司
中型	东山新福水产加工有限公司	中型	福建省东山县供电有限公司
中型	东山县东盛食品有限公司	中型	福建东山县海之星水产食品有限公司
中型	东山融丰食品有限公司	中型	福建东山县顺发水产有限公司
中型	东山欧凯金属塑料制品有限公司	中型	英特（东山）食品有限公司
中型	漳州旗滨玻璃有限公司	中型	东山龙生水产制品有限公司
中型	东山县顺来发水产食品有限公司	中型	东山县东亚水产有限公司
中型	东山东毅食品有限公司	中型	东山东兴水产品加工有限公司
中型	福建省南靖县供电有限公司	中型	东山县东协成水产食品有限公司
中型	漳州友利达纸业发展有限公司	中型	漳州闽航发钢管有限公司
中型	优科能源（漳州）有限公司	中型	福建省南靖泰峰金属工业有限公司
中型	漳州永裕隆精密五金有限公司	中型	漳州永裕隆塑胶制品有限公司
中型	福建多棱铸造有限公司	中型	漳州港兴纸业有限公司
中型	福建平和宝峰罐头食品有限公司	中型	福建省平和县供电有限公司
中型	福建南海食品有限公司	中型	福建闽能光电科技有限公司
中型	漳州盈晟纸业有限公司	中型	利胜电光源（厦门）有限公司华安分公司
中型	福建立兴食品有限公司	中型	漳州紫金建材有限公司
中型	漳州立兴罐头食品有限公司	中型	龙翔实业有限公司
中型	福建省龙海市供电有限公司	中型	龙海鞋业有限公司
中型	福建省海新食品有限公司	中型	福建省欣龙包装制品有限公司
中型	福建永得利食品有限公司	中型	坚实（福建）集团有限公司
中型	福建希源纸业有限公司	中型	漳州华荣纸业有限公司
中型	漳州东利光学科技有限公司	中型	福建华发包装有限公司
中型	漳州市龙海集友塑料有限公司	中型	龙海市多棱锯条有限公司
中型	龙海万里川工业发展有限公司	中型	漳州市同发食品工业有限公司
中型	漳州新三和管桩有限公司	中型	漳州金之榕食品工业有限公司
中型	环讯机械科技（漳州）有限公司	中型	福建省漳州鑫盛钢结构工程有限公司

5-29 续表 3

（2010 年）

企业规模	企业名称	企业规模	企业名称
中型	福建海山食品有限公司	中型	漳州市昌龙汽车附件有限公司
中型	龙海市嘉荣食品有限公司	中型	漳州瑞泉网业制造有限公司
中型	鸿一粮油资源股份有限公司	中型	龙海市格林食品有限公司
中型	龙海市美佳人造板木业有限公司	中型	龙海市嘉昌水产有限公司
中型	福建省厨师食品集团有限公司	中型	漳州市美味食品有限公司
中型	福建华艺钟表集团有限公司	中型	福建紫山集团股份有限公司
中型	福建国安船业有限公司	中型	龙海市榜山民政三星造纸厂
中型	福建名屋食品有限公司	中型	福建新胜海船业有限公司
中型	漳州百合纺织有限公司	中型	漳州西华工业有限公司
中型	龙海奥瑞水产食品有限公司	中型	矽明光电（漳州）有限公司
中型	华阳电业有限公司	中型	丹夫食品（漳州）有限公司
中型	龙海市虎山罐头厂	中型	福建省腾龙工业公司
中型	高发（漳州）运动器材有限公司	中型	泰山企业（漳州）食品有限公司
中型	福建统一马口铁有限公司	中型	福建凯景钢铁开发有限公司
中型	龙海盛记食品工业有限公司	中型	福建福贞金属包装有限公司
中型	诺尔起重设备（中国）有限公司	中型	漳州开发区一德粮油有限公司
中型	福建凯西不锈钢有限公司	中型	友联船厂（漳州）有限公司
中型	福建豪氏威马钢铁制品有限公司	中型	漳州中集集装箱有限公司
中型	宏良食品（龙海）有限公司	中型	福建省泡吧食品有限公司
中型	漳州市海坤金属制品有限公司	中型	金冠（龙海）塑料包装有限公司
中型	长春化工（漳州）有限公司	中型	漳州金龙客车有限公司
中型	漳州市旭利照明电器有限公司	中型	龙海市九龙座椅有限公司
中型	漳州长鼎精密光学有限公司	中型	漳州喜盈门家具制品有限公司
中型	漳州鑫美达汽车零部件有限公司	中型	漳州朝良工业有限公司
中型	漳州新福达底盘有限公司	中型	漳州雅宝电子有限公司
中型	漳州新格有色金属有限公司	中型	福建省正舜汽车车轮有限公司

5-30　2010年南平市工业企业概况

2010年，南平工业生产仍然延续向好、企稳的运行态势，保持较快增长，对国民经济增长贡献突出。全社会工业增加值达 244.15 亿元，比上年增长 16.9%，其中，规模以上工业增加值 220.63 亿元，增长 18.0%。在规模以上工业中，其他经济类型企业增加值 12.58 亿元，增长 21.2%；股份合作企业增加值 0.66 亿元，增长 20.0%；股份制企业增加值 156.25 亿元，增长 19.7%；外商及港澳台投资企业增加值 40.91 亿元，增长 14.6%；国有企业增加值 9.66 亿元，增长 4.9%；集体企业增加值 0.57 亿元，下降 8.9%。非公有制企业和私营企业增加值分别为 190.02 亿元和 115.26 亿元，分别增长 18.3%和 19.3%。

全年全市规模以上工业完成总产值 777.15 亿元，增长 23.4%，增幅比上年提高 3.2 个百分点；完成增加值 220.60 亿元，增长 18.0%，增幅略降 0.6 个百分点。

从轻重工业看：轻、重工业总产值分别为 350.00 亿元和 427.20 亿元，分别比上年增长 24.9%和 22.3%，重工业增幅略慢于轻工业增幅 2.6 个百分点，但金融危机后的恢复速度远高于轻工业。

从企业注册类型看：2010 年，国有企业、股份合作企业、股份制企业分别完成工业总产值 51.50 亿元、2.40 亿元、559.60 亿元，分别比上年增长 23.9%、28.5%、24.1%，增幅均高于全市规模以上工业平均增幅水平。

从企业规模看：大、中型企业完成工业总产值 302.60 亿元，占全市规模以上工业总产值比重为 38.9%，增长 21.1%；小型企业完成工业总产值 474.60 亿元，增长 26.3%。

2010 年南平市工业经济运行呈现以下特点：

一是产销衔接良好，出口继续向好。在“大干150 天，打好五大战役”等投资项目的拉动作用下，全年规模以上工业内销产值 704.10 亿元，比上年增长 30.3%，产销率达 90.6%，占规模以上工业销售产值的 93.6%，均与上年持平。对规模以上工业销售产值增长的贡献率达 93.2%，拉动规模以上销售产值增长 28.4 个百分点。

随着国际市场的逐渐回暖，南平市工业品出口表现出强劲的恢复性增长。全年规模以上工业出口交货值为 47.80 亿元，比上年增长 33.7%，增幅比上年金融危机时的-9.5%提高了 43.2 个百分点。

二是企业效益改善，贡献能力增强。2010 年，全市规模以上工业经济效益综合指数从年初的低谷开始一直保持良好的上升态势，不断刷新历史水平，并首次突破 200 点大关。全市规模以上工业经济效益指数达 207.5，比上年提高 36.7 个点，计算工业经济效益综合指数的七项指标大部分优于上年水平，其中，总资产贡献率、成本费用利用率、产品销售率分别为 12.5%、5.9%、97.4%，分别比上年提高 3.0 个百分点、2.3 个百分点、0.9 个百分点；全员劳动生产率为 15.14 万元/人，增加 3.5 万元/人；资产负债率为 48.6%，减少 0.5 个百分点。

三是实现利润翻倍。2010 年，全市规模以上工业企业实现利润总额 40.90 亿元，比上年增长 114.2%，增幅比上年提高 108.2 个百分点。从经济类型看，国有企业增长最快，2010 年实现利润 1.23 亿元，增长 7.3 倍；总量较大的股份制企业、外商及港澳台商投资企业分别实现利润 25.20 亿元、12.00 亿元，分别增长 146.9%和 50.0%。

四是纳税和提供就业能力进一步增强。2010 年，全市规模以上工业企业上缴税金 18.80 亿元，比上年增长 16.3%，增幅比上年提高 16.9 个百分点。全市规模以上工业从业人员平均人数为 15.60 万人，增长 5.7%，其中，小型企业从业人员平均人数为 10.30 万人，增长 6.3%。

2010 年，南平市规模以上工业企业数达 1332 家，占全省规模以上工业企业总数的 6.7%。

南平市大中型工业企业详见表 5-31。

注：本文数据均采用快报数。

5-31 南平市大中型工业企业

（2010 年）

企业规模	企业名称	企业规模	企业名称
大型	福建南纺股份有限公司	大型	福建省南纸股份有限公司
大型	福建南平南孚电池有限公司	大型	福建省南平铝业有限公司
大型	福建省圣农实业有限公司	中型	南平市电力联营公司
中型	赢创嘉联白炭黑（南平）有限公司	中型	福建三山集团南平市钢铁有限公司
中型	福建源光亚明电器有限公司	中型	南平市亨通生态农业开发有限公司
中型	福建省南平市天平武夷水泥有限公司	中型	南平华闽汽车配件工业有限公司
中型	福建长富乳品有限公司	中型	福建南电股份有限公司
中型	福建省华银铝业有限公司	中型	福建省南平市新华安制衣有限公司
中型	福建省南铝板带加工有限公司	中型	福建南平太阳电缆股份有限公司
中型	南平市延发竹木有限公司	中型	福建元力活性炭股份有限公司
中型	福建南平永丰纺织有限公司	中型	福建丙午绿洲兔业发展有限公司
中型	福建省顺昌县供电有限公司	中型	福建省南平南线电缆有限公司
中型	福建省顺昌富宝实业有限公司	中型	福建水泥股份有限公司炼石水泥厂
中型	浦城县正大生化有限公司	中型	福建榕昌化工有限公司
中型	浦城绿康生化有限公司	中型	浦城县供电有限公司
中型	福建省光泽县供电有限公司	中型	浦城县闽城光学眼镜有限责任公司
中型	福建省松溪县精密铸造有限公司	中型	福建省松溪县供电有限公司
中型	福建武夷烟叶有限公司	中型	福建亚达集团有限公司
中型	福建省邵武市新福泉竹木业有限公司	中型	福建华电邵武发电有限公司
中型	福建邵化化工有限公司	中型	福煤（邵武）煤业有限公司
中型	福建杜氏木业有限公司	中型	福建省邵武市正兴武夷轮胎有限公司
中型	邵武中竹林纸有限责任公司	中型	福建王斌装饰材料有限公司
中型	武夷山市绿美竹木制品有限公司	中型	武夷山市祥龙纺织有限公司
中型	福建省特艺环保科技有限公司	中型	福建省建瓯黄华山酿酒有限公司
中型	福建省建瓯市供电有限公司	中型	福建篁城科技竹业有限公司
中型	福建明良集团有限公司	中型	建瓯福人木业有限公司
中型	福建省建瓯市顺发木业有限公司	中型	福建省建瓯市新叶食品有限公司
中型	建瓯中福木业有限公司	中型	福建省建瓯市华宇竹业有限公司
中型	福建省建阳市供电有限公司	中型	福建建阳龙翔科技开发有限公司
中型	福建省建阳武夷味精有限公司	中型	福建三爱药业有限公司
中型	福建省建阳市鑫泉木业有限公司	中型	福建六维实业有限公司
中型	建阳市碧全工艺品有限公司	中型	福建亚亨动力科技集团有限公司
中型	福建省建阳市汽车锻压件厂		

5-32　2010年龙岩市工业企业概况

2010年，龙岩市国民经济继续保持平稳较快的发展态势，工业生产稳定增长，经济运行质量基本稳定。

2010年，龙岩市全部工业实现增加值449.02亿元，比上年增长18.5%，工业对经济增长的贡献率由上年的41.2%提升到55.5%。其中，规模以上工业实现增加值430.84亿元，增长20.1%，"十一五"期间，全市工业增加值年均增长17.9%，比"十五"时期提高5.8个百分点。规模以上工业实现总产值1168.57亿元，增长29.3%，增速比全省平均水平高2.7个百分点，居各设区市第五位。

2010年龙岩市工业经济运行呈现以下特点：

一是重点工业行业支撑明显，烟草产业顺利破百亿。2010年，龙岩市"10+3"重点工业行业实现工业总产值1058.15亿元，较上年现价增长35.6%，占全市规模以上工业总产值的90.6%，拉动全市规模以上工业现价增长32.8%，对规模以上工业增长的贡献为86.1%。其中，烟草产业完成工业总产值100.17亿元，现价增长14.3%，成为继机械、建材、农副产品加工三大产业破百亿后，第四个破百亿的产业；机械产业完成工业总产值231.05亿元，现价增长42.9%；建材产业完成工业总产值134.53亿元，现价增长24.6%；农副产品加工产业完成工业总产值146.14亿元，现价增长53.6%；煤炭产业完成工业总产值94.18亿元，现价增长21.4%。

二是工业园区保持较快发展。2010年，龙岩市8个省级工业园区完成工业产值591.46亿元，比上年现价增长50.3%，增速比全市规模以上工业平均水平快21.0个百分点。其中，永定工业园区增长最快，增幅达114.0%；龙州工业园区总量最大，实现总产值160.61亿元，增长52.6%。

三是主要产品产量稳定增长。增速高于20%以上的产品主要有：服装增长58.7%、发电量增长56.0%、饲料增长38.8%、纱增长33.9%、白酒增长24.6%、改装车增长23.0%、生铁增长21.5%、环境污染防治设备21.0%。铲土运输机械、粗钢、卷烟、水泥小幅增长，增幅分别为8.4%、8.0%、6.7%、5.5%，此外，精炼铜大幅下降，降幅高达46.9%。

四是工业经济效益持续较高水平。2010年，龙岩市规模以上工业企业实现利润119.72亿元，比上年增长41.3%。其中，股份制企业实现利润77.87亿元，增长43.3%；外商及港澳台投资企业19.60亿元，增长50.5%；国有及国有控股企业64.55亿元，下降32.1%。

2010年，龙岩市规模以上工业企业数达1409家，占全省规模以上工业企业总数的7.1%。

龙岩市大中型工业企业详见表5-33。

注：本文数据均采用快报数。

5-33 龙岩市大中型工业企业

（2010 年）

企业规模	企业名称	企业规模	企业名称
大型	福建龙净环保股份有限公司	大型	福建煤电股份有限公司
大型	福建紫金矿业股份有限公司	中型	龙岩高岭土有限公司
中型	福建森华实业有限公司	中型	福建森宝食品集团股份有限公司
中型	福建佳丽斯家纺有限公司	中型	龙岩喜鹊纺织有限公司
中型	龙岩烟草工业有限责任公司	中型	龙岩成冠纺织有限公司
中型	龙工（福建）桥箱有限公司	中型	美家龙（龙岩）健身器材有限公司
中型	福建三华彩印有限公司	中型	龙工（福建）铸锻有限公司
中型	福建马坑矿业股份有限公司	中型	福建省龙岩龙化化工有限公司
中型	华润水泥（龙岩曹溪）有限公司	中型	福建龙岩春驰集团水泥有限公司
中型	龙岩卓鹰制铁有限公司	中型	福建龙麟集团有限公司
中型	福建龙马环卫装备股份有限公司	中型	龙岩市铭丰纸业有限公司
中型	龙岩畅丰车桥制造有限公司	中型	福建省亿隆家庭装饰品有限公司
中型	龙工（福建）机械有限公司	中型	龙工（福建）液压有限公司
中型	龙岩市港昌化工有限公司	中型	龙岩市新罗联合铸造有限公司
中型	龙岩陆家地煤矿有限公司	中型	福建省民爆化工股份有限公司
中型	龙岩市新罗区蓝田水泥厂	中型	龙岩市大豪煤炭有限公司
中型	龙岩市新罗区小池培斜竹制品有限公司	中型	福建省隆鑫纺织股份有限公司
中型	长汀铭郎服饰有限公司	中型	福建海华纺织有限公司
中型	福建省长汀威鸿制衣有限公司	中型	福建天守服装织造发展有限公司

5-33 续表 1　　　　　　　　　　　　（2010 年）

企业规模	企业名称	企业规模	企业名称
中型	福建华平纺织服装实业有限公司	中型	福建天守文兴纺织发展有限公司
中型	福建省长汀鸿程纺织有限公司	中型	福建省长汀盼盼食品有限公司
中型	长汀长诚鞋业有限公司	中型	福建省卡鑫隆服饰制造有限公司
中型	安踏（长汀）体育用品有限公司	中型	福建省长汀县供电有限公司
中型	福建省长汀金龙稀土有限公司	中型	福建凯鲍汽车制造有限公司
中型	福建省永定县供电有限公司	中型	福建省龙岩金叶复烤有限公司
中型	国产实业（福建）水泥有限公司	中型	龙岩盛丰机械制造有限公司
中型	福建省永定闽福建材有限公司	中型	福建省上杭县电力公司
中型	上杭县盛先纺织有限公司	中型	福建紫金铜业有限公司
中型	福建金艺铜业有限公司	中型	上杭建润电业有限公司
中型	福建兴朝阳硅材料股份有限公司	中型	福建金山黄金冶炼有限公司
中型	福建省新华都工程有限责任公司	中型	福建省上杭县金山建设工程公司
中型	福建省武平县供电有限公司	中型	福建塔牌水泥有限公司
中型	中恒通（福建）机械制造有限公司	中型	武平紫金矿业有限公司
中型	福建雨露光电科技有限公司	中型	福建省连城红心地瓜干（集团）有限公司
中型	连城县供电有限公司	中型	连城县东方经济开发有限公司
中型	连城百冠人造板有限责任公司	中型	福建省漳平市供电有限公司
中型	福建省漳平木村林产有限公司	中型	千百汇（漳平）工艺有限公司
中型	福建华电漳平火电有限公司	中型	福建漳平发电有限公司
中型	福建漳平振鸿水泥有限公司	中型	福煤（漳平）煤业有限公司
中型	福建省潘洛铁矿有限责任公司	中型	漳平红狮水泥有限公司

5-34 2010年宁德市工业企业概况

2010年，宁德市工业战线紧紧围绕“环三”发展战略，着力打好“五大战役”，工业经济呈现跨越发展的局面，在加快发展中实现了新的跨越。全年规模以上工业实现产值917.60亿元，比上年增长42.6%。全部工业实现增加值264.03亿元，增长27.8%，拉动经济增长9.3个百分点，贡献率高达61.8%；工业增加值占GDP的比重达35.9%，比上年提高3.1个百分点。其中，规模以上工业实现增加值232.89亿元，增长32.5%，增幅连续六年居各设区市首位。

2010年宁德市工业经济运行呈现以下特点：

一是轻重工业齐头并进，非公有制企业发展强劲。2010年，宁德市规模以上轻、重工业分别实现产值235.06亿元和682.54亿元，产值同比增速均在40.0%以上，分别达到48.0%和40.8%。

全市非公有制企业实现产值818.26亿元，占全市规模以上工业产值的89.2%，比上年增长47.5%，比全市平均水平高4.9个百分点，拉动全市规模以上工业增长40.9个百分点，贡献率达96.0%。

二是32个大类行业实现增长，5个行业贡献突出。宁德市33个大类行业中，有32个行业产值实现增长。其中，14个行业增速超过全市平均水平。对全市工业产值增长贡献最大的5个行业是：电气机械及器材制造业（产值增长49.0%）、塑料制品业（增长71.3%）、黑色金属冶炼及压延加工业（增长50.0%）、通用设备制造业（增长49.5%）和农副食品加工业（增长44.7%），贡献率分别为17.2%、14.7%、10.3%、9.1%和7.3%。

三是集聚效应不断显现，产值亿元企业支撑有力。2010年，宁德市规模以上七个重点、特色产业实现工业总产值511.01亿元，比上年增长35.3%。其中，食品加工、汽摩配件和电机电器产值增速均在40%以上，分别为47.4%、46.5%和41.7%；医药化工、建筑建材、船舶修造和电力行业分别增长30.8%、29.4%、20.9%和20.0%。

2010年，产值亿元以上企业243家，完成产值675.92亿元，企业数及产值占全市规模以上工业的22.3%和73.7%，拉动全市规模以上工业产值增长31.8个百分点。

四是工业品产销情况良好，产品内销好于外销。全市规模以上工业实现销售产值880.92亿元，比上年增长48.3%，增幅高于产值5.7个百分点。其中，内销产值782.53亿元，增长51.7%；出口交货值98.39亿元，增长26.0%，内销增幅高出出口25.7个百分点。全市工业产品销售率为96.0%，比上年提高0.5个百分点。

五是企业经济效益总体向好，利润增幅保持较高水平。2010年以来，全市工业企业经济效益综合指数一直保持在较高水平。全年规模以上工业企业经济效益综合指数245.0，比上年提高37.4个点；比全省平均水平高25.0个点，位居全省第三。七项评价指标中，总资产贡献率11.9%，提高1.6个百分点；资本保值增值率136.7%，降低1.5个百分点；资产负债率（逆指标）63.9%，降低1.7个百分点；流动资产周转次数3.8次，加快0.2次；成本费用利润率4.0%，提高0.4个百分点；全员劳动生产率21.20万元/人，增加3.98万元/人；产品销售率96.0%，提高0.5个百分点。实现利润31.25亿元，增长66.0%。

2010年，全市规模以上工业企业数达1091家，占全省规模以上企业总数的5.5%，居全省第九位。

宁德市大中型工业企业详见表5-35。

注：本文数据均采用快报数。

5-35 宁德市大中型工业企业

（2010年）

企业规模	企业名称	企业规模	企业名称
中型	福建闽东电力股份有限公司	中型	福建大唐国际宁德发电有限公司
中型	福建省宁德市俊杰瓷业有限公司	中型	宁德市顺丰胶合板有限公司
中型	宁德新能源科技有限公司	中型	宁德市泰格动力机械有限公司
中型	远东电机（宁德）有限公司	中型	宁德市登月水产食品有限公司
中型	安波电机（宁德）有限公司	中型	宁德特波电机有限公司
中型	福建省霞浦县供电有限公司	中型	霞浦县鑫磊混凝土有限公司
中型	福建省恒盛鞋业有限公司	中型	福建益奇鞋业有限公司
中型	福建省霞浦三沙华美实业有限公司	中型	福建天发革业有限公司
中型	福建日利制革有限公司	中型	福建邦德合成革有限公司
中型	福建三雄豪革业有限公司	中型	福建塞翁福食品股份有限公司
中型	福建省古田县供电有限公司	中型	古田县春田工贸有限公司
中型	华电福建发电有限公司古田溪水力发电厂	中型	福建铁王精密铸造有限公司
中型	福建省屏南县供电有限公司	中型	福建宁德碧全工艺品有限公司
中型	福建省（屏南）榕屏化工有限公司	中型	福建省三祥工业新材料有限公司
中型	宁德市大裕精密铸造有限公司	中型	福建省闽东力捷迅药业有限公司
中型	福建省福安市供电有限公司	中型	福安市天香茶叶有限公司
中型	福建省银象电器有限公司	中型	闽东亚南电机有限公司
中型	闽东赛岐经济开发区申银船舶工程有限公司	中型	福建仁升食品有限公司
中型	福安市港福食品开发有限公司	中型	宁德市顶丰食品有限公司
中型	福安市恒生船业有限公司	中型	福安市恒兴船业有限公司
中型	福建省白马船厂	中型	闽东丛贸船舶实业有限公司
中型	福安市振中电器制造有限公司	中型	闽东安波电器有限公司
中型	福安市新永隆电机有限公司	中型	福安市远东华美电机有限公司
中型	三禾电器（福建）有限公司	中型	福安市太平洋电机有限公司

5-35 续表　　　　　　　　　　（2010 年）

企业规模	企业名称	企业规模	企业名称
中型	福建一条龙电机有限公司	中型	福建银嘉机电有限公司
中型	福安市力源电机有限公司	中型	闽东一华电机有限公司
中型	福建惠丰电机有限公司	中型	福建省永达盛电机有限公司
中型	福建闽东德丰电机有限公司	中型	福建省福安市华微电机有限公司
中型	福建万达电机有限公司	中型	福建鼎信实业有限公司
中型	福建省嘉华电机有限公司	中型	福安市贝吃乐食品有限公司
中型	福安市鑫茂冷轧硅钢有限公司	中型	福安市瑞丽船务有限公司
中型	福建省长兴船舶重工有限公司	中型	福建一洲动力科技有限公司
中型	福建省洪泰铜业有限公司	中型	福鼎市华益机车部件厂
中型	福建福鼎京科化油器有限公司	中型	福建省福鼎市供电有限公司
中型	福建华龙化油器有限公司	中型	福建品品香茶业有限公司
中型	福建燕京惠泉啤酒福鼎有限公司	中型	福鼎市永大合成革有限公司
中型	福鼎市绿叶茶业发展有限公司	中型	福鼎市时代船舶修造有限公司
中型	福建盈浩工艺制品有限公司	中型	福建省立新船舶工程有限公司
中型	福鼎市一雄光学仪器有限公司	中型	福鼎富视光学有限公司
中型	巨龙光学（福建）有限公司	中型	安诺纸业（福建）有限公司
中型	福建永宝特钢阀门有限公司	中型	福建金诚合成革有限公司
中型	福建华泰皮革有限公司	中型	福建宏福皮革有限公司
中型	福建星泰合成革有限公司	中型	福建永丰合成革有限公司
中型	福鼎永得利合成革有限公司	中型	福建鼎盛超纤皮塑有限公司
中型	福建隆祥皮革有限公司	中型	福建华夏合成革有限公司
中型	福建省福鼎永强合成革有限公司	中型	福建正利发合成革实业有限公司
中型	福建天弘合成革有限公司	中型	福建兆登合成革有限公司
中型	福建友利皮革有限公司	中型	福建鼎峰合成革有限公司
中型	福建万丰革业有限公司	中型	福建正大利超纤革业有限公司

5-36　福建省获全国“守合同重信用”企业名单

（2001-2006 年）

2001 年度（18 家）

企业名称	企业名称
福州人造板厂	石狮市华宝集团公司
福建万友企业集团	漳州片仔癀药业股份有限公司
福建新代实业有限公司	福建龙溪轴承股份有限公司
厦门经济特区盛达进出口有限公司	福建紫山集团有限公司
厦门市东区开发公司	福建南平电缆股份有限公司
福建雪津啤酒集团公司	福建源光亚明电器有限公司
三明市商业集团有限公司	福建龙净环保股份有限公司
福建省惠泉啤酒集团股份有限公司	福建省东鼎燃具集团公司
福建省晋江市开关厂	古田县药业有限公司

2002 年度（47 家）

企业名称	企业名称
福建省建筑设计研究院	福建泉州匹克（集团）公司
福建省火电工程承包公司	福建浔兴集团公司
福建省公路物资公司	利郎（福建）时装有限公司
福建省广告公司	福建省晋江市燕山建筑陶瓷厂
福建永同昌建筑工程有限公司	福建省惠安恒惠鞋业有限公司
福州建工（集团）总公司	福建省南安市帮登鞋业有限公司
福州化学漆厂	福建省石狮市盖奇制衣有限公司
福建省闽侯民间工艺品有限公司	福建溪石集团有限公司
福建二建建设集团公司	信诚集团（福建）有限公司
福州市马尾轮船公司	漳州永大不锈钢型材有限公司
福州一化化学品有限公司	福建青山漳州香料有限公司
厦门象屿集团有限公司	福建省海新集团有限公司
厦门涌泉集团有限公司	福建省腾龙工业公司
厦门经济特区工程建设公司	福建省顺昌富宝实业有限公司
厦门经济特区房地产开发公司	福建龙岩喜鹊纺织有限公司
厦门禹州集团股份有限公司	龙岩卷烟厂
厦门中联建设工程有限公司	福建紫金矿业股份有限公司
厦门邮电纵横集团建设开发有限公司	福建漳平电厂
厦门市兴茂贸易公司	福建省福安市农药厂
福建省莆田市医药有限公司	福建省盐业公司宁德分公司
福建省三源金属制品有限公司	福建省霞浦华威机电有限公司
福建省新威电子工业有限公司	福建三祥冶金有限公司
福建永安化工厂	福建白莲花化工有限公司
福建省第五建筑工程公司	

2003 年度（53 家）

企业名称	企业名称
中国水利水电闽江工程局	福建仙游海虹玩具有限公司
福建建工集团总公司	福建省安砂水力发电厂
福建省林业工程承包公司	福建省三明明竹机械有限公司
福建省翔达装修工程有限公司	福建省泉州申鹭达集团有限公司
福建省产权交易中心	福建省晋江市雅仕达食品有限公司
中国建筑第七工程局第三建筑公司	福建省晋江市内坑裕兴陶瓷厂
福建省金得利集团有限公司	泉州建德鲤达里机械有限公司
福州汇诚房地产有限公司	宏发集团（中国）有限公司
福州瑞达电子有限公司	福建省石狮市富兴包装材料有限公司
福州叶下塑革有限公司	福建省晋江市浩沙制衣有限公司
福建东龙针纺有限公司	福建省石狮市长江实业有限公司
福州福兴医药有限公司	福建省德化必德陶瓷有限公司
厦门航空有限公司	福建省惠安恒利石材有限公司
厦门国贸集团股份有限公司	天伦食品（福建）有限公司
厦门邮电纵横集团股份有限公司	福建长富乳业集团股份有限公司
厦门南成房地产开发有限公司	福建顺达房地产开发有限公司
厦门 ABB 开关有限公司	福建省和顺建筑工程有限公司
厦门福满经济开发有限公司	闽西建筑安装工程公司
厦门东南融通系统工程有限公司	福建恒亿建设集团有限公司
厦门通士达照明有限公司	福建省龙岩市天明贸易有限公司
厦门海沧投资总公司	福建成龙建筑工程有限公司
厦门大洲房地产开发有限公司	福建天虹建设工程有限公司
厦门市建安集团有限公司	福建省福鼎大通实业有限公司
福建省莆田市华丰鞋业有限公司	福建省霞浦恒晟建设工程有限公司
莆田市建筑安装工程公司	福建省霞浦县佳美商标织造有限公司
福建移动通信有限责任公司莆田分公司	福安市白马调味品有限公司
金威服装（福建）有限公司	

2006 年度（65 家）

企业名称	企业名称
福建地矿建设集团公司	厦门银祥集团有限公司
中铁二十四局集团福建铁路建设有限公司	福建七建集团有限公司
福建省地质工程勘察院	漳州华辉房地产开发有限公司
福建省贸易信托拍卖行	漳州市万安实业有限公司
福建省华泰电务安装工程有限公司	福建紫山集团有限公司
福建嘉达纺织股份有限公司	泉州现代家具企业有限公司
福建省交通规划设计院	泉州寰球鞋服有限公司
福建北佳信息技术有限公司	福建省晋江优兰发纸业有限公司
福建省通广展览工程有限公司	福建七匹狼实业股份有限公司
福建省拍卖行	安踏（中国）有限公司
福州远洋塑料用品有限公司	三六一度（福建）体育用品有限公司
福建省华威化纤染织有限公司	劲霸（中国）有限公司
福建省闽侯县搪瓷厂	威兰西（中国）服饰有限公司
福建省连江天源水产有限公司	福建省石狮市华联服装配件企业有限公司
福建星美建筑装饰工程有限公司	福建泉州市金穗米业有限公司
福州榕楼摄影视听器材有限公司	福建省桃城建设工程有限公司
福州耀隆化工集团公司	福建省德化县福盛工艺品有限公司
厦门建发股份有限公司	辉煌重工集团有限公司
建发房地产集团有限公司	福建铙山纸业集团有限公司
厦门国贸控股有限公司	福建省第一建筑工程公司
明发集团有限公司	福建省三钢（集团）有限责任公司
厦门通土达有限公司	福建省永安林业（集团）股份有限公司
厦门安妮纸业有限公司	福建才子集团有限公司
厦门市装卸机有限公司	福建汇达时装有限公司
厦门国源房地产开发有限公司	福建煤电股份有限公司
厦门诚毅地产投资管理有限公司	福建森宝食品集团有限公司
厦门福隆置业集团有限公司	福建省南平铝业有限公司
厦门集力发展股份有限公司	福建省南平三红电缆有限公司
厦门市路桥工程物资公司	福建顺达房地产开发有限公司
联发集团有限公司	福建省白马船厂
厦门古龙集团有限公司	福安市闽东安波电器有限公司
厦门信达股份有限公司	福建天虹建筑工程有限公司
厦门福信集团有限公司	

5-37　福建省各设区市“守合同重信用”企业名单

（2005-2010 年）

企业名称	企业名称
2005-2006 年度	福建省土木建设实业有限公司
福建建工集团总公司	中国水利水电闽江工程局
中铁二十四局集团福建铁路建设有限公司	福建省林业工程承包公司
福建协盛装饰设计工程有限公司	福建省火电工程承包公司
福建省鸿达电子技术开发有限公司	福建东南医药有限公司
福建省金盛拍卖有限公司	福建省富通信息产业有限公司
福建省先行电力设备有限公司	福建省贸易信托拍卖行
福建国正拍卖行有限公司	福建嘉达纺织股份有限公司
福建省拍卖行	福建建州物产集团股份有限公司
福建省公路物资公司	福建万泉拍卖有限公司
福建省工业设备安装有限公司	福建思嘉环保材料科技有限公司
福建省协顺建筑工程有限公司	福建省药材公司
福建省警声建设发展有限公司	福建省交通规划设计院
福建地矿建设集团公司	福建省广电智能系统集成工贸有限公司
福建省地质工程公司	福建省建设工程管理有限公司
中国武夷实业股份有限公司	福建省工程咨询监理有限公司
福建龙旺食品饮料有限公司	福建省广业拍卖有限公司
福建北佳信息技术有限公司	福建正得房地产有限公司
福建省交通建设工程监理咨询公司	福建汇德丰拍卖行有限公司
福建思进拍卖有限公司	福建乾坤工程造价咨询有限公司
福建华兴拍卖行	福建省地质工程勘察院
福建省华泰电务安装工程有限公司	福建勘察基础工程公司
福建长城冷气设备安装有限公司	福建亿力电力拍卖有限公司
福建省室内成套用品设计装修公司	福建唐码新奥传媒有限公司
福建省外国机构服务中心	福州汇诚房地产有限公司
福建省建筑设计研究院	福建国广一叶建筑装饰设计工程有限公司
福建同春药业股份有限公司	福建星美建筑装饰工程有限公司
福建纵横建筑工程有限公司	福州华品住宅发展有限公司
福建省通广展览工程有限公司	福州市第一建筑工程公司
福建省永盛建设发展有限公司	福州奇东电线电缆有限公司
福建省林业勘察设计院	核工业福州粉末冶金双金属轴瓦材料厂

5-37 续表 1　　（2005-2010 年）

企业名称	企业名称
福州闽发建筑工程有限公司	福州青隆建筑工程有限公司
福州市第三建筑工程公司	福建省耀华建设开发有限公司
福建省盛辉物流集团	福州金蔷薇工艺品有限公司
福建二建建设集团公司	福建省闽侯县搪瓷厂
福建省温泉建设工程有限公司	福清市阳光食品有限公司
福州远洋塑料用品有限公司	福清市隆兴工程机械厂
福州第七建筑工程有限公司	福建省隆盛建设工程有限公司
福建发展建设有限公司	福建省榕源建设工程有限公司
福州榕楼摄影视听器材有限公司	福建东龙针纺有限公司
福建省天健拍卖有限公司	福建省华航建设工程有限公司
福州叶下塑革有限公司	福建省华威化纤染织有限公司
化工部福州地质工程勘察院	福建省长乐市新纪建筑工程有限责任公司
福州天辉建筑装饰工程有限公司	福建省长乐市二轻安装工程有限公司
福建省福州电业局	福建省长乐市红梅网具有限公司
福建省永富建筑工程有限公司	福建省吴航建筑工程有限公司
福建省建安工程发展有限公司	福州市东岱建筑工程有限公司
福州春晖制衣有限公司	福建省中马建设工程有限公司
福建省海峡拍卖行有限公司	福建省琯头建筑工程有限公司
福州市桦汇防火防爆有限公司	福建省连江天源水产有限公司
福州瑞达电子有限公司	福建富源不锈钢有限公司
福建百联实业有限公司	福建省长乐市民生针织有限公司
福州龙峰建筑工程有限公司	福建省高华建设工程有限公司
福州建工（集团）总公司	东南电器（福建）有限公司
福州海王福药制药有限公司	福清市新福兴玻璃有限公司
福州海王金象中药制药有限公司	福建省闽清飞天陶瓷有限公司
福州耀隆化工集团公司	神州建设有限公司
福州金凤涂料有限公司	福州三威橡塑化工有限公司
福州星光灯饰有限公司	福州成建工程监理有限公司
福建省金盛钢业有限公司	福建省闽清第一建筑工程公司
福州荣清橡胶有限公司	戴尔（中国）有限公司
闽清聚福工艺品有限公司	厦门 ABB 华电高压开关有限公司
福建省闽清县三得利陶瓷有限公司	厦门航空有限公司

5-37 续表 2　（2005-2010 年）

企业名称	企业名称
厦门建发集团有限公司	厦门东瑞仕房地产开发有限公司
建发房地产集团有限公司	厦门泉舜集团有限公司
厦门建发股份有限公司	厦门九天集团有限公司
厦门建发旅游集团有限公司	厦门东南融通系统工程有限公司
厦门国贸集团股份有限公司	厦门安妮纸业有限公司
联发集团有限公司	厦门国际商品拍卖有限公司
厦门联发（集团）房地产有限公司	厦门中正拍卖行有限公司
厦门市路桥工程物资公司	厦门特拍拍卖有限公司
厦门住宅建设集团有限公司	福建省顶信拍卖有限公司
厦门经济特区房地产开发集团有限公司	福建省宸万和拍卖行有限公司
厦门南成房地产开发有限公司	福建省中新拍卖行有限公司
厦门市筼筜新市区开发建设公司	福建省鹏翰拍卖有限公司
厦门经济特区工程建设公司	中国厦门国际经济技术合作公司
厦门市东区开发公司	厦门市东林电子有限公司
明发集团有限公司	厦门国贸地产有限公司
厦门禹洲集团股份有限公司	厦门中联建设工程有限公司
厦门集力发展股份有限公司	福建四海建设有限公司
厦门福满集团有限公司	厦门市路桥咨询监理有限公司
厦门磐基地产投资有限公司	福建省厦门轮船总公司
厦门纵横集团股份有限公司	厦门市建安集团有限公司
厦门纵横集团建设开发有限公司	厦门艺辉石材有限公司
厦门大洲房地产集团有限公司	厦门华远建设集团有限公司
厦门国源房地产开发有限公司	厦门东科工程建设有限公司
厦门通士达有限公司	厦门涌泉集团有限公司
厦门恒兴彩印有限公司	厦门浦头饲料有限公司
厦门市金鹭首饰有限公司	厦门银鹭食品有限公司
厦门市海澳石油有限公司	厦门海沧投资总公司
厦门市装载机有限公司	厦门海投房地产有限公司
厦门诚毅地产投资管理有限公司	厦门聚富塑胶制品有限公司
厦门源昌房地产开发有限公司	厦门卷烟厂

5-37 续表 3 （2005-2010 年）

企业名称	企业名称
厦门福隆置业集团有限公司	漳州市龙海绿宝食品有限公司
厦门福信集团有限公司	龙海市锦城冷藏运输有限公司
厦门火炬集团有限公司	漳州市南源食品有限公司
厦门旧城重建有限公司	龙海市格林食品有限公司
厦门夏商集团有限公司	龙海市榜山民政三星造纸厂
厦门市环海华建设集团有限公司	漳州天福茶业有限公司
厦门如意集团有限公司	漳浦县金浦钢丝厂
福建龙溪轴承（集团）股份有限公司	漳浦县立兴罐头食品有限公司
福建漳州岱山国家粮食储备库	福建兴艺建设集团有限公司
漳州市芗城拍卖行	漳州永固汽车钢圈有限公司
福建东盛集团股份有限公司	平和县阳山茶厂
福建富顺电子有限公司	南靖万利达视听有限公司
漳州永大不锈钢有限公司	福建闽星集团有限公司
福建省豪门装饰工程有限公司	福建省漳州中达集团有限公司
福建七建集团有限公司	福建省凯第建筑工程有限公司
漳州片仔癀药业股份有限公司	福建佳艺装璜装饰工程有限公司
青岛啤酒（漳州）有限公司	东山县蓝特水产加工有限公司
漳州水仙药业有限公司	福建省德鑫机械制造有限公司
漳州华辉房地产开发有限公司	福建省玉津糖业有限公司
漳州新源电力工程有限公司	福建南海食品有限公司
福建省方景建设工程有限公司	福建东兴建筑工程有限公司
漳州国纯制衣有限公司	南靖益龙食品有限公司
漳州市万安实业有限公司	漳州市闽华建筑工程有限公司
福建三宝钢铁有限公司	福建大舟建筑工程有限公司
福建鑫泰建筑有限公司	福建恒盛建筑有限公司
漳州市芗城晓莉卫生用品有限公司	福建恒业建筑工程有限公司
福建东方食品集团有限公司	坚实（福建）集团有限公司
福建紫山集团有限公司	福建省水利水电工程有限公司
福建多棱钢业集团有限公司	福建泉州市消防安全工程公司
福建省腾龙工业公司	福建省泉州市环亚塑胶有限公司

5-37 续表 4　　（2005-2010 年）

企业名称	企业名称
福建省第五建筑工程公司	泉州市泉港区山腰盐场
福建省泉州市恒达信装饰工程有限公司	泉州市泉港区龙盛石业有限公司
泉州市长江工程机械有限公司	泉州市泉港华榕彩印有限公司
泉州市绿园喷泉工程有限公司	福建省石狮市华联服装配件企业有限公司
福建南威软件工程发展有限公司	石狮市彬伊奴休闲服饰有限公司
福建刺桐拍卖有限公司	福建石狮市斯得雅服饰有限公司
泉州市汉威机械制造有限公司	福建省石狮市长江实业有限公司
福建鸿星沃登卡体育用品有限公司	福建省石狮市富兴包装材料有限公司
虎都（中国）服饰有限公司	石狮市迪娜胸围内衣有限公司
泉州三盛橡塑发泡鞋材有限公司	福建省石狮市第一建筑工程有限公司
福建省南安市南利斯织造制衣有限公司	石狮市程威达制衣有限公司
泉州市中闽百汇购物有限公司	石狮市韦蓝琪服装织造有限公司
泉州宝峰鞋业有限公司	石狮市罗达思制衣工艺有限公司
泉州市铁通电子设备有限公司	福建省石狮市棒球手鞋业有限公司
泉州市双塔汽车零件有限公司	福建省金鹿日化股份有限公司
泉州金山石材工具科技有限公司	福建省南安市帮登鞋业有限公司
福建省泉州市东海建筑有限公司	宏发集团（中国）有限公司
福建天友拍卖有限公司	福建恒利集团有限公司
泉州市艺声演出器材有限公司	福建省南安市第一建设有限公司
泉州粤港装饰工程有限公司	福建泉州市金穗米业有限公司
泉州现代家具企业有限公司	泉州宝丰石材有限公司
泉州市丰泽建筑工程有限公司	福建省泉州市宗艺石材有限公司
福建大清集团有限公司	福建省东升石业股份有限公司
福建省泉州南琦鞋业有限公司	福建省泉州市瑞发石材有限公司
泉州九牧王洋服时装有限公司	福建省华辉石业股份有限公司
福建省泉州市安记食品有限公司	九牧集团有限公司
泉州市信和涂料有限公司	福建省燕京惠泉啤酒股份有限公司
福建泉州大华蓄电池有限公司	福建省惠安新宏石材有限公司
泉州市河市电教设备有限公司	福建省惠一建设工程有限公司
泉州市洛江区双阳金刚石工具有限公司	福建泉州市龙珠酿酒有限公司

5-37 续表 5　　　　　　　　　　　　　　（2005-2010 年）

企业名称	企业名称
惠安县山霞联青石雕工艺厂	福建省晋江市燕山建陶有限公司
福建省惠五建设工程有限公司	福建雅客食品有限公司
惠安县崇武彭艺石雕厂	福建晋兴建设有限公司
福建惠安美中磊实业有限公司	福建省晋江市平盛钢结构工程有限公司
福建尧记食品有限公司	利郎（中国）有限公司
泉州市宏艺广告有限公司	福建露友体育用品有限公司
泉州市广海房地产发展有限公司	福建柒牌集团有限公司
福建省八方建筑工程有限公司	劲霸（中国）有限公司
福建省安溪八马茶业有限公司	福建省晋江市磁灶加福建材一厂
福建省安溪县电冶厂	福建省晋江市榕霞砂场
福建省安泰建筑工程有限公司	晋江福兴拉链有限公司
福建省安溪县碧一石材工艺厂	福建省晋江豪万陶瓷有限公司
福建省安溪县恒发茶厂	晋江市华鑫织造发展有限公司
福建省永春鸿业汽贸有限公司	福建省晋江福源食品有限公司
福建省天湖山能源实业有限公司	泉州大和金属包装制品有限公司
福建省泉州双恒集团有限公司	福建南鹰陶瓷有限公司
福建省桃城建设工程有限公司	福建晋工机械有限公司
福建省佳美集团公司	安踏（中国）有限公司
福建冠福现代家用股份有限公司	三六一度（福建）体育用品有限公司
福建省德化县福盛工艺品有限公司	威兰西（中国）服饰有限公司
福建省海峡建设发展有限公司	辉煌重工集团有限公司
泉州寰球鞋服有限公司	福建铙山纸业集团有限公司
福建省晋江优兰发纸业有限公司	福建省第一建筑工程公司
佳亿（福建）鞋塑有限公司	三明市商业集团有限公司
福建七匹狼实业股份有限公司	福建三钢冶金建设有限公司
福建省晋江群辉彩印有限公司	福建省三钢（集团）有限责任公司
福建华丰运输有限公司	福建省三明明竹机械有限公司
福建省清美鞋材发展有限公司	福建省三明市神舟物资有限公司
福建省晋江市德荣服装有限公司	福建省三明群利锻造实业有限公司
福建省晋江市磁灶汇丰陶瓷建材厂	福建省永榕电力集团（三明）发电有限公司

5-37 续表 6　　（2005-2010 年）

企业名称	企业名称
福建省三明市鸿发贸易有限公司	福建众和股份有限公司
福建省三明富兴集团有限公司	福建省新威电子工业有限公司
三明市水利水电工程有限公司	福建莆田日山电子科技实业有限公司
福建闽通长运股份有限公司	福建省莆田市老区建设工程有限公司
福建省永安供电局	莆田市建筑工程公司
福建省永安煤业有限责任公司	福建省莆田市华丰鞋业有限公司
福建煤炭工业基本建设有限公司	樱花（福建）包装文具有限公司
福建永安机械厂	莆田市建筑安装工程公司
福建省永安林业（集团）股份有限公司	福建莆田市八重洲饲料科技有限公司
永安智胜化工有限公司	福建才子集团有限公司
福建省永安市顺达冶金制造有限公司	莆田市房地产开发总公司
福建省尤溪医药有限责任公司	福建省三信集团房地产开发有限公司
福建省三农碳酸钙有限责任公司	福建莆田汽车运输股份有限公司
泰宁县杉优玩具有限公司	福建省电信有限公司莆田市分公司
福建省大田县华闽纸业有限公司	福建欧氏投资（集团）有限公司
福建省宝山机械有限公司	福建省莆田市双驰体育用品有限公司
福建文鑫莲业食品有限公司	莆田市宇大装饰设计工程有限公司
福建省尤溪洋益纺织服装有限公司	中国人民财产保险股份有限公司莆田市分公司
明溪县新夏松木业有限责任公司	福建省莆田嘉裕华制鞋工业有限公司
福建省泰宁县金湖炭素有限公司	莆田市荔城区胜利印刷包装厂
福建省泰宁县胜达化工有限公司	中国人寿保险股份有限公司莆田市荔城区支公司
福建省将乐县隆昌竹木业有限公司	福建省鑫焱建筑工程有限公司
将乐县雄风电气工业有限公司	英博雪津啤酒有限公司
沙县环宇包装实业有限公司	福建汇达时装有限公司
福建省建宁县翠源副食品有限公司	莆田市涵城建筑工程有限公司
福建烽林机器厂	中国人民财产保险股份有限公司莆田市涵江支公司
建宁县农村信用合作联社	莆田市秀屿区华丰实业有限公司
福建建宁孟宗笋业有限公司	福建省仙游县九仙溪水电开发总公司
永安市华联贸易有限公司	福建省仙游县第二建筑工程有限公司
三明京明纸业有限公司	中国人民财产保险股份有限公司仙游支公司

5-37 续表 7　　（2005-2010 年）

企业名称	企业名称
福建省莆田市山立实业公司	福建宏星建设工程有限公司
仙游县佳利工艺有限公司	福建省长汀县第一建筑工程有限公司
龙岩卷烟厂	福建省连城锰矿
福建龙净环保股份有限公司	福建省潘洛铁矿
福建省龙岩市天明实业有限公司	福建漳平天恒电力实业总公司
福建龙岩喜鹊纺织有限公司	福建省金宇工程建设有限公司
福建煤电股份有限公司	福建省南平市宏顺运输有限公司
福建森宝食品集团有限公司	福建省南平市顺发保温安装有限公司
福建麒麟建设工程有限公司	福建省南平铝业有限公司
福建成森建设集团有限公司	南平市福源运输有限公司
龙岩红炭山化工有限公司	福建省南平市三红电缆有限公司
福建三华彩印有限公司	福建南平华阳电线电缆有限公司
闽西伍旗机械有限公司	南平市福菱电梯有限公司
闽西联华广告装修有限公司	中国人寿保险股份有限公司政和县支公司
福建省龙岩市豪迪化工有限公司	福建顺达房地产开发有限公司
龙岩市福龙水泥厂	政和县仁通汽车贸易有限公司
龙岩卓越新能源发展有限公司	福建省浦城县供电有限公司
福建省杭辉建设工程有限公司	浦城县东方汽车贸易有限公司
福建恒亿建设集团有限公司	浦城县紫云房地产开发有限公司
龙岩铁建水泥有限公司	武夷山市大王酒业有限公司
龙岩市红坊建筑工程有限公司	武夷山市福鑫房地产有限公司
福建春驰水泥集团有限公司	武夷山宝岛会展中心大酒店有限公司
福建省龙岩天宇工业（集团）公司	福建省光泽沪千人造板制造有限公司
福建省华亿建筑有限公司	邵武市富兴木材有限公司
永定采善堂制药有限公司	福建省邵武市正兴武夷轮胎有限公司
紫金矿业集团股份有限公司	邵武市交通工程建设有限公司
福建登凯成龙建设集团有限公司	邵武市振达机械制造有限责任公司
福建上杭瑞翔纸业有限公司	福建省物资邵武储运贸易总公司
福建省恒基市政工程有限公司	福建省建阳武夷味精有限公司
福建宏大建设工程有限公司	福建三爱药业有限公司

企业名称	企业名称
福建省建阳市新纪建筑发展有限公司	霞浦县制动材料总厂
福建顺昌虹润精密仪器有限公司	福建省霞浦恒晟建设工程有限公司
福建省天泉啤酒有限公司	福建省霞浦县江海水电工程建设有限公司
福建省建瓯市立伟塑料有限公司	福建省古田县凤埔建筑工程有限公司
福建森华集团有限公司	古田溪电力实业总公司
福建昌隆竹业有限公司	福建省古田县正红石材有限公司
福建省南平市隆华木业有限公司	福建省健神生物工程有限公司
福建天虹建筑工程有限公司	福建大创水电集团有限公司
福建省九建建筑工程有限公司	闽东张一元茶叶有限公司
福建元宏建筑工程有限公司	柘荣县城镇房地产开发公司
福建省宁德市第二建筑工程公司	福建三祥冶金有限公司
宁德金国酒店	中国农业银行寿宁县支行
宁德市夏威食品有限公司	福建省烟草公司宁德分公司寿宁营销部
福建省白马船厂	福建省周宁县化工机械厂
福建省福安市北门茶厂	**2007-2008 年度**
福安市红旗机械厂	福建建工集团总公司
福建银嘉机电有限公司	福建东辰综合勘察院
福安市天香茶叶有限公司	福建省地质工程公司
福安市万宝针织制衣有限公司	福建地矿建设集团公司
闽东五一机电有限公司	福建正得投资集团有限公司
福安市闽东安波电器有限公司	福建发展建设有限公司
福建顶丰食品有限公司	中国水利水电第十六工程局有限公司
福建福安闽东亚南电机有限公司	福建榕基软件股份有限公司
福建仁升食品有限公司	福建华业工程建设有限公司
闽东尧庄电机厂	福建省室内成套用品设计装修公司
福鼎市一雄光学仪器有限公司	福建省华宏达拍卖行
福鼎市华益机车部件厂	福建亿力电力拍卖有限公司
福鼎市丰泰化油器制造有限公司	福建省地质工程勘察院
福建省霞浦华威机电有限公司	福建省广电智能系统集成工贸有限公司
福建省霞浦宏昌拆船有限公司	福建省交通建设工程监理咨询公司

企业名称	企业名称
福建省华泰电务安装工程有限公司	福建省富通信息产业有限公司
福建联美建设集团有限公司	福建省轮船总公司
福建省科丰电讯工程有限公司	福建新东网科技有限公司
福建省外国机构服务中心	福建星网锐捷网络有限公司
中铁二十四局集团福建铁路建设有限公司	福建省中智建设技术工程有限责任公司
福建省先行电力设备有限公司	福建省思进拍卖有限公司
福建思嘉环保材料科技有限公司	福建亚通新材料科技股份有限公司
福建省广业拍卖有限公司	福建绿野邮电广告信息有限公司
福建省建设工程管理有限公司	福建省交通规划设计院
福建省贸易信托拍卖行	漳州片子癀药业股份有限公司
福建省公路物质公司	福建省水利水电工程局有限公司
福建汇德丰拍卖行有限公司	福建天友拍卖有限公司
福建东南医药有限公司	福建恒安集团公司有限公司
福建华兴拍卖行	梅花伞业股份有限公司
福建纵横建筑工程有限公司	福建凤竹纺织科技股份有限公司
福建方圆拍卖有限公司	福建柒牌集团有限公司
福建警声建设发展有限公司	福建省金鹿日化股份有限公司
福建北佳信息技术有限公司	福建省燕京惠泉啤酒股份有限公司
福建建州物产集团股份有限公司	福建冠福现代家用股份有限公司
福建省产权交易中心	福建省三钢（集团）有限责任公司
福建省林业勘察设计院	福建省永安煤业有限责任公司
福建省工业设备安装有限公司	福建煤炭工业基本建设有限公司
福建省通广展览工程有限公司	福建省永安林业（集团）股份有限公司
福建省金盛拍卖有限公司	紫金矿业集团股份有限公司
福建嘉达纺织股份有限公司	福建龙净环保股份有限公司
福建长城冷气设备安装有限公司	福建煤电股份有限公司
中国武夷实业股份有限公司	福建华电漳平火电有限公司
福建万泉拍卖有限公司	福建省潘洛铁矿
福建协顺建筑工程有限公司	福州汇诚地产有限公司
福建泰安科贸有限公司	福建国广一叶建筑装饰设计工程有限公司

5-37 续表 10　　（2005-2010 年）

企业名称	企业名称
福建星美建筑装饰工程有限公司	神州建设有限公司
福州榕楼摄影视听器材有限公司	闽清聚福工艺品有限公司
核工业福州粉末冶金双金属轴瓦材料厂	福州海王福药制药有限公司
福州泰岳印刷广告有限公司	福建省隆盛建设工程有限公司
福建省盛辉物流集团有限公司	福建长和钢铁实业有限公司
福州叶下塑革有限公司	福州恒瑞金属材料有限公司
福州华居装饰装修工程有限公司	福州国意贸易有限公司
福建省永富建筑工程有限公司	福州盛富建材有限公司
福建永鼎设计装饰工程有限公司	福州航东贸易有限公司
福州市规划设计院	福州双利贸易有限公司
福建中教电信息技术有限公司	福州循环贸易有限公司
福州市勘测院	福建省长乐市富平印染有限公司
福建恒锋电子有限公司	福建省长乐市鹰鸿针织有限公司
福建省建安工程发展有限公司	福建省长乐市新纪建筑工程有限责任公司
福州市建筑安装工程公司	福建富源不锈钢有限公司
福州大禹建设工程造价咨询有限公司	福建省长乐市二轻安装工程有限公司
福建省桦汇工程建设有限公司	福建省长乐市民生针织有限公司
福州鑫绿园林发展有限公司	福建省长乐市红梅网具有限公司
福建神福能源发展有限公司	福建省华威化纤染织有限公司
福州天辉建筑装饰工程有限公司	福州环宇包装设计印刷有限公司
福州弘信工程监理有限公司	东南电器（福建）有限公司
福建森达电气有限公司	福清市新龙装璜广告有限公司
福清市新福兴玻璃有限公司	福清市港侨鞋业有限公司
福建新代实业有限公司	福建省高华建设工程有限公司
福州瑞达电子有限公司	福清市阳光食品有限公司
福州成建工程监理有限公司	福建省海峡拍卖行有限公司
福州春晖制衣有限公司	福清市融泉净水剂有限公司
福州市绿艺园林景观工程有限公司	福清市东辰涂料有限公司
福州新琪美妇幼用品有限公司	福州海王金象中药制药有限公司
福建省闽清红叶陶瓷建材有限公司	福州金凤涂料有限公司
福建省金盛钢业有限公司	福州益兴人防工程设备有限公司
闽清麦王电瓷电器有限公司	福建省晓沃建设工程有限公司

5-37 续表 11　　　　（2005-2010 年）

企业名称	企业名称
福州凤翔拍卖有限公司	厦门国贸控股有限公司
福建省连江县龙山花岗石制品厂	福建鑫泰建筑集团有限公司
福建省中马建设工程有限公司	厦门金龙联合汽车工业有限公司
福建省琯头建筑工程有限公司	福建亿力电力科技股份有限公司
福州市东岱建筑工程有限公司	厦门东南融通系统工程有限公司
福建省连江天源水产有限公司	厦门夏商集团有限公司
福建华荣海运有限公司	厦门银鹭食品有限公司
福州福光水务科技有限公司	厦门惠尔康食品有限公司
福州群策纸制品有限公司	福建省厦门轮船总公司
福建省兴雅达装饰装修工程有限公司	厦门浦头饲料有限公司
福建路信交通建设监理有限公司	厦门恒兴彩印有限公司
福建广远消防机电工程有限公司	厦门大洲房地产集团有限公司
福建元盛食品工业有限公司	厦门通士达有限公司
福建福人木业有限公司	厦门安妮股份有限公司
福建百联实业有限公司	建发物流集团有限公司
福建恒杰塑业新材料有限公司	厦门建发通讯有限公司
福建茶花家居塑料用品有限公司	厦门建发纸业有限公司
福建红冠面粉工业有限公司	厦门国贸地产有限公司
福州昌盛食品有限公司	厦门金达威维生素股份有限公司
金强硅酸钙板（福州）有限公司	厦门市路桥工程物资公司
福建振云塑业股份有限公司	厦门威扬广告有限公司
福州喜盈门实业有限公司	厦门淘化大同调味品有限公司
福州闽教建设监理有限公司	厦门市员当新市区开发建设公司
武夷装修工程（福州）有限公司	厦门经济特区工程建设公司
厦门建发集团有限公司	厦门集力发展股份有限公司
厦门国贸集团股份有限公司	厦门纵横集团股份有限公司
厦门 ABB 华电高压开关有限公司	厦门市金鹭首饰有限公司
厦门航空有限公司	厦门市装载机有限公司
厦门象屿集团有限公司	厦门福隆置业集团有限公司
厦门建发股份有限公司	厦门禹洲集团股份有限公司
厦门国贸控股建设开发有限公司	泉舜集团有限公司

5-37 续表 12 （2005-2010 年）

企业名称	企业名称
厦门福信光电集成有限公司	厦门市同安区恒利茶叶有限公司
厦门海澳集团有限公司	实达科技（福建）软件系统集团有限公司
中国厦门国际经济技术合作公司	特盈自动化科技（厦门）有限公司
中国新兴厦门进出口公司	厦门敏讯信息技术股份有限公司
厦门市东林电子有限公司	厦门象屿建设集团有限责任公司
厦门市威特计算机信息系统工程有限公司	厦门海投房地产有限公司
厦门柏事特信息科技有限公司	厦门思总建设有限公司
厦门地山市政工程有限公司	厦门奥林体育用品有限公司
中铁二十二局集团第三工程有限公司	厦门市莲湖建筑工程有限公司
厦门市政工程公司	厦门市宏伟建设集团有限公司
厦门市万安实业有限公司	厦门东科工程建设有限公司
厦门大学建筑工程公司	厦门中正拍卖有限公司
厦门市嘉颐建筑工程股份有限公司	厦门特拍拍卖有限公司
厦门市路桥咨询监理有限公司	福建省顶信拍卖有限公司
厦门市华盟装修工程有限公司	福建省宸万和拍卖行有限公司
厦门艺辉石材有限公司	福建省中新拍卖行有限公司
厦门艺辉物流有限公司	福建省鹏翰拍卖有限公司
厦门海迈科技股份有限公司	厦门市环海华建设集团有限公司
厦门诚毅地产投资管理有限公司	厦门国际货柜码头有限公司
厦门国源房地产开发有限公司	厦门海沧投资总公司
厦门中宸集团有限公司	厦门涌泉集团有限公司
厦门国际会展集团有限公司	厦门聚富塑胶制品有限公司
厦门福满集团有限公司	厦门市建安集团有限公司
厦门安宝房地产开发有限公司	厦门永信隆塑胶包装有限公司
厦门市盈众汽车销售有限公司	厦门市永祥宏集团投资管理有限公司
厦门辉煌装修工程有限公司	福建佳日工程有限公司
厦门市同安源水水产有限公司	建发房地产集团有限公司
厦门海鲜鸿食品有限公司	福建省嘉泉拍卖有限公司
厦门如意集团有限公司	厦门市恒达昌房地产开发有限公司
厦门舫昌佛具有限公司	厦门市广厦工程建设有限公司
厦门华清房地产有限公司	厦门华盟广告有限公司

5-37 续表 13 （2005-2010 年）

企业名称	企业名称
厦门中盛粮油企业有限公司	漳州市芗城吉祥纸业工贸有限公司
厦门象屿工程咨询管理有限公司	漳州合益塑料有限公司
厦门市清宏实业有限公司	精益珍食品（漳州）有限公司
厦门宗顺建筑工程有限公司	漳州市万安实业有限公司
厦门国际商品拍卖有限公司	福建恒盛建筑集团有限公司
厦门市东方龙集团有限公司	福建恒业建筑工程有限公司
福建凯西不锈钢有限公司	漳州市明欣桩基础工程有限公司
福建七建集团有限公司	福建永嘉家具有限公司
漳州市华辉房地产开发有限公司	漳州碧山食品有限公司
漳州市锦星集装箱有限公司	福建省漳州市漳浦拍卖行
福建东盛集团股份有限公司	漳浦县金诺房地产开发有限公司
福建向荣建设集团有限公司	漳浦县福兴水产贸易有限公司
福建鑫展旺化工有限公司	漳州三本肥料工业有限公司
漳州新源电力工程有限公司	福建省全和建设工程有限公司
福建光辉装饰工程有限公司	天伦食品（福建）有限公司
福建裕和皓月生物工程材料有限公司	东山县蓝特水产加工有限公司
福建省漳州电业局	福建省东山县海魁水产集团有限公司
福建省宏信拍卖行有限公司	东山县铜兴渔具制品有限公司
福建省点景信息技术有限公司	绿香园茶业（诏安）有限公司
福建祥丰集团有限公司	福建省诏安县绿洲生化有限公司
漳州新明欣管桩有限公司	福建兴艺建设集团有限公司
漳州市桥南印刷有限公司	福建兴发机械有限公司
漳州水仙药业有限公司	平和县天醇茶叶有限公司
福建立盛建筑有限公司	福建南海食品有限公司
福建省方景建设工程有限公司	福建闽星集团有限公司
青岛啤酒（漳州）有限公司	福建漳州中达集团有限公司
招商局漳州开发区供电有限公司	福建双赢集团有限公司
福建富顺电子有限公司	漳州立兴罐头食品有限公司
福建大舟建筑工程有限公司	漳州市闽华建筑工程有限公司
漳州市芗城区博文图书文化有限公司	福建省兴岩建筑工程有限公司
漳州市国辉工贸有限公司	福建省佳艺装璜装饰工程有限公司

5-37 续表 14　　（2005-2010 年）

企业名称	企业名称
福建多棱钢业集团有限公司	福建省泉州市东海建筑有限公司
福建绿宝食品集团有限公司	泉州粤港装饰工程有限公司
龙海市锦城冷藏运输有限公司	泉州市绿园喷泉工程有限公司
龙海市漳龙彩印有限公司	泉州市艺声演出器材有限公司
福建省九龙建设集团有限公司	福建大清集团有限公司
龙海市格林食品有限公司	福建宇源轻工有限公司
龙海市嘉荣食品有限公司	泉州鸿杰皮塑有限公司
福建鸿源集团有限公司	泉州韶盛广电设备工程有限公司
漳州市南源食品有限公司	泉州建工招标造价咨询有限公司
福建省泷澄建设集团有限公司	福建省佳富拍卖行有限公司
龙海市榜山民政三星造纸厂	泉州益成汽车贸易发展有限公司
福建省德鑫机械制造有限公司	泉州华辉厨具有限公司
福建省腾龙工业公司	福建省恒辉生物医药有限公司
福建国安船业有限公司	泉州市快捷汽车出租有限公司
泉州市力兴服装织造有限公司	福建省泉州市恒达信装饰工程有限公司
福建省茂荣建设工程有限公司	泉州市华泰建设工程有限公司
福建刺桐拍卖有限公司	福建泉州市消防安全工程公司
福建省第五建筑工程公司	旗牌王（泉州）制衣实业有限公司
福建隆恩建筑装饰工程有限公司	泉州洛江建峰包装用品有限公司
福建南威软件工程发展有限公司	泉州市信和涂料有限公司
泉州市泉岩茶业有限公司	福建省隆恩建设集团有限公司
泉州市开元建筑工程有限公司	泉州市洛江区双阳金刚石工具有限公司
泉州市双塔汽车零件有限公司	福建泉州大华蓄电池有限公司
泉州宝峰鞋业有限公司	泉州市泉港区山腰盐场
福建鸿星尔克体育用品有限公司	泉州市泉港海鹏实业开发有限公司
泉州市长江工程机械有限公司	泉州市泉港兴通船务有限公司
泉州市中闽百汇购物有限公司	泉州富士石业有限公司
隆泰凯伟（泉州）房地产有限公司	福建省泉州南琦鞋业有限公司
安利（中国）日用品有限公司泉州分公司	泉州经济技术开发区清濛开发建设有限公司
泉州亚太工程有限公司	泉州九牧王洋服时装有限公司
泉州现代家具企业有限公司	福建晋工机械有限公司

5-37 续表 15　　　　　　　　　　　　　（2005-2010 年）

企业名称	企业名称
泉州共进皮革有限公司	晋江市远大服装织造有限公司
晋江市阿一波食品工贸有限公司	晋江亿兴隆纺织实业有限公司
福建省晋江福源食品有限公司	福建隆上超纤有限公司
福建省清美鞋材发展有限公司	福建省晋江豪山建材有限公司
晋江市超达鞋服有限公司	福建省晋江万利瓷业有限公司
福建省舒华体育用品有限公司	泉州市灵源药业有限公司
福建华泰集团有限公司	福建省石狮市棒球手鞋业有限公司
晋江远东陶瓷有限公司	福建省石狮市长江实业有限公司
晋江万代好光电照明有限公司	福建霸岛鞋服有限公司
福建华清电子材料科技有限公司	石狮市天宏金属制品有限公司
福建省晋江市三力机车有限公司	福建省石狮市华联服装配件企业有限公司
晋江金德织造有限公司	石狮市迪娜胸围内衣有限公司
晋江福兴拉链有限公司	福建石狮市福盛鞋业有限公司
晋江市华鑫织造发展有限公司	石狮市彬伊奴休闲服饰有限公司
福建百凯纺织化纤实业有限公司	石狮市罗达思制衣工艺有限公司
福建晋兴建设有限公司	石狮万众离合器有限公司
艾派集团（中国）有限公司	石狮市星港塑胶包装有限公司
福建省海峡建设发展有限公司	福建省石狮市富兴包装材料有限公司
露友（中国）有限公司	福建省南安市帮登鞋业有限公司
福建省晋江市平盛钢结构工程有限公司	福建省南安市东星石材有限公司
佳亿（福建）鞋塑有限公司	福建省南安市第一建设有限公司
福建省晋江德荣服装有限公司	福建南安市辉达鞋业有限公司
福建省晋江市华银鞋材有限公司	福建省南安市第五建设有限公司
锦兴（福建）化纤纺织实业有限公司	福建省万事达汽车贸易有限公司
福建省晋江群辉彩印有限公司	福建佳日消防器材制造有限公司
福建省晋江协隆陶瓷有限公司	福建恒利集团有限公司
福建省晋江市磁灶汇丰陶瓷建材厂	福建泉州市金穗米业有限公司
福建省晋江市南风装潢有限公司	泉州市三联机械制造有限公司
福建省晋江市豪万陶瓷有限公司	福建省华辉石业股份有限公司
福建省晋江市德豪纺织品有限公司	宏发集团（中国）有限公司
福建省晋江市磁灶加福建材一厂	福建省伟志兴体育用品有限公司

5-37 续表 16 （2005-2010 年）

企业名称	企业名称
福建清秀园林建筑喷泉有限公司	福建省佳美集团公司
泉州荣达陶瓷有限公司	福建省德化龙峰陶瓷有限公司
福建福泉集团有限公司	福建省嘉信拍卖有限责任公司
福建省闽南建筑工程有限公司	福建同成装饰设计工程有限公司
福建省惠东建筑工程有限公司	福建省南安市锦明彩印有限公司
福建省中大工程建设有限公司	福建天广消防科技股份有限公司
福建省潮兴建设工程有限公司	福建省惠一建设工程有限公司
福建省泉州市力达机械有限公司	泉州化轻橡塑有限公司
泉州豪翔石业有限公司	泉州鸿豪服装有限公司
惠安县崇武彭艺石雕厂	三明市商业集团有限公司
泉州大唐石刻有限公司	福建三钢冶金建设有限公司
泉州跃茂皮塑有限公司	辉煌重工集团有限公司
泉州鸿圣轻工有限公司	福建省三明市鸿发贸易有限公司
福建省惠安安泰运输有限公司	福建省三明明竹机械有限公司
福建惠安县惠兴工贸有限公司	福建省三明市神舟物资有限公司
福建省惠安县埕边盐场	福建省群利重工集团有限公司
泉州市广海房地产发展有限公司	福建省三明永榕电力开发有限公司
福建尧记食品有限公司	福建省三明富兴集团有限公司
福建省八方建筑工程有限公司	三明市水利水电工程有限公司
福建省安溪八马茶业有限公司	华盛置业集团有限公司
福建省安泰建筑工程公司	华盛置业集团建设工程有限公司
福建省安溪茶厂有限公司	三明闽丰通信有限公司
福建省安溪县碧一石材工艺厂	三明市健盛食品有限公司
福建省安溪县怛发茶厂	福建省三明市宏源卫生用品有限公司
福建省永春鸿业汽贸有限公司	福建闽通长运股份有限公司
福建省天湖山能源实业有限公司	福建省永安供电局
福建省桃城建设工程有限公司	福建省永安永盛铁路运输贸易有限公司
福建省永春市政工程有限公司	智胜化工股份有限公司
永春县新发购物中心	福建海峡科化股份有限公司永安分公司
福建省益盛建设工程有限公司	泰宁县杉优玩具有限公司
福建省德化县福盛工艺品有限公司	福建省大田县华闽纸业有限公司

企业名称	企业名称
福建省宝山机械有限公司	福建省莆田市双驰体育用品有限公司
福建省大田县益建建筑工程有限公司	福建莆田汽车运输股份有限公司
福建文鑫莲业食品有限公司	中国电信股份有限公司莆田分公司
福建省尤溪洋益纺织服装有限公司	莆田市宇大装饰设计工程有限公司
福建省尤溪县华福贸易有限公司	中国人民财产保险股份有限公司莆田市分公司
福建省泰宁县金湖炭素有限公司	莆田市德盛兴汽车贸易有限公司
三明市深海龙潜水有限公司	莆田市华昌首饰有限公司
泰宁县三林木业有限公司	福建巨岸建设工程有限公司
福建沙县恒升碳化硅有限公司	莆田市汇丰食品工业有限公司
福建三明市圣华助剂有限公司	福建复茂食品有限公司
福建省清流县对外经济贸易发展公司	福建省点石工艺有限公司
福建铙山纸业集团有限公司	福建省莆田嘉裕华制鞋工业有限公司
建宁县农村信用合作联社	中国太平洋人寿保险股份有限公司莆田中心支公司
福建省建宁县翠源食品有限公司	莆田市城厢区华照养殖有限公司
三明市金盛发包装有限公司	莆田广东温氏家禽有限公司
将乐县鑫诚会计师咨询事务所	莆田圣邦服饰有限公司
永安市宝华林实业发展有限公司	莆田市荔城区胜利印刷包装厂
福建省尤溪医药有限责任公司	福建省闽中有机食品有限公司
福建省将乐县乐洪活性炭有限公司	莆田市来克体育用品有限公司
三明百事达淀粉有限公司	莆田市铭源工艺发展有限公司
福建省大田县鹭峰矿业有限公司	福建省新威电子工业有限公司
英博雪津啤酒有限公司	樱花（福建）包装文具有限公司
福建众和股份有限公司	莆田市涵城建筑工程有限公司
福建省莆田市老区建设工程有限公司	福建汇达时装有限公司
福建省莆田市华丰鞋业有限公司	莆田新盈液晶科技有限公司
莆田市建筑安装工程公司	莆田市星光宝石有限公司
才子服饰股份有限公司	艾力艾（福建）市政工程建设有限公司
福建省海峡置业股份有限公司	福建保兰德箱包皮具有限公司
莆田市宏发钢材交易市场有限公司	莆田艾力艾鞋服有限公司
福建莆田佳通纸制品有限公司	福建省仙游县九仙溪水电开发总公司
福建欧氏投资（集团）有限公司	福建省仙游县第二建筑工程有限公司

5-37 续表 18 （2005-2010 年）

企业名称	企业名称
中国人寿保险股份有限公司仙游县支公司	福建省邵武精细化工厂
福建省仙游县龙华金溪茶厂	福建省物资邵武储运贸易总公司
福建省仙游县贡品轩古典家俱有限公司	邵武市交通工程建设有限公司
福建仙游海凌古典家俬装饰有限公司	中国人民财产保险股份有限公司邵武支公司
福建南平太阳电缆股份有限公司	浦城县三协木业有限责任公司
福建南纺股份有限公司	福建省紫云景苑房地产开发有限公司
福建省南平金月合成革有限公司	福建和顺矿业化工有限公司
福建顺达房地产开发有限公司	浦城县电力公司
福建蓝海市政园林建筑有限公司	福建省政和东平老窖酒业有限责任公司
南平铝业有限公司	福建省家和竹木有限公司
福建南平南电水电设备制造有限公司	福建圣达食品开发有限公司
福建大禾农牧发展有限公司	福建省松溪县精密铸造有限公司
福建省南平市三红电缆有限公司	中国人寿保险股份有限公司顺昌县支公司
福建省南平南线电缆有限公司	福建顺昌虹润精密仪器有限公司
福建省华银铝业有限公司	顺昌县幸福来保健品有限公司
福建省南平市保温安装总公司	福建省光泽华侨国有林场
福建省建瓯市立伟塑料有限公司	福建省光泽沪千人造板制造有限公司
福建建瓯酒业有限公司	龙岩烟草工业有限责任公司
福建森华集团有限公司	福建龙岩喜鹊纺织有限公司
福建省建瓯黄华山酿酒有限公司	福建麒麟建设工程有限公司
福建昌隆竹业有限公司	福建省龙岩市天明实业有限公司
福建省武夷酒业有限公司	福建恒亿建设集团有限公司
福建新纪建设集团有限公司	福建登凯成龙建设集团有限公司
福建建阳龙翔科技开发有限公司	福建三华彩印有限公司
福建省建阳武夷味精有限公司	福建成森建设集团有限公司
福建三爱药业有限公司	福建龙马环卫装备股份有限公司
武夷山市武夷留香酿造有限公司	闽西伍旗机械有限公司
武夷山市华榕超市	闽西联华广告装修有限公司
福建武夷农业生态园有限公司	龙岩卓越新能源发展有限公司
福建省邵武市农资有限公司	福建省龙岩市豪迪化工有限公司
邵武富兴木材有限公司	龙岩市中林工业有限公司

5-37 续表 19 （2005-2010 年）

企业名称	企业名称
福建龙岩宝源贸易有限公司	福建省九建建筑工程有限公司
福建永强岩土工程有限公司	宁德华港房地产开发有限公司
龙岩市东城建筑工程有限公司	宁德市夏威食品有限公司
福建丹海床垫有限公司	福建省鑫海安消工程有限公司
福建省永旺建设工程有限公司	福建省安消装饰工程有限公司
龙岩宝泰农牧有限公司	福安市红旗机械厂
福建春驰水泥集团有限公司	福建银嘉机电有限公司
福建省龙岩天宇工业（集团）公司	福安天香茶叶有限公司
福建龙麟集团有限公司	福安市万宝针织制衣有限公司
龙岩市龙达建筑工程有限公司	闽东五一机电有限公司
福建省华亿建筑有限公司	福建顶丰食品有限责任公司
福建好日子食品有限公司	福建福安闽东亚南电机有限公司
永定采善堂制药有限公司	福安市仁升食品有限公司
福建省杭辉建设工程有限公司	闽东尧庄电机厂
福建省恒基建设股份有限公司	凯捷利集团有限公司
福建省同源建设工程有限公司	福建闽东德丰电机有限公司
福建省龙岩市喜浪米业有限公司	福建港福食品开发有限公司
武平县荣华竹木胶合板厂	福建德佳拍卖有限公司
福建宏星建设工程有限公司	福建省大吉刀剪五金有限公司
福建省长汀县第一建筑工程有限公司	福建省天湖茶叶有限公司
福建省长汀县远山农业发展有限责任公司	福鼎市通达机车部件有限公司
长汀县星宇酒厂	福鼎市绿星人造板有限公司
福建省连城锰矿	福鼎市顺发摩托车配件厂
连城县旅游食品厂	福建省古田县华德美菇品有限公司
连城县文川建筑工程有限公司	古田县益笑菇品有限公司
福建天虹建设工程有限公司	古田县第六建筑工程有限公司
福建省白马船厂	福建省霞浦县华威机电有限公司
福安市闽东安波电器有限公司	霞浦正阳摩擦工业有限公司
宁德市侨星电脑公司	霞浦县制动材料总厂
福建元宏建筑工程有限公司	福建省霞浦三沙华美实业有限公司
福建省宁德市第六建筑工程有限公司	福建省霞浦宏昌拆船有限公司

5-37 续表 20　　　　　　　　　　　　（2005-2010 年）

企业名称	企业名称
福建省霞浦县江海水电工程建设有限公司	福建省地质工程研究院
福建三祥工业新材料有限公司	福建雅利达安装装修工程有限公司
中国农业银行寿宁县支行	福建地矿建设集团公司
宁德市烟草公司寿宁分公司	福建龙旺食品饮料有限公司
福建省闽东力捷迅药业有限公司	福建国正拍卖行有限公司
福建省宁德市汽车运输集团公司周宁分公司	福建正基建筑工程有限公司
福建大创水电集团有限公司	福建省华泰电务安装工程有限公司
福建健神生物工程有限公司	福建星网锐捷网络有限公司
屏南县房地产综合开发公司	福建省林业勘察设计院
2009-2010 年度	福建省建筑设计研究院
福　州	福建省先行电力设备有限公司
中国水利水电第十六工程局有限公司	福建省思进拍卖有限公司
福建北佳信息技术有限公司	福建思嘉环保材料科技有限公司
福建省广电智能系统集成工贸有限公司	福建省富通信息产业有限公司
福建海川工程监理有限公司	福建省交通规划设计院
福建省中智建设技术工程有限责任公司	中国武夷实业股份有限公司
福建省公路物资公司	福建建工集团总公司
福建省榕圣市政工程股份有限公司	福建亚通新材料科技股份有限公司
福建省邮电工程有限公司	福建省科丰电讯工程有限公司
福建璟榕工程建设发展有限公司	中铁二十四局集团福建铁路建设有限公司
福建省鸿达电子技术开发有限公司	福建省华泽拍卖有限公司
福建发展集团有限公司	福建省工业设备安装有限公司
福建省金盛拍卖有限公司	福建省轮船总公司
福建正得投资集团有限公司	福建省交通建设工程监理咨询公司
福建长城冷气设备安装有限公司	福建新东网科技有限公司
福建榕基软件股份有限公司	福建省瑞达精工股份有限公司
福建东辰综合勘察院	福建省贸易信托拍卖行
福建东南医药有限公司	福建省智能科技有限公司
福建省外国机构服务中心	福建华业工程建设有限公司

5-37 续表 21　　　　　　　　　　（2005-2010 年）

企业名称	企业名称
福建乾坤工程造价咨询有限公司	福州海王福药制药有限公司
福建同春药业股份有限公司	福州喜盈门实业有限公司
永同昌建设集团有限公司	福建四创软件有限公司
福建省建设工程管理有限公司	福州华辉装饰工程有限公司
福建省通广展览工程有限公司	福州千帆印刷有限公司
福建鑫泽环保设备工程有限公司	福建省盛辉物流集团有限公司
福建省拍卖行	福建利友贸易有限公司
福建方圆拍卖有限公司	福州华正兴贸易有限公司
福建省广业拍卖有限公司	福州利飞贸易有限公司
福建省华宏达拍卖行	福州循环贸易有限公司
福建建州物产集团股份有限公司	福州双利贸易有限公司
福建省产权交易中心	福州耀宇贸易有限公司
福建省浩伦东方资源物产有限公司	福州坚强贸易有限公司
福建万泉拍卖有限公司	福州威兴隆贸易有限公司
福建华兴拍卖行	福州恒瑞金属材料有限公司
福建绿野邮电广告信息有限公司	福建长和钢铁实业有限公司
永辉超市股份有限公司	福州南航贸易有限公司
福建省室内成套用品设计装修公司	福州国意贸易有限公司
福建汇德丰拍卖行有限公司	福州诚盛贸易有限公司
福建省物资（集团）有限责任公司	福州苏福贸易有限公司
福建亿力电力拍卖有限公司	福州福光水务科技有限公司
福建天昌发展有限公司	海峡拍卖行有限公司
福州成建工程监理有限公司	冠林电子有限公司
福建路信交通建设监理有限公司	福建陆海建设监理所
福州佳田制冷工程有限公司	福建源鑫建材有限公司
福州闽邮吉星数码科技有限公司	福州益兴人防工程设备有限公司
福建敦煌装饰工程有限公司	福州洋龙棉业纺织品有限公司
福建省兴雅达装饰装修工程有限公司	东南电器（福建）有限公司
福州海王金象中药制药有限公司	福清市冠明家具有限公司

5-37 续表 22　　　　　　　　　　　　（2005-2010 年）

企业名称	企业名称
福清市融泉净水剂有限公司	福州市规划设计研究院
福建省高华建设工程有限公司	福州市勘测院
福建红冠面粉工业有限公司	福建景翔建设工程有限公司
诚丰家具（中国）有限公司	福州市建筑设计院
福建泰德机械工业有限公司	福建天利电力集团有限公司
洁利来（福建）感应设备有限公司	福建九鼎建设工程有限公司
福建敖峰闽榕茶业有限公司	福建荧鸿投资集团有限公司
福建博大塑业新材料有限公司	福建省玉成建设工程有限公司
福建恒杰塑业新材料有限公司	福州天一同益电气有限公司
福建祥龙塑胶有限公司	福州昌盛食品有限公司
福清市景士兰涂料有限公司	福州宋氏车业有限公司
福建东龙针纺有限公司	福建创益实业有限公司
福建省长乐市新纪建筑工程有限责任公司	福建春伦茶业集团有限公司
福建富源不锈钢有限公司	福建森达电气有限公司
福建省长乐市鹰鸿针织有限公司	神州建设集团有限公司
福建省长乐市福安针织有限公司	福州叶下塑革有限公司
福建省长乐市第二棉纺织厂	福建星美生态建筑装饰有限公司
福建省华航建设工程有限公司	福建中教电信息技术有限公司
福建省永富建筑工程有限公司	福州鹏程建筑装修设计工程有限公司
福建国广一叶建筑装饰设计工程有限公司	福州市建筑安装工程公司
福州汇诚房地产有限公司	福州千年宏祥装饰工程有限公司
福州榕楼摄影视听器材有限公司	福建永盛设计装饰工程有限公司
福建龙川集团有限公司	福建省桦汇工程建设有限公司
核工业福州粉末冶金双金属轴瓦材料厂	福建恒锋电子有限公司
福州闽教建设监理有限公司	福建省建安工程发展有限公司
福州华居装饰装修工程有限公司	福建省隆盛建设工程有限公司
新概念信息技术（福建）有限公司	福建省锦绣广告有限公司
武夷装修工程（福州）有限公司	福建省琯头建筑工程有限公司
福建茶花家居塑料用品有限公司	福建省透堡建筑工程有限公司

5-37 续表 23　　　　　　（2005-2010 年）

企业名称	企业名称
福州凤翔拍卖有限公司	厦门市东林电子有限公司
福建省晓沃建设工程有限公司	厦门市威特计算机信息系统工程有限公司
福建省连江县龙山花岗石制品厂	联发集团有限公司
福建省连江天源水产有限公司	厦门市嘉颐建筑工程股份有限公司
福建省闽清第一建筑工程公司	厦门市路桥咨询监理有限公司
福建省闽清红叶陶瓷建材有限公司	厦门市华盟装修工程有限公司
福建百联实业有限公司	厦门艺辉石材有限公司
福州海澜通讯设备有限公司	厦门艺辉物流有限公司
厦　门	厦门海迈科技股份有限公司
厦门建发集团有限公司	厦门市福满集团有限公司
厦门航空有限公司	厦门市同安源水水产有限公司
厦门象屿集团有限公司	厦门海鲜鸿食品有限公司
厦门象屿建设集团有限责任公司	厦门如意集团有限公司
厦门国贸控股有限公司	厦门敏讯信息技术股份有限公司
厦门国贸控股建设开发有限公司	厦门海投房地产有限公司
福建鑫泰建筑集团有限公司	厦门思总建设有限公司
厦门惠尔康食品有限公司	厦门奥林体育用品有限公司
厦门银鹭食品集团有限公司	厦门市莲湖建筑工程有限公司
厦门浦头饲料有限公司	厦门市宏伟建设集团有限公司
厦门恒兴彩印有限公司	厦门中正拍卖有限公司
厦门建发通讯有限公司	厦门特拍拍卖有限公司
厦门国贸地产有限公司	福建省宸万和拍卖行有限公司
厦门路桥工程物资有限公司	福建省中新拍卖行有限公司
厦门市唐码博美广告有限公司	福建省鹏翰拍卖有限公司
厦门市筼筜新市区开发建设公司	厦门市环海华建设有限公司
厦门纵横集团股份有限公司	厦门涌泉集团有限公司
厦门市金鹭首饰有限公司	厦门聚富塑胶制品有限公司
厦门禹洲集团股份有限公司	厦门市建安集团有限公司
厦门福信光电集成有限公司	厦门永信隆塑胶包装有限公司

5-37 续表 24 （2005-2010 年）

企业名称	企业名称
厦门市永祥宏集团投资管理有限公司	厦门市杏林通利彩印有限公司
建发房地产集团有限公司	厦门大同建筑工程有限公司
福建省嘉泉拍卖有限公司	厦门鸿慷拍卖有限公司
厦门市恒达昌房地产开发有限公司	厦门麦丰密封件有限公司
厦门市广厦工程建设有限公司	厦门合兴包装印刷股份有限公司
厦门华盟广告有限公司	厦门市鹭艺轩工贸有限公司
厦门威扬广告有限公司	厦门市菁园果蔬保鲜有限公司
厦门中盛粮油集团有限公司	厦门源福祥卫生用品有限公司
厦门象屿工程咨询管理有限公司	厦门智能达电控有限公司
厦门宗顺建筑工程有限公司	厦门建发汽车有限公司
厦门市东方龙集团有限公司	厦门市盈众汽车销售有限公司
厦门信地集团有限公司	厦门信达诺汽车销售服务有限公司
厦门建发纸业有限公司	福建成信绿集成有限公司
厦门中化建防水工程有限公司	厦门兴海湾监理咨询有限公司
厦门经济特区房地产开发集团有限公司	厦门旅游集团国际旅行社有限公司
厦门市东区开发公司	厦门宏旭达园林工程有限公司
厦门会展集团股份有限公司	福建同发食品集团有限公司
厦门安宝房地产开发有限公司	厦门优佳丽服饰有限公司
厦门福信房地产有限公司	厦门东帝士广告有限公司
厦门 ABB 高压开关有限公司	厦门永同昌集团有限公司
泉舜集团（厦门）房地产股份有限公司	福建省一鼎拍卖有限公司
厦门万安智能股份有限公司	福建省丰盛拍卖行有限公司
厦门长实工程监理有限公司	厦门纵横建设监理咨询有限公司
恒晟集团有限公司	厦门纵横集团科技股份有限公司
厦门新立嘉拍卖有限公司	厦门纵横集团建设开发有限公司
厦门福康经济发展有限公司	厦门科华恒盛股份有限公司
厦门市福满堂设计装饰工程有限公司	福建三建工程有限公司
厦门万山禾房地产开发有限公司	厦门毅丰装饰工程设计有限公司
厦门中天旭日投资实业有限公司	厦门准信机电工程有限公司

企业名称	企业名称
厦门速传物流发展股份有限公司	漳州市桥南印刷有限公司
厦门求实智能网络设备有限公司	漳州水仙药业有限公司
厦门精图信息技术有限公司	漳州新源电力工程有限公司
厦门象屿太平综合物流有限公司	福建祥丰集团有限公司
厦门港湾咨询监理有限公司	福建省宏信拍卖行有限公司
厦门市巨龙软件工程有限公司	漳州华辉房地产开发有限公司
厦门三峡国际贸易有限公司	漳州辉达广告有限公司
厦门市聚雄市政工程有限公司	福建富顺电子有限公司
厦门乐丰房地产开发有限公司	漳州市芗城区博文图书文化有限公司
厦门空港航星汽车维修服务有限公司	漳州合益塑料有限公司
厦门美真香佛具艺品有限公司	精益珍食品（漳州）有限公司
漳　州	福建大舟建筑工程有限公司
漳州片仔癀药业股份有限公司	漳州市万安实业有限公司
福建龙溪轴承（集团）股份有限公司	福建恒业建筑工程有限公司
福建向荣建设集团有限公司	福建永嘉家具有限公司
福建凯西不锈钢有限公司	漳州碧山食品有限公司
福建七建集团有限公司	漳州市孚美实业有限公司
漳州市锦星集装箱运输有限公司	漳州三本肥料工业有限公司
福建鑫展旺集团有限公司	漳浦县源鸿服装配件有限公司
福建光辉装饰工程有限公司	福建省全和建设工程有限公司
福建东方广告装饰工程有限公司	漳浦县达通机动车修配有限公司
福建安华发展有限公司	福建省丰盛食品有限公司
福建省豪门装饰集团有限公司	漳浦县金诺房地产开发有限公司
中华联合财产保险漳州中心支公司	漳州市南云包装设备有限公司
福建裕和皓月生物工程材料有限公司	漳州市豪锦汽车贸易有限公司
福建兴艺建设集团有限公司	东山县蓝特水产加工有限公司
福建省方景建设工程有限公司	东山县铜兴渔具制品有限公司
福建立盛建筑有限公司	福建东山县顺发水产有限公司
福建众亿工程项目管理有限公司	福建省诏安县绿洲生化有限公司

企业名称	企业名称
中国人民财产保险股份有限公司诏安支公司	金冠（龙海）塑料包装有限公司
福建兴发机械有限公司	**泉　州**
福建省国农农业发展有限公司	福建天友拍卖有限公司
福建宏绿食品有限公司	九牧王股份有限公司
福建南海食品有限公司	福建恒安集团有限公司
漳州中达集团有限公司	艾派集团（中国）有限公司
福建闽星集团有限公司	福建凤竹纺织科技股份有限公司
南靖万利达科技有限公司	向兴（中国）集团有限公司
福建利南硅业集团有限公司	福建鑫华股份有限公司
南靖县益龙食品有限公司	福建省金鹿日化股份有限公司
南靖县万辰弓纸品加工厂	福建省燕京惠泉啤酒股份有限公司
立兴实业有限公司	福建冠福现代家用股份有限公司
龙翔实业有限公司	福建省水利水电工程局有限公司
福建省佳艺装璜装饰工程有限公司	福建省第五建筑工程公司
福建省长泰县酱油厂	福建隆恩建筑装饰工程有限公司
福建省兴岩建设集团有限公司	泉州市泉岩茶业有限公司
长泰泛华生态产业投资有限公司	泉州宝峰鞋业有限公司
福建鑫晟钢业有限公司（台资）	隆泰凯伟（泉州）房地产有限公司
福建省南源食品有限公司	泉州市开元建筑工程有限公司
福建省腾龙工业公司	福建同成装饰设计工程有限公司
福建鸿源集团有限公司	福建鸿星尔克体育用品有限公司
福建紫山集团股份有限公司	福建省茂荣建设工程有限公司
福建珠山复合肥有限公司	福建省恒辉生物医药有限公司
龙海海昌食品有限公司	泉州建设科技有限公司
龙海市海山机械制造有限公司	泉州现代家具企业有限公司
龙海市榜山民政三星造纸厂	泉州粤港装饰工程有限公司
福建省泷澄建设集团有限公司	泉州市艺声演出器材有限公司
福建省德鑫机械制造有限公司	福建省佳富拍卖行有限公司
龙海市上全工艺首饰有限公司	泉州市东海建筑有限公司

5-37 续表 27　　（2005-2010 年）

企业名称	企业名称
福建省嘉信拍卖有限责任公司	晋江协隆陶瓷有限公司
福建泉建工招标咨询有限公司	晋江市南风装璜有限公司
福建亚太工程有限公司	晋江市龙兴隆染织实业有限公司
福建亚特建设工程有限公司	通亿（泉州）轻工有限公司
泉州市亿威皮塑制品有限公司	晋江市罗日雅体育用品有限公司
虎都（中国）男装有限公司	晋江市品质陶瓷建材有限公司
福建泉州市消防安全工程公司	福建省晋江豪万陶瓷有限公司
福建省华普新材料有限公司	福建省晋江市平盛钢结构工程有限公司
福建大清集团有限公司	晋江市泗农建材有限公司
福建省伊网通信息科技有限公司	晋江福兴拉链有限公司
福建盈源集团有限公司	福建百宏聚纤科技实业有限公司
泉州市信和涂料有限公司	晋江市远大服装织造有限公司
泉州明益轻工有限公司	泉州共进皮革有限公司
泉州洛江建峰包装用品有限公司	晋江市阿一波食品工贸有限公司
泉州市洛江区双阳金刚石工具有限公司	晋江市夜光达反光材料有限公司
泉州市泉港兴通船务有限公司	福建雅客食品有限公司
泉港鸿鑫化工商贸有限公司	蜡笔小新（福建）食品工业有限公司
福建海瑞奇隆购物有限公司	石狮市天宏金属制品有限公司
福建泉州市华翔海洋生物科技有限公司	福建省石狮市华联服装配件企业有限公司
泉州市泉港海鹏实业开发有限公司	石狮市星港塑胶包装有限公司
泉州盛克鞋服有限公司	石狮市迪娜胸围内衣有限公司
泉州市哲鑫彩色包装用品工贸有限公司	福建省石狮市长江实业有限公司
福建晋工机械有限公司	福建石狮市福盛鞋业有限公司
福建省晋江福源食品有限公司	福建霸岛鞋服有限公司
福建省晋江群辉彩印有限公司	福建省石狮市鑫匙达时装有限公司
福建省海峡建设发展有限公司	石狮市永佳食品商贸有限公司
晋江市磁灶汇丰陶瓷建材厂	石狮市彬伊奴休闲服饰有限公司
福建省晋江凤山石材有限公司	福建省石狮市富兴包装材料有限公司
福建晋兴建设有限公司	斯得雅（中国）有限公司

5-37 续表 28 （2005-2010 年）

企业名称	企业名称
福建天广消防科技股份有限公司	泉州鸿圣轻工有限公司
福建省万事达汽车贸易有限公司	福建省惠一建设工程有限公司
福建九九建设有限公司	福建坚石电力线路器材有限公司
福建省南安市第一建设有限公司	福建省安溪茶厂有限公司
福建省伟志兴体育用品有限公司	福建省安溪八马茶业有限公司
泉州市三联机械制造有限公司	福建省安溪广福包装有限公司
福建省金泉建设集团有限公司	福建省安溪县西坪大宝山茶业公司
福建省闽发铝业股份有限公司	福建三安钢铁有限公司
福建省兰博王鞋服有限公司	福建省八方建筑工程有限公司
南安市宏涛毛衫织造有限公司	福建省桃城建设工程有限公司
福建泉州高科日化制造有限公司	福建省永春市政工程有限公司
福建泉州市金穗米业有限公司	福建省金正建设工程有限公司
福建成功机床有限公司	福建省泉州双恒集团有限公司
泉州宝丰石材有限公司	福建省蓬壶建设工程有限公司
福建省南安市辉达鞋业有限公司	福建省永春鸿业汽贸有限公司
福建省溪石建筑工程有限公司	福建省德化县福盛工艺品有限公司
福建省闽南建筑工程有限公司	福建省佳美集团公司
福建省惠东建筑工程有限公司	福建闽楚建设工程有限公司
泉州市广海房地产发展有限公司	福建华荣服装有限公司
福建省中大工程建设有限公司	福建省惠五建设工程有限公司
福建省潮兴建设工程有限公司	卡丁（福建）儿童用品有限公司
泉州豪翔石业有限公司	泉州市华泰建设工程有限公司
福建省惠安安泰运输有限公司	泉州华辉厨具有限公司
福建省泉州市力达机械有限公司	泉州星艺石雕装饰有限公司
泉州跃茂皮塑有限公司	福建惠安县惠九建筑工程有限公司
福建惠安县惠兴工贸有限公司	安溪恒兴客运有限公司
泉州大唐石刻有限公司	福建省德化龙峰陶瓷有限公司
福建省惠安埕边盐场	福建省晋江市安海庄头食品厂
惠安崇武彭艺石雕厂	晋江市亿兴隆纺纱实业有限公司

（2005-2010 年）

企业名称	企业名称
佳亿（福建）鞋塑有限公司	泉州市瑞福祥酒业贸易有限公司
晋江市中德顺机械有限公司	福建省亿达通讯设备有限公司
晋江远东陶瓷有限公司	石狮市台隆布业贸易有限公司
舒华（中国）有限公司	石狮市鸿达纺织品整理有限公司
晋江市豪山建材公司	石狮正源水产科技开发有限公司
福建省麦都食品发展有限公司	福建省石狮市恒韵电器贸易有限公司
福建省冠达星五金制品有限公司	福建省中闽建设工程有限公司
晋江市新风鞋塑有限公司	石狮市鸿威贸易有限公司
福建裕隆纺纱有限公司	石狮市雄豹狼服装发展有限公司
晋江市丰川包装有限公司	福建省华峰建设发展有限公司
泉州晋兴拍卖有限公司	石狮市罗达思制衣工艺有限公司
福建新宇拉链织造有限公司	石狮市利美斯制衣有限公司
晋江耀邦印务有限公司	石狮市玉湖食品厂
泉州迦南织造有限公司	金维他（福建）食品有限公司
晋江前兴陶瓷有限公司	福建省南安市锦明彩印有限公司
福建宏华集团有限公司	福建省南安市永利源综合食品有限公司
福建方圆建设发展有限公司	福建福泉集团有限公司
锦兴（福建）化纤纺织实业有限公司	福建省南安市瑞达石业有限公司
福建省晋江市多美味食品有限公司	泉州市泉港汽车运输公司
福建索力鞋业有限公司	福建省安溪鹏程茶业有限公司
晋江市榕霞砂场	福建石狮市斯得雅服饰有限公司
晋江鸿盛雨具有限公司	三　明
茶博汇投资有限公司	福建省三钢（集团）有限责任公司
福建省安溪县恒发茶厂	福建三钢冶金建设有限公司
福建省安溪县琦泰茶业有限公司	辉煌重工集团有限公司
福建省安蓬建设工程有限公司	福建省三明市鸿发贸易有限公司
福建省安泰建筑工程有限公司	福建省三明明竹机械有限公司
福建永前园林有限公司	福建省三明市神舟物资有限公司
福建省石狮市棒球手鞋业有限公司	华盛置业集团建设工程有限公司

5-37 续表 30 （2005-2010 年）

企业名称	企业名称
三明市深海龙潜水有限公司	福建省大田县昌盛机械制造有限公司
福建省三明永榕电力开发有限公司	福建和鑫木业有限公司
福建天立拍卖有限公司	福建省沙县明福木业有限公司
三明东南印务有限公司	福建省尤溪洋益纺织服装有限公司
健盛食品股份有限公司	福建省尤溪长波水力机械有限公司
福建联发建设工程有限公司	茂溪酒业（福建）有限公司
福建华橡自控技术股份有限公司	福建斯特力气动工具有限公司
福建三明市原林汽车销售服务有限公司	三明百事达淀粉有限公司
福建三明富雅服饰实业有限公司	福建省明溪县珩城水业有限公司
福建宇通工贸有限公司	福建三明市圣华助剂有限公司
福建闽新集团有限公司	福建鑫鑫獭兔有限公司
福建三明家园木业有限公司	三明市扬晨食品有限公司
福建省永榕电力集团（三明）发电有限公司	福建省春辉茶业有限公司
福建省三明市宏源卫生用品有限公司	福建省将乐县乐洪活性炭有限公司
福建省永安市供电有限公司	将乐县阳光假日旅行社有限公司
福建省永安煤业有限责任公司	福建金牛水泥有限公司
福建煤炭工业基本建设有限公司	将乐县鑫诚会计师咨询事务所
福建省永安林业（集团）股份有限公司	福建龙华建设工程有限责任公司
福建海峡科化股份有限公司永安分公司	泰宁县杉优玩具有限公司
智胜化工股份有限公司	福建省泰宁县金湖炭素有限公司
福建闽通长运股份有限公司	福建泰宁南方林业发展有限公司
福建省永安永盛铁路运输贸易有限公司	福建铙山纸业集团有限公司
永安市宝华林实业发展有限公司	福建文鑫莲业食品有限公司
永安市华联贸易有限公司	福建省建宁县翠源食品有限公司
福建省永安市顺达冶金制造有限公司	建宁县佳兴米业有限公司
福建华闽纸业有限公司	福建省明信德工程咨询有限公司
福建省大田县鹭峰矿业有限公司	三明市斧头山食品有限公司
福建益建建筑工程有限公司	福建省恒立门业有限责任公司
福建省宝山机械有限公司	三明市永兴车业有限公司

企业名称	企业名称
福建雄风电气有限公司	宏峰集团（福建）有限公司
福建三和食品集团有限公司	福建宏岸建设工程有限公司
永安市艺胜特种设备安装起重有限公司	福建省莆田燃气股份有限公司
福建省中木建设集团有限公司	莆田骏隆房地产开发有限公司
莆　田	福建省莆田华闽实业有限公司
福建众和股份有限公司	福建十建建设有限公司
福建省莆田市华丰鞋业有限公司	方家铺子（莆田）绿色食品有限公司
福建省莆田市老区建设工程有限公司	福建省仙游县九仙溪水电开发总公司
莆田市建筑安装工程公司	福建仙游海凌古典家俬装饰有限公司
福建省电力有限公司莆田电业局	福建省仙游县第二建筑工程有限公司
中国移动通信集团福建有限公司莆田分公司	福建大老古食品有限公司
福建省海峡置业股份有限公司	福建省莆田市联发建筑工程有限公司
莆田市宏发钢材交易市场有限公司	福建省仙游县胜北汽贸有限公司
福建省莆田市水电工程处	仙游县楠城建筑工程有限公司
福建省莆田市双驰体育用品有限公司	福建省仙游县皇朝帝苑家俬有限公司
福建莆田汽车运输股份有限公司	三棵树涂料股份有限公司
中国电信股份有限公司莆田分公司	福建省莆田市英达曼服饰发展有限公司
莆田市宇大装饰设计工程有限公司	莆田市荔城区富立鞋用材料有限公司
莆田市建安消防工程有限公司	莆田市荔城区胜利印刷包装厂
中国人民财产保险股份有限公司莆田市分公司	福建省华隆机械有限公司
莆田市莆运汽车贸易有限公司	福建莆田信辉建设开发有限公司
莆田市德盛兴汽车贸易有限公司	莆田市城厢区华照养殖有限公司
华昌珠宝有限公司	莆田圣邦服饰有限公司
福建巨岸建设工程有限公司	福建省新路体育用品有限公司
福建复茂食品有限公司	福建省莆田嘉裕华制鞋工业有限公司
福建省点石工艺有限公司	莆田市涵城建筑工程有限公司
莆田市涵江区百利电子塑胶有限公司	中国人民财产保险股份有限公司莆田市涵江支公司
莆田市桑迪电子商务中心	莆田市涵江怡丰鞋业有限公司
福建省莆田市飞龙食品有限公司	福建亿发集团有限公司

企业名称	企业名称
福建省三源金属制品有限公司	福建利树浆纸有限公司
樱花（福建）包装文具有限公司	福建省建瓯茂叶实业有限公司
莆田市星光宝石有限公司	福建亚亨动力科技集团有限公司
莆田市华兴珠宝首饰有限公司	福建三爱药业有限公司
福建莆田鸿达牧业有限公司	福建青松股份有限公司
莆田市涵江区创大电子信息有限公司	福建建阳龙翔科技开发有限公司
仙游县盈养食品有限公司	福建新纪建设集团有限公司
南　平	福建武夷农业生态园有限公司
福建三山（集团）南平市钢铁有限公司	福建省闽发机电设备有限公司
福建省南平市顺发保温安装有限公司	武夷星茶业有限公司
福建南电股份有限公司	武夷山市福莲岩茶有限公司
福建南平太阳电缆股份有限公司	福建省邵武市农资有限公司
福建大禾农牧发展有限公司	邵武市叶之林木竹有限公司
福建新华发行（集团）有限责任公司南平分公司	福建省邵化化工有限公司
福建省金月合成革有限公司	福建省物资邵武储运贸易总公司
南平市福源运输有限公司	邵武市新天源粮油贸易有限公司
福建省南铝板带加工有限公司	南平天宇化工有限公司
福建南平华阳电线电缆有限公司	邵武市振达机械制造有限责任公司
福建太禹投资（集团）有限公司	福建省邵武市新福泉竹木业有限公司
福建省南平星光大厦有限公司	福建省顺昌远宏房地产开发有限公司
福建省现代爆破工程有限公司	福建省幸福生物科技有限公司
南平市九峰建材厂	老知青（福建）油脂有限公司
福建元力活性炭股份有限公司	南平市烟草公司浦城分公司
福建一春农业发展有限公司	浦城县三协木业有限责任公司
南平市延发竹木有限公司	福建闽城光学眼镜有限公司
福建双龙戏珠酒业有限公司	福建省扬祖医药有限公司
福建昌隆竹业有限公司	福建省浦城古越王山泉水业有限公司
福建省闽根王木业有限公司	福建东平高粱酿造有限公司
福建省建瓯市芝华木业有限公司	福建省家和竹木有限公司

5-37 续表 33　　（2005-2010 年）

企业名称	企业名称
福建省政和县茗香轩茶厂	福建龙麟集团有限公司
福建省政和茗匠工艺礼品有限公司	福建省龙岩市豪迪化工有限公司
福建省新亚竹木有限公司	福建省建威装璜建设工程有限公司
中国移动通信集团福建有限公司政和分公司	龙岩市易佰特节能照明有限公司
松溪县农村信用合作联社	福建省招宝生态农庄有限公司
福建省松溪县恒信彩印包装有限公司	福建响牌建材工业有限公司
福建省光泽沪千人造板制造有限公司	福建好日子食品有限公司
中国移动通信集团福建有限公司光泽分公司	福建省华亿建筑有限公司
南平市烟草公司光泽分公司	福建省同源建设工程有限公司
福建省光泽县福泽木业有限公司	福建省恒基建设股份有限公司
龙　岩	福建中凯建设工程有限公司
龙岩烟草工业有限责任公司	福建省杭辉建设工程有限公司
福建龙净环保股份有限公司	福建登凯成龙建设集团有限公司
福建煤电股份有限公司	上杭古田龙诚竹木藤工艺制品有限公司
福建森宝食品集团股份有限公司	福建南阳建筑工程有限工司
福建省龙岩市天明实业有限公司	福建登凯房地产开发有限公司
福建成森建设集团有限公司	中国人民财产保险股份有限公司上杭支公司
闽西联华广告装修有限公司	福建省龙岩市喜浪米业有限公司
福建龙马环卫装备股份有限公司	武平县荣华竹木胶合板厂
龙岩卓越新能源发展有限公司	福建宏大建设工程有限公司
福建麒麟建设工程有限公司	福建省连城锰矿
福建永强岩土工程有限公司	连城县旅游食品厂
福建省永旺建设工程有限公司	福建省宏晟建工有限公司
福建省龙岩汇成建筑工程有限公司	福建新华夏建工有限公司
龙岩市东城建筑工程有限公司	连城县东方经济开发有限公司
龙岩市金洲峻业贸易有限公司	福建宏星建设工程有限公司
福建互华土木工程管理有限公司	福建省长汀县第一建筑工程有限公司
核工业华南工程勘察院	福建省远山农业发展有限责任公司
恒亿集团有限公司	福建省汀江水电工程有限公司
福建省龙岩天宇工业（集团）公司	长汀县星宇酒厂

5-37 续表 34 （2005-2010 年）

企业名称	企业名称
福建华电漳平火电有限公司	福建贝吃乐食品有限公司
福建省潘洛铁矿有限责任公司	福建天虹服装有限公司
佰益健（福建）生物科技有限公司	福建坦洋工夫集团股份有限公司
福建省漳平市龙祥竹胶合板有限公司	福安远东华美电机有限公司
宁　德	福建省中正工贸实业有限公司
福建鸿远拍卖有限公司	福建大吉刀剪五金有限公司
福建国拍拍卖有限公司	福鼎市通达机车部件有限公司
福建元宏建筑工程有限公司	福鼎市建德新型建材开发有限公司
福建省宁德市第六建筑工程有限公司	福建方舟电子科技实业有限公司
福建省安消装饰工程有限公司	福鼎市天毫茶业有限公司
福建省鑫海安消工程有限公司	福鼎市南阳纸业有限公司
福建天虹建设工程有限公司	福建省福鼎市太姥食品酿造有限公司
福建蓝桥建筑工程有限公司	福建福鼎福胜船舶制造有限公司
福建省九建建筑工程有限公司	福建申达钢铁有限公司
宁德华港房地产开发有限公司	安诺纸业（福建）有限公司
福建悦富华工程监理有限公司	福鼎秦川园林有限公司
宁德市聚鑫玻璃有限公司	福建正阳汽车部件有限公司
福建省白马船厂	霞浦县制动材料总厂
福安市红旗机械厂	福建省霞浦三沙华美实业有限公司
福建隽永天香茶业有限公司	福建省霞浦宏昌拆船有限公司
福安市万宝针织制衣有限公司	福建省霞浦县江海水电工程建设有限公司
闽东五一机电有限公司	霞浦华泰物资贸易有限公司
福建顶丰食品有限责任公司	霞浦县自然潮食品有限公司
福建福安闽东亚南电机有限公司	日出东方装饰净化工程（古田）有限公司
福建仁升食品有限公司	福建省古田县冠达胶合板有限责任公司
凯捷利电机（福建）有限公司	福建省健神生物工程有限公司
福建闽东德丰电机有限公司	福建惠泽龙酒业有限公司
福建港福食品开发有限公司	福建大创水电集团有限公司
福建黄金源包装有限公司	福建省闽东力捷迅药业有限公司
福建德佳拍卖有限公司	福建广生堂药业有限公司

6 排行篇

本篇根据企业上报数据整理、推算、排序。

6-1　福建省工业企业国内市场占有率综合300强

（2010年）

序号	企业名称	占有率（%）	序号	企业名称	占有率（%）
1	福建省电力有限公司	6.117×10^{-2}	26	厦门金龙旅行车有限公司	0.824×10^{-2}
2	戴尔（中国）有限公司	5.402×10^{-2}	27	福建百宏聚纤科技实业有限公司	0.789×10^{-2}
3	福建联合石油化工有限公司	3.709×10^{-2}	28	福建亿鑫钢铁有限公司	0.786×10^{-2}
4	福建省三钢（集团）有限责任公司	3.247×10^{-2}	29	福建鑫海冶金有限公司	0.761×10^{-2}
5	翔鹭石化股份有限公司	2.319×10^{-2}	30	泉州市三兴体育用品有限公司	0.729×10^{-2}
6	厦门厦工机械股份有限公司	2.030×10^{-2}	31	福建戴姆勒汽车工业有限公司	0.729×10^{-2}
7	龙岩烟草工业有限公司	1.790×10^{-2}	32	福建凯西不锈钢有限公司	0.728×10^{-2}
8	东南（福建）汽车工业有限公司	1.754×10^{-2}	33	腾龙特种树脂（厦门）有限公司	0.720×10^{-2}
9	石狮市佳龙石化纺纤有限公司	1.512×10^{-2}	34	福建大唐国际发电有限公司	0.702×10^{-2}
10	厦门烟草工业有限责任公司	1.443×10^{-2}	35	福建华电可门发电有限公司	0.697×10^{-2}
11	正兴车轮集团有限公司	1.394×10^{-2}	36	长乐力恒锦纶科技有限公司	0.680×10^{-2}
12	华阳电业有限公司	1.236×10^{-2}	37	英博雪津啤酒有限公司	0.672×10^{-2}
13	福建紫金矿业股份有限公司	1.206×10^{-2}	38	三六一度（中国）有限公司	0.669×10^{-2}
14	厦门银鹭食品有限公司	1.111×10^{-2}	39	厦门正新海燕轮胎有限公司	0.658×10^{-2}
15	福建省晋江市电力有限责任公司	1.092×10^{-2}	40	福建吴航不锈钢制品有限公司	0.654×10^{-2}
16	中海福建天然气责任有限公司	0.995×10^{-2}	41	福建省长乐市供电有限公司	0.642×10^{-2}
17	厦门正新橡胶工业有限公司	0.962×10^{-2}	42	祥兴（福建）箱包集团有限公司	0.612×10^{-2}
18	宝钢德盛不锈钢有限公司	0.928×10^{-2}	43	华能国际电力股份有限公司福州电厂	0.588×10^{-2}
19	厦门金龙联合汽车工业有限公司	0.913×10^{-2}	44	厦门ABB开关有限公司	0.582×10^{-2}
20	联想移动通信科技有限公司	0.903×10^{-2}	45	福建星网锐捷股份有限公司	0.577×10^{-2}
21	福州福大自动化科技有限公司	0.889×10^{-2}	46	漳州金龙客车有限公司	0.562×10^{-2}
22	福建三安钢铁有限公司	0.870×10^{-2}	47	福建省南平铝业有限公司	0.558×10^{-2}
23	福建省金纶高纤股份有限公司	0.854×10^{-2}	48	福建捷联电子有限公司	0.558×10^{-2}
24	龙工（福建）机械有限公司	0.837×10^{-2}	49	乔丹体育股份有限公司	0.556×10^{-2}
25	泉州福海粮油工业有限公司	0.828×10^{-2}	50	福建锦江科技有限公司	0.537×10^{-2}

6-1 续表 1　　　　（2010 年）

序号	企业名称	占有率（%）	序号	企业名称	占有率（%）
51	中国国际钢铁制品有限公司	0.500×10^{-2}	76	长乐市长源纺织有限公司	0.367×10^{-2}
52	福建三宝特钢有限公司	0.498×10^{-2}	77	闽清金盛钢业有限公司	0.354×10^{-2}
53	厦门众达钢铁有限公司	0.498×10^{-2}	78	厦门 ABB 低压电器设备有限公司	0.351×10^{-2}
54	福建省南安市电力有限责任公司	0.486×10^{-2}	79	九牧集团有限公司	0.351×10^{-2}
55	福建省长乐市金源纺织有限公司	0.485×10^{-2}	80	林德（中国）叉车有限公司	0.350×10^{-2}
56	福建元成豆业有限公司	0.475×10^{-2}	81	福州奋安铝业有限公司	0.347×10^{-2}
57	福州大通机电有限公司	0.456×10^{-2}	82	石狮市富贵鸟集团公司	0.343×10^{-2}
58	福建省闽发铝业股份有限公司	0.452×10^{-2}	83	龙岩卓龙钢铁有限公司	0.342×10^{-2}
59	贵人鸟（中国）有限公司	0.452×10^{-2}	84	厦门中盛粮油企业有限公司	0.340×10^{-2}
60	金莱克（中国）体育用品有限公司	0.443×10^{-2}	85	福建省石狮市电力有限责任公司	0.336×10^{-2}
61	福建南平太阳电缆股份有限公司	0.435×10^{-2}	86	福建省安溪新田矿产开发有限公司	0.334×10^{-2}
62	喜得龙（中国）有限公司	0.433×10^{-2}	87	利郎（中国）有限公司	0.334×10^{-2}
63	安踏（中国）有限公司	0.432×10^{-2}	88	福建省长乐市华源纺织有限公司	0.332×10^{-2}
64	福耀玻璃工业集团股份有限公司	0.429×10^{-2}	89	福建水口发电有限公司	0.331×10^{-2}
65	福建三钢小蕉实业发展有限公司罗源分公司	0.426×10^{-2}	90	福建省福清供电有限公司	0.328×10^{-2}
66	福建省圣农实业有限公司	0.424×10^{-2}	91	中海福建燃气发电有限公司	0.325×10^{-2}
67	福建康宏股份有限公司	0.416×10^{-2}	92	福建晋江天然气发电有限公司	0.325×10^{-2}
68	厦门华夏国际电力发展有限公司	0.416×10^{-2}	93	福建太平洋电力有限公司	0.325×10^{-2}
69	鸿一粮油资源股份有限公司	0.406×10^{-2}	94	福建省长乐市金磊纺织有限公司	0.319×10^{-2}
70	福建省南纸股份有限公司	0.405×10^{-2}	95	福建上杭县闽粤铜业有限公司	0.317×10^{-2}
71	福建方兴化工有限公司	0.394×10^{-2}	96	福建省晋江福源食品有限公司	0.317×10^{-2}
72	中宇建材集团有限公司	0.385×10^{-2}	97	福建达利食品集团有限公司	0.312×10^{-2}
73	厦门钨业股份有限公司	0.383×10^{-2}	98	福建三金钢铁有限公司	0.312×10^{-2}
74	国电福州发电有限公司	0.376×10^{-2}	99	恒安（中国）卫生用品有限公司	0.310×10^{-2}
75	龙岩畅丰车桥制造有限公司	0.369×10^{-2}	100	福建省大众金属有限公司	0.310×10^{-2}

6-1 续表 2 （2010 年）

序号	企业名称	占有率（%）	序号	企业名称	占有率（%）
101	漳州新福达底盘有限公司	0.309×10^{-2}	126	福建振云塑业股份有限公司	0.265×10^{-2}
102	厦门翔鹭化纤股份有限公司	0.304×10^{-2}	127	福建省长乐市宏顺型材有限公司	0.265×10^{-2}
103	福建亚通新材料科技股份有限公司	0.303×10^{-2}	128	虎都（中国）服饰有限公司	0.262×10^{-2}
104	福建柒牌集团有限公司	0.303×10^{-2}	129	福州利亚船舶工程有限公司	0.262×10^{-2}
105	斯舒郎体育用品有限公司	0.302×10^{-2}	130	冠科（福建）电子科技有限公司	0.261×10^{-2}
106	福建南平南孚电池有限公司	0.296×10^{-2}	131	福州福泰钢铁有限公司	0.260×10^{-2}
107	飞毛腿电池有限公司	0.295×10^{-2}	132	福建铂阳精工设备有限公司	0.259×10^{-2}
108	福建鸿星尔克体育用品有限公司	0.294×10^{-2}	133	龙岩市新罗区蓝田水泥厂	0.259×10^{-2}
109	福建荣新矿业有限公司	0.294×10^{-2}	134	欣贺（厦门）服饰有限公司	0.258×10^{-2}
110	九牧王（中国）有限公司	0.293×10^{-2}	135	蜡笔小新（福建）食品工业有限公司	0.255×10^{-2}
111	漳州开发区一德粮油有限公司	0.292×10^{-2}	136	泉州天宇化纤织造实业有限公司	0.254×10^{-2}
112	福建省青山纸业股份有限公司	0.287×10^{-2}	137	福建恒安集团有限公司	0.251×10^{-2}
113	龙岩盛丰机械制造有限公司	0.287×10^{-2}	138	福建统一马口铁有限公司	0.250×10^{-2}
114	漳州百佳实业有限公司	0.287×10^{-2}	139	锐珂（厦门）医疗器材有限公司	0.247×10^{-2}
115	安踏（泉州）体育用品有限公司	0.286×10^{-2}	140	长乐力源锦纶实业有限公司	0.247×10^{-2}
116	福建三宝钢铁有限公司	0.286×10^{-2}	141	福建通达集团有限公司	0.247×10^{-2}
117	福建印福油脂工业有限公司	0.282×10^{-2}	142	世纪宝姿服装（厦门）有限公司	0.247×10^{-2}
118	厦门厦顺铝箔有限公司	0.282×10^{-2}	143	漳州蒙发利实业有限公司	0.246×10^{-2}
119	福建龙净环保股份有限公司	0.282×10^{-2}	144	福建龙麟集团有限公司	0.241×10^{-2}
120	大亚木业（福建）有限公司	0.276×10^{-2}	145	石狮市卡宾服饰发展有限公司	0.239×10^{-2}
121	福建金牛水泥有限公司	0.276×10^{-2}	146	福建省洪泰铜业有限公司	0.239×10^{-2}
122	福建省罗源县供电有限公司	0.276×10^{-2}	147	宸鸿科技（厦门）有限公司	0.237×10^{-2}
123	捷太格特转向系统（厦门）有限公司	0.271×10^{-2}	148	福建煤电股份有限公司	0.237×10^{-2}
124	飞毛腿（福建）电子有限公司	0.269×10^{-2}	149	福建省莆田荔兴轻工实业有限责任公司	0.236×10^{-2}
125	中纺粮油（福建）有限公司	0.266×10^{-2}	150	厦门太古可口可乐饮料有限公司	0.235×10^{-2}

6-1 续表 3　　（2010 年）

序号	企业名称	占有率（%）	序号	企业名称	占有率（%）
151	漳州旗滨玻璃有限公司	0.234×10^{-2}	176	漳州联盛纸业有限公司	0.214×10^{-2}
152	福建省闽光新型材料有限公司	0.232×10^{-2}	177	厦门正新实业有限公司	0.214×10^{-2}
153	福建省长乐市正隆纺织有限公司	0.231×10^{-2}	178	双翔（福建）电子有限公司	0.214×10^{-2}
154	福建省长乐市金沙港针纺实业有限公司	0.230×10^{-2}	179	福建省邵化化工有限公司	0.213×10^{-2}
155	福建省经纬集团有限公司	0.229×10^{-2}	180	福建省龙海市供电有限公司	0.213×10^{-2}
156	泉州鸿荣轻工有限公司	0.229×10^{-2}	181	三六一度（福建）体育用品有限公司	0.211×10^{-2}
157	福建新世纪电子材料有限公司	0.228×10^{-2}	182	福建冠盖金属包装有限公司	0.211×10^{-2}
158	福建时代包装材料有限公司	0.228×10^{-2}	183	漳州市海新饲料有限公司	0.209×10^{-2}
159	劲霸男装股份有限公司	0.227×10^{-2}	184	福建新龙马汽车股份有限公司永安汽车厂	0.209×10^{-2}
160	福州翔隆纺织有限公司	0.226×10^{-2}	185	福建省长乐市华亚纺织有限公司	0.208×10^{-2}
161	东亚电力（厦门）有限公司	0.226×10^{-2}	186	戴尔（厦门）有限公司	0.206×10^{-2}
162	国电泉州热电有限公司	0.226×10^{-2}	187	兴业皮革科技股份有限公司	0.206×10^{-2}
163	莆田市东南香米业发展有限公司	0.225×10^{-2}	188	福建德尔惠体育用品有限公司	0.205×10^{-2}
164	厦门中禾实业有限公司	0.225×10^{-2}	189	福建加多宝饮料有限公司	0.204×10^{-2}
165	诚丰家具（中国）有限公司	0.221×10^{-2}	190	福建南纺股份有限公司	0.203×10^{-2}
166	福建宇星实业有限公司	0.220×10^{-2}	191	福建海壹食品饮料有限公司	0.203×10^{-2}
167	福建福马食品集团有限公司	0.220×10^{-2}	192	漳平红狮水泥有限公司	0.203×10^{-2}
168	龙岩卓鹰制铁有限公司	0.220×10^{-2}	193	福建省长乐市华威化纤有限公司	0.202×10^{-2}
169	福建湄洲湾氯碱工业有限公司	0.219×10^{-2}	194	福建福贞金属包装有限公司	0.202×10^{-2}
170	福建省长乐市创造者锦纶实业有限公司	0.219×10^{-2}	195	泉州嘉禾食品有限公司	0.202×10^{-2}
171	福建新华旭专用车制造有限公司	0.219×10^{-2}	196	福建鑫华股份有限公司	0.202×10^{-2}
172	泉州匹克鞋业有限公司	0.216×10^{-2}	197	福州淘帝服饰有限公司	0.202×10^{-2}
173	中铝瑞闽铝板带有限公司	0.216×10^{-2}	198	福建泉州匹克体育用品有限公司	0.202×10^{-2}
174	福州吴航钢铁制品有限公司	0.214×10^{-2}	199	福建恒利集团有限公司	0.202×10^{-2}
175	恒安（中国）纸业有限公司	0.214×10^{-2}	200	清美（中国）有限公司	0.200×10^{-2}

6-1 续表 4 （2010 年）

序号	企业名称	占有率（%）	序号	企业名称	占有率（%）
201	福建省冠海造船工业有限公司	0.200×10^{-2}	226	福建省雁石发电有限责任公司	0.181×10^{-2}
202	福建省安溪县供电有限责任公司	0.200×10^{-2}	227	福建省永安林业（集团）股份有限公司	0.179×10^{-2}
203	福建省惠安县供电有限责任公司	0.200×10^{-2}	228	才子服饰股份有限公司	0.178×10^{-2}
204	福建德胜能源有限公司	0.198×10^{-2}	229	厦门宏发电声股份有限公司	0.178×10^{-2}
205	福建凯邦锦纶科技有限公司	0.198×10^{-2}	230	福建省周宁鑫源发展有限公司	0.177×10^{-2}
206	锦兴（福建）化纤纺织实业有限公司	0.198×10^{-2}	231	晋江腾达陶瓷有限公司	0.177×10^{-2}
207	厦门玉柴发动机有限公司	0.197×10^{-2}	232	石狮市大帝集团有限公司	0.176×10^{-2}
208	景智光电有限公司	0.195×10^{-2}	233	晋江恒达陶瓷有限公司	0.176×10^{-2}
209	福建佳通轮胎有限公司	0.195×10^{-2}	234	冠捷显示科技（厦门）有限公司	0.175×10^{-2}
210	福建希源纸业有限公司	0.193×10^{-2}	235	福建顶津食品有限公司	0.174×10^{-2}
211	福建鼎盛五金制品有限公司	0.193×10^{-2}	236	福建省台福食品有限公司	0.173×10^{-2}
212	乔丹（厦门）实业有限公司	0.193×10^{-2}	237	泉州明恒纺织有限公司	0.173×10^{-2}
213	福建省长乐市金鑫纺织有限公司	0.191×10^{-2}	238	漳州新格有色金属有限公司	0.173×10^{-2}
214	福州百洋海味食品有限公司	0.189×10^{-2}	239	福建省正舜汽车车轮有限公司	0.172×10^{-2}
215	龙工（福建）桥箱有限公司	0.189×10^{-2}	240	雀氏（福建）实业发展有限公司	0.171×10^{-2}
216	福州通尔达电线电缆有限公司	0.188×10^{-2}	241	周宁县华盛钢业贸易有限公司	0.170×10^{-2}
217	福建三钢（集团）三明化工有限责任公司	0.186×10^{-2}	242	永定县煤炭工业公司	0.169×10^{-2}
218	福建省晋江优兰发纸业有限公司	0.186×10^{-2}	243	闽东赛岐经济开发区福华轧钢有限公司	0.169×10^{-2}
219	福州正源铝业有限公司	0.186×10^{-2}	244	福建省长乐市泰源纺织实业有限公司	0.169×10^{-2}
220	福建省辉源金属制品有限公司	0.185×10^{-2}	245	福建鑫宇有色金属制品有限公司	0.168×10^{-2}
221	申鹭达集团有限公司	0.184×10^{-2}	246	厦门市三安光电科技有限公司	0.168×10^{-2}
222	石狮市爱登堡制衣发展有限公司	0.184×10^{-2}	247	晋江三益钢铁有限公司	0.168×10^{-2}
223	福建省闽华电源股份有限公司	0.184×10^{-2}	248	厦门银祥肉业有限公司	0.168×10^{-2}
224	泉州闽华电器有限公司	0.183×10^{-2}	249	福建省南铝板带加工有限公司	0.167×10^{-2}
225	福建新大陆电脑股份有限公司	0.182×10^{-2}	250	石狮市猛士达鞋业有限公司	0.167×10^{-2}

6-1 续表 5　　　　（2010 年）

序号	企业名称	占有率（%）	序号	企业名称	占有率（%）
251	集保控制设备有限公司	0.167×10^{-2}	276	金冠（中国）食品有限公司	0.148×10^{-2}
252	福建省辉煌水暖集团有限公司	0.167×10^{-2}	277	周宁县昌顺铸造有限公司	0.148×10^{-2}
253	雅致集成房屋股份有限公司福州分公司	0.167×10^{-2}	278	福州宝井钢材有限公司	0.148×10^{-2}
254	升兴（福建）集团有限公司	0.163×10^{-2}	279	美家龙（龙岩）健身器材有限公司	0.148×10^{-2}
255	福建省福安市供电有限公司	0.162×10^{-2}	280	华昌珠宝有限公司	0.148×10^{-2}
256	福建省三源金属制品有限公司	0.162×10^{-2}	281	福建高龙实业有限公司	0.148×10^{-2}
257	厦门泓信特种纤维有限公司	0.160×10^{-2}	282	福建省顺昌县宏丰钢铁有限公司	0.147×10^{-2}
258	中源新能源（福建）有限公司	0.160×10^{-2}	283	晋江市天守服装织造有限公司	0.146×10^{-2}
259	福建省晋江市浩沙制衣有限公司	0.160×10^{-2}	284	漳州双胞胎饲料有限公司	0.146×10^{-2}
260	晋江市锦福化纤聚合有限公司	0.159×10^{-2}	285	福建森华实业有限公司	0.146×10^{-2}
261	福建中日达金属有限公司	0.159×10^{-2}	286	盖奇（中国）织染服饰有限公司	0.146×10^{-2}
262	达派（中国）箱包有限公司	0.159×10^{-2}	287	福建省安溪集荣矿业有限公司	0.145×10^{-2}
263	莆田市华港制油有限公司	0.159×10^{-2}	288	福建省长乐市鑫城化纤有限公司	0.145×10^{-2}
264	福建晋江市华利鞋业有限公司	0.155×10^{-2}	289	福建莱克石化有限公司	0.145×10^{-2}
265	金保利（泉州）科技实业有限公司	0.155×10^{-2}	290	漳州大北农农牧科技有限公司	0.145×10^{-2}
266	石狮市雄豹狼服装发展有限公司	0.154×10^{-2}	291	福建晋工机械有限公司	0.144×10^{-2}
267	福州茶花家居塑料日用品有限公司	0.154×10^{-2}	292	福建鸿星沃登卡集团有限公司	0.144×10^{-2}
268	莆田广东温氏家禽有限公司	0.153×10^{-2}	293	飞亚世（石狮）体育用品有限公司	0.144×10^{-2}
269	厦门华电开关有限公司	0.152×10^{-2}	294	荣兴（福建）特钟钢业有限公司	0.143×10^{-2}
270	漳州开发区华索沥青工业有限公司	0.152×10^{-2}	295	福建金山黄金冶炼有限公司	0.143×10^{-2}
271	福建省联盛纸业有限责任公司	0.151×10^{-2}	296	漳州亚邦化学有限公司	0.143×10^{-2}
272	长春化工（漳州）有限公司	0.150×10^{-2}	297	福建省龙岩发电有限责任公司	0.142×10^{-2}
273	福建纬璇织造有限公司	0.150×10^{-2}	298	福州开发区宇辉钢铁制品有限公司	0.142×10^{-2}
274	厦门东纶股份有限公司	0.150×10^{-2}	299	天喔（福建）食品有限公司	0.142×10^{-2}
275	明达实业（厦门）有限公司	0.148×10^{-2}	300	厦门百穗行科技股份有限公司	0.142×10^{-2}

6-2 福建省煤炭开采和洗选业企业国内市场占有率50强

（2010年）

序号	企业名称	占有率（%）	序号	企业名称	占有率（%）
1	福建煤电股份有限公司	7.054×10^{-2}	26	永定县青溪煤矿有限公司	0.651×10^{-2}
2	永定县煤炭工业公司	5.031×10^{-2}	27	永定县昌福山煤矿有限公司	0.623×10^{-2}
3	龙岩市文翔矿业有限公司	3.008×10^{-2}	28	永定县洋坑背煤矿有限公司	0.611×10^{-2}
4	福建省永安煤业有限责任公司	3.001×10^{-2}	29	永定县石灰坑煤矿有限公司	0.594×10^{-2}
5	福建省永安煤业有限责任公司上京分公司	2.538×10^{-2}	30	永春县铅坑煤矿有限责任公司	0.591×10^{-2}
6	福建省天湖山能源实业有限公司	2.194×10^{-2}	31	永定县新在坑煤矿有限公司	0.589×10^{-2}
7	福建省鸿达精选煤有限公司	2.154×10^{-2}	32	漳平奇峰矿业有限公司	0.587×10^{-2}
8	大田县奇韬煤矿	1.762×10^{-2}	33	福建省清流县罗口煤业有限公司	0.584×10^{-2}
9	大田县太华煤矿	1.610×10^{-2}	34	福建黑石精洗煤有限公司	0.574×10^{-2}
10	三明市联发煤业有限公司	1.406×10^{-2}	35	漳平市前坪煤业有限公司	0.573×10^{-2}
11	大田县大竹林煤矿	1.202×10^{-2}	36	永定县福富煤矿有限公司	0.572×10^{-2}
12	福建正福能源投资有限公司	1.186×10^{-2}	37	永定县枫林煤矿有限公司	0.557×10^{-2}
13	永安市安砂镇小伙村白马山煤矿	1.056×10^{-2}	38	永定县溪联煤矿有限公司	0.555×10^{-2}
14	大田县广平镇联办煤矿	1.049×10^{-2}	39	永定县大弯科煤矿有限公司	0.553×10^{-2}
15	永安市曹远镇煤矿	0.967×10^{-2}	40	永定县寨头坑煤矿有限公司	0.549×10^{-2}
16	福建省将乐县兴源煤炭有限责任公司	0.885×10^{-2}	41	漳平市拱桥中界石笋坑煤矿	0.545×10^{-2}
17	福煤（漳平）煤业有限公司	0.827×10^{-2}	42	福建省龙岩市罗厝山煤业有限公司	0.542×10^{-2}
18	福煤（邵武）煤业有限公司	0.798×10^{-2}	43	永定县郑坑煤矿有限公司	0.537×10^{-2}
19	永定县联发煤矿有限公司	0.770×10^{-2}	44	永定县大垅煤矿有限公司	0.533×10^{-2}
20	龙岩市新罗区东方煤矿	0.754×10^{-2}	45	龙岩陆家地煤矿有限公司	0.533×10^{-2}
21	永定县四方山煤矿有限公司	0.731×10^{-2}	46	永安市青水乡煤矿	0.529×10^{-2}
22	永定县鲤坑煤矿有限公司	0.722×10^{-2}	47	漳平市富山煤矿有限公司	0.525×10^{-2}
23	永安市煤炭工业公司槐南煤管站	0.720×10^{-2}	48	永定县大山煤矿有限公司	0.522×10^{-2}
24	大田县上京煤矿	0.718×10^{-2}	49	永定县天星煤矿有限公司	0.507×10^{-2}
25	福建将乐安信煤业有限公司	0.696×10^{-2}	50	永定县下坑煤矿有限公司	0.504×10^{-2}

6-3 福建省黑色金属矿采选业企业国内市场占有率50强

（2010年）

序号	企业名称	占有率（%）	序号	企业名称	占有率（%）
1	福建省安溪新田矿产开发有限公司	35.056×10^{-2}	26	福建省阳山铁矿	1.786×10^{-2}
2	福建荣新矿业有限公司	30.820×10^{-2}	27	连城县新特矿业有限公司	1.633×10^{-2}
3	福建省安溪集荣矿业有限公司	15.249×10^{-2}	28	德化县丘埕矿业有限公司	1.480×10^{-2}
4	福建省安溪县青照矿业有限公司	13.803×10^{-2}	29	福建省大田县上丰矿业有限公司	1.459×10^{-2}
5	福建省德化鑫阳矿业有限公司	12.358×10^{-2}	30	福建省大田县朝阳矿业有限公司	1.437×10^{-2}
6	福建省安溪县德远矿业有限公司	12.358×10^{-2}	31	福建省大田县富杰矿业有限公司	1.430×10^{-2}
7	福建省安溪县青贤矿业有限公司	9.497×10^{-2}	32	福建省大田县宏福矿业有限公司	1.336×10^{-2}
8	永安市顺达矿业有限公司	6.637×10^{-2}	33	大田县济阳圣安多金属选矿厂	1.291×10^{-2}
9	福建马坑矿业股份有限公司	6.291×10^{-2}	34	龙岩市天山矿业有限公司	1.279×10^{-2}
10	大田县前坪乡矿业公司	5.447×10^{-2}	35	福建省大田县福旺矿业有限公司	1.279×10^{-2}
11	大田县太华铁矿	5.341×10^{-2}	36	华安县华龙矿业有限责任公司	1.269×10^{-2}
12	福建省潘洛铁矿	4.586×10^{-2}	37	龙岩市宏欣矿业有限公司	1.226×10^{-2}
13	福建省顺嘉矿业开发有限公司	4.166×10^{-2}	38	福建省松溪县三和矿业有限责任公司	1.207×10^{-2}
14	大田县均溪矿业经营管理站	3.970×10^{-2}	39	大田县前坪乡山头回民铁矿	1.205×10^{-2}
15	福建省大田县鹭峰矿业有限公司	3.774×10^{-2}	40	福建省德化县阳春矿业有限公司	1.204×10^{-2}
16	龙岩市龙吉炉料工贸有限公司	3.587×10^{-2}	41	福建省连城县锰矿	1.173×10^{-2}
17	龙岩市小娘坑矿业有限公司	3.548×10^{-2}	42	福建省大田县海鑫矿业有限责任公司	1.167×10^{-2}
18	龙岩福佳矿业工贸有限公司	3.544×10^{-2}	43	大田县福余矿产加工有限公司	1.143×10^{-2}
19	永安市永镒矿业有限公司	3.140×10^{-2}	44	福建省安溪县珍地铁矿	1.133×10^{-2}
20	永安市镒盛矿业有限公司	2.684×10^{-2}	45	三明市明峰工贸有限公司	1.102×10^{-2}
21	大田县金土地矿业有限公司	2.131×10^{-2}	46	漳平市佳鑫矿业有限公司	1.079×10^{-2}
22	龙岩市鑫源矿业有限公司	2.033×10^{-2}	47	漳平市吾祠乡铁锰矿	1.066×10^{-2}
23	大田县骏原工贸有限公司	2.020×10^{-2}	48	邵武市隆兴矿业有限公司	1.025×10^{-2}
24	龙岩市新特贸易有限公司	1.987×10^{-2}	49	大田县广源矿业科技开发有限公司	0.984×10^{-2}
25	泉州市高阳矿产品贸易有限公司	1.886×10^{-2}	50	龙岩市聚鑫矿业有限公司	0.960×10^{-2}

6-4　福建省有色金属矿采选业企业国内市场占有率50强

（2010年）

序号	企业名称	占有率（%）	序号	企业名称	占有率（%）
1	泉州磊鑫矿业有限公司	10.312×10^{-2}	26	将乐县鑫峰矿业有限公司	2.647×10^{-2}
2	福建省安溪县桃舟乡浙安铅锌选矿厂	10.288×10^{-2}	27	清流县华龙矿业有限公司	2.570×10^{-2}
3	福建省上杭县金山建设工程公司	10.263×10^{-2}	28	福建省大田县湘闽矿业有限公司	2.327×10^{-2}
4	福建朝阳矿业股份有限公司	8.540×10^{-2}	29	连城县庙前镇赣闽金荣选矿厂	2.282×10^{-2}
5	宁化行洛坑钨矿有限公司	6.981×10^{-2}	30	东南非矿（福建将乐）开发有限公司	2.141×10^{-2}
6	福建省永春旭发有色金属选矿有限公司	5.798×10^{-2}	31	将乐县新荣有色金属选矿厂	2.131×10^{-2}
7	福建省尤溪金隆矿业有限公司	5.433×10^{-2}	32	三明大田捷盛矿业有限公司	2.074×10^{-2}
8	福建省新华都工程有限责任公司	5.275×10^{-2}	33	建瓯市和鑫矿业有限公司	1.996×10^{-2}
9	古田天宝矿业有限公司	4.990×10^{-2}	34	福建省上杭县华辉矿建实业有限公司	1.918×10^{-2}
10	福建省永春三鑫矿业有限公司	4.607×10^{-2}	35	大田县盛鑫矿业有限公司	1.866×10^{-2}
11	大田县华兴矿业有限公司	4.508×10^{-2}	36	连城县冠连矿业开发有限公司	1.824×10^{-2}
12	福建省大田县宝树矿业有限公司	4.185×10^{-2}	37	福建省东华矿业有限公司	1.721×10^{-2}
13	福建省尤溪金东矿业有限公司	3.791×10^{-2}	38	福建省建阳市三宝山矿业有限公司	1.617×10^{-2}
14	建阳市黄地矿业有限公司	3.266×10^{-2}	39	永春县宏业矿产有限公司	1.616×10^{-2}
15	将乐县翔坤矿业有限公司	3.226×10^{-2}	40	将乐县鑫盛矿业有限公司	1.572×10^{-2}
16	大田县广福矿业有限公司	3.199×10^{-2}	41	南平市福达矿业有限公司	1.556×10^{-2}
17	福建省尤溪县丰源矿业有限公司	3.137×10^{-2}	42	大田县爱鑫矿业有限公司	1.539×10^{-2}
18	福建省邵武市鑫辉矿业有限公司	2.922×10^{-2}	43	福建武夷山市天宝矿业有限公司	1.534×10^{-2}
19	大田县建设有色金属矿	2.922×10^{-2}	44	大田县谢洋乡联合矿	1.530×10^{-2}
20	福建省永春豹仔红选矿有限公司	2.845×10^{-2}	45	大田县万源矿业发展有限公司	1.512×10^{-2}
21	大田县金达矿业有限公司	2.769×10^{-2}	46	福建省大田县乾泰矿业有限公司	1.501×10^{-2}
22	将乐县万安镇矿产品生产经营部	2.708×10^{-2}	47	大田县文江金桥有色金属矿	1.458×10^{-2}
23	福建省政和县源鑫矿业有限公司	2.683×10^{-2}	48	邵武市拓盛矿业有限公司	1.426×10^{-2}
24	将乐县建隆矿业有限公司	2.669×10^{-2}	49	福建省尤溪县盛隆矿业有限公司	1.394×10^{-2}
25	建宁县金科矿业有限公司	2.657×10^{-2}	50	三明市金源矿业有限公司	1.352×10^{-2}

6-5 福建省非金属矿采选业企业国内市场占有率50强

（2010年）

序号	企业名称	占有率（%）	序号	企业名称	占有率（%）
1	福州远嘉矿业有限公司	10.735×10^{-2}	26	惠安县正豪石业有限公司	4.073×10^{-2}
2	福州市晋安区宦溪峨嵋腊石矿	9.876×10^{-2}	27	永安市大湖矿产品开发公司	4.025×10^{-2}
3	福州华信矿业有限公司	9.505×10^{-2}	28	三明市腾富矿业有限责任公司	3.977×10^{-2}
4	三明市钢岩矿业有限公司	9.135×10^{-2}	29	三明市佳佳明陶瓷材料有限公司	3.651×10^{-2}
5	福建省建宁县富强石材有限公司	8.648×10^{-2}	30	长泰县顺发矿产开发有限公司	3.568×10^{-2}
6	福建闽非矿业有限公司	7.397×10^{-2}	31	永安市英杰矿业发展有限公司	3.425×10^{-2}
7	罗源县岐余石料厂	7.285×10^{-2}	32	福建玄武石材有限公司	3.371×10^{-2}
8	龙岩高岭土有限公司	7.173×10^{-2}	33	永安邦联矿业有限公司	3.111×10^{-2}
9	龙岩市新罗区适中矿产开发有限公司	7.029×10^{-2}	34	福建省沙县竞成实业有限公司	3.085×10^{-2}
10	闽侯县建业砂石有限公司	6.468×10^{-2}	35	将乐县佳润矿业有限公司	3.070×10^{-2}
11	福建省德化恒久矿业有限公司	6.141×10^{-2}	36	三明市金岩矿业有限公司	3.053×10^{-2}
12	大田县上京镇非金属矿	5.814×10^{-2}	37	三明市利丰矿业有限公司	2.933×10^{-2}
13	福建省安溪县青洋兴发石墨矿	5.311×10^{-2}	38	莆田市涵江区秋芦镇崇联双坑石仔场	2.929×10^{-2}
14	福州华坪矿业有限公司	5.173×10^{-2}	39	大田县广平非金属矿	2.881×10^{-2}
15	福建省飞扬矿业有限公司	5.034×10^{-2}	40	永安市大湖矿石厂	2.763×10^{-2}
16	三明市万事达矿业有限公司	5.031×10^{-2}	41	将乐县古镛镇新路村焦坑石料场	2.645×10^{-2}
17	福建大创集团石材有限公司	4.864×10^{-2}	42	诏安县精标硅砂有限公司	2.623×10^{-2}
18	永安市鑫湖建材有限公司	4.768×10^{-2}	43	福建省大田县兆丰矿业有限公司	2.535×10^{-2}
19	永安市下盖竹石墨矿有限公司	4.660×10^{-2}	44	邵武市荣辉华成选矿厂	2.437×10^{-2}
20	福州闽松矿业有限公司	4.496×10^{-2}	45	福州市晋安区莫垅里采石场	2.434×10^{-2}
21	永安市曹远矿产品开发有限公司	4.441×10^{-2}	46	明溪县荣和选矿有限公司	2.432×10^{-2}
22	永安市金银湖矿产品有限公司	4.366×10^{-2}	47	永安市兴鸿泰源矿业有限公司	2.430×10^{-2}
23	福建塔牌矿业有限公司	4.292×10^{-2}	48	明溪县长兴萤石矿业有限公司	2.407×10^{-2}
24	福建南禾实业发展有限公司	4.263×10^{-2}	49	福建省安溪县铁峰石料公司	2.396×10^{-2}
25	永安市安砂非金属矿有限责任公司	4.175×10^{-2}	50	永安市安泰重晶石有限公司	2.385×10^{-2}

6-6 福建省农副食品加工业企业国内市场占有率50强

（2010年）

序号	企业名称	占有率（%）	序号	企业名称	占有率（%）
1	泉州福海粮油工业有限公司	14.467×10^{-2}	26	天怡（福建）现代农业发展有限公司	2.247×10^{-2}
2	福建元成豆业有限公司	8.299×10^{-2}	27	漳州市海新水产饲料有限公司	2.225×10^{-2}
3	福建省圣农实业有限公司	7.402×10^{-2}	28	福建泉州市金穗米业有限公司	2.222×10^{-2}
4	福建康宏股份有限公司	7.266×10^{-2}	29	福建省莆田新美食品有限公司	2.103×10^{-2}
5	鸿一粮油资源股份有限公司	7.089×10^{-2}	30	石狮市华宝明祥食品有限公司	2.081×10^{-2}
6	厦门中盛粮油企业有限公司	5.947×10^{-2}	31	福建安井食品股份有限公司	1.917×10^{-2}
7	漳州开发区一德粮油有限公司	5.095×10^{-2}	32	福建加大饲料有限公司	1.895×10^{-2}
8	漳州百佳实业有限公司	5.010×10^{-2}	33	龙海市海新饲料预混有限公司	1.870×10^{-2}
9	福建印福油脂工业有限公司	4.925×10^{-2}	34	漳州市美味食品有限公司	1.824×10^{-2}
10	中纺粮油（福建）有限公司	4.653×10^{-2}	35	福建大昌生物科技实业有限公司	1.778×10^{-2}
11	莆田市东南香米业发展有限公司	3.925×10^{-2}	36	漳州市燕锋水产食品有限公司	1.731×10^{-2}
12	厦门中禾实业有限公司	3.925×10^{-2}	37	福州大福有限公司	1.687×10^{-2}
13	漳州市海新饲料有限公司	3.658×10^{-2}	38	福建腾新食品股份有限公司	1.660×10^{-2}
14	福州百洋海味食品有限公司	3.306×10^{-2}	39	福建省华融禽业有限公司	1.608×10^{-2}
15	厦门银祥肉业有限公司	2.931×10^{-2}	40	莆田市长丰米业有限公司	1.570×10^{-2}
16	莆田市华港制油有限公司	2.770×10^{-2}	41	福建省丙午绿洲兔业有限公司	1.531×10^{-2}
17	莆田广东温氏家禽有限公司	2.675×10^{-2}	42	福清市阳光食品有限公司	1.518×10^{-2}
18	福建高龙实业有限公司	2.577×10^{-2}	43	宏良食品（龙海）有限公司	1.506×10^{-2}
19	漳州双胞胎饲料有限公司	2.553×10^{-2}	44	漳州市海扬饲料有限公司	1.422×10^{-2}
20	福建森华实业有限公司	2.549×10^{-2}	45	福建华仁油脂有限公司	1.422×10^{-2}
21	漳州大北农农牧科技有限公司	2.533×10^{-2}	46	福州市闽科饲料有限公司	1.412×10^{-2}
22	厦门百穗行科技股份有限公司	2.478×10^{-2}	47	福建天马饲料有限公司	1.402×10^{-2}
23	莆田市天下农庄食品发展有限公司	2.455×10^{-2}	48	福建省厨师食品集团有限公司	1.400×10^{-2}
24	福建森宝食品集团股份有限公司	2.440×10^{-2}	49	厦门海嘉面粉有限公司	1.398×10^{-2}
25	泉州市金华油脂食品有限公司	2.393×10^{-2}	50	聚祥（厦门）淀粉有限公司	1.379×10^{-2}

6-7　福建省食品制造业企业国内市场占有率50强

（2010年）

序号	企业名称	占有率（%）	序号	企业名称	占有率（%）
1	福建省晋江福源食品有限公司	19.570×10^{-2}	26	金冠食品（福建）有限公司	4.445×10^{-2}
2	福建达利食品集团有限公司	19.284×10^{-2}	27	龙海市永利来食品有限公司	4.307×10^{-2}
3	蜡笔小新（福建）食品工业有限公司	15.776×10^{-2}	28	福建亚达集团有限公司	4.162×10^{-2}
4	福建福马食品集团有限公司	13.613×10^{-2}	29	宏发集团（中国）有限公司	4.058×10^{-2}
5	福建海壹食品饮料有限公司	12.538×10^{-2}	30	福建省海新食品有限公司	4.000×10^{-2}
6	泉州嘉禾食品有限公司	12.495×10^{-2}	31	泉州市泉港金维他食品有限公司	3.984×10^{-2}
7	福建省台福食品有限公司	10.716×10^{-2}	32	福建省好邻居食品工业有限公司	3.900×10^{-2}
8	金冠（中国）食品有限公司	9.173×10^{-2}	33	石狮黎祥食品有限公司	3.894×10^{-2}
9	天喔（福建）食品有限公司	8.788×10^{-2}	34	福建省长汀盼盼食品有限公司	3.875×10^{-2}
10	厦门兴盛食品有限公司	7.670×10^{-2}	35	漳州金之榕食品工业有限公司	3.854×10^{-2}
11	福建省泉州市安记食品有限公司	7.518×10^{-2}	36	福建惠康食品工业有限公司	3.658×10^{-2}
12	福州统一企业有限公司	7.327×10^{-2}	37	福建乐天食品有限公司	3.570×10^{-2}
13	福州明一乳业有限公司	6.869×10^{-2}	38	厦门古龙罐头食品有限公司	3.242×10^{-2}
14	福建顶益食品有限公司	6.798×10^{-2}	39	福建省泉州喜多多食品有限公司	3.186×10^{-2}
15	福建雅客食品有限公司	6.541×10^{-2}	40	福州昌盛食品有限公司	3.153×10^{-2}
16	漳州市同发食品工业有限公司	6.472×10^{-2}	41	福马咪咪（福建）食品工业有限公司	3.048×10^{-2}
17	明一（福建）婴幼儿营养品有限公司	6.268×10^{-2}	42	福建省嘉士柏食品工业有限公司	2.712×10^{-2}
18	福建省麦丹生物集团有限公司	6.063×10^{-2}	43	福建馥华食品有限公司	2.622×10^{-2}
19	福建久久王食品工业有限公司	5.944×10^{-2}	44	龙岩新奥生物科技有限公司	2.445×10^{-2}
20	福建长富乳品有限公司	5.541×10^{-2}	45	莆田市涵兴食品有限公司	2.434×10^{-2}
21	福建省沙县侨丹实业有限公司	5.325×10^{-2}	46	福州大世界橄榄有限公司	2.421×10^{-2}
22	福建东方食品集团有限公司	5.318×10^{-2}	47	福州富成味精食品有限公司	2.376×10^{-2}
23	福建省建阳武夷味精有限公司	5.196×10^{-2}	48	丹夫食品（漳州）有限公司	2.339×10^{-2}
24	福建亲亲股份有限公司	4.785×10^{-2}	49	泉州中侨（集团）股份有限公司	2.309×10^{-2}
25	福建省新黑龙食品工业有限公司	4.708×10^{-2}	50	三明市健盛食品有限公司	2.298×10^{-2}

6-8 福建省饮料制造业企业国内市场占有率50强

（2010年）

序号	企业名称	占有率（%）	序号	企业名称	占有率（%）
1	厦门银鹭食品有限公司	84.845×10^{-2}	26	福建省康辉食品有限公司	3.199×10^{-2}
2	英博雪津啤酒有限公司	51.331×10^{-2}	27	泉州市洛江泉岩茶业有限公司	3.183×10^{-2}
3	厦门太古可口可乐饮料有限公司	17.911×10^{-2}	28	福州春伦茶业集团有限公司	3.113×10^{-2}
4	福建加多宝饮料有限公司	15.603×10^{-2}	29	厦门华祥苑实业有限公司	2.985×10^{-2}
5	福建顶津食品有限公司	13.295×10^{-2}	30	华润雪花啤酒（福建）有限公司	2.945×10^{-2}
6	漳州天福茶业有限公司	9.325×10^{-2}	31	福州市城门敖峰闽榕茶厂	2.906×10^{-2}
7	福建燕京啤酒股份有限公司	9.217×10^{-2}	32	厦门惠尔康食品有限公司	2.854×10^{-2}
8	福州百事可乐饮料有限公司	9.110×10^{-2}	33	福州市仓山福民茶叶加工厂	2.819×10^{-2}
9	英博雪津啤酒有限公司二厂	7.655×10^{-2}	34	福建标致食品饮料有限公司	2.799×10^{-2}
10	大闽食品（漳州）有限公司	7.466×10^{-2}	35	福建省安溪县雾山茶业有限公司	2.772×10^{-2}
11	惠尔康东方（厦门）食品有限公司	6.201×10^{-2}	36	福建闽江源绿田实业投资发展有限公司	2.745×10^{-2}
12	福建省安溪八马茶业有限公司	5.643×10^{-2}	37	福建省安溪县如意茶厂	2.716×10^{-2}
13	泰山企业（漳州）食品有限公司	5.604×10^{-2}	38	福建省新中亚食品有限公司	2.688×10^{-2}
14	福建大自然茶业科技有限公司	5.170×10^{-2}	39	福鼎市绿叶茶业发展有限公司	2.676×10^{-2}
15	福建省安溪县大坪绿色食品工程有限公司	5.170×10^{-2}	40	福建省天海东方食品集团有限公司	2.674×10^{-2}
16	福建标致矿泉水有限公司	4.310×10^{-2}	41	福建省安溪县西坪崇德茶厂	2.663×10^{-2}
17	英博雪津（三明）啤酒有限公司	4.133×10^{-2}	42	福建省安溪县西坪大宝山茶厂	2.651×10^{-2}
18	福建省安溪茶厂有限公司	4.017×10^{-2}	43	福建省泉州市日泰茶业有限公司	2.651×10^{-2}
19	青岛啤酒（厦门）有限公司	3.961×10^{-2}	44	厦门娃哈哈饮料有限公司	2.560×10^{-2}
20	武夷星茶业有限公司	3.933×10^{-2}	45	青岛啤酒（福州）有限公司	2.469×10^{-2}
21	福建胜基食品饮料有限公司	3.582×10^{-2}	46	福建康之味食品工业有限公司	2.441×10^{-2}
22	福建品品香茶业有限公司	3.572×10^{-2}	47	福建省安溪县祥华冠和茶厂	2.441×10^{-2}
23	福建日香茶业有限公司	3.408×10^{-2}	48	福建省安溪芳成农业综合开发有限公司	2.441×10^{-2}
24	福建新坦洋茶业股份有限公司	3.216×10^{-2}	49	福建省安溪县金源春茶业有限公司	2.381×10^{-2}
25	亚洲酿酒（厦门）有限公司	3.201×10^{-2}	50	青岛啤酒（漳州）有限公司	2.321×10^{-2}

6-9 福建省纺织业企业国内市场占有率50强

（2010年）

序号	企业名称	占有率（%）	序号	企业名称	占有率（%）
1	福建省长乐市金源纺织有限公司	11.969×10^{-2}	26	福建恒益纺织有限公司	2.816×10^{-2}
2	长乐市长源纺织有限公司	9.055×10^{-2}	27	晋江市三荣印花织造有限公司	2.769×10^{-2}
3	福建省长乐市华源纺织有限公司	8.176×10^{-2}	28	福建协盛协丰印染实业有限公司	2.675×10^{-2}
4	福建省长乐市金磊纺织有限公司	7.877×10^{-2}	29	福建省长乐市立峰纺织有限公司	2.654×10^{-2}
5	福建省长乐市正隆纺织有限公司	5.704×10^{-2}	30	冠宏（中国）有限公司	2.484×10^{-2}
6	福建省长乐市金沙港针纺实业有限公司	5.669×10^{-2}	31	晋江市佳福化纤实业有限公司	2.478×10^{-2}
7	福建经纬集团有限公司	5.654×10^{-2}	32	大发科技集团有限公司	2.433×10^{-2}
8	福州翔隆纺织有限公司	5.577×10^{-2}	33	福建华丰纺织有限公司	2.427×10^{-2}
9	福建省长乐市华亚纺织有限公司	5.125×10^{-2}	34	福建日丰布业有限公司	2.386×10^{-2}
10	福建南纺股份有限公司	5.015×10^{-2}	35	晋江市龙兴隆染织实业有限公司	2.314×10^{-2}
11	福建省长乐市金鑫纺织有限公司	4.714×10^{-2}	36	泉州市天纶纺织科技有限公司	2.306×10^{-2}
12	泉州明恒纺织有限公司	4.275×10^{-2}	37	至和（福建）科技有限公司	2.264×10^{-2}
13	雀氏（福建）实业发展有限公司	4.219×10^{-2}	38	三明市新立丰印染有限责任公司	2.208×10^{-2}
14	福建省长乐市泰源纺织实业有限公司	4.157×10^{-2}	39	晋江连捷纺织印染实业有限公司	2.169×10^{-2}
15	厦门泓信特种纤维有限公司	3.949×10^{-2}	40	福建省长乐市恒源纺织有限公司	2.130×10^{-2}
16	厦门东纶股份有限公司	3.691×10^{-2}	41	劲霸（中国）经编有限公司	2.123×10^{-2}
17	福建省经纬集团有限公司	3.437×10^{-2}	42	联邦印染（泉州）有限公司	2.095×10^{-2}
18	福建省长乐市第二棉纺织厂	3.388×10^{-2}	43	福建省长乐市天梭纺织实业有限公司	1.991×10^{-2}
19	厦门华诚实业有限公司	3.309×10^{-2}	44	长乐市同源染织有限公司	1.990×10^{-2}
20	晋江市三福纺织实业有限公司	3.138×10^{-2}	45	福建三宏再生资源科技有限公司	1.950×10^{-2}
21	泉州海天材料科技股份有限公司	3.098×10^{-2}	46	福州开发区正泰纺织有限公司	1.948×10^{-2}
22	福建翔升纺织有限公司	3.065×10^{-2}	47	福建凤竹纺织科技股份有限公司	1.940×10^{-2}
23	福建南安市万家美针织有限公司	3.059×10^{-2}	48	晋江福联织造有限公司	1.933×10^{-2}
24	福建省长乐市金林生织造有限公司	2.889×10^{-2}	49	三明市万欣纺织有限公司	1.896×10^{-2}
25	永安市田龙纺织染整有限公司	2.848×10^{-2}	50	福建省三明纺织有限公司	1.893×10^{-2}

6-10 福建省纺织服装、鞋、帽制造业企业国内市场占有率50强

（2010年）

序号	企业名称	占有率（%）	序号	企业名称	占有率（%）
1	利郎（中国）有限公司	24.576×10^{-2}	26	石狮市赛琪体育用品有限公司	8.988×10^{-2}
2	福建柒牌集团有限公司	22.302×10^{-2}	27	泉州格林服装有限公司	8.644×10^{-2}
3	斯舒郎体育用品有限公司	22.237×10^{-2}	28	阿迪王体育用品（中国）有限公司	8.415×10^{-2}
4	九牧王（中国）有限公司	21.557×10^{-2}	29	福建龙峰纺织科技实业有限公司	8.371×10^{-2}
5	虎都（中国）服饰有限公司	19.339×10^{-2}	30	石狮市拼牌体育用品有限公司	8.285×10^{-2}
6	欣贺（厦门）服饰有限公司	19.017×10^{-2}	31	旗牌王（中国）纺织服饰有限公司	8.243×10^{-2}
7	世纪宝姿服装（厦门）有限公司	18.171×10^{-2}	32	石狮市小玩皮服装织造有限公司	8.079×10^{-2}
8	石狮市卡宾服饰发展有限公司	17.645×10^{-2}	33	晋江市达胜纺织实业有限公司	7.847×10^{-2}
9	福建省莆田荔兴轻工实业有限责任公司	17.397×10^{-2}	34	福建云敦服饰有限公司	7.276×10^{-2}
10	劲霸男装股份有限公司	16.710×10^{-2}	35	石狮市天皇星服饰有限公司	6.995×10^{-2}
11	福建鑫华股份有限公司	14.893×10^{-2}	36	匹克（中国）有限公司	6.859×10^{-2}
12	福州淘帝服饰有限公司	14.893×10^{-2}	37	石狮市哈德威服饰有限公司	6.778×10^{-2}
13	乔丹（厦门）实业有限公司	14.226×10^{-2}	38	石狮市奥力体育用品有限公司	6.545×10^{-2}
14	石狮市爱登堡制衣发展有限公司	13.560×10^{-2}	39	福建源盛纺织服装城有限公司	6.527×10^{-2}
15	才子服饰股份有限公司	13.146×10^{-2}	40	圣天狐服饰织造（中国）有限公司	6.462×10^{-2}
16	石狮市大帝集团有限公司	12.942×10^{-2}	41	莆田启明鞋业有限公司	5.973×10^{-2}
17	福建省晋江市浩沙制衣有限公司	11.759×10^{-2}	42	晋江柒牌服饰有限公司	5.866×10^{-2}
18	石狮市雄豹狼服装发展有限公司	11.351×10^{-2}	43	泉州维林森体育用品有限公司	5.613×10^{-2}
19	福建纬璇织造有限公司	11.065×10^{-2}	44	泉州集友鞋业有限公司	5.593×10^{-2}
20	晋江市天守服装织造有限公司	10.779×10^{-2}	45	威兰西（中国）服饰有限公司	5.521×10^{-2}
21	盖奇（中国）织染服饰有限公司	10.723×10^{-2}	46	石狮市彬伊奴服饰有限公司	5.286×10^{-2}
22	飞亚世（石狮）体育用品有限公司	10.603×10^{-2}	47	安踏（长汀）体育用品有限公司	4.952×10^{-2}
23	晋江市华鑫织造发展有限公司	10.231×10^{-2}	48	晋江市天姿纺织实业有限公司	4.889×10^{-2}
24	石狮市中星服饰织造有限公司	9.679×10^{-2}	49	晋江市大力亚服装织造有限公司	4.866×10^{-2}
25	福建汇达时装有限公司	9.513×10^{-2}	50	石狮市益兴针织服装有限公司	4.781×10^{-2}

6-11　福建省皮革、毛皮、羽毛（绒）及其制品业企业国内市场占有率50强

（2010年）

序号	企业名称	占有率（%）	序号	企业名称	占有率（%）
1	泉州市三兴体育用品有限公司	85.268×10^{-2}	26	福建省长乐市宝顺羽绒服装有限公司	15.013×10^{-2}
2	三六一度（中国）有限公司	78.249×10^{-2}	27	露友（中国）有限公司	14.344×10^{-2}
3	祥兴（福建）箱包集团有限公司	71.617×10^{-2}	28	福建飞越鞋服有限公司	14.057×10^{-2}
4	乔丹体育股份有限公司	64.986×10^{-2}	29	福建省晋江市喜得狼体育用品有限公司	13.742×10^{-2}
5	贵人鸟(中国）有限公司	52.886×10^{-2}	30	晋江喜伯登体育用品有限公司	13.328×10^{-2}
6	金莱克（中国）体育用品有限公司	51.781×10^{-2}	31	石狮市吉祥鸟鞋业有限公司	13.237×10^{-2}
7	喜得龙（中国）有限公司	50.676×10^{-2}	32	泉州锦兴皮业有限公司	12.312×10^{-2}
8	安踏（中国）有限公司	50.474×10^{-2}	33	野力体育（中国）有限公司	12.175×10^{-2}
9	石狮市富贵鸟集团公司	40.135×10^{-2}	34	骆驼（福建）户外用品有限公司	11.710×10^{-2}
10	福建鸿星尔克体育用品有限公司	34.361×10^{-2}	35	晋江亿利亿鞋塑发展有限公司	11.682×10^{-2}
11	安踏（泉州）体育用品有限公司	33.442×10^{-2}	36	爱奇（福建）鞋塑有限公司	11.289×10^{-2}
12	泉州鸿荣轻工有限公司	26.738×10^{-2}	37	福建石狮市福盛鞋业有限公司	10.765×10^{-2}
13	泉州匹克鞋业有限公司	25.212×10^{-2}	38	晋江市顺超鞋服有限公司	10.625×10^{-2}
14	三六一度（福建）体育用品有限公司	24.633×10^{-2}	39	福建省长乐市路北羽绒水洗厂	10.595×10^{-2}
15	兴业皮革科技股份有限公司	24.066×10^{-2}	40	晋江市特步体育用品有限公司	10.460×10^{-2}
16	福建德尔惠体育用品有限公司	23.957×10^{-2}	41	福建省索力鞋业有限公司	10.325×10^{-2}
17	福建泉州匹克体育用品有限公司	23.610×10^{-2}	42	福建隆盛轻工有限公司	10.305×10^{-2}
18	石狮市猛士达鞋业有限公司	19.509×10^{-2}	43	华珠（泉州）鞋业有限公司	10.304×10^{-2}
19	达派（中国）箱包有限公司	18.553×10^{-2}	44	福建省晋江市新纪元鞋业发展有限公司	10.280×10^{-2}
20	福建晋江市华利鞋业有限公司	18.166×10^{-2}	45	福建省名乐体育用品有限公司	10.280×10^{-2}
21	福建鸿星沃登卡集团有限公司	16.838×10^{-2}	46	莆田市鑫龙鞋业有限公司	9.684×10^{-2}
22	福建美克运动休闲股份有限公司	16.578×10^{-2}	47	福州开发区钜联鞋业有限公司	9.615×10^{-2}
23	鹏程实业有限公司	16.089×10^{-2}	48	福建兰峰制革有限公司	9.227×10^{-2}
24	石狮市尊贵鞋业发展有限公司	15.287×10^{-2}	49	泉州市伊望奇体育用品有限公司	9.157×10^{-2}
25	福建省足友体育用品有限公司	15.130×10^{-2}	50	晋江市新风鞋塑有限公司	9.073×10^{-2}

6-12 福建省木材加工及木、竹、藤、棕、草制品业企业国内市场占有率50强

（2010年）

序号	企业名称	占有率（%）	序号	企业名称	占有率（%）
1	大亚木业（福建）有限公司	25.069×10^{-2}	26	福建省世竹环保科技有限公司	2.963×10^{-2}
2	福建省永安林业（集团）股份有限公司	16.237×10^{-2}	27	福建三明东来装饰材料有限公司	2.963×10^{-2}
3	福建王斌装饰材料有限公司	11.899×10^{-2}	28	福建省建阳市富森板业有限公司	2.957×10^{-2}
4	福建省沙县明福木业有限公司	8.055×10^{-2}	29	福建杜氏木业有限公司	2.881×10^{-2}
5	福建福人木业有限公司	6.737×10^{-2}	30	福建省永林竹业有限公司	2.870×10^{-2}
6	莆田标准木业有限公司	6.265×10^{-2}	31	宁德市顺丰胶合板有限公司	2.802×10^{-2}
7	永安市兴隆木业有限公司	6.232×10^{-2}	32	邵武锦祥木业有限公司	2.746×10^{-2}
8	龙岩市新罗区小池培斜竹制品有限公司	6.210×10^{-2}	33	福建省光泽沪千人造板制造有限公司	2.738×10^{-2}
9	永安市永盛人造板有限公司	6.123×10^{-2}	34	福建和鑫木业有限公司	2.695×10^{-2}
10	福建省建阳市鑫泉木业有限公司	5.607×10^{-2}	35	邵武市叶之林木竹有限公司	2.692×10^{-2}
11	龙海市美佳人造板木业有限公司	5.547×10^{-2}	36	福建三明家园木业有限公司	2.690×10^{-2}
12	福建永春美岭人造板厂	5.116×10^{-2}	37	福建省建瓯市中福木业有限公司	2.674×10^{-2}
13	永春县美岭胶合板二厂	4.942×10^{-2}	38	福建省八一村永庆竹木业开发有限责任公司	2.642×10^{-2}
14	建阳森岚木业有限责任公司	4.919×10^{-2}	39	福建省邵武市绿源人造板有限公司	2.552×10^{-2}
15	福建篁城科技竹业有限公司	4.148×10^{-2}	40	永安市兴国人造板有限公司	2.487×10^{-2}
16	福州晋安寿山乡竹木制品厂	4.119×10^{-2}	41	三明市三阳竹木制品有限公司	2.463×10^{-2}
17	福建省尤溪县三林木业有限公司	4.051×10^{-2}	42	永安市金像木业有限公司	2.463×10^{-2}
18	福州寿岭竹制品有限公司	4.039×10^{-2}	43	福建省瑞森家居有限公司	2.463×10^{-2}
19	建瓯福人木业有限公司	4.028×10^{-2}	44	福建省沙县兴业人造板有限公司	2.399×10^{-2}
20	永安市燕晟木业有限责任公司	3.685×10^{-2}	45	漳州正坤工贸有限公司	2.381×10^{-2}
21	漳州柏桦木业有限公司	3.678×10^{-2}	46	建瓯市宏盛竹木制品有限公司	2.365×10^{-2}
22	嘉华建材（福建）有限公司	3.436×10^{-2}	47	漳州市新欣木业有限公司	2.358×10^{-2}
23	南平市延发竹木有限公司	3.202×10^{-2}	48	福建省建阳市山鼎竹艺有限公司	2.332×10^{-2}
24	永安市吉通板业有限公司	3.202×10^{-2}	49	福建连城航凯木业有限公司	2.331×10^{-2}
25	福建省沙县鸿林装饰材料有限公司	3.008×10^{-2}	50	永安市明新竹业有限公司	2.309×10^{-2}

6-13 福建省家具制造业企业国内市场占有率50强

（2010年）

序号	企业名称	占有率（%）	序号	企业名称	占有率（%）
1	诚丰家具（中国）有限公司	45.107×10^{-2}	26	福建六维实业有限公司	4.097×10^{-2}
2	漳州西华工业有限公司	22.283×10^{-2}	27	福建省福鼎市郑源工艺有限公司	4.018×10^{-2}
3	福建省南安市森源木业有限公司	20.553×10^{-2}	28	福建泉州市红苹果家具有限公司	3.791×10^{-2}
4	福建冠达星五金制品有限公司	17.127×10^{-2}	29	漳州市泰华家具有限公司	3.687×10^{-2}
5	漳州市林奇钢管有限公司	15.591×10^{-2}	30	福建泉州广大木业有限公司	3.632×10^{-2}
6	厦门革新金属制造有限公司	11.444×10^{-2}	31	惠安县惠成藤业有限公司	3.576×10^{-2}
7	福州开发区磊丰建材有限公司	10.404×10^{-2}	32	福建省南安市鼎美家私有限公司	3.514×10^{-2}
8	厦门建潘卫厨有限公司	10.200×10^{-2}	33	建瓯市壹是壹竹木有限公司	3.506×10^{-2}
9	福建攀达实业有限公司	9.328×10^{-2}	34	漳州市天力金属制品有限公司	3.491×10^{-2}
10	福建省邵武市森博木制家居用品有限公司	8.676×10^{-2}	35	泉州广丰家居制品有限公司	3.460×10^{-2}
11	福建舒得霸床具有限公司	8.149×10^{-2}	36	漳州龙达利健身器材有限公司	3.206×10^{-2}
12	福建诚安蓝盾门业有限公司	5.832×10^{-2}	37	惠安县昌源木制工艺有限公司	3.090×10^{-2}
13	福州傲多旅游休闲用品有限公司	5.771×10^{-2}	38	漳州喜盈门家具制品有限公司	3.072×10^{-2}
14	漳州市新嘉华家具有限公司	5.519×10^{-2}	39	福建省武平县云河木业有限公司	2.782×10^{-2}
15	厦门睿华工贸有限公司	5.273×10^{-2}	40	厦门市兴泰隆工贸发展有限公司	2.771×10^{-2}
16	泉州现代家具企业有限公司	4.952×10^{-2}	41	福清市鸿盛家俱有限公司	2.699×10^{-2}
17	好事达（福建）股份有限公司	4.833×10^{-2}	42	福州南国风茶业有限公司	2.637×10^{-2}
18	福清市龙港金属制品有限公司	4.743×10^{-2}	43	仙游县宝峰钢木家具有限公司	2.607×10^{-2}
19	漳州宏泰钢制品有限公司	4.687×10^{-2}	44	福建万佳华实业有限公司	2.602×10^{-2}
20	厦门蒙特实业有限公司	4.568×10^{-2}	45	福建省武夷山依竹缘生物工程有限公司	2.507×10^{-2}
21	福建川田木业有限公司	4.286×10^{-2}	46	福建美科轻工制品有限公司	2.499×10^{-2}
22	莆田市中亿家具有限公司	4.170×10^{-2}	47	漳州市永生家具有限公司	2.497×10^{-2}
23	连城县铭凯木业有限责任公司	4.164×10^{-2}	48	永安市万盛家具有限公司	2.419×10^{-2}
24	闽侯县明泰家具有限公司	4.133×10^{-2}	49	莆田市精华家具有限公司	2.387×10^{-2}
25	莆田市皇家工贸有限公司	4.113×10^{-2}	50	莆田市精工家具有限公司	2.386×10^{-2}

6-14 福建省造纸及纸制品业企业国内市场占有率50强

（2010年）

序号	企业名称	占有率（%）	序号	企业名称	占有率（%）
1	福建省南纸股份有限公司	24.855×10^{-2}	26	福建省全诺纸箱包装有限公司	4.052×10^{-2}
2	恒安（中国）卫生用品有限公司	19.050×10^{-2}	27	晋江恒安家庭生活用纸有限公司	4.038×10^{-2}
3	福建省青山纸业股份有限公司	17.649×10^{-2}	28	厦门安妮企业有限公司	4.024×10^{-2}
4	福建恒安集团有限公司	15.451×10^{-2}	29	福建亿发集团有限公司	4.024×10^{-2}
5	恒安（中国）纸业有限公司	13.149×10^{-2}	30	福建省青州造纸有限责任公司	3.997×10^{-2}
6	漳州联盛纸业有限公司	13.147×10^{-2}	31	福建莆田佳通纸制品有限公司	3.976×10^{-2}
7	福建恒利集团有限公司	12.391×10^{-2}	32	福建泉州群发包装纸品有限公司	3.929×10^{-2}
8	福建希源纸业有限公司	11.876×10^{-2}	33	福建泉州联兴纸业集团有限公司	3.862×10^{-2}
9	福建省晋江优兰发纸业有限公司	11.420×10^{-2}	34	建宁县联丰造纸有限公司（铙纸集团）	3.853×10^{-2}
10	福建省联盛纸业有限责任公司	9.265×10^{-2}	35	龙海市榜山民政三星造纸厂	3.802×10^{-2}
11	泉州华祥纸业有限公司	8.699×10^{-2}	36	福建华泰包装有限公司	3.797×10^{-2}
12	惠安达利包装有限公司	8.132×10^{-2}	37	厦门安妮股份有限公司	3.701×10^{-2}
13	福建省永春宏益纸业有限公司	7.220×10^{-2}	38	永安市锦兴纸业有限公司	3.654×10^{-2}
14	漳州金鑫辉包装有限公司	6.874×10^{-2}	39	泉州来亚丝卫生用品有限公司	3.556×10^{-2}
15	泉州贵格纸业有限公司	6.546×10^{-2}	40	新利达（漳州）包装纸品有限公司	3.481×10^{-2}
16	漳州华荣纸业有限公司	6.241×10^{-2}	41	德化县顺德包装彩印有限公司	3.357×10^{-2}
17	泉州市永春联盛纸品有限公司	5.834×10^{-2}	42	邵武中竹林纸有限责任公司	3.236×10^{-2}
18	福建省永春宏泰实业有限公司	5.676×10^{-2}	43	莆田市再生纸品福利厂	3.114×10^{-2}
19	敦信纸业有限责任公司	5.228×10^{-2}	44	莆田市大地纸品有限公司	3.107×10^{-2}
20	漳州盈晟纸业有限公司	5.200×10^{-2}	45	福建省铙山纸业集团公司	3.086×10^{-2}
21	福建华发包装有限公司	5.129×10^{-2}	46	福建省永春宏美纸业有限公司	2.971×10^{-2}
22	晋江市辉达包装有限公司	5.101×10^{-2}	47	福建泰兴特纸有限公司	2.860×10^{-2}
23	莆田市泰盛包装彩印厂	5.073×10^{-2}	48	罗源县雄丰纸业有限公司	2.811×10^{-2}
24	漳州港兴纸业有限公司	4.216×10^{-2}	49	龙岩市铭丰纸业有限公司	2.804×10^{-2}
25	安诺纸业（福建）有限公司	4.088×10^{-2}	50	南安金格纸业有限公司	2.763×10^{-2}

6-15　福建省文教体育用品制造业企业国内市场占有率50强

（2010年）

序号	企业名称	占有率（%）	序号	企业名称	占有率（%）
1	美家龙（龙岩）健身器材有限公司	57.265×10^{-2}	26	厦门宇龙机械有限公司	4.991×10^{-2}
2	百花（福建）文具有限公司	22.370×10^{-2}	27	福州和声钢琴有限公司	4.206×10^{-2}
3	舒华（中国）有限公司	20.678×10^{-2}	28	石狮市日东升体育用品制造有限公司	4.147×10^{-2}
4	福州亿格户外用品公司	19.983×10^{-2}	29	福建省南安市同盛体育器材有限公司	4.147×10^{-2}
5	福建星泰体育用品有限公司	18.082×10^{-2}	30	福建省伟志兴体育用品有限公司	3.986×10^{-2}
6	福建元吉体育用品有限公司	17.891×10^{-2}	31	泉州克拉克体育用品有限公司	3.875×10^{-2}
7	福州吉祥塑胶有限公司	16.032×10^{-2}	32	晋江恒盛玩具有限公司	3.862×10^{-2}
8	厦门康乐佳运动器材有限公司	15.199×10^{-2}	33	诏安县宏业塑胶玩具有限公司	3.824×10^{-2}
9	泉州锦信玩具有限公司	13.749×10^{-2}	34	厦门上特展示系统工程有限公司	3.658×10^{-2}
10	李宁（福建）羽毛球科技发展有限公司	9.671×10^{-2}	35	厦门文仪电脑材料有限公司	3.630×10^{-2}
11	厦门市润泓健康科技有限公司	9.242×10^{-2}	36	厦门钢宇工业有限公司	3.525×10^{-2}
12	福建新代实业有限公司	8.122×10^{-2}	37	漳州市胜新文具制造有限公司	3.284×10^{-2}
13	樱花（福建）包装文具有限公司	8.009×10^{-2}	38	石狮市艾思特体育用品有限公司	2.971×10^{-2}
14	石狮市快克体育用品有限公司	7.974×10^{-2}	39	厦门鑫溢健机械有限公司	2.962×10^{-2}
15	厦门市云中飞体育用品有限公司	7.821×10^{-2}	40	福州星奥运动器材有限公司	2.960×10^{-2}
16	泉州市山水电脑耗材有限公司	7.704×10^{-2}	41	福清市海威钓具有限公司	2.897×10^{-2}
17	泉州市一扬文化用品有限公司	6.730×10^{-2}	42	福州唐荣文具有限公司	2.878×10^{-2}
18	厦门群鑫机械工业有限公司	6.565×10^{-2}	43	泉州文宝轻工有限公司	2.755×10^{-2}
19	厦门市美家龙健身器材有限公司	6.041×10^{-2}	44	诏安县扬帆玩具有限公司	2.642×10^{-2}
20	诏安正远塑料制品有限公司	5.792×10^{-2}	45	福建省建宁县众力木业有限公司	2.581×10^{-2}
21	诏安东泰塑胶玩具有限公司	5.425×10^{-2}	46	邵武市圣鑫胶带制品有限公司	2.347×10^{-2}
22	福建省强力体育用品有限公司	5.285×10^{-2}	47	石狮市非凡运动器材有限公司	2.339×10^{-2}
23	龙海市美轮健身用品有限公司	5.207×10^{-2}	48	福建政和县百事特文具有限公司	2.278×10^{-2}
24	诏安新明星塑胶实业有限公司	5.204×10^{-2}	49	福州统联文具礼品有限公司	2.246×10^{-2}
25	厦门市康福兴科技有限公司	5.152×10^{-2}	50	寿宁县龙达工艺品有限公司	2.190×10^{-2}

6-16　福建省化学原料及化学制品制造业企业国内市场占有率50强

（2010年）

序号	企业名称	占有率（%）	序号	企业名称	占有率（%）
1	翔鹭石化股份有限公司	31.385×10^{-2}	26	福建省三明同晟化工有限公司	0.931×10^{-2}
2	石狮市佳龙石化纺纤有限公司	20.459×10^{-2}	27	厦门金桐合成洗涤剂有限公司	0.904×10^{-2}
3	腾龙特种树脂（厦门）有限公司	9.742×10^{-2}	28	福建高科日化有限公司	0.895×10^{-2}
4	福建方兴化工有限公司	5.338×10^{-2}	29	邵武华新化工有限公司	0.889×10^{-2}
5	锐珂（厦门）医疗器材有限公司	3.349×10^{-2}	30	福州市耀隆化工集团	0.877×10^{-2}
6	福建湄洲湾氯碱工业有限公司	2.967×10^{-2}	31	福建榕昌化工有限公司	0.861×10^{-2}
7	福建省邵化化工有限公司	2.884×10^{-2}	32	福建三明星火实业有限公司	0.840×10^{-2}
8	福建三钢（集团）三明化工有限责任公司	2.520×10^{-2}	33	福建南光轻工有限公司	0.832×10^{-2}
9	长春化工（漳州）有限公司	2.034×10^{-2}	34	福建日盛化工有限公司	0.823×10^{-2}
10	漳州亚邦化学有限公司	1.930×10^{-2}	35	青蛙王子（中国）日化有限公司	0.817×10^{-2}
11	三棵树涂料股份有限公司	1.714×10^{-2}	36	福建省东鑫石油化工有限公司	0.803×10^{-2}
12	三明鑫隆化工有限公司	1.592×10^{-2}	37	福建银达树脂有限公司	0.781×10^{-2}
13	福建东海漆业有限公司	1.545×10^{-2}	38	三明市金氏化工有限公司	0.779×10^{-2}
14	福建省顺昌富宝实业有限公司	1.479×10^{-2}	39	福建青松股份有限公司	0.776×10^{-2}
15	福州坤彩精华有限公司	1.470×10^{-2}	40	福州胜龙化工原料有限公司	0.757×10^{-2}
16	龙翔实业有限公司	1.292×10^{-2}	41	福建海峡科化股份有限公司永安分公司	0.724×10^{-2}
17	智胜化工股份有限公司	1.263×10^{-2}	42	泉州市三立漆有限公司	0.718×10^{-2}
18	泉州市信和涂料有限公司	1.218×10^{-2}	43	林德气体（厦门）有限公司	0.711×10^{-2}
19	福建省金鹿日化股份有限公司	1.194×10^{-2}	44	福建省华普新材料有限公司	0.705×10^{-2}
20	福建兴宇树脂有限公司	1.170×10^{-2}	45	福建裕和皓月生物工程材料有限公司	0.685×10^{-2}
21	福建福维股份有限公司	1.152×10^{-2}	46	三明市精诚化工有限公司	0.684×10^{-2}
22	福建新德福化工有限公司	1.051×10^{-2}	47	福建省三明汇丰化工有限公司	0.683×10^{-2}
23	长乐市双强化工有限公司	1.030×10^{-2}	48	福建省泉州市华邦树脂有限公司	0.673×10^{-2}
24	福建立恒涂料有限公司	0.989×10^{-2}	49	福建大元化工有限公司	0.664×10^{-2}
25	福建省邵武市永飞化工有限公司	0.954×10^{-2}	50	漳州利南有机硅业有限公司	0.662×10^{-2}

6-17 福建省医药制造业企业国内市场占有率50强

（2010年）

序号	企业名称	占有率（%）	序号	企业名称	占有率（%）
1	北京同仁堂健康药业（福州）有限公司	8.629×10^{-2}	26	丽珠集团福州福兴医药有限公司	1.689×10^{-2}
2	福建省闽东力捷迅药业有限公司	7.947×10^{-2}	27	福建归真堂药业股份有限公司	1.636×10^{-2}
3	福建三爱药业有限公司	7.266×10^{-2}	28	厦门鹰君药业有限公司	1.621×10^{-2}
4	福建金山医药实业集团有限公司	6.819×10^{-2}	29	福建紫杉园生物有限公司	1.582×10^{-2}
5	福州海王福药制药有限公司	6.816×10^{-2}	30	同溢堂药业有限公司	1.535×10^{-2}
6	石狮市华宝集团有限公司	5.210×10^{-2}	31	福建天人药业有限公司	1.443×10^{-2}
7	福建广生堂药业有限公司	4.867×10^{-2}	32	厦门北大之路生物工程有限公司	1.440×10^{-2}
8	福建省福抗药业股份有限公司	4.746×10^{-2}	33	漳州水仙药业有限公司	1.333×10^{-2}
9	厦门金日制药有限公司	4.433×10^{-2}	34	福建省天馨生物科技有限公司	1.333×10^{-2}
10	福建古田药业有限公司	3.731×10^{-2}	35	大田华灿生物科技有限公司	1.333×10^{-2}
11	福建南少林药业有限公司	3.614×10^{-2}	36	福州海王金象中药制药有限公司	1.333×10^{-2}
12	福建南方制药股份有限公司	3.478×10^{-2}	37	福建省胜达化工有限公司	1.325×10^{-2}
13	福建建东药业有限公司	3.416×10^{-2}	38	福建省漳州市乐尔康药业有限公司	1.197×10^{-2}
14	福建天泉药业股份有限公司	3.272×10^{-2}	39	漳州市健源堂生物工程有限公司	1.169×10^{-2}
15	英科新创（厦门）科技有限公司	3.147×10^{-2}	40	福州屏山制药有限公司	1.151×10^{-2}
16	漳州片仔癀药业股份有限公司	3.146×10^{-2}	41	福建明华药业有限公司	1.140×10^{-2}
17	厦门中药厂有限公司	2.858×10^{-2}	42	福建省莆田市德龙药业有限公司	1.134×10^{-2}
18	福建泰普生物科学有限公司	2.731×10^{-2}	43	厦门特宝生物工程股份有限公司	1.111×10^{-2}
19	厦门星鲨药业集团有限公司	2.658×10^{-2}	44	福州大北农生物技术有限公司	1.068×10^{-2}
20	福州闽海药业有限公司	2.600×10^{-2}	45	福建汇天生物药业有限公司	0.978×10^{-2}
21	福建金山生物制药股份有限公司	2.465×10^{-2}	46	福建省洪诚生物药业有限公司	0.918×10^{-2}
22	三明市华健生物药业有限公司	2.431×10^{-2}	47	福鼎康乐药业有限公司	0.909×10^{-2}
23	福建省神六保健食品有限公司	2.161×10^{-2}	48	福建省汉堂生物制药股份有限公司	0.896×10^{-2}
24	福州辰星药业有限公司	1.896×10^{-2}	49	泉州市恒康医药包装有限公司	0.870×10^{-2}
25	福建省幸福生物科技有限公司	1.717×10^{-2}	50	福建国泰医药包装有限公司	0.844×10^{-2}

6-18　福建省化学纤维制造业企业国内市场占有率50强

（2010年）

序号	企业名称	占有率（%）	序号	企业名称	占有率（%）
1	福建省金纶高纤股份有限公司	102.510×10^{-2}	26	晋江市荣耀纤维制品有限公司	4.771×10^{-2}
2	福建百宏聚纤科技实业有限公司	94.736×10^{-2}	27	福建省长乐市力拓锦纶有限公司	4.645×10^{-2}
3	长乐力恒锦纶科技有限公司	81.589×10^{-2}	28	濠锦化纤（福州）有限公司	4.518×10^{-2}
4	福建锦江科技有限公司	64.422×10^{-2}	29	福建百凯纺织化纤实业有限公司	4.212×10^{-2}
5	厦门翔鹭化纤股份有限公司	36.532×10^{-2}	30	泰鑫化纤（中国）有限公司	3.897×10^{-2}
6	泉州天宇化纤织造实业有限公司	30.451×10^{-2}	31	泉州嘉佳利纤维发展有限公司	3.781×10^{-2}
7	长乐力源锦纶实业有限公司	29.692×10^{-2}	32	福州华凤纺织有限公司	3.419×10^{-2}
8	福建省长乐市创造者锦纶实业有限公司	26.325×10^{-2}	33	晋江基隆化纤有限公司	2.961×10^{-2}
9	福建省长乐市华威化纤有限公司	24.303×10^{-2}	34	泉州市三星消防设备有限公司	2.933×10^{-2}
10	福建凯邦锦纶科技有限公司	23.779×10^{-2}	35	福建漳州闽华超纤实业有限公司	2.858×10^{-2}
11	锦兴（福建）化纤纺织实业有限公司	23.744×10^{-2}	36	福建省南安市华阳水带织造厂	2.755×10^{-2}
12	晋江市锦福化纤聚合有限公司	19.135×10^{-2}	37	福建闽孚化工有限公司	2.755×10^{-2}
13	福建省长乐市鑫城化纤有限公司	17.424×10^{-2}	38	福建省宏鑫化纤实业有限公司	2.520×10^{-2}
14	福建盛达化纤有限公司	11.430×10^{-2}	39	泉州市世腾科技发展有限公司	2.286×10^{-2}
15	科一（福建）超纤股份有限公司	10.702×10^{-2}	40	福建省长乐市聚隆化纤有限公司	2.230×10^{-2}
16	福建省长乐市华阳经编织造厂	9.974×10^{-2}	41	泉州万华意利高分子材料有限责任公司	2.152×10^{-2}
17	福建华城实业有限公司	7.623×10^{-2}	42	泉州市富嘉轻工纺织有限公司	2.074×10^{-2}
18	福建金港实业有限公司	7.619×10^{-2}	43	晋江兴利来织造服饰有限公司	2.074×10^{-2}
19	福州振华化纤有限公司	7.516×10^{-2}	44	天健特种锦纶科技（福建）有限公司	1.976×10^{-2}
20	福建省源威涤锦科技有限公司	6.692×10^{-2}	45	泉州泓霖化纤有限公司	1.877×10^{-2}
21	福建省长乐市峰华合成纤维有限公司	6.314×10^{-2}	46	晋江市均利无纺制品有限公司	1.638×10^{-2}
22	福建正利发树脂有限公司	5.771×10^{-2}	47	福州宏伟兴业化纤有限公司	1.469×10^{-2}
23	永安市华永化纤有限公司	5.054×10^{-2}	48	厦门德汇工贸有限公司	1.434×10^{-2}
24	福建隆上超纤有限公司	4.972×10^{-2}	49	漳州晋康化纤有限公司	1.266×10^{-2}
25	福建佳亿化纤有限公司	4.848×10^{-2}	50	福建省三明市明江化纤有限公司	1.183×10^{-2}

6-19 福建省橡胶制品业企业国内市场占有率50强

（2010年）

序号	企业名称	占有率（%）	序号	企业名称	占有率（%）
1	厦门正新橡胶工业有限公司	121.029×10^{-2}	26	泉州市安成橡胶制品有限公司	3.224×10^{-2}
2	厦门正新海燕轮胎有限公司	82.824×10^{-2}	27	福建国泰鞋材有限公司	2.987×10^{-2}
3	厦门正新实业有限公司	26.883×10^{-2}	28	晋江市陈埭康登鞋服有限公司	2.968×10^{-2}
4	清美（中国）有限公司	25.155×10^{-2}	29	福建省晋江市中利鞋材有限公司	2.952×10^{-2}
5	福建佳通轮胎有限公司	24.503×10^{-2}	30	复兴达（福建）鞋业发展有限公司	2.952×10^{-2}
6	福建省邵武市正兴武夷轮胎有限公司	11.746×10^{-2}	31	福建晋江市越峰鞋塑有限公司	2.848×10^{-2}
7	正大（中国）体育用品有限公司	11.077×10^{-2}	32	晋江国盛鞋材有限公司	2.677×10^{-2}
8	盛辉（福建）鞋材有限公司	10.611×10^{-2}	33	福建省大远鞋材发展有限公司	2.599×10^{-2}
9	厦门长天企业有限公司	9.096×10^{-2}	34	福建和益塑料有限公司	2.582×10^{-2}
10	莆田市维琪鞋业有限公司	8.978×10^{-2}	35	泉州市宏利达橡塑制品有限公司	2.579×10^{-2}
11	福建环科集团三明市高科橡胶有限公司	8.679×10^{-2}	36	泉州市泉港亿丰鞋业有限公司	2.560×10^{-2}
12	茂泰（福建）鞋材有限公司	8.313×10^{-2}	37	晋江邓禄普太古飞机轮胎有限公司	2.550×10^{-2}
13	惠安恒茂塑胶有限公司	8.044×10^{-2}	38	莆田市双雕气垫有限公司	2.540×10^{-2}
14	福建惠安县怡德塑胶有限公司	7.979×10^{-2}	39	福建省晋江市陈埭平和线带鞋料有限公司	2.530×10^{-2}
15	莆田市涵江区荣达鞋业有限公司	7.763×10^{-2}	40	福建省明溪明信橡塑有限公司	2.507×10^{-2}
16	福建省莆田市海安橡胶有限公司	7.687×10^{-2}	41	建新橡胶（福建）有限公司	2.493×10^{-2}
17	厦门市德阳鞋业有限公司	7.094×10^{-2}	42	晋江市慷概橡塑制品有限公司	2.481×10^{-2}
18	泉州益源鞋业有限公司	6.360×10^{-2}	43	厦门麦丰密封件有限公司	2.433×10^{-2}
19	福建环科化工橡胶集团有限公司	5.111×10^{-2}	44	晋江市泰亚鞋业发展有限公司	2.416×10^{-2}
20	合众天成（福建）运动用品有限公司	4.971×10^{-2}	45	泉州福都鞋服有限公司	2.409×10^{-2}
21	新协志（福建）有限公司	4.532×10^{-2}	46	福建晋江凤竹鞋业发展有限公司	2.363×10^{-2}
22	福建省晋江市东风橡胶厂	3.829×10^{-2}	47	闽发（福建）鞋材有限公司	2.250×10^{-2}
23	福建新纪元鞋材发展有限公司	3.755×10^{-2}	48	莆田立足鞋业有限公司	2.193×10^{-2}
24	厦门厦晖橡胶金属工业有限公司	3.344×10^{-2}	49	晋江市宇顺鞋塑有限公司	2.004×10^{-2}
25	泉州市泰达车轮设备有限公司	3.322×10^{-2}	50	莆田立昌塑胶有限公司	1.874×10^{-2}

6-20 福建省塑料制品业企业国内市场占有率50强

（2010年）

序号	企业名称	占有率（%）	序号	企业名称	占有率（%）
1	福建亚通新材料科技股份有限公司	15.769×10^{-2}	26	福建省南平金月合成革有限公司	3.364×10^{-2}
2	福建振云塑业股份有限公司	13.827×10^{-2}	27	福建宏福皮革有限公司	3.312×10^{-2}
3	福建时代包装材料有限公司	11.884×10^{-2}	28	福建大帝实业有限公司	3.296×10^{-2}
4	福州茶花家居塑料日用品有限公司	8.004×10^{-2}	29	福建万丰革业有限公司	3.283×10^{-2}
5	明达实业（厦门）有限公司	7.733×10^{-2}	30	福建友利皮革有限公司	3.274×10^{-2}
6	福建恒杰塑业新材料有限公司	7.115×10^{-2}	31	厦门威迪亚科技有限公司	3.266×10^{-2}
7	福建思嘉环保材料科技有限公司	7.115×10^{-2}	32	福建正利发合成革实业有限公司	3.221×10^{-2}
8	泉州利昌塑胶有限公司	5.404×10^{-2}	33	福建晟扬管道科技有限公司	3.173×10^{-2}
9	福州天使日用品有限公司	5.239×10^{-2}	34	泉州万华世旺超纤有限公司	3.162×10^{-2}
10	南安市华益塑胶制造有限公司	5.164×10^{-2}	35	泉州宝鑫合成革有限公司	3.155×10^{-2}
11	福州永德昌制衣有限公司	4.596×10^{-2}	36	福鼎市永大合成革有限公司	3.137×10^{-2}
12	福建华闽再生资源有限公司	4.469×10^{-2}	37	莆田鞋乐鞋材有限公司	3.052×10^{-2}
13	龙岩市建盛塑料工业有限公司	4.341×10^{-2}	38	福建天发革业有限公司	3.018×10^{-2}
14	泉州嘉德利电子材料有限公司	4.307×10^{-2}	39	三明市金盛发包装有限公司	2.985×10^{-2}
15	福建华泰皮革有限公司	4.262×10^{-2}	40	福州联佳服饰有限公司	2.984×10^{-2}
16	福建星泰合成革有限公司	3.667×10^{-2}	41	福建景泰包装材料有限公司	2.973×10^{-2}
17	福建金诚合成革有限公司	3.600×10^{-2}	42	福州中泰塑胶有限公司	2.944×10^{-2}
18	福建合盛革业有限公司	3.552×10^{-2}	43	福建隆祥皮革有限公司	2.915×10^{-2}
19	石狮市锦荣塑料五金有限公司	3.545×10^{-2}	44	福建亚太建材有限公司	2.898×10^{-2}
20	福建恒安卫生材料有限公司	3.538×10^{-2}	45	福州禧龙宝塑胶制品有限公司	2.890×10^{-2}
21	福建永丰合成革有限公司	3.471×10^{-2}	46	福建邦德合成革有限公司	2.810×10^{-2}
22	福鼎永得利合成革有限公司	3.439×10^{-2}	47	福建裕隆纺纱有限公司	2.788×10^{-2}
23	安安（中国）有限公司	3.402×10^{-2}	48	福建兆登合成革有限公司	2.735×10^{-2}
24	福建万华实业有限公司	3.389×10^{-2}	49	福建华夏合成革有限公司	2.720×10^{-2}
25	福建省福鼎永强合成革有限公司	3.375×10^{-2}	50	泉州三盛橡塑发泡鞋材有限公司	2.697×10^{-2}

6-21 福建省非金属矿物制品业企业国内市场占有率50强

（2010年）

序号	企业名称	占有率（%）	序号	企业名称	占有率（%）
1	福耀玻璃工业集团股份有限公司	8.734×10^{-2}	26	晋江市品质陶瓷建材有限公司	2.141×10^{-2}
2	福建金牛水泥有限公司	5.620×10^{-2}	27	福州金牛水泥有限公司	2.098×10^{-2}
3	龙岩市新罗区蓝田水泥厂	5.266×10^{-2}	28	华润水泥（龙岩曹溪）有限公司	2.088×10^{-2}
4	福建龙麟集团有限公司	4.912×10^{-2}	29	南安协进建材有限公司	2.080×10^{-2}
5	漳州旗滨玻璃有限公司	4.773×10^{-2}	30	福建建华管桩有限公司	2.074×10^{-2}
6	漳平红狮水泥有限公司	4.131×10^{-2}	31	福建省华辉石业股份有限公司	2.061×10^{-2}
7	晋江腾达陶瓷有限公司	3.603×10^{-2}	32	福建省安溪龙门中泉制釉有限公司	2.018×10^{-2}
8	晋江恒达陶瓷有限公司	3.575×10^{-2}	33	福建冠福现代家用股份有限公司	1.974×10^{-2}
9	雅致集成房屋股份有限公司福州分公司	3.391×10^{-2}	34	港龙（泉州）石材有限公司	1.905×10^{-2}
10	福建省晋江协隆陶瓷有限公司	2.845×10^{-2}	35	福建省晋江豪山建材公司	1.891×10^{-2}
11	明达玻璃（厦门）有限公司	2.829×10^{-2}	36	福建省凤山石材有限公司	1.881×10^{-2}
12	福建省东升石业股份有限公司	2.802×10^{-2}	37	泉州荣达陶瓷有限公司	1.868×10^{-2}
13	福建省南安市华盛陶瓷建材厂	2.782×10^{-2}	38	漳州紫金建材有限公司	1.685×10^{-2}
14	溪石集团发展有限公司	2.758×10^{-2}	39	国产实业（福建）水泥有限公司	1.677×10^{-2}
15	福建省永定闽福建材有限公司	2.623×10^{-2}	40	福建龙岩合丰水泥有限公司	1.677×10^{-2}
16	福州台泥水泥有限公司	2.542×10^{-2}	41	福建晋江市祥达陶瓷有限公司	1.602×10^{-2}
17	福建宏发集团有限公司	2.511×10^{-2}	42	福建省谋成水泥发展有限公司	1.586×10^{-2}
18	福建水泥股份有限公司炼石水泥厂	2.466×10^{-2}	43	莆田市日晶玻璃制品有限公司	1.573×10^{-2}
19	福建省晋江万利瓷业有限公司	2.395×10^{-2}	44	厦门路桥翔通股份有限公司	1.508×10^{-2}
20	晋江远东陶瓷有限公司	2.335×10^{-2}	45	福建红火水泥有限公司	1.504×10^{-2}
21	福建华泰集团有限公司	2.280×10^{-2}	46	福建省漳州中达集团有限公司	1.501×10^{-2}
22	福建塔牌水泥有限公司	2.280×10^{-2}	47	漳州新三和管桩有限公司	1.447×10^{-2}
23	福建省永安万年水泥有限公司	2.264×10^{-2}	48	福建水泥股份有限公司建福水泥厂	1.444×10^{-2}
24	福建省三明钢铁厂劳动服务公司	2.263×10^{-2}	49	福建省晋江晋成陶瓷有限公司	1.434×10^{-2}
25	福建省安泰建材实业有限公司	2.142×10^{-2}	50	福建省晋江市内坑社仔顺兴陶瓷建材厂	1.415×10^{-2}

6-22 福建省黑色金属冶炼及压延加工业企业国内市场占有率50强

（2010年）

序号	企业名称	占有率（%）	序号	企业名称	占有率（%）
1	福建省三钢（集团）有限责任公司	33.436×10^{-2}	26	周宁县华盛钢业贸易有限公司	1.747×10^{-2}
2	宝钢德盛不锈钢有限公司	9.544×10^{-2}	27	闽东赛岐经济开发区福华轧钢有限公司	1.738×10^{-2}
3	福建三安钢铁有限公司	8.953×10^{-2}	28	晋江三益钢铁有限公司	1.729×10^{-2}
4	福建亿鑫钢铁有限公司	8.088×10^{-2}	29	福建中日达金属有限公司	1.638×10^{-2}
5	福建鑫海冶金有限公司	7.837×10^{-2}	30	周宁县昌顺铸造有限公司	1.527×10^{-2}
6	福建凯西不锈钢有限公司	7.500×10^{-2}	31	福建省顺昌县宏丰钢铁有限公司	1.516×10^{-2}
7	福建吴航不锈钢制品有限公司	6.730×10^{-2}	32	荣兴（福建）特钟钢业有限公司	1.475×10^{-2}
8	中国国际钢铁制品有限公司	5.151×10^{-2}	33	福州开发区宇辉钢铁制品有限公司	1.466×10^{-2}
9	福建三宝特钢有限公司	5.123×10^{-2}	34	福建金锋钢业有限公司	1.435×10^{-2}
10	厦门众达钢铁有限公司	5.123×10^{-2}	35	福安市鑫茂冷轧硅钢有限公司	1.391×10^{-2}
11	福建三钢小蕉实业发展有限公司罗源分公司	4.387×10^{-2}	36	福建三钢小蕉实业发展有限公司	1.346×10^{-2}
12	闽清金盛钢业有限公司	3.650×10^{-2}	37	福建闽光冶炼有限公司	1.327×10^{-2}
13	龙岩卓龙钢铁有限公司	3.524×10^{-2}	38	福建松立带钢有限公司	1.321×10^{-2}
14	福建三金钢铁有限公司	3.212×10^{-2}	39	福建三山集团南平市钢铁有限公司	1.312×10^{-2}
15	福建省大众金属有限公司	3.187×10^{-2}	40	福建省龙岩时兴钢铁制品有限公司	1.261×10^{-2}
16	福建三宝钢铁有限公司	2.940×10^{-2}	41	漳州三川钢管制品有限公司	1.256×10^{-2}
17	福建省长乐市宏顺型材有限公司	2.731×10^{-2}	42	福建凯景钢铁开发有限公司	1.191×10^{-2}
18	福州福泰钢铁有限公司	2.677×10^{-2}	43	福建省长乐市永盛金属制品有限公司	1.183×10^{-2}
19	福建统一马口铁有限公司	2.578×10^{-2}	44	福建三嘉钢铁有限公司	1.133×10^{-2}
20	福建省闽光新型材料有限公司	2.394×10^{-2}	45	福建省辉源达钢铁制品有限公司	1.090×10^{-2}
21	福建宇星实业有限公司	2.268×10^{-2}	46	福建省明光新型材料有限公司	0.979×10^{-2}
22	龙岩卓鹰制铁有限公司	2.266×10^{-2}	47	福建奇信镍业有限公司	0.810×10^{-2}
23	福州吴航钢铁制品有限公司	2.207×10^{-2}	48	宁德市鑫宇不锈钢有限公司	0.804×10^{-2}
24	福建省辉源金属制品有限公司	1.905×10^{-2}	49	福建省古田县华强特钢有限公司	0.739×10^{-2}
25	福建省周宁鑫源发展有限公司	1.826×10^{-2}	50	福建方明钢铁有限公司	0.738×10^{-2}

6-23 福建省有色金属冶炼及压延加工业企业国内市场占有率50强

（2010年）

序号	企业名称	占有率（%）	序号	企业名称	占有率（%）
1	福建紫金矿业股份有限公司	23.847×10^{-2}	26	福建省泉州双恒集团有限公司	1.421×10^{-2}
2	福建省南平铝业有限公司	11.038×10^{-2}	27	福建隆源金属制品有限公司	1.331×10^{-2}
3	福建省闽发铝业股份有限公司	8.940×10^{-2}	28	南方铝业（中国）有限公司	1.325×10^{-2}
4	厦门钨业股份有限公司	7.566×10^{-2}	29	福州航港铝业有限公司	1.320×10^{-2}
5	福州奋安铝业有限公司	6.868×10^{-2}	30	福建鼎信实业有限公司	1.246×10^{-2}
6	福建上杭县闽粤铜业有限公司	6.262×10^{-2}	31	福建乐发铜业有限公司	1.173×10^{-2}
7	厦门厦顺铝箔有限公司	5.570×10^{-2}	32	福安鑫久铝合金压铸有限公司	1.167×10^{-2}
8	福建省洪泰铜业有限公司	4.731×10^{-2}	33	福安市晟安金属材料有限公司	1.165×10^{-2}
9	中铝瑞闽铝板带有限公司	4.261×10^{-2}	34	厦门春保精密钨钢制品有限公司	1.088×10^{-2}
10	福州正源铝业有限公司	3.669×10^{-2}	35	春保材料科技（厦门）有限公司	1.051×10^{-2}
11	漳州新格有色金属有限公司	3.417×10^{-2}	36	福安市新安金属制品有限公司	1.049×10^{-2}
12	福建鑫宇有色金属制品有限公司	3.331×10^{-2}	37	福建省福鼎兴利合金制造有限公司	1.021×10^{-2}
13	福建省南铝板带加工有限公司	3.301×10^{-2}	38	泉州市泉港富兴钢板有限公司	0.999×10^{-2}
14	福建金山黄金冶炼有限公司	2.822×10^{-2}	39	福建省漳州安泰铝材有限公司	0.978×10^{-2}
15	福建省福安市万利漆包线有限公司	2.679×10^{-2}	40	福建紫金铜业有限公司	0.975×10^{-2}
16	福建省华银铝业有限公司	2.620×10^{-2}	41	三明市三菲铝业有限公司	0.962×10^{-2}
17	厦门金鹭特种合金有限公司	2.526×10^{-2}	42	南靖华隆铝制品有限公司	0.892×10^{-2}
18	福建金艺铜业有限公司	2.515×10^{-2}	43	厦门苏春兴合金有限公司	0.802×10^{-2}
19	福建固美金属有限公司	2.511×10^{-2}	44	永春福源锌业有限公司	0.802×10^{-2}
20	福安市凇兴金属制品有限公司	2.308×10^{-2}	45	福建省双旗山金矿	0.761×10^{-2}
21	福建福南铜材有限公司	1.902×10^{-2}	46	龙岩市信和光伏硅材料（福建）有限公司	0.730×10^{-2}
22	福建省建阳市硬质合金厂	1.668×10^{-2}	47	莆田市恒达机电实业有限公司	0.724×10^{-2}
23	广福有色金属制品有限公司	1.584×10^{-2}	48	正邦（福建）冶金材料有限公司	0.719×10^{-2}
24	福建省长汀金龙稀土有限公司	1.548×10^{-2}	49	福建省力拓铜业有限公司	0.655×10^{-2}
25	厦门虹鹭钨钼工业有限公司	1.498×10^{-2}	50	福建金鑫钨业有限公司	0.612×10^{-2}

6-24 福建省金属制品业企业国内市场占有率50强

（2010年）

序号	企业名称	占有率（%）	序号	企业名称	占有率（%）
1	福建冠盖金属包装有限公司	7.411×10^{-2}	26	博能特（福州）工业有限公司	1.999×10^{-2}
2	福建福贞金属包装有限公司	7.118×10^{-2}	27	福建和成制罐有限公司	1.912×10^{-2}
3	福建鼎盛五金制品有限公司	6.794×10^{-2}	28	福建省天广消防器材有限公司	1.893×10^{-2}
4	升兴（福建）集团有限公司	5.743×10^{-2}	29	福建鼎新金属包装有限公司	1.811×10^{-2}
5	福建省三源金属制品有限公司	5.693×10^{-2}	30	福建恒富金属有限公司	1.809×10^{-2}
6	福建德和铁塔设备制造有限公司	4.760×10^{-2}	31	新万鑫（福建）精密薄板有限公司	1.750×10^{-2}
7	福建白沙消防工贸有限公司	4.254×10^{-2}	32	福建省嘉美五金制品有限公司	1.708×10^{-2}
8	漳州市国立金属制品有限公司	3.515×10^{-2}	33	福建荣盛钢结构实业有限公司	1.705×10^{-2}
9	厦门吉源企业有限公司	3.295×10^{-2}	34	莆田市涵江区新华光电镀厂	1.601×10^{-2}
10	福州德通金属容器有限公司	3.123×10^{-2}	35	厦门厦工重工有限公司	1.567×10^{-2}
11	太平洋制罐（漳州）有限公司	3.050×10^{-2}	36	福州世扶钢铁建筑工程有限公司	1.522×10^{-2}
12	福建鑫晟钢业有限公司	2.877×10^{-2}	37	福建省华鼎钢结构工程有限公司	1.507×10^{-2}
13	厦门新长诚钢构浪板有限公司	2.842×10^{-2}	38	福建省汇通铜业有限公司	1.453×10^{-2}
14	福建标新易开盖集团有限公司	2.713×10^{-2}	39	浙江华浙控股集团有限公司福州分公司	1.420×10^{-2}
15	福建省漳州鑫盛钢结构工程有限公司	2.619×10^{-2}	40	长乐铁牛金属制品有限公司	1.366×10^{-2}
16	福建标新集团（漳州）制罐有限公司	2.524×10^{-2}	41	福建省恒立门业有限责任公司	1.321×10^{-2}
17	福州文泰机械铸造有限公司	2.507×10^{-2}	42	厦门市锦山金属工业有限公司	1.277×10^{-2}
18	古田县聚丰合金有限公司	2.491×10^{-2}	43	福建东凌特钢有限公司	1.269×10^{-2}
19	路达（厦门）工业有限公司	2.385×10^{-2}	44	石狮市青灿五金工艺品有限公司	1.253×10^{-2}
20	福建华冠金属容器有限公司	2.374×10^{-2}	45	欣宇科技（福建）有限公司	1.176×10^{-2}
21	福建天乘不锈钢制造有限公司	2.243×10^{-2}	46	福建祥达制罐有限公司	1.174×10^{-2}
22	福州西园铝材厂	2.153×10^{-2}	47	福建新鑫钢结构工程有限公司	1.172×10^{-2}
23	莆田市远大钢业有限公司	2.136×10^{-2}	48	厦门市易洁卫浴有限公司	1.163×10^{-2}
24	漳州市闽达印铁有限公司	2.083×10^{-2}	49	厦门新钢金属制品有限公司	1.099×10^{-2}
25	福州通宝燃气具有限公司	2.030×10^{-2}	50	泉州市泉港聚宝机械有限公司	1.065×10^{-2}

6-25 福建省通用设备制造业企业国内市场占有率50强

（2010年）

序号	企业名称	占有率（%）	序号	企业名称	占有率（%）
1	中宇建材集团有限公司	7.501×10^{-2}	26	福建省双友金属有限公司	1.090×10^{-2}
2	九牧集团有限公司	6.835×10^{-2}	27	福安市凌峰电机配件有限公司	1.084×10^{-2}
3	林德（中国）叉车有限公司	6.814×10^{-2}	28	诺尔起重设备（中国）有限公司	1.054×10^{-2}
4	龙工（福建）桥箱有限公司	3.679×10^{-2}	29	泉州市申利卡阀门洁具有限公司	1.027×10^{-2}
5	申鹭达集团有限公司	3.586×10^{-2}	30	卡斯卡特（厦门）叉车属具有限公司	1.026×10^{-2}
6	福建省辉煌水暖集团有限公司	3.245×10^{-2}	31	泉州市洛江和运机械有限公司	1.025×10^{-2}
7	福州鑫环达重工科技有限公司	2.397×10^{-2}	32	南安市利达五金工业有限公司	0.983×10^{-2}
8	厦门市育明工程机械有限公司	2.292×10^{-2}	33	福州市仓山区高湖铸造机械厂	0.970×10^{-2}
9	福州市盖山机床厂	2.251×10^{-2}	34	沙迪克（厦门）有限公司	0.964×10^{-2}
10	福安市东升金属材料有限公司	1.869×10^{-2}	35	福建省三明长兴机械制造有限公司	0.960×10^{-2}
11	福建多棱铸造有限公司	1.826×10^{-2}	36	厦门东亚机械有限公司	0.934×10^{-2}
12	泉州市兴达轻工（集团）有限公司	1.734×10^{-2}	37	厦门松芝汽车空调有限公司	0.924×10^{-2}
13	福建东方重型精密机床有限公司	1.686×10^{-2}	38	龙工（福建）液压有限公司	0.911×10^{-2}
14	福安市良兴宇金属制品有限公司	1.568×10^{-2}	39	大田县长鑫船舶配件制造有限公司	0.887×10^{-2}
15	福安市同发金属制品有限公司	1.524×10^{-2}	40	寿宁县兴顺铸造有限公司	0.883×10^{-2}
16	福建力佳股份有限公司	1.358×10^{-2}	41	寿宁县亘生金属有限公司	0.882×10^{-2}
17	申鹭达股份有限公司	1.326×10^{-2}	42	邵武市邵兴精密铸件有限公司	0.879×10^{-2}
18	福建福泉集团有限公司	1.301×10^{-2}	43	福安市盛永丰金属材料有限公司	0.871×10^{-2}
19	科正（福州）机电制造有限公司	1.285×10^{-2}	44	泉州市华德机电设备有限公司	0.869×10^{-2}
20	福建省京泰管业有限公司	1.269×10^{-2}	45	寿宁县兴达金属制品铸造有限公司	0.867×10^{-2}
21	福安市吴航金属材料有限公司	1.238×10^{-2}	46	大田县金川机械铸造有限公司	0.858×10^{-2}
22	福安市新光电机有限公司	1.206×10^{-2}	47	福安市日出金属材料有限公司	0.846×10^{-2}
23	启高（厦门）机械工业有限公司	1.188×10^{-2}	48	柘荣县兴利达铸造有限公司	0.844×10^{-2}
24	龙岩市友胜机械材料有限责任公司	1.180×10^{-2}	49	龙岩市新罗联合铸造有限公司	0.840×10^{-2}
25	厦门银华机械有限公司	1.169×10^{-2}	50	厦门金龙汽车空调有限公司	0.815×10^{-2}

6-26 福建省专用设备制造业企业国内市场占有率50强

（2010年）

序号	企业名称	占有率（%）	序号	企业名称	占有率（%）
1	厦门厦工机械股份有限公司	64.970×10^{-2}	26	石川岛中骏（厦门）建机有限公司	1.660×10^{-2}
2	龙工（福建）机械有限公司	26.776×10^{-2}	27	晋江市升泰机械配件有限公司	1.619×10^{-2}
3	福建龙净环保股份有限公司	9.008×10^{-2}	28	福建省威盛机械发展有限公司	1.394×10^{-2}
4	集保控制设备有限公司	5.336×10^{-2}	29	福清市隆兴工程机械厂	1.354×10^{-2}
5	福建晋工机械有限公司	4.622×10^{-2}	30	全冠（福建）机械工业有限公司	1.319×10^{-2}
6	福建东源环保有限公司	4.167×10^{-2}	31	福建省晋江市和盛机械有限公司	1.266×10^{-2}
7	福州市万友消防设备有限公司	3.930×10^{-2}	32	福建晋江聚旺印染机械有公司	1.258×10^{-2}
8	福建南方路面机械有限公司	3.726×10^{-2}	33	福建省宝山机械有限公司	1.240×10^{-2}
9	厦工（三明）重型机器有限公司	3.540×10^{-2}	34	福鼎市华益机车部件厂	1.239×10^{-2}
10	福建龙岩龙工机械配件有限公司	3.474×10^{-2}	35	福建梅生医疗科技股份有限公司	1.196×10^{-2}
11	福建冠兴皮革有限公司	3.319×10^{-2}	36	福建省邵武铁武林车辆有限公司	1.182×10^{-2}
12	福建省轻工机械设备有限公司	2.871×10^{-2}	37	泉州市丰泽福帆机械有限公司	1.169×10^{-2}
13	福建烟草机械有限公司	2.821×10^{-2}	38	泉州昇美精密机械实业有限公司	1.162×10^{-2}
14	福建莆田仁德医疗器械厂	2.716×10^{-2}	39	福建省三明市佳禾机械工业有限公司	1.141×10^{-2}
15	福建华橡自控技术股份有限公司	2.559×10^{-2}	40	福建省三明市恒凯成套设备制造有限公司	1.123×10^{-2}
16	闽东宏宇冶金备件有限公司	2.558×10^{-2}	41	福建省三明富兴集团有限公司	1.050×10^{-2}
17	福建乾达重型机械有限公司	2.282×10^{-2}	42	福建省晋江市佶龙机械工业有限公司	1.049×10^{-2}
18	福建海源自动化机械股份有限公司	2.152×10^{-2}	43	福建兵工装备有限公司	1.034×10^{-2}
19	永春县泉永机械配件有限公司	2.041×10^{-2}	44	福建省三明双轮化工机械有限公司	1.027×10^{-2}
20	福建精致模具有限公司	2.041×10^{-2}	45	福州金洋冶金机械设备有限公司	1.023×10^{-2}
21	福建省丰泉环保控股有限公司	1.934×10^{-2}	46	水山机械设备（厦门）有限公司	1.018×10^{-2}
22	福建莆田仁德医疗器械有限公司	1.827×10^{-2}	47	福建三明五洲机械制造有限公司	0.993×10^{-2}
23	建德（泉州）工程机械制造有限公司	1.764×10^{-2}	48	三达膜科技（厦门）有限公司	0.974×10^{-2}
24	闽东五一机电有限公司	1.688×10^{-2}	49	福建朝日环保科技开发有限公司	0.969×10^{-2}
25	福建南美机械有限公司	1.688×10^{-2}	50	石狮市龙祥制革有限公司	0.963×10^{-2}

6-27 福建省交通运输设备制造业企业国内市场占有率50强

（2010年）

序号	企业名称	占有率（%）	序号	企业名称	占有率（%）
1	东南（福建）汽车工业有限公司	21.761×10^{-2}	26	福建省白马船厂	1.053×10^{-2}
2	正兴车轮集团有限公司	17.297×10^{-2}	27	福州联泓交通器材有限公司	1.042×10^{-2}
3	厦门金龙联合汽车工业有限公司	11.329×10^{-2}	28	福建龙马环卫装备股份有限公司	1.039×10^{-2}
4	厦门金龙旅行车有限公司	10.226×10^{-2}	29	漳州一帆重工有限公司	1.030×10^{-2}
5	福建戴姆勒汽车工业有限公司	9.041×10^{-2}	30	厦门船舶重工股份有限公司	0.915×10^{-2}
6	漳州金龙客车有限公司	6.972×10^{-2}	31	福建新胜海船业有限公司	0.900×10^{-2}
7	龙岩畅丰车桥制造有限公司	4.572×10^{-2}	32	漳州科晖专用汽车制造有限公司	0.895×10^{-2}
8	漳州新福达底盘有限公司	3.833×10^{-2}	33	漳州鑫展旺化工有限公司	0.878×10^{-2}
9	龙岩盛丰机械制造有限公司	3.559×10^{-2}	34	福州榕泰车厢制造有限公司	0.866×10^{-2}
10	捷太格特转向系统（厦门）有限公司	3.359×10^{-2}	35	莆田市精密铸锻有限公司	0.838×10^{-2}
11	福州利亚船舶工程有限公司	3.254×10^{-2}	36	漳州市昌龙汽车附件有限公司	0.809×10^{-2}
12	福建新华旭专用车制造有限公司	2.715×10^{-2}	37	福鼎市时代船舶修造有限公司	0.798×10^{-2}
13	福建新龙马汽车股份有限公司永安汽车厂	2.597×10^{-2}	38	福州耐力电机有限公司	0.778×10^{-2}
14	福建省冠海造船工业有限公司	2.480×10^{-2}	39	华闽南配集团股份有限公司	0.775×10^{-2}
15	厦门玉柴发动机有限公司	2.449×10^{-2}	40	厦门金龙汽车车身有限公司	0.759×10^{-2}
16	福建省正舜汽车车轮有限公司	2.137×10^{-2}	41	福州华昆赛车配件技研有限公司	0.736×10^{-2}
17	福州宝井钢材有限公司	1.837×10^{-2}	42	协富光洋（厦门）机械工业有限公司	0.730×10^{-2}
18	协展（福建）机械工业有限公司	1.483×10^{-2}	43	全兴汽车配件（福州）有限公司	0.700×10^{-2}
19	厦门厦杏摩托有限公司	1.469×10^{-2}	44	福建省马尾造船股份有限公司	0.686×10^{-2}
20	福建凯鲍汽车制造有限公司	1.378×10^{-2}	45	福建台亚汽车工业有限公司	0.662×10^{-2}
21	福州市仓山下洋造船总厂	1.333×10^{-2}	46	福州东阳塑料制品有限公司	0.628×10^{-2}
22	福州六和机械有限公司	1.313×10^{-2}	47	福建武夷汽车制造有限公司	0.627×10^{-2}
23	福州福享汽车工业有限公司	1.122×10^{-2}	48	中恒通（福建）机械制造有限公司	0.626×10^{-2}
24	福建福迪车辆制造有限公司	1.090×10^{-2}	49	东风德纳车桥有限公司厦门分公司	0.624×10^{-2}
25	福建省立新船舶工程有限公司	1.068×10^{-2}	50	龙岩市万腾车桥制造有限公司	0.611×10^{-2}

6-28　福建省电气机械及器材制造业企业国内市场占有率50强

（2010年）

序号	企业名称	占有率（%）	序号	企业名称	占有率（%）
1	厦门ABB开关有限公司	10.477×10^{-2}	26	福建福安金隆电机有限公司	1.638×10^{-2}
2	福州大通机电有限公司	8.214×10^{-2}	27	福建闽东德丰电机有限公司	1.634×10^{-2}
3	福建南平太阳电缆股份有限公司	7.823×10^{-2}	28	福建华祥电源科技有限公司	1.591×10^{-2}
4	厦门ABB低压电器设备有限公司	6.324×10^{-2}	29	厦门ABB电器控制设备有限公司	1.575×10^{-2}
5	福建南平南孚电池有限公司	5.331×10^{-2}	30	厦门三圈电池有限公司	1.420×10^{-2}
6	飞毛腿电池有限公司	5.317×10^{-2}	31	福建新文行灯饰有限公司	1.403×10^{-2}
7	飞毛腿（福建）电子有限公司	4.840×10^{-2}	32	利莱森玛电机科技（福州）有限公司	1.397×10^{-2}
8	福建铂阳精工设备有限公司	4.668×10^{-2}	33	福建东方电器有限公司	1.390×10^{-2}
9	漳州蒙发利实业有限公司	4.429×10^{-2}	34	福州铭源动力机械有限公司	1.326×10^{-2}
10	福州通尔达电线电缆有限公司	3.385×10^{-2}	35	远东电机（宁德）有限公司	1.295×10^{-2}
11	福建省闽华电源股份有限公司	3.310×10^{-2}	36	漳州市立达信绿色照明有限公司	1.271×10^{-2}
12	泉州闽华电器有限公司	3.301×10^{-2}	37	福建南平南电水电设备制造有限公司	1.256×10^{-2}
13	厦门华电开关有限公司	2.745×10^{-2}	38	福安市田松电工器材有限公司	1.256×10^{-2}
14	阿海珐输配电华电（厦门）有限公司	2.542×10^{-2}	39	厦门迈士通电器有限公司	1.248×10^{-2}
15	漳州市旭利照明电器有限公司	2.514×10^{-2}	40	泉州市华瑞电源有限公司	1.210×10^{-2}
16	福州天宇电气股份有限公司	2.446×10^{-2}	41	飞利浦照明电子（厦门）有限公司	1.183×10^{-2}
17	瑞鑫集团（福州）实业有限公司	2.377×10^{-2}	42	三明亿力森达电器设备有限公司	1.149×10^{-2}
18	厦门ABB高压开关有限公司	2.347×10^{-2}	43	福建亿龙实业集团有限公司	1.125×10^{-2}
19	漳州万利达生活电器有限公司	2.256×10^{-2}	44	漳州市东林电子有限公司	1.123×10^{-2}
20	漳州市立达信电光源有限公司	1.959×10^{-2}	45	福建尤溪华港电源科技有限公司	1.112×10^{-2}
21	厦门科华恒盛股份有限公司	1.933×10^{-2}	46	艾佩斯（厦门）电力设施有限公司	1.037×10^{-2}
22	福建亚亨动力科技集团有限公司	1.877×10^{-2}	47	福建省泉州变压器制造有限公司	1.020×10^{-2}
23	宁德市泰格动力机械有限公司	1.858×10^{-2}	48	福建宝润光电有限公司	0.998×10^{-2}
24	福建省嘉华电机有限公司	1.830×10^{-2}	49	安波电机（宁德）有限公司	0.989×10^{-2}
25	漳州万利达光催化科技有限公司	1.827×10^{-2}	50	福建奥特斯汀灯饰有限公司	0.943×10^{-2}

6-29 福建省通信设备、计算机及其他电子设备制造业企业国内市场占有率50强

（2010年）

序号	企业名称	占有率（%）	序号	企业名称	占有率（%）
1	戴尔（中国）有限公司	182.391×10^{-2}	26	福建联迪商用设备有限公司	3.524×10^{-2}
2	联想移动通信科技有限公司	30.496×10^{-2}	27	福州闽威电路板有限公司	3.425×10^{-2}
3	福州福大自动化科技有限公司	30.001×10^{-2}	28	福建富士通信息软件有限公司	3.367×10^{-2}
4	福建星网锐捷股份有限公司	19.483×10^{-2}	29	福建三元达通讯股份有限公司	3.255×10^{-2}
5	福建捷联电子有限公司	18.835×10^{-2}	30	福建神州电子有限公司	3.185×10^{-2}
6	冠科（福建）电子科技有限公司	8.818×10^{-2}	31	福建实达电脑设备有限公司	3.115×10^{-2}
7	福建通达集团有限公司	8.327×10^{-2}	32	福建莆田南华电路有限公司	3.109×10^{-2}
8	宸鸿科技（厦门）有限公司	8.014×10^{-2}	33	福建升腾资讯有限公司	3.094×10^{-2}
9	福建新世纪电子材料有限公司	7.706×10^{-2}	34	泉州佳泰数控有限公司	3.089×10^{-2}
10	双翔（福建）电子有限公司	7.212×10^{-2}	35	福建新大陆通信科技有限公司	3.017×10^{-2}
11	戴尔（厦门）有限公司	6.950×10^{-2}	36	莆田华达电子有限公司	2.832×10^{-2}
12	景智光电有限公司	6.600×10^{-2}	37	厦门宏发电力电器有限公司	2.622×10^{-2}
13	福建新大陆电脑股份有限公司	6.148×10^{-2}	38	同致电子科技（厦门）有限公司	2.538×10^{-2}
14	厦门宏发电声股份有限公司	6.007×10^{-2}	39	福建省安特半导体有限公司	2.483×10^{-2}
15	冠捷显示科技（厦门）有限公司	5.895×10^{-2}	40	福建利豪电子科技股份有限公司	2.425×10^{-2}
16	厦门市三安光电科技有限公司	5.680×10^{-2}	41	福州瑞芯微电子有限公司	2.296×10^{-2}
17	金保利（泉州）科技实业有限公司	5.218×10^{-2}	42	福建省冠林科技有限公司	2.286×10^{-2}
18	福建缔邦实业有限公司	4.777×10^{-2}	43	厦门敏讯信息技术股份有限公司	2.260×10^{-2}
19	莆田市万邦电子有限公司	4.768×10^{-2}	44	福建先创电子有限公司	2.222×10^{-2}
20	厦门TDK有限公司	4.191×10^{-2}	45	汉宝精密五金（莆田）有限公司	2.222×10^{-2}
21	厦门法拉电子股份有限公司	4.091×10^{-2}	46	福建福强精密印制线路板有限公司	2.163×10^{-2}
22	厦门华侨电子股份有限公司	4.016×10^{-2}	47	厦门华联电子有限公司	2.134×10^{-2}
23	华映光电股份有限公司	3.950×10^{-2}	48	福建省蓝建集团公司	2.044×10^{-2}
24	福建实达集团股份有限公司	3.825×10^{-2}	49	福建金东电器有限公司	2.017×10^{-2}
25	日立数字映像（中国）有限公司	3.550×10^{-2}	50	福州瑞华印制线路板有限公司	1.973×10^{-2}

6-30　福建省仪器仪表及文化、办公用机械制造业企业国内市场占有率50强

（2010年）

序号	企业名称	占有率（%）	序号	企业名称	占有率（%）
1	福建省莆田市德基电子有限公司	18.071×10^{-2}	26	福建网能科技开发有限责任公司	2.834×10^{-2}
2	厦门松下电子信息有限公司	15.352×10^{-2}	27	厦门安东电子有限公司	2.452×10^{-2}
3	福建大拇指环保科技有限公司	14.663×10^{-2}	28	莆田市超威电子科技有限公司	2.397×10^{-2}
4	莆田市德荣电子有限公司	12.243×10^{-2}	29	福建吉邦电子有限公司	2.343×10^{-2}
5	漳州科能电器有限公司	10.770×10^{-2}	30	福建华光仪表有限公司	2.341×10^{-2}
6	莆田市涵江区新大昌电子有限公司	9.529×10^{-2}	31	福州瑞达电子有限公司	2.330×10^{-2}
7	福建中天电气有限公司	9.113×10^{-2}	32	厦门宇电自动化科技有限公司	2.313×10^{-2}
8	福建上润精密仪器有限公司	8.629×10^{-2}	33	福州真兰水表有限公司	2.291×10^{-2}
9	莆田市利源电子发展有限公司	6.674×10^{-2}	34	厦门顶尖电子有限公司	2.181×10^{-2}
10	厦门红相电力设备股份有限公司	5.229×10^{-2}	35	龙岩市方圆经济技术开发有限公司	2.050×10^{-2}
11	福建智恒电子新技术有限公司	5.063×10^{-2}	36	石狮市信佳电子有限公司	1.811×10^{-2}
12	福州高意光学有限公司	4.954×10^{-2}	37	福州福光百特自动化设备有限公司	1.790×10^{-2}
13	福建省新威电子工业有限公司	4.367×10^{-2}	38	泉州市艾克电子科技有限公司	1.758×10^{-2}
14	福建省昇邦电子科技有限公司	4.243×10^{-2}	39	福建省莆田永恒电子塑胶有限公司	1.683×10^{-2}
15	厦门雅迅网络股份有限公司	4.224×10^{-2}	40	福建省力得自化设备有限公司	1.591×10^{-2}
16	金时达（福建）电子科技有限公司	4.220×10^{-2}	41	麦克奥迪实业集团有限公司	1.576×10^{-2}
17	福州小神龙表业技术研发有限公司	4.124×10^{-2}	42	漳州桑泰钟表有限公司	1.448×10^{-2}
18	福建福德自动化科技有限公司	4.081×10^{-2}	43	福建华艺钟表集团有限公司	1.409×10^{-2}
19	福建福光数码科技有限公司	4.076×10^{-2}	44	新特（厦门）电子有限公司	1.287×10^{-2}
20	莆田新力电子有限公司	3.496×10^{-2}	45	漳州市金三番眼镜配件有限公司	1.277×10^{-2}
21	宝诺（福建）电子有限公司	3.450×10^{-2}	46	沃瑞（福建）仪表有限公司	1.268×10^{-2}
22	莆田市涵江区百利电子塑胶有限公司	3.322×10^{-2}	47	厦门立扬光学科技有限公司	1.223×10^{-2}
23	东北理光（福州）印刷设备有限公司	3.286×10^{-2}	48	福建上润电子有限公司	1.148×10^{-2}
24	福州天健光电有限公司	3.010×10^{-2}	49	福州昌晖自动化系统有限公司	1.136×10^{-2}
25	诚益光学（厦门）有限公司	2.978×10^{-2}	50	福建星联汽车配件开发有限公司	1.106×10^{-2}

6-31　福建省工艺品及其他制造业企业国内市场占有率50强

（2010年）

序号	企业名称	占有率（%）	序号	企业名称	占有率（%）
1	华昌珠宝有限公司	22.265×10^{-2}	26	福建省莆田市山中集团公司	4.936×10^{-2}
2	福建浔兴拉链科技股份有限公司	19.691×10^{-2}	27	莆田市喜美珠有限公司	4.841×10^{-2}
3	福建省石狮市华联服装配件企业有限公司	17.451×10^{-2}	28	福建晋江富兴伞业有限公司	4.749×10^{-2}
4	福建泉州宝辉珠宝首饰有限公司	16.413×10^{-2}	29	福建安盈实业有限公司	4.678×10^{-2}
5	莆田市力天红木艺雕有限公司	15.499×10^{-2}	30	石狮市鑫达工业有限公司	4.654×10^{-2}
6	晋江福兴拉链有限公司	12.449×10^{-2}	31	安溪县群盛花园饰品有限公司	4.654×10^{-2}
7	福建安溪合盛工艺品有限公司	9.580×10^{-2}	32	安溪县颖鑫工艺有限公司	4.624×10^{-2}
8	梅花伞业股份有限公司	8.775×10^{-2}	33	福建省安溪宏星工艺品有限公司	4.595×10^{-2}
9	太阳城（厦门）雨具有限公司	8.722×10^{-2}	34	仙游县福辉工艺设计厂	4.563×10^{-2}
10	福州开发区森森工艺品有限公司	8.564×10^{-2}	35	莆田市欧雅艺术制品有限公司	4.100×10^{-2}
11	莆田市大家之家古典家具有限公司	8.433×10^{-2}	36	福建省仙游县贡品轩古典家俱有限公司	3.993×10^{-2}
12	福建华颖箱包材料有限公司	8.064×10^{-2}	37	福建荣发石业有限公司	3.769×10^{-2}
13	泉州市永春洋龙工艺品有限公司	8.048×10^{-2}	38	福建省华邦经典家私有限公司	3.717×10^{-2}
14	福州业通工艺品有限公司	7.799×10^{-2}	39	福建晋江振华雨具制品有限公司	3.667×10^{-2}
15	福州福田工艺品有限公司	7.205×10^{-2}	40	大田县隆兴雨具有限公司	3.651×10^{-2}
16	莆田市金威首饰有限公司	7.133×10^{-2}	41	泉州艺洋轻工有限公司	3.651×10^{-2}
17	晋江富永雨具有限公司	7.093×10^{-2}	42	福建雨丝梦洋伞实业有限公司	3.647×10^{-2}
18	福建省三福古典家具有限公司	6.720×10^{-2}	43	福建省安溪县联丰工艺品有限公司	3.582×10^{-2}
19	福建山中古典工艺家具有限公司	6.673×10^{-2}	44	漳州仂元工业有限公司	3.536×10^{-2}
20	晋江鸿盛雨具有限公司	6.554×10^{-2}	45	福建南安市东和轻工有限公司	3.505×10^{-2}
21	泉州南茂艺品有限公司	6.143×10^{-2}	46	石狮市亨祥服饰配件有限公司	3.472×10^{-2}
22	莆田工艺美术城鸿扬玉器厂	5.852×10^{-2}	47	泉州市泉港德慈柏木艺有限公司	3.440×10^{-2}
23	福建安溪聚丰工艺品有限公司	5.776×10^{-2}	48	泉州梅花户外休闲用品有限公司	3.404×10^{-2}
24	福州德诚首饰有限公司	5.021×10^{-2}	49	莆田市荔城区银乡银饰开发有限公司	3.369×10^{-2}
25	莆田市永恒珠宝首饰有限公司	4.980×10^{-2}	50	福建省上品椽家居有限公司	3.344×10^{-2}

6-32 福建省工业企业出口市场占有率综合300强

（2010年）

序号	企业名称	占有率（%）	序号	企业名称	占有率（%）
1	友达光电（厦门）有限公司	38.383×10^{-2}	26	厦门建松电器有限公司	2.090×10^{-2}
2	福建捷联电子有限公司	28.876×10^{-2}	27	辅讯光电（厦门）有限公司	2.007×10^{-2}
3	宸鸿科技（厦门）有限公司	12.809×10^{-2}	28	宝宸（厦门）光学科技有限公司	1.926×10^{-2}
4	戴尔（厦门）有限公司	8.519×10^{-2}	29	捷星显示科技（福建）有限公司	1.849×10^{-2}
5	福建华冠光电有限公司	8.017×10^{-2}	30	英冠达（福建）电子科技有限公司	1.775×10^{-2}
6	福建华映显示科技有限公司	6.899×10^{-2}	31	厦门通士达照明有限公司	1.616×10^{-2}
7	连江清禄鞋业有限公司	6.211×10^{-2}	32	厦门蒙发利科技（集团）股份有限公司	1.593×10^{-2}
8	冠捷显示科技（厦门）有限公司	4.999×10^{-2}	33	莆田恒昱鞋业有限公司	1.565×10^{-2}
9	南靖万利达科技有限公司	4.279×10^{-2}	34	巨茂光电（厦门）有限公司	1.529×10^{-2}
10	乐捷显示科技（厦门）有限公司	4.196×10^{-2}	35	福建龙和食品实业有限公司	1.517×10^{-2}
11	厦门华侨电子股份有限公司	4.085×10^{-2}	36	厦门松下电子信息有限公司	1.501×10^{-2}
12	华映光电股份有限公司	3.716×10^{-2}	37	路达（厦门）工业有限公司	1.446×10^{-2}
13	达运精密工业（厦门）有限公司	3.568×10^{-2}	38	福建省东山县海魁水产集团有限公司	1.439×10^{-2}
14	漳州灿坤实业有限公司	3.499×10^{-2}	39	柯达（厦门）数码影像有限公司	1.395×10^{-2}
15	福建佳通轮胎有限公司	2.920×10^{-2}	40	福建省新威电子实业有限公司	1.371×10^{-2}
16	福建省马尾造船股份有限公司	2.578×10^{-2}	41	长乐市聚泉食品有限公司	1.364×10^{-2}
17	福建省东南造船厂	2.448×10^{-2}	42	漳州中集集装箱有限公司	1.359×10^{-2}
18	福建源盛纺织服装城有限公司	2.446×10^{-2}	43	柯达（中国）股份有限公司	1.339×10^{-2}
19	莆田新飞天鞋业有限公司	2.445×10^{-2}	44	厦门厦顺铝箔有限公司	1.326×10^{-2}
20	福建永强力加动力设备有限公司	2.408×10^{-2}	45	腾龙特种树脂（厦门）有限公司	1.285×10^{-2}
21	厦门太古飞机工程有限公司	2.350×10^{-2}	46	福建宝德集团有限公司	1.159×10^{-2}
22	厦门多威电子有限公司	2.268×10^{-2}	47	中铝瑞闽铝板带有限公司	1.157×10^{-2}
23	厦门船舶重工股份有限公司	2.256×10^{-2}	48	福建三和集团番茄制品有限公司	1.136×10^{-2}
24	厦门 TDK 有限公司	2.177×10^{-2}	49	福州力鼎动力有限公司	1.117×10^{-2}
25	泉州红瑞兴纺织有限公司	2.102×10^{-2}	50	明达实业（厦门）有限公司	1.112×10^{-2}

6-32 续表 1　　（2010 年）

序号	企业名称	占有率（%）	序号	企业名称	占有率（%）
51	厦门金龙联合汽车工业有限公司	1.076×10^{-2}	76	厦门市同安源水水产有限公司	0.821×10^{-2}
52	莆田市涵江区章圣鞋业有限公司	1.001×10^{-2}	77	厦门建霖工业有限公司	0.820×10^{-2}
53	福建省万达汽车玻璃工业有限公司	0.999×10^{-2}	78	福建宏远集团有限公司	0.808×10^{-2}
54	明达工业（福建）有限公司	0.993×10^{-2}	79	福建协丰鞋业有限公司	0.808×10^{-2}
55	福建和诚鞋业有限公司	0.986×10^{-2}	80	莆田市集友艺术框业有限公司	0.799×10^{-2}
56	超越服饰（中国）有限公司	0.952×10^{-2}	81	厦门松霖科技有限公司	0.788×10^{-2}
57	福建省晋江市国辉鞋服有限公司	0.946×10^{-2}	82	大统有限公司	0.783×10^{-2}
58	厦门钢宇工业有限公司	0.918×10^{-2}	83	厦门金鹭特种合金有限公司	0.777×10^{-2}
59	厦门宏发电声股份有限公司	0.905×10^{-2}	84	钛积光电（厦门）有限公司	0.769×10^{-2}
60	厦门新凯复材科技有限公司	0.884×10^{-2}	85	石狮市凯而来体育用品有限公司	0.763×10^{-2}
61	福建宝德服饰有限公司	0.882×10^{-2}	86	利胜电光源（厦门）有限公司	0.762×10^{-2}
62	贝莱胜电子（厦门）有限公司	0.877×10^{-2}	87	福建雨丝梦洋伞实业有限公司	0.756×10^{-2}
63	玉晶光电（厦门）有限公司	0.876×10^{-2}	88	亚美（厦门）皮件有限公司	0.751×10^{-2}
64	日立数字映像（中国）有限公司	0.875×10^{-2}	89	睿鸿光电科技（福建）有限公司	0.747×10^{-2}
65	石狮市益兴针织服装有限公司	0.872×10^{-2}	90	福建东山县顺发水产有限公司	0.737×10^{-2}
66	厦门富士电气化学有限公司	0.871×10^{-2}	91	晋江市亨佳斯服饰发展有限公司	0.733×10^{-2}
67	福建凯景钢铁开发有限公司	0.864×10^{-2}	92	安费诺电子装配（厦门）有限公司	0.732×10^{-2}
68	福州市住电装有限公司	0.856×10^{-2}	93	莆田德信电子有限公司	0.725×10^{-2}
69	东山县东亚水产有限公司	0.855×10^{-2}	94	福州高意通讯有限公司	0.720×10^{-2}
70	厦门立达信光电有限公司	0.846×10^{-2}	95	泉州海日星工艺美术有限公司	0.712×10^{-2}
71	福建省长乐市金鹤毛绒有限公司	0.842×10^{-2}	96	鑫威（福建）轻工有限公司	0.711×10^{-2}
72	福建省德化县佳美工艺品有限责任公司	0.841×10^{-2}	97	福州祥龙鞋业有限公司	0.707×10^{-2}
73	南方铝业（中国）有限公司	0.838×10^{-2}	98	林德（中国）叉车有限公司	0.704×10^{-2}
74	福建绿宝食品集团有限公司	0.830×10^{-2}	99	福建省苍乐电子企业有限公司	0.702×10^{-2}
75	厦门正新橡胶工业有限公司	0.828×10^{-2}	100	柯达（中国）图文影像有限公司	0.700×10^{-2}

6-32 续表 2 （2010 年）

序号	企业名称	占有率（%）	序号	企业名称	占有率（%）
101	福州港发机电工业有限公司	0.699×10^{-2}	126	福建爱普生有限公司	0.582×10^{-2}
102	福建紫山集团股份有限公司	0.699×10^{-2}	127	福建省晋江市三力机车有限公司	0.581×10^{-2}
103	福建豪氏威马钢铁制品有限公司	0.697×10^{-2}	128	厦门嘉鹭金属工业有限公司	0.573×10^{-2}
104	高时（厦门）石业有限公司	0.686×10^{-2}	129	东山新福水产加工有限公司	0.573×10^{-2}
105	福建省诏安县海利水产有限公司	0.678×10^{-2}	130	泉州万华世旺超纤有限公司	0.568×10^{-2}
106	正兴车轮集团有限公司	0.678×10^{-2}	131	福州海霖机电有限公司	0.566×10^{-2}
107	厦门金达威集团股份有限公司	0.671×10^{-2}	132	百得（厦门）工业有限公司	0.558×10^{-2}
108	福建上润精密仪器有限公司	0.669×10^{-2}	133	际诺思（厦门）轻工制品有限公司	0.552×10^{-2}
109	闽侯闽兴编织品有限公司	0.662×10^{-2}	134	福建顺大运动品有限公司	0.550×10^{-2}
110	福建荔丰鞋业开发有限公司	0.642×10^{-2}	135	来福太（厦门）塑胶制品有限公司	0.544×10^{-2}
111	福建源光电装有限公司	0.639×10^{-2}	136	厦门进雄企业有限公司	0.542×10^{-2}
112	福建福鼎海鸥水产食品有限公司	0.634×10^{-2}	137	福建紫金铜业有限公司	0.541×10^{-2}
113	福建南安市南华鞋业有限公司	0.633×10^{-2}	138	福建野豹儿童用品有限公司	0.534×10^{-2}
114	福耀玻璃工业集团股份有限公司	0.632×10^{-2}	139	福建亚伦电子电器科技有限公司	0.534×10^{-2}
115	福建美明达鞋业发展有限公司	0.623×10^{-2}	140	福建省莆田市华丰鞋业有限公司	0.531×10^{-2}
116	ECCO（厦门）有限公司	0.622×10^{-2}	141	厦门新技术集成有限公司	0.530×10^{-2}
117	泉州万兴泰包袋制品有限公司	0.621×10^{-2}	142	威鸿（厦门）光学有限公司	0.530×10^{-2}
118	厦门海莱照明有限公司	0.614×10^{-2}	143	莆田立丰鞋业有限公司	0.521×10^{-2}
119	福州华映视讯有限公司	0.601×10^{-2}	144	宁德市岳海水产有限公司	0.519×10^{-2}
120	瑞声达听力技术（中国）有限公司	0.597×10^{-2}	145	厦门正新实业有限公司	0.512×10^{-2}
121	厦门台松精密电子有限公司	0.596×10^{-2}	146	福建霸岛鞋服有限公司	0.511×10^{-2}
122	福建福铭食品有限公司	0.590×10^{-2}	147	晋江集成轻工有限公司	0.511×10^{-2}
123	福安市力源电机有限公司	0.590×10^{-2}	148	福建清禄鞋业有限公司	0.510×10^{-2}
124	福建欧美龙体育用品有限公司	0.589×10^{-2}	149	福建三丰鞋业有限公司	0.506×10^{-2}
125	福建泉州南星大理石有限公司	0.586×10^{-2}	150	福建日立工机有限公司	0.501×10^{-2}

6-32 续表 3 （2010 年）

序号	企业名称	占有率（%）	序号	企业名称	占有率（%）
151	福建银嘉机电有限公司	0.491×10^{-2}	176	菲莉集团（福建）有限公司	0.415×10^{-2}
152	NEC 东金电子（厦门）有限公司	0.490×10^{-2}	177	福建天宇钢铁制品有限公司	0.414×10^{-2}
153	厦门讯扬电子科技有限公司	0.489×10^{-2}	178	福建省福抗药业股份有限公司	0.412×10^{-2}
154	厦门翔鹭化纤股份有限公司	0.488×10^{-2}	179	浦城县正大生化有限公司	0.411×10^{-2}
155	莆田市永丰鞋业有限公司	0.486×10^{-2}	180	厦门民兴工业有限公司	0.409×10^{-2}
156	威兰西（中国）服饰有限公司	0.475×10^{-2}	181	福建格来德服饰实业有限公司	0.407×10^{-2}
157	东北理光（福州）印刷设备有限公司	0.473×10^{-2}	182	福建南鹰陶瓷有限公司	0.405×10^{-2}
158	福建南安华兴雨具日用制品有限公司	0.468×10^{-2}	183	艾佩斯（厦门）电力设施有限公司	0.403×10^{-2}
159	泉州亚伦轻工有限公司	0.461×10^{-2}	184	泉州丰泽万象春工艺有限公司	0.403×10^{-2}
160	福建龙净环保股份有限公司	0.459×10^{-2}	185	泉州子燕轻工有限公司	0.403×10^{-2}
161	福建新祥龙鞋业有限公司	0.457×10^{-2}	186	福建三和食品集团有限公司	0.403×10^{-2}
162	福建元盛食品工业有限公司	0.457×10^{-2}	187	晋江市金鼠王鞋业有限公司	0.402×10^{-2}
163	福建集成伞业有限公司	0.456×10^{-2}	188	好事达（福建）股份有限公司	0.398×10^{-2}
164	福建百宏聚纤科技实业有限公司	0.453×10^{-2}	189	石狮雷腾服饰有限公司	0.397×10^{-2}
165	漳州市坤生家具有限公司	0.447×10^{-2}	190	石狮市迪娜胸围内衣公司	0.395×10^{-2}
166	福建通达集团有限公司	0.445×10^{-2}	191	泉州荣祺食品有限公司	0.395×10^{-2}
167	福建利瑶纺织制衣有限公司	0.442×10^{-2}	192	漳州泉丰食品开发有限公司	0.395×10^{-2}
168	福州茂盛投资有限公司	0.440×10^{-2}	193	美吉斯制药（厦门）有限公司	0.395×10^{-2}
169	石狮市大帝集团有限公司	0.430×10^{-2}	194	厦门金龙旅行车有限公司	0.393×10^{-2}
170	泉州市芳源文体用品有限公司	0.430×10^{-2}	195	福安市闽东安波电器有限公司	0.392×10^{-2}
171	厦门钨业股份有限公司	0.418×10^{-2}	196	厦门法拉电子股份有限公司	0.391×10^{-2}
172	福建万家美轻纺服饰有限公司	0.417×10^{-2}	197	福建福田服装集团有限公司	0.389×10^{-2}
173	莆田新果鞋业有限公司	0.417×10^{-2}	198	莆田市大益鞋服有限公司	0.386×10^{-2}
174	福州隆诚服装有限公司	0.415×10^{-2}	199	石狮市华宝集团有限公司	0.384×10^{-2}
175	福建省霞浦三沙华美实业有限公司	0.415×10^{-2}	200	漳州红梅家具有限公司	0.382×10^{-2}

6-32 续表 4 （2010 年）

序号	企业名称	占有率（%）	序号	企业名称	占有率（%）
201	信华食品（漳州）有限公司	0.382×10^{-2}	226	泉州伟宝时装有限公司	0.349×10^{-2}
202	福建南平南孚电池有限公司	0.380×10^{-2}	227	晋江华峰织造印染实业有限公司	0.348×10^{-2}
203	福建晋江振华雨具制品有限公司	0.377×10^{-2}	228	厦门台和电子有限公司	0.348×10^{-2}
204	南安南发毛织有限公司	0.375×10^{-2}	229	漳州立强五金机械有限公司	0.347×10^{-2}
205	泉州芳源旅游用品有限公司	0.375×10^{-2}	230	福清龙威水产食品有限公司	0.347×10^{-2}
206	匹克（中国）有限公司	0.373×10^{-2}	231	福建省南安市新厅皮塑有限公司	0.345×10^{-2}
207	漳州金之榕食品工业有限公司	0.372×10^{-2}	232	福清华信食品有限公司	0.342×10^{-2}
208	厦门汇科电子有限公司	0.370×10^{-2}	233	联想移动通信科技有限公司	0.341×10^{-2}
209	莆田市涵江区友力鞋业有限公司	0.369×10^{-2}	234	福建省泉州南琦鞋业有限公司	0.340×10^{-2}
210	厦门市东林电子有限公司	0.368×10^{-2}	235	晋江大森制衣有限公司	0.340×10^{-2}
211	福州格利沃防护用品有限公司	0.368×10^{-2}	236	泉州市名典包装制品有限公司	0.339×10^{-2}
212	福建安溪永发工艺品有限公司	0.368×10^{-2}	237	福清贸旺水产发展公司	0.337×10^{-2}
213	莆田新章圣鞋业有限公司	0.367×10^{-2}	238	福州市琴声电子有限公司	0.337×10^{-2}
214	福清市谊华水产食品有限公司	0.365×10^{-2}	239	福建省建乐鞋业有限公司	0.336×10^{-2}
215	诺尔起重设备（中国）有限公司	0.364×10^{-2}	240	厦门龙胜达照明电器有限公司	0.335×10^{-2}
216	福建鸿星沃登卡集团有限公司	0.364×10^{-2}	241	福建中天妇幼用品有限公司	0.334×10^{-2}
217	福建凤竹纺织科技股份有限公司	0.364×10^{-2}	242	诚安（福建）鞋业有限公司	0.329×10^{-2}
218	全世好（漳州）家具有限公司	0.362×10^{-2}	243	福州名成食品工业有限公司	0.328×10^{-2}
219	联达科技（厦门）有限公司	0.361×10^{-2}	244	福建腾龙鞋业有限公司	0.326×10^{-2}
220	泉州圣莎拉制衣发展有限公司	0.361×10^{-2}	245	福州开发区福禄鞋业有限公司	0.326×10^{-2}
221	富隆（福建）洋伞有限公司	0.358×10^{-2}	246	福建联合动力机电科技有限公司	0.325×10^{-2}
222	福建永德吉灯业股份有限公司	0.354×10^{-2}	247	厦门紫翔电子科技有限公司	0.324×10^{-2}
223	艾派集团（中国）有限公司	0.354×10^{-2}	248	泉州市宏利伞业有限公司	0.323×10^{-2}
224	福建祥鑫铝业有限公司	0.351×10^{-2}	249	福建省闽中有机食品有限公司	0.320×10^{-2}
225	福州东发钢木制品有限公司	0.349×10^{-2}	250	欧浦登（福建）光学有限公司	0.315×10^{-2}

6-32 续表 5　　　　　　　　　　　　（2010 年）

序号	企业名称	占有率（%）	序号	企业名称	占有率（%）
251	福清福捷塑胶有限公司	0.314×10^{-2}	276	厦门市易洁卫浴有限公司	0.292×10^{-2}
252	诚益光学（厦门）有限公司	0.314×10^{-2}	277	东山县东协成水产食品有限公司	0.292×10^{-2}
253	连江旭隆食品有限公司	0.313×10^{-2}	278	福州旭煌食品有限公司	0.291×10^{-2}
254	鸿泰（福建）雨件有限公司	0.312×10^{-2}	279	福建宝利特集团有限公司	0.291×10^{-2}
255	厦门日上车轮集团股份有限公司	0.310×10^{-2}	280	福建省新威电子工业有限公司	0.289×10^{-2}
256	福建省莆田大吉利鞋业有限公司	0.310×10^{-2}	281	爱乐服装鞋业（福建）有限公司	0.288×10^{-2}
257	闽东巨龙电机有限公司	0.308×10^{-2}	282	郭氏（福建）鞋业有限公司	0.288×10^{-2}
258	福州佳新创辉机电有限公司	0.306×10^{-2}	283	泉州匹克鞋业有限公司	0.286×10^{-2}
259	福州龙福食品有限公司	0.305×10^{-2}	284	漳州万晖洁具有限公司	0.285×10^{-2}
260	晋江鸿盛雨具有限公司	0.305×10^{-2}	285	福建闽东本田发电机组有限公司	0.284×10^{-2}
261	莆田市仁兴鞋业有限公司	0.304×10^{-2}	286	浦城绿康生化有限公司	0.284×10^{-2}
262	名志体育用品（中国）有限公司	0.304×10^{-2}	287	福安市太平洋电机有限公司	0.284×10^{-2}
263	闽东华达电机有限公司	0.302×10^{-2}	288	泉州船舶工业有限公司	0.283×10^{-2}
264	明达玻璃（厦门）有限公司	0.301×10^{-2}	289	漳州片仔癀药业股份有限公司	0.282×10^{-2}
265	泉州罡晟服装有限公司	0.300×10^{-2}	290	惠安县友达包装用品有限公司	0.282×10^{-2}
266	莆田市涵江步峰鞋业有限公司	0.298×10^{-2}	291	莆田市庆盛电子塑胶有限公司	0.282×10^{-2}
267	福建省晋江市陈埭龙德鞋服有限公司	0.298×10^{-2}	292	福州业通家居制造有限公司	0.281×10^{-2}
268	金冠（龙海）塑料包装有限公司	0.296×10^{-2}	293	厦门虹鹭钨钼工业有限公司	0.281×10^{-2}
269	泉州恒昂工贸有限公司	0.296×10^{-2}	294	福建铭发水产开发有限公司	0.280×10^{-2}
270	厦门华联电子有限公司	0.295×10^{-2}	295	厦门明蓓塑胶有限公司	0.280×10^{-2}
271	泉州恒发工艺品有限公司	0.295×10^{-2}	296	州巧科技（厦门）有限公司	0.279×10^{-2}
272	厦门天能电子有限公司	0.294×10^{-2}	297	福建丞翔家具有限公司	0.279×10^{-2}
273	福建省南安轴承有限责任公司	0.294×10^{-2}	298	樱花（福建）包装文具有限公司	0.278×10^{-2}
274	厦高金属工业（厦门）有限公司	0.294×10^{-2}	299	东山融丰食品有限公司	0.277×10^{-2}
275	信华科技（厦门）有限公司	0.293×10^{-2}	300	福清市新大泽螺旋藻有限公司	0.276×10^{-2}

6-33 福建省农副食品加工业企业出口市场占有率50强

（2010年）

序号	企业名称	占有率（%）	序号	企业名称	占有率（%）
1	福建龙和食品实业有限公司	68.801×10^{-2}	26	漳州市益泉食品有限公司	10.802×10^{-2}
2	福建省东山县海魁水产集团有限公司	65.252×10^{-2}	27	莆田市鑫峰食品工业有限公司	10.346×10^{-2}
3	长乐市聚泉食品有限公司	61.848×10^{-2}	28	厦门市如意集团有限公司	10.344×10^{-2}
4	东山县东亚水产有限公司	38.794×10^{-2}	29	福建东山县海之星水产食品有限公司	9.884×10^{-2}
5	厦门市同安源水水产有限公司	37.242×10^{-2}	30	漳浦县丰盛食品有限公司	9.831×10^{-2}
6	福建东山县顺发水产有限公司	33.437×10^{-2}	31	漳州德立信农业有限公司	9.689×10^{-2}
7	福建省诏安县海利水产有限公司	30.741×10^{-2}	32	东山县华信食品有限公司	9.301×10^{-2}
8	福建福鼎海鸥水产食品有限公司	28.746×10^{-2}	33	厦门海鲜鸿食品有限公司	9.136×10^{-2}
9	福建福铭食品有限公司	26.750×10^{-2}	34	长乐金航食品有限公司	8.771×10^{-2}
10	东山新福水产加工有限公司	25.979×10^{-2}	35	福清市东威水产食品实业有限公司	8.748×10^{-2}
11	宁德市岳海水产有限公司	23.556×10^{-2}	36	三明三华食品有限公司	8.719×10^{-2}
12	福建元盛食品工业有限公司	20.728×10^{-2}	37	厦门青田食品工业有限公司	8.698×10^{-2}
13	漳州泉丰食品开发有限公司	17.900×10^{-2}	38	晋江市闽南水产开发有限公司	8.350×10^{-2}
14	信华食品（漳州）有限公司	17.340×10^{-2}	39	福建省晋江市富鸿水产有限公司	8.016×10^{-2}
15	福清市谊华水产食品有限公司	16.536×10^{-2}	40	福建三都澳食品有限公司	7.833×10^{-2}
16	福清龙威水产食品有限公司	15.732×10^{-2}	41	漳州市常山海之味冷冻食品有限公司	7.829×10^{-2}
17	福清华信食品有限公司	15.515×10^{-2}	42	泉州荣兴食品有限公司	7.550×10^{-2}
18	福清贸旺水产发展公司	15.298×10^{-2}	43	厦门华普水产开发有限公司	7.479×10^{-2}
19	福州名成食品工业有限公司	14.863×10^{-2}	44	长乐佳诚食品有限公司	7.179×10^{-2}
20	福建省闽中有机食品有限公司	14.529×10^{-2}	45	莆田东源水产食品有限公司	7.103×10^{-2}
21	连江旭隆食品有限公司	14.195×10^{-2}	46	东山县顺来发水产食品有限公司	7.026×10^{-2}
22	东山县东协成水产食品有限公司	13.234×10^{-2}	47	宏良食品（龙海）有限公司	6.883×10^{-2}
23	福州旭煌食品有限公司	13.215×10^{-2}	48	东山县东盛食品有限公司	6.872×10^{-2}
24	福建铭发水产开发有限公司	12.687×10^{-2}	49	福清市福荣食品有限公司	6.597×10^{-2}
25	东山融丰食品有限公司	12.551×10^{-2}	50	福州景顺达食品工业有限公司	6.305×10^{-2}

6-34 福建省食品制造业企业出口市场占有率50强

（2010年）

序号	企业名称	占有率（%）	序号	企业名称	占有率（%）
1	福建三和集团番茄制品有限公司	137.128×10^{-2}	26	龙海市永发食品有限公司	14.289×10^{-2}
2	福建绿宝食品集团有限公司	100.221×10^{-2}	27	金冠（中国）食品有限公司	13.806×10^{-2}
3	福建紫山集团股份有限公司	84.376×10^{-2}	28	福建省建阳武夷味精有限公司	13.744×10^{-2}
4	厦门金达威集团股份有限公司	81.001×10^{-2}	29	莆田市莆罐食品工业有限公司	12.762×10^{-2}
5	福建三和食品集团有限公司	48.633×10^{-2}	30	泉州宏恩食品有限公司	11.780×10^{-2}
6	泉州荣祺食品有限公司	47.731×10^{-2}	31	英特（东山）食品有限公司	11.147×10^{-2}
7	漳州金之榕食品工业有限公司	44.949×10^{-2}	32	福建久久王食品工业有限公司	10.728×10^{-2}
8	福州龙福食品有限公司	36.860×10^{-2}	33	龙海盛记食品工业有限公司	10.510×10^{-2}
9	福建漳州市港昌罐头食品有限公司	28.770×10^{-2}	34	漳州市龙文区鑫发罐头食品有限公司	10.487×10^{-2}
10	东山县华昌食品有限公司	27.704×10^{-2}	35	三明市明福琼脂有限公司	10.020×10^{-2}
11	漳州裕兴进出口贸易有限公司	26.763×10^{-2}	36	泉州永大食品有限公司	9.894×10^{-2}
12	漳州恒丰食品厂	22.532×10^{-2}	37	漳州市金明食品有限公司	9.633×10^{-2}
13	福建泉州市泉港化工厂	21.402×10^{-2}	38	南靖县丰昌罐头食品有限公司	9.042×10^{-2}
14	漳浦县盈丰食品集团有限公司	21.311×10^{-2}	39	南靖县星光罐头食品有限公司	9.036×10^{-2}
15	福建平和宝峰罐头食品有限公司	20.241×10^{-2}	40	福建省晋江市永和富华食品有限公司	8.981×10^{-2}
16	南靖县益龙食品有限公司	19.719×10^{-2}	41	福州富成味精食品有限公司	8.950×10^{-2}
17	龙海海昌食品有限公司	19.458×10^{-2}	42	漳州市芗城天虹绿野食品有限公司	8.852×10^{-2}
18	漳州市芗城顺兴罐头食品厂	19.284×10^{-2}	43	蜡笔小新（福建）食品工业有限公司	8.453×10^{-2}
19	厦门古龙罐头食品有限公司	17.855×10^{-2}	44	福建亚达集团有限公司	7.887×10^{-2}
20	福建省云霄县丽西食品有限公司	17.141×10^{-2}	45	龙海市广发食品有限公司	6.491×10^{-2}
21	绿鲜食品（漳州）有限公司	17.022×10^{-2}	46	南靖县益得利罐头食品有限公司	6.490×10^{-2}
22	漳州万士利食品罐头有限公司	17.013×10^{-2}	47	见大（福州）食品有限公司	6.231×10^{-2}
23	东山东毅食品有限公司	16.279×10^{-2}	48	诏安荣祺食品有限公司	5.645×10^{-2}
24	厦门德大食品有限公司	15.007×10^{-2}	49	晋江鑫贤糖姜菓子食品有限公司	5.554×10^{-2}
25	惠安金旺食品有限公司	14.648×10^{-2}	50	漳州裕得食品有限公司	5.515×10^{-2}

6-35 福建省纺织业企业出口市场占有率50强

（2010年）

序号	企业名称	占有率（%）	序号	企业名称	占有率（%）
1	福建省长乐市金鹤毛绒有限公司	16.383×10^{-2}	26	大田宏泰织造有限公司	2.068×10^{-2}
2	福建宏远集团有限公司	15.728×10^{-2}	27	厦门市瀚森工贸有限公司	1.985×10^{-2}
3	际诺思（厦门）轻工制品有限公司	10.747×10^{-2}	28	泉州鲤城延陵手袋厂	1.906×10^{-2}
4	厦门进雄企业有限公司	10.554×10^{-2}	29	福建惠安县嘉宏织造厂	1.894×10^{-2}
5	福建利瑶纺织制衣有限公司	8.606×10^{-2}	30	福建省南平市新华安制衣有限公司	1.873×10^{-2}
6	福建万家美轻纺服饰有限公司	8.119×10^{-2}	31	泉州市淞鑫手套雨衣有限公司	1.840×10^{-2}
7	南安南发毛织有限公司	7.300×10^{-2}	32	泉州市佳晟轻纺制造有限公司	1.821×10^{-2}
8	福州格利沃防护用品有限公司	7.163×10^{-2}	33	泉州南新漂染有限公司	1.810×10^{-2}
9	福建凤竹纺织科技股份有限公司	7.078×10^{-2}	34	永春县南德针织时装有限公司	1.802×10^{-2}
10	晋江华峰织造印染实业有限公司	6.780×10^{-2}	35	麦克罗加（厦门）纺织制品有限公司	1.797×10^{-2}
11	福建省南安市新厅皮塑有限公司	6.710×10^{-2}	36	长乐联丰染整有限公司	1.765×10^{-2}
12	福州福华纺织印染有限公司	5.200×10^{-2}	37	福州源田针织服装有限公司	1.757×10^{-2}
13	泉州禾伦织造有限公司	4.246×10^{-2}	38	晋江汇辉纺织有限公司	1.730×10^{-2}
14	百佳（泉州）内衣有限公司	4.076×10^{-2}	39	惠安县伟兴织造厂	1.718×10^{-2}
15	华懋（厦门）织造染整有限公司	3.913×10^{-2}	40	厦门罗玛制衣有限公司	1.706×10^{-2}
16	东洲（厦门）纺织有限公司	3.522×10^{-2}	41	长汀恒信织造有限公司	1.695×10^{-2}
17	泉州麒麟织造有限公司	3.381×10^{-2}	42	福建荣树实业有限公司	1.687×10^{-2}
18	福建峰达轻纺有限公司	3.322×10^{-2}	43	南安市宏涛织毛衫织造有限公司	1.620×10^{-2}
19	福建嘉达纺织股份有限公司	3.233×10^{-2}	44	泉州建丰织造有限公司	1.598×10^{-2}
20	泉州海天材料科技股份有限公司	2.995×10^{-2}	45	厦门革新塑胶制品有限公司	1.579×10^{-2}
21	晋江腾翔织造有限公司	2.875×10^{-2}	46	龙岩喜鹊纺织有限公司	1.568×10^{-2}
22	厦门华纶印染有限公司	2.722×10^{-2}	47	福州伟捷服装贸易有限公司	1.568×10^{-2}
23	石狮市特斯无纺布制造有限公司	2.614×10^{-2}	48	永春县岵山镇和林金龙毛织厂	1.548×10^{-2}
24	福建碧全工艺品有限公司	2.509×10^{-2}	49	福建省天连化纤织造有限公司	1.534×10^{-2}
25	厦门友一金属有限公司	2.154×10^{-2}	50	厦门姚明织带饰品有限公司	1.529×10^{-2}

6-36　福建省纺织服装、鞋、帽制造业企业出口市场占有率50强

（2010年）

序号	企业名称	占有率（%）	序号	企业名称	占有率（%）
1	福建源盛纺织服装城有限公司	65.755×10^{-2}	26	福建万丰鞋业有限公司	6.797×10^{-2}
2	泉州红瑞兴纺织有限公司	56.509×10^{-2}	27	晋江华闽织造有限公司	6.525×10^{-2}
3	福建宝德集团有限公司	31.163×10^{-2}	28	福建圣莎拉集团制衣有限公司	6.506×10^{-2}
4	超越服饰（中国）有限公司	25.592×10^{-2}	29	泉州佳骏时装有限公司	6.488×10^{-2}
5	福建宝德服饰有限公司	23.698×10^{-2}	30	晋江市天益服饰织造有限公司	6.228×10^{-2}
6	石狮市益兴针织服装有限公司	23.429×10^{-2}	31	太阳海（福建）制衣有限公司	6.145×10^{-2}
7	石狮市凯而来体育用品有限公司	20.521×10^{-2}	32	石狮市豪健服装实业有限公司	6.053×10^{-2}
8	晋江市亨佳斯服饰发展有限公司	19.701×10^{-2}	33	福清宏福鞋业有限公司	5.823×10^{-2}
9	福建野豹儿童用品有限公司	14.362×10^{-2}	34	莆田市侨雄玩具实业有限公司	5.590×10^{-2}
10	威兰西（中国）服饰有限公司	12.756×10^{-2}	35	泉州金科服装有限公司	5.576×10^{-2}
11	福州茂盛投资有限公司	11.825×10^{-2}	36	惠安县双喜制衣有限公司	5.490×10^{-2}
12	石狮市大帝集团有限公司	11.567×10^{-2}	37	福清宏太鞋业有限公司	5.463×10^{-2}
13	福州隆诚服装有限公司	11.167×10^{-2}	38	福州汇邦制衣有限公司	5.452×10^{-2}
14	福建格来德服饰实业有限公司	10.932×10^{-2}	39	泉州市辉达服装织造有限公司	5.408×10^{-2}
15	石狮雷腾服饰有限公司	10.659×10^{-2}	40	晋江市振祥服饰织造有限公司	5.192×10^{-2}
16	石狮市迪娜胸围内衣公司	10.626×10^{-2}	41	泉州东风鞋帽有限公司	4.984×10^{-2}
17	福建福田服装集团有限公司	10.450×10^{-2}	42	福建玛莱特针织制衣有限公司	4.785×10^{-2}
18	匹克（中国）有限公司	10.032×10^{-2}	43	晋江市盛航服装织造有限公司	4.773×10^{-2}
19	泉州圣莎拉制衣发展有限公司	9.707×10^{-2}	44	厦门雅馨服饰有限公司	4.738×10^{-2}
20	泉州伟宝时装有限公司	9.382×10^{-2}	45	泉州鸿霖制衣有限公司	4.735×10^{-2}
21	晋江大森制衣有限公司	9.150×10^{-2}	46	莆田市涵江区江口联丰鞋塑厂	4.722×10^{-2}
22	福建腾龙鞋业有限公司	8.772×10^{-2}	47	南安市南泉制衣有限公司	4.710×10^{-2}
23	泉州罡晟服装有限公司	8.053×10^{-2}	48	晋江市联盟服装织造有限公司	4.641×10^{-2}
24	福建肯博纺织工业有限公司	7.333×10^{-2}	49	泉州正明鞋服有限公司	4.575×10^{-2}
25	晋江爱尔特服饰有限公司	6.934×10^{-2}	50	福建省锐高服装化纤纺织有限公司	4.512×10^{-2}

6-37 福建省皮革、毛皮、羽毛（绒）及其制品业企业出口市场占有率50强

（2010年）

序号	企业名称	占有率（%）	序号	企业名称	占有率（%）
1	连江清禄鞋业有限公司	241.585×10^{-2}	26	莆田新果鞋业有限公司	16.206×10^{-2}
2	莆田新飞天鞋业有限公司	95.089×10^{-2}	27	泉州子燕轻工有限公司	15.682×10^{-2}
3	莆田恒昱鞋业有限公司	60.858×10^{-2}	28	晋江市金鼠王鞋业有限公司	15.649×10^{-2}
4	福建和诚鞋业有限公司	38.342×10^{-2}	29	莆田市大益鞋服有限公司	15.023×10^{-2}
5	福建省晋江市国辉鞋服有限公司	36.808×10^{-2}	30	泉州芳源旅游用品有限公司	14.572×10^{-2}
6	福建协丰鞋业有限公司	31.425×10^{-2}	31	莆田市涵江区友力鞋业有限公司	14.363×10^{-2}
7	大统有限公司	30.441×10^{-2}	32	莆田新章圣鞋业有限公司	14.258×10^{-2}
8	亚美（厦门）皮件有限公司	29.197×10^{-2}	33	福建鸿星沃登卡集团有限公司	14.153×10^{-2}
9	鑫威（福建）轻工有限公司	27.636×10^{-2}	34	福建省泉州南琦鞋业有限公司	13.240×10^{-2}
10	福州祥龙鞋业有限公司	27.504×10^{-2}	35	福建省建乐鞋业有限公司	13.071×10^{-2}
11	福建荔丰鞋业开发有限公司	24.956×10^{-2}	36	诚安（福建）鞋业有限公司	12.807×10^{-2}
12	福建南安市南华鞋业有限公司	24.601×10^{-2}	37	福州开发区福禄鞋业有限公司	12.681×10^{-2}
13	福建美明达鞋业发展有限公司	24.242×10^{-2}	38	福建省莆田大吉利鞋业有限公司	12.039×10^{-2}
14	ECCO（厦门）有限公司	24.196×10^{-2}	39	名志体育用品（中国）有限公司	11.817×10^{-2}
15	泉州万兴泰包袋制品有限公司	24.154×10^{-2}	40	莆田市涵江步峰鞋业有限公司	11.595×10^{-2}
16	福建欧美龙体育用品有限公司	22.901×10^{-2}	41	福建省晋江市陈埭龙德鞋服有限公司	11.585×10^{-2}
17	福建顺大运动品有限公司	21.397×10^{-2}	42	泉州恒昂工贸有限公司	11.508×10^{-2}
18	福建省莆田市华丰鞋业有限公司	20.645×10^{-2}	43	爱乐服装鞋业（福建）有限公司	11.203×10^{-2}
19	莆田立丰鞋业有限公司	20.269×10^{-2}	44	郭氏（福建）鞋业有限公司	11.191×10^{-2}
20	福建霸岛鞋服有限公司	19.893×10^{-2}	45	泉州匹克鞋业有限公司	11.138×10^{-2}
21	福建清禄鞋业有限公司	19.853×10^{-2}	46	双驰实业股份有限公司	10.727×10^{-2}
22	福建三丰鞋业有限公司	19.678×10^{-2}	47	泉州海都轻工有限公司	10.712×10^{-2}
23	莆田市永丰鞋业有限公司	18.890×10^{-2}	48	莆田涵江金星鞋业有限公司	10.629×10^{-2}
24	福建新祥龙鞋业有限公司	17.780×10^{-2}	49	泉州鸿圣轻工有限公司	10.411×10^{-2}
25	泉州市芳源文体用品有限公司	16.731×10^{-2}	50	泉州市格兰特鞋业发展有限公司	10.168×10^{-2}

6-38 福建省木材加工及木、竹、藤、棕、草制品业企业出口市场占有率50强

（2010年）

序号	企业名称	占有率（%）	序号	企业名称	占有率（%）
1	福建权昱工业有限公司	36.713×10^{-2}	26	嘉华建材（福建）有限公司	5.511×10^{-2}
2	福建省亿隆家庭装饰品有限公司	35.686×10^{-2}	27	百竹行（福清）竹木有限公司	5.331×10^{-2}
3	福建省漳平木村林产有限公司	25.427×10^{-2}	28	福建省仙游县大自然有限公司	5.118×10^{-2}
4	泉州嘉森木业有限公司	24.100×10^{-2}	29	福建省建瓯市振兴竹木有限公司	5.075×10^{-2}
5	莆田市宏龙木业有限公司	20.726×10^{-2}	30	漳州馨芳草制品有限公司	4.907×10^{-2}
6	福州嘉乐木业有限公司	18.490×10^{-2}	31	福建福州威诚工艺品有限公司	4.787×10^{-2}
7	福建杜氏木业有限公司	13.924×10^{-2}	32	福州美森木业有限公司	4.768×10^{-2}
8	福建省建瓯市华宇竹业有限公司	13.892×10^{-2}	33	福建省莆田市北岸木业有限公司	4.662×10^{-2}
9	厦门尚贸家饰工业有限公司	13.817×10^{-2}	34	福建美盛木业有限公司	4.475×10^{-2}
10	福建省顺昌县升升木业有限公司	13.512×10^{-2}	35	建阳春晖竹木业有限公司	4.296×10^{-2}
11	建阳泰和竹木制品有限公司	10.729×10^{-2}	36	福建省建瓯市天丰竹业有限公司	4.125×10^{-2}
12	将乐县恒鑫木业有限公司	10.644×10^{-2}	37	福建王斌装饰材料有限公司	3.960×10^{-2}
13	漳州柏桦木业有限公司	10.560×10^{-2}	38	福建武夷山温勒绿色工业有限公司	3.801×10^{-2}
14	武夷山市美华实业有限公司	10.452×10^{-2}	39	福建省永安林业（集团）股份有限公司	3.761×10^{-2}
15	福州尼西亚木业有限公司	8.100×10^{-2}	40	顺昌县盈昌竹木工艺有限公司	3.611×10^{-2}
16	武夷山宏泰竹木业有限公司	8.031×10^{-2}	41	福州黑金刚日用品有限公司	3.590×10^{-2}
17	古田县水口时利和木业工艺厂	7.884×10^{-2}	42	福建立罗实业有限公司	3.575×10^{-2}
18	漳州蓉台木业有限公司	7.707×10^{-2}	43	闽侯县业新家居制造有限公司	3.503×10^{-2}
19	大田县广联木业有限公司	7.112×10^{-2}	44	将乐县佳丰木业有限公司	3.484×10^{-2}
20	将乐县华田木制工艺品有限公司	6.788×10^{-2}	45	福建省鸿佳工艺品有限公司	3.456×10^{-2}
21	武夷山贝升创意家饰有限公司	6.776×10^{-2}	46	福建新胜峰木业有限公司	3.441×10^{-2}
22	邵武锦祥木业有限公司	6.636×10^{-2}	47	厦门永德饰品有限公司	3.410×10^{-2}
23	三明市先锋木业有限公司	6.333×10^{-2}	48	武夷山市佳宏竹业有限公司	3.398×10^{-2}
24	福建南平市元乔木业有限公司	6.080×10^{-2}	49	莆田市清和木业有限公司	3.338×10^{-2}
25	将乐县旭升工贸发展有限公司	5.837×10^{-2}	50	漳平林云木业有限公司	3.277×10^{-2}

6-39 福建省家具制造业企业出口市场占有率50强

（2010年）

序号	企业名称	占有率（%）	序号	企业名称	占有率（%）
1	来福太（厦门）塑胶制品有限公司	40.634×10^{-2}	26	厦门三德盛实业有限公司	9.482×10^{-2}
2	厦门新技术集成有限公司	39.637×10^{-2}	27	新佳美（漳州）日用品有限公司	9.223×10^{-2}
3	漳州市坤生家具有限公司	33.388×10^{-2}	28	受兴家居饰品（厦门）有限公司	9.090×10^{-2}
4	菲莉集团（福建）有限公司	31.012×10^{-2}	29	泉州市锦晟轻工制品有限公司	8.887×10^{-2}
5	好事达（福建）股份有限公司	29.771×10^{-2}	30	漳州市芗城海辉日用品有限公司	8.683×10^{-2}
6	漳州红梅家具有限公司	28.581×10^{-2}	31	福州普洛佩家具有限公司	8.283×10^{-2}
7	全世好（漳州）家具有限公司	27.028×10^{-2}	32	建阳市碧全工艺品有限公司	7.882×10^{-2}
8	福州东发钢木制品有限公司	26.081×10^{-2}	33	漳州市新鑫润家具有限公司	7.842×10^{-2}
9	福建丞翔家具有限公司	20.828×10^{-2}	34	福清市玉树家具有限公司	6.988×10^{-2}
10	福建兴中艺轻工制品有限公司	19.403×10^{-2}	35	漳州喜盈门家具制品有限公司	6.966×10^{-2}
11	漳州市芗城红梅家具有限公司	18.400×10^{-2}	36	尧富家具（漳州）有限公司	6.903×10^{-2}
12	漳州永生利家具有限公司	17.896×10^{-2}	37	古田县兴顺工艺品有限公司	6.829×10^{-2}
13	漳州市忠东钢木家俱有限公司	16.634×10^{-2}	38	诏安英得林塑钢制品有限公司	6.815×10^{-2}
14	福清市福新家具有限公司	15.699×10^{-2}	39	福建宁德碧全工艺品有限公司	6.659×10^{-2}
15	福建永嘉家具有限公司	14.765×10^{-2}	40	福州森泰工艺品有限公司	6.314×10^{-2}
16	漳州市百乐家具有限公司	14.233×10^{-2}	41	福建联福林业有限公司	5.969×10^{-2}
17	福建正盛日用品有限公司	14.230×10^{-2}	42	谊丰家具工业（厦门）有限公司	5.730×10^{-2}
18	漳州市国辉工贸有限公司	13.859×10^{-2}	43	漳州申荣木制品有限公司	5.602×10^{-3}
19	漳州玉致家具有限公司	13.574×10^{-2}	44	福州朝龙木业有限公司	5.502×10^{-2}
20	厦门西华家俱有限公司	13.434×10^{-2}	45	古田县水口利福竹木工艺厂	5.282×10^{-2}
21	漳州市鸿冠工贸有限公司	11.690×10^{-2}	46	漳州市新嘉华家具有限公司	5.066×10^{-2}
22	厦门喜盈门家具制品有限公司	11.506×10^{-2}	47	仙游县宝峰钢木家具有限公司	4.722×10^{-2}
23	福建兴大宇轻工制品有限公司	10.754×10^{-2}	48	福州闽联木业有限公司	4.619×10^{-2}
24	泉州市菲莉家俱发展有限公司	10.316×10^{-2}	49	龙海精艺家具有限公司	4.438×10^{-2}
25	福州兆亿家具有限公司	9.904×10^{-2}	50	厦门蒙特实业有限公司	4.385×10^{-2}

6-40 福建省造纸及纸制品业企业出口市场占有率50强

（2010年）

序号	企业名称	占有率（%）	序号	企业名称	占有率（%）
1	福建中天妇幼用品有限公司	45.058×10^{-2}	26	厦门瑞登纸制艺品有限公司	4.591×10^{-2}
2	福建莆田佳通纸制品有限公司	14.484×10^{-2}	27	建亚保达（厦门）卫生器材有限公司	4.422×10^{-2}
3	正高（福州）纸品有限公司	14.169×10^{-2}	28	龙岩市铭丰纸业有限公司	3.763×10^{-2}
4	莆田市东南纸业工贸有限公司	12.397×10^{-2}	29	福建省福清友发实业有限公司	3.188×10^{-2}
5	厦门市创业人工贸有限公司	10.736×10^{-2}	30	仙游宏泰纸器企业有限公司	3.170×10^{-2}
6	惠安县南环造纸品加工厂	10.306×10^{-2}	31	利洁（福建）卫生用品有限公司	3.079×10^{-2}
7	泉州市远东环保科技发展有限公司	9.894×10^{-2}	32	福建省三明华楠纸品有限公司	2.983×10^{-2}
8	喜运来（福州）纸制礼品有限公司	8.539×10^{-2}	33	泉州市远东鑫美纸制品有限公司	2.924×10^{-2}
9	莆田市汇丰包装用品有限公司	8.190×10^{-2}	34	奥思卡色彩技术（厦门）有限公司	2.861×10^{-2}
10	永丰馀纸业（厦门）有限公司	7.841×10^{-2}	35	福建省南安市天和妇幼日用品有限公司	2.834×10^{-2}
11	漳州震元纸品有限公司	7.680×10^{-2}	36	厦门友明包装制袋有限公司	2.553×10^{-2}
12	福建省平和葫芦山纸品有限公司	7.655×10^{-2}	37	漳州市智光纸业有限公司	2.451×10^{-2}
13	福建省青山纸业股份有限公司	7.635×10^{-2}	38	科思达（厦门）卫生制品有限公司	2.353×10^{-2}
14	福建省邵武市华光特种工艺有限公司	7.568×10^{-2}	39	厦门市亿同新包装企业有限公司	2.290×10^{-2}
15	建宁县联丰造纸有限公司（铙纸集团）	6.205×10^{-2}	40	福建省德化华宇工贸有限公司	2.199×10^{-2}
16	漳州琮尧纸品有限公司	5.956×10^{-2}	41	龙海市锦洲纸制品有限公司	2.111×10^{-2}
17	厦门福家包装资材制造有限公司	5.839×10^{-2}	42	福清昇扬包装材料有限公司	2.026×10^{-2}
18	福建省南纸股份有限公司	5.800×10^{-2}	43	顺昌麒麟记竹木工艺有限公司	1.967×10^{-2}
19	平和县峰顺纸业制品有限公司	5.442×10^{-2}	44	厦门兆伦纸业有限公司	1.845×10^{-2}
20	新鸣宝生活用品（泉州）有限公司	5.224×10^{-2}	45	厦门瑞铠工业有限公司	1.633×10^{-2}
21	福建省铙山纸业集团公司	5.200×10^{-2}	46	福建省福清市大华印刷包装有限公司	1.574×10^{-2}
22	漳州鑫园纸业有限公司	5.183×10^{-2}	47	绿阳工业（漳州）有限公司	1.517×10^{-2}
23	连城县金龙纸业有限公司	4.953×10^{-2}	48	福建省上杭协和纸业有限公司	1.475×10^{-2}
24	福建武平朝兴纸香有限公司	4.940×10^{-2}	49	厦门三和包装材料有限公司	1.470×10^{-2}
25	厦门泉舜纸塑容器股份有限公司	4.782×10^{-2}	50	福州丰大包装工业有限公司	1.451×10^{-2}

6-41 福建省文教体育用品制造业企业出口市场占有率50强

（2010年）

序号	企业名称	占有率（%）	序号	企业名称	占有率（%）
1	厦门钢宇工业有限公司	60.774×10^{-2}	26	立和（漳州）实业有限公司	6.472×10^{-2}
2	厦门新凯复材科技有限公司	58.496×10^{-2}	27	永春至善体育用品有限公司	6.407×10^{-2}
3	樱花（福建）包装文具有限公司	18.403×10^{-2}	28	台慧（厦门）运动器材有限公司	6.368×10^{-2}
4	厦门群鑫机械工业有限公司	18.256×10^{-2}	29	厦门友溢家居用品有限公司	6.049×10^{-2}
5	福州广胜玩具有限公司	17.052×10^{-2}	30	欧仕儿童用品（福建）有限公司	6.033×10^{-2}
6	福建奇嘉礼品玩具有限公司	16.370×10^{-2}	31	福建新代实业有限公司	6.031×10^{-2}
7	厦门侨兴工业有限公司	16.337×10^{-2}	32	泉州永恒体育旅游用品有限公司	5.844×10^{-2}
8	朗美（厦门）健身器材有限公司	16.336×10^{-2}	33	厦门珏荣运动用品有限公司	5.827×10^{-2}
9	晋江恒盛玩具有限公司	12.789×10^{-2}	34	漳平市国联玩具礼品有限公司	5.117×10^{-2}
10	中国福万（福建）玩具有限公司	11.989×10^{-2}	35	厦门康乐佳运动器材有限公司	4.890×10^{-2}
11	漳浦隆宝工业有限公司	11.836×10^{-2}	36	福州光国运动器材有限公司	4.406×10^{-2}
12	石狮市非凡运动器材有限公司	11.681×10^{-2}	37	石狮市快克体育用品有限公司	4.230×10^{-2}
13	厦门元保运动器材有限公司	11.657×10^{-2}	38	泉州市嘉利儿童用品有限公司	4.049×10^{-2}
14	厦门飞鹏工业有限公司	10.067×10^{-2}	39	嘉美华（厦门）健身器材有限公司	3.929×10^{-2}
15	厦门飞鹏高科技铝业有限公司	10.039×10^{-2}	40	慧来（厦门）运动器材有限公司	3.599×10^{-2}
16	厦门奥龙体育器材有限公司	9.912×10^{-2}	41	奔田轻工（厦门）有限公司	3.508×10^{-2}
17	锐铭运动用品（厦门）有限公司	7.754×10^{-2}	42	舒华（中国）有限公司	3.457×10^{-2}
18	漳州隆升体育用品有限公司	7.497×10^{-2}	43	漳州正古塑胶五金工业有限公司	3.378×10^{-2}
19	厦门悠来斯球业有限公司	7.464×10^{-2}	44	厦门市长辉工贸有限公司	3.314×10^{-2}
20	全德荣（厦门）运动用品有限公司	7.361×10^{-2}	45	厦门鑫溢健机械有限公司	3.276×10^{-2}
21	雅歌乐器（漳州）有限公司	7.281×10^{-2}	46	石狮市冠豪体育用品有限公司	3.258×10^{-2}
22	厦门宙隆运动器材有限公司	7.150×10^{-2}	47	厦门扬威运动器材实业有限公司	3.208×10^{-2}
23	东山欧凯金属塑料制品有限公司	7.029×10^{-2}	48	福建长泰珠益运动器材有限公司	3.184×10^{-2}
24	厦门信义科技有限公司	6.748×10^{-2}	49	卓达印章器材（厦门）有限公司	3.137×10^{-2}
25	诏安县梅州双鹰玩具有限公司	6.478×10^{-2}	50	厦门飞腾体育用品有限公司	3.121×10^{-2}

6-42 福建省化学原料及化学制品制造业企业出口市场占有率50强

（2010年）

序号	企业名称	占有率（%）	序号	企业名称	占有率（%）
1	柯达（厦门）数码影像有限公司	40.402×10^{-2}	26	利亚波日用品（龙海）有限公司	2.125×10^{-2}
2	柯达（中国）股份有限公司	38.786×10^{-2}	27	福清佳宁化妆品有限公司	2.102×10^{-2}
3	腾龙特种树脂（厦门）有限公司	37.235×10^{-2}	28	福建省漳平市九鼎氟化工有限公司	2.073×10^{-2}
4	漳州艾妮沐浴用品有限公司	7.710×10^{-2}	29	福建中德科技有限公司	2.045×10^{-2}
5	三明市海斯福化工有限责任公司	7.306×10^{-2}	30	福州坤彩精华有限公司	1.995×10^{-2}
6	厦门中坤化学有限公司	7.155×10^{-2}	31	福建省顺昌富宝实业有限公司	1.922×10^{-2}
7	福建青松股份有限公司	6.869×10^{-2}	32	福州燕兰塑胶软管制品有限公司	1.884×10^{-2}
8	锐珂（厦门）医疗器材有限公司	6.363×10^{-2}	33	福州市耀隆化工集团	1.688×10^{-2}
9	赢创嘉联白炭黑（南平）有限公司	5.979×10^{-2}	34	福建莎莉日用化工产品有限公司	1.685×10^{-2}
10	福建省沙县青州日化有限公司	5.645×10^{-2}	35	泉州市新益日用化妆品有限公司	1.685×10^{-2}
11	福建惠安惠兴工贸有限公司	5.526×10^{-2}	36	福建省泰宁县金湖碳素有限公司	1.674×10^{-2}
12	厦门莱恩迪贸易发展有限公司	5.212×10^{-2}	37	厦门舫昌实业有限公司	1.665×10^{-2}
13	新洲（武平）林化有限公司	5.020×10^{-2}	38	厦门娜其尔日化有限公司	1.599×10^{-2}
14	福州佳宁化妆品有限公司	4.200×10^{-2}	39	金名山光电（漳浦）有限公司	1.567×10^{-2}
15	福州一化化学品股份有限公司	4.181×10^{-2}	40	多玛得（厦门）精细化工有限公司	1.555×10^{-2}
16	福建南平瀚森化工有限公司	3.292×10^{-2}	41	三明市梅列香料厂	1.551×10^{-2}
17	福建福维股份有限公司	3.221×10^{-2}	42	福建三钢（集团）三明化工有限责任公司	1.396×10^{-2}
18	泉州市泉港区厦日建材有限公司	3.157×10^{-2}	43	厦门源生园沐浴用品有限公司	1.352×10^{-2}
19	福建省漳平市正盛化工有限公司	3.110×10^{-2}	44	龙海市贝特利香料有限公司	1.333×10^{-2}
20	三明科飞技术开发有限公司	2.875×10^{-2}	45	花仙子（厦门）日用化学品有限公司	1.311×10^{-2}
21	厦门荒川化学工业有限公司	2.539×10^{-2}	46	元力活性炭股份有限公司	1.261×10^{-2}
22	泉州市倍斯豪日用品有限公司	2.501×10^{-2}	47	福建省龙岩龙化化工有限公司	1.179×10^{-2}
23	福建省邵武市永飞化工有限公司	2.446×10^{-2}	48	福建榕昌化工有限公司	1.073×10^{-2}
24	漳浦彩露华化妆品有限公司	2.306×10^{-2}	49	诗丽雅化妆品（泉州）有限公司	1.030×10^{-2}
25	青蛙王子（中国）日化有限公司	2.213×10^{-2}	50	三明市丰润化工有限公司	0.921×10^{-2}

6-43 福建省橡胶制品业企业出口市场占有率50强

（2010年）

序号	企业名称	占有率（%）	序号	企业名称	占有率（%）
1	福建佳通轮胎有限公司	250.219×10^{-2}	26	杰宏（厦门）电子有限公司	3.173×10^{-2}
2	厦门正新橡胶工业有限公司	70.968×10^{-2}	27	建新橡胶（福建）有限公司	3.128×10^{-2}
3	厦门正新实业有限公司	43.841×10^{-2}	28	泉州市宏利达橡塑制品有限公司	2.789×10^{-2}
4	厦高金属工业（厦门）有限公司	25.168×10^{-2}	29	福建省莆田市涵江国欢鞋业有限公司	2.697×10^{-2}
5	惠安县友达包装用品有限公司	24.162×10^{-2}	30	厦门瑞丰密封件有限公司	2.684×10^{-2}
6	福清福星塑胶制品有限公司	15.361×10^{-2}	31	漳州市恩扬工艺品有限公司	2.490×10^{-2}
7	厦门厦晖橡胶金属工业有限公司	14.944×10^{-2}	32	福建晋江凤竹鞋业发展有限公司	2.410×10^{-2}
8	联泰（泉州）轻工有限公司	12.859×10^{-2}	33	漳州富群橡塑胶制品有限公司	2.309×10^{-2}
9	隆基（厦门）塑胶有限公司	11.728×10^{-2}	34	福建鸽王塑胶有限公司	2.216×10^{-2}
10	厦门连科工业有限公司	11.074×10^{-2}	35	泉州鑫成鞋材有限公司	2.168×10^{-2}
11	福建省莆田嘉德鞋业有限公司	10.296×10^{-2}	36	厦门固特友橡胶有限公司	2.019×10^{-2}
12	厦门正新海燕轮胎有限公司	9.230×10^{-2}	37	美品（厦门）橡胶制品有限公司	1.947×10^{-2}
13	厦门永大橡塑五金工业有限公司	8.896×10^{-2}	38	厦门佳引御寒制品有限公司	1.869×10^{-2}
14	泉州市金宇塑胶实业有限公司	8.540×10^{-2}	39	南安市金淘亭川鞋帽服装厂	1.794×10^{-2}
15	福州吉斯家装饰品有限公司	7.930×10^{-2}	40	莆田市立欣鞋业有限公司	1.703×10^{-2}
16	厦门长天企业有限公司	7.862×10^{-2}	41	益轩（泉州）轻工有限公司	1.565×10^{-2}
17	莆田宝特鞋业有限公司	4.992×10^{-2}	42	厦门永森塑胶工业有限公司	1.534×10^{-2}
18	厦门翔邦高分子科技有限公司	4.792×10^{-2}	43	厦门市金汤橡塑有限公司	1.502×10^{-2}
19	日东电工（厦门）有限公司	4.601×10^{-2}	44	泉州鸿绮轻工有限公司	1.249×10^{-2}
20	福建君合集团有限公司	4.520×10^{-2}	45	福建南安市足峰鞋业有限公司	1.214×10^{-2}
21	福建关西化工有限公司	4.178×10^{-2}	46	福建省南安市东南轻工有限公司	1.181×10^{-2}
22	莆田市兴力嘉鞋业有限公司	4.011×10^{-2}	47	惠安煜龙鞋业有限公司	1.149×10^{-2}
23	泉州市华隆鞋业包袋有限公司	3.851×10^{-2}	48	莆田立足鞋业有限公司	1.138×10^{-2}
24	海堡（厦门）橡胶有限公司	3.617×10^{-2}	49	莆田市锐步鞋业有限公司	1.116×10^{-2}
25	茂泰（福建）鞋材有限公司	3.473×10^{-2}	50	莆田市涵江区协顺鞋业有限公司	1.098×10^{-2}

6-44 福建省塑料制品业企业出口市场占有率50强

（2010年）

序号	企业名称	占有率（%）	序号	企业名称	占有率（%）
1	明达实业（厦门）有限公司	46.620×10^{-2}	26	莆田高林鞋业制品有限公司	5.980×10^{-2}
2	莆田市涵江区章圣鞋业有限公司	41.958×10^{-2}	27	莆田市长江鞋业有限公司	5.974×10^{-2}
3	明达工业（福建）有限公司	41.604×10^{-2}	28	福清市永超鞋革制品有限公司	5.931×10^{-2}
4	厦门建霖工业有限公司	34.386×10^{-2}	29	莆田市万豪鞋业有限公司	5.930×10^{-2}
5	厦门松霖科技有限公司	33.010×10^{-2}	30	福清利亚塑胶有限公司	5.923×10^{-2}
6	泉州万华世旺超纤有限公司	23.814×10^{-2}	31	福清星海鞋业有限公司	5.914×10^{-2}
7	福建集成伞业有限公司	19.131×10^{-2}	32	厦门瑞滢塑胶有限公司	5.907×10^{-2}
8	福清福捷塑胶有限公司	13.176×10^{-2}	33	厦门精卫模具有限公司	5.834×10^{-2}
9	莆田市仁兴鞋业有限公司	12.739×10^{-2}	34	福清达人塑胶有限公司	5.674×10^{-2}
10	金冠（龙海）塑料包装有限公司	12.418×10^{-2}	35	莆田市捷发鞋业有限公司	5.587×10^{-2}
11	福建宝利特集团有限公司	12.211×10^{-2}	36	福州友谊鞋业有限公司	5.509×10^{-2}
12	厦门明蓓塑胶有限公司	11.722×10^{-2}	37	福州宏飞塑料厂	5.472×10^{-2}
13	福州利辉鞋业有限公司	9.249×10^{-2}	38	桑德美耐皿制品（福建）有限公司	5.301×10^{-2}
14	厦门瑞尔特卫浴工业有限公司	9.116×10^{-2}	39	斯美伦（福州）防水服装有限公司	5.182×10^{-2}
15	福州市仓山潘墩永达鞋业制品厂	9.096×10^{-2}	40	厦门宇诠复材科技有限公司	5.143×10^{-2}
16	樱花（福建）塑胶实业有限公司	8.773×10^{-2}	41	福清市华丰塑胶制品有限公司	5.035×10^{-2}
17	安保（厦门）塑胶工业有限公司	8.449×10^{-2}	42	厦门和利多卫浴科技有限公司	5.020×10^{-2}
18	美加美餐具股份有限公司	8.395×10^{-2}	43	瑞顿户外运动用品（厦门）有限公司	4.960×10^{-2}
19	汇鑫（莆田）鞋业有限公司	7.998×10^{-2}	44	海益（厦门）建材工业有限公司	4.936×10^{-2}
20	福州鸿正塑胶制品有限公司	7.865×10^{-2}	45	福州天福塑革有限公司	4.738×10^{-2}
21	福建日新塑料制品有限公司	7.562×10^{-2}	46	仂川工业有限公司	4.697×10^{-2}
22	厦门威迪亚科技有限公司	7.260×10^{-2}	47	宇科塑料（厦门）有限公司	4.598×10^{-2}
23	福州万佳服装有限公司	7.161×10^{-2}	48	福州榕棋鞋业有限公司	4.554×10^{-2}
24	福清市福盛达塑胶制品有限公司	6.967×10^{-2}	49	福州闽一鞋业有限公司	4.518×10^{-2}
25	厦门佛大工业有限公司	6.576×10^{-2}	50	福建省泉州成达鞋业有限公司	4.442×10^{-2}

6-45 福建省非金属矿物制品业企业出口市场占有率50强

（2010年）

序号	企业名称	占有率（%）	序号	企业名称	占有率（%）
1	福建省万达汽车玻璃工业有限公司	58.437×10^{-2}	26	泉州市泉港安兴石材厂	8.175×10^{-2}
2	玉晶光电（厦门）有限公司	51.271×10^{-2}	27	福建省上杭县九洲硅业有限公司	7.738×10^{-2}
3	福建省德化县佳美工艺品有限责任公司	49.220×10^{-2}	28	泉州日烽陶瓷有限公司	7.719×10^{-2}
4	高时（厦门）石业有限公司	40.155×10^{-2}	29	泉州新世盛陶瓷有限责任公司	7.618×10^{-2}
5	福耀玻璃工业集团股份有限公司	37.000×10^{-2}	30	泉州市德化宏远陶瓷有限公司	7.594×10^{-2}
6	福建泉州南星大理石有限公司	34.296×10^{-2}	31	福建省德化县锦华陶瓷有限公司	7.553×10^{-2}
7	威鸿（厦门）光学有限公司	31.037×10^{-2}	32	南安市水头康利石材有限公司	7.517×10^{-2}
8	福建南鹰陶瓷有限公司	23.718×10^{-2}	33	德化县宏晟陶瓷有限公司	7.502×10^{-2}
9	欧浦登（福建）光学有限公司	18.407×10^{-2}	34	福建省德化县福盛工艺品有限公司	7.494×10^{-2}
10	明达玻璃（厦门）有限公司	17.637×10^{-2}	35	福建省德化臻南陶瓷有限公司	7.311×10^{-2}
11	漳州万晖洁具有限公司	16.686×10^{-2}	36	宸阳光电科技（厦门）有限公司	7.197×10^{-2}
12	德化县顺尔美工艺品有限公司	16.018×10^{-2}	37	福建省德化真泰尔陶瓷有限公司	6.910×10^{-2}
13	福州开发区岩磊建材有限公司	15.088×10^{-2}	38	福建省德化县晖德陶瓷有限公司	6.633×10^{-2}
14	福建省德化万顺捷陶瓷有限公司	12.738×10^{-2}	39	惠安佳豪石材有限公司	6.498×10^{-2}
15	晋江华宝石业有限公司	12.713×10^{-2}	40	福建省德化世盛陶瓷有限公司	6.439×10^{-2}
16	福建省德化艺德工艺实业有限公司	12.697×10^{-2}	41	惠安县奇德利石材制品有限公司	6.389×10^{-2}
17	福建南安市新东源石业有限公司	12.373×10^{-2}	42	惠安县奇达利石材制品有限公司	6.350×10^{-2}
18	福建省德化县友盛陶瓷有限公司	11.878×10^{-2}	43	惠安县凌峰万里石材有限公司	6.347×10^{-2}
19	泉州华岩石业有限公司	9.893×10^{-2}	44	惠安天然建材有限公司	6.335×10^{-2}
20	福建省德化龙峰陶瓷有限公司	9.498×10^{-2}	45	福建省峰群建筑装饰有限公司	6.334×10^{-2}
21	泉州市创意集团公司	8.999×10^{-2}	46	惠安县裕龙盛石材工艺有限公司	6.278×10^{-2}
22	福建省德化臻峰陶瓷有限公司	8.604×10^{-2}	47	泉州腾鹰石材有限公司	6.266×10^{-2}
23	福建省德化环宇陶瓷有限公司	8.532×10^{-2}	48	福建磊艺石业有限公司	6.255×10^{-2}
24	厦门三荣陶瓷开发有限公司	8.420×10^{-2}	49	福建省德化县宝晶瓷厂	6.244×10^{-2}
25	南安裕源石材有限公司	8.278×10^{-2}	50	福建骄阳新型建材工业有限公司	6.222×10^{-2}

6-46 福建省金属制品业企业出口市场占有率50强

（2010年）

序号	企业名称	占有率（%）	序号	企业名称	占有率（%）
1	路达（厦门）工业有限公司	47.127×10^{-2}	26	厦门美美餐具工业有限公司	2.878×10^{-2}
2	漳州中集集装箱有限公司	44.283×10^{-2}	27	漳州朝良工业有限公司	2.833×10^{-2}
3	百得（厦门）工业有限公司	18.201×10^{-2}	28	福建铁王精密铸造有限公司	2.720×10^{-2}
4	福建祥鑫铝业有限公司	11.453×10^{-2}	29	福建士鼎钢铁有限公司	2.711×10^{-2}
5	漳州立强五金机械有限公司	11.316×10^{-2}	30	福建省南靖泰峰金属工业有限公司	2.651×10^{-2}
6	厦门市易洁卫浴有限公司	9.524×10^{-2}	31	厦门众欣金属制品有限公司	2.545×10^{-2}
7	州巧科技（厦门）有限公司	9.085×10^{-2}	32	厦门优而美金属制造有限公司	2.474×10^{-2}
8	厦门谊瑞货架有限公司	8.002×10^{-2}	33	福建新特新金属工业有限公司	2.251×10^{-2}
9	福建申利卡铝业发展有限公司	6.435×10^{-2}	34	泉州金山石材工具科技有限公司	2.148×10^{-2}
10	莆田市福兴隆塑胶五金有限公司	6.050×10^{-2}	35	厦门英仕卫浴有限公司	2.062×10^{-2}
11	厦门埃菲铁件有限公司	5.858×10^{-2}	36	厦门欣泰货架有限公司	2.043×10^{-2}
12	厦门圣源金属制造有限公司	5.665×10^{-2}	37	泉州大和金属包装制品有限公司	1.961×10^{-2}
13	龙海市多棱锯条有限公司	5.426×10^{-2}	38	厦门安联企业有限公司	1.917×10^{-2}
14	泉州市洛江区双阳金刚石工具有限公司	5.259×10^{-2}	39	成信兆（漳州）五金有限公司	1.840×10^{-2}
15	泉州众志金刚石工具有限公司	5.148×10^{-2}	40	福建福贞金属包装有限公司	1.801×10^{-2}
16	村哲实业（漳州）有限公司	4.971×10^{-2}	41	沛乐迪（厦门）卫浴有限公司	1.794×10^{-2}
17	福建高利宝装饰礼品有限公司	4.938×10^{-2}	42	厦门唯自然工贸有限公司	1.763×10^{-2}
18	福建万龙金刚石工具有限公司	4.923×10^{-2}	43	厦门山永成五金工业有限公司	1.698×10^{-2}
19	漳州市人和旅游活动房制造有限公司	4.718×10^{-2}	44	东来不锈钢丝（厦门）有限公司	1.677×10^{-2}
20	福建省三川铝业有限公司	4.696×10^{-2}	45	厦门欧特电子有限公司	1.649×10^{-2}
21	漳州达林五金有限公司	4.452×10^{-2}	46	厦门福正金属工业有限公司	1.646×10^{-2}
22	嘉诚（厦门）工业有限公司	3.665×10^{-2}	47	漳州仂昇工业有限公司	1.537×10^{-2}
23	富世华建筑产品（厦门）有限公司	3.606×10^{-2}	48	厦门厦芝科技工具有限公司	1.414×10^{-2}
24	福建融林塑胶五金实业有限公司	3.089×10^{-2}	49	厦门翠绿餐具有限公司	1.394×10^{-2}
25	厦门太平货柜制造有限公司	2.980×10^{-2}	50	东进不锈钢（厦门）有限公司	1.392×10^{-2}

6-47 福建省通用设备制造业企业出口市场占有率50强

（2010年）

序号	企业名称	占有率（%）	序号	企业名称	占有率（%）
1	林德（中国）叉车有限公司	19.248×10^{-2}	26	福州贝石轴承有限公司	2.800×10^{-2}
2	福建豪氏威马钢铁制品有限公司	19.069×10^{-2}	27	福州荣林机械有限公司	2.688×10^{-2}
3	福建日立工机有限公司	13.712×10^{-2}	28	卡斯卡特（厦门）叉车属具有限公司	2.580×10^{-2}
4	福建银嘉机电有限公司	13.425×10^{-2}	29	三禾电器（福建）有限公司	2.185×10^{-2}
5	诺尔起重设备（中国）有限公司	9.972×10^{-2}	30	奥新（厦门）轴承有限公司	2.008×10^{-2}
6	福建省南安轴承有限责任公司	8.041×10^{-2}	31	福州闽岳机电有限公司	1.919×10^{-2}
7	福安市太平洋电机有限公司	7.757×10^{-2}	32	福建省上水明珠发展有限公司	1.901×10^{-2}
8	福建省银象电器有限公司	6.294×10^{-2}	33	厦门恒耀金属有限公司	1.890×10^{-2}
9	鹏威（厦门）工业有限公司	6.135×10^{-2}	34	厦门加贺金属工业有限公司	1.773×10^{-2}
10	福建省南安市福山五金机电有限公司	5.972×10^{-2}	35	福建省福安市威迪电机有限公司	1.745×10^{-2}
11	福建省泉州市亿达机电有限公司	5.730×10^{-2}	36	厦门联荣电机有限公司	1.675×10^{-2}
12	泉州市沪辉卫浴洁具有限公司	5.509×10^{-2}	37	福州天石源超硬材料工具有限公司	1.608×10^{-2}
13	福建金星传动件有限公司	5.344×10^{-2}	38	恩凯诺尔（厦门）机电设备有限公司	1.576×10^{-2}
14	福安市远东华美电机有限公司	5.179×10^{-2}	39	泉州市科盛包装机械有限公司	1.533×10^{-2}
15	福建省泉州市力达机械有限公司	4.911×10^{-2}	40	泉州九牧洁具有限公司	1.493×10^{-2}
16	福州永顺大机电有限公司	4.741×10^{-2}	41	厦门良机工业有限公司	1.428×10^{-2}
17	中宇建材集团有限公司	4.062×10^{-2}	42	福建省金浦机械工业有限公司	1.300×10^{-2}
18	福建龙溪轴承（集团）股份有限公司	3.969×10^{-2}	43	连江瑞邦金属制品有限公司	1.284×10^{-2}
19	福州福善风动设备有限公司	3.450×10^{-2}	44	福州莹拓精密冶金工业有限公司	1.198×10^{-2}
20	福州辰龙机械有限公司	3.434×10^{-2}	45	厦门亨泰五金制品公司	1.190×10^{-2}
21	艾默生动力传动（漳州）有限公司	3.428×10^{-2}	46	福建巨霸机械有限公司	1.100×10^{-2}
22	福州海量管道器材有限公司	3.372×10^{-2}	47	美磁（厦门）科技有限公司	1.056×10^{-2}
23	福建雪人股份有限公司	3.295×10^{-2}	48	福建省德鑫机械制造有限公司	0.980×10^{-2}
24	福安市海福泵业有限公司	3.106×10^{-2}	49	泉州腾达精铸有限公司	0.977×10^{-2}
25	福建泉州松林数控设备有限公司	3.092×10^{-2}	50	福建东鼎燃具集团公司	0.928×10^{-2}

6-48 福建省专用设备制造业企业出口市场占有率50强

（2010年）

序号	企业名称	占有率（%）	序号	企业名称	占有率（%）
1	瑞声达听力技术（中国）有限公司	26.911×10^{-2}	26	福建冠华精密模具有限公司	2.257×10^{-2}
2	福建龙净环保股份有限公司	20.703×10^{-2}	27	福建省莆田协丰模具有限公司	2.183×10^{-2}
3	厦门厦工机械股份有限公司	12.148×10^{-2}	28	厦门正黎明冶金机械有限公司	2.141×10^{-2}
4	福建长泰承义工业有限公司	11.448×10^{-2}	29	泉州市群峰机械制造有限公司	2.071×10^{-2}
5	泉州奇星机械有限公司	8.802×10^{-2}	30	泉州市伟顺机电设备有限公司	2.040×10^{-2}
6	福建龙基机械设备制造有限公司	6.815×10^{-2}	31	厦门立林电气控制技术有限公司	1.970×10^{-2}
7	崇仁（厦门）医疗器械有限公司	6.521×10^{-2}	32	福建省卓越鸿昌建材装备股份有限公司	1.712×10^{-2}
8	龙工（福建）机械有限公司	5.784×10^{-2}	33	厦门格拉克听力技术有限公司	1.589×10^{-2}
9	厦门科际精密器材有限公司	5.113×10^{-2}	34	泉州市锦田机械厂	1.525×10^{-2}
10	比洛德利（厦门）纺织机械有限公司	4.908×10^{-2}	35	福建省南安市巨轮机械有限公司	1.472×10^{-2}
11	福建省康利特集团有限公司	4.787×10^{-2}	36	福建红旗股份有限公司	1.467×10^{-2}
12	泉州建成工程机械制造有限公司	4.537×10^{-2}	37	炜辰（厦门）精密机械有限公司	1.361×10^{-2}
13	厦门纬嘉运动器材有限公司	4.499×10^{-2}	38	凯弗隆（厦门）科技有限公司	1.311×10^{-2}
14	漳州立泰医疗康复器材有限公司	4.313×10^{-2}	39	宇科模具（厦门）有限公司	1.310×10^{-2}
15	厦工（三明）重型机器有限公司	3.922×10^{-2}	40	漳州天马健身器材有限公司	1.270×10^{-2}
16	福建五友模具科技有限公司	3.903×10^{-2}	41	福建南方路面机械有限公司	1.253×10^{-2}
17	福建泉州凹凸精密机械有限公司	3.500×10^{-2}	42	厦门威迪亚精密模具塑胶有限公司	1.220×10^{-2}
18	三捷科技（厦门）有限公司	3.360×10^{-2}	43	厦门威尔莫特医疗器材有限公司	1.151×10^{-2}
19	福建兵工装备有限公司	3.225×10^{-2}	44	艾尔孚（厦门）医疗器械有限公司	1.081×10^{-2}
20	福建友通实业有限公司	3.057×10^{-2}	45	厦门升正机械有限公司	1.035×10^{-2}
21	福州鑫宏模塑制品有限公司	2.928×10^{-2}	46	伟顺（福建）机电工贸有限公司	0.994×10^{-2}
22	晋江万代好光电照明有限公司	2.810×10^{-2}	47	石狮市龙祥制革有限公司	0.954×10^{-2}
23	泉州市闽达机械制造有限公司	2.698×10^{-2}	48	泉州市恒兴工业机械有限公司	0.928×10^{-2}
24	厦门新鸿洲精密科技有限公司	2.554×10^{-2}	49	闽东五一机电有限公司	0.878×10^{-2}
25	泉州市汉威机械制造有限公司	2.351×10^{-2}	50	泉州大昌纸品机械制造有限公司	0.873×10^{-2}

6-49 福建省交通运输设备制造业企业出口市场占有率50强

（2010年）

序号	企业名称	占有率（%）	序号	企业名称	占有率（%）
1	福建省马尾造船股份有限公司	39.028×10^{-2}	26	福州新密机电有限公司	1.417×10^{-2}
2	福建省东南造船厂	37.058×10^{-2}	27	福建福宁船舶重工有限公司	1.411×10^{-2}
3	厦门太古飞机工程有限公司	35.575×10^{-2}	28	厦门理研工业有限公司	1.390×10^{-2}
4	厦门船舶重工股份有限公司	34.152×10^{-2}	29	福州利亚船舶工程有限公司	1.388×10^{-2}
5	厦门金龙联合汽车工业有限公司	16.292×10^{-2}	30	晋江太古势必锐复合材料有限公司	1.332×10^{-2}
6	福州市住电装有限公司	12.958×10^{-2}	31	厦门澳威机械有限公司	1.279×10^{-2}
7	正兴车轮集团有限公司	10.261×10^{-2}	32	三立（厦门）汽车配件有限公司	1.228×10^{-2}
8	福建源光电装有限公司	9.678×10^{-2}	33	协展（福建）机械工业有限公司	1.172×10^{-2}
9	福建省晋江市三力机车有限公司	8.795×10^{-2}	34	厦门鑫汇源制造有限公司	1.160×10^{-2}
10	福建省霞浦三沙华美实业有限公司	6.289×10^{-2}	35	泉州市华盛机械设备有限公司	1.113×10^{-2}
11	厦门民兴工业有限公司	6.198×10^{-2}	36	福州宝井钢材有限公司	0.953×10^{-2}
12	厦门金龙旅行车有限公司	5.950×10^{-2}	37	厦门中端电器有限公司	0.915×10^{-2}
13	厦门日上车轮集团股份有限公司	4.695×10^{-2}	38	光隆精密工业（福州）有限公司	0.878×10^{-2}
14	泉州船舶工业有限公司	4.290×10^{-2}	39	晋江市捷达汽车配件有限公司	0.843×10^{-2}
15	漳州矢崎汽车配件有限公司	4.119×10^{-2}	40	泉州市奇盛汽车配件有限公司	0.809×10^{-2}
16	海拉（厦门）汽车电子有限公司	3.954×10^{-2}	41	福州钜全汽车配件有限公司	0.782×10^{-2}
17	福建省莆田市中涵机动力有限公司	3.115×10^{-2}	42	安德佳（福建）精密金属科技有限公司	0.773×10^{-2}
18	厦门永裕机械工业有限公司	2.829×10^{-2}	43	厦门广群复材科技有限公司	0.742×10^{-2}
19	福州钜立机动车配件有限公司	2.518×10^{-2}	44	泉州市合德汽车零部件有限公司	0.712×10^{-2}
20	福州六和机械有限公司	2.209×10^{-2}	45	泉州市盛德机械发展有限公司	0.706×10^{-2}
21	恩比尔（厦门）机械制造有限公司	2.093×10^{-2}	46	厦门开发减震器有限公司	0.695×10^{-2}
22	厦门豪富太古宇航有限公司	2.046×10^{-2}	47	福建冠良汽车配件工业有限公司	0.670×10^{-2}
23	厦门峰裕汽车配件有限公司	1.641×10^{-2}	48	福建泰华交通设备有限公司	0.627×10^{-2}
24	福州新裕电装有限公司	1.489×10^{-2}	49	厦门太古起落架维修服务有限公司	0.602×10^{-2}
25	厦门睿和电子有限公司	1.437×10^{-2}	50	福建省晋江市励精汽配有限公司	0.577×10^{-2}

6-50 福建省电气机械及器材制造业企业出口市场占有率50强

（2010年）

序号	企业名称	占有率（%）	序号	企业名称	占有率（%）
1	漳州灿坤实业有限公司	39.412×10^{-2}	26	中日电热（厦门）有限公司	3.080×10^{-2}
2	福建永强力加动力设备有限公司	27.122×10^{-2}	27	闽东天工电机有限公司	3.015×10^{-2}
3	厦门通士达照明有限公司	18.204×10^{-2}	28	赫比（厦门）精密塑胶制品有限公司	2.923×10^{-2}
4	厦门蒙发利科技（集团）股份有限公司	17.941×10^{-2}	29	厦门 ABB 开关有限公司	2.884×10^{-2}
5	巨茂光电（厦门）有限公司	17.224×10^{-2}	30	福安市鑫旺电机有限公司	2.844×10^{-2}
6	福州力鼎动力有限公司	12.576×10^{-2}	31	厦门蒙发利电子有限公司	2.822×10^{-2}
7	厦门立达信光电有限公司	9.529×10^{-2}	32	福建钧石能源有限公司	2.786×10^{-2}
8	利胜电光源（厦门）有限公司	8.581×10^{-2}	33	闽东亚南电机有限公司	2.738×10^{-2}
9	福建省苍乐电子企业有限公司	7.907×10^{-2}	34	福建源光亚明电器有限公司	2.628×10^{-2}
10	福州港发机电工业有限公司	7.874×10^{-2}	35	福建联合动力设备制造有限公司	2.533×10^{-2}
11	厦门海莱照明有限公司	6.917×10^{-2}	36	福安市新永隆电机有限公司	2.514×10^{-2}
12	福安市力源电机有限公司	6.640×10^{-2}	37	漳浦桂宏工业有限公司	2.390×10^{-2}
13	福州海霖机电有限公司	6.375×10^{-2}	38	福州龙腾伟业机电有限公司	2.358×10^{-2}
14	艾佩斯（厦门）电力设施有限公司	4.544×10^{-2}	39	泉州市金太阳电子科技有限公司	2.332×10^{-2}
15	福安市闽东安波电器有限公司	4.410×10^{-2}	40	厦门市洪氏企业有限公司	2.145×10^{-2}
16	福建南平南孚电池有限公司	4.277×10^{-2}	41	福建泉州大华蓄电池有限公司	2.087×10^{-2}
17	厦门汇科电子有限公司	4.165×10^{-2}	42	福州仕诚电器有限公司	2.004×10^{-2}
18	厦门市东林电子有限公司	4.148×10^{-2}	43	利莱森玛电机科技（福州）有限公司	1.978×10^{-2}
19	福建永德吉灯业股份有限公司	3.982×10^{-2}	44	厦门星际电器有限公司	1.888×10^{-2}
20	厦门龙胜达照明电器有限公司	3.775×10^{-2}	45	东芝照明（福州）有限公司	1.641×10^{-2}
21	福建联合动力机电科技有限公司	3.665×10^{-2}	46	厦门三圈电池有限公司	1.576×10^{-2}
22	闽东巨龙电机有限公司	3.467×10^{-2}	47	福安市环球电机有限公司	1.574×10^{-2}
23	福州佳新创辉机电有限公司	3.445×10^{-2}	48	福州金飞鱼柴油机有限公司	1.570×10^{-2}
24	闽东华达电机有限公司	3.406×10^{-2}	49	优科能源（漳州）有限公司	1.559×10^{-2}
25	福建闽东本田发电机组有限公司	3.202×10^{-2}	50	良盛家饰品（厦门）有限公司	1.554×10^{-2}

6-51　福建省通信设备、计算机及其他电子设备制造业企业出口市场占有率 50 强

（2010 年）

序号	企业名称	占有率（%）	序号	企业名称	占有率（%）
1	友达光电（厦门）有限公司	100.759×10^{-2}	26	安费诺电子装配（厦门）有限公司	1.922×10^{-2}
2	福建捷联电子有限公司	75.803×10^{-2}	27	福州高意通讯有限公司	1.891×10^{-2}
3	宸鸿科技（厦门）有限公司	33.624×10^{-2}	28	柯达（中国）图文影像有限公司	1.838×10^{-2}
4	戴尔（厦门）有限公司	22.364×10^{-2}	29	福州华映视讯有限公司	1.578×10^{-2}
5	福建华冠光电有限公司	21.045×10^{-2}	30	厦门台松精密电子有限公司	1.564×10^{-2}
6	福建华映显示科技有限公司	18.110×10^{-2}	31	福建爱普生有限公司	1.528×10^{-2}
7	冠捷显示科技（厦门）有限公司	13.123×10^{-2}	32	NEC 东金电子（厦门）有限公司	1.286×10^{-2}
8	南靖万利达科技有限公司	11.232×10^{-2}	33	厦门讯扬电子科技有限公司	1.283×10^{-2}
9	乐捷显示科技（厦门）有限公司	11.016×10^{-2}	34	福建通达集团有限公司	1.169×10^{-2}
10	厦门华侨电子股份有限公司	10.723×10^{-2}	35	厦门法拉电子股份有限公司	1.026×10^{-2}
11	华映光电股份有限公司	9.756×10^{-2}	36	联达科技（厦门）有限公司	0.948×10^{-2}
12	达运精密工业（厦门）有限公司	9.365×10^{-2}	37	厦门台和电子有限公司	0.913×10^{-2}
13	厦门多威电子有限公司	5.954×10^{-2}	38	联想移动通信科技有限公司	0.895×10^{-2}
14	厦门 TDK 有限公司	5.715×10^{-2}	39	福州市琴声电子有限公司	0.885×10^{-2}
15	厦门建松电器有限公司	5.487×10^{-2}	40	厦门紫翔电子科技有限公司	0.849×10^{-2}
16	辅讯光电（厦门）有限公司	5.267×10^{-2}	41	厦门华联电子有限公司	0.775×10^{-2}
17	宝宸（厦门）光学科技有限公司	5.057×10^{-2}	42	厦门天能电子有限公司	0.772×10^{-2}
18	捷星显示科技（福建）有限公司	4.854×10^{-3}	43	信华科技（厦门）有限公司	0.769×10^{-2}
19	英冠达（福建）电子科技有限公司	4.660×10^{-2}	44	福建福顺半导体制造有限公司	0.701×10^{-2}
20	厦门宏发电声股份有限公司	2.376×10^{-2}	45	科维彤创（厦门）电子工业有限公司	0.699×10^{-2}
21	贝莱胜电子（厦门）有限公司	2.301×10^{-2}	46	景智光电有限公司	0.699×10^{-2}
22	日立数字映像（中国）有限公司	2.296×10^{-2}	47	厦门新阳奔马科技有限公司	0.632×10^{-2}
23	厦门富士电气化学有限公司	2.286×10^{-2}	48	厦门柏恩氏电子有限公司	0.605×10^{-2}
24	钛积光电（厦门）有限公司	2.020×10^{-2}	49	厦门广宏光电有限公司	0.577×10^{-2}
25	睿鸿光电科技（福建）有限公司	1.962×10^{-2}	50	福清三照电子有限公司	0.562×10^{-2}

6-52 福建省仪器仪表及文化、办公用机械制造业企业出口市场占有率50强

（2010年）

序号	企业名称	占有率（%）	序号	企业名称	占有率（%）
1	厦门松下电子信息有限公司	65.924×10^{-2}	26	福州成和光学有限公司	4.185×10^{-2}
2	福建省新威电子实业有限公司	60.211×10^{-2}	27	福州祥杰电子有限公司	4.075×10^{-2}
3	莆田德信电子有限公司	31.841×10^{-2}	28	漳州市芗城振兴钟表有限公司	3.880×10^{-2}
4	福建上润精密仪器有限公司	29.356×10^{-2}	29	杏晖光学（厦门）有限公司	3.846×10^{-2}
5	东北理光（福州）印刷设备有限公司	20.780×10^{-2}	30	漳州市东方智能仪表有限公司	3.742×10^{-2}
6	诚益光学（厦门）有限公司	13.782×10^{-2}	31	艾美凯仪表（厦门）有限公司	3.207×10^{-2}
7	福建省新威电子工业有限公司	12.683×10^{-2}	32	福州摩实达电子科技有限公司	3.104×10^{-2}
8	莆田市庆盛电子塑胶有限公司	12.371×10^{-2}	33	厦门顶尖电子有限公司	3.091×10^{-2}
9	莆田市庆德电子工业有限公司	12.072×10^{-2}	34	漳州宏源表业有限公司	2.960×10^{-2}
10	麦克奥迪实业集团有限公司	10.015×10^{-2}	35	厦门立扬光学科技有限公司	2.907×10^{-2}
11	福州宜美电子有限公司	9.847×10^{-2}	36	漳州东利光学科技有限公司	2.842×10^{-2}
12	福建省新益电子有限公司	8.272×10^{-2}	37	漳州长鼎精密光学有限公司	2.599×10^{-2}
13	华茂光学工业（厦门）有限公司	8.162×10^{-2}	38	巨龙光学（福建）有限公司	2.406×10^{-2}
14	福州瑞达精工股份有限公司	8.123×10^{-2}	39	厦门香江塑化有限公司	2.351×10^{-2}
15	福州汉强电子有限公司	7.968×10^{-2}	40	漳州市吉德龙电子有限公司	2.310×10^{-2}
16	福建福晶科技股份有限公司	6.687×10^{-2}	41	漳州市新威士钟表有限公司	2.267×10^{-2}
17	浦城县闽城光学眼镜有限责任公司	6.378×10^{-2}	42	漳州海博工贸有限公司	2.204×10^{-2}
18	富华（漳州）光学工业有限公司	6.325×10^{-2}	43	石狮市信佳电子有限公司	2.154×10^{-2}
19	福州鹰高电子有限公司	6.162×10^{-2}	44	漳州市通元电子有限公司	2.139×10^{-2}
20	来明工业（厦门）有限公司	6.015×10^{-2}	45	莆田市涵江区百利电子塑胶有限公司	1.902×10^{-2}
21	福州高意光学有限公司	5.779×10^{-2}	46	厦门冠宜光学科技有限公司	1.901×10^{-2}
22	福鼎市一雄光学仪器有限公司	5.774×10^{-2}	47	福鼎富视光学有限公司	1.807×10^{-2}
23	漳州市恒丽电子有限公司	5.025×10^{-2}	48	三明麦克奥迪光学仪器有限公司	1.788×10^{-2}
24	福建福光数码科技有限公司	4.639×10^{-2}	49	漳州市华仪电子有限公司	1.778×10^{-2}
25	莆田科信电子有限公司	4.464×10^{-2}	50	漳州市新雅达电子有限公司	1.772×10^{-2}

6-53　福建省工艺品及其他制造业企业出口市场占有率50强

（2010年）

序号	企业名称	占有率（%）	序号	企业名称	占有率（%）
1	莆田市集友艺术框业有限公司	44.364×10^{-2}	26	安溪县英发家具装饰有限公司	12.014×10^{-2}
2	福建雨丝梦洋伞实业有限公司	41.976×10^{-2}	27	福州闽侯富盛工艺品有限公司	12.001×10^{-2}
3	泉州海日星工艺美术有限公司	39.498×10^{-2}	28	厦门福太洋伞有限公司	11.805×10^{-2}
4	闽侯闽兴编织品有限公司	36.721×10^{-2}	29	安溪县贤发工艺制品有限公司	11.740×10^{-2}
5	福建亚伦电子电器科技有限公司	29.629×10^{-2}	30	福建省闽侯县华源工艺品有限公司	11.098×10^{-2}
6	晋江集成轻工有限公司	28.354×10^{-2}	31	晋江市中诚雨具有限公司	10.932×10^{-2}
7	福建南安华兴雨具日用制品有限公司	25.958×10^{-2}	32	博格步轻工制品有限公司	10.637×10^{-2}
8	泉州亚伦轻工有限公司	25.600×10^{-2}	33	泉州德诺美琪工艺品有限公司	10.211×10^{-2}
9	泉州丰泽万象春工艺有限公司	22.389×10^{-2}	34	福州进丁工艺品有限公司	10.173×10^{-2}
10	福建晋江振华雨具制品有限公司	20.926×10^{-2}	35	闽清聚福工艺品有限公司	10.164×10^{-2}
11	福建安溪永发工艺品有限公司	20.405×10^{-2}	36	福州云飞编织品有限公司	10.090×10^{-2}
12	富隆（福建）洋伞有限公司	19.868×10^{-2}	37	东华（泉州）洋伞有限公司	9.977×10^{-2}
13	泉州市宏利伞业有限公司	17.925×10^{-2}	38	泉州奎生工艺有限公司	9.963×10^{-2}
14	鸿泰（福建）雨件有限公司	17.312×10^{-2}	39	福州闽泉编织有限公司	9.740×10^{-2}
15	晋江鸿盛雨具有限公司	16.938×10^{-2}	40	晋江富永雨具有限公司	9.215×10^{-2}
16	泉州恒发工艺品有限公司	16.391×10^{-2}	41	晋江源丰雨具有限公司	9.208×10^{-2}
17	福州业通家居制造有限公司	15.607×10^{-2}	42	闽侯县兴诚工艺品有限公司	8.959×10^{-2}
18	泉州建文艺品有限公司	14.983×10^{-2}	43	拥华（厦门）家用品有限公司	8.701×10^{-2}
19	亚伦集团（福建）有限公司	14.891×10^{-2}	44	泉州联兴工艺有限公司	8.008×10^{-2}
20	晋江市佳乐美洋伞有限公司	14.292×10^{-2}	45	千百汇（漳平）工艺有限公司	7.315×10^{-2}
21	泉州市振兴陶瓷工艺有限公司	12.556×10^{-2}	46	福建安溪聚丰工艺品有限公司	6.518×10^{-2}
22	泉州市顺通艺品有限公司	12.396×10^{-2}	47	古田县嘉丰工艺品有限公司	6.432×10^{-2}
23	福建省安溪恒星家俱有限公司	12.220×10^{-2}	48	惠安县腾辉石雕厂	6.175×10^{-2}
24	绿星（福州）居室用品有限公司	12.043×10^{-2}	49	福州叶氏家居有限公司	6.161×10^{-2}
25	厦门宏达洋伞工业有限公司	12.043×10^{-2}	50	福建安溪富华工艺品有限公司	6.114×10^{-2}

7 品牌篇

7-1　中国最具价值品牌500强企业名单

（2011年）

排名	品牌名称	品牌拥有机构	品牌价值（亿元）
1	工商银行	中国工商银行股份有限公司	2162.85
2	国家电网	国家电网公司	1876.96
3	中国移动通信	中国移动通信集团公司	1829.67
4	CCTV	中国中央电视台	1261.29
5	中国人寿	中国人寿保险（集团）公司	1035.51
6	中国石油	中国石油天然气集团公司	1006.23
7	中国中化	中国石化集团公司	958.57
8	华为	华为技术有限公司	867.46
9	中国一汽	中国第一汽车集团公司	842.66
10	联想	联想集团	825.91
11	中国银行	中国银行股份有限公司	774.85
12	海尔	海尔集团公司	763.52
13	中国建设银行	中国建设银行股份有限公司	761.49
14	苏宁电器	苏宁电器股份有限公司	728.16
15	长虹	四川长虹电器股份有限公司	705.69
16	中国石化	中国石油化工集团公司	703.92
17	上汽	上海汽车工业（集团）总公司	702.61
18	宝钢	宝钢集团有限公司	591.54
19	交通银行	交通银行股份有限公司	582.16
20	清华同方	同方股份有限公司	552.71
21	北汽集团	北京汽车集团有限公司	551.86
22	五粮液	五粮液集团有限公司	503.91
23	青岛啤酒	青岛啤酒股份有限公司	502.58
24	国航	中国国际航空股份有限公司	478.56
25	中粮集团	中国粮油食品（集团）有限公司	477.69

7-1 续表 1　　　　　　　　　（2011 年）

排名	品牌名称	品牌拥有机构	品牌价值（亿元）
26	云烟	红云红河烟草（集团）有限责任公司	467.25
27	中国电信	中国电信集团公司	466.73
28	招商银行	招商银行股份有限公司	464.24
29	雪花	华润雪花啤酒（中国）有限公司	463.68
30	中华	上海烟草集团有限责任公司	417.71
31	中国海油	中国海洋石油总公司	416.38
32	国美电器	国美电器有限公司	410.27
33	中信	中国中信集团公司	389.35
34	福田汽车	北汽福田汽车股份有限公司	388.72
35	茅台	中国贵州茅台酒厂有限责任公司	347.67
36	鄂尔多斯	鄂尔多斯集团	345.76
37	中兴	中兴通讯股份有限公司	315.45
38	东风	东风汽车公司	301.66
39	万科	万科企业股份有限公司	295.61
40	TCL	TCL 集团股份有限公司	292.67
41	鞍钢	鞍钢集团公司	276.92
42	北大荒	黑龙江北大荒农垦集团总公司	276.88
43	长安	中国长安汽车集团股份有限公司	259.34
44	凤凰卫视	凤凰卫视控股有限公司	257.32
45	春兰	春兰（集团）公司	206.18
46	海王	深圳海王集团股份有限公司	197.62
47	周大福	周大福珠宝金行有限公司	197.57
48	国旅	中国国旅集团有限公司	196.68
49	无限极	无限极（中国）有限公司	195.58
50	劲霸	劲霸男装股份有限公司	175.65

7-1 续表 2　　　　（2011 年）

排名	品牌名称	品牌拥有机构	品牌价值（亿元）
51	郎	四川郎酒集团有限责任公司	175.55
52	SINOPEC/长城润滑油	中国石油化工股份有限公司润滑油分公司	174.39
53	蒙牛	内蒙古蒙牛乳业（集团）股份有限公司	174.37
54	上海电气	上海电气（集团）总公司	174.36
55	中国南车	中国南车股份有限公司	171.26
56	武钢	武汉钢铁（集团）公司	170.52
57	伊利	内蒙古伊利实业集团股份有限公司	170.45
58	格力	珠海格力电器股份有限公司	170.23
59	中国联通	中国联合网络通信集团有限公司	168.24
60	中国平安	中国平安保险（集团）股份有限公司	158.54
61	李宁	李宁体育用品有限公司	148.63
62	燕京	北京燕京啤酒股份有限公司	148.25
63	红河	红云红河烟草（集团）有限责任公司	145.58
64	雷沃	福田雷沃国际重工股份有限公司	143.11
65	娃哈哈	杭州娃哈哈集团有限公司	142.57
66	厦工	厦门厦工机械股份有限公司	142.36
67	豪爵	江门市大长江集团有限公司	142.26
68	复星	上海复星高科技（集团）有限公司	142.05
69	新希望	新希望集团有限公司	141.94
70	方正	方正集团（中国）	139.65
71	天狮	天津天狮集团有限公司	131.76
72	康师傅	康师傅控股有限公司	131.52
73	人民日报	人民日报报业集团	131.25
74	中国宝安集团	中国宝安集团股份有限公司	130.62
75	中大	中大工业集团公司	125.98

7-1 续表 3 （2011 年）

排名	品牌名称	品牌拥有机构	品牌价值（亿元）
76	全友家私	全友家私有限公司	123.91
77	金隅	北京金隅集团有限责任公司	123.87
78	嘉陵	中国嘉陵工业股份有限公司（集团）	123.85
79	中联（ZOOMLION）	长沙中联重工科技发展股份有限公司	123.69
80	沙钢	江苏沙钢集团有限公司	123.42
81	海信	海信集团有限公司	123.39
82	超大	福州超大现代农业发展有限公司	122.62
83	豫园商城	上海豫园旅游商城股份有限公司	122.16
84	中信银行	中信集团股份有限公司	122.08
85	圣象	圣象集团有限公司	121.35
86	统一	统一集团（中国）投资有限公司	121.15
87	方正	北大方正集团有限公司	120.92
88	泸州老窖	泸州老窖股份有限公司	120.57
89	剑南春	四川剑南春集团有限责任公司	119.76
90	传化	传化集团有限公司	119.51
91	全聚德	中国全聚德（集团）股份有限公司	118.72
92	稻花香	湖北稻花香集团	118.58
93	太平洋保险	中国太平洋保险（集团）股份有限公司	115.45
94	小肥羊	内蒙古小肥羊餐饮连锁有限公司	112.67
95	中国民生银行	中国民生银行股份有限公司	111.21
96	通威	通威集团有限公司	110.68
97	宇通	郑州宇通客车股份有限公司	105.64
98	南航	中国南方航空集团公司	104.93
99	金龙客车	厦门金龙联合汽车工业有限公司	101.58
100	巨化	巨化集团公司	101.37

7-1 续表 4　　(2011 年)

排名	品牌名称	品牌拥有机构	品牌价值（亿元）
101	鸿星尔克	福建鸿星尔克体育用品有限公司	101.25
102	苏果	苏果超市有限公司	100.76
103	沱牌	四川沱牌曲酒股份有限公司	100.65
104	广州日报	广州日报报业集团	99.36
105	参考消息	新华通讯社	98.82
106	东方电气	中国东方电气集团有限公司	98.74
107	玉柴	广西玉柴机器集团有限公司	98.69
108	神华	神华集团有限责任公司	98.67
109	远东	远东控股集团有限公司	98.62
110	新华保险	新华人寿保险股份有限公司	98.57
111	雅戈尔	雅戈尔集团股份有限公司	98.53
112	深圳发展银行	深圳发展银行股份有限公司	97.95
113	用友	用友软件股份有限公司	97.91
114	国泰君安证券	国泰君安证券股份有限公司	97.85
115	阳光 100	阳光 100 置业集团有限公司	97.52
116	海格	金龙联合汽车工业（苏州）有限公司	96.98
117	湖南广播电视台	湖南广播电视台	96.92
118	招金	山东招金集团有限公司	96.58
119	江苏广播电视总台（集团）	江苏省广播电视总台（集团）	95.75
120	福临门	中粮食品营销有限公司	95.74
121	创维	创维集团有限公司	95.71
122	BELLE 百丽	百丽国际控股有限公司	95.67
123	吉利	浙江吉利控股集团有限公司	95.61
124	洋河	江苏洋河酒厂股份有限公司	93.55
125	金六福	华泽集团（金六福企业）	92.86

7-1 续表 5　　　　　　　　　　（2011 年）

排名	品牌名称	品牌拥有机构	品牌价值（亿元）
126	海航	海南航空股份有限公司	92.79
127	杉杉	杉杉投资控股有限公司	92.76
128	中青旅	中青旅控股股份有限公司	92.74
129	玲珑	玲珑集团有限公司	92.69
130	中海地产	中海地产集团有限公司	92.61
131	羊城晚报	羊城晚报报业集团	92.55
132	人民电器	人民电器集团有限公司	92.35
133	金龙鱼	益海嘉里粮油（深圳）有限公司	92.33
134	新民晚报	文汇新民联合报业集团	92.32
135	世友	浙江世友木业有限公司	92.29
136	亨通	亨通集团有限公司	91.16
137	首都机场	北京首都国际机场股份有限公司	90.89
138	富贵鸟	福建石狮市富贵鸟集团有限公司	90.82
139	北京银行	北京银行股份有限公司	89.62
140	帅康	帅康集团有限公司	86.76
141	绿地	上海绿地（集团）有限公司	86.75
142	华侨城	华侨城集团	86.71
143	浙江广电集团	浙江广电集团	86.69
144	长城	中粮酒业有限公司	86.65
145	金旅客车	厦门金龙旅行车有限公司	86.64
146	南方广播影视传媒集团	广东南方广播影视传媒集团	86.62
147	山东航空	山东航空股份有限公司	86.55
148	南方日报	南方报业传媒集团	86.09
149	万向	万向集团公司	86.02
150	南方都市报	南方报业传媒集团	85.96

7-1 续表 6　　　　　　　　（2011 年）

排名	品牌名称	品牌拥有机构	品牌价值（亿元）
151	深圳特区报	深圳报业集团	85.91
152	七匹狼	福建七匹狼实业股份有限公司	85.89
153	扬子晚报	新华日报报业集团	85.81
154	西单商场	北京市西单商场股份有限公司	85.77
155	奥康	奥康集团有限公司	85.75
156	奇瑞	奇瑞汽车股份有限公司	85.74
157	比亚迪	比亚迪股份有限公司	85.72
158	哈药六厂	哈药集团制药六厂	80.26
159	柒牌	福建柒牌集团有限公司	79.64
160	PIN 拼牌	拼牌（中国）有限公司	79.45
161	南钢联	南京钢铁联合有限公司	78.92
162	魏桥	山东魏桥创业集团有限公司	78.44
163	雅士利	广东雅士利集团股份有限公司	77.75
164	G2000	纵横二千有限公司	77.73
165	昆仑	中国石油天然气股份有限公司润滑油分公司	77.71
166	雕牌	纳爱斯集团有限公司	77.69
167	双汇	河南省双汇实业集团有限责任公司	77.12
168	北京晚报	北京日报报业集团	76.66
169	大红鹰	宁波大红鹰实业投资股份有限公司	76.59
170	完达山	黑龙江省完达山乳业股份有限公司	76.58
171	万和	广东万和新电气股份有限公司	76.57
172	东南	东南（福建）汽车工业有限公司	76.55
173	三一	三一集团有限公司	76.53
174	金融街控股	金融街控股股份有限公司	76.51
175	读者	读者出版传媒股份有限公司	76.45

7-1 续表 7　　　　（2011 年）

排名	品牌名称	品牌拥有机构	品牌价值（亿元）
176	王老吉	广东加多宝饮料食品有限公司	76.42
177	金至尊	金至尊珠宝（香港）有限公司	76.32
178	云南白药	云南白药集团股份有限公司	75.29
179	周大生	周大生珠宝有限公司	75.25
180	特步	特步（中国）有限公司	74.39
181	潮宏基	广东潮宏基实业股份有限公司	73.85
182	太太	健康元药业集团股份有限公司	73.83
183	北京电视台	北京电视台	73.82
184	正泰	正泰集团	73.72
185	江玲	江玲汽车股份有限公司	72.81
186	南方周末	南方报业传媒集团	72.65
187	经济日报	经济日报报业集团	72.56
188	海螺	安徽海螺集团有限责任公司	72.19
189	堡狮龙	堡狮龙国际集团有限公司	71.75
190	深圳商报	深圳报业集团	71.69
191	长城	长城汽车股份有限公司	71.53
192	鹿王	内蒙古鹿王羊绒有限公司	71.26
193	马应龙	马应龙药业集团股份有限公司	71.08
194	杏花村	山西杏花村汾酒集团有限责任公司	65.49
195	珍贝	浙江珍贝有限公司	65.31
196	雪莲	中土畜雪莲股份有限公司	65.09
197	养生堂	养生堂有限公司	65.06
198	北极绒	上海北极绒品牌管理有限公司	64.85
199	江淮	安徽江淮汽车股份有限公司	62.53
200	申银万国	申银万国证券股份有限公司	62.27

7-1 续表 8　　　　　　　　　　　　　　(2011 年)

排名	品牌名称	品牌拥有机构	品牌价值（亿元）
201	柳工	广西柳工集团有限公司	61.74
202	安信	安信伟光（上海）木材有限公司	61.55
203	中华	华晨中国汽车控股有限公司	61.43
204	古井贡	安徽古井贡集团有限责任公司	61.42
205	东鹏	广东东鹏陶瓷股份有限公司	60.85
206	老凤祥	上海老凤祥有限公司	60.79
207	德尔惠	德尔惠股份有限公司	60.78
208	雅鹿	雅鹿集团股份有限公司	60.75
209	半月谈	新华通讯社	60.74
210	环球时报	人民日报报业集团	60.06
211	思念	郑州思念食品有限公司	59.71
212	王朝	中法合营王朝葡萄酿酒食品有限公司	59.65
213	德力西	德力西集团有限公司	59.54
214	双鹤	北京双鹤药业股份有限公司	59.43
215	风神	风神轮胎股份有限公司	59.17
216	华北	华北制药集团有限责任公司	58.97
217	国信证券	国信证券股份有限公司	58.82
218	海通证券	海通证券股份有限公司	57.66
219	罗蒙	罗蒙集团股份有限公司	57.54
220	稻香村	北京稻香村食品有限责任公司	56.87
221	中华保险	中华联合财产保险股份有限公司	56.82
222	江中	江西江中制药（集团）有限责任公司	56.75
223	瑞星	北京艺进娱辉科技投资股份有限公司	56.64
224	农夫山泉	农夫山泉股份有限公司	56.62
225	白猫	上海和黄白猫有限公司	56.51

7-1 续表 9 （2011 年）

排名	品牌名称	品牌拥有机构	品牌价值（亿元）
226	中央人民广播电台	中央人民广播电台	56.36
227	博时基金	博时基金管理有限公司	56.24
228	计算机世界	计算机世界传媒集团	56.12
229	三元	北京首都农业集团有限公司	56.04
230	上海机场	上海机场（集团）有限公司	55.86
231	富力地产	广州富力地产股份有限公司	55.46
232	将军	山东中烟工业有限责任公司	54.97
233	培罗成	宁波培罗成集团有限公司	54.93
234	徐福记	徐福记国际集团	54.32
235	红星	北京红星股份有限公司	53.91
236	博洋	宁波博洋纺织有限公司	53.82
237	力帆	力帆实业（集团）股份有限公司	53.64
238	华阳	惠州市华阳集团有限公司	53.36
239	惠达	唐山惠达陶瓷（集团）股份有限公司	52.86
240	今晚报	今晚传媒集团	52.79
241	厦门国贸	厦门国贸集团股份有限公司	52.76
242	凤凰	江苏凤凰出版传媒集团有限公司	52.69
243	志高	广东志高空调有限公司	52.57
244	实德	大连实德集团有限公司	52.51
245	中国重汽	中国重型汽车集团有限公司	52.46
246	冠军磁砖	信益陶瓷（中国）有限公司	52.16
247	老庙	上海老庙黄金有限公司	51.99
248	东北制药	东北制药集团有限责任公司	51.97
249	真龙	广西中烟工业有限责任公司	51.85
250	天和	桂林天和药业股份有限公司	51.82

7-1 续表 10 （2011 年）

排名	品牌名称	品牌拥有机构	品牌价值（亿元）
251	海化	山东海化集团有限公司	51.75
252	陕汽	陕西汽车集团有限公司	51.66
253	盛大网络	上海盛大网络发展有限公司	51.64
254	报喜鸟	报喜鸟集团有限公司	51.63
255	张裕	烟台张裕葡萄酿酒有限公司	50.76
256	汇源	北京汇源饮料食品集团有限公司	50.69
257	侨兴	侨兴集团有限公司	50.62
258	紫光	紫光股份有限公司	50.35
259	马可波罗	广东马可波罗陶瓷有限公司	50.26
260	娇子	四川烟草工业有限责任公司	49.96
261	仁和	仁和药业股份有限公司	49.91
262	金茂	中国金茂（集团）有限公司	49.65
263	美特斯·邦威	上海美特斯邦威服饰股份有限公司	48.94
264	恩威	成都恩威投资（集团）有限公司	48.83
265	光明	光明乳业股份有限公司	48.62
266	瑞恩	北京卓瑞兴业珠宝贸易有限公司	48.51
267	厦空港	厦门国际航空港集团有限公司	48.36
268	蓝月亮	广州蓝月亮实业有限公司	47.82
269	华西都市报	四川日报报业集团	47.78
270	哈尔滨	哈尔滨啤酒集团有限公司	47.76
271	掌上明珠	成都市明珠家具（集团）有限公司	47.61
272	金帝	中粮金帝食品（深圳）有限公司	47.54
273	黄鹤楼	湖北中烟工业有限责任公司	47.48
274	华西村	江苏华西集团公司	46.93
275	好利来	北京好利来企业投资管理有限公司	46.86

7-1 续表 11　　　　　　　　　　（2011 年）

排名	品牌名称	品牌拥有机构	品牌价值（亿元）
276	神舟	深圳市神舟电脑股份有限公司	46.73
277	四川航空	四川航空股份有限公司	46.62
278	肯帝亚	江苏肯帝亚木业有限公司	46.61
279	大阳	洛阳北方易初摩托车有限公司	46.59
280	利群	浙江中烟工业有限责任公司	46.57
281	通化	通化葡萄酒股份有限公司	46.52
282	世茂	世茂集团	46.45
283	三棵树	三棵树涂料股份有限公司	42.86
284	奥克斯	奥克斯集团有限公司	42.77
285	水井坊	四川水井坊股份有限公司	42.59
286	洁丽雅	洁丽雅集团有限公司	42.55
287	国贸	中国国际贸易中心股份有限公司	41.52
288	钱江晚报	浙江日报报业集团	40.62
289	双喜	广东中烟工业有限责任公司	39.87
290	方圆地板	浙江方圆木业有限公司	39.58
291	金嗓子	广西金嗓子集团	39.12
292	361°	三六一度（中国）有限公司	39.03
293	心相印	恒安国际集团有限公司	38.51
294	三金	桂林三金药业股份有限公司	38.46
295	冠珠陶瓷	广东新明珠陶瓷集团有限公司	38.37
296	喜之郎	广东喜之郎集团有限公司	37.99
297	光明日报	光明日报报业集团	36.92
298	太子龙	浙江太子龙服饰股份有限公司	36.62
299	明一	香港明一营养食品国际集团股份有限公司	36.58
300	金山	金山软件股份有限公司	36.53

7-1 续表 12　　（2011 年）

排名	品牌名称	品牌拥有机构	品牌价值（亿元）
301	舍得	四川舍得酒业有限公司	36.48
302	浪潮	浪潮集团有限公司	36.45
303	铙山	福建铙山纸业集团有限公司	35.96
304	脑白金	上海黄金搭档生物科技有限公司	35.94
305	孚日	孚日集团股份有限公司	35.93
306	嘉丽士漆	广东美涂士建材股份有限公司	35.92
307	奥普	杭州奥普电器有限公司	35.91
308	嘉宝莉	广东嘉宝莉化工集团有限公司	35.86
309	感康	吉林省吴太医药集团有限公司	35.75
310	鲁花	山东鲁花集团有限公司	35.62
311	亚一	上海亚一金店有限公司	35.58
312	立白	广州立白企业集团有限公司	35.53
313	九阳	九阳股份有限公司	34.94
314	广东发展银行	广发展行股份有限公司	34.83
315	兴业银行	兴业银行股份有限公司	34.62
316	京华时报	人民日报报业集团	33.18
317	钻石世家	广东钻石世家国际珠宝有限公司	33.12
318	崂山啤酒	青岛啤酒股份有限公司	31.72
319	黄果树	贵州中烟工业有限责任公司	31.43
320	新中源	广东新中源陶瓷有限公司	31.29
321	忠旺	中国忠旺控股有限公司	31.26
322	鹰牌陶瓷	佛山石湾鹰牌陶瓷有限公司	31.05
323	民航快递	民航快递有限责任公司	30.99
324	耀华	中国耀华玻璃集团公司	30.97
325	石药	石药集团有限公司	30.96

7-1 续表 13　　　　　　　　　　　　　　（2011 年）

排名	品牌名称	品牌拥有机构	品牌价值（亿元）
326	博德	广东博德精工建材有限公司	30.92
327	黄金搭档	上海黄金搭档生物科技有限公司	30.87
328	少林	河南少林汽车股份有限公司	30.85
329	华夏基金	华夏基金管理有限公司	30.81
330	华远	北京市华远集团有限公司	30.74
331	雅芳婷	雅芳婷集团有限公司	30.63
332	三全	郑州三全食品股份有限公司	29.97
333	大宝	北京大宝化妆品有限公司	29.83
334	神州数码	神州数码控股有限公司	29.81
335	民生 21 金维他	杭州民生药业集团有限公司	29.72
336	汉斯啤酒	青岛啤酒西安汉斯集团有限公司	29.68
337	物美	北京物美商业集团股份有限公司	29.65
338	艾莱依	艾莱依集团	29.57
339	哈德门	山东中烟工业有限责任公司	29.51
340	盼盼	盼盼安居股份有限公司	29.42
341	统一	壳牌统一（北京）石油化工有限公司	29.36
342	大亚	大亚人造板集团有限公司	29.35
343	中兴	浙江中兴汽车制造有限公司	29.31
344	浙江日报	浙江日报报业集团	29.25
345	富士照明	富士照明控股有限公司	29.16
346	雷氏	上海雷允上药业有限公司	28.98
347	齐鲁晚报	山东大众报业集团	28.96
348	步步高	广东步步高电子工业有限公司	28.84
349	华帝	中山华帝燃具股份有限公司	28.81
350	好孩子	好孩子儿童用品有限公司	28.76

7-1 续表 14　　　　（2011 年）

排名	品牌名称	品牌拥有机构	品牌价值（亿元）
351	五菱	柳州五菱汽车有限责任公司	28.66
352	天安保险	天安保险股份有限公司	28.54
353	旺旺	旺旺集团有限公司	28.51
354	嘉实基金	嘉实基金管理有限公司	28.46
355	白云山	广州白云山制药股份有限公司	27.97
356	罗西尼	珠海罗西尼表业有限公司	27.96
357	常柴	常柴股份有限公司	27.95
358	瑞嘉	北京瑞嘉欧亚木业有限公司	27.92
359	雨润	中国雨润食品集团有限公司	27.89
360	珠江	广州珠江钢琴集团股份有限公司	27.86
361	红豆	江苏红豆集团有限公司	27.63
362	大印象	广东大印象（集团）有限公司	26.84
363	中绿	中绿食品集团有限公司	26.48
364	降鑫	降鑫控股有限公司	26.43
365	九三	九三粮油工业集团有限公司	26.41
366	金意陶·瓷砖	广东金意陶陶瓷有限公司	26.39
367	21 世纪经济报道	南方报业传媒集团	26.21
368	元洲	北京元洲装饰有限责任公司	26.18
369	华致酒行	华致酒行连锁管理股份有限公司	25.78
370	亚细亚	上海亚细亚陶瓷有限公司	25.06
371	蒙娜丽莎	广东蒙娜丽莎陶瓷（集团）有限公司	24.94
372	申鹭达	申鹭达股份有限公司	24.73
373	恒达瓷砖	晋江恒达瓷砖有限公司	24.71
374	南孚	福建南平南孚电池有限公司	24.64
375	腾达	晋江腾达陶瓷有限公司	24.62

7-1 续表 15　　　　　　　　　　(2011 年)

排名	品牌名称	品牌拥有机构	品牌价值（亿元）
376	崂山	青岛崂山矿泉水有限公司	24.61
377	钱江	浙江钱江摩托股份有限公司	24.59
378	源安堂	广西源安堂药业有限公司	24.55
379	创鑫研	浙江创鑫木业有限公司	24.53
380	Vtion	网讯信息技术（福建）有限公司	24.52
381	爱国者	北京华旗资讯数码科技有限公司	24.51
382	L&D 陶瓷	广东家美陶瓷有限公司	24.46
383	索芙特	索芙特股份有限公司	24.41
384	金鱼	北京金鱼科技股份有限公司	24.38
385	龙大	龙大食品集团有限公司	24.37
386	婷美	婷美集团保健科技有限公司	24.32
387	庄吉	庄吉集团有限公司	24.26
388	梅林	上海梅林正广和股份有限公司	23.97
389	穗宝	广州市欧亚床垫家具有限公司	23.96
390	天之锦	上海锦鹏纺织发展有限公司	23.92
391	万利达	万利达集团有限公司	23.91
392	盼盼	福建省晋江福源食品有限公司	23.89
393	中国汽车报	中国汽车报社	23.88
394	大河报	河南日报报业集团	23.86
395	特地陶瓷	广东特地陶瓷有限公司	23.85
396	楚天都市报	湖北日报传媒集团	23.83
397	萨米特	广东萨米特陶瓷有限公司	23.81
398	瑞宝	瑞宝（北京）装饰设计有限公司	23.58
399	太湖	江苏太湖锅炉股份有限公司	23.15
400	明牌	浙江日月首饰（集团）有限公司	22.97

7-1 续表 16　　　　　　　　　　　　（2011 年）

排名	品牌名称	品牌拥有机构	品牌价值（亿元）
401	东易日盛	东易日盛家居装饰集团股份有限公司	22.96
402	古越龙山	浙江古越龙山绍兴酒股份有限公司	22.95
403	皇明	皇明太阳能集团有限公司	22.91
404	中国经营报	中国经营报社	22.85
405	尚德	无锡尚德太阳能电力有限公司	22.83
406	敖东	吉林敖东药业集团股份有限公司	22.78
407	半岛都市报	山东大众报业集团半岛传媒股份有限公司	22.28
408	依波	依波精品（深圳）有限公司	21.81
409	莲花	河南莲花味精股份有限公司	21.68
410	肤阴洁	广西源安堂药业有限公司	21.67
411	海天	佛山市海天调味食品有限公司	21.65
412	威龙	烟台威龙葡萄酒股份有限公司	20.97
413	凯盛	上海凯盛床上用品有限公司	20.95
414	应大	天津应大投资集团有限公司	20.93
415	枝江	湖北枝江酒业股份有限公司	20.92
416	维维	维维食品饮料股份有限公司	20.91
417	山推	山推工程机械股份有限公司	20.83
418	凯撒	凯撒（中国）股份有限公司	20.81
419	虎牌	虎牌控股集团有限公司	20.78
420	冠生园	冠生园（集团）有限公司	20.72
421	哈飞	中国长安汽车集团股份有限公司	20.63
422	苏泊尔	浙江苏泊尔股份有限公司	20.54
423	雄豹狼	石狮市雄豹狼服装发展有限公司	20.53
424	正章	上海正章洗染有限公司	20.52
425	神奇	贵州神奇制药有限公司	20.21

7-1 续表 17 （2011 年）

排名	品牌名称	品牌拥有机构	品牌价值（亿元）
426	今麦郎	今麦郎食品有限公司	20.19
427	AB	江苏 AB 集团股份有限公司	20.18
428	白塔	四川白塔新联兴陶瓷集团有限责任公司	20.08
429	中脉	南京中脉科技发展有限公司	20.06
430	龙发	北京龙发建筑装饰工程有限公司	19.97
431	宗申	宗申产业集团有限公司	19.95
432	柔然	尚美世家（北京）贸易有限公司	19.92
433	京客隆	北京京客隆商业集团股份有限公司	19.88
434	三枪	上海三枪集团有限公司	19.85
435	汇仁	汇仁集团有限公司	19.74
436	健将	中山市小榄镇金龙制衣厂	19.35
437	华昌珠宝	华昌珠宝有限公司	19.31
438	BHD 宝亨达	深圳市宝福珠宝首饰有限公司	19.28
439	晨鸣	山东晨鸣纸业集团股份有限公司	19.27
440	露露	河北承德露露股份有限公司	19.26
441	蒂爵珠宝	深圳市蒂爵珠宝有限公司	19.25
442	摇篮	黑龙江摇篮乳业股份有限公司	19.24
443	六神	上海家化联合股份有限公司	19.23
444	天王	天王电子（深圳）有限公司	19.16
445	金苹果	金苹果（中国）有限公司	18.65
446	飞毛腿	飞毛腿（福建）电池有限公司	18.52
447	SJONO 世纪缘	济南天宝缘商贸有限公司	18.16
448	好记星	上海好记星数码科技有限公司	17.97
449	华泰证券	华泰证券股份有限公司	17.92
450	大白兔	冠生园（集团）有限公司	17.84

7-1 续表 18　　　　（2011 年）

排名	品牌名称	品牌拥有机构	品牌价值（亿元）
451	狗不理	狗不理集团股份有限公司	17.77
452	海德国际	新疆海德酒店有限公司	17.75
453	海螺	上海海螺服饰有限公司	17.68
454	海峡都市报	海峡都市报社	17.62
455	康普顿	青岛康普顿石油化学有限公司	17.58
456	山花	威海市山花地毯集团有限公司	17.55
457	时尚 COSMOPOLITAN	时尚传媒集团	17.49
458	KEKE 克刻	贵州益佰制药股份有限公司	17.46
459	红蜻蜓	红蜻蜓集团	17.38
460	财经	财经杂志社	17.27
461	辽宁晚报	辽宁报业传媒集团	17.15
462	金丝猴	上海金丝猴集团有限公司	16.89
463	燕赵都市报	河北日报报业集团	16.82
464	新绿洲	中山市永保新绿洲木业有限公司	16.81
465	富安娜	深圳富安娜家居用品股份有限公司	16.79
466	圣元	圣元营养食品有限公司	16.78
467	罗莱	上海罗莱家用纺织品有限公司	16.73
468	九芝堂	湖南九芝堂股份有限公司	16.71
469	机械工业出版社	机械工业出版社	16.61
470	金种子	安徽金种子集团有限公司	16.59
471	达利	福建达利集团	16.45
472	南方基金	南方基金管理有限公司	16.15
473	地奥	成都地奥制药集团有限公司	15.99
474	中影集团	中国电影集团公司	15.89
475	白云机场	广州白云国际机场股份有限公司	15.87

7-1 续表 19　　　　（2011 年）

排名	品牌名称	品牌拥有机构	品牌价值（亿元）
476	盛宇	盛宇集团有限公司	15.85
477	莫代尔	上海北极绒品牌管理有限公司	15.77
478	顺美	北京顺美服装股份有限公司	15.63
479	健民	武汉健民药业集团股份有限公司	15.55
480	金莱克	金莱克（中国）体育用品有限公司	15.43
481	步森	步森集团有限公司	15.34
482	飞亚达	深圳飞亚达（集团）股份有限公司	15.12
483	FSL	佛山电器照明股份有限公司	14.85
484	曼联	上海康尼特实业有限公司	14.79
485	ABC	浙江起步儿童用品有限公司	14.77
486	才子	福建才子集团有限公司	14.76
487	森林之星	南星家居科技（湖州）有限公司	14.68
488	湖南机场	湖南省机场管理集团有限公司	13.78
489	虎豹	江苏虎豹集团有限公司	12.54
490	吉人牌	苏州苏吉人漆业有限公司	11.98
491	喜盈门	青岛喜盈门集团有限公司	11.75
492	双鹿	中银（宁波）电池有限公司	11.27
493	银鹭	厦门银鹭集团有限公司	11.19
494	河套	内蒙古河套酒业集团股份有限公司	11.12
495	洽洽	合肥华泰集团	10.98
496	椰树	椰树集团有限公司	10.82
497	椰岛鹿龟酒	海南椰岛股份有限公司	10.73
498	虎都	虎都（中国）服饰有限公司	10.62
499	葵花	葵花药业集团	10.26
500	克胜	江苏克胜集团股份有限公司	10.15

7-2 中国入选世界500强企业名单

（2011年）

序号	企业名称	营业收入（百万美元）	排名
1	中国石化	273422	5
2	中国石油	240192	6
3	中国国家电网	226294	7
4	中国工商银行	80501	77
5	中国移动	76673	87
6	中国中铁	69973	95
7	中国铁建	67414	105
8	中国建设银行	67081	108
9	中国人寿保险	64635	113
10	中国农业银行	60536	127
11	中国银行	59212	132
12	来宝集团	56696	139
13	东风汽车	55748	145
14	中国建筑工程总公司	54721	147
15	中国南方电网	54449	149
16	上汽集团	54257	151
17	中国海洋石油总公司	52408	162
18	中国中化集团	49537	168
19	中国一汽集团	43434	197
20	中国交通建设集团	40414	210
21	宝钢集团	40327	211
22	中国中信集团	38984	220
23	中国电信	38469	221
24	中国南方工业集团	37996	226
25	中国五矿集团	37555	228
26	中国北方工业（集团）总公司	35629	249
27	中国华能集团公司	33681	275
28	河北钢铁集团	33549	278
29	中国人民保险公司	32579	288
30	神华集团	32446	292

7-2 续表

（2011 年）

序号	企业名称	营业收入（百万美元）	排名
31	中国冶金科工集团	32076	296
32	中国航空工业集团	31006	310
33	怡和集团	30053	319
34	首钢集团	29184	325
35	平安保险	28927	327
36	中国铝业公司	28871	330
37	武汉钢铁	28170	340
38	中国邮政	28094	342
39	中国华润总公司	27820	345
40	华为	27356	351
41	中钢集团	27266	353
42	和记黄埔	26926	361
43	中粮集团	26469	365
44	江苏沙钢集团	26388	366
45	中国联通	26025	370
46	中国大唐集团	25915	374
47	交通银行	26264	397
48	中国远洋运输集团	24250	398
49	中国国电集团	24016	404
50	中国电子科技集团	23761	407
51	中国铁路物资总公司	22631	429
52	中国航海油料集团	22630	430
53	中国机械工业集团	22487	434
54	河南煤业化工集团	21715	445
55	联想集团	21594	449
56	冀中能源集团	21255	457
57	中国船舶重工集团	21055	462
58	太平洋保险公司	20878	466
59	中国化工集团	20715	474
60	浙江物产集团	20001	483
61	中国建筑材料集团	19996	484

7-3　福建省已注册地理标志名单

（截止 2010 年底）

序号	注册人	注册商标	商　品	注册号
1	永泰县生产力促进中心	永泰芙蓉李	李子（鲜水果）	3899569
2	福州市园艺学会	福州茉莉花茶	茶	4939090
3	永泰县生产力促进中心	永泰柿饼	柿饼	6160169
4	福州市橄榄行业协会	福州橄榄	橄榄蜜饯；冰橄榄	4880151
5	闽侯县橄榄行业协会	闽侯橄榄	鲜橄榄	6644323
6	安溪县茶业总公司	安溪铁观音	茶叶	1388991
7	安溪县茶业总公司	安溪黄金桂	茶叶	1388992
8	永春县柑桔同业公会	永春芦柑	柑桔	6655467
9	永春县茶叶同业公会	永春佛手	茶	6655468
10	德化县陶瓷同业公会	德化陶瓷	瓷器；陶器等	4523004
11	德化县陶瓷同业公会	德化瓷雕	瓷器；陶器等	4523005
12	德化县养殖技术推广中心	德化戴云黑鸡	鸡（活的）	3636696
13	永春县茶叶同业公会	永春闽南水仙	茶	6655469
14	武夷山茶叶科学研究所	武夷山大红袍	茶	1687896
15	政和县茶叶技术推广总站	政和工夫	茶	6495869
16	政和县茶叶技术推广总站	政和白茶	茶	6228806
17	松溪县茶叶管理总站	松溪绿茶	茶	6534378
18	武夷山市茶叶科学研究所	正山小种	茶	7430842
19	邵武市进士茶树良种推广专业合作社	邵武碎铜茶	茶	6914478
20	政和县茶叶技术推广总站	政和工夫	茶	7667931
21	政和县茶叶技术推广总站	政和白茶	茶	7667932
22	建瓯市锥栗协会	建瓯锥栗	锥栗	7569724
23	柘荣县太子参协会	柘荣太子参	太子参	1608000
24	古田县食用菌办公室	古田银耳	银耳	1607999

7-3 续表 1 （截止 2010 年底）

序号	注册人	注册商标	商　品	注册号
25	古田县经济作物站	古田油奈	油柰（水果）	2016457
26	古田县黄田镇企业管理站	黄田马蹄笋	新鲜马蹄笋	4914014
27	古田县黄田镇企业管理站	黄田马蹄笋	马蹄笋干等	4914013
28	福鼎市四季柚协会	福鼎四季柚	柚	2016482
29	福鼎市福鼎芋协会	福鼎芋	芋	2016481
30	福鼎市福鼎芋协会	福鼎槟榔芋	芋	3453951
31	福鼎市茶业协会	福鼎大白茶	茶	4350700
32	福鼎市茶业协会	福鼎白毫银针	茶	4350696
33	福鼎市茶业协会	福鼎白琳工夫	茶	4350701
34	福鼎市茶业协会	福鼎白茶	茶	6595730
35	福安市茶业协会	坦洋工夫	茶	5379787
36	福安市茶业协会	坦洋工夫	茶	6190797
37	宁德市蕉城区晚熟龙眼产业协会	蕉城晚熟龙眼	龙眼	4957601
38	霞浦县农副产品产业协会	霞浦海带	海带	7127315
39	霞浦县农副产品产业协会	霞浦紫菜	紫菜	7127316
40	宁德市蕉城区茶业协会	天山绿茶	茶	6888311
41	宁德市蕉城区三都澳晚熟荔枝产业协会	三都澳晚熟荔枝	荔枝	7170017
42	连城红心地瓜干协会	连城红心地瓜干	地瓜干（熟）	3571139
43	连城县朋口镇兰花协会	连城兰花	兰花	5393515
44	漳平市茶叶协会	漳平水仙茶	茶饼	5011405
45	龙岩市新罗区花生产业协会	龙岩咸酥花生	加工过的花生	5130282
46	福建省武平县茶叶协会	武平绿茶	茶	6524922
47	连城县白鸭研究所	连城白鸭	鸭（活的）	6965123
48	连城县白鸭研究所	连城白鸭	鸭（非活）	7023724

7-3 续表 2　　（截止 2010 年底）

序号	注册人	注册商标	商　品	注册号
49	福建省武平县梁野山中草药协会	武平金线莲	金线莲（中草药）	7304623
50	漳州市果品发展中心	漳州芦柑	芦柑	1388994
51	漳州市果品发展中心	ZHANG ZHOU orange	芦柑	1388995
52	漳州市果品发展中心	图形	芦柑	1388996
53	漳州市果业发展中心	漳州香蕉	新鲜香蕉	2024522
54	漳州市花卉协会	ZHANGZHOU NARCISSUS	水仙花	2016475
55	漳州市花卉协会	漳州水仙花	水仙花	2016476
56	漳州市花卉协会	漳州水仙花	水仙花	2016477
57	南靖县兰花协会	南靖兰花	兰花	5819164
58	福建省平和琯溪蜜柚发展中心	平和琯溪蜜柚	蜜柚	1388988
59	诏安县红星乡青梅技术研究会	诏安红星	新鲜青梅	2016463
60	华安县茶叶协会	华安铁观音	茶	7401817
61	漳浦县深土镇农产品产业协会	深土紫菜	紫菜	8371641
62	仙游县度尾镇文旦柚协会	度尾	文旦柚	1388985
63	莆田市枇杷协会	莆田枇杷	枇杷	3984456
64	莆田市兴化桂圆协会	莆田兴化桂元	干桂元	3895434
65	南日鲍协会	南日鲍	鲍鱼（活）	6595645
66	建宁县建莲产业协会	建宁通心白莲	莲子	1607998
67	尤溪县竹业协会	尤溪绿笋	绿笋（新鲜）	3984436
68	明溪县肉脯干行业协会	明溪肉脯干	肉脯干	5713312
69	永安市农学会	永安黄椒	辣椒（新鲜蔬菜）	6862869
70	尤溪县茶叶协会	尤溪绿茶	茶	7741538
71	宁化县河龙贡米协会	河龙贡米	米	7953105
72	福建省将乐县食用菌协会	将乐大球盖菇	鲜食用菌	8279341

7-4　福建企业获中国驰名商标名单

（2006-2011 年 5 月）

企业名称	商　标	使用商品/服务	认定时间
飞毛腿（福建）电子有限公司	飞毛腿（SCUD）	电池	2006
福建石狮市福盛鞋业有限公司	木林森 mulinsen	皮鞋	2006
福建恒利集团有限公司	好舒爽 HaoShu Shuan	卫生巾	2006
福建金莱克体育用品有限公司	金莱克	运动鞋等	2006
泉州市三兴体育用品有限公司	XTEP	运动鞋等	2006
福建汇达时装有限公司	卡朱米	羽绒服	2006
福建铙山纸业集团有限公司	铙山 Naoshan	机制纸	2006
福建福人木业有限公司	福人 FUREN 及图	半成品木材	2006
石狮市皇宝服装织造有限公司	皇宝	服装	2006
福建省万年青运动器材制造有限公司	万年青 WNQ	运动器材	2006
石狮市斯舒郎体育用品有限公司	斯舒郎	休闲服装	2006
石狮市爱登堡制衣发展有限公司	爱登堡	服装	2006
福建闽发铝业有限公司	闽发	铝合金建筑及工业型材	2006
福建晋工机械有限公司	晋工	装载机	2006
九牧集团有限公司	JOMOO 九牧	卫浴产品	2006
福建省福山轴承有限公司	福山	外球面球轴承	2006
福建省辉煌水暖集团	辉煌水暖 HHSN	陶瓷片密封水嘴	2006
厦门金龙联合汽车工业有限公司	KINGLONG 及图	客车	2006
福建省燕京惠泉啤酒股份有限公司	惠泉	啤酒	2006
夏新电子股份有限公司	夏新	激光视盘机、手机	2006
福建云敦服饰有限公司	云敦 WHACKO 及图	服装	2006
福建省石狮市华联服装配件企业有限公司	KAM	塑料扣、鞋扣	2006
福建龙溪轴承（集团）股份有限公司	LS	轴承机器零件	2006
柘荣县太子参协会	柘荣太子参 ZRTZS 及图	太子参	2006
厦门市金鹭首饰有限公司	图形/金鹭	首饰	2007

7-4 续表 1　　　　　　　　　　　　（2006-2011 年 5 月）

企业名称	商　标	使用商品/服务	认定时间
利郎（福建）时装有限公司	利郎 LILANG	服装	2007
申鹭达集团有限公司	申鹭达 Shenluda	管道龙头	2007
厦门蒂尔特企业有限公司	爱得利 IVORY	奶嘴、奶瓶	2007
福建泰格动力机械有限公司	fierce tiger 及图	马达及其部件等	2007
福建龙岩工程机械（集团）有限公司	龙工 LONGGONG	铲运机、挖掘机等	2007
厦门航空有限公司	第 779315 号图形	空中运输	2007
福建省南平铝业有限公司	闽铝	铝型材	2007
福建省平和琯溪蜜柚发展中心	平和琯溪蜜柚及图（地理标志）	蜜柚	2007
福建省舒华体育用品有限公司	舒华 SHUA 及图	跑步机	2007
蜡笔小新（福建）食品工业有限公司	蜡笔小新	果冻	2007
厦门银祥集团有限公司	银祥及图	猪肉、猪肉食品	2007
三棵树涂料有限公司	三棵树 SAN KE SHU	涂料、油漆	2007
福建省永安林业（集团）股份有限公司	永林蓝豹及图	纤维板	2007
福建省莆田市华丰鞋业有限公司	沃特	运动鞋	2007
泉州寰球鞋服有限公司	Athletic	运动鞋	2007
福建冠福现代家用股份有限公司	冠福及图	日用陶瓷	2007
三六一度（福建）体育用品有限公司	361°	运动鞋等	2008
福建东亚机械有限公司	DY 及图	活塞环	2008
福建雅客食品有限公司	雅客 YAKE	糖果等	2008
厦门金日制药有限公司	金日及图	洋参茶；洋参丸	2008
漳州市花卉协会	漳州水仙花 ZHANGZHOU SHUIXIANHUA 及图	水仙花、水仙花鳞茎	2008
厦门明发集团有限公司	明发 MINGFA 及图	商品房销售、不动产管理	2008
厦门舫昌佛具有限公司	梅春及图	卫生香	2008
古田县食用菌办公室	古田银耳 GUTIANYINER 及图	银耳	2008
福安市闽东安波电器有限公司	ABLE	电机	2008

7-4 续表 2 （2006-2011 年 5 月）

企业名称	商　标	使用商品/服务	认定时间
石狮市爱登堡制衣发展有限公司	爱登堡	休闲装	2008
飞毛腿（福建）电池有限公司	飞毛腿 SCUD 及图	电池、电池充电器	2008
乔丹（中国）有限公司	乔丹	足球鞋、爬山鞋等	2009
福建华泰集团有限公司	华鸿 HUA HONG 及图	建筑砖瓦	2009
厦门中盛粮油企业有限公司	盛洲 SHENGZHOU 及图	食用油	2009
福建省红太阳精品有限公司	國聖及图	酱菜、蔬菜罐头、牛奶制品	2009
福清市阳光食品有限公司	光阳及图	皮蛋、蛋品	2009
福建圣农发展股份有限公司	圣农 SUNNER 及图	冻肉等	2009
厦门茶叶进出口有限公司	海堤 SEA DYKE 及图	茶	2009
福建鸿星尔克体育用品有限公司	Erke 及图鸿星尔克	服装、鞋等	2009
利胜电光源（厦门）有限公司	曼佳美	照明器、灯泡	2009
福建福安闽东亚南电机有限公司	YANAN	发电机、电动机	2009
福建百联实业有限公司	百联	加工过的瓜子	2009
厦门宏达洋伞工业有限公司	宏達	伞环、雨伞或阳伞骨等	2009
福建大吉刀剪五金有限公司	大吉 Daji 及图	剪刀、修剪剪刀等	2009
厦门豪享来餐饮娱乐有限公司	豪享来	餐馆、自助餐馆等	2009
福建省永安轴承有限责任公司	飞捷	工业轴承	2009
厦门兴盛食品有限公司	兴盛	挂面、面条	2009
福建泉州匹克体育用品有限公司	PEAK 及图	运动鞋	2009
福建省盛辉物流集团有限公司	盛辉	汽车运输	2009
紫金矿业集团股份有限公司	第 1560573 号图形	金锭	2009
厦门科华恒盛股份有限公司	KELONG	不间断电源设备	2009
厦门安妮股份有限公司	安妮	复印纸	2009
福建省佳美集团公司	第 1010069 号图形	陶瓷工艺品	2009
福建双赢集团有限公司	双赢及图	磷肥（肥料）、化学肥料、混合肥料	2009

7-4 续表 3 （2006-2011 年 5 月）

企业名称	商　标	使用商品/服务	认定时间
福建新大陆科技集团有限公司	新大陆 Newland 及图	计算机外围设备	2009
连城红心地瓜干协会	连城红心地瓜干	地瓜干	2009
泉州克拉克体育用品有限公司	洲克	紧身衣裤	2009
福建省足友体育用品有限公司	足友	童鞋	2009
厦门国贸集团股份有限公司	ITG 及图	进出口代理	2009
福建省建阳武夷味精有限公司	武夷 WU YI 及图	味精、鸡精	2009
中宇建材集团有限公司	中宇及图	水龙头等	2009
伟士（厦门）体育用品有限公司	WISH	网球拍、羽毛球拍	2010
梅花伞业股份有限公司	梅花 PLUM BLOSSOM	雨伞	2010
福建省晋江福源食品有限公司	盼盼及图	虾条、米乐	2010
沙县宏盛塑料有限公司	宏光 HONGGUANG 及图	酚醛塑料粉	2010
福建紫山集团股份有限公司	紫山 ZISHAN 及图	蔬菜罐头、酱菜、蘑菇罐头等	2010
福建省三农碳酸钙有限责任公司	东南 ND	碳酸钙	2010
建宁县建莲产业协会	建宁通心白莲 Jntxbl 及图	莲子	2010
武夷山市茶叶科学研究所	武夷山大红袍	茶	2010
福安市茶业协会	坦洋工夫	茶	2010
福建省强力体育用品有限公司	QL 图形强力	网球拍、羽毛球拍	2010
福建柒牌集团有限公司	第 1283610 号图形、 第 1509243 号图形	服装等	2010
福建天下农庄食品发展有限公司	天下农庄	米	2010
福建保兰德箱包皮具有限公司	保兰德 PowerLand 及图	手提包、旅行包、公文箱	2010
福建省安溪八马茶业有限公司	八马 Bama 及图	茶叶	2010
福建省南安市帮登鞋业有限公司	帮登 BANGDENG 及图	鞋	2010
福建省安溪茶厂有限公司	凤山 FENGSHAN 及图	茶叶	2010
福建省闽发铝业股份有限公司	闽发 MINFA 及图	铝型材	2010
福建茶花家居塑料用品有限公司	茶花	塑料箱、非金属管、塑料包装容器	2010

7-4 续表 4 （2006-2011 年 5 月）

企业名称	商　标	使用商品/服务	认定时间
南靖县兰花协会	南靖兰花 NANJING LANHUA 及图	兰花	2010
福鼎市茶业协会	福鼎白茶 FUDING WHITE TEA	茶	2010
福建省远山农业发展有限责任公司	远山 YUANSHAN	生猪、肉食鸡	2010
泉州寰球鞋服有限公司	第 1280938 号图形	运动鞋	2010
厦门禹洲集团股份有限公司	禹洲及图	不动产管理、商品房销售	2010
厦门市建安集团有限公司	第 1691769 号图形	建筑、室内装潢	2010
厦门正新橡胶工业有限公司	樱花	轮胎	2010
厦门立林科技有限公司	LEELEN	内部通讯装置、信号铃、报警器	2010
厦门市建潘卫厨有限公司	金牌橱柜 GOLDENHOME	橱柜	2010
福建福泉集团有限公司	宏浪 HongLang	水龙头、水暖装置	2010
恒安国际集团有限公司	安儿乐 Anerle 及图	纸质和纤维制婴儿尿裤（一次性）	2010
福建鑫展旺集团有限公司	鑫展旺 XZW 及图	油漆、涂料	2010
厦门如意集团有限公司	如意情及图形	速冻方便菜肴、腌制蔬菜、水果蜜饯	2010
顺昌县幸福来保健品有限公司	幸福来及图	非医用营养品	2010
政和县茶叶技术推广总站	政和工夫及图	茶	2010
诚丰家具（中国）有限公司	诚丰 SHINGFENG 及图	家具	2010
厦门万里石有限公司	万里石 WANLI STONE 及图	石头、混凝土或大理石艺术品	2010
福建百祥车饰有限公司	百祥 BESTRONG 及图	车辆座套、车辆内装饰品	2010
莆田市华昌首饰有限公司	第 1680810 号图形	珠宝首饰	2010
永辉超市股份有限公司	永辉 YH	推销（替他人）	2010
厦门宏发电声股份有限公司	宏发 HONGFA 及图	继电器	2010
福清市友谊胶粘带制品有限公司	友日久 YOU RI JIU 及图	文具或家用胶带；文具用胶带；文具和家用粘合剂（胶水）；不干胶纸；文具用密封化合物	2010
厦门三圈电池有限公司	三圈及图；THREE CIRCLES 及图	电池	2010
福建同发食品集团有限公司	同发 TONGFA 及图	水果罐头、蘑菇罐头、蔬菜罐头、水产罐头、肉罐头	2010
福建冠达星五金制品有限公司	冠达星 GDX 及图	家具、金属家具等	2010
厦门华顺民生食品有限公司	安井及图	鱼制食品	2010

7-4 续表 5 （2006-2011 年 5 月）

企业名称	商　标	使用商品/服务	认定时间
太阳城（厦门）雨具有限公司	太阳城 SUNCITY 及图	伞、女用阳伞	2010
福州金飞鱼柴油机有限公司	金飞鱼 GOLDEN FLYING FISH 及图	柴油机、农业机械	2011
福建亚达集团有限公司	亚达及图	笋干、熟蔬菜	2011
福建富顺电子有限公司	富顺达、F 及图	计算机周边设备、计算机软件（录制好的）	2011
厦门红相电力设备股份有限公司	红相、HX 及图	电度表、成套电器校验装置、电测量仪器	2011
厦门康乐佳运动器材有限公司	康乐佳	锻炼身体器械	2011
福建省尤溪县三林木业有限公司	龙杉及图	已加工木材	2011
福建龙马环卫装备股份有限公司	福龙马	清洁车	2011
晋江集成轻工有限公司	集成 jicheng 及图	伞	2011
福建诺奇股份有限公司	诺奇	推销（替他人）	2011
福建达利食品集团有限公司	可比克 capicao	土豆片（油炸）	2011
福建省泉州得盛集团有限公司	第 3343067 号图形	陶瓷	2011
厦门建发集团有限公司	建发、C&D	进出口代理	2011
福建盈丰食品集团有限公司	盈丰及图	蜜饯果类	2011
福建省泉州市安记食品有限公司	安记及图	调味品	2011
日春股份公司	日春 RICHUN	茶、茶叶代用品	2011
福建泉州南星大理石有限公司	东星 DONG XING 及图	石板、花岗石、大理石、建筑石材等	2011
辉煌水暖集团有限公司	HHSN	水净化装置、水暖装置、水龙头、压力水箱	2011
福建雪人股份有限公司	SNOWKEY	制冰机和设备、冷冻设备和装置、冷却装置和机器、烟草冷却装置、冷冻设备和机器	2011
金强硅酸钙板（福州）有限公司	金强 JINQIANG 及图	石膏板等	2011
正兴车轮集团有限公司	正兴	汽车钢圈	2011
厦门市双丹马实业发展有限公司	燕之屋	食用鸟窝	2011
福建省卓越鸿昌建材装备股份有限公司	鸿昌 HONCHA 及图	制砖机、搅拌机(建筑)、混凝土搅拌机(机器)	2011
特步(中国)有限公司	图形	运动鞋	2011
福建正大集团有限公司	正大 ZHD 及图	鞋	2011

7-5　知名企业品牌推广案例分析

对于消费者而言，一个好的品牌代表着一种归属感和安全感，它是企业和消费者沟通的重要手段，保证了企业对消费者信息的准确传送达；同时，对企业自身来说，品牌意味着是一种企业文化，是企业最重要的无形资产之一。

在琳琅满目的众多商品中，如何让自己的商品脱颖而出？在竞争者众多的市场里，如何让消费者愿意付较高的价格购买？答案是：“品牌”。

如何让更多的人了解您的企业、品牌、产品和服务？如何开拓更广阔的市场？如何得到更高的市场份额？本文列举部分行业的知名企业品牌推广成功的策略，以飨读者。

食品行业

◆伊利　2010年8月，伊利舒化奶决定在腾讯Qzone的QQ牧场尝试泛关系链营销：用户经过领养舒化奶牛、成长、获取、售卖四步来完成整个牧场操作，每一次获取的动画过程都充分融合了舒化奶LHT乳糖水解技术，潜移默化的增加用户对产品功能的认知。自上线至2010年10月11日历时共62天，实现超过10亿次的品牌曝光，吸引超过2亿用户深度参与。

鞋服行业

◆鸿星尔克　ATP1000大师赛于每年的10月份左右举行，是世界男子职业网坛顶级赛事之一，五届比赛的总奖金超过2000万美金，是亚洲地区规格最高的职业网球赛事。鸿星尔克集团致力于中国网球运动的拓展，长期坚持与顶级网球赛事合作，2009年ATP1000大师系列赛首度落户中国上海，鸿星尔克与上海大师赛组委会达成协议，投资逾亿元，成为2009-2013年上海ATP1000大师赛官方服装合作伙伴。在连续四年的合作期限内，鸿星尔克不仅为上海ATP1000大师赛提供指定服装，还与赛事组委会联手，共同研发、设计、生产和销售大师赛特许纪念产品。通过ATP1000大师系列赛在全球范围内的广泛影响力，鸿星尔克充分展现了民族品牌的专业网球运动装备实力，在延续并升级鸿星尔克原有科技性、专业性品牌内涵的同时，更加突显鸿星尔克“高端、年轻、时尚、阳光”的品牌形象。

◆九牧王　“2010南非世界杯足球赛”期间，九牧王深度联手中国最具影响力的体育赛事传播平台——央视5套，进行密集的广告投放。世界杯赛事期间，九牧王每天至少有8条15秒广告(不含网络直播同步带入的广告次数)，品牌曝光量充足。世界杯期间，九牧王广告在35个城市，25-44岁的群体中平均暴露频次是6.2次，看过1次以上广告占总体推及人口的44%，到达效果非常明显！通过“世界杯+央视”覆盖全国的品牌大片推广，实现了九牧王品牌知名度和美誉度的又一次飞跃。

◆匹克　2010-2011NBA全明星赛于2011年2月18-20日在美国洛杉矶举行，这是NBA历史上第60届全明星盛会，是吸引广大体育爱好者关注热潮的篮球体育盛会，同时也是一次体育营销的良机。在2010-2011NBA全明星赛开展期间，匹克代言人麦基和勒夫表现极为精彩，匹克通过快速的公关反应速度，借助华尔街日报、ESPN、CCTV5、新浪网NBA频道等专业媒体迅速制造与代言人相关的话题，从而引爆网络声音；同时辅以新浪、腾讯、虎扑等网站的广告投放；与此同时，匹克美国分公司也在全明星赛挂牌成立，举办大型的新闻发布会，以期打开美国市场。此次NBA全明星赛推广，匹克得到包括华尔街日报等权威媒体的高度认可，称中国品牌巧妙借助全明星赛的公关推广取得很好的效果，借此契机匹克也成功打开了美国市场。

◆安踏　作为一个运动品牌，安踏一直将体育营销摆在重要位置。在这方面，安踏积累了10多年的体育营销经验，从赞助CBA、全国排球联赛、乒超，到与NBA火箭队战略合作，再到签约网坛明星扬科维奇，安踏的每一项营销活动都获得了丰厚的回报。2009年，安踏最重要的营销举措是成为中国国家奥委会体育服装赞助商。中国奥运代表团在包括2010年温哥华冬奥会、2010年广州亚运会以及将于2012年召开的伦敦奥运会等11项赛事期间，身着安踏牌运动装，亮相于世界各地。而安踏品牌将随着电视转播、网络转播等途径，迅速进入全球体育爱好者的视野。这次合作是安踏继1999年签约孔令辉开创形象代言人营销、2003年起赞助多项国内顶级联赛之后，在体育营销策略上的再次升级。2009年，安踏另一个重要的体育营销举措是正式成为水上运动中心及国家队的战略合作伙伴。未来4年，安踏将以主赞助商和运动装备供应商的身份，为中国国家帆船帆板队、赛艇队等5支国家队打造包括领奖装备、科技运动装备在内的运动服。为配合安踏在2010年第16届亚运会的推广，安踏和中国奥委会合作共同主办了“中国光芒由你闪耀——安踏2010年亚运会中国代表团领奖装备设计大赛”。大赛以“中国光芒　由你闪耀”为主题，鼓励参赛选手将作品及创意说明上传到大赛的官方网站，最终胜出的设计方案成为中国体育健儿在2010年广州亚运会领奖台上的运动着装。

◆耐克　苹果公司的首席执行官Steve Job注意到，拥有iPod的5000万人中，有一半的人是在锻炼身体时使用它。Steve Job便认为，可以将这些喜欢运动的人拉到iPod的平台上。耐克则和这个定位非常切合：一拥有iPod，跑步时就应穿上与之配套的耐克鞋；而穿着耐克跑步，也要带上iPod才美妙。于是，耐克、苹果公司分别号召各自的科技团队和品牌小组，开发一个全新生活方式的方案，将两公司的产品完美地结合起来，为那些热爱运动的核心消费者，打造一系列鞋、数据、音乐，还有配套的服装。2006年5月23日，经过18个月的合作开发后，耐克和苹果公司宣布，双方首次将运动与音乐结合起来，推出了创新的“Nike+iPod”系列产品。首款产品为一运动组件，其中，包括内置于鞋中的传感器和与iPod连接的接收器，这样，iPod就可以存储并显示运动的时间、距离、热量消耗值和步幅等数据，使用者也可以通过耳机了解这些实时数据。此外，iTunes Music Store网上音乐书店中，新添加了一个Nike运动音乐专栏，新推出的nikeplus.com网站上还提供个人化服务，这些可以帮助使用者更好地体验“Nike+iPod”带来的运动感受。

建陶行业

◆科勒卫浴　2010年中，科勒卫浴新产品全国巡回路演活动在上海国际展览中心拉开帷幕后，已走过北京、天津、大连、深圳、广州、重庆、合肥、郑州等城市，承载本次全国巡回路演重任的移动展示车，长17米，宽2.5米，高4米，展开就能摇身一变成为宽4.9米的新品展示及表演舞台，并能实现每天在不同地点展示的效果。它每到一处，都引起了当地市民的强烈关注，科勒品牌的认知度及认同度也因此大幅提升。

◆阿波罗卫浴　打开百度搜索2010年网络四大热门族群，PL族便是其中之一。PL族便是由阿波罗卫浴牵手赢道顾问，根据目前“社会原形”倾力打造的一个新型网络族群，是追求完美、休闲、慢生活的典型代表，由完美（perfection）、休闲（leisure）、慢生活（lowlife）组成。他们拥有这样一些特征，即：事业稳定，追求更高的人生价值实现；注重生活品质，追求慢生活；精益求精，追求完美；而且家庭美满幸福；不一定非常富有，但心态保持乐观，并且不断追求。PL族一经提出，便引起了人们强烈的关注，全国各大主流媒体纷纷大篇幅的报道，这使阿波罗卫浴的知名度获得进一步提升。

◆申鹭达　享誉“中国卫浴十大品牌”、“中国500最具价值品牌”的申鹭达正式发布《中国水龙头白皮书》。其站在行业的高度，全面梳理了中国用水的历史，全面阐述中国水龙头发展的的现状和趋势。白皮书发布后，引发行业广泛热议，并且在消费群体中进一步强化了申鹭达作为领军品牌的形象。《白皮书》认为，各行业智能化水平越来越高，包括卫浴行业在内，智能化浪潮汹涌，水龙头亦是这一浪潮的创领者，正在向数控恒温的方向发生变化。与此同时，申鹭达投建的“中国水龙头博物馆”吸引了陶瓷协会卫浴五金配件分会、淋浴房分会、全国卫浴行业的100多家企业高管、全国各地知名媒体、电视台记者等160多人前往参观。

涂料行业

◆3A 环保漆　作为“中国环保漆第一品牌”的3A环保漆，从2010年5月到10月，在全国范围内举办了一场声势浩大的“爱宝贝挑战 3A 代言人”的大型亲子环保网络互动活动，该项亲子环保秀最终吸引了数千家庭参与，历经108强、30强、10 强的分享与角逐，最终诞生了双子星，成为 10月 3A 环保漆低碳之旅的成员，而这起活动进一步推广和普及了具备最高环保标准的爱宝贝纯环保墙面漆，使之成为了 2010 年涂料行业最具亮点的活动和最成功的案例之一。

◆嘉宝莉漆　2010年3月26日，“中国骄傲精彩看我——嘉宝莉赞助中国国家男子篮球队签约仪式”在广东江门举行，嘉宝莉漆正式与中国国家男子篮球队携手合作。随后在 2010 年世锦赛时期，嘉宝莉集团策划了“助威世锦赛征战土耳其嘉宝莉漆土耳其激情之旅闯关大行动”大型推广活动；以及在 2011 年 11 月 27 号第十六届广州亚运会落下帷幕之时，嘉宝莉又推出“漆彩运动惠，购漆享免费——你购漆，我买单，最高返现4999元”的主题活动。

◆立邦　“为爱上色”是由立邦（中国）涂料公司携手 杜邦摄录像协办、中国青少年发展基金会于 2009 年开启的一项公益活动，计划在 3 年内为100 所希望小学免费涂刷外墙，之外还包含立邦与中国青少年发展基金会共同设立的“立邦彩色希望工程基金”，专项基金用于持续捐建“立邦希望小学”及“立邦美术教室”。计划启动以来受到各界人士的广大关注与支持。“为爱上色”项目两年来已经走过超过 20 个省、30 个城市乡镇，为超过60所的校园用爱心上色，为超过12000个儿童、上百位老师带去了爱的色彩，在全中国捐建超过 20所希望小学、45间以上美术教室，其网络公益频道共吸引了超过16亿人次浏览。

汽车行业

◆福特福克斯　2010 年是 福特福克斯来到中国的第五周年，而且就在 2010 北京车展（微博）之际，福克斯在中国将迎来第50万辆车主的诞生，整个活动共吸引超过2.1亿人次的关注，其中，缓冲广告点击率超过3%，110万用户通过PPS链接至活动官网参与深度互动。为迎接这一华诞，福特福克斯进行了系列品牌推广活动：一是PPS全程报道2010 北京车展。福克斯携手PPS，六地同时全程直播福克斯第50万辆车主诞生过程，与PPS亿万用户共同见证福克斯这一历史性的时刻。活动第一天关注用户即突破百万。二是互动品牌宣传。在用户关注福特福克斯现场互动的同时，用户也可以链接到专题网站见证福特福克斯第 50 万辆车主的系列活动，PPS用户通过投票、评论、游戏等模式将传统电视与用户单项传播的模式，升华至双向交互性传播，潜移默化的加深用户对于品牌的好感度。　三是病毒视频传播。针对福克斯的目标受众为年轻用户为主，特别制作一支病毒视频，剪切为5支独立的搞笑视频，供用户分享传播，并引发话题讨论，增加用户对于福特福克斯品牌的印象。

◆梅赛德斯—奔驰　古时有司南，可以确保行事有准则、有方向。如今，百度司南通过对整体网民的行为抽样分析，为新一代梅赛德斯—奔驰S级轿车量身定制了一套完整的百度推广计划，让奔驰品牌与更多的潜在消费者一路同行，并留下深刻的印象。新一代梅赛德斯—奔驰S级轿车早在上市之初，便将目光投向那些新时代的社会名流和成功人士。百度司南从用户的检索行为、浏览行为、兴趣点以及分布地域四个角度来分析目标消费者的特征。比如，什么样的人会对汽车感兴趣?有多少人会主动搜索“奔驰”或“S 级轿车”，他们经常活跃在百度的哪些频道，更关注什么样的分类内容，还可能去哪些联盟站点，他们又分布在哪些地域……百度司南就像是一面魔镜，让奔驰快速找到了正要找的人，并在第一时间了解这群人的媒体接触习惯。这些后续的搜索用户细分行为数据，为奔驰 S 级轿车制定下一步的营销计划提供了真实的决策依据。

百度司南在奔驰 S 级网络广告投放策略的制定和优化过程中，在选取投放频道、构建广告内容、以及选择沟通方式上，都进行了更深层次的细分，并提供富有实效的建议。

红灯停——品牌专区让消费者驻足

百度专门为奔驰在网页搜索上设置的奔驰官网和奔驰 S 级轿车的品牌专区更能让众多搜索用户驻足。专区内图文并茂的多栏编辑内容和大篇幅广告展示，为搜索用户带来强劲的视觉冲击以及直观的产品信息，大大增加了奔驰官网和 S 级轿车的广告点击量。

绿灯行——设置区分度，关联广告如影随行

在整个营销推广中，百度司南起到的最实质作用是当用户对汽车或豪华品牌有需求时，奔驰的信息能够以最快的速度出现在他们面前，并如同影子般时刻尾随影响着他们。比如，工作内容与汽车有关的用户和搜索过“卡地亚”的用户在百度各频道会有不同的浏览行为偏好，百度司南将这些用户的浏览行为与全体网民标记出一个差异化的区分度，同时在他们高度活跃的百度图片、知道、新闻等频道投放奔驰 S 级关联广告，以此扩大奔驰广告的曝光率，进而引发目标消费者对广告的主动点击并深入了解。

路口减速慢行——精准广告，制造与消费者的“偶然”相遇

当一个用户无论点击什么样的页面，即使与汽车无关，也同样会出现奔驰的广告。这是百度精准广告在制造奔驰 S 级与目标消费者“偶然”相遇的过程。而这些被相遇的人正是百度司南深入分析研究的样本对象，在事先设定好的频道内容分类中，看他们更倾向于点击哪部分内容。这些兴趣点监测数据，有效的帮助奔驰 S 级完成了在百度贴吧、杀毒、手机频道和知道搜索结果页的精准广告投放，将实效的广告信息真正的呈现给那些正需要“奔驰”的人。这种专一式的广告跟踪投放，更拉近了品牌与消费者之间的距离，品牌受关注度也得到了大幅度提升。在短时间内，奔驰 S 级在百度的广告有效点击总数就高达 12 万次。

日用杂品行业

◆ZIPPO 世界知名的 ZIPPO 打火机，71 载不变的设计和品牌策略，令竞争对手望尘不及。世界上从来没有第二个牌子的打火机象 ZIPPO 那样拥有众多的故事和回味。ZIPPO 品牌塑造的忠诚度超乎想象，而坚实的品牌来自于 ZIPPO 无与伦比的品质和众多的传奇故事。ZIPPO 的成功在于它的秉执，无论是对于品牌还是品质。①简单就好的设计理念。ZIPPO 的设计和品牌命名是很和谐的。ZIPPO 的品牌易读、易记，这是对其简单的设计理念的最佳阐释。在中国市场被称为“之宝”的 ZIPPO 打火机，71 载秉执“它管用”的设计理念，非但没有在打火机市场的烽烟中迷失自己，而是和牛仔裤、可口可乐一样，成为了美国的标志之一。②独特的设计。从第一支 ZIPPO 打火机诞生，ZIPPO 就采用识别代码对每支打火机进行区分，每支打火机由于都有着不同的编号，因此在这个世界上，它也是唯一的。③故事营销显身手。ZIPPO 将融合品质的故事营销手法发挥的淋漓尽致，关于 ZIPPO 的故事广泛流传，这些故事给用户的只有无边的赞叹而没有丝毫造作，ZIPPO 的拟人化的故事行销空前成功。④通路营销组合。ZIPPO 的通路很独特，它是由 ZIPPO 俱乐部、专卖店、专柜等组合而成的。其中最耀眼的要属 ZIPPO 俱乐部了。在全球的很多网站，都可以看见 ZIPPO 主题的俱乐部，这是 ZIPPO 玩家交流心得和藏品的门户。正是由于互联网的 ZIPPO 俱乐部，将 ZIPPO 的故事，ZIPPO 的玩法、收藏、甄别等知识倾囊相授，用户对 ZIPPO 的品牌及品质认知得以提升。ZIPPO 的可收藏性决定了它的价值，因此ZIPPO采取了专柜加专卖店的通路形式。专卖店和专柜实行统一售价，不加入疯狂打折的行列，因此，每一件ZIPPO都有保值、升值的可能。另外，专卖店和专柜还同样是每支 ZIPPO 的售后服务中心，向用户提供终身免费维修的周到服务，从而使ZIPPO 的“终生保用”承诺落到实处。⑤个性铸造品牌。ZIPPO 防风打火机最初设计时就考虑到：它可以在任何恶劣的天气下和所需要的时候都让人满意。事实也证明了这一点，在硝烟弥漫的二战战场上，在狂风暴雨中，在沙漠里，乃至任何需要它的地方，都会感觉到ZIPPO优良的性能。科技铸造了ZIPPO的品质，而品质给了ZIPPO品牌始终如一的公众印象——稳健并值得信赖。正是这完美的品牌形象，让ZIPPO在全球拥有数以亿计的忠诚用户，而且很多用户都拥有数支ZIPPO并终生收藏。

通迅行业

◆诺基亚　“创熠传奇”是诺基亚 2010 年在全球范围内举行的大型活动。而诺基亚中国有限公司为配合主力产品N8及相关Ovi服务上线，于2010年8月与搜狐合作开展“创熠传奇”活动。活动自启动以来，吸引了上百万科技爱好者的参与，征集到 23 万的创意提交，成为 2010-2011 年跨年度互联网上最具影响力的营销项目之一。中国涌现出的创意视频引起了广泛的社会反响，其中“手机吊冰箱”、“手机翻拍珍珠港”、“9 平方米豪宅”、“宿舍楼大战泡泡龙”、“无人操控宝马”等入选项目完成后，创意视频在互联网上得到了广泛关注，截至2010年12月底，这8个“创熠”视频已经被浏览了超过 6000 万次，引发了互联网上有关中国创造力的大讨论。

在此次活动中，搜狐充分发挥门户矩阵优势，在 IT 数码、视频、白社会、微博等频道展开全方位宣传。在搜狐的全方位宣传下，“创熠传奇”这一词汇也在成为了搜索率频高的网络红词。

“中国创造”这一关键词已经成为诺基亚2010年中国战略的主线，并加大力度进行互联网营销。2010年3月，诺基亚携手搜狐、土豆网打造主题为“互联应用 中国创造”的消费者活动，鼓励消费者创造属于自己的“移动互联”中国元素，在活动短短一个月的时间内，共收集到了近15万的创意作品，有超过230万的独立网友访问了活动网站。

（摘编：郑芳）

8 论坛篇

8-1 2010年福建市场占有情况调查系列分析报告

8-1-1 福建省高技术产业市场占有率分析

高技术产业是知识、技术密集的产业，是国民经济战略先导性产业，是带动经济增长方式转变、加快海峡西岸经济区建设的重要产业。本文通过对近几年福建省高技术产业市场占有情况分析，提出进一步提高高技术产业的市场占有率、提升整体竞争力的若干对策建议。

一、福建省高技术产业市场占有情况

（一）产销同步增长

1.生产迅猛增长。2010年，福建省规模以上高技术产业[1]完成工业总产值2003.29亿元（快报数），比上年增长36.5%，增幅提高27.4个百分点；实现工业增加值583.55亿元（快报数），增长30.8%，增幅提高21.1个百分点。

2.销售快速增长。2010年，福建省规模以上高技术产业完成销售产值2537.29亿元（快报数），同比增长30.8%，同比增幅提高31.7个百分点。

3.产销率不断提高。2009年，福建省规模以上高技术产业产销率为98.19%，比2006年提高0.85个百分点，比规模以上工业平均水平高出0.85个百分点。分行业看，产销率增长较快的行业有医疗设备及仪器仪表制造业、医药制造业、电子计算机及办公设备制造业，分别提高3.25个百分点、1.27个百分点、1.07个百分点。

（二）国内市场占有率居全国前列，与先进省份差距逐步缩小

2009年，福建省规模以上高技术产业国内市场占有率为3.27%，居全国第七位，较2006年前进1位，与广东、上海、北京、浙江等先进省份相比，差距逐年缩小。2009年，福建省高技术产业国内市场占有率分别比广东、上海、北京、浙江低24.86个百分点、6.44个百分点、1.80个百分点、1.04个百分点，差距较2006年分别缩小2.05个百分点、0.79个百分点、1.15个百分点、0.89个百分点。分行业看，2009年，电子及通信设备制造业国内市场占有率为3.20%，比2006年提高0.18个百分点。分企业规模看，福建省大型高技术企业2009年国内市场占有率为3.48%，居全国第六位；中型高技术企业国内市场占有率为3.53%，居全国第八位；小型高技术企业国内市场占有率为2.30%，居全国第十三位。2006-2009年部分省市规模以上高技术产业国内市场占有率见表1。

（三）出口市场占有率位次有所上升

2009年，福建省高技术产业出口市场占有率为3.93%，比2006年下降0.08个百分点；居全国第六位，比2006年前进1位。其中，电子及通信设备制造业国内市场占有率为3.73%，比2006年提高1.23个百分点；居全国第七位，比2006年前进1位。从部分产品看，2009年，二极管及类似半导体器件为1.60%，比2008年提高0.62个百分点。部分企业出口市场份额较大，厦门宏发电声股份有限公司的继电器产品在国际上排名第四，全球市场占有率达5.3%；厦门三安光电股份有限公司LED外延片、芯片产品在国际上排名前十。2006-2009年部分省市规模以上高技术产业出口市场占有率见表2。

---

[1]受统计资料来源的限制，本文所指高技术产业除特别说明外，仅包括电子及通信设备制造业、电子计算机及办公设备制造业、医药制造业、航空航天器制造业、医疗设备及仪器仪表制造业，不包括信息化学品制造业、公共软件服务业及其他。

表1　部分省市规模以上高技术产业国内市场占有率及位次

（2006-2009年）　　单位：%

地区	2006		2007		2008		2009	
	占有率	位次	占有率	位次	占有率	位次	占有率	位次
广东	30.77	1	29.33	1	28.84	1	28.13	1
江苏	18.12	2	19.22	2	20.94	2	21.46	2
上海	11.09	3	11.65	3	10.88	3	9.71	3
北京	6.81	4	6.76	4	5.71	5	5.07	5
浙江	5.79	5	5.58	6	4.67	6	4.31	6
天津	5.62	6	4.32	7	3.53	7	3.22	8
山东	5.50	7	6.23	5	6.93	4	7.64	4
福建	3.86	8	3.45	8	3.45	8	3.27	7

表2　部分省市规模以上高技术产业出口市场占有率及位次

（2006-2009年）　　单位：%

地区	2006		2007		2008		2009	
	占有率	位次	占有率	位次	占有率	位次	占有率	位次
广东	40.10	1	37.67	1	38.16	1	37.50	1
江苏	20.35	2	21.59	2	24.03	2	26.03	2
上海	13.59	3	14.71	3	13.97	3	13.14	3
浙江	5.34	4	4.97	6	4.09	6	3.38	7
天津	4.98	5	4.97	5	3.48	8	3.16	8
北京	4.91	6	5.00	4	4.22	5	3.93	5
福建	4.01	7	3.75	7	3.92	7	3.93	6
山东	2.83	8	3.58	8	4.36	4	4.66	4

二、近几年福建省高技术产业发展亮点

（一）重大技术成果不断涌现

近年来，国家和省级重大产业技术开发、小发明小创造等专项的实施促进了福建省重大技术开发，涌现了一批拥有自主知识产权的技术。如：新大陆公司开发出全球首个二维码解码芯片，使物联网技术及二维码识读核心技术取得重大突破；麦克奥迪公司通过自主研发，构建的“数学病理系统及数字切片远程会诊平台”居国内领先地位。

（二）高技术产业群稳步发展

目前，全省初步形成了光电产业、生物医药产

业、太阳能光伏产业、移动通讯产业、微波通讯产业、平板显示器件产业等特色高技术产业群。如：福建省 LED 产业发展迅猛。截止 2010 年，福建省 LED 企业数超过 200 家，产值 130 亿元，比上年增长 45%，其中，厦门 LED 产业企业数约 150 家，产值约 100 亿元，分别占全省的 75%、76.9%。泉州微波通讯产业基地列入国家创新基金唯一产业集群试点，直放站是泉州微波通信产业的“拳头产品”，其市场份额已占据全国 60%以上。全市微波通信产业的相关企业达到 130 多家，从业人员约 2 万人，涌现了先创电子、泰克通信、火炬电子、泽仕通等数家龙头企业。

（三）高技术产业基地建设成效显著

截至 2009 年底，福建省拥有 2 个国家级技术开发区、4 个国家高新技术产业化基地、9 个国家级火炬计划产业基地；1 个国家创新基金（首个）产业集群（试点）。全省共建成 50 多个国家级、省级重点实验室，55 个国家级、省级工程技术研究中心，7 个国家级科技企业孵化器，7 个国家创新型企业，17 个国家创新型试点企业，8 个国家级示范生产力促进中心，1 个国家级大学科技园。建成国家专利技术（福建）展示交易中心、国家专利产业化（厦门）试点基地和福州市知识产权实施与产业化基地。

（四）高技术投资大幅增长

2010 年，福建省城镇高技术产业完成投资 161.67 亿元，比上年增长 72.7%，增幅比上年提高 103.3 个百分点。其中，电子计算机及办公设备制造业投资 10.71 亿元，增长 135.8%，增幅提高 181.9 个百分点；电子及通信设备制造业 104.75 亿元，增长 92.0%，增幅提高 108.6 个百分点；医药制造业投资 24.93 亿元，增长 36.3%，增幅提高 23.3 个百分点；航空航天器制造业投资 2.65 亿元，增长 17.2%，增幅提高 29.9 个百分点。

三、进一步扩大高技术产业市场份额存在的主要问题及原因

（一）扩大高技术产业市场份额存在的主要问题

1. 高技术产业总量占制造业的比重偏低。一是企业数量较少，经济总量偏小。尽管近几年福建省高技术产业有了较快的发展，总量及规模不断扩大，但与广东、浙江、江苏、山东等先进省份相比仍存在着较大的差距。如：2009 年福建省高技术产业企业单位数 743 个，占全国的 3.2%，仅为广东的 13.3%、江苏的 16.4%、浙江的 24.0%；工业总产值 1971.02 亿元，占全国的 3.3%，仅为广东的 11.5%、江苏的 15.2%、山东的 43.3%；资产总额 1133.59 亿元，占全国的比重为 3.8%，仅为广东的 10.3%、江苏的 14.6%。二是增加值总量占制造业比重偏低。高技术产业增加值占制造业增加值的比重是衡量一个国家高技术产业在国民经济中的地位。发达国家高技术产业增加值占制造业的比重正常在 15%及以上（见表 3）。表 3 可以看出，2003-2007 年，韩国、芬兰高技术产业增加值占制造业的比重均在 20%-25%左右。2009 年，福建省规模以上高技术产业增加值为 430.91 亿元，占制造业增加值的比重为 9.2%，比 2006 年下降了 5.4 个百分点。

2. 发展不平衡，部分行业市场占有率下降。一是行业发展不平衡。福建省 5 个高技术行业中，电子及通信设备制造业、电子计算机及办公设备制造业销售收入占全省高技术产业比重较高，2009 年实现主营业务收入 1738.94 亿元，占高技术产业的 89.3%；医药制造业、航空航天器制造和医疗设备及仪器仪表制造业销售收入占高技术产业比重小，2009 年实现主营业务收入 209.11 亿元，占高技术产业的 10.7%。二是部分行业国内、出口市场占有率下降。从国内市场看，高技术产业 5 个主要行业中，2009 年与 2006 年相比，4 个行业的国内市场占有率均下降，3 个行业国内市场份额在全国的位次后退。其中，医药制造业、航空航天器制造、医

疗设备及仪器仪表制造业国内市场占有率分别为1.23%、2.82%、1.41%，分别下降0.31个百分点、0.93个百分点、0.21个百分点；分别居全国第二十三位、第十三位、第十六位，位次分别后退6位、3位、3位。2006-2009年福建省高技术产业分行业国内市场占有率见表4。

表3 部分国家高技术产业增加值占制造业增加值的比重

（2003-2007年）

单位：%

国家	2003	2004	2005	2006	2007
美国	16.7	16.5	16.7	17.2	17.7
德国	11.4	11.8	12.4	12.2	12.8
英国	16.0	16.1	16.8	17.2	17.1
法国	14.7	13.5	14.2	15.1	14.0
韩国	23.5	25.3	24.6	25.3	25.3
瑞典	17.5	20.8	21.0		18.7
丹麦	16.3	15.8	17.5	16.6	16.9
芬兰	23.7	21.6	21.9	22.1	23.5

表4 福建省高技术产业分行业国内市场占有率

（2006-2009年）

单位：%

行业名称	2006		2007		2008		2009	
	占有率	位次	占有率	位次	占有率	位次	占有率	位次
总计	**3.86**	**8**	**3.45**	**8**	**3.45**	**8**	**3.27**	**7**
医药制造业	1.54	17	1.43	20	1.31	20	1.23	23
航空航天器制造	3.75	10	3.97	9	5.71	5	2.82	13
电子及通信设备制造业	3.02	8	2.64	8	2.88	8	3.20	8
电子计算机及办公设备制造业	6.56	4	5.95	4	5.60	5	5.04	5
医疗设备及仪器仪表制造业	1.62	13	1.61	11	1.35	15	1.41	16

从出口市场看，高技术产业5个主要行业中，与2006年相比，2009年有4个行业的出口市场占有率下降，3个行业出口市场份额位次后退。其中，医药制造业国内市场占有率为2.01%，下降0.26个百分点；航空航天器制造业国内市场占有率为16.50%，下降5.94个百分点，居全国第二位，后退1位；医疗设备及仪器仪表制造业国内市场占有率为2.16%，下降0.92个百分点，居全国第八位，后退1位。2006-2009年福建省高技术产业分行业出口市场占有率及位次见表5。

表 5　福建省高技术产业分行业出口市场占有率

（2006-2009 年）　　单位：%

行业名称	2006		2007		2008		2009	
	占有率	位次	占有率	位次	占有率	位次	占有率	位次
总计	**4.01**	**7**	**3.75**	**7**	**3.92**	**7**	**3.93**	**6**
医药制造业	2.27	11	2.08	12	2.32	11	2.01	11
航空航天器制造	22.44	1	23.74	1	30.27	1	16.50	2
电子及通信设备制造业	2.50	8	2.51	8	2.91	8	3.73	7
电子计算机及办公设备制造业	5.79	4	5.20	4	5.01	4	4.22	5
医疗设备及仪器仪表制造业	3.08	7	2.72	7	2.24	8	2.16	8

（二）制约高技术产业扩大市场份额的主要原因

1. 缺乏核心技术，对外依赖性强，产品附加值低。一是缺乏核心技术。福建省高技术产业的企业多数是跨国公司的加工车间，产品研发和销售两头在外，拥有自主知识产权的核心技术少。2009 年，福建省高技术产业发明专利拥有量占全国的比重为 1.3%，比 2006 年下降 3.9 个百分点；居全国第十一位，后退 5 位。二是对外技术依赖性较强。近年来，福建省高技术产业对国外技术的依赖程度呈上升趋势，2009 年，福建省高技术产业 R&D 活动经费内部支出与技术引进经费支出之比从 2006 年的 1∶2.39 提高到 1∶3.53。三是产品附加值低，新产品产出不高。由于核心技术掌握在跨国公司手中，产品附加值偏低，新产品产出不高。2010 年，福建省高技术产业（包括信息化学品制造业）的增加值率为 22.5%，比规模以上工业增加值低 5.2 个百分点；2009 年，福建省高技术产业实现新产品产值 648.68 亿元，占全国的 4.74%，分别比 2008 年、2006 年下降 1.35 个百分点、3.17 个百分点，居全国第八位，位次分别比 2008 年、2006 年后退 1 位、3 位。

2. R&D 经费投入不足。2009 年，福建省高技术产业 R&D 活动经费内部投入为 31.57 亿元，占主营业务收入的比重为 1.6%，仅比全国平均水平高 0.1 个百分点。从企业规模看，大型企业的 R&D 经费投入占主营业务收入的比重仅比全国平均水平高 0.2 个百分点；中型企业的 R&D 经费投入占主营业务收入的比重比全国平均水平低 0.6 个百分点。从 R&D 投入强度看，上世纪 90 年代大部分 OECD 成员国高技术产业 R&D 投入强度超过 20%，韩国在 2009 年也达到 18.6%，而 2009 年福建省高技术产业 R&D 投入强度仅为 7.3%。

3. 缺乏研发人才。当前福建省高技术产业高层次研发人员较缺乏，部分企业无法承担重大项目攻关的承载力。2009 年，福建省高技术企业拥有研究人员 4970 人，占全部从业人员的 1.8%，比全国平均水平低 0.3 个百分点。厦门调查的 12 户有 R&D 活动的高技术企业中，50%的企业反映高层次研发人才短缺，制约了 R&D 活动的开展。如：厦门某生物技术公司高层次专业人才缺口达 50%以上；厦门某生物工程公司缺 5 名高级研发人才，缺口约 25%；厦门某电子公司缺 2 名高级研发人才，缺口约 5%。

4. 科技成果产业化进程缓慢。一是技术交易规模偏小。高技术成果转化、推广，是推动高技术行业发展的催化剂，而技术交易则是实现科技成果转化的主要环节。2010 年，全省共签订各类技术合同 5137 项，总成交金额 38.12 亿元，占全国技术市场成交额的 1.0%；2009 年，合同总成交金额 23.26 亿元，占全国技术市场成交额的 0.8%，居全国第十九位。二是科技成果向产业转移进程较慢。部分被调查企业反映，由于目前缺乏独立运作的科技成果转化机构及硬件设施，未建立与研发相匹配的中试基地，科技成果的转化进程缓慢。

四、进一步提高福建省高技术产业市场占有率份额的对策建议

《国务院关于支持福建省加快建设海峡西岸经济区的若干意见》（国发[2009]24 号）中提出：加快发展集成电路设计和软件、光电、消费电子、生物医药、精密仪器、环保、新材料等高新技术产业。为了促进福建省高技术产业发展，扩大市场份额，提高竞争力，提出以下对策建议。

（一）加快产业结构调整，做强做大高技术产业

目前福建省高技术产业形成了以电子信息产业为主，其他行业发展相对弱化的格局。为此建议，一要注重产业发展高端，做强做大一批重点企业。把握金融危机后全球产业结构新一轮调整升级和新技术兴起的契机，集中优势资源，举全省之力培育出一批主业突出、市场占有率高的重点骨干企业；二要加快发展战略性新兴产业。进一步制定、完善新兴产业发展规划、实施方案、市场推进措施。如：2009 年以来，江苏省出台了一系列促进新兴产业发展的规划及政策意见，对推动高技术产业快速发展起到重要作用。2010 年，江苏省战略性新兴产业取得重大进展，新能源、医药及生物技术、新材料、节能环保、软件和服务外包、物联网及新一带信息技术等产业实现产值达 2 万亿元。

（二）以自主创新为核心，提升产业发展核心竞争力

1. 优化技术引进政策，降低对外技术的依赖程度。2009 年，福建省规模以上高技术产业引进国外技术经费支出与消化吸收经费支出比例为 1：0.03，江苏省该比例为 1：0.23，而工业化成长时期的日本，该比例为 1：5-1：8。为此建议，有关部门应进一步鼓励、扶持企业加大消化吸收经费支出，提升企业自主研发能力，降低对外技术的依赖程度。

2. 多种形式引进、留住人才。近年来世界经济的发展越来越体现高技术产业的重要性，而作为高技术产业核心资源的高层次人才，越来越成为各国主要的争夺对象。为此建议，一是强力推进福建省高层次人才队伍建设。有关部门要积极落实《福建省引进高层次创业创新人才暂行办法》等政策，不断引才、聚才、揽才、纳才。二是多措并举留住人才，充分发挥高端人才的支撑和引领作用。一方面要进一步构建、完善高层次人才交流平台。如：山东潍坊高新区通过成立高端人才沙龙、博士联谊会（俱乐部）和专家咨询委员会，创造留住高端人才的良好环境；另一方面，要注重营造较高的生活环境和良好的教育环境，提高高层次人才的生活品质。如：北京市中关村的高层次人才可享受医疗照顾人员待遇，由北京市卫生行政部门为其发放医疗证，到指定的医疗机构就医。武汉东湖高新区管委会设立专门的服务机构，为高层次人才在人才居住证发放、子女入学、配偶工作安置等方面提供“保姆式”服务。

（三）不断完善高技术产业投融资体系

高投入是高技术产业发展的基本特征之一，高技术发展较好的国家都制定投入的战略目标，以提高自主创新能力。因此建议：一是积极促进科技与金融结合。促进科技和金融结合是党的十七届五中全会对科技工作和金融工作提出的新要求。近几年部分省市区科技和金融结合创新活跃，值得福建省借鉴：①创新财政科技投入方式。北京、江苏、四川、天津、重庆、广东等地的科技和财政部门，采取设立科技成果转化资金、科技成果转化风险补偿

（补贴）资金和再担保资金、科技计划项目打包贷款、知识产权质押贷款贴息等措施，有效分散和化解了银行支持科技型中小企业信贷的风险。②建立科技金融融资服务平台。北京中关村科技园区、上海浦东新区、苏州高新区、无锡高新区、成都高新区、天津等地分别成立了为科技型中小企业提供融资服务的科技金融（服务）集团、科技创业投资集团、科技金融服务中心、科技小额贷款公司等服务平台，吸引各类金融及中介机构为科技企业提供高效率、全方位的投融资服务。二是支持符合条件的企业发行短期融资券、中期票据、公司债券和可交换公司债券等，支持中小科技型企业集合发债，提高融资能力。三是加快私募股权投资基金发展。高技术产业发展与风险投资对接是当代经济发展的本质特征和必然趋势，而私募股权基金则是推动产业格局整合的核心推动力，近年来，国内私募股权投资基金得到了迅猛发展，但福建省私募股权基金的发展较为滞后，目前尚无在福建注册登记的私募股权投资基金。天津市的做法值得借鉴：天津自2008 年渤海新区创业风险引导基金正式投入运营以来，截止 2009 年底，注册的私募股权基金总数达 272 支，资本规模达 500 多亿元，吸引了一批国内外高端制造企业落户天津。

（执笔：郑芳）

8-1-2　福建花卉产业发展与市场建设调查

花卉产业是新兴的最具活力的“朝阳产业”。随着城乡居民生活水平的提高以及城镇化进程的加快，花卉需求量逐年上升。福建省花卉种植历史悠久、物种资源丰富，拥有适合花卉生产的良好自然条件，经过改革开放 30 多年的发展，规模不断壮大，品种品质日趋优化，流通网络逐步完善，市场占有率不断提高，在促进农民增收，推动城乡社会经济发展中发挥着重要作用。但由于长期以来对花卉研究和投入不足，目前福建省花卉产业组织化、规模化程度不高，品牌效应不足，市场建设滞后，龙头企业发挥作用不够等问题日益显现，与云南、广东等花卉生产大省相比差距拉大。本文通过对有关部门、花卉市场及种植基地的调研，分析福建省花卉产业发展与市场建设现状和存在问题，并提出相关建议。

一、发展现状

（一）区域布局初步形成，特色主导产品突出

近年来，福建省各地因地制宜，扬长避短，努力发展具有当地特色的优势产品，区域化生产布局初步形成。一是以三明、福州、厦门、南平为主产地的鲜切花优势生产区。清流县鲜切花产业后来居上，经过短短几年发展，目前鲜切花种植面积已达 2000 多亩，年产鲜切花 4000 多万枝，鲜切花种植从零散的家庭作坊式迅速发展为全省最大的鲜切花生产基地。二是以漳州、龙岩、福州为主产地的盆栽观赏植物优势生产区。素有“中国兰花之乡”的南靖县目前兰花种植面积已达 2230 亩，年销售额近 4 亿元，成为当地的支柱产业和农民增收的重要渠道；被誉为“中国杜鹃花之乡”的漳平市永福镇，杜鹃花种植面积近 8000 亩，年产值达 1.2 亿元，市场份额占全国 60%左右；“中国榕树盆景之乡”漳浦县沙西镇榕树种植面积近万亩，年产值 9000 多万元。三是以漳州、福州为主产地的观赏苗木与草坪优势生产区，福州建新镇、漳州漳浦县被誉为“中国花木之乡”。四是以漳州、福州为主产地的水仙花优势生产区，龙海市九湖镇被称为“中国水仙花之乡”。五是以福州、南平、宁德为主产地的茉莉花优势生产区。2009 年宁德市茉莉花种植面积 1.0 万亩、产量 2915 吨，为目前全省最大的茉莉花生产基地。

（二）产业规模不断壮大，龙头企业作用显现

至 2009 年底，福建省花卉种植面积已达 18.9 万亩，比 2002 年增长 57.8%，年均增长 6.7%。2009 年，全省水仙花产量 8285 万粒，比 2002 年增长 12.7%，其中，漳州 8019 万粒，占 96.8%，增长 92.3%；福州 265 万粒，下降 16.4%。鲜切花产量 3.0 亿枝，增长 1.2 倍，福州、三明分别为 1.0 亿枝和 0.8 亿枝，分别占 33.3%和 26.7%，分别增长 36.3%和 137.3 倍；盆栽观赏植物 6348.2 万盆，漳州、龙岩、福州分别为 2784.0 万盆、1515.8 万盆和 745.7 万盆，分别占 43.9%、23.9%和 11.7%，分别增长 1.2 倍、5.0 倍和 89.4%。经过二十多年的发展，福建省花卉经营实体数量大幅增加，实力明显增强，涌现出一批带动力很强的龙头企业，有力促进了花卉生产经营规模化和专业化的发展。目前漳州市花卉企业 262 家，市级龙头企业 7 家。2009 年 7 家企业销售额 2.5 亿元，占全市花卉销售额的 15.0%，比 2007 年增长 37.8%，带动花农 2436 户，农民收入稳步提高。据统计，2009 年“中国水仙花之乡”的龙海市九湖镇人均花卉销售收入 3578 元，占家庭总收入的 53.0%，比 2006 年提高 5.0 个百分点；全镇农村家庭拥有小汽车 300 多辆，电脑 2500 多台，农村居民生活质量明显改善。

（三）市场网络初步形成，花卉销售快速增长

1. 市场规模不断拓展，营销网络初具规模。2009 年，福建省花鸟鱼虫市场 3 个，其中，亿元以上花卉市场 2 个，年成交额 5.8 亿元，比上年增长 38.1%。第二次全国经济普查资料显示，2008 年，全省花卉流通企业和个体户达 4755 户，其中，从事批发的 466 户，从事零售的 4289 户；从业人员 1.64 万人，其中，批发业 0.19 万人，零售业 1.45 万人。

2. 新型营销应势而生，花卉销售快速增长。一是由花农自发组织的专业合作社蓬勃兴起。专业合作社统一组织生产、统一营销宣传、统一定价的方式，通过信息互通、资源共享，把本地的花卉苗木销往全国各地，避免了分散式经营各自为战、相互压价的问题。二是随着计算机信息网络的不断普及和完善，网上交易方兴未艾，交易额逐年成倍增加，市场潜力无限。三是随着会展业的快速发展，花博会、展览会、花艺赛事等各类花事对花卉销售的快速增长起到了强劲的助推作用。据福建省花卉协会统计，2009 年，全省花卉销售额达 47.4 亿元，比 2000 年增长 4.0 倍，年均增长 19.5%。

3. 国际交流意识增强，出口创汇能力提升。2006 年，漳州市与荷兰花卉拍卖协会和瓦格宁根大学签署了 7 个合作项目，涵盖基地建设、品种繁育、窗口建设、物流等项目。2009 年，漳州有 5 家花卉企业通过了 MPS 认证。花卉企业对外合作交流的增加，有力提升了福建省花卉的出口创汇能力，扩大了国际市场份额。据福建省花协资料，2009 年，福建省花卉出口额 4185 万美元，比 2000 年增长 15.9 倍，年均增长 36.9%，出口额占全国 10.3%，比 2000 年提高 1.4 个百分点。主要出口日本、荷兰、美国、韩国等。2010 年，花卉出口形势更加喜人。2010 年一季度，漳州市花卉出口额 1119.5 万美元，同比增长 1.1 倍。其中，出口荷兰 379 万美元，占出口欧盟总额的 70%。

4. 闽台合作交流加快，合作基地不断增加。闽台两岸具有得天独厚的自然条件和深厚的“五缘”亲情，近年来，省委、省政府相继出台一系列扶持台资花卉企业来闽创业的优惠政策，使福建成为台资花卉企业到大陆创业的首选地。至 2009 年底，在全省落户的台资花卉企业达 100 多家。漳州市是全国最大的两岸花卉合作基地，目前有 63 家台资花卉企业，主要生产经营蝴蝶兰、大花蕙兰、文心兰、国兰等，总投资 7000 万美元，年产值 1 亿多元。

（四）消费潜力巨大，市场前景看好

一是居民消费量增大。随着居民生活水平的提高，居民的花卉消费意识也逐渐增强，逢年过节、办喜事等赠送花卉也成为时尚，消费量越来越大。据建阳某苗圃公司介绍，该公司年销售收入的 30%为个人消费。二是城镇化建设需求量加大。城镇化建设将带来新一轮花卉消费热潮。据统计，2009 年，福建省园林绿地面积达 4.13 万公顷，分别比 2000 年和 2005 年增长 2.2 倍和 1.1 倍；人均公园绿地面积 10.5 平方米，比 2006 年增长 10.5%。近年来，随着打造园林城市、建设生态和宜居城市步伐加快，花卉需求量迅速增加，产销两旺，价格上扬。据调查，2010 年福建省花卉产品热销，价格比上年增长 20.0%以上。三是重大节会需要量增多。漳州海峡两岸花博会、中国福建花王评选暨精品展、“5·18”、“6·18”、“9·18”等各种展会都为花卉苗木业发展提供了巨大的市场需求空间。2009 年，第 11 届海峡两岸花博会有 1196 家企业参展，展会现场销售额超过 4000 万元，现货交易、协议交易总额达 22.3 亿元，创历史新高。

二、主要问题

（一）总体规划滞后，扶持力度不够

一是与一些花卉大省相比，福建省花卉产业规划相对滞后。福建省各级政府十分重视花卉产业发展，于 1985 年就将花卉产业列入发展规划。漳州市出台了《关于扶持花卉产业发展先行先试的若干意见》；福州、龙岩、三明等地也出台了扶持花卉产业发展的行动计划和优惠政策。但由于缺乏对全省花卉产业发展的总体规划，导致花卉产业一直发挥不了支柱产业的作用。特别是近年来，随着城镇化进程加快，许多花卉生产基地和市场建设用地被征用，花卉市场频繁动迁，导致生产、销售缺乏共有平台，严重影响了花卉从业者对花卉市场经营的长远规划，也抑制了花卉产业发展。如：曾经是“中国花木之乡”的福州建新镇花卉基地因城市建设需要迁至南屿镇，如今又因工业园和市场规划建设再次面临搬迁的命运。二是投入不足，扶持不够。2010年，福建省级财政安排花卉产业扶持资金 1500 万元，市级财政支持有限，县（市）区财政基本没有投入，远不能满足花卉产业发展需要。此外，花卉种植户贷款手续繁琐，融资难问题突出。花卉业易受自然灾害影响，但花卉保险滞后。多数地方花农和小型花卉企业都享受不到如低价农用电等优惠政策，无形中加重了负担。

（二）科技研发滞后，缺乏自主品牌

一是科研力量薄弱。福建省花卉产业科研人员缺乏，仅占从业人员的5%左右。“中国花木之乡”的福州建新镇与福建农大合作的花卉研发中心现已停业。“中国杜鹃花之乡”的漳平永福镇 1982 年成立花卉研究所，曾经拥有专业人员近 20 人，目前因科研经费不足等原因已解散，现改制成个人独资企业。由于科研力量薄弱，缺少资金支持，使花卉产业深度研发不够，老品种退化、病毒感染现象比较突出，新品种的研发、引进、推广，新技术的普及应用等都呈现出严重乏力现象。二是创新能力差，自主品牌少，核心竞争力弱。受研发投入多、周期长、风险大以及传统观念等因素的影响，福建省花卉产业发展仍是以提供场地、引种外来品种为主，先进的花卉种苗和技术主要掌握在投资商手中。

（三）规模化程度不高，抗风险能力低

目前，福建省花卉生产仍以分散的个体花农为主，花卉种植仍停留于传统栽培上，“小而全”的家庭作坊居多，现代化水平低，经营理念落后，新型农村合作组织发展缓慢，规模化经营的龙头企业较少，不适应现代花卉业的发展要求。2008 年福州市年产值 300 万元以上的花卉企业仅 37 家，占 14.4%。专业化水平不高，产值低，对农业的贡献也少，要培育成支柱产业尚需时日。据统计，2009 年全省花卉业产值为 31.2 亿元，仅占农业产值的 3.8%。由于经营规模偏小，分布零散，造成资源的配置、利用和技术引进等方面缺乏统一组织，抗自然、市场风险能力还较弱，导致一些中低档花卉产品市场过度竞争，价格持续走低，严重影响了花卉产品质量和经济效益的提高，制约着花卉产业进一步发展。

（四）交易方式落后，市场体系不健全

1. 营销方式落后。发达国家和地区的花卉市场交易制度经历了自产自销、行口交易和拍卖交易三个阶段。福建省花卉交易目前仍处于自产自销和行口交易的阶段，由花商直接向产地寻求货源，或由花农直接在市场贩卖。据调查，目前福建省 9 成以上的花农要靠营销大户“走南闯北跑市场”或生产者自产自销，产销分工不明确，经营企业规模小。第二次经济普查资料显示，2008 年全省从事花卉批发的企业 14 家，其中仅 1 家年主营业务收入在 500 万元以上；花卉零售企业 124 家，其中，75%年主营业务收入在 200 万元以下。独立、分散的营销方式在产品供不应求年代起过重要的作用，但在今天激烈的市场竞争年代就明显暴露出优劣混装、相互杀价等弊端，且自相残杀愈演愈烈，甚至出现不计成本、削价竞争等扰乱市场行为，给广大花卉生产者利益造成严重损害，也不适应现代花卉产业发展要求。

2. 市场建设滞后。福建省现有花卉市场无论规模或功能配备都与花卉生产大省的地位极不相称。一是数量少。2009 年，全省花、鸟、鱼、虫市场 3 个，摊位数 801 个，其中，从事花卉经营的摊位仅 444 个。二是规模小。2008 年全国每个花卉交易市场平均摊位数 826 个、成交额 8.7 亿元，福建省仅 1 个花卉专业市场摊位数 87 个、成交额 4.2 亿元，大大低于云南每个市场平均摊位数 3000 个、成交额 29.9 亿元和广东平均摊位数 724 个、成交额 12.9 亿元的水平。三是配套设施简陋，软硬件配备差。市场功能不完善，信息手段落后，管理水平低，集中采购、配货、服务等功能无法实现，也难以在信息流、商流、物流等方面发挥核心作用。尤其是产地型市场配套设施建设滞后。漳平永福镇十里花街有 300 户种植户，因路面窄小，集装箱、货车停放难、装车难现象一直困扰着花农和商户。

（五）服务体系不健全，协会作用难发挥

花卉产业专用物资配套供应，良种、种植技术、采后处理、植保、土壤消毒、运输、运价等方面缺乏统一的社会化服务体系支持，花卉生产成本上升，产品质量难以提高，市场竞争力下降。同时，花卉协会人员少，工作量大，经费紧张，无法充分发挥其组织、协调、服务、指导等功能，协助政府做好决策参谋工作。

三、相关建议

（一）科学规划园区，加大扶持力度

结合福建省花卉产业“北扩西移”的趋势，组织有关专家重新规划全省花卉产业的区域布局和基地建设。通过规划调整、政策引导、资金扶持等宏观调控手段，促进花卉产业向区域功能特征明显、持续发展的方向转变，逐步形成闽中南的盆栽植物、盆景产业群，闽西北鲜花产业带，提升花卉产业整体水平。重点扶持新品种培育引进、花卉苗木流通、电子商务平台建设、设施化生产、专业组织建设、品牌建设、产业宣传推介、国际国内参展交流等。特别要加强与金融部门的协调，加大花农小额信贷支持力度，重点解决花农融资难问题。

（二）实施科技兴花，提升品牌效应

切实加强科技开发，依托高等院校、科研院所，建立花卉种子种苗研究中心，加快培育具有自主知识产权的优良花卉品种。要积极引进、开发和推广境外优良、绿色、环保的花卉品种，实现优势互补。依托农业技术推广网络，建立花卉科技推广队伍，做好培训、技术辅导服务工作，引导广大花农使用优质种苗，帮助花农解决生产中遇到的实际问题，提高产业核心竞争力。注重强化品牌意识，对已获得国家和省级品牌的漳州水仙花、南靖兰花、永福杜鹃花、漳浦沙西榕树等特色花卉产品要加强培育和保护；对茉莉花等传统花卉要继续开发，对平潭水仙花要加大扶持力度。继续培植新品牌，做好新品种知识产权保护和花卉产品质量认证体系建设工作，积极发挥品牌带动作用。

（三）培育龙头企业，强化规模经营

支持现有龙头企业如福建新世景园艺有限公司、福建省闽南花卉公司等扩大经营规模，增强实力，发挥龙头企业的示范和带动作用。加快农业科技园区以及台湾农民创业园区建设，积极引进国内外大型花卉企业从事花卉研究、种植、加工、出口，提高花卉产业化水平。积极推进花卉专业合作社建设，把分散、弱小的生产经营实体组织起来，切实提高组织化程度和抵御市场风险的能力，以实现产业增效，花农增收。

（四）加快市场建设，完善流通体系

借鉴广东、云南、江苏等地花卉市场建设的成功经验，完善各级（类）花卉市场，构建高效、完善的花卉市场体系，尤其是与现代物流相结合的花卉市场体系。加快现有产地花卉专业市场，如海峡花卉集散中心、清流花卉交易市场等建设力度，逐步完善龙海九湖花卉市场功能，建立产供销一体化的现代物流体系。加大福州、厦门、泉州重点花卉消费区专业市场建设，加强市场仓储、运输和信息网络，增强市场配套服务功能，促进消费能力提升。积极改善传统营销方式，发展连锁配送、电子商务、邮寄等现代流通方式，提高花卉流通过程中物流、资金流、信息流的速度。积极参与国际交流合作，构建国外贸易平台。

（五）加强社会服务，发挥协会作用

积极发挥职能部门的组织、引导和服务作用，建立一套既符合花卉行业特点，又具有较高组织化和专业化，同时又符合市场经济规律，特别是国际花卉产业运作惯例的产业组织和管理办法，使福建省花卉产业尽快成为全省的支柱产业，实现由资源优势向产业优势和经济优势的转变。充分发挥花卉协会在政府和企业之间的桥梁纽带作用，切实做好行业协会服务政府、企业、群众、会员的工作，提高产业规范化、组织化水平，推动产业健康发展。

（执笔：郭美花）

8-1-3　从电子行业价格变动看福建电子信息产业竞争力

信息产业作为国民经济的基础产业、先导产业、支柱产业和战略性产业，对国民经济、国家安全、人民生活和社会进步发挥着越来越重要的作用。电子信息产业是福建省三大支柱产业之一，产业规模居全国前列。近年来，福建省电子信息产业虽然取得了高速发展，但产业竞争力并不强。本文以电子行业价格变动为切入点，通过全面客观的SWOT分析，剖析现阶段福建电子信息产业竞争力存在的主要问题，提出对策建议，以期对促进该产业乃至国民经济全面健康快速发展有所裨益。

一、近九年福建电子信息产品价格变动情况

近九年来，福建省电子信息产品出厂价格低位运行，跌幅深于全国水平。2002年以来，全省电子信息产品出厂价格一路走低，出厂价格指数出现两大谷点，分别为2006年（下跌12.6%）和2009年（下跌11%）。同全国比，跌幅均深于全国平均水平，2006年跌幅差最大，为9.2个百分点，2009年跌幅差为6.7个百分点（见图1）。分行业看，电子计算机、通信设备、电子器件、电子元件、家用视听设备等行业产品出厂价格均持续低位运行（见图2）。

图1　2002-2010年福建与全国电子信息产业出厂价格指数同比走势图（上年=100）

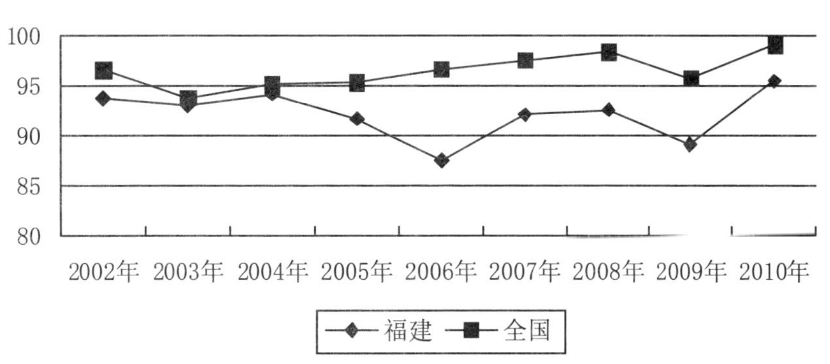

图2　2002-2010年福建电子信息产业分行业出厂价格指数走势图（上年=100）

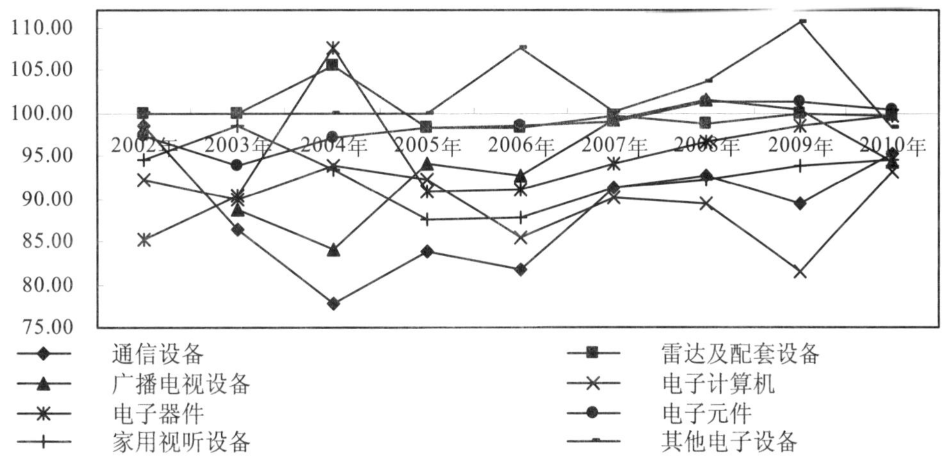

此外，从福建电子信息产业产出与市场占有份额变动情况（见图3、4）看，一是总体上呈逐年下降；二是行业增加值在全部工业中所占的份额均低于总产出所占的份额（这与该行业主体为低端制造与来料加工，处于产业链的低端密切相关）。

（一）全省工业总产值中，电子信息产业所占的比重从2002年的18.8%下降至2010年的10.6%

（二）全省工业增加值中，电子信息产业所占的比重从2002年的13.1%下降至2009年的7.4%

图3　2002-2010年全省工业总产值、增加值中电子信息产业所占比重变动趋势图

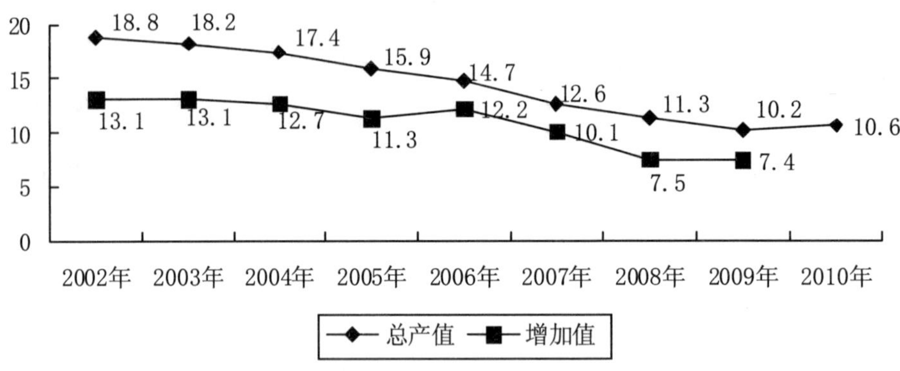

图4　2003-2007年福建电子信息产品市场占有率变动趋势图

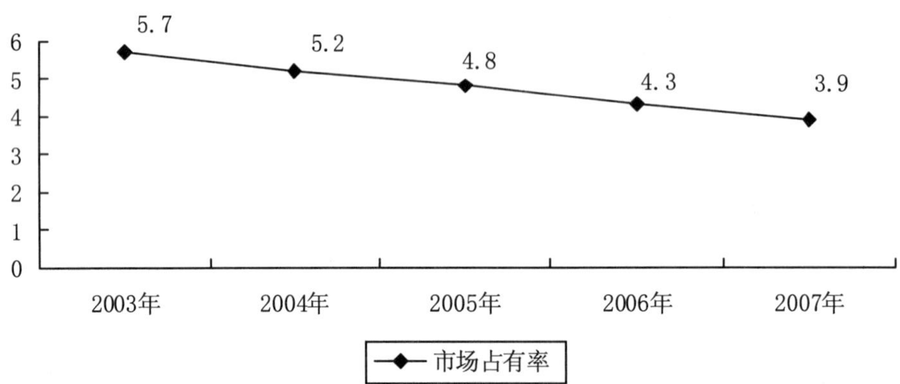

（三）福建电子信息产品在国内市场占有率情况（见表1，其他年份未采集到统计数据）：从2003年的5.7%（居全国第五位）降至2007年的3.9%（居第八位）

表1　福建省电子信息产品国内市场占有率排名情况

（2003-2007年）

	2003	2004	2005	2006	2007
市场占有率（%）	5.7	5.2	4.8	4.3	3.9
国内排名	5	6	6	8	8

从全球视角看，发达国家大规模向发展中国家和地区转移电子信息产品的生产制造环节，而新兴

的发展中国家和地区如韩国、中国台湾也逐步将不具有竞争优势的某些产业链生产环节转移到其他发展中国家和地区，福建近几年来电子信息产业得到快速的发展，但整体上主要以来料加工型企业为主导，排名靠前的几大高端企业多属此类型，自主创新能力不足，缺乏核心竞争力，大多数企业处于产业链的低端。

因此，综合近九年来的价格走势、产出与市场占有份额变动及主体企业所处的产业链端看，福建电子信息产业竞争力并不强。

二、福建电子信息产业 SWOT 分析

（一）优势（Strengthen）

第一，生产总量稳步增长，企业规模产能位于同行业前列，主要产品国内市场占有率排名靠前。2005-2010 年福建规模以上电子信息产业主要指标见表 2。

表 2　福建规模以上电子信息产业主要指标

（2005-2010 年）

	2005	2006	2007	2008	2009	2010
企业数（个）	348	385	403	467	495	528
工业总产值（亿元）	1304.48	1472.13	1580.62	1717.86	1713.20	2311.50
工业增加值（亿元）	259.66	347.09	363.29	305.36	346.42	520.70
主营业务收入（亿元）	1286.29	1434.44	1509.04	1672.92	1702.41	2281.22

从表 2 可以看出，“十一五”期间福建电子信息产业企业数与营业收入逐年增加。2010 年，全省拥有规模以上电子信息生产企业 528 个，比上年增长 6.7%；全年实现工业总产值 2311.50 亿元，比上年增长 34.9%；实现工业增加值 520.70 亿元，增长 50.3%，实现主营业务收入 2281.22 亿元，增长 34.0%。主要电子产品产量及国内市场占有率情况：以 2009 年为例，移动通信手持机产量为 672 万部，国内市场占有率为 1.09%，居全国第八位；微型电子计算机设备产量为 607.20 万台，国内市场占有率为 3.33%，居全国第五位；集成电路产量为 0.11 亿块，国内市场占有率为 0.03%，居全国第十二位；彩色电视机产量为 681.84 万台，国内市场占有率为 6.89%，居全国第五位。

第二，新兴产业快速发展，新经济增长点初现端倪。一方面 IC 设计业继续保持较快增长。2009 年，全省 IC 设计业取得了两位数的增长，实现产值 13.30 亿元，增长 21%。福州某电子公司 2009 年成功推出 65 纳米的音视频芯片，公司产品从低端到高端，涵盖便携式多媒体主控芯片主要市场，占据国内 80%以上的市场份额，并成功打入国际高端市场。另一方面动漫游戏产业取得长足进步。2009 年，全省动漫游戏产业实现收入 27.50 亿元，增长 20%。中国移动总公司已确定将全国唯一的“手机动漫游戏研发营运基地”设在福州。动漫游戏龙头企业福建网龙计算机网络信息技术有限公司旗下产品《魔域》、《征服》等已成功推广至全球六大语言区，成为我国第二大网络游戏出口商。另外物联网产业崭露头角。新大陆、星网锐捷、联迪、欣创摩尔等企业的研发团队在电子回执、2.4G 射频读卡器、自助终端、制造业 MES 等方面的研发及应用走在国内前列。

第三，产业群集聚效应逐步显现。福建省内电子信息产业已初步形成特色鲜明、辐射力大、竞争

力强的产业集群。福州信息产业以光显示、新型电子元器件、集成电路、计算机及网络通讯、应用软件、动漫创意等产业集群为主。2009 年，福州市共有规模以上通信设备、计算机及其他电子设备制造业企业 134 个，完成工业总产值 590.02 亿元，出口交货值达409.25亿元,实现主营业务收入573.57亿元，实现利润总额 41.30 亿元。近年来，福清依托融侨开发区（国家显示器产业园）原有的液晶显示产业，着力打造承接台湾地区电子信息产业转移的重要基地。目前，福清光电科技园初步形成了以冠捷、捷联、华冠等台资企业为龙头，福强精密印制线路板、冠茂金属制品、正茂塑胶、鑫明电子等近 60 家电子信息企业组成的显示器产业链，集合了模组、主控板、升压板、转轴、铝电解电容器、模具等生产与一体的显示器加工配套协作体系。福厦软件企业群也初具规模。2009 年，厦门市共有 124 家软件企业销售收入超过千万元，其中，销售过亿元的企业 19 家，比上年增加 5 家；平均销售额达 25722.62 万元。

第四，国务院支持海西建设的政策优势，闽台交流合作的贯彻实施是福建的一大优势，给福建电子信息产业的发展带来了巨大的机遇。以厦门为例，厦门市大力发挥区位优势，搭建优质服务平台，吸引台湾优秀企业共创双赢。厦门市已经与台积电、和舰科技、华映、磐锦科技等多家台湾知名企业签订合作协议，共同开展有关新产品的研发工作。厦华与台湾华映合作研发，新产品研发周期从合作前的 8 个月，缩短为 3-5 个月，彩电出口提速；厦门精图信息科技有限公司与台湾磐锦科技公司合作，解决无线宽带设备接入难题；森格尔、中庆微等一批台湾上市公司与厦门 IC 合作设计公共服务平台，厦门 IC 设计企业从 2007 年的 6 家发展到目前的 30 多家，营业收入也有了大幅增长。

（二）劣势（Weakness）

第一，结构性矛盾凸显，侧重低端制造业与来料加工，处于产业链的低端。从发展历程来看，省内电子信息产业长期侧重低端制造业，且以来料加工型企业为主，在规模和量上渐渐做大产业，如戴尔、冠捷等企业的产能一直居于同行业前列。但是从价值链上来看，却是处于低端，以 2008 年全省电子信息产业完成销售总收入 3100 亿元为例，其中低端的信息产品制造业实现销售收入 2150 亿元，而高端的软件及系统集成业只有 300 多亿元，仅占 9.7%。

第二，技术基础比较薄弱，缺乏产业核心技术。省内电子信息产业技术基础比较薄弱，长期停留在加工、组装的阶段，核心技术缺乏，关键零部件、重要材料和专用设备基本依赖进口，无法形成完整的产业链和高效的产业协同效应，发展受制情况严重。如：平板显示产业，高世代大屏幕液晶面板等上游屏资源受制于人；LED 产业，高端功率型超高亮度 LED 芯片尚没有取得实质性突破；太阳能光伏产业，太阳能级高纯度多晶硅大规模量产的技术工艺“瓶颈”还有待突破，核心技术制约影响到产业的持续发展。厦门市 2009 年工业企业技术创新调查，20 家掌握核心技术的新产品销售收入 34.54 亿元（占企业销售总收入的 23.4%），比上年同期减少 10%。由于缺乏核心技术，曾经是福建省明星企业的夏新电子公司，已于 2008 年 10 月停产。莆田市电子信息企业普遍缺乏核心技术，关键零部件、重要材料和专用设备基本依赖进口，大型电子信息企业多为集团公司控股子公司，生产任务由集团指派，产成品和原材料在同级子公司或向上级配送中心流转，生产技术由上级专人指导，研发中心的队伍人事和技术产权也多由集团公司掌握，企业自身研发能力不足。如：台湾通信的可视电话机项目，其主要核心技术是由台湾母公司提供，福建省安特半导体有限公司的 4、6 英寸芯片生产线，是属于俄罗斯的外移产业。

第三，产业外向度高，受国际形势变化影响大。

福建电子信息产品出口依赖度大，受国外市场影响显著。如：受金融危机的冲击，2009年福建某电子公司产值同比下降 24%，厦门某电子公司下降38.3%，漳州某电子公司下降 45%，南靖某电子公司下降9%，厦门某电子公司下降 18.3%，厦门某电子公司下降21.6%；福建某电子公司外贸业务同比下降21%，福建某电子公司主要产品 4 英寸、6英寸晶圆片出口订单大幅下降，出口销售收入同比下降79%。

（二）机会（Opportunity）

第一，政府政策对电子信息产业发展的大力支持。近些年来，相继出台了《福建省促进LED和太阳能光伏产业的实施意见（2007-2010年）》、《福建省关于加快发展集成电路设计业的意见》、《福建省动漫游戏产业发展规划 2010-2012》、《福建省加快物联网发展行动方案 2010-2012》、《福建省电子信息产业调整和振兴实施方案》等，提供了政策支撑。

第二，国务院支持海西建设的政策优势，闽台交流合作的贯彻实施，给电子信息产业的发展带来了巨大的机遇。

（四）威胁（Threaten）

第一，国际产业竞争愈益激烈，国内区域发展形势逼人。金融危机后，国际电子信息产业进行着新一轮的战略转移与规划，国内其他省份也积极抢占高点，竞争非常激烈。

第二，上游企业成本压力转嫁，价格持续走低。电子产品面临国外产品入侵与国内同行价格战两重挑战，因而价格持续走低。加上元器件行业价格受下游电子整机企业，上游原材料企业两头挤压，本已微不足道的利润，在双重挤压之下，步履维艰。

第三，人民币升值，出口企业利润大幅降低。福建电子信息产业外向度高，企业通常利用国内低成本因素，以海外市场为主要销路，并且凭借巨大的成本优势形成了独特的竞争力。对外出口通常以美元为结算单位，人民币的升值会压缩企业的利润空间，引发破产企业增多、外迁企业增多等联带效应。

因此，我们得出 SWOT 矩阵（见表 3）。

表 3　福建省电子信息行业 SWOT 矩阵

	优势：S 1.总量多，规模大，产品市场占有率排名靠前 2.新兴产业快速发展 3.产业群集聚效应逐步显现 4.海西建设的政策优势	劣势：W 1.结构性矛盾凸显 2.技术基础比较薄弱 3.产业外向度高
机会：O 1.政府政策的大力支持 2.海西建设的政策优势，闽台交流合作的贯彻实施	SO 战略 统筹规划，利用政策优势，确保主导产业稳定增长，大力发展新兴产业，积极培育产业新经济增长点，加快产业集群发展	WO 战略 抓住闽台合作契机，不断调整与优化产业结构，实现核心产业技术突破，保持出口稳定的同时，积极拓展国内市场
威胁：T 1.国际国内产业竞争激烈 2.上游企业成本压力转嫁 3.人民币升值压缩利润空间	ST 战略 稳定发展主导产业，快速发展新兴产业，整合与完善产业链体系，大幅压缩成本，积极应对国内外的激烈竞争	WT 战略 调整与优化产业结构，鼓励技术创新，完善技术创新体系，加速品牌本土化进程，避免成本压力转移，降低人民币升值的负面效应

三、提升福建电子信息产业竞争力的对策建议

作为国民经济的支柱性、基础性、先导性和战略性产业，电子信息产业发挥着经济增长"倍增器"的作用，为使其在"十二五"期间能够更好地为福建经济发展做出更大贡献，当前需要调整和优化产业结构，加快实现产业全面升级，不断提升产业竞争力，实现又好又快发展。

（一）鼓励技术创新，加大自主创新扶持力度，完善技术创新体系

自主创新能力直接决定着电子信息产业的可持续发展能力和核心竞争力。增强自主创新能力，是推动产业科学发展的突破口，也是应对当前经济形势变化、增强产业发展后劲的有效措施。

一方面，各级政府应积极鼓励企业进行技术创新，鼓励和支持企业技术创新与申请专利、强化企业作为技术创新主体的地位、鼓励社会力量创办各类民办技术创新机构，提升企业核心竞争力。

另一方面，推动"产学研用"合作的技术研发联盟、建立以企业为主体的技术创新体系、支持重点科研项目和重点实验室，整合技术资源，为突破核心技术和标准提供支持平台，完善技术创新体系。一要抓住后金融危机时代的机遇，有效提升技术含量高产品的比重，减少对高端产品和关键产品的进口依赖，从根本上缓解核心技术及基础产品对产业自主发展的"瓶颈"制约。二要加强移动通信、笔记本电脑、软件、新型显示器件等领域创新能力建设，完善公共技术服务平台。三要支持电子元器件、系统整机、软件和信息服务企业组成各种形式的产业联盟，促进联合协同创新。四是大力推进TD-SCDMA、地面数字电视、手机电视、数字音视频编解码、中文办公文档格式、WAPI（无线局域网安全标准）、数字设备信息资源共享等标准产业化进程，加强RFID、数字版权管理、数字家庭产品等关键标准的制定和推广工作，加快制定工业软件、信息安全、信息技术服务标准和规范。

（二）进一步促进产业集群发展，完善产业链

一是进一步促进产业集群发展，强化比较优势。按照优势互补、互利互惠、利益共享、共同发展的原则，开展跨地区、跨部门、跨所有制的合作。制定有利于充分利用本地区各种优势资源的政策，形成特色明显、相互协作、资源优势互补的电子产业集群格局。二是积极构建产业配套体系，整合完善产业链条。积极引导企业间的生产合作，改善产业组织结构，扩大中间产品市场，通过股份制、合作制、业务外包等多种途径，以龙头企业带动一大批中小企业，建立起大中小企业间在整机与零部件、硬件与软件、科研与生产、核心产品与辅助产品等方面相互配套的分工协作体系，形成比较完整的产业增值链条和相互促进的产业群体，多管齐下，进行高度整合，加强产业发展的后劲。

（三）抓住闽台进一步紧密合作的发展契机，加强闽台产业交流合作

第一，利用福建独特的地理和区位优势，发挥两岸"三通"之后在人员和货物的中转站作用，设立专用"绿色通道"，简化通关手续，推进福建由两岸物流中转站向产业迁移目的地或中转站转变。第二，围绕IC设计、光电、通讯、软件、计算机、数字电视、汽车电子等领域，搭建对接平台，促进产业转移，积极吸引台湾龙头企业和产业链中上游企业来闽投资。引进研发机构，共建实验室，促进两岸共同开展新产品、新技术、新设计的研发、试验等。第三，实施"千名台湾退休IT人才引进计划"，并在此基础上逐步扩大人才引进的范围，大力引进台湾高层次专业技术人才、复合型人才、成熟的技术与管理人才，把福建建设成为辐射海西，服务全国，吸聚台湾优秀人才资源，推动两岸信息产业人才交流合作的示范基地，开展两岸人才交流先行先试。建议在福州、厦门等地建立两岸信息产业人才实训基地，开放台湾有实力的人才实训机构来闽办

学或与在闽高校合作举办专业培训班等。第五，加强闽台电子信息产业在产业标准制定和国际竞争上的深度合作。建立闽台信息产业标准化企业联盟，鼓励企业加强标准化工作，参与或共同制定相关技术标准，积极推动两岸合作制定的标准上升为国家或国际标准。建立并完善LED、新型显示器件等产品检测平台，为产业提供优质、可靠的检测服务。

（四）加速国际品牌本土化进程，增强产业根植性

一是鼓励和引导外资企业的本土化发展。为实力强劲的跨国公司在本地的采购和配套提供充分的服务和便利。帮助其不断提高本地配套率和本地采购量。二是以合作创新带动信息产业的跨越式发展。紧紧抓住全球电子信息产业结构新一轮调整与转移的机遇，争取更多的国内外最新技术成果尤其是核心专利技术在福建落户。三是以外资企业发展带动本土企业发展。引导外资企业与本土企业的生产合作，提高本土企业管理水平和技术水平，加快本土企业成长，增强产业根植性。

（执笔：笪贤流）

8-1-4　2010年莆田市工业产品市场占有情况分析

2010年，莆田市上下以科学发展观为指导，大力实施“以港兴市、工业强市”发展战略，打好“六大战役”，实现“五大突破”，落实“两大保障”，工业经济实现又好又快发展。

一、莆田市三大工业产品市场销售现状

据调查资料显示：2010年，莆田市工业产品在省内、省外、境外市场销售比例为 42.3：26.9：30.8，省内、省外产品市场占有率上升，境外市场占有率下降，国内市场对经济拉动作用增强。

（一）省内市场销售情况

据调查资料显示： 2010 年，莆田市工业产品销往省内比重为42.3%，比上年上升1.6个百分点，分别高出省外市场份额 15.4 个百分点、境外市场份额 11.5 个百分点，省内市场成为莆田市工业产品销售主要市场。在所调查的行业中，非金属矿采选业、农副食品加工业、饮料制造业、纺织业、造纸及纸制品业、印刷业和记录媒介的复制业、化学原料及化学制品制造业、非金属矿物制品业、黑色金属冶炼及压延加工业、有色金属冶炼及压延加工业、金属制品业、专用设备制造业、废弃资源和废旧材料回收业等 13 个行业大类省内市场销售比重超过 50%，分别为 100.0%、67.6%、74.4%、72.8%、74.8%、75.7%、59.0%、61.8%、90.5%、55.4%、62.0%、61.8%和 98.3%。在 28 个行业大类中，有 16 个行业大类省内销售比重上升、12 个行业大类省内销售比重下降。电气机械及器材制造业，通信设备、计算机及其他电子设备制造业和专用设备制造业等行业大类省内销售比重上升最大，分别上升 28.0 个百分点、22.0 个百分点和 16.7 个百分点；造纸及纸制品业、饮料制造业和交通运输设备制造业等行业大类省内销售比重下降最多，分别下降 9.8 个百分点、6.2 个百分点和 5.2 个百分点。

（二）省外市场销售情况

据调查资料显示：2010 年，莆田市工业产品销往省外比重为 26.9%，比上年上升 1.5 个百分点，省外市场继续保持良好发展态势。在所调查的行业中，仅医药制造业省外市场销售比重超过 50%。在 28 个行业大类中，有 12 个行业大类省外销售比重上升、18 个行业大类省外销售比重下降。通信设备、计算机及其他电子设备制造业，文教体育用品制造业和木材加工及木、竹、藤、棕、草制品业等行业大类省外销售比重上升最大，分别上升 20.3 个百分点、14.8 个百分点和 11.4 个百分点；电气机械及器材制造业、废弃资源和废旧材料回收业和医药制造业等行业大类省外销售比重下降最多，分别下降 19.2 个百分点、15.3 个百分点和 14.7 个百分点。

（三）境外市场销售情况

据调查资料显示： 2010 年，莆田市工业产品销往境外市场比重为 30.8%，比上年下降 3.1 个百分点，境外市场份额继续下降。皮革、毛皮、羽毛（绒）及其制品业，文教体育用品制造业，橡胶制品业，塑料制品业，仪器仪表及文化、办公用机械制造业等 5 个行业大类境外市场销售比重超过 50%，分别为 53.9%、71.7%、58.3%、58.6%和 58.1%。在 28 个行业大类中，有 10 个行业大类境外市场销售比重上升、14 个行业大类境外市场销售比重下降，4 个行业大类境外市场销售比重持平。仪器仪表及文化、办公用机械制造业，交通运输设备制造业，造纸及纸制品业等行业大类境外市场销售比重上升最大，分别上升 11.8 个百分点、11.7 个百分点和 9.7 个百分点；通信设备、计算机及其他电子设备制造业，木材加工及木、竹、藤、棕、草制品

业和纺织服装、鞋、帽制造业等行业大类境外市场销售比重下降最多，分别下降42.3个百分点、26.2个百分点和16.3个百分点。

二、莆田市工业产品市场销售主要特征

（一）增速放缓，份额下降

据调查资料显示：2010年，莆田市规模以上工业产品销售额比2009年增长31.8%，增速低于全省平均水平0.3个百分点，位居全省第六位；规模以上工业产品销售占全省规模以上工业产品销售额比重为5.8%，比上年下降0.1个百分点，位居全省第六位。

（二）境外贸易发展偏慢，境外市场拉动作用减弱

据调查资料显示：2007年以来，莆田市工业品销售海外市场所占份额持续下降，境外市场拉动经济增长作用减弱。2010年，皮革、毛皮、羽毛（绒）及其制品业，农副食品加工业，工艺品及其他制造业，纺织服装、鞋、帽制造业，通信设备、计算机及其他电子设备制造业等5个行业大类产品销售额居前，其销售收入占全市工业产品销售收入分别为22.1%、11.2%、9.2%、6.7%和5.3%，但境外市场销售不理想，除皮革、毛皮、羽毛（绒）及其制品业境外市场销售比重比上年提高2.0个百分点外，其余4个行业大类境外市场销售比重分别比上年下降6.4个百分点、0.4个百分点、16.3个百分点和42.2个百分点；废弃资源和废旧材料回收加工业、非金属矿物制品业、有色金属冶炼及压延加工业、工艺品及其他制造业、电气机械及器材制造业等5个行业大类发展较快，其产品销售收入分别比上年增长120.7%、87.0%、69.4%、62.1%和57.7%，但境外市场销售比重较低，分别为0%、2.3%、6.6%、39.5%和13.8%，除有色金属冶炼及压延加工业境外市场销售比重比2009年提高6.6个百分点，其他4个行业大类境外市场销售比重均下降。

（三）传统行业稳步发展，市场份额继续提高

据调查资料显示：2010年，皮革、毛皮、羽毛（绒）及其制品业，农副食品加工业，工艺品及其他制造业，纺织服装、鞋、帽制造业，通信设备、计算机及其他电子设备制造业等莆田市传统行业产品销售收入占全市规模以上工业产品销售额54.5%。其中，工艺品及其他制造业产品销售收入占全省同业比重为20.4%，比上年提高4.6个百分点；皮革、毛皮、羽毛（绒）及其制品业产品销售收入占全省同业比重为16.6%，提高3.0个百分点。

三、制约莆田市工业产品市场占有提升的主要因素

（一）龙头企业实力偏弱，产业带动力不足

2010年，全市年主营业务收入10亿元以上的工业企业仅12家，占全市规模以上工业企业总数0.9%，且部分行业龙头企业与全省同业相比，规模较小，产业带动力有限。如：莆田市某运动鞋企2010年销售额为6.1亿元，不足泉州市某运动鞋企同期销售额一成。

（二）投资结构不合理，高新技术产业投资滞后

2010年，全市高新技术产业完成投资13.3亿元，比上年增长12.0%，增速低于50万元以上项目投资25.4个百分点，占50万元以上项目投资的比重为3.4%，比上年下降0.8个百分点，高新技术产业投资放缓、投资占比偏低的现状，说明以粗放型经营为特征的传统产业投资仍有相当比重，产业结构转型升级仍需进一步加快。

（三）企业品牌经营意识不强

截至2010年末，全市中国驰名商标仅13个，位居全省第四位；拥有各类企业约1.4万家，但商标数量仅10162件，平均每家企业拥有的商标注册数不足一件，与泉州市、福州市、厦门市相比，莆

田市商标注册总量较少。同时，莆田市部分小企业通过傍名牌等不正当竞争获取利益，扰乱正常经营秩序，损害行业整体利益。2010 年，莆田市共查处各类商标侵权案件 300 多件。

四、提升莆田工业产品竞争力的对策建议

（一）加快产业转型升级，提高自主创新能力

要通过企业自主创新和强化管理，淘汰落后产能，减少经济增长对能源、原材料的过度需求，积极推进产业结构转型升级；进一步加大高新技术在行业间推广应用，积极发展环保产业、新能源产业、信息产业等新兴产业，提升产业结构水平，增强抵御风险能力；积极鼓励企业通过海外并购、自主研发、参与行业标准制定等措施，站在行业发展制高点，由市场被动经营转变为市场引导经营；充分发挥现代管理在产业结构调整和优化产业布局中的作用，转变过去以粗放增长为基础的经济发展方式，提高企业经营效率和资源利用率。

（二）加大扶持力度，力促外贸发展

积极引导、支持企业利用扶持资金组建各级技术中心、公共技术服务平台，申报高新技术和出口名牌、出口免检，通过广交会、华交会、商交会、高交会等展会平台，扩大出口。实施提高出口退税率等政策，推进出口产品多元化和市场多元化，推动企业创新和品牌建设，促进产品出口。加强公共服务体系建设，降低商检和物流费用，优化外资投资环境，坚定外商投资信心。

（三）加强市场监管，维护市场秩序

建立健全市场监管的长效机制，紧紧抓住企业信用这一关键环节，建立信用监督和失信惩戒制度；围绕扰乱市场秩序的突出问题，集中开展打击虚假违法广告、保护商标专用权、治理商业贿赂等专项整治行动，促进市场秩序的进一步好转；切实加大对不正当竞争、行业垄断、地区封锁等现象的执法力度，维护公平竞争的市场秩序。

（执笔：吴杨帅）

8-1-5 2010年莆田市通信设备、计算机及其他电子设备制造业市场占有情况分析

通信设备、计算机及其他电子设备制造业是莆田市电子信息产业基础性支柱产业，也是当前莆田市重点发展的战略性高新技术产业之一。2010 年，莆田市通信设备、计算机及其他电子设备制造业继续保持良好发展态势，全年销售收入位居全省第四位，比上年提高一个位次，且国内市场销售比重达 88.8%，销售转型成效明显，但产业发展仍存在一些不容忽视的问题，值得重视。

一、2010 年市场销售状况

2010 年，莆田市通信设备、计算机及其他电子设备制造业省内市场和省外市场销售额分别比上年增长 215.9%和 144.9%，境外市场销售额比上年下降 70.1%；省内市场、省外市场和境外市场销售比重分别为 40.2%、48.6%和 11.2%，其中，省内市场和省外市场销售比重分别比上年提高 22.0 个百分点和 20.3 个百分点，境外市场比重比上年下降 42.5 个百分点。主要特点是：

（一）产业发展加快，规模不断壮大

2010 年，莆田市加快发展通信设备、计算机及其他电子设备制造业，产业快速发展，走在全省前列。据调查资料显示：2010 年，莆田市通信设备、计算机及其他电子设备制造业销售额占全省同业销售总额的 2.7%，比上年提高 0.3 个百分点。其中，国内市场销售额占全省同业国内市场销总额的 6.8%，提高 3.0 个百分点。

（二）产业集聚加速，效应不断增强

电子信息业作为莆田市十大产业集群之一，随着产业不断发展，相关上下游企业在莆田市渐次投产、竣工，产业链不断延伸，集聚效应显著增强。如:截至 2010 年末，莆田高新技术产业园聚集液晶显示配套企业 90 家，其中,规模以上企业 42 家，年产值超亿元企业 19 家，形成了较为完善的电子信息液晶显示产业链，被科技部认定为国家高新技术产业化基地，成为莆田市第一个国家高新技术产业化基地。

（三）转型力度加大，结构不断优化

2010 年，莆田市立足工业基础和优势，进一步抓紧战略性新兴产业建设，通过技术引进、平台招商，优惠引商等政策，加快通信设备、计算机及其他电子设备制造业转型升级，不断优化产业结构。如城厢区华林经济开发区初步形成光电产业集群，并立足当前大部分光电企业新投产不久，国际市场尚未打开，国内各行业正处技术改造、节能生产的高峰期，市场需求旺盛的实际，引导企业主攻省内市场，大幅提高通信设备、计算机及其他电子设备制造业省外和省内市场销售比重。

二、面临主要困难和问题

（一）产业整体实力不强

莆田市通信设备、计算机及其他电子设备制造业大多数以中小型企业为主，企业规模偏小，产品科技含量低，产品附加值不高，市场竞争力不强。据调查资料显示：2010 年，莆田市通信设备、计算机及其他电子设备制造业销售额占全省同业销售总额的比重比厦门市、福州市、泉州市分别低 56.7 个百分点、26.4 个百分点和 1.0 个百分点。

（二）技术贸易壁垒制约明显

2010 年，欧盟、美国等通过一系列高要求的技术及安全标准实现对国内市场的保护，技术贸易壁垒对通信设备、计算机及其他电子设备制造业产品出口影响较为明显。目前莆田市通信设备、计算机

及其他电子设备制造业仍缺少核心技术，难以参与行业标准制定，需要增加大量的认定成本、检测成本、技改投入，一些低端产品，如电子计算器、电子钟等，低成本优势难以保持，出口规模持续缩减；而部分新投产的高新技术产业等，限于产品认定时限、技术要求苛刻等因素，短时间内难以出口或出口规模有限，无力推动出口增长。

（三）高端电子产品市场份额下降

据调查，目前莆田市通信设备、计算机及其他电子设备制造业研发实力薄弱，部分企业长期停留在加工、组装的阶段，缺乏核心技术，在国际市场竞争力不强。2010年，厦门、福州加快推进产业结构转型升级，抢占高端电子元器件、通信设备国际市场，通信设备、计算机及其他电子设备制造业出口交货值分别占全省同业的78.2%和25.7%，而莆田市出口交货值呈负增长，下降4.6%。

三、几点建议

（一）加大政策扶持力度，鼓励企业加强市场开拓

各级各部门要充分发挥政府职能，积极协助企业通过各种平台展示产品优势，对接国内外相关企事业单位，降低企业开拓市场的商务成本；要定期牵头举办银企合作恳谈会，打造银企双方交流信息、增进了解的平台，积极为银企合作牵线搭桥，以降低企业融资成本；尽快清理取消一批市级或部门收费项目，切实减轻企业负担；建立健全领导联企、部门帮企、项目带企制度，努力为企业拓市场创造一个良好的环境。

（二）加快转型升级，优化产业结构

要根据国际产业演变规律和通信设备、计算机及其他电子设备制造业在国际间转移新趋势，抓住产业格局大调整的有利时机，千方百计引导产业转型升级，加快提升莆田市在产业分工新格局中的战略地位；要加强对台技术合作交流，主动承接具备高新技术的产业新转移，着力扶植光伏发电、LED节能照明、数字信息等战略性新兴高技术产业，积极嵌入全球产业链高端；要向产业增值链的两端，即上游的研发设计环节、下游的营销服务环节延伸，抢占价值链高端。

（三）完善科技中介服务体系，助推产业结构升级

通信设备、计算机及其他电子设备制造业作为高新技术产业的一个重要组成部分，产业发展与科技研发、应用水平的关联度已达到一个新的高度，迫切需要引入市场机制，增强产业发展的动力及活力。要由政府牵头，通过平台搭建、资本引入、监督引导等手段，建立一批符合莆田实际的科技中介服务法人，切实解决广大企业科技项目供不应求与难以准确、迅速、合理地评估与选择科研产品、项目的矛盾，助推产业结构转型升级。

（执笔：吴杨帅）

8-1-6 三明工业结构调整的调查与思考

“十一五”时期，三明市紧紧围绕加快转变、跨越发展目标，实施“工业强市”发展战略和“突出工业、提升工业”产业发展思路，有效应对国际金融危机带来的严峻挑战和自然灾害的冲击，推进工业优化升级和发展方式转变，工业结构调整取得了积极进展。

一、三明工业结构调整的现状与特征

（一）工业生产能力明显增强

2010 年，三明市规模以上工业总产值突破千亿元，达到 1328.97 亿元，年均增长 25.5%，比“十五”时期快 9.3 个百分点；实现增加值 415.61 亿元，年均增长 22.7%，比“十五”时期快 11.0 个百分点。2010 年，全市钢材生产量 490 万吨，比 2005 年增加 140 万吨；人造板 536 万立方米，增加 459 万立方米；汽车 6513 辆，增加 2702 辆；水泥 1570 万吨，增加 874 万吨；金属切削机床 1753 台，增加 868 台。三明市生产的钢材、人造板和化肥产量居全省九设区市第一，分别占全省总量的 36.6%、53.7%和 52.3%；原煤、水泥、布产量居全省第二，分别占全省总量的 30.3%、27.1%和 34.1%；机制纸及纸板、汽车产量居全省第三，分别占全省总量的 18.1%和 3.3%。

（二）产业聚集度进一步提高

“十一五”时期，三明市充分依托自身资源优势和产业基础，大力发展产业集群，主导和支柱产业进一步凸显。目前三明已形成一定规模的冶金、林产加工、机械、采矿及生物医药等“4+1”产业集群和纺织、化工及建材等三大传统产业，2010 年这八大产业实现产值 1200.51 亿元，比 2005 年增长 2.3 倍，占规模以上工业总产值的 90.3%，比 2005 年提高 2.7 个百分点。五年间，采矿、林产、机械、纺织、化工等五大产业产值相继突破百亿元，超百亿元的产业从 2005 年末只有冶金产业 1 个发展到目前 6 个，其中，冶金、林产产业产值超过两百亿元，分别达到 205.64 亿元和 270.53 亿元。

（三）淘汰落后产能取得成效

“十一五”时期，三明市按照国家、省里关于节能减排的战略部署和有关要求，通过采取技术改造升级、积极淘汰落后产能等有力措施，节能降耗工作取得较大进展。2006-2010 年共关闭 61 家“五小”企业，累计拆除水泥机立窑 92 座、淘汰落后产能 834.70 万吨，淘汰造纸产能 1.73 万吨，淘汰小火电机组 33.40 万千瓦，淘汰冶炼产能 50 万吨。“十一五”时期，每万元工业增加值能耗累计下降 43.5%，年均下降为 13.3%。

（四）高新技术产业加快发展

2010 年，全市共有 71 个项目列入国家、福建省科技计划，其中，国家科技计划 27 项，福建省科技计划 44 项，与 2005 年相比，分别增加 20 项和 6 项。新增省级企业技术工程研究中心 3 家，实现零的突破。“十一五”时期，三明生物医药、装备制造等高新技术产业投资保持较快提升，高新技术产业实力显著增强。2010 年，全市高新技术产业完成投资 59.32 亿元，比 2005 年增长 8.6 倍，年均增长 57.1%，比同期制造业投资增幅高 13.4 个百分点。全市高新技术产品产值 160.69 亿元，比 2005 年增长 10.4 倍，增幅居全省首位，年均增长 62.6%。高新技术产品产值占全市规模以上工业产值的比重由 2005 年的 3.7%提高到 2010 年的 12.1%，上升了 8.4 个百分点，高新技术产品产值占比位居全省第四位，较 2005 年前移了三位。

（五）企业组织结构有所改善

一方面，随着产权制度改革和企业组织结构调整，大企业在规模工业中的地位进一步提升。在规模以上工业企业中，2010 年产值超过亿元的企业

286家，比2005年增加235家，超过10亿元的企业8家，比2005年增加7家，有1家企业年产值突破100亿元，而2005年没有超过100亿元的企业。2010年，产值超过亿元的企业共实现产值853.65亿元，占全市规模工业产值的比重达64.2%，比2005年提高4.2个百分点。另一方面，民营资本对工业投资不断增加，对推动三明工业快速增长发挥着重要的作用。“十一五”时期，全市规模以上非公有制企业数从2005年的629家增加到2010年的1529家，年均增长19.4%，占全市规模以上工业企业总数的90.2%，比2005提高10.2个百分点。实现工业总产值933.39亿元，年均增长40.0%，占全市规模工业70.2%，比2005年提高22.3个百分点；实现利税40.83亿元，占61.2%，比2005年提高25.2百分点；吸纳从业人员12.84万人，占全部规模工业从业人员的70.6%，比2005年提高14.2百分点。

二、三明工业结构存在的主要问题

（一）区域产业结构同质，市场竞争力不强

近年来，三明各县（市、区）积极发展壮大冶金、林产、机械、采矿和生物医药“4+1”产业集群，提升纺织、建材和化工三大产业，促进了产业聚集度的提高，但也造成了区域产业结构同质。2010年，各县（市、区）这八大产业产值占当地规模以上工业产值的比重均在80%以上，最高的是明溪县，达到了98%，最低的是清流县，也占81.9%。这些产业大多属于传统产业和一般制造业，专业化、技术化程度较低，市场竞争力不强。据近几年工业产品市场占有调查资料显示，三明工业产品在全国不具竞争优势，产品销售区域狭窄，超过三分之二的产品集中在省内市场销售，销往省外和境外市场的比重不足三分之一。

表1　三明市工业产品三大市场销售构成

（2005-2010年）　　单位：%

年份	省内比重	省外比重	境外比重
2005	67.60	26.73	5.67
2006	71.70	23.10	5.20
2007	67.75	25.01	7.24
2008	67.33	26.69	5.98
2009	69.06	26.19	4.75
2010	66.73	26.75	6.52

（二）企业自主创新能力薄弱

改革开放以来，三明多数企业走的是一条低成本扩张、低价格竞争的发展路子，企业缺乏核心技术和研发能力，自主创新能力不强，产业进入门槛低，产品附加值不高，知名品牌不多，缺乏在国内具有较强竞争力的龙头企业。据2010年产品市场占有调查资料，全市901家样本企业R&D经费支出8.56亿元，占主营业务收入的比重仅0.9%；从事科技活动人员5522人，占全部从业人员的比重仅4.4%；完成新产品产值57.68亿元，占工业总产

值的比重为 5.5%，若扣除福建三钢集团有限责任公司，新产品产值占工业总产值的比重只有 1.7%。大多数企业没有建立自己的研发机构，没有申请过发明专利，缺乏拥有自主知识产权的核心技术和产品，研发水平亟待提高。

（三）资源型产业关联度低

三明资源型产业一直占主导地位，“十一五”期间，规模以上采掘、建材、冶金、化工、林产加工等产业产值年平均增长分别为 33.2%、29.9%、13.7%、22.2%和 33.8%，这五大产业占全市规模以上工业的比重达到 62.7%，初级产品比重大，资源的综合利用率不高，产业链未能有效延伸，上下游生产配套协作水平低，特别是大企业和小企业之间横向联系不多，没有形成合理的分工协作关系，企业各自为战，自我发展，联合开拓、占领市场的意识不强，既影响了资源优势的充分发挥，又严重制约了企业竞争力的提升。从产品市场占有情况调查资料看，“十一五”时期，三明市资源型工业省内市场占主导地位，部分行业省外和境外市场有所萎缩。如：木材加工及木、竹、藤、棕、草制品业 2010 年省外和境外市场销售比重比 2005 年下降了 11.2 个百分点；造纸及纸制品业下降了 15.7 个百分点；非金属矿采选业下降了 45.0 个百分点；有色金属矿采选业下降了 19.0 个百分点。

表 2　三明市部分行业三大市场销售情况

单位：%

行业	2010			2005		
	省内	省外	境外	省内	省外	境外
煤炭开采和洗选业	95.19	4.81		96.92	3.08	
黑色金属矿采选业	88.17	11.83		100.00		
有色金属矿采选业	64.65	35.35		45.64	54.36	
非金属矿采选业	80.95	9.49	9.56	35.96	20.33	43.71
木材加工及木、竹、藤、棕、草制品业	50.58	41.76	7.66	39.36	49.12	11.52
家具制造业	69.00	19.26	11.74			
造纸及纸制品业	49.27	44.22	6.51	33.60	60.06	6.34
化学原料及化学制品制造业	53.85	34.02	12.13	67.20	20.52	12.28
非金属矿物制品业	87.24	11.87	0.89	98.04	1.93	0.03
黑色金属冶炼及压延加工业	94.72	5.28		92.03	6.62	1.35
有色金属冶炼及压延加工业	45.48	42.08	12.44	26.13	63.54	10.33

（四）新兴产业发展相对缓慢

目前三明工业内部结构中传统产业多、新兴产业少的问题显得比较突出。2010 年，全市医药制造业，专用设备制造业，交通运输设备制造业，电气机械及器材制造业，通信设备、计算机及其他电子设备制造业，仪器仪表及文化、办公用机械制造业实现主营业务收入 83.66 亿元，占全市主营业务收入的比重为 6.5%，低于黑色金属冶炼及压延加工业 8.7 个百分点，仅比 2005 年提高 1.2 个百分点。这些行业科技含量高、行业关联度大、发展前景好，在国内国际具有较强的竞争力（见下表），市场空间广阔。因此，必须加快发展新兴产业。

表 3　三明市部分行业三大市场销售构成

（2010 年）　　单位：%

行业	省内比重	省外比重	境外比重
采掘业、制造业合计	**66.73**	**26.75**	**6.52**
医药制造业	35.62	61.54	2.84
专用设备制造业	40.82	49.77	9.41
交通运输设备制造业	47.94	45.42	6.64
电气机械及器材制造业	55.77	44.23	
通信设备、计算机及其他电子设备制造业	11.10	38.12	50.78
仪器仪表及文化、办公用机械制造业	30.81	33.67	35.52

三、加快三明工业结构优化的思考

推进工业结构的调整和优化升级，是实现经济发展方式转变、增强可持续发展能力的重要手段和途径。“十二五”期间，三明要继续深入实施“工业强市”战略，坚持走新型工业化道路，实现经济跨越发展，加快发展高新技术产业和新兴产业，壮大产业集群，提升发展传统优势产业，实现传统产业高新化、高新产业规模化、新兴产业特色化。

（一）优化产业布局，彰显区域特色

1. 造先进繁荣的主轴工贸核心区。以三明市区、永安、沙县为主轴，强化三明市区的“龙头”带动作用，拓展三明市区空间，加快主轴的“一体化”进程，提高城市集聚水平，构筑最具活力的产业与科技发展核心区，增强区域中心城市带（主轴）的辐射力和带动力。从宏观层面上引导先进生产要素在主轴集聚、协调和优化，提高生产要素的质量和效益。

2. 建特色明显的两翼繁荣带。东南翼：尤溪县重点发展纺织工业和矿产品深加工业，壮大“中国革基布名城”，进一步聚集产业、提升产品、做大龙头，形成“纺纱—织造—染整—涂层—制革—服装”产业链。以储量占华东地区第一位的铅锌矿资源为支撑，重点发展铅锌冶炼、热镀锌合金、铅锌电池；大田县重点发展铸造机械产业和矿产品深加工业，推进铸造、矿山机械、人造板机械等产业发展。进一步优化煤炭资源，积极争取与省煤业公司联合，开发苏桥、元沙、水井坑等大型煤田，建设海西能源后备基地。西北翼：将乐县重点发展轻合金等新材料产业、核电等新能源产业；宁化县重点发展铜、钨、铝等有色金属加工产业；建宁县重点发展特种纸业、食品加工业；明溪县、泰宁县重点推广种植红豆杉、雷公藤等植物，推进种植基地建设，大力发展生物医药产业；清流县重点发展氟化工等新材料产业。

（二）改造传统产业，提升产品附加值

一是发挥龙头企业的带动作用，采取有力措施促使其拓展产业链、提升价值链，优化企业组织结构，进一步提高产业集中度，提高企业配套协作水平。二是发挥品牌建设的提升作用，引导和支持企业创立品牌，实现由无牌、贴牌到有牌、自主品牌的转变，支持创建和提升区域品牌，加快培育国际

性品牌，提高工业产品市场竞争力。三是发挥技术创新的核心作用，进一步推动企业集聚创新资源，采用国际先进标准，提升产品品质，加快培育一批企业研发机构，建设一批面向中小企业的科技创新服务平台，认真落实支持企业技术创新的各项税费减免优惠政策，加快构建技术创新金融服务体系。四是发挥产业融合创新的引领作用，大力推进传统产业内部重组融合，传统产业与高新技术产业融合，形成新的竞争优势。

（三）加快培育发展新兴产业，增强市场竞争力

《国务院关于加快培育和发展战略性新兴产业的决定》确定以节能环保、新一代信息技术、生物、高端装备制造、新能源、新材料和新能源汽车七个产业为战略性新兴产业重点发展方向。三明要加快制定战略性新兴产业中长期发展规划，加快培育新兴产业发展的市场需求，加强核心技术研发和自主创新成果产业化，加强新兴产业发展的政策扶持力度，加快具有创新能力和产业化高素质人才培养，根据三明实际情况，切实抓好生物医药、节能环保、核电和新材料等一批新兴产业示范项目，加快培育形成一批新兴产业基地和骨干企业，鼓励外商投资新兴产业。

（四）推进自主创新体系建设，提高企业创新能力

要把增强自主创新能力，作为调整优化产业结构、转变增长方式的中心环节，大力提高三明工业尤其是重点产业的整体技术水平。一是增强企业技术创新主体作用。企业是创新的主体，要鼓励和引导企业科技创新，增加科技投入，建设好技术中心和研发中心，加强与高等院校、科研院所的产学研合作，加大二次创新和自主创新。二是优化创新创业环境，完善区域创新体系。加大科技创新投入和政策扶持力度，加快建设一批与三明重点优势产业、新兴产业发展密切相关的公共技术创新平台，大力发展知识性服务业和科技中介服务企业，为企业尤其是中小企业的技术创新提供科技资源支持和科技服务。三是实施重大技术改造项目带动。突出产业化扶持重点项目的实施，突破重点领域关键技术的瓶颈制约，组织实施一批带动性强、投资规模大、技术水平高、市场前景好的重大技术创新、技术改造项目。四是高度重视装备制造业的提升。针对装备制造业投入大、产出周期长的特点，设立专项发展基金和重大装备研究风险基金，重点支持进入国家鼓励发展的重大技术装备研究计划项目。

（五）大力发展循环经济，减少资源消耗

发展循环经济和低碳经济，是转变经济发展方式的一个突破口，也是培育企业可持续发展的竞争力的客观要求。“十二五”期间，三明要大力推进节约降耗，提高资源利用效率；全面推行清洁生产，从生产服务的源头减少污染物的产生；加强资源综合利用，最大限度地利用各种废弃物和再生资源，为资源高效利用和循环利用提供物质技术保障。一是以节地、节水、节能、节材为重点，在生产、流通和消费各领域节约资源，实现资源消耗减量化。二是全面推行清洁生产，从源头减少废物的产生，开展清洁生产审核和环境管理体系认证。三是加强资源综合利用，最大程度实现废物资源化和再生资源回收利用。四是大力培育环保产业，注重开发减量化、再利用和资源化技术与装备，为资源高效利用、循环利用和减少废物排放提供技术保障。

（执笔：陈逢炳）

8-1-7　三明市工业产品销售状况分析

2010年，三明市规模工业继续保持又好又快的发展势头，工业总产值突破千亿元，达到1328.97亿元，比上年增长26.2%；实现增加值415.61亿元，增长22.6%；经济效益综合指数250.3，提高48.6个点。

一、工业经济运行基本特征

（一）亿元企业净增百家

2010年，三明市产值超亿元企业286家，比上年净增109家，实现增加值251.59亿元，增长23.2%，占全市增加值总量的60.5%，对全市规模工业的增长贡献率达到61.8%。

（二）产业集聚不断加强

2010年，三明市林产加工、冶金、机械、纺织、采矿、化工、建材和生物医药“八大”产业实现产值1200.51亿元，增长25.1%，其中，林产加工、冶金产业产值突破200亿元；机械、纺织、采矿、化工产业产值突破100亿元；实现增加值374.81亿元，对规模工业的增长贡献率达到85.7%。

（三）非公经济增势强劲

2010年，三明市非公企业数达到1529家，占规模工业企业数的90.2%；实现增加值302.52亿元，增长28.2%，高出全市水平5.6个百分点，拉动规模工业增长19.7个百分点。

（四）生产能力持续提升

2010年，全市钢材产量490万吨，人造板536万立方米，化学肥料30万吨，居全省九设区市第一，分别占全省总量的36.6%、53.7%和52.3%。

（五）经济效益快速提升

2010年，三明市全产销率达98.31%，连续11个月保持97%以上较好水平。实现利税76.37亿元，增长58.1%，其中，利润总额36.46亿元，增长1.3倍。

二、工业产品三大市场销售情况

2010年，全市规模工业实现主营业务收入1293.60亿元，比上年增长35.5%，占全省的比重为6.1%，比上年提高0.3个百分点，出口交货值45.51亿元，增长26.9%，占全省的比重为0.98%，比上年提高0.03个百分点。据2010年工业产品（指采掘业和制造业，下同）市场占有调查资料显示，三明市工业产品销售区域以省内市场为主，省外和境外市场所占比重较小。

三明市十大行业产品三大市场销售比重

（2010年）　　单位：%

行　业	位次	省内比重	省外比重	境外比重
总　计		**66.73**	**26.75**	**6.52**
黑色金属冶炼及压延加工业	1	94.72	5.28	
木材加工及木竹藤棕草制品业	2	50.58	41.76	7.66
纺织业	3	57.11	36.29	6.60
化学原料及化学制品制造业	4	53.85	34.02	12.13
非金属矿物制品业	5	87.24	11.87	0.89

续表 单位：%

行　业	位次	省内比重	省外比重	境外比重
通用设备制造业	6	77.26	21.79	0.95
造纸及纸制品业	7	49.27	44.22	6.51
煤炭开采和洗选业	8	95.19	4.81	
食品制造业	9	26.75	26.35	46.90
非金属矿采选业	10	80.95	9.49	9.56

（一）省内市场销售情况

2010年，三明市工业产品省内市场销售比重为66.7%，居全省第一位，比上年下降2.3个百分点。在调查的34个行业大类中，省内市场销售比重在50%以上的有23个行业，比重超过70%的有12个行业，主要是煤炭开采和洗选业、黑色金属矿采选业、非金属矿采选业、农副食品加工业、化学纤维制造业、非金属矿物制品业、黑色金属冶炼及压延加工业、通用设备制造业等。从全市十大行业（主营业务收入居前十名）看，黑色金属冶炼及压延加工业等8个行业省内市场销售比重在50%以上。从全市十大企业（主营业务收入居前十名）看，福建某公司等7家企业生产的产品省内市场销售比重在50%以上。

（二）省外市场销售情况

2010年，三明市工业产品省外市场销售比重为26.8%，居第八位，比上年提高0.6个百分点。在调查的34个行业大类中，省外市场销售比重在50%以上的只有4个行业，分别是烟草制品业（97.0%）、橡胶制品业（63.7%）、医药制造业（61.5%）和工艺品及其他制造业（55.1%）。从全市十大行业看，没有一个行业省外市场销售比重超过50%，比重较高的是造纸及纸制品业（44.2%）和木材加工及木、竹、藤、棕、草制品业（41.8%）。从全市十大企业看，福建某纸业公司生产的纸袋纸、福建某木业公司生产的刨花板省外市场销售比重超过50%。

（三）境外市场销售情况

2010年，三明市工业产品境外市场销售比重为6.5%，居第八位，比上年提高1.8个百分点。在调查的34个行业大类中，境外市场销售比重在50%以上的仅通信设备、计算机及其他电子设备制造业，其他比重较高的是食品制造业（46.9%）、仪器仪表及文化办公用机械制造业（35.5%）、纺织服装鞋帽制造业（27.5%）和工艺品及其他制造业（19.9%）。从全市十大行业看，没有一个行业省外市场销售比重超过50%。从全市十大企业看，福建三和集团番茄制品有限公司生产的番茄酱全部出口。

三、企业开拓市场中存在的主要问题和困难

（一）结构不合理

三明市是福建省的老工业基地，传统产业多。三明市支柱产业冶金、林产加工、纺织、化工、建材等均属传统产业；高能耗企业多。2010年，三明市黑色金属冶炼及压延加工业、纺织业、化学原料及化学制品制造业、非金属矿物制品业、造纸及纸制品业、电力热力的生产和供应业等六大高耗能行业完成产值673.60亿元，占全市规模工业总产值的比重达50.7%；县域产业结构雷同。2010年，各县（市、区）冶金、林产、机械、采矿、生产医药、纺织、建材和化工这八大产业产值占当地规模

以上工业产值的比重均在80%以上，产业结构同质化必然导致各企业相互争夺资源和市场，各自为战，难以做大做强。

（二）部分企业资金紧张

2010年，央行2次上调贷款基准利率，6次上调存款准备金率，从紧的货币政策加大了企业获取银行贷款的难度，导致部分企业资金紧张。产品市场占有调查资料显示，2010年有51.9%的样本企业反映资金紧张。从资金缺口看，缺口10%-20%的企业占30.1%，缺口20%以上的企业占20.9%，缺口10%以下的企业占49.0%。资金紧张影响了企业正常经营和规模扩张，也影响了产品市场开拓。

（三）名牌企业带动力不强

截止2010年底，全市拥有中国名牌产品3个，福建名牌产品123个，但在全国知名度高、技术含量高、竞争力强的产品不多，名牌企业规模偏小，如：中国名牌产品企业——福建某林业公司、福建某自控技术公司、福建省某化工公司2010年实现销售收入13.57亿元，占全市规模工业销售收入的比重仅1%，且与所在行业产业链较短，配套协作水平低，无法形成较好的产业集群，名牌产品生产企业带动发展格局尚未形成。

（四）出口企业遭遇贸易壁垒

产品市场占有调查资料显示，2010年有46.9%的企业遭遇贸易壁垒，主要是进口产品限制、在特定产品领域维持高关税、各类卫生标准、各类技术标准、未按关税减让表进行减让，其认同率分别为42.1%、21.1%、18.4%、10.5%和7.9%。受其影响，部分企业出口额大幅减少，如：三明某食品公司出口额下降73.8%，尤溪县某林产化工公司出口额下降42%。

四、增强产品市场竞争力的对策建议

（一）加快工业结构调整

坚定走新型工业化道路，把持续增长自主创新能力作为调整工业结构、转变增长方式的中心环节，进一步提高三明工业整体技术水平。一是用先进技术改造传统产业，特别是支柱产业中的传统产业，推进产业转型升级。二是重点发展先进制造业，实现经济的增长方式从粗放型向资金和技术密集型转变。三是综合运用经济、法律和行政手段，严格执行国家产业政策和行业准入条件，限制和淘汰生产技术落后、高耗能、高污染、低产出、低效益的行业和企业，积极引导企业转变增长方式。四是加快发展新兴产业，立足三明优势，重点发展节能环保、新能源、新材料和生物医药产业。五是优化产业布局，各地要根据实际情况和自身的相对优势，重点发展存在比较优势的行业，避免县域产业结构雷同。

（二）拓宽企业融资渠道

一是引导企业实行股份改制，吸纳民间资本。二是优化中小企业营造上市环境，为成长性较高、市场前景好的中小企业提供新的融资场所。三是鼓励行业协会、商会等民间团体组建服务于不同对象的担保机构，切实解决中小企业担保难的问题。四是完善银、企之间的沟通与协调机制，通过组织召开银企洽谈会、金融产品展示会、技改项目推介会等形式，促进银企合作，加大金融对经济建设的支持力度。

（三）培育品牌龙头企业

品牌是市场的通行证，是企业综合竞争力的体现。目前，三明品牌产品不少，但规模偏小，影响力不强。因此，要把培育品牌龙头企业作为着力点，重点扶持市场前景好、发展潜力大、辐射带动力强的龙头企业，促其发展壮大。在政策、资金等方面向龙头企业倾斜，鼓励开展以品牌为纽带的资产重组，通过联合、兼并、股份合作等方式进一步做大做强。积极鼓励企业打造具有自主知识产权、高附加值的名牌产品，如目前在全国同行业中具有比较优势的产品压实机械、轮胎硫化机、特种纸等，努力提升三明名牌产品在国内外市场上的知名度，不断增强产品竞争力。

（四）积极开拓国际市场

鼓励支持有条件、有实力的企业“走出去”发展，建立国外分公司和营销网络。严格企业财务管理和货币结算，规避汇率风险，防范外贸坏账。各级政府主管部门、行业协会要健全产业预警制度，及时为企业提供监测预警信息，帮助企业积极应对国际贸易摩擦和贸易壁垒，保障国际贸易和产业安全。鼓励企业积极参加中国国际投资贸易洽谈会、中国•海峡项目成果交易会、海峡两岸经贸交易会、中国福建商品交易会等重大经贸交流活动和专业会展，依托海峡两岸（三明）现代林业合作实验区，打好三明林博会这一品牌，不断提高三明产品知名度和影响力，进一步扩大境外市场销售份额。

（执笔：陈逢炳）

8-1-8　漳州市光电产业发展浅析

光电产业是当前信息产业领域发展前景最为广阔的新兴产业，是新世纪成长性高、发展速度快、渗透性强、应用范围广、对社会经济影响大的产业。主要包括光显示、光电组件（含发光二极管、太阳能光伏电池）、光通信、光存储、光学组件与激光等不同领域。当前，光电产业最活跃、发展前景最广阔的领域分别是新型显示（含平板显示）、LED（发光二极管）、太阳能光伏等 3 个领域：以平板显示为代表的新型光电显示产品正在迅速取代传统 CRT（阴极射线管）产品，已成为支撑全球信息产业持续发展的新经济增长点之一；以 LED 照明为代表的新型光照明产品，已广泛应用在背光源、显示屏、交通信号等领域，正在向普通照明和大屏幕显示的背光源应用方面发展；以太阳能光伏电池为代表的光能源产业，正在成为应对能源危机和生态环境问题的战略选择，在技术和市场的双重作用下，将会保持高速增长态势。在光电产业发展日新月异的 21 世纪，世界各国纷纷制定光电产业的前景规划和发展策略，争取依靠光电产业的高速发展来带动本国经济的发展，我国也不例外。福建作为全国光电产业发展较早的区域之一，近几年，各级政府和有关部门也把发展光电产业提上重要议事日程，并取得了初步成效。可以这么说，21 世纪一个特定区域经济的发展将无法绕开发展光电产业，因此，抓住光电产业迅猛发展的机遇，分享光电产业发展给经济带来的活力和后劲，将是未来一段时间漳州快速发展经济的重要选项。

一、漳州市光电产业发展情况

（一）平板显示产业

目前，漳州真正属于平板显示的企业只有万利达和利利普两家终端产品生产企业，其中，万利达占了绝大部分产量和产值。2010 年，万利达主要的特色产品——功能扩展型液晶电视年产量 10 万台以上，还大量生产移动无绳 DVD、数码相框、微型笔记本电脑等平板显示相关产品。虽然万利达集团对液晶面板等平板显示上游产品需求量较大，但因客户单一，尚不具备形成产业集聚的条件，主要元器件几乎全部外购。漳州利利普位于蓝田开发区，主要生产小屏液晶电视，年生产能力约为 10 万台，产品以外销为主。

（二）节能照明（含LED）产业

近年来，漳州市立足港口和对台资源，主动承接珠三角、长三角和台湾的产业转移，吸引境内外资本大力发展工业，节能照明产业异军突起，已具备一定的生产能力和竞争实力。主要企业有：立达信、利胜电光源、富顺、锦达、亚明工贸等，主要产品包括：节能灯、LED点阵屏、LED景观灯、LED交通信号灯、LED路灯、LED数码钟表等。从区域来看，全市照明企业主要分布在蓝田开发区、长泰、云霄、华安等地。蓝田开发区拥有富顺、锦达、亚明工贸等LED企业，技术水平暂时领先于漳州其它地区；长泰县形成了以立达信、科明为龙头的节能照明产业集群，云霄县依托邻近广东地区和民间资本雄厚的优势，致力完善光电新兴产业体系，策划生成多个光电项目与民间资本对接。华安、云霄两个园区在2009年同时被福建省信息产业厅授予“福建省光电产业园”荣誉称号。

（三）太阳能光伏产业

漳州太阳能光伏产业还处于起步阶段。主要企业有南靖国绿太阳能、创大太阳能、矽明光电等。位于南靖的漳州国绿太阳能科技有限公司是漳州最早的太阳能光伏企业，该公司规模化从事太阳能电池及其相关产品、太阳能发电站等系统的研制、开发、生产、销售的专业厂家，主要原料“太阳能电池”来自意大利、日本、德国，所生产的“太阳能电池组件”产品已广泛用于无人值守的移动通信直放站、PHS小灵通基站、微波中继站、边防哨所、岗亭、通信机房、高山气象站、广播电视等的供电电源，以及军用、民用的太阳能发电系统、城市道路照明太阳能路灯、公园、住宅小区庭院灯等系列产品，产品在国内外具有一定的知名度。

漳州相继引进了招银开发区的创大太阳能、龙海市东园的矽明光电等项目。2008年9月1日，中国科技下属子公司招商局漳州开发区创大太阳能有限公司二氧化锡（SnO_2）导电玻璃基片生产线顺利投产，成为我国唯一具有商业化生产能力的导电玻璃供应商。同年11月21日，中国科技、招商局漳州开发区管委会与美国Terra Solar Global公司在招商局漳州开发区共同签署了合作框架协议，共同开发建设占地700亩的“厦门湾光电产业城”，总投资约21亿元人民币。12月15日，中国科技下属子公司招商局漳州开发区创达太阳能有限公司引进全球首条货柜式太阳能非晶硅薄膜电池生产线，向下延伸产业链布局。12月27日，中国科技与青海省海西蒙古族藏族自治州人民政府、青海新能源（集团）有限公司签署关于在青海柴达木盆地投资建设GW级大型并网太阳能电站的合作协议。电站首期建设规模为30MW，投资金额约10亿元人民币。2010年6月28日创达太阳能光伏组件项目正式投产，2010年12月3日创达太阳能扩产成功，光伏组件产能达65兆瓦，2011年1月24日创达太阳能完成我国首个透明多晶硅生态光伏系统应用项目。龙海市东园的矽明光电项目拟从事生产太阳能级高纯度硅、晶体硅太阳能电池组件、太阳能路灯、太阳能庭院灯、太阳能草坪灯、LED道路照明灯等产品，是上游原材料与中下游封装应用一体的项目。此外，漳州还有丰盛工业硅、沃的硅业、利南硅业、华程硅业等一批太阳能光伏相关企业。

二、漳州发展光电产业的SWOT分析

（一）优势

1.较大规模的电子信息产业为光电产业发展打下了基础。漳州市现有的电子信息产业的主要产值大部分由万利达、灿坤所贡献，2010年，灿坤公司实现的产值占全市电子信息产业产值的二成以上，万利达科技公司实现的产值占全市电子信息产业产值的15%左右，产品主要分布在智能小家电、数字视听产品、数字化仪器仪表、电子石英钟表、光电子五大行业。灿坤公司是全球智能小家电行业的老大，其煎烤器、电熨斗单项产量位居世界第一，与多家配套企业形成龙池开发区小家电产业集群，万利达在金峰的分公司具有较大的小家电生产规模；以万利达为龙头的数字视听产品也具有较大规模，产品有液晶电视、DVD、移动DVD、数码相框、微型笔记本电脑等。具有较大规模的漳州信息产业是发展光电产业的支撑和基础，相对降低了进入光电产业的难度和门槛。

2.光电产业链的部分领域实现了初步突破，为光电产业的进一步发展创造了条件。在平板显示产业链方面，万利达作为国内知名的电子产品制造商、全国电子信息百强企业，近年来，其投入生产的功能扩展型液晶电视在市场上取得一定的份额，作为漳州平板显示的龙头领军企业具有较强的号召力和向心力，在节能照明（含LED）方面，以立达信等企业为代表的节能灯产业已具有很强的竞争力，可以继续发展，漳州在LED产业链上的主要优势在于拥有较多的应用产品的开发和生产企业，随着云霄、华安、蓝田等地光电产业园的不断壮大，应用产品生产的规模效应将不断放大，为向封装、芯片、外延片等上游产业链延伸打下基础。

3.地理区位优势。漳州地处闽南三角地带，东濒台湾海峡，与厦门隔海相望，东北与泉州接壤，西北与龙岩相接，西南与广东的汕头毗邻。处于由

北往南的沿海大通道上，与广东经贸往来密切，特别是云霄、诏安与深圳、汕头直线距离近，容易接受辐射；龙海、长泰与电子信息产业发达的经济特区厦门接壤，容易接受到特区工业发展的辐射与带动。广东、深圳、厦门均为国内光电产业比较发达的区域，漳州毗邻这些地区，发展光电产业具有天然的区位优势。

4. 对台招商优势。从地理位置上看，漳州东濒台湾海峡，与台湾仅一水之隔，舟楫相通。离台湾最近的东山岛，距澎湖仅 98 海里，距高雄 143 海里。漳州是台湾民众主要祖籍地之一，有近四成台湾民众祖籍地在漳州。由于漳州与台湾地缘相近、血缘相同、人缘相亲、语言相通、风俗相似，有着割不断的亲情。改革开放以来，就有大批台胞到一水之隔的漳州来进行文化交流和投资兴业，两地经贸合作呈现硕果累累，凭借得天独厚的地理、气候优势，漳州一直是全国对台农业合作最为活跃的地区。工业经济合作也涌现了灿坤电子、正兴钢圈等重大项目。台湾为国际上光电产业最发达的几个区域之一，随着两岸关系的升温，越来越多的台资光电企业投资大陆已是大势所趋，漳州作为台湾同胞主要的祖籍地，在吸引台商投资方面具有独特的语言优势、血缘优势、区位优势。

（二）劣势

1. 缺乏龙头领军企业。在平板显示领域，万利达一家独大，配套企业屈指可数，难以形成辐射和带动效应，太阳能光伏产业处于发展初期，相关项目尚未产生规模效益。太阳能光伏产业处于发展初期，仅在节能灯领域，利胜电光源、立达信两家企业产值、产量尚可在国内占有一席之地。

2. 产业链配套不够完善，产业层次较低。在平板显示领域，漳州主要有万利达从事较大规模的液晶电视，主要配套件几乎全部外购，平板显示上游的液晶面板制造（包括背光源、导光板、滤光板等重要配套件）、中游液晶模组制造没有涉及，对 OLED 等新型显示器件的研发也是一片空白；在 LED 领域，上游的芯片、外延片处于空白，中游的封装力量薄弱，下游应用产品的开发生产虽有一定基础，但相比厦门、泉州地区，规模尚小；太阳能光伏产业方面，虽有开发销售部分太阳能应用产品，但产值较小，未能形成规模效应。

3. 后续储备项目数量有限，具有龙头带动作用的项目少。漳州市的重点光电项目虽然具有一定规模，但是具有带动示范效应、能够吸引产业链配套项目跟进的项目很少，将导致漳州光电产业发展后劲相对不足。

（三）机遇

1. 全球和我国光电产业处于高速发展时期特别是 LED、太阳能光伏产业发展空间巨大。全球光电产业始于 20 世纪 70 年代，21 世纪 90 年代以来获得高速发展。高速成长的市场需求为发展光电产业提高了巨大的空间。我国光电技术从上世纪八十年代起步，在国家多项发展计划下，我国光电产业发展迅速，乘全球光电产业发展的东风，漳州也大有可为。

2. 光电产业的区域性转移步伐仍在继续。随着国际信息产业梯度转移的步伐，全球光电产业的梯度转移仍在继续，我国作为全球最被看好的新兴市场，光电产业向中国转移趋势非常明显，国际知名的光电企业到中国投资兴业的愿望仍比较迫切。“2011 两岸新兴产业合作暨经济转型升级高端论坛”之分论坛——光电产业发展专题论坛 9 月 6 日在广东惠州举行。两岸业界人士讨论了两岸优势互补，共同发展光电产业的前景。在全球光电产业格局中占重要地位的台湾与惠州两地优势互补，以惠州仲恺高新区为载体共建“粤台光电合作基地”，台湾光电产业向中国大陆转移将成为趋势。

3. 政府部门开始关注光电产业发展。漳州市各级政府和有关部门把目光瞄向光电产业的发展，具有发展光电产业的决心和信心，是光电产业发展的源动力。云霄县委县政府、华安县委县政府都明确把发展光电产业作为本级政府的重要工作任务，一些工业园区也纷纷有所动作，积极扶持当地光电企业。各级政府部门的重视将为光电产业创造良好的发展氛围。

4. 民营资金投入光电产业的积极性在不断提高。目前漳州的光电产业结构仍以民营中小企业为主，可以说民间资金投资光电产业的热情是近几年促进漳州光电产业的规模迅速壮大的主要因素，未来几年，在争取引进重大外资项目的同时，民间资金投资光电产业积极性不断提高，将给漳州发展光电产业的带来重要的机遇。

（四）挑战

1. 周边地区也在大力发展光电产业，且在某些方面具有比较明显的优势。发展光电产业已经成为国内很多地方政府的共同目标，福建周边广东、江西、浙江发展光电产业的力度都非常之大。漳州虽然已经开始重视发展光电产业，但相比较而言，政策“干货”不多，更多是依靠有关县市或产业园区自身的努力去发展光电产业，这样既难以形成发展的合力，有时甚至引来内部竞争，延缓了各地发展步伐，这是必须引起重视并加以解决的。

2. 发展光电产业其它条件仍比较薄弱。如光电产业特别是上游领域的均属于高投入、高风险、高产出的行业，如：一条液晶面板 6 代线约需 25-30 亿美元，一座现代化的 LED 外延、芯片或高纯度多晶硅提纯工厂至少需要投入 5 亿元以上，现在很多区域在发展光电产业方面不遗余力，在资金的配套上也往往不惜血本，如合肥在引进一条第六代液晶面板生产线时，政府投入达 60 亿元，另外还融资 30 亿元作为项目的配套资金，由于漳州当地政府的财力有限，在配套资金上相对弱于其它区域，招商引资方面也比较缺少转圜的空间。另外，由于历史的原因，漳州经济总量不大，导致投融资体系不完善，给大型项目落地带来困难。光电产业是典型的技术密集型产业，人才在产业发展中的地位十分重要和突出，而漳州由于高等院校数量少、先进制造业基础薄弱等客观原因，高级光电人才屈指可数、普通的技能型工人也明显欠缺。另外，在招商引资、重大项目洽谈等方面的经验也比不上国内其它比较先进发达的地区。

三、发展漳州光电产业的几点建议

（一）抓住机遇，营造良好的发展环境

发展光电产业已经成为海峡西岸经济区建设的重要内容之一，也为漳州发展光电产业创造了机遇和条件。全市上下要统一思想、统一认识、统一行动，积极宣传发展光电产业的好处与前景，为发展光电产业营造良好的舆论环境。发展光电产业是一项复杂的系统性工程，单独依靠某个部门、缓慢的决策流程都会延误产业引进和发展的最佳机遇。建议加强组织领导，集中市、县、工业园区的力量，通过抓大项目、大企业，推进产业链完善和配套环境支撑，为产业的可持续发展奠定坚实基础，为企业的蓬勃壮大创造良好环境。

（二）突出重点，尽快在部分领域实现重大突破

从漳州光电产业分行业来看，节能照明（含 LED）产业基础较好、规模较大，在发展光电产业的同时，应该率先把着力点放在 LED 产业上，根据 LED 配套产业链的特性，重点引进、建设衬底材料制作、外延片生长、芯片制备、封装等中上游产业链项目，形成完善的产业链条。

（三）统筹规划，形成较为合理的产业布局

漳州光电产业已初具规模，但产业布局仍存在一些需要微调的地方。必须根据漳州各区域在优势产业、资金丰裕程度和招商引资方面的差异，按照建设“闽南光电信息产业基地”的战略目标要求，制定区域性的产业集群发展战略，实行新的基于产业集群发展的区域创新政策，因地制宜，因时制宜

布局光电产业，突出块状经济特色。

（四）拓展融资渠道，加大光电产业发展投入

光电产业是高投入、高产出、高附加值、高风险的产业，开拓广阔的融资渠道是发展光电产业的必然选择。必须建立起以政府支持为导向、企业投入为主体、银行贷款为支撑的光电产业资金投入体系，走以财政性资金带动金融性资金、社会和民间资金的路子，多渠道、多层次、多元化地加大对光电产业的资金投入力度。引导金融机构进一步完善金融服务，创新金融品种，加大对光电企业信贷支持力度。市、县财政拨出专项经费，并广泛吸收其他社会资金，设立光电产业发展专项基金，用于支持光电产业科研成果转化和产业化项目的实施和重点项目贷款贴息、节能光电产品的推广应用补助等，在给予企业实质性支持的同时，并以此来宣示漳州发展光电产业的决心和信心，引起业界的关注，为招商引资创造更好条件。建立以基础设施项目融资为主要形式的融资模式，通过项目群体和产业组合，利用BOT[1]、BOO[2]融资、开放性贷款、项目信托等工具，促进商业化融资的实现。

（五）拓展招商思路与提升招商成效

转变招商思路，将“感情招商”升华为“优势招商”，“亲情投资”转向“效益投资”，“分散行动”迈向“联合进军”，加大“特事特办”、“一案一议”力度，突出大项目和产业集群招商，加快项目集聚步伐，增强规模集聚效应，突出引进龙头项目、配套项目和产业集群项目，不断提升招商引资的层次和水平。各地根据本地主导和特色产业，制定产业链招商规划，找准主导产业上下游产业链的空白点和薄弱点，积极引导外资投向附加值高和关联度大的产业。一是借鉴成功地区的招商经验，如昆山等台商密集投资区招商服务经验，构建外商服务体系；二是以园区为载体，有针对性地制定招商引资规划，通过主动招商、以台引台、以商引商、以大带小等手段，利用展会等平台，给园区创造项目对接交流的机会，争取更多的项目落地，在引入外资龙头企业的同时培育或引入内资的配套企业。三是优化服务和产业对接环境，提高行政效率。坚持依法行政，提高行政能力、办事效率和服务水平，提供简便的审批、通关、出入境等手续，优化投资软件环境。四是强化产业集群的研发体系建设，加强产业集群的标准化体系建设，加快发展产业集群内中介服务体系建设，完善产业集群的信息体系建设。

（六）发挥漳州台胞多的优势，加强对台光电产业联系，强化承接台湾产业转移，力争实现产业群聚效应

近年来，随着两岸关系的改善及“三通”的实现，台企对大陆投资呈现“加速度”成长的趋势，大陆仍是台湾的对外投资重心。光电项目更是台商到中国内地投资的热点。近几年台湾的光电产业发展虽然是受台湾经济衰退影响最少的一个高科技产业，但台湾的光电产业仍存在着深层次的发展问题，如基础性建设不足、中长期科研开发投入不足、关键零部件自主性低、需外购，以及劳工、人才短缺，成本高涨等各方面的困扰。加上大陆广阔的市场空间也是进一步吸引台商到大陆投资的有利条件。因此，努力吸引台资企业到漳州投资必须成为发展光电产业的工作重点。加强与省直有关部门、光电行业协会的联系，通过他们建立与台湾区电机电子工业同业公会、台湾区照明灯具输出业同业公

[1] BOT（build-operate-transfer）即建设—经营—转让，是指政府通过契约授予私营企业（包括外国企业）以一定期限的特许专营权，许可其融资建设和经营特定的公用基础设施，并准许其通过向用户收取费用或出售产品以清偿贷款，回收投资并赚取利润；特许权期限届满时，该基础设施无偿移交给政府。

[2] BOO（Building-Owning-Operation）即建设、拥有、运营，是一种正在推行中的全新的市场化运行模式，即由企业投资并承担工程的设计、建设、运行、维护、培训等工作，硬件设备及软件系统的产权归属企业，而由政府部门负责宏观协调、创建环境、提出需求，政府部门每年只需向企业支付系统使用费即可拥有硬件设备和软件系统的使用权。这一模式体现了“总体规划、分布实施、政府监督、企业运作”的建、管、护一体化的要求。

会等岛内吸纳较多光电企业的行业协会的联系，开通入岛接触大型光电企业的管道，为吸引台资光电企业打下基础。由于台资企业对外投资具有“雁群效应”的特色，在努力吸引龙头企业的同时，应该将相应的优惠政策惠及其配套的协力厂，实现产业链的整体引进以及产业集群的培育。

（七）加强人才培养，推动创新不断涌现

通过营造适宜创新的环境，建立企业、企业与大学、研究机构、中介机构之间的合作关系共同学习的机制，以加快知识创造与扩散的速度，从而使区域经济发展建立在强大的创新能力基础之上。同时，要加快区域人才培养与储备，采取引进人才合作研发拥有成果吸纳产业的方式吸引厂商投资设立专业研发中心，提升研发能力，尽快改变漳州实用技术多而高、精、尖技术研发能力偏弱的局面。要努力营造引人、留人的环境，在户口落户、子女上学、个税抵扣等方面提供优惠方便的政策措施。

（执笔：洪宝碟）

8-1-9　2010年南平市工业产品市场占有情况分析

2010年南平市经济恢复较快增长势头。规模以上工业总产值777.15亿元，比上年增长23.4%；经济效益综合指数207.5，比上年提高42.0个点；实现利润总额18.79亿元，增长19.0%。同时，工业产品销售市场份额也发生较大变化，境外销售份额大幅下降，国内市场份额比重明显提升，扩大内需成效显著。但在促转变谋发展的过程中，南平市工业也面临着资金不足、成本上涨、产业结构调整步伐相对缓慢等问题。

一、2010年南平市工业产品三大市场销售情况

表1　南平市工业产品三大市场销售情况表

（2008-2010年）　　单位：%

年份	省内	省外	境外
2008	41.57	45.12	13.31
2009	41.23	47.63	11.14
2010	44.99	49.64	5.37

由表1所示，2010年，南平市工业产品销售省内份额45.0%，省外份额49.6%，境外市场份额5.4%。近三年来，南平工业产品的销售市场格局呈现内扩外缩的局面，国内市场比重不断扩大，境外市场销售比重持续下降。与2009年相比，2010年南平市工业产品的省内市场销售比重提高3.8个百分点，省外市场销售比重提高2.0个百分点，境外市场下降5.8个百分点。

二、南平重点行业市场占有情况变化分析

分行业看，南平市重点行业的市场占有份额也发生相同趋势的变化。

表2　南平市重点行业产品市场占有变化情况

（2008-2010年）　　单位：%

行业名称	2008			2009			2010		
	省内	省外	境外	省内	省外	境外	省内	省外	境外
食品制造业	56.62	32.24	11.14	32.08	47.35	20.57	35.29	52.53	12.18
农副食品加工业	51.44	35.48	13.08	52.13	41.14	6.73	54.96	37.63	7.41
饮料制造业	42.68	50.10	7.22	67.07	27.74	5.19	68.83	25.73	5.44
有色金属冶炼及压延加工业	39.98	38.97	21.05	45.94	43.70	10.36	49.85	45.34	4.81
电气机械及器材制造业	52.28	37.48	10.24	44.24	45.43	10.33	45.08	50.39	4.53
木材加工及木竹藤加工业	29.66	56.49	13.85	29.47	55.82	14.71	34.17	59.24	6.59
化学原料及化学制品制造业	36.44	51.16	12.40	38.29	49.10	12.61	38.98	53.29	7.73
纺织业	48.55	41.81	9.64	33.62	56.95	9.43	34.73	58.59	6.68

除食品制造业、造纸业、交通运输设备制造业等少数行业境外市场份额基本与上年持平以外，大多数行业的境外市场份额呈下降趋势。下降幅度较显著的行业有：纺织服装、鞋、帽制造业，木材加工业及木、竹、藤、棕、草制造业，家具制造业，化学原料及化学制品制造业，电气机械及器材制造业。造纸及纸制品业境外市场销售比重从上年的23.9%下降至15.3%；木材加工及木、竹、藤、棕、草制品业境外市场销售比重从上年的43.2%下降至26.9%。境外市场份额下降的主要原因是，国际市场持续低迷，境外需求降低，导致境外市场份额下降。

（一）省内市场

非金属矿采选及制造业，农副食品加工，饮料制造业，纺织服装、鞋、帽制造业，家具制造业，塑料制品业，造纸印刷业，设备制造业等行业均以本地市场作为主要目标市场。调查资料显示，共有12个行业大类的省内销售比率均达50%以上。省内市场重点行业情况如下：

1. 非金属矿采选业。2010年，南平市非金属矿采选业实现工业总产值7.93亿元，调查显示，非金属矿采选企业2010年省内销售比重73.2%，比上年提高0.8个百分点，省外销售比重26.8%，没有对外出口。主要产品水泥、石灰、石膏制品和耐火材料制品绝大多数在省内销售，省内份额超过90%。2010年水泥产量226.25万吨，需求主要来自于基础设施建设，如高速公路修建，以及房地产项目开发。

2. 农副食品加工及饮料制造业。2010年产值70.66亿元，产品省内销售比重55.0%，比上年提高2.8个百分点；省外销售比重37.6%，下降3.5个百分点；境外销售比重7.4%，提高0.7个百分点。其中，谷物磨制、饲料、植物油加工品主要省内销售，蔬菜、坚果、肉类加工品以省外市场为主，水产品则多销往境外。饮料制造业2010年工业总产值26.15亿元，省内销售68.8%，省外销售25.7%，境外销售5.4%。

产值26.15亿元，省内销售68.8%，省外销售25.7%，境外销售5.4%。

3. 造纸印刷业。2010年造纸及纸制品业产品省内销售比重81.7%，省外比重12.7%，境外比重5.6%。近几年，南平的造纸及纸制品业市场销售情况转变较大。2008年以前该行业主要市场是省外，2007年和2008年省外市场销售份额分别达到56.9%和62.5%；但从2009年起，该行业销售市场转向省内，市场份额均超过80%，2009年为83.1%，2010年为81.7%。

（二）省外市场

电气机械及器材制造业、金属矿采选及压延加工业、食品制造业、纺织业、木材加工业、化工等行业销售以省外市场为主。调查资料显示，2010年南平工业企业共有16个行业大类的省外销售比率达50%以上。省外市场重点行业情况如下：

1. 木材加工及木、竹、藤、棕、草制造业。木材加工业是南平市的重点产业之一。南平地处闽北山区，森林覆盖率高，林木产量高，木竹制造业发展良好。它的延伸行业是家具制造业。产品大部分销售国内市场，小部分在国际市场上销售。调查资料显示，规模以上木竹加工业在2010年实现工业产值159.86亿元，省外销售比重55.8%，省内销售比重29.5%，境外销售比重14.7%。

2. 电气机械及器材制造业。2010年，全市规模以上电气机械及器材制造业实现工业总产值72.16亿元，省外销售比重达50.4%，省内销售比重为45.1%，境外比重4.5%。其中，电线电缆行业发展前景良好。2010年南平太阳电缆有限公司出资参股上游铜产品的加工生产商——福建上杭太阳铜业有限公司，经营铜杆制造、销售，达到与供应商共赢。2010年5月在内蒙古包头投资建设了综合电缆生产基地，包头基地专门面向北方市场，能大幅度降低运输成本和时间。

（三）境外市场

2008年之后，国际市场继续低迷，南平市出口境外的销售比重也在不断下降。根据市场占有调查抽样数据，2010 年，南平市规模以上工业（除电力燃料供应业）的境外销售额 31.83 亿元，占总销售额的 5.4%。省外市场重点行业情况如下：

1. 化学原料及化学制品制造业。2010 年，全市规模以上化学原料及化学制品制造业实现产值 72.70 亿元，境外销售比重 7.7%。近年来南平化学原料及化学制品制造业发展较快，2010 年产值比上年增长 19.3%。一些大型工业企业的出口形式较好。如：南平某化工公司，2010 年生产树脂 8167.7 吨，其中，86.9%销往美国。某白炭黑生产企业，白炭黑产能位居全国之首，其产品在国内外市场上都具有很强的竞争力，2010 年生产白炭黑 72101 吨，其中，50.7%都销往境外东南亚等地。

2. 纺织业。2010 年，全市规模以上纺织业实现产值 33.74 亿元，境外销售比重仅占 6.7%。近几年纺织业境外销售比重下降幅度较大。2007 年该行业境外销售份额达 10.0%，2009 年下降至 9.4%，2010 年境外份额仅为 6.7%。但境外市场仍然是部分纺织企业的一个主要市场。如：南平市某制衣公司的产品 100%销往意大利，2010 年共实现销售收入 8856 万元，比上年下降 6.6%。南平市某针纺公司 2010 年主营业务收入 2346 万元，增长 44.0%。境外销售比重达 71.0%，主要销往欧洲等地。

三、南平规模以上工业发展存在的问题

（一）产业结构中“两高一资”行业比重高（高排放、高污染、资源型），环境压力大

2010 年，南平市木材加工及木、竹、藤、棕、草制品业，有色金属冶炼及压延加工业，造纸及纸制品业产值分别为占规模工业总产值的 20.6%、6.4%、3.8%。而在全省范围内，这三个行业产值比重仅为 2.3%，6.0%，4.1%。“两高一资”企业对能源消耗较大，位于产业链的较低端，产品附加值不高，对环境的破坏较严重。

（二）银根紧缩对部分企业生产经营造成一定影响

2010 年，中国人民银行两次上调存贷款利率，将存款利率由 5.31%提高到 5.81%，连续 8 次上调存款准备金率，实行紧缩性货币政策。银根紧缩后，企业资金缺乏现象严重。据调查，2010 年 57.5%的规模以上工业企业流动资金不足，43.1%的企业固定资产投资资金不足。同时，企业的经营成本增加。如：南平市一家制衣公司，向银行短期贷款约一千万余元。利率提升之后该企业每月要多支付利息 5000 多元，占利润的 10%，企业负担加重。部分企业的扩大再生产还受到影响。如：南平市一家农业开发公司准备启动新厂址建设项目，对资金的需求较大，由于银根收紧贷款不易，目前项目再融资存在一定困难。

（三）能源、原材料价格上涨及用工成本提高，企业利润空间缩小

近年来，能源、原材料价格持续上涨，对南平企业产生较大影响。2010 年生产者价格指数 106.8。为了解原材料价格上涨对企业生产成本的影响程度，根据市场占有调查半年报数据显示：89.1%的企业原材料价格同比上涨，18.3%的企业成本上升幅度超过 10%，9.0%的企业成本上升超 20%。分行业看，食品制造加工业、金属冶炼加工业受原材料价格影响较大。上半年农副食品加工业的生产者价格指数达 110.4，黑色金属冶炼及压延加工业的达 116.1。面对原材料价格上涨形势，企业采取多种措施应对：65.6%的企业相应提高产品单价，50.8%的企业通过削减其他成本来降低总成本，10.7%的企业选择集中采购原材料。

（执笔：丁岚）

8-1-10　龙岩市工业产品市场占有情况分析及对策建议

2010年，龙岩市精心组织开展“项目建设年”活动，着力转变经济增长方式，积极推进工业结构调整，提高产品质量，奋力开拓市场，工业产品市场占有率进一步提高。但制约龙岩市工业产品市场占有率提高的因素依然存在，须引起重视并加以解决。

一、龙岩市工业产品市场占有现状

（一）工业产品总体竞争力不断提高

从市场竞争力看，经过几年的发展壮大，龙岩市的工业产品总体竞争力不断提高，主要产品市场影响力已逐渐显现，很多产品在国内、国际市场占有一席之地。龙工集团是我国装载机行业三强之一，名列“全球工程机械 50 强（第二十五位）”，主导产品“龙工”牌装载机的整机销量稳居全国同行首位。龙净环保是龙岩市国家级高新技术企业、全国环保重点骨干企业，是国内唯一机电一体化设计制造电除尘器的专业厂家，“龙净”牌电除尘器市场份额居全国首位。龙马环卫装备有限公司实力居全国同行业第二位。海德馨公司所生产移动发电车的“0 切换”技术居全国第一。企业的品牌意识进一步增强，至 2010 年，龙岩市拥有中国驰名商标 5 个，省级著名商标 108 个，省级名牌 91 个。

（二）工业产品三大市场占有份额基本稳定

据抽样调查结果显示，2010年，全市规模以上工业产品的省内、省外、境外三大市场销售比重分别为 55.78∶36.99∶7.23，与 2009 年三大市场的销售比重 59.59∶34.90∶5.51 相比，省内市场所占份额下降 3.8 个百分点，省外、境外市场所占份额分别上升 2.1 个百分点和 1.7 个百分点。

（三）与全省工业产品销售区域存在明显差异

2010年，龙岩工业产品省内销售比重为 55.8%，比全省的 33.6%高出 22.2 个百分点；在调查的 34 个行业中有 25 个行业销往省内的比重高于全省平均水平。省外销售比重为 37.0%，比全省的 37.5%低 0.5 个百分点；从调查行业来看，34 个行业中的“化学纤维制造业”在省外完全没有销售，其余的 33 个行业中有 16 个行业销往省外的比重高于全省平均水平。境外销售比重为 7.2%，比全省的 28.9%低 21.7 个百分点；在调查的 34 个行业中，有 11 个行业完全没有境外销售，在境外销售的 23 个行业中，仅有 3 个行业的销售比重高于全省平均水平。

（四）省内、省外、镜外销售比重在九地市中的位次依次后移

在全省九个设区市中，按从高到低的顺序排位，龙岩市工业产品省内销售比重居第二位，仅次于三明市，比三明市的 66.7%低 10.9 个百分点；省外销售比重分别比南平市、泉州市和宁德市低 12.6 个百分点、12.6 个百分点和 9.9 个百分点，居第四位；境外销售居第七位，与外销比重最大的厦门市相比，低 41.3 个百分点，仅高于三明市、南平市 0.7 个百分点和 1.9 个百分点。见表 1。

（五）部分行业省外境外市场销售份额大幅提高

一是 2010 年废弃资源和废旧材料回收、文教体育用品制造业、通信设备计算机及其他、橡胶制品业四大行业省外销售比重分别比 2009 年提高 65.3 个百分点、20.6 个百分点、14.2 个百分点和 11.1 个百分点；二是专用设备制造业，化学原料及化学制品制造，印刷业和记录媒介的复制，纺织服装、鞋、帽制造业，电气机械及器材制造业五大行业境外销售比重分别比 2009 年提高 55.1 个百分点、56.8 个百分点、97.6 个百分点、74.7 个百分点和 21.3 个百分点。

表1 全省各设区市工业产品三大销售区域分布情况

（2010年） 单位：%

地 区	销售比重		
	省内	省外	境外
全 省	**34.03**	**35.79**	**30.18**
福州市	32.18	31.64	36.18
厦门市	18.17	33.30	48.53
莆田市	42.30	26.90	30.80
三明市	66.73	26.75	6.52
泉州市	26.80	49.57	23.63
漳州市	43.34	26.42	30.24
南平市	44.99	49.64	5.37
龙岩市	55.78	36.99	7.23
宁德市	36.20	46.93	16.87

二、制约市场占有率提高的主要因素

（一）工业经济外向度偏低

2010年，龙岩市外贸依存度为9.9%，比全省的49.3%低39.4个百分点，其中，出口依存度为8.6%，比全省的32.4%低23.8个百分点。2010年，全市规模以上工业出口交货值45.5亿元，仅占全市规模以上工业销售产值的4.0%，也比同期外贸依存度9.9%低5.9个百分点。而且出口加工企业自主创立品牌不多，大多数为贴牌、定单生产，如：长汀县纺织服装制造企业，大多数企业从事贴牌、定单生产。该县2010年工业总产值超亿元的福建省长汀威鸿制衣有限公司、天守文兴纺织有限公司、天守服装制造有限公司等企业均从事贴牌、定单生产。

（二）产业结构制约工业产品销售区域扩大

2010年，龙岩市规模以上工业总产值为1177亿元，其中，煤炭开采和洗选业94.9亿元，占规模以上工业总产值的8.1%；黑色金属矿采选业20.6亿元，占1.8%；有色金属矿采选业9.1亿元，占0.8%；非金属矿采选业10.2亿元，占0.9%；非金属矿物制品业122.4亿元，占10.4%；黑色金属冶炼及压延加工业49.1亿元，占4.2%；有色金属冶炼及压延加工120.3亿元，占10.2%。这七大产业产值426.7亿元，占全市规模以上工业总产值的36.2%。由于龙岩市的工业发展对煤炭、水泥、铁矿石等原材料、能源的依赖程度较高，加之这些产品相对笨重，运输成本较高，制约产品销售区域的进一步扩大。

（三）企业品牌意识不强，知名品牌不多

总体而言，龙岩市企业品牌意识相对淡薄，培育、申报、创牌的积极性远不如沿海企业。以长汀纺织行业为例，长汀现有纺织服装企业300余家，初步形成鸿程、宏鑫、华平等一批龙头企业领军的纺织服装产业集群。但纺织企业数量众多，知名品牌却相当有限，目前仅有3项福建省著名商标、2项省名牌产品。再以水泥产品为例，目前龙岩市有水泥品牌近百个，但仅有9个品牌获“福建名牌产品”称号。龙岩市“中国名牌产品”、“中国驰名商

标”数量仅占全省的4%左右，与泉州、福州、厦门等沿海地市相比相距甚远。2009年，全省有32个品牌入选“中国500最具价值品牌”排行榜，而龙岩市无一品牌入选。

（四）产业创新能力较弱，高层次人才严重缺乏

龙岩市产业创新能力总体较弱，突破关键技术较差，没有形成比较完善的产业创新机制，产、学、研结合不够紧密，新产品开发与推出慢，影响和制约了企业的发展。2010年，全市规模工业企业科技经费支出仅占销售收入的1.1%，龙岩卷烟厂、龙工、紫金、龙净等四家企业的科技投入占全市科技投入的90%左右，这说明全市大部分企业尚未开展科研活动。《2009年福建省高新技术产业发展研究报告》显示，龙岩市每万人中从事科技开发的人数仅为9人，低于全省平均水平。由于企业本身的高层次人才和具有战略眼光的企业家短缺，熟练技术工人较少，引进和利用人才的意识不强，目前全市拥有高新技术企业38家，不到厦门424家的十分之一。

三、几点建议

为提高龙岩工业产品的市场竞争能力，扩大产品的市场占有率，建议如下：

（一）转变营销观念

1.实现营销观念创新。企业要在市场营销理论指导下，转变仅仅推销产品的观念，进而确定明确的发展方向，以顾客需要为中心，通过建立基于顾客价值和满意之上的长期顾客关系来取得利润。

2.力促营销手段创新。积极推广应用信息技术，促进数控系统、生产过程控制、计算机辅助设计、计算机辅助制造和电子商务等技术在企业广泛应用，利用信息技术提供的实时性、共享性和公正性，优化企业产、供、销全过程的管理流程，推动企业营销、采购、运输和服务方式的变革，从促进企业实现管理创新，实现物流、信息流和资金流的集成和优化，提高企业市场应变能力和竞争力。

（二）力促技术创新

1.加大技改投入。结合全市重点投资工程，指导和帮助企业引进先进技术，加快新产品开发和传统产品的升级换代，特别是要突出抓好重点行业的技术改造和技术引进，大力引进国外先进技术和关键设备。

2.做好产学研对接。组织召开产学研对接交流会，举办产学研沙龙，收集发布企业需求、科技成果、科技资源等产学研合作技术创新信息，促进产学研的对接与交流；促进一批企校联合研发试验平台的建设；实施一批产学研合作重点技术创新项目；加强对产学研合作技术创新项目的指导；加强与相关部门的合作，协调整合部门资源，共同加大对产学研结合重点研发试验能力建设项目、重点研发及产业化技术创新项目、重大科技成果的产业化转化项目等的引导支持力度。

（三）实施名牌战略

1.深入推进品牌战略。要以培育拳头产品为突破口，着力培育壮大在海西甚至全国有影响力的产品、企业、产业品牌。支持优势企业、产品创建全国乃至国际知名品牌；鼓励有条件的企业依托品牌优势，采取收购、兼并、控股、联合以及委托加工等方式，整合众多无牌加工企业的生产能力；依托区域特色产品，鼓励行业协会、龙头企业牵头或由中小企业合作，努力培育知名区域品牌；要积极引导龙工装载机、龙净除尘器、佳丽斯床上用品系列、喜鹊牌毛巾、标志食品等国家级品牌争创中国世界名牌，提升拓展七匹狼卷烟、森宝鲜冻肉鸡等产品为全国知名品牌，培育发展龙马专用车、卫东环保、畅丰车桥、金鑫钨制品等产品为省内知名品牌并争创国家级品牌。

2.加大创建品牌的扶持力度。要积极学习先进地区的做法，细化培育拳头产品的有关政策，实施品牌企业重点跟踪协调服务制度，及时协调解决品牌创建过程中存在的困难问题；鼓励行业协会和中介组织为品牌创建企业和单位提供信息咨询、认证咨询、品牌推介、人才培训、商标代理等服务，建立运作规范、功能完善的品牌服务体系；设立品牌培育宣传专项工作经费，建立品牌公共服务平台，整体推广、宣传品牌，在市内主要媒体上开辟“品牌龙岩”专栏，在政府网站建立“品牌龙岩”网页，在国内外媒体、大型展会集中宣传龙岩市优质品牌等。

（四）大力发展外向型经济

鼓励企业赴境外参展、运用出口信用保险，支持企业反倾销应诉，政府可对实际产生的相关费用给予相应补助；对重点出口企业实行重点扶持和提供服务，在同等条件下优先安排参加国内外交易会，优先安排承兑汇票、贴现、进口押汇、出口押汇、打包贷款和封闭贷款，优先办理和简化企业商务人员出境手续，此外，如期组织企业参加国外知名展销会等，扩大企业产品镜外销售渠道。

（执笔：郝红丽　林德洲）

8-1-11　加快工业转型升级　提升工业市场占有水平

——宁德市与龙岩市工业品市场占有情况对比分析

宁德市"十二五"规划提出要实现经济发展水平与全省平均水平差距明显缩小，在海西发展格局中位次前移。近年来，宁德市工业经济呈现迅猛发展势头，规模以上工业[1]（包括规模以上电力、燃气及水的生产和供应业）增加值、总产值增速连续六年位居全省各设区市首位，2010年，规模以上工业（包括规模以上电力、燃气及水的生产和供应业）生产总量超过南平市，越居全省第八位。虽然2010年宁德市规模以上工业产品市场占有率也实现赶超南平市，但优势并不明显，与前一位的龙岩市仍有距离，因此，还需要进一步提高工业整体竞争力，实现位次再次前移。本文意在通过宁德市与龙岩市规模以上工业产品市场占有情况的对比分析，找准宁德市的发展差距，加快工业发展步伐，全面提升工业整体竞争力，再创工业经济新辉煌。

一、工业产品市场占有基本情况

2010年，宁德市实现规模以上工业产品销售收入765.47亿元，比上年增长52.8%，占全省比重为3.5%，比上年提高0.8个百分点。从销售区域上看，2010年，省内、省外、境外产品销售收入比例为36.2∶46.9∶16.9，产品由出口转内销趋势明显，境外销售比重持续下降，分别比2008年和2009年下降3.1个百分点和10.7个百分点；分区域市场占有率全面提高，国内市场占有率[2]4.2%，提高0.7个百分点，境外市场占有率2.0%，提高0.2个百分点。

2010年，龙岩市实现规模以上工业产品销售收入1055.02亿元，比上年增长40.5%，占全省比重为4.8%，比上年提高0.4个百分点。从销售区域上看，龙岩市工业产品以内销为主，2010年，省内、省外、境外产品销售收入比例为55.8∶37.0∶7.2；分区域市场占有率提高，国内市场占有率6.4%，提高0.2个百分点，境外市场占有率1.2%，下降0.4个百分点。

二、宁德市工业产品市场占有率的主要优势

（一）产品销售面广于龙岩市

从产品销售情况看，宁德市工业产品销售区域分布格局要优于龙岩市，龙岩市工业产品销售主要集中在省内市场，2010年龙岩市过半产品销往省内市场，销售比重达55.8%，比宁德市高了19.6个百分点，同时，境外市场开拓不足，境外市场销售收入比重仅7.2%，比宁德市低9.7个百分点。

（二）工业产业集中度高于龙岩市

2010年，宁德市工业产品销售收入以电气机械及器材制造业、塑料制品业、黑色金属冶炼及压延加工业、通用设备制造业、交通运输设备制造业为主，占全市规模以上工业产品销售收入的57.4%；龙岩市工业产品销售收入以非金属矿物制品业、有色金属冶炼及压延加工业、煤炭开采和洗选业、专用设备制造业、烟草制品业为主，占全市的48.0%。与龙岩市相比，宁德市的工业产业集中度更高，产品销售收入前五位的产业比重比龙岩市高9.4个百分点，其中，第一位的产业比重高5.4个百分点，前三位的产业比重高9.1个百分点。

---

[1]本文中所提到的规模以上工业如无特殊说明均指规模以上采掘业和制造业，不包括规模以上电力、燃气及水的生产和供应业。

[2] 市场占有率=全市工业产品销售收入/全省工业产品销售收入×100%；

国内市场占有率=全市工业产品国内市场销售收入/全省工业产品国内市场销售收入×100%；

境外市场占有率=全市工业产品境外市场销售收入/全省工业产品境外市场销售收入×100%

宁德市与龙岩市规模以上工业产品市场占有率对比表

（2010 年）

	单位	宁德	龙岩	宁德比龙岩
销售收入	亿元	765.47	1055.02	-289.55
销售收入增幅	%	52.8	40.5	12.3
省内销售收入比重	%	36.2	55.8	-19.6
省外销售收入比重	%	46.9	37.0	9.9
境外销售收入比重	%	16.9	7.2	9.7
市场占有率	%	3.5	4.8	-1.3
省内市场占有率	%	3.5	7.4	-3.9
省外市场占有率	%	4.9	5.3	0.4
境外市场占有率	%	2.0	1.2	0.8
国内市场占有率	%	4.2	6.4	-2.2

（三）工业产品销售收入增长速度快于龙岩市

2010 年，宁德市规模以上工业产品销售收入分别比 2009 年和 2007 年增长 52.8%和 144.8%，增幅分别比龙岩市高 12.3 个百分点和 19.3 个百分点，2007 至 2010 年间，年均增长 34.8%，比龙岩市高 3.7 个百分点。分行业看，主要支柱产业增长贡献率高于龙岩市，2010 年，产品销售收入居第一位的的产业（电气机械及器材制造业）比上年增长 41.3%，拉动全市规模以上工业产品销售收入增长 7.6 个百分点，增长贡献率达 14.4%，比龙岩市居第一位的产业（非金属矿物制品业）增长贡献率高 6.0 个百分点；居前五位的产业共拉动全市规模以上工业产品销售收入增长 33.2 个百分点，累计贡献率达 62.9%，累计贡献率比龙岩市高 26.2 个百分点。

三、宁德市工业产品市场占有率的主要差距

（一）总量规模低于龙岩市

2010 年，宁德市规模以上工业产品销售收入 765.47 亿元，比龙岩市少 289.55 亿元，规模以上工业产品市场占有率 3.5%，比龙岩市低 1.3 个百分点。近年来，虽然宁德市增长速度高于龙岩市，但由于宁德市基础比较低，绝对额差距仍呈扩大趋势，2010 年规模以上工业产品销售收入差额分别比 2009 年和 2007 年扩大 39.5 亿元和 134.4 亿元。

（二）盈利能力弱于龙岩市

2010 年，宁德市规模以上工业（包括规模以上电力、燃气及水的生产和供应业）实现利润总额 42.83 亿元，仅为龙岩市的 31.4%；利税总额 75.62 亿元，仅为龙岩市的 31.2%；销售利润率[3]仅 5.0%，而同期龙岩市销售利润率达 12.1%，宁德市工业企业盈利能力偏弱。

（三）企业数量少于龙岩市

2010 年，宁德市共有规模以上工业（包括规模以上电力、燃气及水的生产和供应业）企业 1034

[3]销售利润率=利润总额/主营业务收入×100%。

个，比龙岩市少375个。在全省主营业务收入前150家工业（包括规模以上电力、燃气及水的生产和供应业）企业中，龙岩市有8家，宁德市仅2家，其中，龙岩市的龙岩烟草工业有限责任公司进入全省前10名，居宁德市第一位的福建大唐国际宁德发电有限公司在全省仅居第四十八名，其次是福建省大众金属有限公司在全省居第一百三十六名。

四、提升工业产品市场占有率的对策建议

（一）拓展延伸产业链，做大做强支柱产业

以各工业园区为载体，优化产业布局，提高传统产业集中度和综合配套能力，拓展延伸产业链，加快资源整合步伐，继续重点推进电机电器、船舶修造、汽摩配件、医药化工、建材、食品、电力等重点特色产业，培育发展产业集群，做强支柱产业，做大做强知名品牌，提高产业竞争实力。

（二）引导和推动企业兼并重组，加速培育大企业大集团

针对企业规模小、抵御风险能力差等现状，积极引导企业开展合资合作，鼓励企业进行兼并重组，整合产业优势，把企业和集团做大做强，对产值规模首次跨入一定额度（如亿元、十亿元、百亿元等）的企业进行奖励，加速培育一批整体竞争力强、带动作用明显的龙头骨干企业，增强大企业大集团的龙头带动作用。

（三）转变工业发展方式，增强工业整体实力

转变工业发展思路与理念，工业发展要从追求“速度”过渡到追求“效益”，切实转变工业发展方式。加强企业科技创新，不断提高产品技术水平。鼓励、引导企业以市场为导向，加强企业管理，规范企业经营，逐步由小做大，由弱做强，增强企业抗风险能力，提高企业运行质量，增强全市工业经济整体实力。

（执笔：蒋清浴）

8-1-12　宁德市电机制造业产品市场占有率变动情况分析

近年来，宁德市电机制造业呈现出快速发展势头，已逐步形成了初具规模的产业群，在全省占有一席之地。宁德市“十二五”规划明确提出“要全面提升电机电器等传统产业整体竞争力，要以专业园区为载体，优化产业布局，大力提高传统产业集中度和综合配套能力，拓展延伸产业链，提升中国中小电机之都等的核心竞争力。”而市场占有率[1]是衡量一个地区工业品竞争力的一项重要指标，通常通过同一报告期某子体销售额（或销售量）占总体的比重来表示。本文通过分析近年来宁德市电机制造业发展现状、市场占有率变动情况及存在的问题，提出如何进一步提高市场占有率进而提升竞争力的对策及建议。

一、电机制造业发展现状

（一）产业规模不断扩张

2010 年，宁德市规模以上[2]电机制造业总产值 123.99 亿元，年总产值首次突破百亿大关（全部电机制造业总产值在 2007 年就已突破百亿，是宁德市首个百亿集群产业），比 2007 年增长 99.3%，年均增长 25.8%；企业个数从 2007 年的 75 家增加到 2010 年的 107 家，增长 42.7%，年均增长 12.6%；产品销售收入从 2007 年的 65.82 亿元增长到 2010 年的 113.64 亿元，增长 72.7%，年均增长 12.0%。

（二）产业布局相对集中

从区域布局看，宁德市电机制造业企业主要分布在东侨经济开发区和福安，两地电机制造业总产值占到了全市的 90%以上，其中，福安市占 80%以上。

（三）品牌建设不断完善

安波公司在 2005 年获得国家产品质量免检资格证书的基础上，2006 年获国家出口免验资格证书，2008 年再获“中国驰名商标”称号；凯捷利公司获得国家产品质量免检资格证书，福建泰格动力机械有限公司的“泰格及图”和闽东亚南电机有限公司“亚南”商标被评为“中国驰名商标”，实现宁德市工业企业国家品牌零的突破；累计有 26 家企业拥有 39 个省级品牌，有 14 家企业的 25 种产品获得省级名牌产品称号，17 家企业获得福建省著名商标品牌，4 家企业获得福建省 2009 年度国际知名品牌。

二、电机制造业市场占有率变动情况

近年来，宁德市电机制造业产品市场占有率居全省首位，但市场份额总体上呈缩小趋势，产品销售收入占全省的比重从 2007 年的 59.0%逐年下降到 2009 年 50.1%，而后回升到 2010 年的 54.0%。（具体如下图所示）。

（一）内销收入快速增长，国内市场市场占有率居全省首位

2010 年，宁德市电机制造业产品省内、省外、境外三大市场销售比列为 35.9∶20.9∶43.2，宁德市电机制造业产品销售格局逐步由出口为主转变为以内销为主，2010 年，国内市场销售比重达 56.8%，分别比 2009 年和 2007 年提高 9.5 个百分点和 27.3 个百分点，国内市场销售收入 64.50 亿元，比 2007 年增长 2.3 倍，年均增长 49.3%，比全部市场产品销售收入年均增长速度高 37.3 个百分点，国内市场销售收入快速增长。2007-2010 年国内市场占有率分别为 58.3%、57.6%、71.9%和 68.3%，国内市场占有率居全省首位，呈波动趋势。

---

[1]本文市场占有率计算公式：
某产业产品市场占有率=全市该产业产品销售收入/同一报告期全省该产业产品销售收入×100%

[2]本文数据无特别说明的均为规模以上数据，下文将不再注明“规模以上”。

宁德市电机制造业市场占有率变动情况

单位：%

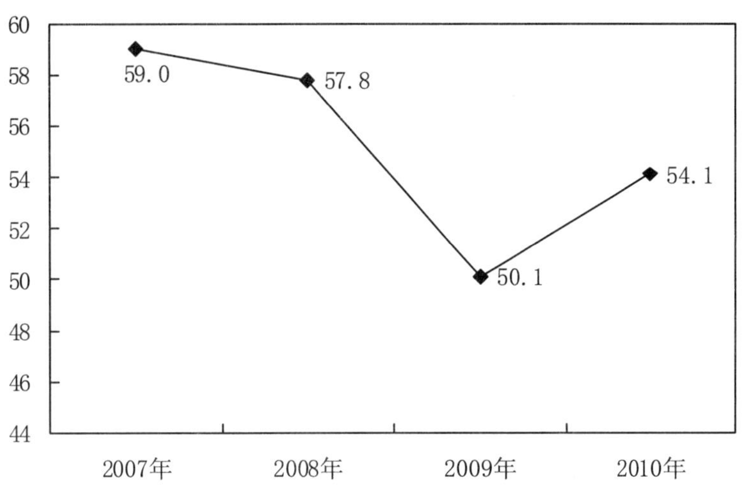

（二）境外市场销售比重下降，市场占有率有所下降

2010年，宁德市电机制造业产品境外市场销售比重43.2%，呈下降趋势，2007-2009年境外销售比重分别为70.5%、76.2%和52.8%。2010年，电机制造业产品境外销售收入49.14亿元，比2007年略增5.8%，但比2008年下降22.1%。境外市场占有率由2007年的59.3%逐年下降到2009年的39.4%，2010年又回升至42.5%。主要原因：2009年，金融危机影响的进一步深化，境外市场持续低迷，境外市场销售收入比2008年骤降了31.4%，境外市场占有率也随之下降18.5个百分点；2010年，随着境外经济回暖，境外市场销售收入回升，比2009年增长13.5%，境外市场占有率也相应提高3.1个百分点。

三、提高电机制造业产品市场占有率存在的问题

（一）产业抵御风险能力弱

2009年，受国际金融危机的影响，宁德市电机制造业境外销售收入急剧下降，境外市场占有率位次下降。2009年，电机制造业境外销售收入比2008年下降了31.4%，而同期，全省电机制造业境外销售收入增长0.8%，福州、厦门更是逆市增长，增幅分别达45.0%、34.4%；境外市场占有率被福州市赶超，由2008年第一位降至2009年的第二位，金融危机对宁德市电机制造业带来的影响要远大于全省平均水平。

宁德、福州、厦门境外市场占有率对比表

（2008-2009年）　　单位：%

	宁德	福州	厦门
2008	57.9	39.2	1.8
2009	39.4	56.4	2.3

（二）企业技术创新能力弱

以福安为例，目前大多数企业仍然以传统产品生产为主，生产工艺较为落后，企业自主创新能力不强。多数电机企业的产品以通用中小型电机为

主，产品技术水平处于中低档次。一些企业生产的传统风扇电机，材料成本占总成本的80%以上，产品属于低附加值的劳动密集型产品，企业利润仅维持在2%-3%水平。此外在福安拥有整机生产的200多家企业中，拥有自主品牌的仅占一半，另一半企业则采用贴牌生产的经营模式，致使大部分利润被侵占，制约企业进一步做大做强。

（三）产业链延伸不足

目前，与电机制造业企业相配套的产业带没有形成，产业链条还十分短小，上游原材料供应企业不足，目前福安市企业所需的原材料钢材、铝材、轴承全部依靠省外购进，市内仅可满足45%的漆包线、40%硅钢片、60%的铸件供应，缺口部分需要省外购进，对外依存度高，物流成本等压缩企业价格优势，影响企业发展壮大。

（四）企业生产经营环境日趋严峻

银根紧缩、原材料价格持续上涨、人民币升值、缺工等一系列问题加大企业运营难度。①银根紧缩。2010年，57.8%的电气机械及器材制造业企业存在流动资金缺口，且缺口比重在10%以上的的占42.3%。②原材料价格上涨。2011年3月与2010年10月的原材料价格对比分析，材料采购价上涨导致企业成本上浮约6%。③人民币升值。福建某电机公司受人民币升值影响2010年第三季度汇兑损失10多万元。④缺工。2010年，63.8%的电器机械及器材制造业企业反映缺工，其中，反映缺技术工人、熟练工人的企业分别达40.0%、86.7%。

四、提高电机制造业产品市场占有率的对策建议

（一）推动企业结构调整和产业升级

加快企业结构调整步伐，引导和支持企业采用新技术、新工艺、新设备、新材料进行技术改造，加快淘汰落后产能和落后工艺，进一步提高生产工艺水平，提高劳动生产率、产品竞争力和企业经济效益。

（二）发展企业品牌，培育更多具有竞争力的龙头企业

龙头企业是产业发展壮大的核心力量，品牌建设是产业发展的催化剂。首先，要制订品牌培育建设规划，建设一批品牌产品、品牌企业。其次，实施品牌建设扶持政策。整合政府各部门资源，引导社会资源流向高成长性的优势产业和品牌企业，争创中国名牌产品、中国驰名商标、重点培育和发展的出口名牌商品，通过打响品牌，提高知名度，扩大市场份额。

（三）开拓市场，提高市场占有率

要积极搭建企业与市场、企业与企业的沟通平台，积极引导企业采取积极的销售政策，扩大和完善现有销售网点，渗透拓展新市场，完善销售网络。支持和鼓励龙头企业实行集团化、规模化发展战略，不断提高市场占有率和竞争力。

（四）加强企业监测，密切关切企业发展动态

做好企业发展情况的调研监测工作，及时了解企业运营中遇到的新情况、新问题，制定相应的产业政策，协助解决企业运行中的突出问题，培育开发特色产品。指导和帮助企业加强内部风险管理，加强成本管理、质量控制，不断提高抵御风险的能力，增强综合实力。

（执笔：蒋清浴）

8-2 市场扫描

8-2-1 农林牧渔业

2010 年，我国农业克服了农产品价格大幅波动、自然灾害发生等不利影响，继续保持了稳定发展的好势头，农林牧渔业全面发展，结构不断优化，传统农业向现代农业转变加速，强农惠农政策体系进一步完善，为保持经济的平稳较快增长和社会和谐稳定奠定了坚实的基础。

从“十一五”期间全国的情况看，2010 年，农林牧渔业增加值达 40497 亿元，比 2005 年增加 18077 亿元，十一五期间年均增长 4.5%。农业产值达 36933 亿元（按可比价格计算），五年年均增长 4.4%。五年来，粮食连年增产，共增产 6239 万吨，年均增长 2.5%，2010 年粮食产量达 54641 万吨。五年间，有四年粮食产量超过万亿斤。棉花产量 597 万吨，比 2005 年增加 25.80 万吨，年均增长 0.9%；油料产量 3239 万吨，增加 162 万吨，年均增长 1.0%；糖料产量 12045 万吨，增加 2593 万吨，年均增长 5.0%；茶叶产量 145 万吨，增加 51 万吨，年均增长 9.2%。林业产值达 2606 亿元，五年年均增长 6.9%，天然林保护工程、退耕还林工程等林业重点工程取得明显成效。畜牧业产值达 20870 亿元，五年年均增长 4.8%；肉类、禽蛋、牛奶产量分别达到 7925 万吨、2765 万吨、3570 万吨，比 2005 年分别增长 14.2%、13.4%、29.7%，有力保障了畜产品市场有效供给。其中，猪肉产量 5070 万吨，比 2005 年增长 11.3%；牛肉产量 653 万吨，增长 14.9%；羊肉产量 398 万吨，增长 13.7%。目前，我国人均肉类占有量超过世界平均水平。畜牧业生产方式发生了明显的变化，生猪生产总体上由以散养为主转变为以规模养殖为主，畜产品质量监管意识和水平也有了新的提高。渔业产值达 6440 亿元，五年年均增长 5.7%。全国水产品产量达 5366 万吨，五年年均增长 4.0%。水产资源养护和可持续利用得到重视和加强，标准化、集约化养殖方式发展迅速。

从福建看，2010 年，农林牧渔业完成总产值 2307.06 亿元，比上年增长 3.5%。粮食种植面积 1848.45 万亩，比上年增加 1.93 万亩，其中，稻谷面积 1282.24 万亩，减少 14.66 万亩；烟叶种植面积 97.28 万亩，减少 6.24 万亩；油料种植面积 167.49 万亩，增加 1.86 万亩；蔬菜种植面积 1000.40 万亩，增加 20.43 万亩。全年粮食产量 661.89 万吨，比上年减少 4.99 万吨，减产 0.7%，其中，稻谷 507.94 万吨，减少 7.39 万吨，减产 1.4%。

肉蛋奶总产量 222.22 万吨，比上年增长 1.3%。肉类总产量 180.21 万吨，增长 2.9%。其中，猪、牛、羊、禽肉分别增长 2.6%、4.0%、4.6%和 2.9%。奶产量 15.74 万吨，增长 1.2%。

水产品产量 587.42 万吨，比上年增长 3.1%。其中，淡水产品产量 74.16 万吨，增长 3.4%；海洋捕捞 209.36 万吨，增长 2.2%；海水养殖 303.90 万吨，增长 3.7%。

新增有效灌溉面积 11.95 万亩，新增节水灌溉面积 60.62 万亩。

农业产业化加快推进，184 家省级重点龙头企业销售收入 883.51 亿元，比上年增长 19.6%，带动农户 287.03 万户。

“十一五”期间，福建农林牧渔业总产值年均增长 3.9%。2010 年，粮食产量比 2005 年减少了 0.15 万吨；茶叶产量增加 8.63 万吨，年均增长 8.0%；水果产量增加 81.10 万吨，年均增长 2.7%；肉类总产量增加 15.36 万吨，年均增长 1.8%。

8-2-2　煤炭行业

2010 年以来，全国煤炭产量继续保持较快增长，煤炭进口量维持高位，煤炭价格随供需变化阶段性波动，煤炭市场供求呈现基本平衡、相对宽松、结构性过剩与区域阶段性偏紧并存的特点，煤炭经济运行质量稳步提高。

一、产量、运量均增加，企业库存量下降，用户及港口库存量增加

（一）煤炭产量、运量保持较快增长

2010 年，全国原煤产量达 32.40 亿吨，比上年增长 8.9%；铁路煤炭发送量累计完成 15.50 亿吨，比上年增加 2.20 亿吨，增长 16.5%。全国主要煤炭中转港口发运煤炭 5.60 亿吨，增加 0.98 亿吨，增长 21.5%。

（二）煤炭企业库存量下降，用户及港口库存量增加

截止 2010 年 12 月末，全国煤炭企业库存 5100 万吨，比年初减少 686 万吨，比上年下降 11.9%；全国重点发电企业存煤 5607 万吨，比年初增加 1777 万吨，增长 46.4%，可耗用天数 15 天，比年初最低时的 8 天增加 7 天；全国主要煤炭发运港口煤炭库存 2373 万吨，比年初增加 980 万吨，增长 70.4%。

二、价格出现阶段性波动

2010 年，全国煤炭价格随供需变化出现阶段性波动，进入 12 月以来，价格小幅上升。大型煤炭企业严格执行年初所签订的产运需衔接合同价格，对稳定市场起到了关键的作用。随着春节临近，部分小矿开始关停限产，供给受到影响，而与此同时，电厂为春节增加储煤，加上持续低温，耗煤增加，需求较为旺盛。2010 年 10 月、11 月、12 月，我国煤炭开采和洗选业工业品出厂价格指数分别为 111.5、115.4、115.3，整体呈现呈缓慢上升态势。预计 2011 年煤炭价格将延续 2010 年的态势继续走强。

国家发改委针对 2010 年四季度的煤炭价格大幅度上涨的情况采取了限价政策，以“限价令”的方式要求 2011 年产运需衔接，年度重点电煤合同价格维持上年水平不变，不得以任何形式变相涨价，这有效抑制了煤炭价格不断上涨的势头。

三、进口保持快速增长，出口继续下降

2010 年，我国进口煤炭 16483 万吨，比上年增长 30.9%；出口煤炭 1903 万吨，下降 15.0%；净进口煤炭 14580 万吨，较上年增加 4237 万吨。

从进口情况看，近年来煤炭进口呈现数量逐年增加、品种逐步优化、来源日趋广泛等特点。全年各月煤炭进口均保持在 1100 万吨以上，12 月达到 1734 万吨，再创新高。2010 年，印尼成为我国最大煤炭进口国，澳大利亚、越南、蒙古和俄罗斯紧随其后，上述五国进口的煤炭占全部进口量的 84%。

从出口情况看，煤炭出口呈逐年递减、地区相对集中等特点。全年低位徘徊，各月煤炭出口量均在 200 万吨以下，主要出口韩国、日本、台湾等。

8-2-3　电力行业

2010年，全国电力行业平稳发展，全社会用电量经历了高位运行后稳步回落，全年用电量突破4万亿千瓦时；基建新增装机连续五年超过9000万千瓦，年底发电装机容量达到9.6亿千瓦，供应能力总体充足；电网规模五年实现总体翻倍；电源结构继续优化，水电装机容量突破2亿千瓦，非化石能源发电装机容量所占比重持续提高；电力技术应用继续实现突破，电力行业节能减排成效显著。但煤价持续高位并继续攀升导致火电厂经营压力加大。

电力生产与供应：2010年，全国发电量41413亿千瓦时，比上年增长13.3%，增幅较上年提高7.0个百分点。其中，火电33253亿千瓦时，增长11.7%；水电6622亿千瓦时，增长18.4%；核电734亿千瓦时，增长70.3%；风电430亿千瓦时，增长73.4%。全国发电设备累计平均利用小时数为4660小时，增加123小时。其中，火电、水电分别为5031小时和3429小时，分别增加171小时和172小时。

电力消费：2010年，全社会用电量41923亿千瓦时。其中，第一产业984亿千瓦时，比重占2.3%；第二产业31318亿千瓦时，比重占74.7%，比上年提高0.6个百分点；第三产业4497亿千瓦时，比重占10.7%；城乡居民生活用电5125亿千瓦时，比重占12.2%。分地区观察，用电量排在前五位的省份依次是广东（4060亿千瓦时）、江苏（3856亿千瓦时）、山东（3300亿千瓦时）、浙江（2825亿千瓦时）、河北（2692亿千瓦时）。

电力建设：2010年，全国电力建设完成投资7051亿元。其中，电源投资3634亿元，占51.5%；电网投资3410亿元，占48.4%。全年新增发电设备容量9127万千瓦，其中，水电1661万千瓦，火电5872万千瓦，风电1399万千瓦。年末全国发电设备容量96219万千瓦。其中，火电70663万千瓦，占73.4%；水电21340万千瓦，占22.2%；风电3107万千瓦，占3.2%；核电1082万千瓦，占101%。

2010年，我国共有12台百万千瓦超临界火电机组建成投产，截止12月末，全国在运百万千瓦机组已经达到33台。云南至广东以及向家坝至上海±800千伏特高压直流输电工程、±500千伏呼伦贝尔至辽宁直流输电工程、±660千伏宁东至山东直流极Ⅰ系统、新疆与西北750千伏联网等一批跨区跨省重点工程建成投运。

节能减排：2010年，全国供电煤耗335克标煤/千瓦时，线损率6.5%；全年关停小火电机组1100万千瓦。

8-2-4 石油行业

2010年，我国宏观经济整体稳步向好，工业生产平稳增长。全年规模以上工业增加值比上年增长15.7%，增速加快4.7个百分点。其中，石油石化行业增加值增长4.9%，增速加快0.4个百分点。行业生产保持较快增长，主要产品产量大幅增加，产销衔接良好。

一、生产实现较快增长

2010年，国内石油行业生产实现较快增长，产值快速增长，主要产品产量大幅增加。2010年，我国规模以上石油和天然气开采业实现总产值1.01万亿元，比上年增长35.5%；规模以上炼油业实现总产值2.43万亿元，增长38.0%。全年成品油产量2.53亿吨，增长10.0%。原油和成品油（汽、煤、柴油合计，下同）产量有所增长。其中，汽油产量7675.30万吨，增长5.1%；煤油产量1714.70万吨，增长15.3%；柴油产量1.59亿吨，增长12.0%。全国原油产量2.03亿吨，增长6.9%，增幅创十年以来新高。新增炼油能力约3000万吨，一次原油加工总能力已突破5亿吨。炼厂开工率保持较高水平，平均规模进一步扩大。国内石油产品供应能力不断加强，为经济平稳运行提供了重要保障。

二、石油需求量、进口量稳定增长

2010年，我国石油行业继续保持快速发展势头，石油需求稳定增长，增幅达两位数，全年石油需求消费量达4.55亿吨，比上年增加约4700万吨，增长11.4%；石油进口量大幅增长，原油净进口量首次突破2亿吨，对外依存度超过55.0%。

三、成品油销量增长，价格水平提高

2010年，国内成品油销量继续保持较快增长，成品油总体价格水平有所提高。全年成品油销量比上年增长13.5%。其中，汽油销售量增长11.2%；柴油销售量增长14.8%。成品油库存继续回升。截止12月末，国内成品油库存环比增长9.2%，同比下降9.6%。

在原油价格强劲攀升推动下，2010年，国内成品油市场价格涨幅较大，平均涨幅在15%左右，全年分别三次上调和一次下调国内成品油价格，价格总体水平进一步提高。0#柴油市场年均价为7488元/吨，比上年上涨18.1%；10#柴油年均价为7702元/吨，上涨15.3%；93#汽油年均价为8559元/吨，上涨13.5%；90#汽油年均价为8069元/吨，上涨13.9%。预计2011年，随着国际油价的继续攀升，国内成品油价格还将保持上行态势，但涨幅不会太大，约在6%左右。

8-2-5 电子行业

2010年，电子行业继续保持较好的增长，多功能手机、笔记本电脑、数码相机仍是引导市场的主流。

一、笔记本电脑

2010年，我国笔记本电脑市场中，联想、华硕和惠普成为最受用户关注的三个笔记本电脑品牌，累计吸引了近六成的消费者目光，品牌关注集中度较高。其中，位居榜首的联想在2010年获得了34.1%的关注比例，与其他品牌拉开较大差距。华硕和惠普的关注比例较为接近，分别以14.7%和11.0%的关注比例跻身前三。戴尔和宏碁则排在第四、第五位。

从品牌关注方面观察，神舟、清华同方、方正和海尔表现相对较为突出，其中，神舟作为国产品牌的领头羊，以5.7%的关注比例排在第六位。相比上年我国笔记本电脑市场品牌关注比例格局，联想继续蝉联榜首位置，且关注比例较上年上升3.5个百分点。惠普由于受一系列负面事件的影响，其2010年在我国市场遭遇了滑铁卢，人气下滑明显。华硕则延续其稳扎稳打的策略，关注比例在2010年稳中有升。富士通作为榜单中唯一的新面孔，以0.5%的关注比例排在第十四位。其余品牌的排名变动多为正常的市场波动。2009-2010年我国笔记本电脑市场品牌关注比例对比情况见表1。

从价格观察，4000-5999元主流价位段产品关注比例在2010年12月有所回升，累计吸引了60.8%的用户目光。其中，12月末，4000-4999元产品关注比例为37.5%，较11月上升了1.4个百分点；5000-5999元产品关注比例为23.3%，较11月上升了2.1个百分点。其余价位段产品关注多有下滑，3000-3999元产品关注比例降幅为2.0个百分点，8000-11999元高端产品关注比例降幅为1.0个百分点，详见图1。

表1 我国笔记本电脑市场品牌关注比例对比

（2009-2010年） 单位：%

排名	2009		2010	
	品牌	关注比例	品牌	关注比例
1	联想	30.6	联想	34.1
2	惠普	21.1	华硕	14.7
3	华硕	11.2	惠普	11.0
4	戴尔	8.7	戴尔	8.0
5	神州	6.3	宏碁	7.8
6	宏碁	5.4	神州	5.7
7	索尼	3.4	索尼	5.6
8	东芝	3.2	东芝	3.4
9	三星	2.1	三星	2.1
10	方正	2.0	清方同方	1.8

图1　2010年12月我国笔记本电脑市场不同价位段产品关注比例分布

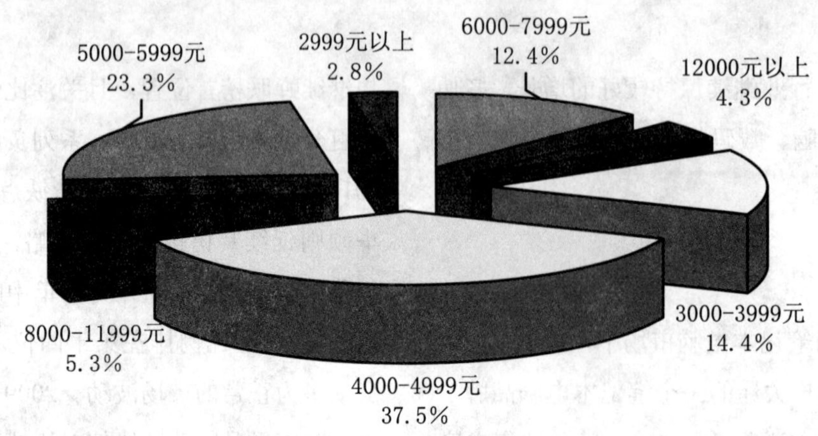

资料来源：互联网消费调研中心

二、手机

进入智能时代，外观个性化和手机智能化成为2010年的流行趋势。无论是诺基亚侧滑盖全键盘N97，还是摩托罗拉2010年2月推出的后空翻ME600，都以个性的外观吸引了众多用户的关注。智能手机市场在2010年竞争较为激烈，大部分品牌的新品都以智能机为主。苹果掀起的触摸屏之风余波未平，电容屏与电阻屏的较量还在继续。触摸屏更加人性化的设计，将赢得更多用户的认可。双卡双待、娱乐功能、商务性能都被经销商看好，具备这些功能的手机在2010年的竞争中脱颖而出。

从手机市场占有率看，第五到第十都是国产的，联想继续位居国产第一；摩托罗拉在全球虽然已经跌落前五名，但是在中国仍然强劲，以24.1%的占有率位于第二；韩系手机三星位列第三。

从手机关注度看，我国手机关注度较高的仍是诺基亚，但比2009年有所下降，下降幅度为8.0个百分点。2009-2010年我国手机市场关注比例见表2。

从手机发展新增长点看，智能、3G手机用户关注度持续攀升成为2010年中国手机市场最大的亮点，第四季度智能手机用户关注度再创新高，超七成，3G手机则成为用户关注比例增长速度最快的机型。

3G手机：互联网消费调研中心统计数据显示，2010年，中国3G手机市场品牌关注格局中国外品牌占据关注优势，前十名除多普达、联想分别排名第九、第十外，前八名均被国外品牌占据，且累计把持九成以上关注比例。2010年我国3G手机市场品牌关注比例分布见图2。

智能手机：从2010年我国智能手机市场品牌关注格局来看，品牌关注集中度高，仅前十大品牌就累计占据高达97.0%的关注比例，且国外品牌获得的用户关注度更为集中。

表 2　我国手机市场关注比例

（2009-2010 年）　　单位：%

排名	2009		2010	
	品牌	关注比例	品牌	关注比例
1	诺基亚	53.1	诺基亚	45.1
2	三星	10.9	三星	11.0
3	索尼爱立信	7.2	HTC	6.6
4	摩托罗拉	4.4	索尼爱立信	5.9
5	LG	3.5	摩托罗拉	5.0
6	联想	3.4	LG	4.1
7	多普达	2.7	苹果	3.8
8	HTC	1.9	联想	3.3
9	苹果	1.8	黑莓	2.3
10	黑莓	1.7	多普达	2.1
11	夏普	1.6	OPPO	1.7
12	天语	1.5	夏普	1.5
13	魅族	0.9	酷派	1.2
14	金立	0.7	天语	0.9
15	飞利浦	0.6	魅族	0.6
—	其他	4.1	其他	4.9

图 2　2010 年我国 3G 手机市场品牌关注比例分布

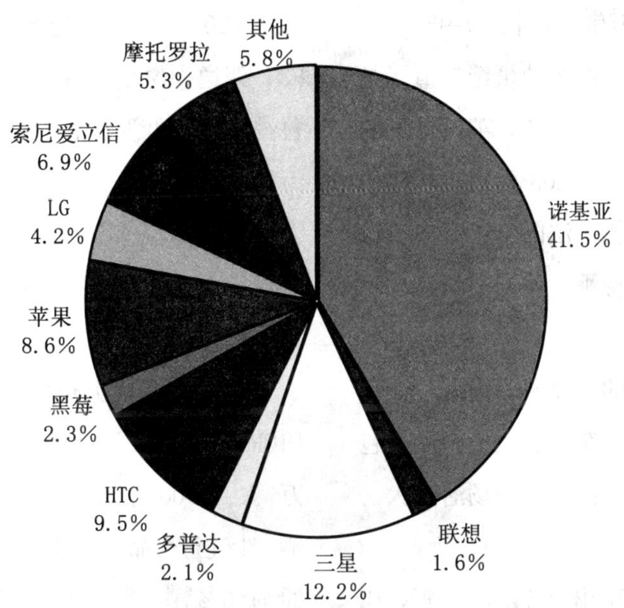

资料来源：互联网消费调研中心

8-2-6 机械行业

2010年，我国机械工业经济运行整体继续保持平稳增长，部分产品产量再上新台阶，经济效益稳步提高，产业结构升级步伐加快。

2010年，机械工业完成工业总产值达14.40万亿元，比上年增长33.9%，单月产量已连续11个月超过1.1万亿元，其中，12月份产值达1.50万亿元，为年内最高。部分产品产量再上新台阶，如：累计生产发电设备1.30亿千瓦，已连续五年产量越过亿千瓦；汽车产量达1826万辆，增长32.4%；数控机床产量22.39万台，增长66.7%。

一、汽车

继上年高速增长后，2010年，我国汽车工业再次取得良好成绩。

产销量：2010年，全国汽车产量1826.47万辆，比上年增长32.4%；销量为1806.19万辆，增长32.4%，产销刷新全球历史记录。其中，乘用车产量为1389.71万辆，增长33.8%；销量为1375.78万辆，增长33.2%。商用车产量为436.76万辆，增长28.2%；销量430.41万辆，增长29.9%。

和其他国家相比，无论是汽车销量绝对值还是增长速度，我国均遥遥领先。2010年，英国市场的汽车销量比上年上升了1.8%至203万辆，相比于上年销量略为提高了3.6万辆；法国全年汽车销量为225.2万辆，十年来基本持平；美国据测算全年销量为1150万辆。

我国汽车销量大幅增长的主要原因为：一是国民经济继续高速增长；二是汽车消费政策刺激，包括汽车下乡、北京购车政策等；三是市场潜力大，购买能力增强。

出口：2010年，我国汽车出口54.49万辆，比上年增长63.9%。其中，乘用车出口28.29万辆，增长89.2%，商用车出口26.19万辆，增长43.3%。2010年与2008年比较，出口量下降11.8%。由于国际经济仍没有恢复到金融危机前，汽车出口还没有回到危机前水平。

产品：2010年，我国客货车市场全面增长，客车表现明显好于上年，重型货车销售火爆，首次突破百万大关。全年货车销售386.11万辆，比上年增长30.5%。其中，重卡101.74万辆，增长59.9%，增幅高于上年42.2个百分点；中、轻、微卡增幅较上年呈不同程度减缓。2010年，微卡销售61.21万辆，增长19.9%，增幅减缓52.9个百分点；中卡销售27.20万辆，增长4.9%，增幅减缓19.6个百分点；轻卡销售195.98万辆，增长26.1%，增幅减缓3.9个百分点。

2010年，我国客车销售44.31万辆，比上年增长25.1%，增幅高于上年21.2个百分点。其中，大客增速明显，销售6.88万辆，增长45.8%；轻客增速居次，销售28.44万辆，增长26.4%；中客增速相对略低，销售8.99万辆，增长9.7%。

品牌：2010年，销量排名前十位的轿车品牌依次为：F3、朗逸、悦动、捷达、凯越、桑塔纳、夏利、科鲁兹、旗云和新宝来，分别销售26.39万辆、25.16万辆、23.33万辆、22.45万辆、22.25万辆、21.01万辆、19.87万辆、18.78万辆、17.35万辆和17.25万辆。上述十个品牌共销售213.84万辆，占轿车销售总量的23.0%。

销量排名前五位的SUV品牌依次为：哈弗、本田CRV、RAV4、汉兰达和圣达菲，分别销售15.01万辆、14.00万辆、9.81万辆、8.10万辆和7.72万辆。上述五个品牌共销售54.64万辆，占SUV销售总量的41.0%。

销量排名前五位的MPV品牌依次为：瑞风、别克GL8、森雅、奥德赛和普利马，分别销售6.47万辆、5.22万辆、4.85万辆、4.58万辆和2.81万辆。上述五个品牌共销售23.93万辆，占MPV销售总量的54.0%。

2010年，我国自主品牌车销售同比增长高于行业平均增长，市场份额有所提升。2010年，乘用车自主品牌销售627.30万辆，比上年增长37.1%，占乘用车销售总量的45.6%，比上年提高1.3个百分点；自主品牌轿车销售293.30万辆，增长32.3%，占轿车销售总量的30.9%，提高1.2个百分点。

企业：2010年，我国销量排名前十位的轿车生产企业依次为：上海通用汽车有限公司、上海大众汽车有限公司、一汽大众汽车有限公司、北京现代汽车有限公司、东风汽车有限公司、比亚迪股份有限公司、奇瑞汽车股份有限公司、吉利汽车控股有限公司、长安福特汽车有限公司和一汽丰田汽车有限公司，分别销售95.99万辆、90.89万辆、83.75万辆、58.32万辆、56.31万辆、51.71万辆、50.21万辆、41.62万辆、40.64万辆和38.64万辆。上述十家企业共销售608.08万辆，占轿车销售总量的64.0%。

二、工程机械

进出口方面：2010年我国工程机械进出口贸易持续扩大。2010年1-12月，我国工程机械进出口总额5138亿美元，其中，出口2585亿元，进口2553亿美元，均创历史新高。从主要产品看，履带挖掘机、装载机、大马力推土机、平地机、压路机、履带起重机、塔机、叉车和牵引车等产品增长幅度较大。受多种因素影响，机械工业贸易差额波动较大，2010年有5个月出现月度逆差，累计顺差为31.40亿美元，同比大幅减少117.70亿美元。机械工业出口市场继续呈现多元化趋势，进口相对集中。出口总额超过100亿美元的国家或地区仅有4个，合计占出口总额的比重38.9%；进口总额超过100亿美元的国家或地区有5个，合计占比达到69.4%。此外，外资（合资）企业与国企、私营企业三分出口份额。2010年，国有企业的出口额占总额的30.6%，外资（合资）企业占36.5%，民营企业由15.8%上升至30.6%。

产品结构方面：2010年，我国工程机械产品结构进一步优化，产品技术水平按质量、控制技术、节能、环保、安全及作业效率等方面，大体可分为高、中、低端三个档次产品。高端产品：动力配置选用国际先进的发动机、关键液压及部分传动部件采用进口件，或在国内配套。信息化控制元件包括电子元件、液压元件、传感元件等选用国际品牌产品。开发出来的整机产品技术水平与国际先进水平接近。中端产品：这类产品国产化率达到85%以上，产品开发主要选用国内的配套零部件和原材料，整机可靠性与国际先进水平比较差距较大，是目前国内市场上的主打产品，生产企业多，产品同质化和相互模仿比较严重。低端产品：主要以低价成本为目标，产品技术配置较低，故障率高，能耗高。这类产品包括简易农用机械在内，国内销售量达到40多万台。按产业政策，在“十二五”调结构中，这类产品属于待改造成逐步纳入淘汰之列。

三、仪器仪表

2010年，仪器仪表行业是恢复比较快的行业之一。新兴产业的快速发展，带动了仪器仪表行业，智能化技术也让仪器仪表行业向高端制造业转型。截至2010年，我国规模以上仪器仪表行业企业总数为1592户，其中，超大型企业80户，大型企业150户，中型企业300户，小型企业600户，微小型462户。从业人员达100.50万人，其中，工程技术人员20.59万人，管理人员15.33万人。固定资产原值为1146.96亿元，净产值907.49亿元，工业总产值按1990年不变价计算为1344.13亿元，按现行价计算为1293.87亿元，利润总额1112.92

亿元，工业全员劳动生产率 94.72 万元 / 人年。

低碳经济以其独特的优势和巨大的市场对仪器仪表行业起着息息相关的带动作用。与此同时，仪器仪表具有“三高三低”——高技术、高投入、高产出、低能耗、低材耗、低污染的特点，许多产品是技术密集和劳动密集相结合。2010 年分产品观察，有三类产品需求不断上升。一是热能计量仪表和热能监测仪表，这些产品作为能耗计量器具直接进入家庭或相关环境监测组织用来监测二氧化碳排放，其市场前景和市场容量都是巨大的。二是自动化控制仪表，如火力发电电网自动化控制仪表、煤层气发电自动化控制仪表、智能电网系统仪表、电机节能仪表、能源自动化调控仪表等。三是用于食品安全、药品安全、突发事故的检测报警、环境和气候监测等相关的仪器仪表。

8-2-7　食品行业

2010年，食品工业作为国民经济的重要组成部分，总量快速增长，经济效益有效提升，产业结构得到改善，技术进步取得突出进展，全面、超额完成了《全国食品工业“十一五”发展纲要》规定的各项指标。

一、工业生产总量快速增长

2010年，全国食品工业完成现价工业总产值6.31万亿元，比2005年增长208.1%，年均增长25.2%。圆满完成“十一五纲要”提出的“食品工业总产值2010年达到40900亿元，年均增长15%”的目标。

二、对外贸易总体水平发展较快

2010年，全国食品行业实现进口额598.60亿美元，比2005年增长1.9倍，“十一五”期间年均增长23.8%；实现出口额451.40亿美元，比2005年增长85.3%，年均增长13.1%。“十一五”期间，累计实现食品进出口贸易总额3810.70亿美元，占全国货物进出口总额比重的3.3%；比“十五”期间累计增长1.3倍，年均增长17.7%。食品出口五年累计1750.40亿美元，比“十五”期间的950.30亿美元增长84.2%；进口累计2060.30亿美元，比“十五”期间的736.30亿美元增长1.8倍。

2008年前食品进出口贸易基本上是出口额略大于进口额，有小额贸易顺差。2006年顺差46.80亿美元，2007年顺差16.70亿美元。从2008年起，食品进口量、值快速增长，食品进出口贸易由小额顺差转变成大额逆差，主要原因是2008年底国际大豆价格大幅度波动，中国进口大豆量、值创出新高。加之2008年国内发生乳品安全事件，增加了食品出口的困难，同时洋奶粉开始涌入国内市场。上述情况在“十一五”后三年一直延续，2008、2009、2010年贸易逆差分别为131.60亿美元、94.70亿美元、147.20亿美元。

三、食品价格维持高位运行

受输入型通胀、自然灾害等因素影响，2010年国内农产品价格、食品价格前低后高，一路上行。2010年，全国农产品生产价格比上年上涨10.9%，居民消费价格上涨3.3%，其中，食品价格上升7.2%。

2010年食品价格持续高位运行，7月份以后加速上行，11月份达到峰值11.7%，12月份回落至9.6%。全年食品价格同比上涨7.2%，为CPI增长贡献率近七成。

四、食品工业重点行业发展情况

（一）粮食加工业

2010年，全国规模以上粮食加工企业有6475家，实现现价工业总产值6335.09亿元，比2005年增长3.7倍，“十一五”期间年均增长36.2%。生产大米8244.40万吨，比2005年增长3.7倍，年均增长36.2%；生产小麦粉10118.50万吨，比2005年增长1.5倍，年均增长20.4%。

（二）食用油加工业

2010年，全国食用植物油产量3916.09万吨，比2005年增长142.9%，年均增长19.4%，实现现价工业总产值6076.80亿元，比2005年增长185.1%，年均增长23.3%。

2010年全球人均年消费食用油16千克，美国32千克，欧盟27千克，我国是18千克。

（三）液体乳及乳制品制造业

2010年全国液体乳及乳制品行业完成现价工

业总产值1965.72亿元，比2005年增长1.2倍，年均增长17.1%；乳制品产量2159.39万吨，比2005年增长64.8%，年均增长10.1%。

（四）酿酒工业

2010年，全国葡萄酒制造业完成工业总产值309.50亿元，比2005年增长2.1倍，年均增长25.1%；葡萄酒产量108.9万千升，比2005年增长1.5倍，年均增长20.6%。2010年，全国黄酒制造业实现工业总产值116.80亿元，比2005年增长1.2倍，年均增长21.6%；啤酒制造业稳定发展，啤酒产量五年年均增长7.9%，产值年均增长11.7%。2010年啤酒产量4483万千升，比上年增长6.3%，比2005年增长了40.7%，主要品牌雪花、青岛、英博、燕京产量2596万千升，其中，雪花933万千升、青岛640万千升、英博518万千升、燕京503万千升，占全国产量的57.9%。

8-2-8 纺织行业

2010 年，我国纺织服装工业经济运行基本平稳，实现了产销同步增长，效益大幅提升的佳绩。

一、生产稳步增长

据中国纺织工业协会统计，2010 年 1-12 月，我国规模以上工业企业实现工业总产值 47650 亿元，同比增长 25%以上，较 2005 年增长 1.3 倍；实现增加值 12800 亿元，较 2005 年增长了 1.4 倍。分行业实现销售产值情况观察，2010 年，棉、化纤纺织及印染精加工业实现工业销售产值 15566.93 亿元，增长 29.1%，增速同比提高 18.6 个百分点；毛纺织和染整精加工业实现工业销售产值 1708.51 亿元，增长 24.0%，增速同比提高 15.4 个百分点；麻纺织业实现工业销售产值 333.27 亿元，增长 36.0%，增速同比提高 26.5 个百分点；丝绢纺织及精加工业实现工业销售产值 1526.20 亿元，增长 27.1%，增速同比提高 18.4 个百分点；纺织制成品制造业实现工业销售产值 4274.21 亿元，增长 26.5%，增速同比提高 14.2 个白分点。

二、主要纺织产品产量增速均加快

2010 年，我国纺织行业主要产品产量增长迅速，品种不断丰富。据国家统计局统计，全年累计实现纱产量 2716.90 万吨，比上年增长 13.7%；纤维加工总量达 4130 万吨，较 2005 年增长了 60.7%；2010 年，化纤、纱、布、服装等主要产品的产量分别为 3100 万吨、2730 万吨、790 亿米、285 亿件，分别较 2005 年增长了 86.2%、88.2%、63.1%、92.6%。行业产销衔接良好，2005-2010 年，产销衔接一直稳定在 97%-98%区间。

三、出口增长较快

2010 年，我国纺织行业实现出口交货值 4509.21 亿元，比上年增长 19.4%。分行业实现出口交货值情况观察，棉、化纤纺织及印染精加工业实现出口交货值 1459.62 亿元，增长 19.5%，较上年增速提高了 31.9 个百分点；毛纺织和染整精加工业实现工业出口交货值 257.15 亿元，增长 29.2%；麻纺织业实现出口交货值 37.02 亿元，增长 48.1%；丝绢纺织及精加工业实现出口交货值 156.71 亿元，增长 17.5%；纺织制成品制造业实现出口交货值 979.74 亿元，增长 19.4%，与上年基本持平。

四、投资增长较快

2010 年，我国纺织工业实际完成投资额达 4006 亿元，较 2005 年增长 1.5 倍，年均增长 20.2%。新开工项目数 8388 个，较 2005 年增长 75.7%，年均增长 11.9%。在政策和市场推动下，“十一五”期间，产业转移效果明显。2010 年，中部、西部地区的投资额在全行业中占比分别为 38.6%和 9.3%，较 2005 年提升 19.1 个百分点和 2.7 个百分点，东部地区则有所下降，投资额占比较 2005 年下降 21.8 个百分点。

8-2-9 建材行业

2010年，我国建材行业继续保持良好的增长势头，产业结构调整进一步优化。

一、水泥

产量：2010年我国水泥总产量18.70亿吨，其中，新型干法水泥比重达到80%，超额完成了水泥产业“十一五”规划确立70%的目标。分季度观察：一是一季度是全年水泥需求淡季，月水泥产量为全年最低，一般只是全年平均产量的75%。四季度是全年水泥需求最旺季，月水泥产量是全年平均产量的1.1倍以上。二是2010年全年、一季度、四季度的平均水泥产量指标都创下了历史新高。三是从一季度、四季度的平均产量差来看，最高的一年是在2009年（受金融风暴影响，一季度产量增长缓慢，后逐渐恢复），最低的一年是在2003年。2010年的季节量差位于历年量差的中游水平，说明2010年一季度与四季度的水泥供需关系并没有发生明显的质的变化。

价格：2010年前7个月的价格较上年同期略有提升，7月份，浙江率先限电，随后波及其他地区，10月份，较3个月前上涨了80元/吨，达到370元/吨，1个多月后，虽然限电已结束，但“轻仓”促使价格再度上调，创下了历史新高540元/吨，上海则到600元/吨。

进出口：2010年，我国水泥及散装水泥出口量比上年有所下降，全国水泥出口量为742.32万吨，比上年减少287.92万吨，下降28.0%，其中，散装水泥出口量为591.54万吨，减少266.66万吨，下降31.1%。主要是占全国水泥出口量较大的山东省水泥出口量同比下降36.0%，散装水泥出口同比下降39.5%，对全国的影响较为明显。

二、石材

产量：2010年，全国规模以上石材企业3000多户，实现销售收入2070亿元，实现利润达154亿元，分别是2005年的4.0倍和4.4倍。大理石板材产量达5477万平方米，花岗石板材产量达30826万平方米，分别比2005年增长2.1倍和1.3倍。

进出口：2010年，我国石材出口2155万吨，创汇41.40亿美元，分别比2005年增长76%和86%；进口石材1231万吨，总汇22.6亿美元，分别比2005年增长170%和175%。我国已成为世界名副其实的石材生产大国、消费大国和贸易大国。

三、平板玻璃

2010年，我国平板玻璃实现产量6.30亿重量箱，比上年增长10.9%，各省市产量见下表。

同时，我国平板玻璃出口已恢复到金融危机前水平，出口量保持了稳定增长态势，创汇能力稳步上升。2010年1-12月，平板玻璃出口179.50万吨，与上年相比，增长7.5%；出口创汇65232万美元，增长27.4%。其中，浮法玻璃出口143.10万吨，增长8.0%，占全部出口量的79.7%；出口创汇51447万美元，占出口创汇总额的78.9%，增长28.8%。普通平板玻璃出口10.70万吨，增长5.4%，占全部出口量的6.0%；出口创汇4373万美元，增长25.5%。2010年12月，平板玻璃平均出口价格为363.32美元/吨，环比增长0.9%；其中，浮法玻璃平均出口价格为359.49美元/吨，环比增长1.1%，普通平板玻璃平均出口价格为408.28美元/吨，环比增长1.0%。1-12月，累计出口压延玻璃25.70万吨，平均出口价格为365.93美元/吨，其中，12月份出口价格环比上涨0.4%。

2010年1-12月，我国累计进口平板玻璃22.80万吨，同比增长58.2%，其中，进口浮法玻璃18.10万吨，占进口总量的79.4%，进口普通平板玻璃1.80万吨，占进口总量的7.9%。

表1　全国各省（市、自治区）平板玻璃产量情况及同比增长情况

（2010年）

地区	产量（重量箱）	同比增长（%）	地区	产量（重量箱）	同比增长（%）
全国	**630260550**	**10.9**	河南	24144064	-11.9
北京			湖北	41965822	18.8
天津	6868320	1.1	湖南	17562029	1.8
河北	120338290	25.8	广东	78210690	-0.9
山西	16733590	22.4	广西	5186023	14.3
内蒙古	11965845	-21.5	海南	1759410	
辽宁	16353415	30.4	重庆	3098788	11.7
吉林	4222599	11.1	四川	42759452	27.1
黑龙江	6914741	-2.6	贵州	465963	50.6
上海	15113	36.3	云南	7360836	29.8
江苏	56602575	8.4	西藏		
浙江	40908871	6.2	陕西	12915656	-3.4
安徽	10442935	0.8	甘肃	6538880	28.7
福建	27150482	29.8	青海	1500037	198.1
江西	4358786	-3.1	宁夏		
山东	60849294	1.0	新疆	3068044	56.9

8-2-10　塑料行业

2010年，我国塑料制品生产及经济运行情况良好，各产品产量继续保持高于上年同期水平的良好发展态势。

产量：2010年1-12月，国内塑料制品总产量达5830.38万吨，同比增长21.1%，增幅较上年同期上升了10.5个百分点。分产品类别观察，塑料管材产量840.21万吨，增长37.1%，增幅较上年同期上升18.2个百分点；塑料薄膜产量798.97万吨，增长15.6%，增幅较上年同期上升3.6个百分点；塑料丝及编织制品产量711.96万吨，增长23.1%，增幅较上年同期下降3.5个百分点；日用塑料制品产量645.86万吨，增长19.0%，增幅较上年同期上升10.5个百分点；塑料板、片型材共累计生产385.57万吨，增长16.8%，增幅较上年同期上升10.4个百分点；塑料包装箱及容器产量343.08万吨，增长20.4%，增幅较上年同期回落0.3个百分点；泡沫塑料产量220.03万吨，增长15.6%，增幅较上年同期微降0.2个百分点。

进出口：2010年1-12月，我国塑料制品出口额达446.67亿美元，同比增长34.1%，与上年同期增速相比，增幅提高了39.6个百分点。分产品类别观察，塑料制品出口额比重最大的为日用塑料制品，1-12月出口额达201.49亿美元，占塑料制品总出口金额的45.1%，出口额同比增长31.4%；出口额比重占第二的为其他塑料制品，出口额达83.10亿美元，占塑料制品总出口金额的18.6%，出口额同比增长33.7%。

我国各省（市、自治区）塑料制品产量及增幅情况

（2010年）

地区	产量（吨）	比上年增长（%）	地区	产量（吨）	比上年增长（%）
全国	**58303808.58**	**21.1**	河南	3146770.20	22.8
北京	432692.02	0.1	湖北	1504358.99	24.7
天津	1719954.93	26.9	湖南	742744.77	5.7
河北	2219194.19	33.6	广东	13318846.20	17.2
山西	253823.16	28.1	广西	737259.92	47.4
内蒙古	208047.36	43.5	海南	32787.00	16.4
辽宁	3184247.43	19.6	重庆	597507.28	20.4
吉林	497401.87	42.2	四川	2542932.67	40.2
黑龙江	460866.22	137.6	贵州	232711.23	38.4
上海	2044360.44	10.8	云南	327815.64	-1.3
江苏	4394999.97	13.9	西藏		
浙江	9155709.75	16.1	陕西	728117.40	241.3
安徽	1867543.82	18.2	甘肃	138765.35	17.2
福建	1663088.00	15.7	青海	17755.38	101.9
江西	458764.91	47.7	宁夏	74968.40	-4.0
山东	5071087.39	21.6	新疆	528686.69	17.3

8-2-11 建筑行业

2010年是“十一五”收官之年，在党中央、国务院有效应对国际金融危机、加快转变经济发展方式、调整经济结构、促进经济平稳较快发展等一系列政策作用下，全社会固定资产投资保持较快增长，建筑业在大规模投资拉动下，呈现平稳增长的态势。

全国：2010年，全国建筑业企业（指具有资质等级的总承包和专业承包建筑业企业，不含劳务分包建筑业企业，下同）完成建筑业总产值95206亿元，比上年增加18398亿元，增长24.0%；完成竣工产值52981亿元，比上年增加5715亿元，增长12.1%；房屋建筑施工面积70.06亿平方米，比上年增加11.20亿平方米，增长19.0%；签订合同总额为169074亿元，比上年增加35545亿元，增长26.6%；实现利润3422亿元，增长25.9%。截止2010年底，我国共有建筑业企业70061个，比上年减少1.1%；从业人数为4043.37万人，增长10.1%；按建筑业总产值计算的劳动生产率为205883元/人，增长11.2%。我国建筑业在发展过程中主要表现以下三个方面特点：一是房屋建筑施工面积持续增长，实行投标承包的房屋建筑面积逐年扩大。2010年，全国建筑企业房屋建筑施工面积为70.06亿平方米，比上年增加11.20亿平方米，增长19.0%。其中，新开工面积37.43亿平方米，比上年增加7.34亿平方米，增长24.4%；实行投标承包面积为58.50亿平方米，比上年增加9.29亿平方米，增长18.9%。2010年，全国房屋建筑竣工面积为26亿平方米，比上年增加1.46亿平方米，增长5.9%。从2000年至2010年，全国房屋建筑施工面积持续增长，实行投标承包的房屋建筑面积逐年扩大。2010年，实行投标承包面积占总房屋建筑施工面积的83.5%。从2003年至2010年，实行投标承包的房屋建筑面积年均增长17.2%，建筑市场竞争更为规范化。二是建筑业企业新签合同额稳步增长。2010年，建筑业企业新签合同额107683.95亿元，比上年增加22435.49亿元，增长26.3%。从2004年到2010年，建筑业企业新签合同额逐年增长，平均年增长率达到23.6%，2010年建筑业企业新签合同额增幅继续加大，高于年平均增长率2.7个百分点。三是建筑业企业数量减少，从业人数增加。全国建筑业企业从业人数连续多年稳定增长。2010年从业人数为4043.37万人，其中，国有及国有控股企业从业人数为895.90万人，占全部从业人数的22.2%。“十一五”期间，各年从业人数增长率分别为6.6%、8.9%、5.8%、10.8%、10.1%，年平均增长8.4%。

福建：2010年，全社会建筑业实现增加值1123.13亿元，比上年增长19.1%。全省资质等级以上的总承包和专业承包建筑业企业完成建筑业总产值2852.01亿元，增长29.4%；房屋建筑施工面积26441.15万平方米，增长21.9%；房屋建筑竣工面积7825.37万平方米，增长5.2%；实现利润84.93亿元，增长29.4%；税金总额113.80亿元，增长29.4%。“十一五”期间，全省建筑业增加值年均增长18.3%，比“十五”时期提高8.3个百分点。

8-2-12 批发、零售业

2010年，随着“扩内需、调结构”一系列政策措施的深入落实，经济回升的势头进一步巩固，我国消费品市场平稳较快发展。2010年实现社会消费品零售总额154553.70亿元，比上年增长18.4%，增速比上年加快2.9个百分点。分季度观察，零售额增速稳中有升。其中，一季度实现社会消费品零售总额36374.00亿元，同比增长17.9%；二季度36295.40亿元，增长18.5%；三季度38359.10亿元，增长18.4%；四季度43525.20亿元，增长18.8%。

“十一五”期间，全国限额以上批发零售企业主要商品零售额中，年均增速最快的是汽车类（39.0%）、建筑及装潢材料类（37.9%）、家电和音像器材类（20.3%）、通讯器材类（15.9%）和金银珠宝类（38.1%）。2010年对社会消费品零售总额贡献率最高的商品主要集中在汽车类（32.3%）、石油及制品类（19.9%）和食品饮料烟酒类（10.8%）。一些新型高科技产品、消费比重不大的升级消费品，已逐渐成为市场新宠。如：家电和音像器材、金银珠宝、通讯器材等对市场销售的贡献率分别达到6.6%、3.0%和1.1%。

餐饮消费持续成为消费品市场的一大亮点。近几年来，伴随着生活水平的提高、生活节奏的加快、生活方式的创新，居民外出就餐、亲友团聚的次数增加。加之社会上各种类型的公务、商务活动频繁，国内旅游市场的快速发展等因素的共同作用，直接拉动了餐饮市场的商品销售。餐饮业零售额一路走高，保持持续快速增长的格局，呈现淡季不淡、旺季更旺的销售局面。2010年，全国餐饮收入达1.80万亿元，比2005年增长1.1倍，年均增长16.1%，对消费品市场起到了较大的拉动作用。在批发、零售业形成多元化市场竞争格局。①各种业态竞相发展。“十一五”期间，在传统百货零售业稳步发展的同时，作为现代流通手段之一的连锁经营成为商业企业采用的主要经营组织方式，连锁企业从少到多、从小到大，不断发展壮大，多种业态经营的企业大量增加，超级市场、便民店、专业店、专卖店、购物中心、仓储式商场、无店铺销售等发展迅速。连锁零售企业和餐饮企业零售额占社会消费品零售总额的比重由2006年的10.5%提高到2009年的12.6%。②商品交易方式日趋多样化。近几年，连锁经营、物流配送、电子商务、特许经营等得到较快发展，为繁荣市场、扩大就业、方便居民和促进流通发挥了积极的作用。通过实施商业网点规划，促进了商业网点的合理布局，加快了社区商业、家政、早餐等生活服务业的发展，城市居民消费便利化程度大幅提升。以信息化带动流通现代化，大力发展连锁经营、统一配送、电子商务等现代流通方式，推动了网络购物快速发展。据中国电子商务研究中心统计，2010年中国电子商务市场交易额已达4.50万亿元，比上年增长22%。其中，企业间(B2B)交易额达到3.80万亿元，网上零售交易额达到5131亿元。另外，国内电子商务服务企业已达25000家，网络团购企业数量达1880家。现代流通体系的快速发展，在降低流通成本、扩大消费、引导生产等方面发挥了重要作用。③商品交易市场不断发展。五年来，大型商品交易市场发展加快，已经初步形成了门类齐全，覆盖面广，综合市场与专业市场、大型批发市场与中小型零售市场相结合的市场体系。截至2009年底，全国现有年成交额亿元以上的大型商品交易市场4687个，比2005年末增加了1364个，2009年全国亿元以上商品交易市场实现成交额30021亿元，比2005年增长93%，年均增长17.9%。商品交易市场已成为日用消费品和生产资料的重要集散地和价格信息发源地。

8-2-13 旅游行业

近年来，我国旅游业快速发展，但仍面临发展方式粗放、基础设施建设滞后、服务质量不高等问题，需要从改革、开放、服务、管理入手，着力提升发展质量，把旅游业培育成国民经济的战略性支柱产业和人民群众更加满意的现代服务业。

一、入境旅游业

2010 年 1-12 月，受世博会、亚运会影响，我国入境旅游继续呈现上涨态势，入境旅游的外国人、香港同胞、澳门同胞和台湾同胞与上年同期相比都有一定程度的增长。

2010 年 1-12 月，我国入境旅游人数达 13376.22 万人次，同比增长 5.8%，增幅同比提高了 15.7 个百分点；入境过夜旅游人数达 5566.45 万人次，增长 9.4%，增幅同比提高了 13.5 个百分点；旅游（外汇）收入 458.14 亿美元，增长 15.5%，增幅同比提高 18.3 个百分点。

从 2010 年 1-12 月累计入境旅游人数情况观察，香港同胞为 7932.19 万人次，同比增长 2.6%；澳门同胞为 2317.29 万人次，增长 2.0%；台湾同胞为 514.06 万人次，增长 14.6%；外国人为 2612.69 万人次，增长 19.1%。

从我国入境旅游方式中，选择徒步方式入境的最多，占到了 57.0%，其次是汽车和飞机，分别占 23.3%和 15.0%，选择通过火车入境的旅游者人数最少，仅占全部入境旅游者人数的 1.0%。

从全国旅游外汇收入情况观察，累计实现 458.14 亿美元，同比增长 15.5%。按不同客源地划分的游客在华花费情况为：外国人在华花费为 267.38 亿美元，增长 20.2%，占总花费的 58.4%；香港同胞在华花费为 106.89 亿美元，增长 9.7%，占总花费的 23.3%；澳门同胞在华花费为 26.46 亿美元，下降 3.7%，占总花费的 5.8%；台湾同胞在华花费为 57.41 亿美元，增长 16.5%，占总花费的 12.5%。

二、国内旅游业和出境旅游业

2010 年，我国旅游业实现了平稳较快增长，国内旅游人数达 21 亿人次，比上年增长 10.6%；旅游业总收入 1.57 万亿元，增长 21.7%；旅游直接就业达 1350 万人；出境旅游人数 5739 万人次，增长 20.4%。2010 年，我国已跃居全球第三大入境旅游接待国和第四大出境旅游消费国，旅游业对我国经济社会发展的积极作用更加凸显。

三、入境旅游主要城市及接待人数情况

2010 年，外国人入境旅游人数达 13376.22 万人次，其中，我国主要旅游城市接待人数达 5678 万人次，占 42.4%。详见下表。

我国入境旅游主要城市接待人数统计表

（2010 年）

	接待人数（人次）	同比增长（%）	接待人数构成（人次）			
			外国人	香港同胞	澳门同胞	台湾同胞
总计	**56779992**	**19.31**	**31322227**	**16849137**	**1573967**	**7034661**
北京	4900661	18.80	4216250	403296	13254	267861
天津	1660682	17.76	1530461	48471	8108	73642
沈阳	550313	11.10	460885	36325	2781	50322
大连	1166020	11.04	1047343	54232	1579	62866
长春	249824	15.07	219780	19722	753	9569
哈尔滨	263609	9.71	211759	23383	1613	26854
上海	7337216	37.56	5931211	623969	40043	741993
南京	1308791	15.36	867964	171026	10989	258812
无锡	791592	25.75	556564	84485	4482	146061
苏州	2075299	22.43	1472251	135597	8987	458464
杭州	2757147	19.67	1878528	332626	22095	523898
宁波	951680	18.88	538932	158299	52427	202022
黄山	1050301	19.75	598628	150545	11608	289520
厦门	1551865	21.10	511096	155878	5574	879317
济南	230985	23.54	153327	45600	815	31243
青岛	1080511	7.98	826628	113374	28133	112376
武汉	927903	38.70	701658	122268	2565	101412
广州	8147900	18.19	2944400	4183400	456800	563300
深圳	10206000	13.86	1675800	8017300	48400	464500
珠海	3251400	9.16	567300	1074800	742200	867100
中山	480600	1.02	134800	243500	63900	38400
桂林	1486202	15.18	897491	176675	24020	388016
海口	132877	28.75	74461	23189	911	34316
三亚	415939	30.87	324486	69122	3013	19318
重庆	1370231	30.73	1039598	175091	4565	150977
成都	731993	24.34	542200	94257	8976	86560
昆明	860632	10.58	666361	60576	1872	131823
西安	841819	20.15	732065	52131	3504	54119

8-2-14 保险行业

经过“十一五”时期的快速发展，我国保险业已经站在一个全新的发展平台上。到 2010 年，保险业年度保费收入已达到 1.45 万亿元，是 2005 年的 2.7 倍，总资产突破 5 万亿元，是 2005 年的 3.2 倍。当前，保险业成为我国国民经济发展最快的行业之一，我国成为全球最重要的新兴保险大国。

十一五期间，我国保险业取得了令人瞩目的发展成绩，保险公司从 93 家发展到 146 家，高管人员由 1.45 万人发展到 2.94 万人，营销员由 156 万人发展到 330 万人，精算、核保核赔、投资等专业技术人员日益成长，为行业更大的发展提供了有力的人才保障和智力支持。2010 年我国保险行业发展主要呈现三个方面的亮点：

一是我国保险业的保费收入规模增长迅速。2009 年保费收入已达到 11137.3 亿元，提前一年实现了保险业“十一五”规划列出的保费收入超万亿的目标。2010 年，我国保费收入达到 14500 亿元，2010 年底保险公司总资产超过 5 万亿元，是 2005 年的 3.2 倍。保费收入的国际排名上升到世界第六位，比 2000 年上升 10 位。

二是保险市场体系逐步完善。我国保险业呈现出原保险、再保险、保险中介、保险资产管理相互协调，中外资保险公司共同发展的市场格局。到 2010 年底，国内有 7 家保险公司资产超过千亿元、2 家超过五千亿元、1 家超过万亿元。专业性的保险资产管理公司、健康险公司、养老险公司逐步成长并成为市场的重要力量。

三是服务领域不断拓宽。在传统的财产保险和人身保险业务基础上，保险业积极创新，服务领域不断拓宽。在服务新农村建设方面，开展了政策性农业保险、农民工养老保险、失地农民养老保险、农房保险等一系列保险服务；在维护社会稳定方面，开展了学生在学校的责任保险、旅行社责任保险、环境污染责任保险、煤炭开采等高危行业责任保险；在参与社会保障体系建设方面，开展了企业年金、商业养老和健康保险。

随着我国保险业进入深化改革、全面开放、加快发展的新阶段，保险业服务经济社会的领域越来越广，承担的社会责任越来越重：从四川汶川大地震到百年盛事北京奥运、从交强险制度实施到房地产投资解禁、从应对国际金融危机到参与医疗纠纷调解、从养老社区投资到新农合建设、从农险覆盖面扩大到环境责任保险试点启动等。保险业正在努力提高科学发展和服务经济社会全局的能力，在探索中国特色保险业发展道路和保障民生方面取得显著成就。如今，保险业站在新起点，进入了新阶段，更好地发挥保险的功能作用，我国保险业仍需要从以下三个方面提升行业竞争力。一是加快保险创新步伐，为新型工业化提供服务。着眼于战略性新兴产业发展，加快保险产品和服务创新，疏通保险保障、融资信贷等一揽子金融服务链条，完善配套和增值服务，进一步推动科研成果转化，服务区域内生产、物流、销售各个环节，为企业的科技创新和扩大再生产提供必要的支持。二是大力发展三农保险，为农业现代化服务。保监会一直提倡，保险业不仅要为富裕人群服务，更要为低收入群体和广大农民兄弟服务。建立扶持农业保险发展的长效机制，推进农业保险优惠政策、相关机构职能的法制化、长期化，对农民加强引导，扩大覆盖面。同时保险公司应积极开展农房保险，大力发展农村小额保险，在建立普惠型的农村养老保障体系中发挥保险的功能作用。三是大力发展健康保险，为新型城镇化建设服务。充分利用市场化的手段，进一步提高城乡居民医疗保障水平。同时，积极探索商业养老保险发展，支持保险机构参与企业年金的委托管理，满足多层次的养老保障需求。

8-2-15　媒体广告业

2010年，我国媒体广告市场保持了较为良好的发展态势。但在总体增长的同时，各种媒体也都呈现出了不同的特征和问题，如：电视媒体在广电总局61号令推动下的积极调整，报纸在重重压力下的“全媒体”探索等，有力推动了媒体广告业的进一步稳定发展。

分媒体市场观察：

一、电视：61号令对电视广告影响较为明显

2010年初，电视媒体的经营者都面临着年度难题：在广电总局61号令执行后电视媒体广告资源锐减的情况下，媒体经营指标仍不断高企。电视媒体为应对资源锐减带来的经营压力，相当一部分电视媒体经营者激流勇进，依靠增加自身资源的含金量提升价值，积极采取相应策略应对新政。

二、广播：外因拉动领跑广告市场

CTR的监测数据显示，2010年上半年广播广告增幅领跑其他媒体，达到35%，前三季度增幅为33%。2010年广告业生态调研的数据显示，2010年上半年80%被访广播媒体实际广告收入实现了增长，这一数据创5年以来的新高。

三、平媒：“危”“机”共存，布局全媒体

2010年，我国广告业生态调查的数据显示，被访报纸媒体上半年实际广告收入较上年上升27.4%。也有50%的被访杂志媒体表示2010年上半年实际广告收入实现增长。CTR发布的2010年上半年广告花费统计数据显示，报纸、杂志也是电视广告缩减的获益者，上半年广告投放呈现较快增长，增幅分别为22%和21%，前三季度这一数据同为19%。2010年，全国报纸广告额以同比19%的增幅发展，在各大媒体中排名第二。这印证了报纸在中国的发展依然有巨大上升空间。其中，《广州日报》2010年发行市场占有率也比2009年提高3个百分点，在广告收入上连续十七年位列中国报纸第一。说明了报纸在我国仍旧有强大生命力和竞争力。

四、网络媒体：搜索、社区和视频成三大领涨板块。

我国网络广告在经历了2009年的低谷之后，重新回归快速增长轨道，据易观国际发布的中国互联网行业半年核心数据显示，2010年上半年，我国网络广告运营商市场规模突破100亿元，同比增长49.1%，环比增长14.7%。到2010年第三季度，互联网广告运营商的市场规模首次单季度破百亿元，达100.50亿元，同比增长73.3%。

9 附 录

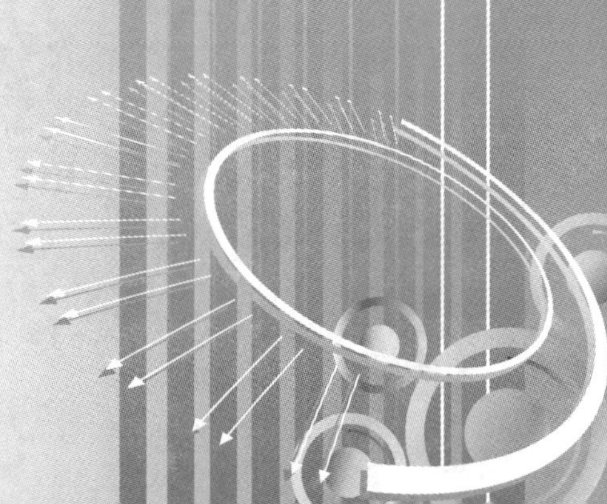

9-1 2010-2011年全国及福建出台的若干企业相关政策法规

◆银监会关于中国银行业实施新监管标准的指导意见

银监发〔2010〕44号

各银监局，各政策性银行、国有商业银行、股份制商业银行，中国邮政储蓄银行，银监会直接监管的信托公司、企业集团财务公司、金融租赁公司：

“十二五”规划纲要明确提出参与国际金融准则新一轮修订，完善我国金融业稳健标准。2010年12月16日，巴塞尔委员会发布了《第三版巴塞尔协议》（Basel Ⅲ），并要求各成员经济体两年内完成相应监管法规的制定和修订工作，2013年1月1日开始实施新监管标准，2019年1月1日前全面达标。《第三版巴塞尔协议》确立了微观审慎和宏观审慎相结合的金融监管新模式，大幅度提高了商业银行资本监管要求，建立全球一致的流动性监管量化标准，将对商业银行经营模式、银行体系稳健性乃至宏观经济运行产生深远影响。为推动中国银行业实施国际新监管标准，增强银行体系稳健性和国内银行的国际竞争力，特制定本指导意见。

一、总体目标和指导原则

（一）总体目标

借鉴国际金融监管改革成果，根据国内银行业改革发展和监管实际，构建面向未来、符合国情、与国际标准接轨的银行业监管框架，推动银行业贯彻落实“十二五”规划纲要，进一步深化改革，转变发展方式，提高发展质量，增强银行业稳健性和竞争力，支持国民经济稳健平衡可持续增长。

（二）指导原则

1.立足国内银行业实际，借鉴国际金融监管改革成果，完善银行业审慎监管标准。基于我国银行业改革发展实际，坚持行之有效的监管实践，借鉴《第三版巴塞尔协议》，提升我国银行业稳健标准，构建一整套维护银行体系长期稳健运行的审慎监管制度安排。

2.宏观审慎监管与微观审慎监管有机结合。统筹考虑我国经济周期及金融市场发展变化趋势，科学设计资本充足率、杠杆率、流动性、贷款损失准备等监管标准并合理确定监管要求，体现逆周期宏观审慎监管要求，充分反映银行业金融机构面临的单体风险和系统性风险。

3.监管标准统一性和监管实践灵活性相结合。为保证银行业竞争的公平性，统一设定适用于各类银行业金融机构的监管标准，同时适当提高系统重要性银行监管标准，并根据不同机构情况设置差异化的过渡期安排，确保各类银行业金融机构向新监管标准平稳过渡。

4.支持经济持续增长和维护银行体系稳健统筹兼顾。银行体系是我国融资体系的主渠道，过渡期内监管部门将密切监控新监管标准对银行业金融机构的微观影响和对实体经济运行的宏观效应，全面评估成本与收益，并加强与相关部门的政策协调，避免新监管标准实施对信贷供给及经济发展可能造成的负面冲击。

二、提高银行业审慎监管标准

根据《第三版巴塞尔协议》确定的银行资本和流动性监管新标准，在全面评估现行审慎监管制度有效性的基础上，提高资本充足率、杠杆率、流动性、贷款损失准备等监管标准，建立更具前瞻性的、有机统一的审慎监管制度安排，增强银行业金融机构抵御风险的能力。

（一）强化资本充足率监管

1. 改进资本充足率计算方法。一是严格资本定义，提高监管资本的损失吸收能力。将监管资本从现行的两级分类（一级资本和二级资本）修改为三级分类，即核心一级资本、其他一级资本和二级资本；严格执行对核心一级资本的扣除规定，提升资本工具吸收损失能力。二是优化风险加权资产计算方法，扩大资本覆盖的风险范围。采用差异化的信用风险权重方法，推动银行业金融机构提升信用风险管理能力；明确操作风险的资本要求；提高交易性业务、资产证券化业务、场外衍生品交易等复杂金融工具的风险权重。

2. 提高资本充足率监管要求。将现行的两个最低资本充足率要求（一级资本和总资本占风险资产的比例分别不低于 4%和 8%）调整为三个层次的资本充足率要求：一是明确三个最低资本充足率要求，即核心一级资本充足率、一级资本充足率和资本充足率分别不低于 5%、6%和 8%。二是引入逆周期资本监管框架，包括：2.5%的留存超额资本和 0-2.5%的逆周期超额资本。三是增加系统重要性银行的附加资本要求，暂定为 1%。新标准实施后，正常条件下系统重要性银行和非系统重要性银行的资本充足率分别不低于 11.5%和 10.5%；若出现系统性的信贷过快增长，商业银行需计提逆周期超额资本。

3. 建立杠杆率监管标准。引入杠杆率监管标准，即一级资本占调整后表内外资产余额的比。例不低于 4%，弥补资本充足率的不足，控制银行业金融机构以及银行体系的杠杆率积累。

4. 合理安排过渡期。新资本监管标准从 2012 年 1 月 1 日开始执行，系统重要性银行和非系统重要性银行应分别于 2013 年底和 2016 年底前达到新的资本监管标准。过渡期结束后，各类银行应按照新监管标准披露资本充足率和杠杆率。

（二）改进流动性风险监管

1. 建立多维度的流动性风险监管标准和监测指标体系。建立流动性覆盖率、净稳定融资比例、流动性比例、存贷比以及核心负债依存度、流动性缺口率、客户存款集中度以及同业负债集中度等多个流动性风险监管和监测指标，其中流动性覆盖率、净稳定融资比例均不得低于 100%。同时，推动银行业金融机构建立多情景、多方法、多币种和多时间跨度的流动性风险内部监控指标体系。

2. 引导银行业金融机构加强流动性风险管理。进一步明确银行业金融机构流动性风险管理的审慎监管要求，提高流动性风险管理的精细化程度和专业化水平，严格监督检查措施，纠正不审慎行为，促使商业银行合理匹配资产负债期限结构，增强银行体系应对流动性压力冲击的能力。

3. 合理安排过渡期。新的流动性风险监管标准和监测指标体系自 2012 年 1 月 1 日开始实施，流动性覆盖率和净稳定融资比例分别给予 2 年和 5 年的观察期，银行业金融机构应于 2013 年底和 2016 年底前分别达到流动性覆盖率和净稳定融资比例的监管要求。

（三）强化贷款损失准备监管

1. 建立贷款拨备率和拨备覆盖率监管标准。贷款拨备率（贷款损失准备占贷款的比例）不低于 2.5%，拨备覆盖率（贷款损失准备占不良贷款的比例）不低于 150%，原则上按两者孰高的方法确定银行业金融机构贷款损失准备监管要求。

2. 建立动态调整贷款损失准备制度。监管部门将根据经济发展不同阶段、银行业金融机构贷款质量差异和盈利状况的不同，对贷款损失准备监管要求进行动态化和差异化调整：经济上行期适度提高贷款损失准备要求，经济下行期则根据贷款核销情况适度调低；根据单家银行业金融机构的贷款质量和盈利能力，适度调整贷款损失准备要求。

3. 过渡期安排。新标准自 2012 年 1 月 1 日开始实施，系统重要性银行应于 2013 年底前达标；对非系统重要性银行，监管部门将设定差异化的过渡期安排，并鼓励提前达标：盈利能力较强、贷款损失准备补提较少的银行业金融机构应在 2016 年底前达标；个别盈利能力较低、贷款损失准备补提较多的银行业金融机构应在 2018 年底前达标。

三、增强系统重要性银行监管有效性

根据国内大型银行经营模式以及监管实践，监管部门将从市场准入、审慎监管标准、持续监管和监管合作几个方面，加强系统重要性银行监管。

1. 明确系统重要性银行的定义。国内系统重要性银行的评估主要考虑规模、关联性、复杂性和可替代性等四个方面因素，监管部门将建立系统重要性银行的评估方法论和持续评估框架。

2. 维持防火墙安排，改进事前准入监管。为防止系统重要性银行经营模式过于复杂，降低不同金融市场风险的传染，继续采用结构化限制性监管措施：一是维持现行银行体系与资本市场、银行与控股股东、银行与附属机构之间的防火墙，防止风险跨境、跨业传染。二是从严限制银行业金融机构从事结构复杂、高杠杆交易业务，避免过度承担风险。三是审慎推进综合经营试点。对于进行综合经营试点的银行，建立正式的后评估制度，对于在合理时限内跨业经营仍不能达到所在行业平均盈利水平的银行，监管部门将要求其退出该行业。

3. 提高审慎监管要求。除附加资本要求之外，监管部门将视情况对系统重要性银行提出更高的审慎监管要求，以提升其应对外部冲击的能力：一是要求系统重要性银行发行自救债券，以提高吸收损失的能力。二是提高流动性监管要求。三是进一步严格大额风险暴露限制，适度降低系统重要性银行对单一借款人和集团客户贷款占资本净额的比例。四是提高集团层面并表风险治理监管标准，包括集团层面风险偏好设定、统一的风险管理政策、信息管理系统建设、集团内部交易等。

4. 强化持续监管。一是监管资源向系统重要性银行倾斜，赋予一线监管人员更广泛的权力，加强对系统重要性银行决策过程、执行过程的监管，以尽早识别风险并采取干预措施。二是丰富和扩展非现场监管体系，完善系统重要性银行的风险监管评估框架，及时预警、有效识别并快速处置风险。三是进一步提升系统重要性银行现场检查精确打击的能力，督促系统重要性银行加强公司治理和风险管理，防止和纠正不安全、不稳健的经营行为。四是实现功能监管与机构监管相结合，采用产品分析、模型验证、压力测试、同业评估等监管手段，保证监管技术能够适应系统重要性银行业务和组织机构日益复杂化的趋势。五是指导并监督系统重要性银行制定恢复和处置计划、危机管理计划，增强系统重要性银行自我保护能力。

5. 加强监管合作。在跨境合作方面，建立对境外监管当局监管能力的评估机制，健全跨境经营系统重要性银行的监管联席会议机制，提高信息交流质量，加强在市场准入、非现场监管、现场检查以及危机管理方面的合作。在跨业合作方面，在国务院统一领导下，监管部门将加强与人民银行、证券监管部门、保险监管部门的协调配合，构建“无缝式”金融监管体系，改进对银行集团非银行业务的风险评估。

四、深入推动新资本协议实施工作

对资本和风险加权资产进行科学计量与评估是新监管标准实施的基础。银行业金融机构应按照“《新资本协议》与《第三版巴塞尔协议》同步推进，第一支柱与第二支柱统筹考虑”的总体要求，从公司治理、政策流程、风险计量、数据基础、信息科技系统等方面不断强化风险管理。2011 年，监管部门将修订《资本充足率管理办法》。银行业金融机构应根据新的《资本充足率管理办法》中确立的相关方法准确计量监管资本要求，全面覆盖各类风险；同时，构建全面风险管理框架，健全内部资本评估程序，强化银行业稳健运行的微观基础。

对于表内外资产规模、国际活跃性以及业务复杂性达到一定程度的银行业金融机构，应根据新的监管要求，实施《新资本协议》中的资本计量高级方法。目前已完成了一轮预评估的第一批实施银行应当在已经取得的良好成就基础上，根据评估意见积极整改第一支柱实施的主要问题，并积极推进第二支柱和第三支柱建设，争取尽快申请正式实施。其他根据监管要求应当实施高级方法或自愿实施的银行业金融机构，应加强与监管部门的沟通，尽早制订实施规划方案。

对于其他不实施资本计量高级方法的银行业金融机构，应从 2011 年底开始在现有信用风险资本计量的基础上，采用新的《资本充足率管理办法》要求的标准方法，计量市场风险和操作风险的监管资本要求；并按照第二支柱相关要求，抓紧建立内部资本充足评估程序，识别、评估、监测和报告各类主要风险，确保资本水平与风险状况和管理能力相适应，确保资本规划与银行经营状况、风险变化趋势和长期发展战略相匹配。2016 年底前，所有银行业金融机构都应建立与本行规模、业务复杂程度相适应的全面风险管理框架和内部资本充足率评估程序。

五、工作要求

新监管标准实施是事关全局的长期系统工程，银行业金融机构要准确理解新监管标准的实质，充分认识实施新监管标准的意义，加强配合，积极稳妥地做好新监管标准实施的各项准备工作。

（一）制定配套监管规章

为保证新监管标准如期实施，2011 年监管部门将修订完善《商业银行资本充足率管理办法》，以及流动性风险监管、系统重要性银行监管相关政策，为新监管标准的实施奠定基础。同时，大力开展新监管标准的培训和宣传工作，分期、分批地开展各级监管人员和银行业金融机构中高层管理人员的培训工作，为新监管标准实施打造有利的舆论环境和广泛的人才基础。

（二）加强组织领导

银行业金融机构董事会和高级管理层应高度重视新监管标准实施工作，尽快成立以主要负责人为组长的新监管标准实施领导小组及相应工作机构，统筹规划协调新监管标准实施工作，确保各项工作有序稳步推进。董事会应负责新监管标准实施规划及有关重大政策审批，定期听取高级管理层汇报，对实施准备情况进行监督；高级管理层负责制定新监管标准实施方案并组织实施。

（三）制定切实可行的实施规划

银行业金融机构应根据本指导意见，全面进行差距分析，制定切实可行的新监管标准实施规划。实施规划至少应包括：资产增长计划、资产结构调整方案、盈利能力规划、各类风险的风险加权资产计算方法、资本补充方案、流动性来源、贷款损失准备金补提方案、各类监管指标的达标时间表和阶段性目标。银行业金融机构应在 2011 年底前完成实施规划编制，并报监管部门备案。

（四）调整发展战略积极推动业务转型

谋求经营转型不仅是银行业金融机构持续满足新监管标准的内在要求，而且是在日益复杂经营环境下提高发展质量的必由之路。银行业金融机构要切实转变规模扩张的外延式发展模式，走质量提高的内涵式增长之路。银行业金融机构要在坚守传统业务模式的前提下，在信贷业务的广度和深度上下功夫，提升金融服务效率和信贷质量。一是调整业务结构，制定中长期信贷发展战略，积极调整信贷的客户结构、行业结构和区域结构，实现信贷业务可持续发展。二是强化管理，通过不断优化风险计量工具，完善风险管理政策和流程，健全风险制衡机制，真正提升增长质量。三是创新服务。积极发展网络银行、电话银行、信用卡等渠道拓展业务，扩大金融服务覆盖面，为资产业务提供稳定的资金保障，同时降低经营成本，扩大收入来源。

（五）持续改进风险管理

各银行业金融机构要结合自身经营特点，强化风险管理基础设施，提升风险管理能力。一是完善风险治理组织架构，进一步明确董事会、高管层、首席风险官、风险管理部门和相关业务条线的角色和职能。二是强化数据基础，通过新监管标准实施切实解决国内银行业金融机构长期存在的数据缺失、质量不高问题。三是积极开发并推广运用新型风险计量工具，提高风险识别能力和风险计量准确性。四是强化 IT 系统建设，为风险政策制定和实施、风险计量工具运用及优化奠定基础。五是强化内部控制和内部审计职能，强化与外部审计的合作，共同促进内部制衡机制建设。六是改进激励考核机制，建立“风险—收益”平衡的绩效考核和薪酬制度。银行业金融机构要高度重视所面临的突出风险，包括地方融资平台、房地产贷款、经济结构调整潜在的重大信用风险，积极探索系统性风险和个体风险相结合的风险管理模式，在此基础上建立健全资本评估程序，确保资本充分覆盖各类风险。

（六）加强对新监管标准实施的监督检查和跟踪评估

从今年开始，监管部门要将商业银行新监管标准实施准备情况以及实施进展纳入日常监管工作，对各行新监管标准实施规划执行情况进行监督检查，对新监管标准实施规划执行不力的银行业金融机构采取相应监管措施。过渡期内，监管部门将持续监测银行业金融机构各类监管指标的水平及变化趋势，深入评估新监管标准实施对银行业金融机构经营行为、信贷供给以及宏观经济运行的影响。各银行业金融机构应指定专门部门负责分析执行新监管标准的效应及存在的问题，并及时报送监管部门，配合做好新监管标准的完善和实施工作。

请各银监局将本意见转发至辖内银监分局和银行业金融机构。

二〇一一年四月二十七日

◆关于加快推进信息化与工业化深度融合的若干意见

工信部联信〔2011〕160号

各省、自治区、直辖市及新疆生产建设兵团工业和信息化、财政、科技、商务、国有资产主管部门，有关单位：

为深入贯彻党的十七大和十七届五中全会精神，大力推进信息化与工业化深度融合，走中国特色新型工业化道路，促进经济发展方式转变和工业转型升级，现提出以下意见：

一、指导思想

以科学发展为主题，以加快转变经济发展方式为主线，坚持信息化带动工业化，工业化促进信息化，重点围绕改造提升传统产业，着力推动制造业信息技术的集成应用，着力用信息技术促进生产性服务业发展，着力提高信息产业支撑融合发展的能力，加快走新型工业化道路步伐，促进工业结构整体优化升级。

二、基本原则

（一）创新发展，塑造转型升级新动力

把增强创新发展能力作为信息化与工业化深度融合的战略基点和改造提升传统制造业的优先目标，以信息化促进研发设计创新、业务流程优化和商业模式创新，构建产业竞争新优势。

（二）绿色发展，构建两型产业体系

把节能减排作为信息化与工业化融合的重要切入点，加快信息技术与环境友好技术、资源综合利用技术和能源资源节约技术的融合发展，促进形成低消耗、可循环、低排放、可持续的产业结构和生产方式。

（三）智能发展，建立现代生产体系

把智能发展作为信息化与工业化融合长期努力的方向，推动云计算、物联网等新一代信息技术应用，促进工业产品、基础设施、关键装备、流程管理的智能化和制造资源与能力协同共享，推动产业链向高端跃升。

（四）协调发展，统筹推进深度融合

发挥企业主体作用，引导企业将信息化作为企业战略的重要组成部分，调动和发挥各方面积极性，形成推进合力。切实推动信息技术研发、产业发展和应用需求的良性互动，提升产业支撑和服务水平。注重以信息技术应用推动制造业与服务业的协调发展，促进向服务型制造转型。

三、发展目标和主要任务

到 2015 年，信息化与工业化深度融合取得重大突破，信息技术在企业生产经营和管理的主要领域、主要环节得到充分有效应用，业务流程优化再造和产业链协同能力显著增强，重点骨干企业实现向综合集成应用的转变，研发设计创新能力、生产集约化和管理现代化水平大幅度提升；生产性服务业领域信息技术应用进一步深化，信息技术集成应用水平成为领军企业核心竞争优势；支撑“两化”深度融合的信息产业创新发展能力和服务水平明显提高，应用成本显著下降，信息化成为新型工业化的重要特征。

（一）以信息化创新研发设计手段　促进产业自主创新能力提升

提高计算机辅助设计应用水平，鼓励从计算机辅助设计（CAD）、计算机辅助制造（CAM）向计算机辅助工程（CAE）、虚拟仿真、数字模型方向发展。推进机械、电子、航空航天等行业研发设计环节计算机辅助技术的集成应用，创新研发设计模式。加快船舶、汽车、飞机等行业研发设计与制造工艺系统的综合集成，完善产业链协同设计体系，加快普及产品全生命周期数字化设计模式。完善服装、家具、玩具等行业个性化设计体系，建立和普及用户广泛参与的协同设计模式。围绕推动能源工业、原材料工业、装备工业、消费品工业、电子信息产业、

国防科技工业等行业产品的高端化，逐步深化产品开发和工艺流程的智能感知、知识挖掘、工艺分析、系统仿真、人工智能等技术的集成应用，建立持续改进、及时响应、全流程创新的产品研发体系。提升工业产品的智能化水平，推动信息技术在重点产品的渗透融合，推动产品数字化、智能化、网络化，提高产品信息技术含量和附加值，推动工业产品向价值链高端跨越。

（二）推动生产装备智能化和生产过程自动化　加快建立现代生产体系

以研制数字化、智能化、网络化特征的自动化控制系统和装备为重点，提高制造业重大技术装备自动化成套能力。加快机械、船舶、汽车、纺织、电子、能源、国防工业等行业生产设备的数字化、智能化、网络化改造，深化研发设计、工艺流程、生产装备、过程控制、物料管理等环节信息技术的集成应用，推动信息共享、系统整合和业务协同，提高精准制造、高端制造、敏捷制造能力。在钢铁、石化、有色、建材、纺织、造纸、医药等行业加快普及先进过程控制和制造执行系统，实现生产过程的实时监测、故障诊断、质量控制和调度优化，深化生产制造与运营管理、采购销售等核心业务系统的综合集成。推动食品、药品行业建立生产过程状态监视、质量控制、快速检测系统，逐步完善产品质量和安全的全生命周期管理体系。

（三）推进企业管理信息系统的综合集成　加快建立现代经营管理体系

继续推进以质量、计划、财务、设备、生产、营销、供应链、人力资源、安全等环节为重点的企业管理信息化，加强系统整合与业务协同。在重点行业骨干企业推进研产供销、经营管理与生产控制、业务与财务全流程的无缝衔接和综合集成，建设统一集成的管理信息平台，实现产品开发、生产制造、经营管理等过程的信息共享和业务协同。提高大型企业集团信息化管控水平，促进企业组织扁平化、决策科学化和运营一体化，增强企业资源共享和业务整合能力。适应产业竞争格局的新变化，以提升产业链协同能力为重点，推动产品全生命周期管理、客户关系管理、供应链管理系统的普及和深化，实现产业链上下游企业的信息共享和业务协作。以支撑企业国际化经营为重点，支持重点行业骨干企业跨国运营平台建设，建立全球协同的研发设计、客户关系和供应链管理体系。

（四）以信息化推动绿色发展　提高资源利用和安全生产水平

加快钢铁、石化、有色、建材等行业主要耗能设备和工艺流程的智能化改造，加强对能源资源的实时监测、精确控制和集约利用。在重点行业和地区建立工业主要污染物排放自动连续监测和工业固体废弃物综合利用信息管理体系。引导工业企业建立能源管理中心，加快合同能源管理、节能设备租赁等节能新机制推广。建设一批区域能效中心，完善面向重点用能企业和地区能源消耗的实时监测和监督管理体系。建立危险化学品、民爆器材的生产、储运、经营、使用等环节的实时监控和全生命周期监管体系。围绕危险作业场所的安全风险评估、多层防护、人机隔离、远程遥控、监测报警、灾害预警、应急响应和处置等方面，深化信息技术的集成应用，建立安全生产新模式。

（五）完善中小企业信息化发展环境　帮助中小企业降本增效创新发展

完善面向中小企业的研发设计平台，提供工业设计、虚拟仿真、样品分析、检验检测等软件支持和在线服务。提高网络环境下的企业间协作配套能力和产业链专业化协作水平，鼓励中小企业参与以龙头企业为核心的产业链协作。加快研发、推广适合中小企业特点的企业管理系统。推动面向中小企业的信用管理、电子支付、物流配送、身份认证等关键环节的集成化电子商务服务。建立并完善一批面向产业集群的技术推广、管理咨询、融资担保、人才培训、市场拓展等信息化综合服务平台。鼓励开展适合中小企业特点的网络基础设施服务，积极发展设备租赁、数据托管、流程外包等服务。

（六）推动信息化与生产性服务业融合发展

加快生产性服务业的现代化

提高工业设计水平。支持工业设计软件的研究开发和推广应用。建立实用、高效的工业设计基础数据库、资源信息库等公共服务平台，加强资源共享。鼓励企业建立工业设计中心，引导和支持专业化的工业设计产业园区发展。支持拥有自主知识产权的工业设计成果产业化，加快工业设计产业发展。

推动电子商务发展。推动大型企业电子商务应用深入发展，在提高网络采购和销售水平、扩大网络营销覆盖率基础上，向网上交易、物流配送、信用支付集成方向升级。支持制造业企业以电子商务为手段提高供应链协同和商务协同水平，带动产业链上下游企业发展。积极推动行业第三方电子商务服务平台诚信发展，支持提高面向产业集群和专业市场的电子商务技术支撑和公共服务水平。深化移动电子商务在工业和生产性服务业领域的应用。

推动现代物流业发展。鼓励制造企业与专业物流企业信息系统对接，推进制造业采购、生产、销售等环节物流业务的有序外包，提高物流业专业化、社会化水平。支持物流企业加快信息化建设，提高综合服务水平。推动行业性、区域性和面向中小企业的物流信息化服务平台发展。加快电子标签、自动识别、自动分拣、可视服务等技术在大宗工业品物流、工业园区和物流企业中的推广应用，提高物品管理的精准化水平。

促进新型业态发展。支持制造企业围绕推动产品的智能化、高端化和服务化，创新商业模式，积极发展在线检测、实时监控、远程诊断、在线维护、位置服务等新业态。围绕提高重点行业骨干企业总集成、总承包服务能力和水平，加强企业项目设计、工程实施、系统集成、设施维护和管理运维等业务的信息化建设。适应制造业营销体系变革的新趋势，以信息化创新融资租赁业务模式，提高融资租赁服务水平提升，加快建立高效、便捷、安全的融资租赁体系。

（七）提升信息产业支撑“两化”深度融合的能力　促进信息产业加快发展

大力发展工业电子。围绕汽车、飞机、船舶、机械、家电、电力等行业产品的智能化升级，推进信息技术与传统工业技术间的协同创新，加快汽车电子、航空电子、船舶电子、机床电子、信息家电、电力电子、医疗电子、智能玩具等产品的开发和产业化，不断提升信息技术支撑产品智能化转型的能力和水平。

积极培育工业软件。面向研发设计、生产过程、经营管理、市场流通等环节的数字化、智能化、网络化，加强需求牵引，整合产学研用资源，突破一批关键技术瓶颈，大力发展高档数控系统、制造执行系统、工业控制系统、大型管理软件等工业软件，逐步形成工业软件研发、生产和服务体系，提高国产工业软件、行业应用解决方案的市场竞争力。

加快和规范信息服务业发展。加强行业信息化整体解决方案的推广应用。大力发展信息化咨询、规划、实施、维护和培训等增值服务，提高个性化服务水平。支持有条件的企业开展信息服务业务剥离重组，推动信息技术及相关服务的社会化、专业化、规模化和市场化。积极推动信息系统运行维护服务外包，支持信息化外包服务业发展。重点支持一批信息服务企业，鼓励管理咨询机构从事信息技术服务，规范信息服务业的招投标行为，加强信息安全管理。

积极推动云计算和物联网应用。支持云计算等关键技术研发取得突破，积极发展面向服务、支持制造资源按需使用、制造能力动态协同的云制造服务平台。围绕基础设施、工业控制、现代物流等重大应用领域，开展物联网应用示范。加快网络设备、智能终端、RFID、传感器以及重要应用系统的研发和产业化。加快建立产业发展联盟，培育综合集成服务能力。

（八）提高行业管理现代化水平　加强标准化基础工作

加快推动工业、通信业和信息化运行监测系统建设，加强信息共享，推进业务协同。加强行业信息发布。围绕信息技术在重点行业关键环节的深化应用和信息技术成果普及、产业化重大专项、应用示范项目、信息化重大工程等工作，开展相关应用标准的调查、复审、修订，组织开展示范、宣贯和推广工作。抓紧制定和完善云计算、工业电子、物联网应用、移动电子商务等领域相关标准。

四、主要措施

（一）创新“两化”深度融合推进机制

建立和推广实施工业企业“两化”融合评估体系和行业评估规范，加快建立第三方开展企业“两化”融合评估的工作机制，引导企业开展自评估，充分运用评估结果加强对企业信息化的支持。完善中央企业首席信息官制度，健全企业信息化领导机构，建立职责清晰、协调有力、运转高效的企业信息化推进机制。鼓励各地国有企业监管机构建立信息化评级和考核体系，引导各地企业根据自身实际建立首席信息官制度。引导和支持民营企业建立首席信息官制度。研究建立和推广企业信息化规划、项目管理规范、项目后评估方法和考核机制。建立定期沟通、协调行动的部门间协同推进工作机制。探索建立产学研用战略对话机制。

（二）加大财政资金和金融支持力度

发挥技术改造专项资金、电子发展基金、中小企业发展资金等现有各类财政资金的引导和带动作用，整合资源，加大对信息化与工业化融合中共性技术开发、公共服务平台建设、试点示范项目的支持。积极探索更有效的财政支持方式，加大对企业经营管理创新的引导和扶植，支持企业管理信息化建设。有条件的地方可设立信息化与工业化融合专项资金。鼓励银行创新中小企业贷款方式，支持面向中小企业的电子商务信用融资业务发展。鼓励地方政府建立信息技术应用项目融资担保机构，鼓励金融机构对中小企业信息技术应用项目给予支持。

（三）组织广泛开展典型示范工作

在国家新型工业化产业示范基地建设中，围绕改造提升传统产业、发展生产性服务业、促进信息服务产业发展，推进“两化”深度融合典型示范。组织开展以促进“两化”深度融合为主题的巡回推广活动，大力宣传各地区、各行业和典型企业的成功经验和有效做法。积极通过媒体、网上展示和博览会等形式扩大推广范围和深度。做好信息化与工业化融合试验区经验总结和推广工作。鼓励和支持地方树立示范企业、建立信息化与工业化融合试验区。

（四）加快发展和完善行业信息化服务体系

研究组织实施信息化与工业化深度融合服务行动计划，积极培育和发展集信息化规划、咨询设计、项目实施、系统运维和专业培训为一体的信息服务业。建设一批“两化”融合服务产业中心和园区。发展和完善一批面向工业行业的低成本、安全可靠的信息化服务平台。组织实施企业信息技术服务业务剥离重组示范工程，提升行业信息化解决方案提供能力和水平。开展“两化”融合带动国产软硬件发展试点示范工作。依托国家新型工业化产业示范基地，健全信息基础设施，提升产业聚集区和园区智能化发展水平。

（五）加强人才队伍建设和国际交流

组织开展“两化”深度融合工作培训，组织编写培训系列知识读本，依托高校、科研院所和企业培训资源，建立一批培训和实训基地。围绕“两化”深度融合对专业技术人才的需求，加快实施创新人才推进计划、企业经营管理人才素质提升工程、国家中小企业银河培训工程、装备制造和信息领域国家专业技术人才知识更新工程、信息领域高技能领军人才培养工程等，大力培养各领域的骨干专业技术人才。完善高校学科和专业设置，加强信息技术职业教育，培养各级各类信息化专业人才。科学修订信息领域国家职业技能鉴定标准，积极推进行业职业技能鉴定工作和高技能人才选拔工作。鼓励开展信息技术联合创新、应用示范、人才培训和评估认证等领域的国际交流与合作，支持国内相关组织和企业参与相关领域国际标准的制修订。

工业和信息化部
科学技术部
财政部
商务部
国有资产监督管理委员会
二〇一一年四月六日

◆国务院办公厅转发银监会发展改革委等部门关于促进融资性担保行业规范发展意见的通知

国办发〔2011〕30号

各省、自治区、直辖市人民政府，国务院各部委、各直属机构：

银监会、发展改革委、工业和信息化部、财政部、商务部、人民银行、工商总局、法制办《关于促进融资性担保行业规范发展的意见》已经国务院同意，现转发给你们，请认真贯彻执行。

国务院办公厅

二〇一一年六月二十一日

关于促进融资性担保行业规范发展的意见

银监会　发展改革委　工业和信息化部　财政部

商务部　人民银行　工商总局　法制办

《国务院办公厅关于进一步明确融资性担保业务监管职责的通知》(国办发[2009]7号)印发以来，各地人民政府和国务院有关部门高度重视，制定完善政策法规，明确监管责任，推进规范整顿工作，取得了明显成效。但是，融资性担保行业基础薄弱，长期以来缺乏有效监管，存在机构规模小、资本不实、抵御风险能力不强等问题，一些担保机构从事非法吸收存款、非法集资和高利贷等活动，严重扰乱市场秩序，危害社会稳定，需要进一步采取措施予以规范。为贯彻“十二五”规划纲要要求，促进融资性担保行业规范发展，现提出以下意见：

一、统一思想认识，明确目标定位

（一）深入贯彻落实科学发展观，坚持规范与发展并重、市场主导和政府引导相结合，重点提高融资性担保机构为中小企业和“三农”服务的能力

（二）融资性担保行业规范发展的总体目标是，加快推进融资性担保机构体系、法规制度体系、监管体系、扶持政策体系和行业自律体系建设

构建适度审慎、联动协调、科学有效的监管机制。加快培育公司治理完善、内部控制严密、风险管理有效、具有较强承保能力的融资性担保机构，逐步形成布局合理、适度竞争、规范有序、运行高效的融资性担保体系。

二、推动行业建设，实现可持续发展

（三）融资性担保机构要按照安全性、流动性、收益性原则，坚持以融资性担保业务为核心主业，稳妥开展非融资性担保业务

建立完善符合自身特点、市场化运作的可持续审慎经营模式，不断提高承保能力。要加强公司治理、内部控制和风险管理等方面的制度建设，完善信息披露制度，依法合规经营，提升融资性担保机构可持续发展能力。

（四）在有效控制风险的前提下，鼓励融资性担保机构积极开发新业务、新产品，提高服务质量和效率

鼓励融资性担保机构从事行业性、专业性担保业务，提高风险识别和管理能力，形成自身专业优势和独特竞争力。鼓励规模较大、实力较强的融资性担保机构在县域和西部地区设立分支机构或开展业务；鼓励县域内融资性担保机构加强对中小企

业和“三农”的融资担保服务。积极鼓励民间资本和外资依法进入融资性担保行业，增强行业资本实力，促进市场竞争，满足多层次、多领域、差别化的融资担保需求。

（五）加强融资性担保行业自律组织建设，充分发挥行业协会在规范经营行为、加强自律管理、开展教育培训、实现行业信息共享等方面的重要作用

制定科学合理的人才培养、储备和使用规划，逐步完善融资性担保行业董事、监事、高级管理人员任职资格管理制度和从业人员资格认证制度，提高从业人员的职业道德和专业素质。

三、完善扶持政策，优化外部环境

（六）地方各级人民政府要立足本地实际，科学规划，按照市场原则合理布局，重点扶持经营管理较好、风险管控水平较高、有一定影响力的融资性担保机构的发展

制定完善扶持政策体系，加强扶持资金管理，落实对符合条件的融资性担保机构的财税优惠政策，建立扶优限劣的良性发展机制。要因地制宜，通过设立再担保机构等方式，综合运用资本注入、风险补偿和考核奖励等手段，建立完善风险补偿和分担机制，实现扶持与监管的有效衔接，提高融资性担保机构服务能力。

（七）有关部门要统筹协调各项财税扶持政策，不断完善扶持措施，加大扶持力度

银行业监管部门要督促银行业金融机构加强与融资性担保机构合作，创新业务模式，优化审贷流程，在责任明晰的前提下，有选择地与融资性担保机构开展长期、稳定、深入的业务合作，构建平等、互利、共赢的合作模式。征信管理部门要不断完善融资性担保征信管理制度，促进信息交流共享。银行业金融机构要为融资性担保机构依法查询、确认有关信息提供便利。

（八）有关部门和地方各级人民政府要认真落实抵（质）押相关制度，研究建立融资担保抵（质）押登记公示和查询平台；为担保债权的保护和追偿提供必要支持，维护融资性担保机构合法权益

四、健全监管机制，加强科学监管

（九）融资性担保业务监管部际联席会议要加强对地方融资性担保机构监管工作的指导，建立健全对地方监管部门的履职评价制度，完善联席会议、地方监管部门等多方联动工作机制

建立完善以《融资性担保公司管理暂行办法》（中国银行业监督管理委员会令 2010 年第 3 号）为主体，协调配套的融资性担保法规制度体系。加强对政府出资设立或控股的融资性担保机构的监管，防止融资性担保风险转化为财政风险。加快建设标准统一的统计信息系统，提高行业统计分析工作水平。

（十）各省（区、市）人民政府要积极贯彻落实《融资性担保公司管理暂行办法》（中国银行业监督管理委员会令 2010 年第 3 号）及相关配套制度，加快建立健全本地区融资性担保相关规章制度

严格依法审批融资性担保机构，强化日常监管检查。地方各级人民政府要加强对融资性担保机构监管工作的组织领导，从人员、经费等方面保障地方监管部门有效履行职责，指导督促相关部门研究解决融资性担保行业发展与监管中的重大问题。地方监管部门要建立完善审慎有效的监管体制机制，加快建设融资性担保机构监管信息系统，完善监管手段，寓监管于服务中，提高监管有效性，防范系统性和区域性风险，推进融资性担保行业规范发展。

◆关于加快我国工业企业品牌建设的指导意见

工信部联科〔2011〕347 号

各省、自治区、直辖市及计划单列市、新疆生产建设兵团工业和信息化主管部门、发展改革委、财政厅（局）、商务主管部门、工商行政管理局、质量技术监督局、进出口商品检验检疫局，中国人民银行上海总部、各分行、营业管理部、省会（首府）城市中心支行、副省级城市中心支行，有关行业协会（商会）：

改革开放 30 年来，我国工业经济实现了跨越式发展，为满足人民需求，促进国民经济发展做出了重要贡献。但与工业经济发展的速度和规模相比较，工业企业品牌建设明显滞后，已经成为我国工业行业进一步提高竞争力，实现发展方式转变的重大障碍。

为落实《中华人民共和国国民经济和社会发展第十二个五年规划纲要》中提出“推动自主品牌建设，提升品牌价值和效应，加快发展拥有国际知名品牌和国际竞争力的大型企业”的要求，特制定本指导意见。

一、加快我国工业企业品牌建设的重要意义

要从国民经济发展全局和实现“十二五”规划任务的战略高度，理解和认识工业企业品牌建设的重要意义。加快我国工业企业品牌建设，是促进经济结构调整、转变发展方式，走中国特色新型工业化道路的必然要求；是坚持扩大内需战略，释放消费潜力，增强国际竞争力的客观需要；是推动工业创新发展，促进科技成果向现实生产力转化的重要抓手；是树立和维护质量信誉，打造“中国制造”的国际形象和影响力的坚实基础。

二、指导思想、总体目标和基本原则

（一）指导思想

以科学发展观为指导，促进转变经济发展方式，推动我国工业企业核心竞争力的提升。坚持以企业为主体，通过促进工业企业提高创新能力和品牌培育意识以及商标注册、运用、管理和保护能力，增强品牌附加价值和影响力。协调各方资源，合力营造有利于工业企业品牌成长的政策和市场环境，加快实现从制造大国向制造强国的转变。

（二）总体目标

到 2015 年，我国工业企业创新能力和品牌培育能力显著增强，工业企业品牌成长的市场环境明显改善。50%以上大中型工业企业制定并实施品牌战略，品牌产品市场占有率和品牌附加值显著提高。重点培育一批具有国际影响力的自主品牌。

（三）基本原则

坚持以企业为主体，发挥企业在品牌建设中的主体作用；坚持突出质量、技术、创新在品牌建设中的核心作用，加大工业产品知识产权的创造、运用、保护和管理力度，鼓励推广具有自主知识产权的技术标准；坚持以市场为导向，通过市场竞争、优胜劣汰，培育拥有较高知名度和美誉度的工业品牌；坚持政策引导，通过政策扶持、规范市场和加强公共服务体系建设，积极探索我国工业企业品牌发展道路。

三、主要任务和工作内容

（一）引导工业企业增强品牌意识

工业和信息化部门会同有关部门和行业协会，要把品牌培育作为工业产品质量和信誉建设的重要内容，引导企业增强以质量和信誉为核心的品牌意识。各有关部门要通过各种活动和各类媒体形

式，大力宣传品牌建设的重要意义，营造有利于品牌成长的社会氛围。工业和信息化、工商、质检等部门，要加大力度总结宣传各地区、行业和企业在品牌建设中的成功经验。发展改革、工业和信息化、商务、财政和人民银行等部门，要发挥政策、资源和市场的导向作用，引导企业加强品牌建设。

（二）加强品牌建设规划

工业和信息化主管部门、行业协会要加强对品牌建设的统筹规划，明确职责目标，落实政策措施。各地区、各行业要在充分调研的基础上，制定本地区、本行业的品牌建设规划，并与“十二五”规划有机结合。有条件的地区和行业要组织实施与规划配套的品牌建设工程，以培育区域性、行业性品牌优势为重点，落实有关的政策、措施和资源，鼓励工业企业建立品牌发展规划，并给予必要的指导和帮助。

（三）促进工业企业提高品牌建设能力

工业和信息化、工商、质检等部门和行业协会，要组织开展品牌培训活动，提高企业品牌培育意识和商标注册、运用、管理和保护能力；要推广先进的营销理论、品牌管理模式和方法，重点增强企业在市场调研、产品定位、营销策划、传播宣传、公关服务等方面的能力和水平。

要鼓励工业企业开发切合实际的品牌管理机制和品牌塑造方法，建立品牌战略，实施品牌经营，培育品牌文化。指导工业企业重视知识产权法律尤其是商标法律制度的运用，从战略、管理、传播和资产管理各个层面推进品牌建设。

要加大技术改造项目对企业在开发品种、提升质量等方面的支持力度，增强企业创新能力，提高产品实物质量水平。财政、人民银行等部门要发挥财税、金融等政策作用，鼓励工业企业加大在技术开发和质量提升等方面的投入。

要加快国家和行业标准建设，组织开展对国际标准和国外先进标准的研究，鼓励工业企业参与国际标准的制修订，提高企业适应市场和技术环境变化的能力。

（四）改善品牌发展外部环境

商务、工商、质检等部门会同行业协会，要协调配合，打破地方保护，消除市场壁垒，减轻企业负担，构建国内统一市场；要加强对“家电下乡”等与市场有关的政策和要求的宣传，提高企业对有关政策的理解和把握水平。商务部门要加强对商业机构的指导和管理，拓宽品牌产品的销售渠道，为国内、外工业企业创造同等品牌市场待遇。

有关部门会同行业协会，加强跨区域工业企业品牌保护工作的分工协调；研究借鉴国外品牌保护的优秀经验，加强对我国工业企业商标境外注册、使用和保护情况的跟踪研究，分阶段建立海外商标纠纷预警机制和危机管理机制。

商务、工商、质检等部门会同有关行业协会，要推动中国制造的品牌形象塑造，在重点市场和新兴市场举办产品展览、推广、广告等活动，促进提升品牌市场竞争力和品牌价值；鼓励工业企业在海外开展营销活动，引导企业积极进行商标国际注册；对企业在境外商标注册、渠道拓展等工作提供相关服务。

发展改革、财政、人民银行等部门要引导金融机构加快推进金融产品和服务方式创新，支持工业企业利用品牌资产依法依规抵押融资，改进和完善有关金融服务；要探索建立企业品牌信用担保制度，积极拓宽企业融资渠道，支持符合条件的工业企业通过上市融资和发行债券；鼓励企业以品牌为纽带进行并购重组。

发展改革、商务、工商、质检等部门，要加强对合资合作过程中工业企业品牌的保护和管理。

工商、质检、工业和信息化等部门，要加强质量监督、市场监管，组织开展专项整治活动，打击侵犯注册商标专用权违法行为，加大对我国工业企业行业商标专用权行政保护力度，保护商标持有企业合法权益。

工业和信息化、质检部门会同行业协会，要在“提高工业产品质量示范”、“质量兴业”和“质量兴企”活动中，以品牌培育为重点内容，通过组织质量攻关和提高供应链质量保证能力等工作，支持品牌建设；要加快工业产品质量控制和技术评价能力建设，大力发展中小企业服务平台，为企业对外交流、信息咨询、技术咨询提供服务，并发挥产品研发设计和品牌推广平台的作用。

（五）加强对品牌建设的指导和服务

工业和信息化主管部门会同商务、工商、质检等部门及行业协会，要加强对品牌建设的具体指导。鼓励各行业根据特点提出行业性品牌建设的指导性文件；指导工业企业建立完善品牌培育管理体系和评估体系，提高品牌培育的科学化水平，实现品牌培育工作的持续改进；支持工业企业积极参与国际优秀品牌管理经验和标杆的交流与分享；鼓励地区和行业规范并推广与品牌培育相关的咨询和培训服务，加强对品牌工作的专业指导。

各级部门、行业协会，可对品牌培育工作成效显著的区域、行业和企业进行重点扶持并给予适当的表彰奖励，以加大对品牌建设成功经验的宣传力度，推动品牌建设深入开展。

四、工作要求

工业和信息化部联合发展改革委、财政部、商务部、人民银行、工商总局、质检总局及有关行业协会，建立推进工业企业品牌建设工作会商机制，不定期召开会议，确定工作重点，协调和指导工业企业品牌建设工作。各部门要按照“统筹协调、明确责任、协同配合、整体推进”的原则，各司其职，加强协调配合。

各地工业和信息化主管部门要综合协调品牌建设工作，会同有关部门，结合本地区实际，认真研究制定具体实施方案并组织实施。要不断总结品牌建设中的问题，积极推广成功经验，及时做好信息搜集和反馈。

工业和信息化部

国家发展和改革委员会

财政部

商务部

中国人民银行

国家工商行政管理总局

国家质量监督检验检疫总局

二〇一一年七月二十二日

◆福建省人民政府办公厅转发省经贸委关于促进闽东电机产业提升发展若干意见的通知

闽政办〔2011〕7号

各设区市人民政府，平潭综合实验区管委会，省人民政府各部门、各直属机构，各大企业，各高等院校：

省经贸委制定的《关于促进闽东电机产业提升发展的若干意见》已经省政府同意，现转发给你们，请认真贯彻执行。

二〇一一年一月七日

关于促进闽东电机产业提升发展的若干意见

省经贸委

（二〇一〇年十二月）

经过多年培育发展，闽东电机产业规模不断壮大，已成为集聚度较高、市场竞争力较强的产业集群和地方经济支柱，对推进当地工业化和城镇化进程起到重要作用。在新的形势下，为推进闽东电机产业巩固基础、提升发展，特提出促进闽东电机产业提升发展的若干意见。

一、产业发展现状

截至2009年底，闽东地区拥有电机整机生产企业200多家，加之配套配件企业和派生的保健电器产品生产企业共800多家，从业人员6万多人。目前已形成发电机与发电机组、电动机、水泵和电子保健医疗仪器等四大类产品，规模以上工业产值101.7亿元，出口交货值约50多亿元（未含异地出口和买断出口），电机产品产量和出口量约占全国同类产品的1/3。福安市获中国机电产品进出口商会授予的“中国中小电机出口基地”称号和中国机械工业联合会授予的“中国中小电机之都”称号。

产业主要特征：

一是产业持续发展的基础扎实。截至目前，有130多家企业通过ISO9001-9002质量管理体系认证，近100家企业通过欧洲共同体国家CE、GS、TUV认证，20多家企业通过美国UL认证，32家企业取得3C认证，160多家企业获进出口自营权和出口质量许可证，12家企业为国家机电产品出口基地企业。“十五”、“十一五”期间，闽东电机产业出口年均增长30%以上，产值在“十五”、“十一五”分别实现翻番，闽东已成为我国电机的重要生产和出口基地。

二是产业配套较为完善。产品生产和零部件加工分工细化，配套能力强，形成从原材料、零部件加工到整机组装、质量检测的专业化、协作化、社会化生产网络。

三是产业公共服务平台基本建成。成立了19家担保公司，至2009年已提供融资担保金额98亿元；成立了福安市电机工程学会、电机电器同业公会等中介组织，有力推动行业自律、协调、维权等工作；设立了福建省机电行业技术开发基地、国家电气产品安全检测重点实验室福建出入境检验检疫局福安电机实验室、省电机产品检测中心、省泵类产品质量监督检验站、福安电机工程研究院等，为企业技术创新、新产品开发和产品检测提供服务。

四是产品技术水平和质量不断提高。大部分骨干企业具备了产品主要性能、生产质量的检测能力。100千瓦以上低噪声发电机组、数码发电机、高效电动机等高技术产品已批量生产。有1家企业获得国家产品质量免检资格证书和国家出口免验资格证书，1家企业获得国家产品质量免检资格证书；有7家企业技术研发机构成为省级企业技术中心，14家企业成为福建省高新技术企业。拥有15个福建名牌产品、3个中国驰名商标、60个福建省著名商标。

闽东电机产业在加快发展的同时也面临一些问题，主要体现在：一是企业数量多但单体规模偏小，企业之间有分工但协调合作较弱，龙头企业尚未形成，骨干企业的带动作用未能发挥；二是产品以通用中小型电机为主，中低档次产品居多，高技术含量产品少，产品附加值不高；三是部分小企业仍然采用低价竞争，影响产业整体声誉；四是产业自主创新能力较弱，科研经费投入不足，企业普遍缺乏高技术人才，劳动力优势弱化；五是受土地、生活条件等因素制约，产业布局尚需调整，企业进一步发展空间受限；六是产品出口市场较单一，高端市场有待进一步开发。

二、产业提升发展的主要目标和任务

（一）主要目标

围绕打造中小电机国际名城、培育中国知名品牌企业的发展战略，在发展规模、产业链延伸和产品档次等方面实现新跨越。到"十二五"末，力争闽东电机产业集群年产值突破500亿元；培育产值10亿元以上企业3-5家；形成特色鲜明、辐射力大、竞争力强的产业集群，成为全国重要的先进中小电机制造基地。

（二）主要任务

1.合理布局，协调发展。强化市场主导，加强政府引导，优化产业布局，促进生产要素合理流动。近期做好福安市和宁德东侨经济开发区电机产业区域间的协调发展，促进两地产业差异化发展，辐射带动周边县（区）配套。福安市要围绕打造"中国电机电器名城"的目标，加强规划布局，进一步推进赛岐开发区和甘棠工贸园区的开发建设，为电机产业的搬迁改造和产业升级提供用地支撑，构建闽东电机集研发、生产、销售、公共服务为一体的新集聚区；宁德东侨经济开发区要按照新型工业化产业示范园区的标准，完善基础设施和公共服务平台建设，承接电机高新科技项目，建设电机电器高新技术园区。

2.品牌带动，拓展市场。加快创名牌步伐，打造名企效应，以品牌带动拓展市场。以台湾东元集团和当地骨干企业为龙头，促进中小企业向一线品牌集聚。在巩固原有市场的基础上，积极进军国际电机中高端市场；开拓汽车、船舶、机床、风机、压缩机、家用电器等领域的电机大宗用户市场。

3.技术进步，提升水平。加强产品技术研究开发，加快研制发展永磁无刷直流电机、高精度定位控制伺服电机、智能化发电机组、高效节能电机及步进电机、低速电机、超声波电机、直线电机、高速电机、变频电机、节能节材井用潜水泵、TS高效离心泵等工业泵、自动恒压供水系统等新产品，发展机电一体化产品。用高新技术和先进适用技术改造传统制造方式，推广集成制造、敏捷制造、柔性制造、精密制造等先进制造生产方式，促进电机产业向高端发展。完善协作配套产业，建设铸造业集中区，整合建设模具中心。

4.重组联合，做大做强。促进闽东电机骨干企业快速扩张，培育若干龙头企业。加快企业兼并重组，推进电机产业集团整合进程，进一步提高产业集中度。采取有效措施，引导社会资源向龙头企业集聚，支持龙头企业做大做强。积极支持龙头企业采用多种方式，对其上下游企业进行重组及改造；引导中小企业进入龙头企业的生产、供应网络，建立主机、零部件、配套件专业化协作联盟。力争"十二五"期间形成若干关联度大、带动性强的大企业大集团。

5.打造平台，完善服务。推进闽东电机产业的金融担保、技术创新、质量检测、行业协会、人才培育、知识产权等公共服务平台建设，提高和完善产业公共服务平台的服务水平和能力，创造良好的服务环境，为产业壮大和企业发展提供强有力的保障。

三、推进产业提升发展的主要措施

（一）加强组织领导

由宁德市政府牵头组建专门的组织机构，强化沟通协调，形成整体合力，有效解决产业转型升级中涉及规划、土地、资金、市场等重大问题，推进产业发展。省经贸委会同省直相关部门从各自职能出发，合力推进闽东电机产业转型提升各项工作的开展。

（二）强化规划引导

加强规划引导，促进闽东电机产业集群又好又快发展。省经贸委协助宁德市政府做好闽东电机产业“十二五”发展专项规划的编制工作，对闽东电机产业进行全面调研，以国家产业政策、我省建设海峡西岸经济区纲要和产业调整振兴实施方案为指导，明确“十二五”产业的发展目标、方向和重点，确定培育品牌、做大总量和产业布局调整及推进产业优化升级的具体思路和措施。

（三）推进技术进步

集中省、市财政资金，支持为电机产业和企业提供公共服务的融资、研发、物流、检测等平台建设。宁德市可根据当地经济社会发展和财力情况统筹考虑支持，有关县（市、区）财政相应安排专项资金给予配套。

支持企业的技术改造提升。以提升生产装备技术和产品质量档次、科技含量为目标，大力推进企业技术改造和自主创新，增加技术进步投入，突破新材料、新工艺、新设备等在生产运用上的薄弱环节，提升产业整体装备和技术水平。在产业整合重组的前提下，围绕闽东电机四大类产品的技术与质量提升，对引进（或购买）主要先进加工装备的企业，各级政府给予政策扶持。

实施闽东电机产业集群技术提升专项。积极争取国家科技型中小企业技术创新基金创新产业集群支持。鼓励生产中档电机产品的中小企业加入龙头企业品牌产品的贴牌加工生产环节，导入大企业的生产秩序、产品标准和质量管理的规范化生产，提升中小企业生产管理水平。行业管理部门要做好技术提升辅导工作。

组织实施产学研联盟。重点研发高效节能电机等一批科技含量高的电机产品，优化产品结构，提升产品档次，提高闽东电机产业水平。支持有关高校、科研机构、骨干企业、协作配套企业组成联盟体，联合实施新产品的关键技术、材料及工艺等项目攻关。

（四）实施品牌带动

大力培育闽东电机优势品牌，促进优势品牌企业做大做强。鼓励优势品牌企业发挥质量、检测、标准等优势，通过联合重组、品牌收购、营销整合等多种形式，增强在全行业发展的主导力；鼓励中小企业开展代工和贴牌生产。加大财政资金支持品牌企业创新品牌、发挥品牌效应，重点支持政府、中介组织及企业在品牌培育和品牌营销等方面具有示范作用的公共服务项目。利用有关媒体和展会大力宣传，树立区域品牌形象。

（五）加快发展大企业大集团

落实国家推进企业兼并重组的优惠政策，进一步细化企业兼并重组政策措施，妥善解决富余人员安置、债务核定与处置、财政利益分配等问题；鼓励银行等金融机构开展并购贷款业务，加大对重组企业的信贷支持；推动骨干企业上市融资，扩大直接融资规模，按照统筹规划、分类指导的原则，根据主板、中小板和创业板上市的不同条件，重点培育具备上市条件且有发展潜力的骨干企业；支持骨干企业发行企业债券、短期融资券、中期票据，采取集合捆绑、统一担保、信托发行的形式发行中小企业债券或票据；支持异地金融机构到闽东地区投资设立分支机构。

鼓励现有生产同类产品的企业整合组建具有相当规模产能的股份制集团公司。对骨干企业和实施重组的大型集团公司，应在土地、资金、技术、人才培训、上市等方面给予优先支持，优先引入赛岐开发区、甘棠工贸区以及东侨经济开发区。

（六）推动专业化配套协作

优先支持铸造件、硅钢片、轴类零件等用量大、对整机质量起重要作用的基础配套件产品实行集中专业化协作生产，以提高和稳定全行业的产品质量，降低生产成本。当地政府要制定有关鼓励政策，支持组建专业化配套件生产企业，引导成立由相关主机厂与其配套件企业共同出资参股的专业化配套件股份制公司，整合现有各大企业自办的铸件厂和高速冲床生产线等，成立专业化的铸件公司和硅钢片、轴类零件等生产公司，完善协作配套产业；加快建设机电配套业、铸造业、医疗保健器材业集中区，整合建设模具、铸造中心、电机电器加工中心。对专业化公司和各中心在采用先进生产技术和装备，实施技术改造和技术提升等提供资金补助和相关政策支持。

（七）促进公共服务平台建设

构建市场拓展平台。合理规划建设辐射和拉动力强的电机产业专业市场，发展营销联盟，形成营销合力。

完善金融担保服务平台。继续抓好重点融资性担保公司建设；引导和支持民间资金注入重点担保公司，促进重点担保公司增资扩股。引导金融机构加强与担保公司互信合作，促进金融机构加大信贷支持力度；对为闽东电机企业提供融资担保的担保公司，按年度担保额8‰的比例补偿。支持企业拓展多重融资渠道融资，促进省再担保公司与闽东地区的产业担保公司联手，推动中小企业以发行集合债方式融资；促进省内大型再担保公司积极为中小企业发行集合票据提供增信服务，提高集合信用等级，降低发行利率。发展中小企业信托贷款集合型理财产品，为中小企业融资开辟新渠道；鼓励银行业金融机构根据闽东电机产业特点，积极创新产品和服务品种，改善中小电机企业的金融服务；加强科技资源与金融资源的结合，积极支持闽东电机企业实施技术改造，提升技术水平；积极发展出口贸易融资，支持闽东电机产品的出口。对当地金融机构因支持符合产业政策、有市场、有效益、有信用的闽东电机中小企业而出现资金和信贷规模不足的，当地人民银行分支机构给予再贴现资金和优惠利率倾斜支持。进一步扩大小额贷款公司试点工作，闽东电机企业符合条件的可申请作为主发起人或出资人组建小额贷款公司，为产业内企业提供融资。

完善技术创新和产品质量检测服务平台。发挥福建省机电行业技术开发基地和福安电机工程研究院、工程技术研究中心、重点实验室、科技孵化器、生产力促进中心的作用，加强产业共性技术研究、技术交流、技术经纪、技术咨询工作，为产业发展提供全方位的技术支持。支持有条件的企业申报国家级重点实验室和国家级电机工程技术研究中心。继续发挥国家电气产品安全检测重点实验室福建出入境检验检疫局福安电机实验室、福建省电机产品质量检测中心和福建省泵类产品质量监督检验站的作用，支持国家电气产品安全检测重点实验室福建出入境检验检疫局福安电机实验室扩大建设，加快国家中小型电机产品质量监督检验中心（福建）的筹建工作，建立检测、监督、保障三位一体的服务体系，促进闽东电机产品质量整体提高，为创建区域品牌夯实基础。

支持办好每年一届的“海峡两岸电机电器博览会”，加强闽东电机产业与台湾电机产业的深度对接，推进两岸电机业在生产、科研、市场等方面的交流合作。支持闽东电机推进“6·18”产学研对接项目产业化，对“6·18”电机产业的重大技术成果转化项目给予重点扶持，提升产业技术水平和竞争力。每年有计划地组织一些专业性较强的专场对接洽谈会，解决闽东电机产业提升过程中的技术难点和共性、关键核心技术，实现产学研结合的效用。深化科技人员服务企业行动，开展产业技术提升诊断辅导工作，支持企业技术中心建设。推进省机电行业技术开发基地建设，支持省电机产业产学研战略联盟开展工作。加快中科院上海高等研究院、中科院上海国家技术转移中心1兆瓦高性能电机等项目的宁德产业化示范基地建设，提升“低碳、绿色、智能”大型高新技术企业的带动示范作用。

完善人才引进培育服务平台。落实优惠政策，加快高层次专业人才引进步伐；依托宁德职业技术学院，组建公共实训基地，加强职业技能培训，为企业扩大生产提供人才支持。支持在福安市、宁德东侨开发区建立公共技能培训基地。福州大学、福建工程学院、宁德师范学院、宁德职业技术学院等大中专院校，要根据电机产业发展需要，适时开设相关专业，为产业发展提供专业人才保障。指导企业改善用工环境，依法落实薪酬制度和社会保障制度，构建和谐企业文化，提高企业吸纳人才、留住人才的能力。

支持闽东电机产业工业产品质量控制和技术评价实验室的建设，积极申请将其列入工业和信息化部“工业产品质量控制和技术评价实验室”体系建设和管理。

充分发挥福建省知识产权公共服务平台的作用，增强企业的专利技术检索分析工作能力，了解国内外相关专利信息或失效专利信息，避免重复研究或盲目技术引进，为自主研发或利用已有专利技术创造条件。

完善行业协会服务平台。发挥电机电器同业公会、电机工程学会、机电配套行业协会、冶金铸造行业协会、电机出口基地商会等中介组织作用，加强协调、自律、服务。搭建政府与企业间的桥梁，为政府决策提供科学依据；贯彻国家产业政策，推动技术进步；强化行业自律，建立规范的市场经营与对外贸易机制；维护企业权益，反映行业需求；加大对外交流合作，及时通报产品进出口信息，组织企业联合开拓国际市场，积极应对国际贸易摩擦及贸易壁垒；牵头组织、参与制订行业标准和地方标准，促进产品质量提高；办好电机电器产业集群门户网站，为企业提供产品开发、参展、贸易、引资等信息服务。

（八）支持和发展闽东电机行业物流

推进闽东电机产业现代物流建设。科学组织行业物流，组建材料采购中心和专业市场，实行集团采购。引导和支持电机企业和物流企业共届建设公共网络信息平台，为电机企业开拓市场提供高效、便捷、低廉的物流服务，推动发展“企业到企业”的交易模式，为电机企业开拓市场提供信息支撑。推动电机企业物流业务外包，利用专业化的物流服务降低物流成本。支持推进“海峡船舶机电物流配送中心”项目建设。

（九）规范行业管理，加强产品质量监管

严格产品认证和市场准入，对列入强制性认证的产品全面实行认证工作，引导电机企业开展 ISO9000 质量管理体系认证、环境管理体系认证和职业安全健康管理体系认证。建立闽东电机整机、配件质量标准体系，严格按照标准组织生产，鼓励企业采用国际标准和国外先进标准。加强电机企业与产品定期检查、出口检测及年度质量监督抽查，建立质量分析报告、质量预警信息制度。严厉打击假冒伪劣产品，取缔不合格产品，净化市场环境。

做好地方标准制订和组织宣贯工作。在组织实施闽东电机产业提升计划中，对没有国家标准或行业标准的水泵产品，由省经贸委等部门组织制定福建省水泵地方标准并组织标准宣贯工作，并将其列入技术辅导提升培训计划和送管理进企业专项组织实施。

（十）促进企业管理提升

依托相关机构，做好闽东电机产业人才培训需求调查，举办公益性企业高级管理提升培训班，聘请知名企业管理专家为闽东电机企业授课。

有针对性组织省内知名管理咨询机构和专家深入闽东电机工业园区和企业，开展企业管理咨询“义诊”，促进企业管理需求与咨询机构服务的有效对接，帮助企业找准管理问题并解决问题。

适时组织召开闽东电机企业管理现场会和交流会，通过先进企业管理经验介绍、优秀管理专家案例点评和参观企业现场等方式，引导闽东电机企业运用先进管理经验，提升企业管理规范化和现代化水平。

◆关于印发福建省开拓市场专项资金管理实施暂行办法的通知

闽财企〔2011〕25 号

各设区市财政局、经贸委（经委、经发局），平潭综合实验区财政金融局、经发局，省直有关单位，省级有关协会：

为了规范省级工商发展资金中开拓市场专项资金的管理，提高资金使用的效益，我们制定了《福建省开拓市场专项资金管理实施暂行办法》，现印发给你们，请遵照执行。

福建省财政厅

福建省经济贸易委员会

二〇一一年四月二十八日

福建省开拓市场专项资金管理实施暂行办法

第一章　总　则

第一条　为规范开拓市场专项资金管理，发挥专项资金的扶持引导作用，推动我省企业开拓省内外市场，根据省财政厅、省经贸委《福建省省级工商发展资金管理暂行办法》（闽财企[2007]12 号）特制定本办法。

第二条　本办法所称开拓市场专项资金是指省级工商发展资金中的开拓市场专项资金。

第三条　省经贸委负责开拓市场专项资金的业务管理，与省财政厅共同受理资金项目的申报，提出专项资金使用计划，经审核后，与省财政厅联合下达资金。省经贸委对项目执行情况进行跟踪管理、监督检查。

省财政厅负责开拓市场专项资金的预算和监管，按预算管理要求对资金使用进行复核，与省经贸委联合下达资金，办理资金拨付手续。并对资金使用情况进行跟踪管理、监督检查。

第四条　开拓市场专项资金的管理和使用遵循公开透明、专款专用和加强监督的原则。

第二章　扶持范围

第五条　开拓市场专项资金项目主要扶持范围是：

（一）省经贸委主办、协办或组织参加的省内外展会；

（二）福建营销联盟（福建省营销协会）和设区市（含平潭综合实验区，下同）经贸部门牵头组织我省企业参加的省外国家级以上专业展会，组织参加的企业数在 10 家（指规模以上企业）以上；

（三）承担省里任务的设区市经贸部门、省级行业协会等中介机构牵头组织我省企业抱团到省外开拓市场的项目，包括项目市场调研、宣传推介、开拓新兴市场．设立销售专区、建立营销中心等，参加抱团的企业数在 10 家（指规模以上企业）以上；

（四）福建营销联盟开拓市场项目；

（五）省政府及上级主管部门有文件要求省经贸委主办或组织参加的其它展会、展销等开拓市场项目。

第三章　资金补助对象和标准

第六条　符合开拓市场专项资金扶持范围的项目牵头组织单位可以申请开拓市场专项资金补助。

第七条　省经贸委主办、协办或组织参加的省内外展会项目每个项目补助不超过50万元。

第八条　福建营销联盟（福建省营销协会）和设区市经贸部门牵头组织参加的省外展会项目每个项目补助不超过 50 万元，原则上只补助以下费用：

（一）展位费：每个标准展位补助不超过 3000 元；

（二）特装费：展现福建整体形象的每个展会特装费用（不含企业展位特装费）原则上不超过10万元；

（三）宣传费：用于展会宣传推介福建品牌、产品的每个展会宣传费补助，原则上不超过2万元；

（四）组织管理费：按不超过以上三项费用补助总额的 15%给予项目牵头组织单位组织管理费补助。

第九条　福建营销联盟（福建省营销协会）、承担省里任务的设区市经贸部门、省级行业协会抱团开拓省外市场项目每个项目年度补助不超过 200 万元，原则上只补助以下费用：

（一）销售场地租赁相关费用；

（二）牵头组织单位管理费，补助金额在 100 万元以下的按补助金额 15%统筹包干，补助金额在 100 万元以上（含 100 万元）的按补助金额 10%统筹包干。

第十条　省政府及上级主管部门有文件要求组织的参会项目根据工作实际需要给予补助。

第四章　资金申报、审核、下达

第十一条　开拓市场项目牵头组织单位于每年 2 月底前向省经贸委、省财政厅提出本年度拟组织的开拓市场专项资金项目补助申请，福建营销联盟（福建省营销协会）申报项目数不超过 5 个，承担省里任务的设区市经贸部门及省级行业协会每个单位申报项目数不超过 3 个，并提交以下项目申报材料：

（一）牵头组织单位开拓市场专项资金项目补助书面申请报告；

（二）年度开拓市场专项资金项目申报表（见附表）；

（三）年度开拓市场专项资金项目工作方案。

第十二条　省经贸委、省财政厅对申报的资金项目按照《福建省省级工商发展资金管理暂行办法》规定的程序进行审核、审定后，于每年 3 月底前联合公布拟补助的年度资金项目及补助资金最高限额。

第十三条　开拓市场专项资金采取事后拨付、补助资金最高限额内实报实销的原则，即在项目完成后，项目牵头组织单位向省经贸委、省财政厅提出项目资金拨付申请，并提交以下材料：

（一）年度开拓市场专项资金项目资金拨付申请表；

（二）开拓市场项目总结报告，主要内容包括：项目组织实施情况，费用支出情况，取得的主要成绩及存在的问题等；

（三）实际发生费用的合法凭证（复印件）；

（四）项目参加企业名单、联系人、联系电话；

（五）项目资金拨付手续需要的其他材料。

第十四条　省经贸委、省财政厅根据拟补助的年度资金项目组织实施和项目牵头组织单位项目资金拨付申请情况，分别于每年 9 月 30 日前、12 月 20 日前分两次正式下达补助的年度资金项目及补助资金额。

第十五条　省经贸委、福建营销联盟及省级行业协会资金项目补助资金，由省财政厅、省经贸委直接下达给牵头组织单位；设区市资金项目补助资金由省财政厅、省经贸委联合下达给设区市财政局和经贸部门。

第五章 管理和监督

第十六条 省经贸委主办、协办或组织参加的省内外展会资金项目，福建营销联盟、省级行业协会组织参加的省外展会资金项目，公共布展费用预算在10万元以上（含10万元）的应采取公开招标或邀请招标方式确定布展公司，在30万元以上的（含30万元）应采取公开招标方式；公共布展费用在10万元以下的可采取招标、竞争性谈判、单一来源采购、询价等方式确定布展公司，也可由组织单位自行设计布展。

第十七条 资金项目牵头组织单位应按上报的项目实施方案认真组织实施，项目完成后应及时将项目总结报告（或阶段性工作报告）报送省经贸委、省财政厅。若由于各种原因导致项目无法按实施方案组织实施的，应及时将有关情况上报省经贸委、省财政厅。

第十八条 省经贸委、省财政厅可不定期对资金项目实施情况及资金拨付使用情况进行跟踪、监督、检查，并可根据具体情况调整补助资金项目及补助资金额。

第十九条 对省政府或上级主管部门临时要求省经贸委主办或组织参加的展会项目，省经贸委、省财政厅可将其增列为资金补助项目，并从当年下达的工商发展资金预算待分配资金中相应调整增加开拓市场专项资金。

第二十条 申报单位对上报材料的真实性负责，资金项目牵头组织单位对补助项目资金应专款专用，对于虚报、假报、或伪造凭证骗取补助资金的单位，将全额收缴已拨付资金，并按照《财政违法行为处罚处分条例》等有关法律法规追究责任。

第二十一条 开拓市场专项资金根据业务需要，可按不超过1%的比例据实列支必要的经费，用于专项资金申报项目评审和论证、监督检查、绩效评估、审计等管理性支出。

第六章 附 则

第二十二条 本办法由省财政厅、省经贸委负责解释。

第二十三条 本办法自发布之日起执行，之前相关规定与此不一致的，以此办法为准。

附表（略）

◆福建省人民政府关于加快台湾农民创业园建设的若干意见

闽政〔2011〕44号

各市、县（区）人民政府，平潭综合实验区管委会，省人民政府各部门、各直属机构，各大企业、各高等院校：

为进一步贯彻胡锦涛总书记给在闽创业台湾农民的重要来信精神，深入落实《海峡西岸经济区发展规划》和《福建省促进闽台农业合作条例》，加快台湾农民创业园（以下简称“创业园”）建设，促进闽台农业交流合作，提出以下意见。

一、加大基础设施投入

省直相关部门把创业园的水、电、路等基础设施建设列入发展规划，优先给予支持；“十二五”期间农业综合开发资金每年安排1500万元用于创业园的农业基础设施建设；省级财政安排闽台农业合作专项资金，优先支持园区内土地整理、道路、水利等基础设施建设；省交通运输部门对通往国家级台湾农民创业园区的干线公路和创业园区符合省级农村公路规划的项目，按现行政策给予支持；创业园所在地的各级政府应把创业园的水、电、路等基础设施建设纳入总体规划，并安排相应的专项资金，支持创业园建设，为创业园发展创造良好条件。

二、加强税收扶持

凡进入园区的台资农业企业投资项目，经营期在10年以上的，在项目投产后的3个纳税年度内，企业交纳的所得税地方留成部分，由省、市、县财政按税收级次分年度给予企业实际入库税款等额的奖励，从第4年起至第8年，给予企业实际入库所得税款地方留成部分50%的奖励。

三、提供用地优惠

园区内直接从事或服务于农业生产的生产设施用地和附属设施用地，可按农用地管理，不需办理农用地转用审批手续。属于出让方式供地的，其中鼓励类工业项目且属节约集约用地的，可按国家颁布工业用地最低标准的70%确定出让底价。对利用符合规划的国有未利用地的，可按国家颁布工业用地最低标准的50%确定出让底价。对入驻创业园的台资农业企业，经依法批准，可将分期缴纳土地出让价款的期限延长至一年。保障园区内项目建设用海，比照省级重点项目优惠政策，减免地方分成部分海域使用金30%。

四、发展现代农业

创业园所在的县（市、区）申请设立省级现代农业示范区，同等条件下优先予以支持。鼓励和支持具有自主知识产权的闽台农业高新技术和产品成果转化项目按规定申请农业科技成果转化资金。支持创业园引进和推广台湾农业新品种、新技术、新农药、新肥料和新机具。对引进和合作生产先进适用的台湾农业机械，依申请优先列入我省农业机械购置补贴目录；台资农业企业和台湾农民个体工商户与本省企业和居民同等享受农机购置补贴优惠政策。对落户园区内的水产品加工等现代渔业项目，凡符合省渔业重点项目条件的，优先安排为渔业重点建设项目。

五、支持品牌建设

创业园可直接向省市有关部门申报各级农业

产业化龙头企业，在同等条件下给予优先评选，对园区内已获得农业产业化龙头企业称号的台资农业企业，各级农业产业化专项资金在安排项目补助和贷款贴息时在同等条件下给予优先。支持园区内的台资农业企业申请注册地理标志商标和农产品商标，申报品牌农业企业，申报无公害农产品、绿色食品和有机食品标志使用权，争创驰名商标、福建省著名商标和福建省名牌产品等，经认定或认证后享受县级以上地方人民政府相应的优惠政策。

六、强化融资服务

支持台湾金融机构组建以服务创业园为主要目标的村镇银行。鼓励和支持商业银行创新产品，为创业园内台资农业企业和台湾农民个体工商户试点开办土地经营权和茶果树抵押贷款等服务。支持各类信用担保机构为创业园的台资农业企业和台湾农民个体工商户融资提供担保，省级财政从中小企业发展专项资金中安排中小企业信用担保风险补偿专项资金，对为生产性台资农业企业提供融资担保的担保机构按年度担保额 16‰给予风险补偿，对为台资农业贸易企业提供融资担保的担保机构按年度担保额 10‰给予风险补偿。支持台湾同胞投资企业协会或台商组建信用担保机构，为创业园企业提供融资担保服务。

七、鼓励保险创新

鼓励和支持保险企业针对园区内台资农业企业的自身特色、主导产业、生产需求开发配套的保险产品，提供保险服务，降低企业生产经营风险。支持园区内台资农业企业利用出口信用保险保费财政扶持政策，办理出口信用保险以及出口信用保险保单融资，在支持比例上给予倾斜。

八、实行电价减收

在国家级创业园区内的台资农业企业、台湾同胞个体工商户从事种植和养殖生产的，“十二五”期间，按农业生产用电标准下浮 30%收费。

九、减免地方规费

对入园的台资农业企业免收工商行政管理行政性收费、注册登记费等地方级行政事业性收费。

十、完善服务体系

加强国家级台湾农民创业园的管理服务机构建设和职能配置。创业园管委会可直接向省市有关部门申报项目，可以选聘园区内台湾农业专才担任创业园管委会管理职务。在各设区市农业部门、平潭综合实验区管委会设立闽台农业合作交流服务机构，为来闽从事闽台农业合作与交流的台湾同胞提供咨询、信息、协调等服务，并免收一切费用。

福建省人民政府

二〇一一年五月二十八日

◆福建省人民政府关于印发福建省“十二五”建设海峡西岸先进制造业基地专项规划的通知

闽政〔2011〕57 号

各市、县（区）人民政府，平潭综合实验区管委会，省人民政府各部门、各直属机构，各大企业，各高等院校：

《福建省“十二五”建设海峡西岸先进制造业基地专项规划》已经省人民政府同意，现印发给你们，请认真组织实施。

二〇一一年六月三日

福建省“十二五”建设海峡西岸先进制造业基地专项规划

二〇一一年五月

目 录

前 言

面对经济全球化、区域经济一体化以及后金融危机时代新兴产业兴起的新形势，未来 5-10 年是我国经济社会发展的重要时期，是推进现代化建设、全面实现小康社会的关键阶段。编制和实施《福建省“十二五”建设海峡西岸先进制造业基地专项规划》，对于把握国家鼓励东部地区率先发展、支持福建省加快建设海峡西岸经济区的重大历史机遇，全面实施国务院《支持福建省加快建设海峡西岸经济区的若干意见》和《海峡西岸经济区发展规划》，加快重点产业调整振兴，做大做强主导产业，加快发展新兴产业，巩固提升传统优势产业，促进产业集聚和优化布局，具有重要的战略意义。

本规划立足福建实际，依据国家《海峡西岸经济区发展规划》、《工业转型升级“十二五”规划纲要》和《福建省国民经济和社会发展第十二个五年规划纲要》，结合《海峡西岸城市群发展规划》、《福建省主体功能区划》等相关规划，以科学发展、跨越发展为主题，以经济发展方式转变、产业结构优化升级为主线，突出改革创新、突出先行先试、突出集约提升、突出跨越发展，在具有较大发展潜力的主要区域，着力打造若干个优势明显、特色鲜明、竞争力强的先进制造业密集区，构建东部沿海地区先进制造业的重要基地。

本规划是福建省“十二五”重点专项规划之一，主要阐述规划期内先进制造业基地的发展思路、目标任务、重点领域和产业布局，是今后指导全省先进制造业发展、基地与项目建设的重要依据。

规划以 2010 年为基期，规划期限 2011-2015 年，目标远景展望到 2020 年。

第一章　发展基础

一、发展现状

“十一五”时期，福建省围绕建设海峡西岸经济区的战略部署，努力克服国际金融危机对我省带来的不利影响，坚持走新型工业化道路，积极推进产业调整和振兴，工业发展取得了明显成就。

工业成为国民经济重要支撑。2010 年全省工业增加值 6242 亿元，五年年均增长 16.2%，增速比“十五”提高 2.4 个百分点，较同期全省 GDP 增速高 1.8 个百分点。工业增加值率达 27.7%，占全省 GDP 比重达 43.5%(比 2005 年提高 0.2 个百分点)，规模以上工业企业直接从业人员 383 万人，比 2005 年增长 35.1%；实现税收 688 亿元，比 2005 年增长 148.4%。工业累计投资 9927 亿元，是“十五”时期的 3.5 倍。全省工业经济效益综合指数 220.0 点，比 2005 年提高 65.0 个百分点。

产业结构不断优化。全省工业主导产业作用日益突出，高新技术产业快速发展，以临港重化和装备制造业为主体的产业结构逐步形成。2010 年轻重工业比重达 48.8∶51.2，产业协调发展并向适度重化工业提升；电子、机械、石化三大主导产业增加值占全省规模以上工业增加值比重达 36.4%，对全省工业增长贡献率 45%，拉动全省工业增长 9.1 个百分点；产业集聚水平持续提升，工业园区载体作用明显增强，省级及以上工业园区工业产值占比达到 45.5%，获国家授牌的新型工业化示范基地 4 个。到 2010 年全省初步形成 60 多个产业集群，其中，福厦光电、泉港石化、泉州纺织服装、长乐纺织、泉州鞋业、厦漳农产品加工、泉州机械装备等产业集群超 500 亿元。

创新能力明显提高。创新型省份建设加快推进，一批产业化关键技术取得重大突破。已建成国家级企业技术中心 24 家，省级企业技术中心 264 家，省级行业技术开发基地 29 个。工业企业研发经费支出从 2005 年的 53.73 亿元，增加到 2010 年的 120 亿元，开发新产品 4 万多项（其中，省级新产品 339 项），企业专利申请数 4000 多个。据初步统计，到 2010 年工业高新技术产业产值超过 6000 亿元，五年年均增长 20%；增加值超过 1600 亿元，年均增长 21%；拥有 100 个“中国名牌”产品，居全国第 5 位。

节能减排成效显著。组织实施工业重点节能项目 1023 项，2010 年全省规模以上工业增加值能耗降至 1.08 吨标准煤/万元，累计下降 25.5%，连续五年完成国家下达节能任务；工业化学需氧量排放总量及二氧化硫排放总量分别下降 5.44%、11.2%，工业固体废物综合利用率达 75%。淘汰水泥、炼铁、炼钢、铁合金、铅锌、造纸、皮革、印染、化纤、酒精、小火电等落后产能均完成或超额完成“十一五”任务。

但也必须看到，福建省制造业发展中仍存在不少问题和困难，主要表现为：临港重化工业发展不充分、工业总量与企业规模偏小、发展方式比较粗放、自主创新能力不强、产业布局和区域发展不够协调、节能减排压力较大、生产性服务业发展滞后等。

二、发展环境

“十二五”时期，我国仍处于可以大有作为的重要战略机遇期。世界多极化、经济全球化深入发展，国际产业转移加快，区域合作不断深化，为先进制造业基地建设提供了有利的条件。国务院出台《若干意见》，明确海峡西岸经济区“建设成为我国东部沿海地区先进制造业的重要基地”的定位，赋予海西区先行先试政策，“支持海峡西岸经济区建设”列入国家“十二五”规划纲要，国务院批准实施《海峡西岸经济区发展规划》，国家各部委出台支持福建加快建设海峡西岸经济区的新举措，央属企业、台资企业、民营企业加快在我省投资兴业，既为我省推进科学发展、跨越发展注入强大动力，也为我省突出对台经贸合作，深化两岸产业对接提供了重要的历史机遇。

“十一五”以来，我省经济社会发展成就显著，不断增强的经济实力，为先进制造业发展奠定了坚实的物质基础；我省投入大量财力物力，持续推进生态省建设，全省水环境质量、空气环境质量、森林覆盖率等指标均处在全国先进行列；我省港口资源丰富、开发成本较低，随着出闽高速公路、高速铁路以及疏港公路建设的加快，拓宽了港口陆向腹地，为发展临港先进重化工业提供了得天独厚的条件。与此同时，全省工业发展也面临着节能减排与环境保护形势日趋严峻，结构调整与产业转型升级压力加大等挑战，必须把握工业发展方向，抢抓发展机遇，勇于先行先试，推动工业发展向先进制造转型、向集约经济转型、向创新驱动转型、向“两化”融合转型、向绿色低碳转型、向多元市场转型，塑造产业竞争新优势，赢得未来发展主动权。

第二章　总体构想

一、指导思想

坚持走中国特色新型工业化道路，以科学发展、跨越发展为主题，以结构调整、产业升级为主线，紧紧抓住国家支持海峡西岸经济区建设的重大历史机遇，围绕建设大项目、培育大企业、发展大产业、打造大基地、塑造大品牌，加快转变工业发展方式，推进信息化与工业化深度融合，着力做大做强主导产业、培育壮大战略性新兴产业、巩固提升传统优势产业、加快发展生产性服务业，构建创新驱动、集约高效、核心竞争力和可持续发展能力强的东部沿海地区先进制造业重要基地。

二、基本要求

着力转变经济发展方式和增强自主创新能力，努力打造福建“制造与创造”双重优势，基本要求是：

——坚持速度规模与质量效益相协调。以跨越发展求先行，着力引进大项目，培育大企业，做大做强产业规模；以科学发展求升级，推动发展方式从注重扩大生产规模向提高产品质量、效益转变，培育自主品牌，促进制造业向内涵发展模式转变。

——坚持政策引导与市场驱动相协调。着眼于抢占未来技术和产业制高点，加强宏观政策引导，调整优化产业结构，推动产业转型升级；发挥市场在资源配置中的基础性作用，激发市场主体发展活力，提高自主创新能力，增强企业市场竞争力。

——坚持龙头企业带动与扶持中小企业发展相协调。大力引进国内外大型战略投资者，促进企业并购重组，扶持一批拥有自主知识产权、主业突出、核心竞争力强的龙头企业；加强产业园区和公共服务平台建设，引导产业集聚，促进中小企业向"专、精、特、新"发展，培育一批特色鲜明、竞争力强的产业集群和行业领军企业。

——坚持先进制造业与生产性服务业相协调。跟踪世界科技和产业发展最新动态，积极采用高新技术特别信息技术改造提升传统产业，加快发展战略性新兴产业；发挥生产性服务业对先进制造业发展的重要支撑作用，延伸和完善产业链，推动制造业分工细化和服务外包，加快制造业向研发和服务两端延伸，促进制造业和生产性服务业融合发展。

——坚持产业发展与资源环境相协调。加强产业政策引导，依靠科技进步，推进存量调整和增量投资向绿色高端制造转型；推广先进节能降耗减排技术，促进资源综合利用和循环经济发展，加快淘汰落后产能，提升产业可持续发展能力。

——坚持区域发展与全局统筹相协调。优化产业空间布局，突出重点区域，集中有限资源，支持沿海地区加快发展，率先实现跨越；发挥内陆地区比较优势，加强山海协作，推动产业转移，形成优势互补、共同发展的格局。

三、发展目标

加快产业向高端化发展，企业向高新化推进，产品向高附加值延伸，力争到 2015 年，初步建成具有较强竞争力的海峡西岸先进制造业基地。

（一）规模效益

全省工业增加值年均增长 15%左右，比 2010 年翻一番，力争达到 13000 亿元。工业增加值率和全员劳动生产率高于全国平均水平。

（二）产业结构

战略性新兴产业增加值占全省 GDP 比重达 10%以上。形成产值超千亿的产业集群（基地）10 个、产值 500-1000 亿的产业集群 16 个、年销售收入超百亿元的大企业（集团）50 家以上。

（三）创新能力

自主创新能力显著增强，技术进步对工业增长的贡献率明显提升。工业企业研发经费占工业增加值比重提高到 3.6%左右，工业高新技术产业增加值占规模以上工业增加值比重提高到 30%。省级以上企业技术中心达到 350 家，开发新产品 8 万项(其中，省级新产品达 500 项)，企业专利申请数达 9000 个，重点培育具有自主知识产权的 50 家行业领军企业。

（四）绿色制造

环境保护和资源综合利用效益高于全国平均水平。单位工业增加值综合能耗下降 16%，低于全国平均水平。单位工业增加值用水量下降到 105 立方米/万元，工业固体废弃物综合利用率提高到 75%以上。淘汰落后产能工作取得重大进展，基本形成节约、清洁、安全、低碳的绿色产业体系。

到 2020 年，力争融入国际现代制造业分工协作体系，培育一批具有国际影响力的大型企业集团和世界级品牌，形成以战略性新兴产业为先导、先进制造业为主体、生产性服务业为支撑的现代产业体系，建成具有国际竞争力的海峡西岸先进制造业基地。

第三章　空间架构

按照"沿海集聚、山区集中、山海联动"的空间发展模式，综合全省产业基础、资源禀赋、交通条件、公共配套等发展条件，强化产业分工、统筹发展布局，努力构筑"三湾引领、两带支撑、十区承载"的"3210"海峡西岸先进制造业基地空间架构，加快形成功能互补、各具特色、优势明显、错位发展的产业格局，促进产业、城镇和生态的协调发展。

一、“三湾”引领

以闽江口、湄洲湾（南、北岸）和厦门湾区域为重点，立足现有产业基础优势，发挥港口通道作用，深化闽台产业对接，积极引进央属企业、台资企业、民营企业和跨国公司，优化临港产业分工，加速临港重化工业、高新技术产业和现代服务业的集聚发展，提升制造业发展水平和产业竞争力，打造我省先进制造业发展的重点区域，引领海峡西岸先进制造业基地建设。

二、“两带”支撑

依托“三湾”产业集聚区，以海西综合交通网络为发展轴，打造“沿海产业密集带”和“沿路产业聚集带”，形成支撑海峡西岸先进制造业基地的重点发展带。

（一）沿海产业密集带

以沿海交通干道为主轴，连接贯穿宁德、福州、莆田、泉州、厦门、漳州等沿海一线率先发展，突出地域产业发展优势，引导产业差别定位与合理布局，重点围绕做大做强电子信息、机械装备、石油化工等主导产业，培育发展新一代信息技术、生物与新医药、新材料、新能源、节能环保、高端装备、海洋高新产业等战略性新兴产业，改造提升轻工、纺织、食品等传统优势产业，加快承接国际先进制造业和高新技术产业转移，深化闽台产业对接，推进产业转型升级，构建东部沿海临港产业发展带。

（二）沿路产业聚集带

结合港口—腹地延伸发展态势，依托交通干线，在加快建设沿海发展带同时，强化福州—宁德—南平、泉州—莆田—三明、厦门—漳州—龙岩的轴带辐射，加强配套分工协作，发挥山海联动的梯度效应，着力推进内陆纵深及周边区域发展，形成贯穿武夷新区、三明生态工贸区、龙岩产业集中区的沿路产业聚集带，依托生态、资源等优势，积极承接沿海产业转移，大力发展循环经济，重点发展装备制造、轻工食品、林产加工、新型建材、生物医药和新材料等产业，提升南三龙区域制造业发展水平。

三、“十区”承载

依托现有经济技术开发区、高新技术园区、台商投资区等产业集中区，以沿海综合交通网络为主轴，突出点线结合，强化梯度集聚，形成轴带相间、区块集聚、相对集中的发展格局，加快推进环三都澳、闽江口、平潭综合实验区、湄洲湾、泉州湾、厦门湾、古雷—南太武新区、武夷新区、三明生态工贸区和龙岩产业集中区等十大重点区域产业集聚，突出区域产业发展优势、发展重点和发展特色，形成支撑海峡西岸先进制造业发展的重要基地和实现跨越发展的新增长点。

（一）环三都澳

发挥区位优势，重点打造溪南、赛江、漳湾三大临港工业片区，拓展沙埕湾，承接长三角产业转移，引导机械、船舶、石化、冶金、物流等临港产业集聚，积极培育新材料、新能源、生物医药和海洋高新产业等战略性新兴产业。重点推进海西宁德工业区建设和千万吨级大型钢铁项目的前期工作，打造海峡西岸富有竞争力的新增长极。

（二）闽江口

依托福州港口枢纽和交通通道，重点建设罗源湾、长乐滨海和江阴临港产业集中区，以及福州经济技术开发区和福清融侨经济技术开发区，着力提升电子信息、机械装备、纺织服装、冶金化工等产业，培育壮大战略性新兴产业。重点打造罗源湾金属及深加工、长乐纺织化纤和福州光电显示等千亿元产业集群（基地），加快推进福州台商投资区、罗源湾不锈钢产业园、青口汽车城、融侨电子产业园和江阴化工新材料产业园等建设，加快形成先进制造业体系和现代服务业中心。

（三）平潭综合实验区

发挥区位和政策优势，积极开展两岸产业合

作，鼓励高端产业向平潭延伸拓展，重点发展光电、通讯设备制造、新型显示器件、汽车电子等电子信息产业；新型医疗器械、船舶（游艇）修造、海洋工程装备等产业；海产品加工、海洋生物提取、海洋资源综合利用等海洋产业；物流、金融、信息服务等现代生产性服务业。加快推进保税港区和高新技术产业园建设，打造低碳发展示范区。

（四）湄洲湾

依托湄洲湾港口枢纽和交通通道，加快发展石油化工、装备制造、林产加工业，形成海峡西岸临港重化工业基地和现代物流集聚区。湄洲湾南岸：重点推进泉港、泉惠石化园区建设，打造千亿元石化产业基地，加快泉州船厂修造船项目前期工作和斗尾船舶配套产业园区建设。湄洲湾北岸：重点推进LNG产业园、石门澳（国投）产业园、秀屿国家级木材贸易加工示范区和东吴产业园等建设，加快形成新兴的临港产业核心区。

（五）泉州湾

发挥民营经济优势，统筹环泉州湾产业集中区布局，巩固提升纺织鞋服、食品饮料、建筑材料等传统优势产业，做大做强电子信息和装备制造等成长型产业，积极培育新能源、新材料等战略性新兴产业和现代服务业。重点打造纺织服装和体育用品等千亿元产业集群（基地），加快推进泉州台商投资区、装备制造产业园、休闲食品产业园和建陶及水暖器材产业园等建设，加快形成两岸产业对接示范区、产业转型提升引领区和民营经济创新示范区。

（六）厦门湾

以厦门特区为龙头，依托厦门港口枢纽和交通通道，统筹环厦门湾临港工业集中区布局分工，重点发展电子信息、装备制造等产业，培育壮大新材料、新能源、生物与新医药等战略性新兴产业和现代服务业，打造产业总部经济区和先进制造业密集区。厦门湾北岸：加快厦门台商投资区扩区和岛内外一体化进程，突出电子信息、战略性新兴产业和现代服务业，形成以高新技术产业为重点的闽台产业对接集中区，打造光电产业、计算机及通信等千亿元产业集群，重点推进高新技术产业园、汽车及工程机械产业园等建设。厦门湾南岸：重点推进龙海经济开发区、漳州招商局经济开发区等建设，打造千亿元金属及深加工产业基地和闽台合作农副产品深加工示范基地。

（七）古雷—太武新区

发挥区位优势，依托东山湾临港产业集中和南太武新区建设，加强与珠三角、台港澳地区产业对接，重点发展石油化工、装备制造和港口物流业，积极培育新能源、新材料和海洋高新产业等战略性新兴产业。重点推进古雷石化产业基地、光伏玻璃及新材料产业基地建设，打造国家级千亿元石化产业基地。

（八）武夷新区

充分发挥“双世遗”品牌优势，加快闽浙赣结合部综合交通枢纽建设，构建大武夷旅游经济圈，引导食品加工、轻工纺织、机械装备等产业集聚发展，积极培育电子信息、生物制药、工业设计等新兴产业，建设海峡西岸新兴产业基地。

（九）三明生态工贸区

结合三明市区和沙县同城化及与永安一体化进程，统筹产业园区布局分工，强化与台湾林业深度对接，重点发展冶金机械、装备制造、轻工纺织、林产加工等产业，积极培育新能源、新材料和生物医药产业等战略性新兴产业。重点推进金属及深加工产业园、机械装备产业园和永安汽车城建设，形成海峡西岸先进制造业的重要发展区域。

（十）龙岩产业集中区

发挥闽粤赣边界交通枢纽和资源优势，主动承接沿海产业转移，优化产业布局分工，重点发展装备制造业、钢铁和有色金属等产业，培育发展节能环保、新能源、新材料等战略性新兴产业。重点推进龙岩工程机械及专用设备产业园、汽车及零部件产业园、上杭铜冶炼及深加工产业园和长汀稀土产业园区建设，创建国家级可持续发展产业示范基地。

第四章 主要任务

一、发展大企业大集群

把大企业大集群作为加快工业转型升级、做大工业经济总量的主力军。同时，进一步优化发展环境，加强政策扶持和产业引导，拓宽民间投资领域和范围，推动民营经济成为构筑工业经济内生增长的基础动力，切实增强可持续发展能力和综合竞争力。突出项目带动。推动石化、钢铁、纸浆、大型装备等重大项目列入国家“十二五”规划，加快重大项目前期工作，着力实施我省重点企业与央属企业高位嫁接，深化闽台产业对接，积极引进央属、台资、民营和跨国公司等大型企业集团；推出一批投资大、竞争力强、市场空间大的项目，吸引国际国内战略投资者。大力培育龙头企业。以产业链延伸、企业集聚为重点，集中生产要素，健全龙头企业发展机制，支持优势企业跨地区跨行业跨所有制并购重组，鼓励企业参与国内外大企业合作、嫁接央企、改制上市、发行债券、股权转让等方式，实现企业快速扩张。加快发展一批具有自主知识产权、主业突出、竞争力强的大企业大集团，重点培育 50 家年销售收入超百亿元企业；发挥龙头骨干企业带动辐射作用，引导中小企业集聚，鼓励中小企业进入大企业尤其是跨国公司产业链，促进中小企业向“专、精、特、新”方向发展，带动行业整体素质上水平。打造重点产业集群（基地）。加快重点产业集聚区基础设施及公共服务平台建设，完善产业集群和基地资源配置、服务平台、产业链条、市场网络，有效降低企业生产和交易成本。重点推进传统产业集群转型升级、装备制造产业集群提高协作配套能力、原材料产业集群延伸产业链、高新技术产业集群扩大发展规模，突出抓好石化、汽车、工程机械、电工电器、太阳能光伏、平板显示、铝加工、不锈钢、稀土、铜、纺织服装等 14 条产业链，梳理制定产业链招商目录，着力打造福州光电显示、福州金属深加工、长乐纺织、湄洲湾石化、泉州体育用品、泉州纺织服装、厦门计算及通信、厦门光电、漳州金属深加工、漳州古雷石化等 10 个超千亿元的产业集群（基地）和 16 个 500-1000 亿以上的产业集群（基地）建设，形成海峡西岸特色鲜明，竞争力强的先进制造产业集群。

二、培育战略性新兴产业

把发展战略性新兴产业作为加快转变经济发展方式的重要突破口。按照“产业规模显著扩大、技术水平显著提升、支撑体系显著完善、企业市场竞争力显著增强”的要求，以国家级和省级高新技术开发区为载体，以应用促发展，以市场带产业，加强引进创新和自主创新，培育壮大新一代信息技术、节能环保、生物与新医药、新材料、新能源、高端装备和海洋高新产业等战略性新兴产业。力争到 2015 年七大战略新兴产业产值突破 1 万亿元，增加值达到 2500 元以上。优化配置创新资源。完善公共服务平台，推进产学研融合，加强前沿技术攻关，攻克一批新兴产业关键核心技术，培育发展高新技术企业，构筑国家级高技术产业重要基地，重点实施一批重大科技专项，孵化一批高新企业、新兴企业。加大新兴产业投入。增设新兴产业专项资金，专门用于支持新兴产业、高新产业科技成果转化。建设面向新兴产业、中小企业公共技术服务平台等。壮大新兴产业规模。推进新兴产业与传统产业融合发展，着力解决新兴产业发展的瓶颈制约，完善新兴产业链条，融合催生新技术、新产品和新业态，推动新兴产业跨越发展。

三、推进自主创新和技术进步

把增强自主创新能力作为调整优化产业结构、转变发展方式的中心环节。全面统筹、集聚资源、重点突破，加快构建以企业为主体、市场为导向、产学研相结合的技术创新体系。推进创新平台建设。加快中科院海西研究院建设，完善行业技术开发基地、工程（技术）研究中心、重点（工程）实验室等创新平台，支撑产业共性、关键性和前瞻性技术的研发，实施面向产业集群的技术提升专项和企业技术提升辅导工作，促进重点产业集群整体技术水平跨越式发展。加快企业技术中心建设。以服务企业自身的企业技术创新平台为抓手，引导企业整合创新资源，建设、认定企业技术中心和高新技术企业，支撑企业开发和掌握具有市场竞争优势的产品、技术和工艺，形成企业的核心竞争力。强化产学研联盟。依托“6·18”平台，以服务项目开发的产学研平台和科技重大专项为抓手，引导龙头骨干企业联合有关高校、科研机构及上下游关联企业，围绕重大产品和技术开发，组建产学研用技术创新战略联盟，实施专项攻关，形成创新突破的有效力量。加大企业技术改造投入。依托增量投入带动存量调整，优化工业投资结构，促进企业走内涵式发展道路，强化政策措施配套，落实支持技术改造的财税、金融、土地等政策，建立健全企业技术改造长效机制，鼓励企业加大技术改造与技术进步投入。以增加品种、提升质量、清洁生产、节能降耗、环境保护、工艺优化、装备更新、两化融合、安全生产为重点，加快采用新技术、新工艺、新装备、新材料，推动传统制造业整体水平提升。优化工业投资结构。制定发布技术改造投资指南，编制重点行业技术改造年度导向目录，引导社会资金等要素投向，逐步提高技术改造投资占工业固定资产投资比重、技术装备投资占技术改造投资比重和自主知识产权技术装备投资占技术装备投资比重。加强固定资产投资项目特别是“两高”和产能过剩行业的准入管理及产能预警，有效抑制盲目扩张和重复建设。

四、推动信息化与工业化深度融合

把推进“两化融合”作为改造提升传统产业的重要途径。适应信息化发展趋势，紧扣工业化发展需求，面向产品设计制造和企业管理信息化、生产过程控制智能化和生产自动化技术应用，加快信息技术在工业领域的应用，重点推进智能制造从分散、局部应用向融合、集成、系统应用转变，突出抓好管理与决策层、物流与供应链层、生产过程控制层、工业设计层和产品层“两化”深度融合与创新。创新“两化”深度融合推进机制。建立完善工业企业“两化”融合评估体系，规范发展第三方评价机构，建立健全“两化”融合推进体系；加快信息核心关键技术的研发与应用，迅速提高产品和装备的数字化、智能化和网络化程度，推进信息技术在产品研发创新中的应用，推广跨组织、跨地域的工业协同设计，提升产品研发水平。加快发展支撑“两化”融合的产品和技术。加快建设宽带、泛在、融合、安全的信息网络基础设施，推进信息技术应用的整合与集成创新。突破一批关键技术瓶颈，依托福州、厦门软件园建设，大力发展研发设计及工程分析软件、制造执行系统、工业控制系统、大型管理软件等应用软件和行业解决方案，为数字化、智能化、网络化制造提供有力支撑。实现信息技术应用覆盖设计、制造、管理、营销等全业务流程，提升企业生产过程与核心业务的管理水平。构建“两化融合”公共平台。支持面向中小企业的行业公共信息化服务平台建设，完善区域信息化服务体系，为传统产业企业提供技术支持、培训、咨询等服务。开展重点行业“两化”融合试点示范，加快信息技术在生产性服务业中应用，拓宽“两化融合”服务领域。

到 2015 年，规模以上工业企业信息技术的应用率达到 80%以上。主要行业大中型企业数字化设计工具普及率达到 85%以上，主要行业关键工艺流程数控化率达 70%以上。

五、促进闽台产业深度对接和有效利用外资

把闽台产业深度对接作为增强两岸经贸交流合作和促进产业发展的重要抓手。拓宽闽台产业对

接领域。以先进制造业、战略性新兴产业、生产性服务业为重点，着力推进电子信息、装备制造、石油化工等三大主导产业对接，重点推进集成电路设计和软件、光电、生物及新医药、精密仪器、节能环保、新材料、海洋等高新技术产业对接，深化工业设计、现代物流、电子商务、科技咨询等生产性服务业对接，促进制造业与生产性服务业协调发展，提升我省先进制造业基地发展素质。加强闽台高端制造业和现代服务业领域合作，力争在石化、装备制造、电子信息、战略性新兴产业和生产性服务业等对接项目方面率先取得突破。推进闽台对接基地建设。加快闽台先进制造业产业对接集中区建设，以厦门湾、闽江口、湄洲湾等沿海一线产业集中区建设为重点，加快推进厦门、福州台商投资区扩区和新设立泉州、漳州等地台商投资区，促进台商投资区、各类开发区整合；加快建设闽台产业对接专业园区，着力推动古雷台湾石化园区、福州青口汽车城、南靖精密机械园、福安东元电机产业园等专业园区，促进两岸产业融合发展。重点扶持捷联电子、华映光电、友达光电、翔鹭集团、正新轮胎、宸鸿科技、乐捷显示、腾龙芳烃、福欣不锈钢、灿坤实业等 10 家年销售收入超百亿的台资企业。积极有效利用外资。优化外资结构，引导外资投向主导产业、高新技术产业、现代服务业等领域，吸引世界 500 强和全球行业龙头企业投资，吸引国外知名企业到我省设立地区总部、研发中心等，鼓励有条件的企业采取项目融资、股权投资、企业并购等多种方式与国际大企业战略合作，支持有条件企业境外上市融资、增资扩产等，不断创新利用外资的新途径。

六、落实节能减排淘汰落后产能

把推进节能减排和淘汰落后作为优化工业发展环境的重要手段。按照国家产业政策发展总体要求，研究建立节能减排“倒逼”机制和长效机制，强化政策引导，依靠技术进步，推动资源节约型和环境友好型产业快速发展，提高可持续发展水平。推进节约降耗。以节地、节水、节能、节材为重点，实施能效提升计划，推动重点节能技术、设备和产品的推广和应用，严格能效、物耗等准入门槛，完善工业产品节能标准和认证管理体系，实现资源消耗减量化，提高资源利用效率。推行清洁生产。以能源资源消耗高、污染物排放量大的行业为重点，推动企业清洁生产技术改造，提高新建项目清洁生产技术工艺装备水平，从生产源头减少污染物的产生。深化资源利用。大力发展循环经济和再制造产业，开发应用源头减量、循环利用、零排放技术，促进企业间资源共享、废物互为利用；积极推进废弃物资源化管理，组织实施机电产品再制造试点，建设一批再制造示范基地，促进再制造产业规模化发展。淘汰落后产能。落实国务院《关于进一步加强淘汰落后产能工作的通知》（国发[2010]7 号要求，以电力、煤炭、钢铁、水泥、有色金属、焦炭、造纸、制革、印染等行业为重点，强化安全、环保、能耗、质量、土地等约束，引导企业调整与退出技术装备落后、资源利用率低、环境污染严重的低端生产环节，依法淘汰落后产能。

七、实施品牌带动与质量振兴

把实施品牌战略作为引领和创造市场需求，提高工业产品附加值和竞争力的重要抓手。提升工业产品质量。强化企业质量主体责任，结合行业特点推广应用先进质量管理方法、国际质量标准体系认证，推进重点工业产品质量对标和达标活动。实施企业诚信体系建设工程，引导企业开展“质量承诺活动”，建立企业质量诚信档案，创建企业诚信文化，提高工业产品质量信誉水平。推进质量标准化建设。支持企业参与国内外标准制（修）订工作，争取承担更多的行业标准、国家标准和国际标准的制（修）订。增强名牌培育能力。着力抓好一批带动能力强、市场占有率高、拥有自主知识产权的重点行业、重点企业和重点产品的名牌创建工作，鼓励企业通过自主创新、技术改造、品牌授权、并购品牌企业等手段创建新品牌，力争打造中国驰名商标200件以上。加强名牌产品推介。引导企业推进品牌创新、品牌管理、品牌经营，做大已拥有中国驰名商标和中国名牌产品荣誉称号的企业和产品；鼓励企业通过持续质量管理、售后服务、组建品牌营销公司等，树立良好的品牌形象；支持有条件的企业和产品争创国际知名品牌，推动更多的企业和产品进入全国驰名商标和名牌产品行列，加快形成一批具有较高国内外市场知名度的名牌产品。推进区域品牌建设。鼓励有条件的企业依托品牌优势，采取收购、兼并、控股、联合以及委托加工等方式，整合相关企业生产能力，提升品牌影响力和扩张力，依托产业集群优势，共同培育区域产品品牌。

八、发展生产性服务业

把发展生产性服务业作为推进工业向高端发展的重要纽带。以产业发展需要为导向，坚持专业化、产业化、社会化和市场化，重点发展面向工业生产的工业设计及研发服务、物流服务、商务服务、科技服务、信息服务等现代服务业，推动生产服务创新，鼓励发展生产服务新业态，提高生产性服务业的比重和服务水平，强化先进制造业发展支撑。着力“两业”有机融合与互动发展。以产业集群为依托，加强集群或园区生产性服务功能配套设施建设，引导生产性服务企业入驻，鼓励企业向产业链研发设计和营销服务领域拓展，实现制造业与生产性服务业的有效对接，提高制造业产品的科技含量和附加值。培育生产性服务业市场。促进投资主体多元化，加快服务业对外开放，鼓励民间资本、国外资本投向生产性服务业，推进金融中心、商务中心、展贸中心、研发设计基地、综合物流基地、电子交易基地、企业孵化基地等专业市场建设，引进国内外知名服务机构入驻，引导高端服务业人才集聚，提升生产性服务业经营理念与管理技术，推动信息技术向产业渗透，建立高效生产服务体系。促进服务外包发展。实施信贷、税收等优惠政策，着力扶持商务流程外包、研发设计外包、软件服务外包、后台服务外包，承接研发中心、总部企业、金融财务管理等服务外包业，构筑立足我省、辐射全国、影响国际的服务外包基地。到2015年力争生产性服务业增加值占全省GDP比重超过25%，占服务业60%以上，增强生产性服务业对先进制造业的支撑作用。

第五章　发展重点

重点培育发展战略性新兴产业，调整优化原材料工业，着力振兴装备制造业，持续做强电子信息产业，改造提升传统优势产业，加快发展生产性服务业，推进先进制造业科学发展、跨越发展。

一、调整优化原材料工业

充分发挥沿海港口和重化工业基础优势，立足国内市场需求，合理控制总量，优化产业布局，推进节能降耗和资源综合利用，着力推进石化、冶金和建材工业发展，培育战略性新材料产业，促进原材料工业转型升级。

（一）石油及化学工业

按照一体化、集约化、基地化、多联产发展原则，合理布局，延伸和完善石化产业链，重点建设沿海具有国际先进水平的千万吨级炼化一体化和百万吨级乙烯基地。发展合成树脂、合成橡胶和合成纤维及其加工、新型化工材料、高附加值精细化工等石化中下游产品，形成以石油加工、合成材料制造、专用化学品以及橡胶制品等四个在全国石油和化学工业中有一定影响的行业。加快推进沿海湄洲湾石化工业基地、漳州古雷石化工业基地、海西宁德工业区石化产业园、福州江阴化工新材料专区等四大基地（园区）建设。湄洲湾石化产业基地。包括南岸的泉港、泉惠石化工业园区及北岸的仙游枫亭化工新材料园区。依托现有龙头企业和福建炼化一体化等重大项目建设，以炼油为龙头，开拓乙烯、丙烯来源，为石化中、下游发展提供原料；建设以东北岸为主的石化下游配套区，促进石化产业集聚，提升区域内石化产业发展规模和集聚能力。重点推进福建联合石化乙烯脱瓶颈及配套工程（炼油能力增加 200 万吨/年，乙烯能力扩产 30 万吨/年，形成 1400 万吨/年炼油、110 万吨/年乙烯）；中化泉州 1200 万吨/年炼油项目建设并投产；启动联合石化新增 1200 万吨/年炼油项目、20 万吨/年已内酰胺项目和中化泉州 100 万吨/年乙烯项目和 70 万吨/年 PX 项目，力争形成 3800 万吨/年炼油能力和 210 万吨/年乙烯的生产能力。漳州古雷石化产业基地。规划目标为两套千万吨级炼油加工、一套百万吨级芳烃联合装置和两套百万吨级乙烯装置，并利用上游项目提供的三烯、三苯等有机化工原料，向下延伸石化产业链，建设一批具有国际竞争力的大型石化装置，生产有机化工原料、三大合成材料和精细化工产品，以及石化下游深加工产品。近期重点推进基地内石化工业启动区建设，外购石脑油、减压蜡油为原料建设 80 万吨/年对二甲苯(PX)的芳烃联合装置以及 150 万吨 / 年精对苯二甲酸(PTA)装置，建成国家级千亿石化产业基地。福州江阴化工新材料专区。加快推进市区化工企业搬迁改造。着力推进中国化工集团 150 万吨重油催化热裂解（CPP）项目（形成 50 万吨/年乙烯、50 万吨/年丙烯能力），利用 CPP 项目所提供的烯烃资源建设丁/辛醇、丙烯酸及丙烯酸酯、苯酚/丙酮、己内酰胺、醋酸乙烯等化工装置，加快东南电化与耀隆化工搬迁项目，共建部分公用工程、互供物料、建设甲苯二异氰酸酯（TDI）等化工装置，形成石油化工、煤化工和盐化工融合发展的化工新材料基地。海西宁德工业区石化产业园。依托宁德市港口资源和区位优势，发展以临港加工和仓储物流为特征的化工产业。重点推动中海油集团 1000 万方储油中转项目和 300 万吨 LNG 接收站项目，力争建设千万吨级大型炼化一体化项目，带动合成材料和精细化工产业发展，延伸拓展石化产业链。

加快传统化工产业改造，推动具有资源优势的精细化工产业发展。煤化工行业推广新型合成催化技术，采用煤气化和精炼、转化技术设备，加强化肥企业节能减排、技术改造；盐化工引导企业进入专业园区集中发展。南平精细化工产业集聚区。以发展精细化工产品为主。重点发展硅酸钠、白炭黑、炭黑等塑料、橡胶加工助剂及活性炭等林产化工专用化学品；氟精深加工制品；饲料添加剂、染料、医药中间体等特色产品。三明煤化工产业集聚区。以三钢集团三明化工、永安智胜化工为龙头，重点发展以尿素、碳铵或普钙为基础的复合肥、专用肥、高效低毒农药、化学原料、塑料制品、橡胶制品和精细林产化工制品等。

（二）冶金工业

钢铁行业通过现有企业兼并重组，淘汰落后产能，发挥港口资源优势，推进建设沿海现代钢铁项目，拓展钢铁工业发展的空间。有色金属注重精深加工，增加品种，提升质量和资源综合利用水平，发展市场短缺产品和战略性产业的新材料。

钢铁工业：发挥我省现有产业基础优势，重点发展高附加值的特殊用钢、冷轧薄板、镀锌板、涂镀层板、宽厚板、冷轧不锈钢薄板、冷轧硅钢片等产品，加快推进宝钢德盛 400 万吨不锈钢基地建设，宁德大型钢铁项目以及漳州福欣不锈钢冷热板卷项目建设；铜加工业：推进上杭紫金 20 万吨铜冶炼项目建设，重点发展电子工业用铜材、变压器用铜带、铜箔、铜管等高精度铜板带材，加快铜产业链发展；铝加工业：以中铝瑞闽、南铝、厦顺等企业为龙头，重点推进瑞闽铝板带深加工、南平铝镁合金及交通运输用铝型材等项目建设，促进铝板、带、箔等高端产品和工业型材发展，促进福州、厦门、南平等铝加工产业链发展；钨业：以厦钨为龙头，发挥国家钨材料技术中心优势，重点发展硬质合金、钨钼丝等新产品，继续保持全国领先地位。

（三）建材产业

水泥工业：按照“等量淘汰”的原则，加快淘汰落后产能，继续推广新型干法水泥熟料，到2015年新型干法水泥熟料比重达90%，加快实施水泥粉磨节电改造，鼓励利用水泥窑协同处置城市生活垃圾、污泥和工业废弃物综合利用示范生产线建设。支持骨干企业兼并重组，加快发展，依托福建水泥、龙麟水泥等龙头企业，提高产业集中度。加快发展散装水泥和水泥深加工产品。玻璃工业：以福耀、旗滨、台玻、厦门明达等重点企业为龙头，重点发展优质浮法玻璃、光伏、汽车等特种玻璃和节能、安全的玻璃深加工产品，打造具有国际水平的汽车安全玻璃和光伏玻璃产业基地；石材工业：开发石材新品种、新产品、新工艺，发展深加工、高附加值的石制品，支持石材产业链向荒料开采、石粉综合利用、工程设计、安装等上下游延伸，提升闽南石材产业集群发展水平；建陶工业：支持开发高强、多功能、配套化的环保、抗污、抗菌的建陶新产品，培育知名品牌；研究开发自洁、抗菌、环保等功能的釉料，推进智能化技术、薄形化陶瓷产品技术开发，提升晋江—南安建陶产业集群发展水平；墙体材料：扶持发展轻质、节能、利废的新型环保墙体建材，重点发展非粘土类空心制品、混凝土砌块、高档青水砖、彩色饰面砖和各种轻质板材、复合板材，鼓励发展以粉煤灰、煤矸石、石粉等工业废渣为原料的新型墙体材料；水暖器材：着力研发节能节水的高档水暖洁具产品，支持南安九牧集团、南安中宇、厦门鹭达等重点企业通过技术改造壮大规模，提升南安水暖器材产业集群区域品牌，持续保持全国行业领先地位。

（四）新材料产业

重点推动改性高分子材料、稀土材料、新型催化材料等产业发展。改性高分子材料大力发展高分子涂层材料和高分子复合材料，重点发展建筑与交通防火涂层材料、工业阻燃涂层材料、聚氨醇等鞋材用粘胶剂、服装皮革涂层材料、汽车船舶用抗冲耐刮耐腐蚀等功能性涂层材料；PVC 无铅化管材、新型工程塑料等。稀土材料重点发展稀土合金、稀土磁性材料、稀土贮氢材料、稀土荧光粉、稀土功能助剂等。以厦钨、长汀金龙稀土为龙头，加快长汀稀土产业园建设，推广稀土开采新工艺，推进集中分离和深加工，促进资源有效保护和合理开发，形成“开采、分离、冶炼、应用”完整的产业链，推进长汀金龙稀土荧光粉、高性能钕铁硼永磁体、节能灯具、永磁电机等项目建设。新型催化材料重点推进煤化工、化肥催化、环保催化等材料的发展，大力推动室内空气净化、水体净化、工业废水深度处理与回用的催化材料和相关设备的生产。推动明溪含氟新材料系列产品开发，建设三明海斯福化工含氟新材料项目。

二、发展先进装备制造业

抓住产业转型升级的关键环节，着力提升关键零部件、基础工艺、基础材料、基础装备研发和系统集成水平，重点发展汽车、船舶、工程机械、电工电器等优势产业，加快发展新能源汽车、海洋工程装备、智能装备、轨道交通和节能环保设备等战略性新兴产业，促进装备制造业向高端制造发展。

（一）汽车工业

依托“三菱”和“奔驰”、中国重汽等知名品牌，引入国际、国内大型战略投资者，深化闽台汽车合作，推进企业重组和结构升级，实现福建汽车产业快速扩张。着力发展发动机、变速器、转向系统、制动系统等关键总成及汽车电子产品等零部件，推进车辆零部件地产化，提升泉州、漳州、龙岩、三明、南平等地汽车零部件的配套能力；重点建设福州青口汽车城、厦门汽车城、龙岩高新园区汽车工业园、三明埔岭汽车工业园，加快轿车、大中型客车、轻型客车、载货汽车、特种专用车等发展，提高产业集中度，形成规模效益。

支持鼓励新能源汽车发展，重点突破动力电池、驱动电机及控制系统等核心技术，加快发展纯电动、插电式混合动力等新能源汽车。依托福建省汽车工程研究院和东南汽车、新龙马汽车、厦门金龙联合汽车、金龙旅行车等公司加快新能源汽车研发和产业化步伐，推动厦门金龙、金旅的插电式混合动力和纯电动客车规模化发展。

重点实施东南汽车三期扩建项目、戴姆勒汽车二期扩建和研发中心项目、福建新龙马微型车项目、福汽集团专用车项目、福汽集团（华擎）发动机项目、福汽集团汽车研究院项目、厦门金龙联合客车节能安全关键零部件产业化项目、厦门金龙旅行车中巴生产基地项目、中国重汽轻、中、重型卡车项目、福建龙马环卫装备生产项目、福州获原泰山友车身模具项目、正兴车轮项目、宁德新能源科技聚合物锂离子电池项目、厦门玉柴柴油发动机项目、长汀厦钨电动汽车电机项目等，形成百万辆汽车生产能力，打造东南沿海汽车制造重要基地。

（二）船舶与海洋工程装备

船舶企业向闽江口、三都澳、湄洲湾、厦门湾等船舶修造集中区集聚，加速推行现代造船技术，促进重点企业全面建立现代造船模式，重点发展滚装船、海洋工程多用途工作船两大特种船型和油船、散货船、集装箱船三大主力船型，积极拓展特种货船、旅游客船、江海直达型船舶、内河快速船舶等新型船舶产品，发展壮大游艇制造业规模；鼓励和引导中小造船企业组建分段制造和舾装件专业化生产，提高船用起重机、舵机、锚绞机等船用甲板机械和舱室机械配套能力，支持船用钢板、船用电机、船用电缆、化工涂料等一批船用原材料和配套产品发展，壮大生产规模，促进船用低速柴油机等关键配套件项目落户我省，提高本省原材料和船舶配套产品装船率。

大力培育海洋工程装备和港口机械等新增长点，发展海工辅助船、海洋平台供应船、大马力多用途海洋工作船、海洋油气勘探船、半潜式钻井平台、自升式平台、铺管船、海上储油生产船（FPSO）等海洋油气开发装备，以及海洋矿产资源开发装备和海水淡化利用设备，突破深水装备关键技术，提高海洋工程装备总承包能力和专业分包能力。

着力推进马尾船政重工造船基地一期项目、厦船重工扩建、罗源华东船厂 30 万吨级修造船、福建冠海 30 万吨级修造船、泉州船厂 30 万吨级修造船、福安白马造船厂扩建、龙海国安玻璃钢游艇生产线等一批重点项目建设，推进国家级船舶和海洋工程装备制造基地建设。

（三）工程机械、电工电器、节能环保装备

工程机械以厦工、龙工、林德叉车、三明重机、南方路机等重点企业为龙头，延伸配套产业链，培育壮大厦门、龙岩、三明、泉州工程机械产业集群。重点发展挖掘机、装载机、叉车、压路机、路面施工机械等五大类优势产品，开发新能源、节能和大型、智能化工程机械新品种。推进厦工挖掘机生产能力和装载机驱动桥变速箱技术改造、龙工挖掘机、三明重型工程机械、晋工工程机械、南方路机履带移动式破碎筛分设备、泉州奇星挖掘机等项目建设。

电工电器强化结构调整，提升产品质量水平，电机及发电设备重点发展高效节能电动机和特种专用电机、智能型汽柴油发电机组、中频数码发电机、发电机控制器等。输变电设备重点发展智能型、超高压开关柜及节能低耗变压器等。电线电缆发展高电压等级电缆、通信电缆、光纤光缆，汽车用薄绝缘低压电缆和高性能漆包线等。电池发展锂离子动力电池、大容量储能电池、动力聚合物锂离子电池及超级电容器等环保新型电池。推动厦门 ABB、福州天宇、闽东电机、南平电池、南平太阳电缆、福州大通等重点骨干企业自主创新和技术改造，提升福安电机电器、南平电线电缆、福厦输变电设备产业集群。

节能环保设备主要依托龙净环保、新大陆环保、大拇指环保、丰泉环保设备、威士邦膜科技、三达膜集团、华大环保等龙头企业，构建龙岩、厦门、福州、泉州大气污染防治、水污染防治和固体废弃物处理设备技术开发基地，支持环保设备制造企业开展工程总承包、BOT 等运作模式，加快发展节能环保和资源综合利用装备。大力发展高效节能电机、工业锅炉窑炉、“三废”处理成套设备、环境监测专用仪器仪表、电子与家电垃圾处理与回收设备、机动车尾气净化设备、室内空气净化设备、生态环境保护与修复技术设备、龙净环保污染治理设备、大拇指环保脱硝成套设备、新大陆大型高效臭氧发生器、福安高效节能电机等一批项目实施。

（四）智能装备和基础制造装备

智能装备围绕纺织服装和制鞋、食品包装、能源、建材、冶金矿山、农业生产等产业装备改造提升需求，集成制造技术、信息技术和智能技术发展具有分析、控制、执行的自动化、机电一体化智能装备。基础装备中机床以数控机床和中高档数控机床为重点，同时加快滚动丝杆、主轴头、数控系统等机床功能部件配套发展；模具企业通过兼并重组，建立若干有一定规模、装备水平高、技术力量强的企业；工业机器人开发批量生产产品为传统工业实现自动化服务，到 2015 年中高档机床和高端模具在省内生产比例分别达到 30％。基础工艺发展大型、精密、特种铸锻件，重点发展单件 30 吨以上的铸锻件和核电等重大工程使用的大型不锈钢铸件，大型薄壁有色金属铸件，采用消失模等先进工艺制造的精密铸件等，在三明、龙岩、福安等装备集中区建设铸锻中心，到 2015 年我省所需的铸锻件基本自给。基础零部件重点依托工程机械龙头企业研发高中压液压油缸、泵阀等元件，满足我省工程机械所需液压元件的配套需求。

推动中国北车集团轨道交通、中化集团三明化工装备、三明双轮化机化工装备制造、北车集团（泉州）风电设备制造、福建中铁乾达装备制造有限公司的盾构产品制造、南平风力发电成套设备、建阳龙翔巨型轮胎成型硫化机、泉州佳泰数控机床、晋江三力机车园林机械、龙岩龙圣重型机械加工、永定东信机械铸造加工、东元电机漳州风机制造项目等。

三、增强电子信息产品制造业竞争力

抓住国家组织实施三网融合，新一代网络、北斗导航卫星应用等重大工程建设的机遇，运用新一代信息技术，强化集成创新，促进电子信息产品制造由外延型向内涵型、由加工组装为主向集研发、生产、服务、应用一体化转化，培育壮大计算机和网络产品、新一代宽带移动通信产品、新型显示产品、数字视听产品、LED 和光伏产品等产业集群，在做大产业规模的同时，促进电子信息产品制造业向高端发展。

（一）计算机及网络产品制造

以星网锐捷、戴尔计算机、新大陆、万利达等企业为龙头，依托厦门、福州、泉州等国家级高新技术产业园，重点培育和建设具有自有核心技术的计算机、计算机外设、各类终端和网络产品，积极发展手机—电脑一体化产品、适应云计算的云外设、基于“三网融合”的新型数字产品、IPv6 产业化相关网络设备等，重点推进台湾和硕电脑、万利达“三网融合”系列新型信息终端、新大陆通讯“三网融合”智能化家庭终端、福州计算机终端设备、星网锐捷网络综合安全监督设备、戴尔计算机及联想移动终端生产项目等，建成东南沿海计算机及网络产品的重要生产基地。

（二）新一代宽带移动通信产品制造

依托福州、厦门、泉州等国家级高新技术产业园，巩固直放站及系统设备、微波通信射频组件等优势产品，大力开展具有自主知识产权的 TD-SCDMA 关键技术以及 TD-LTE、4G、宽带无线接入等后续技术的研发和产业化，加快形成新一代移动通信网络系统设备生产新优势；推进对讲机“模转数”工程，形成数字对讲机及系列对讲终端设备规模生产和配套能力；实施北斗卫星导航系统系列应用产品研发和产业化，带动我省 GPS 和数据通信产品升级。重点推进莆田光谷光纤陶瓷插芯及光纤连接器项目、三元达 4G 家庭基站及网关项目、泰克通信 WCDMA

数字光纤直放站项目、大唐通信设备通信层接入系统项目，着力打造以厦门、福州、泉州为重点的移动通信产业集群。

（三）新型显示产品制造

以厦门火炬、福清融侨等国家级新型工业化示范基地为载体，以友达光电、华映光电、宸宏电子等企业为龙头，加快承接台湾平板显示产业转移。鼓励骨干企业向TFT-LCD产业链上游延伸，引进液晶面板项目，提高面板前段工艺、LED背光源及背光模组、驱动和控制IC设计封装测试等技术、关键零组件的自主配套能力。突破柔性基板、触控面板等关键核心技术，扩大触摸显示产品生产规模。积极引进OLED、E-paper、激光电视、柔性显示器、三维电视和微型投影仪等新型显示技术，掌握新型显示产业发展的主动权，巩固液晶显示制造在国内的领先优势。

重点推进闽台合作的液晶面板、厦门天马TFT和彩色滤光片低温多晶硅、友达光电中小尺寸模组、漳州宝诺科技园液晶显示器与数字产品等项目，形成“台北—福州—厦门”新型显示产业发展格局。

（四）数字视听产品制造

以冠捷、厦华、万利达等骨干企业为龙头，以专业园区为载体，着力突破数字视听产品专用集成电路芯片、显示模组、嵌入式控制软件、专用软件、数字视听前端和终端产品制造技术，重点发展高清数字电视、激光视盘机、卫星接收机、数字电视机机顶盒、新型平板电视机、数码影像设备等多媒体终端产品的升级换代，形成集研发、生产为一体，产业配套较为完整的新一代数字视听产品产业链，重点推进万利达数字视听产业园、平潭冠捷电子信息产业园等项目建设，做大做强数字视听产品制造业。

（五）LED和光伏产品制造

依托厦门国家半导体照明工程产业化基地和漳州、泉州、龙岩、福州等地的省级光电产业园，主动承接台湾LED和光伏产业转移，重点突破关键环节中的核心技术。LED领域，重点开发外延片和芯片的新技术新工艺，实现LED模块化生产，拓展功能性照明产品应用领域，提升液晶显示用LED背光源生产技术，大力发展LED集成应用产品。太阳能光伏领域，重点开发低成本太阳能级硅材料提纯、晶硅、非晶硅薄膜、铜铟镓硒、Ⅲ-Ⅴ族多结太阳能电池制造的关键技术和工艺，提升硅料提纯、铸锭切片、高性能太阳能电池及组件生产规模效益，逐步实现光伏相关制造设备省内配套，加速产业化进程。

着力推进福州鼎元LED外延及芯片、厦门开发晶LED外延及芯片、莆田中科万邦LED照明、泉州保利协鑫太阳能极多晶硅、南安三晶硅太阳能电池、泉州钧石能源非硅晶薄膜太阳能电池、三安光电太阳能电池、乾照光电云宵东林电子LED照明等重点项目，做大做强海峡西岸LED和光伏产业产业链，形成具有较强竞争力的LED和光伏产品制造基地。

四、改造提升消费品工业

广泛应用高新技术和先进适用技术，改造提升纺织、服装、制鞋、食品、造纸、塑料制品等传统优势产业，培育生物和新医药产业，加快技术装备更新、工艺优化和新产品开发，增强品牌创建能力，促进消费品工业转型升级，增强消费品工业国际竞争力。

（一）轻工业

食品加工业立足我省自然资源丰富的优势，重点发展水产品加工业、果蔬制品、罐头加工业、茶叶加工业、休闲食品等区域特色食品制造业。着力培育闽东闽南海产品加工、闽南果蔬制品加工及休闲食品、武夷安溪福安茶叶加工等产业集群，扶持具有现代生物技术支撑的新型食品加工企业，着力发展安全、营养、低热的绿色健康食品，积极开发第三代功能性食品。支持食品生产企业采用先进食品加工技术与安全装备，特别是快速检验和在线检验设备，建立和完善食品生产企业内部质量控制网络和质量可追溯体系，支持采用高新技术改造食品传统包装，构建绿色食品先进配送体系，提高食品安全保障能力。

培育壮大银鹭、雪津、达利、亲亲、盼盼、圣农、古龙、天福、金冠等一批龙头骨干企业。重点推进圣农肉鸡及配套工程、旺旺休闲食品、泉州中绿粗粮深加工、武夷星乌龙茶精加工、安溪铁观音茶精深加工、漳浦新华东水产品深加工、东山海之星水产品深加工等项目，构建绿色食品工业强省。

制鞋业发挥龙头品牌企业带动效应和区域品牌集聚效应，提升福州、莆田、泉州三大制鞋产业集群，推动企业自主创新和技术改造，采用新设备、新技术、新材料、新工艺，加强鞋用材料研究开发，提高制鞋设计能力及水平，壮大品牌企业规模，提高产业集中度。支持安踏、鸿星尔克、特步、匹克、361 度等重点企业技术改造和品牌提升，加快制鞋产业转型升级，培育国际自主品牌，打造全球最大的休闲运动鞋制造业中心。

造纸工业充分发挥森林资源和港口优势，推进原料林基地建设，鼓励进口木材和废纸，加快推进林浆纸一体化，实施集团化发展和品牌化扩张战略，培育壮大闽西北林纸一体化基地和闽东南沿海纸业集群，推动造纸工业清洁生产和节能减排。调整产品结构，增加文化用纸和产业用纸比重，提高包装用纸和生活用纸档次，发展高附加值品牌产品。

扶持南纸、青山纸业、铙山纸业、恒安、优兰发等龙头企业做强做大；加快玖龙纸业、联盛纸业等大型造纸项目建设，提高产业集中度。重点推进莆田林浆纸一体化项目、南安恒利高档生活用纸、青山纸业特种纸、厦门新阳纸业文化用纸等项目实施，建设特色鲜明、竞争优势明显的造纸工业强省。

塑料制品加工业加强与湄洲湾、古雷石化基地炼化一体化项目对接，延伸完善产业链，拓展应用领域，大力发展功能化、复合化、环保型塑料制品，增加产品附加值，培育壮大福清塑胶管材等产业集群。

（二）纺织服装

以新型高档纺织面料为突破口，以技术改造为抓手，着力推进化纤、纺纱、织造、印染、服装等行业技术进步，实施品牌服装带动面料发展战略，建立品牌、研发、生产和流通一体化的快速创新模式。调整化纤产品结构，重点发展新型化纤原料，加快竹纤维产业化步伐，大力开发高档复合非织造布，拓展产业用、家用纺织品以及高附加值纺织品领域，支持品牌纺织企业发展。大力采用先进服装设计、剪裁、缝制、整烫、后整理以及 CAD/CAM 电子辅助系统，推动品牌服装业加快升级。

以海天、凤竹、金纶化纤、福建经纬、七匹狼、柒牌、九牧王、利郎、劲霸等一批优势企业为龙头，加大泉州、厦门、福州、三明等地纺织服装基地建设，推动纺织相关产业向三明、龙岩、南平等内陆地区梯度转移。推进长乐恒源纺织高档纺织品、长乐长源高档混纺高支纱、石狮汇龙高档化纤织布、泉州宏远竹纤维产业化、泉州海天运动服装、泉州格来德服饰高档无缝抗菌针织内衣、南纺股份高温环保过滤材料、福维股份高强高模纤维、长汀宏鑫特种纱、泉州海峡箱包城等一批项目，促进泉州、长乐、三明、南平、长汀纺织服装产业集群转型升级。

（三）生物与新医药

充分发挥我省在生物与新医药生产领域优势，加强闽台生物与新医药对接，依托厦门海沧生物医药集中区、福州生物医药基地、三明荆东生物医药集中区、永春生物医药产业园、明溪县“闽西北药都”、柘荣“闽东药城”建设，提升生物医药孵化器功能。重点推进 14 个一类新药进入临床试验，4 个一类新药进入产业化，加快重大疾病防治生物技术药物、新型疫苗、新型诊断试剂、现代医疗器械、化学创新药物和现代中药研发和产业化，推动福抗头孢类原料药、厦门北大之路生物、厦门万泰海沧、厦门特宝基因工程药物、厦门大博新型金属骨科材料、福建广生堂药业核苷类抗病毒药、三明华健生物中药材提取、南方制药紫杉醇等原料药生产线、明溪紫杉园生物红杉醇产业化项目、浦城正大饲料金霉素等项目建设，构建海峡西岸生物与新医药产业基地。

五、加快发展生产性服务业

以生产性服务业与先进制造业协调发展为目标，着力推动工业设计、物流服务、金融服务、科技服务、外包服务、信息服务等生产服务业发展，实现生产性服务业与先进制造业基地建设的融合互动，为先进制造业基地建设提供有力支撑。

（一）物流服务

加强物流基础设施建设，依托中心城市、产业集聚区、货物集散地、综合运输枢纽和港口资源，加大物流基础设施和重大项目建设，力争“十二五”期间物流设施建设投资额达 1200 亿元以上，构建物流运作网络。培育壮大物流企业，推广供应链管理与现代物流的理念、技术与方法的运用，推动传统运输、仓储、船货代理、商贸批发企业加快向现代物流企业转型升级，大力发展增值型服务和创新型业务，实施物流的一体化运作，推进物流服务的社会化和专业化。加快第三方物流发展，在重点地区、重要产业集群和重要工农业产品生产基地，扶持 50 家第三方物流示范企业，全力推动福建交通集团、厦门象屿集团等 20 家重点培育和扶持的物流企业做强做大。加快物流园区建设，依托平潭综合实验区等十大新增长区域建设，建立石化、煤炭、钢铁、汽车、药品、粮食、农资、散装水泥等现代化物流园区、物流分拨中心、专业配送中心，发挥物流业对制造业的服务支撑作用。推进制造业与物流业联动发展，引导鼓励制造企业按照分工协作的原则，专注核心业务，改造物流流程，剥离或外包物流业务，促进供应链各环节的有机结合。引导鼓励物流企业在我省产业集聚地区开设集工业品展示、零售、批发、配送于一体的工业品超市。推进制造企业和物流企业的合作领域从销售物流向采购物流、生产物流、回收物流扩展，合作内容从传统的储运外包向代理采购、工位配送、融资监管等新兴服务领域渗透，合作范围从单一物流环节向全程物流和供应链解决方案延伸。制定引导物流业服务制造业产业集群的相关政策，建立我省制造业与物流业联动发展示范机制，推动 10 家百亿元重点制造企业物流业务逐步外包，实现 30 家以上重点工业集中区内的制造企业物流业务整体外包，实现生产性服务业与先进制造业基地建设的融合互动。

（二）工业设计

以工业产品设计、工艺美术设计、工业时尚设计为重点，突出外观造型、功能创新、结构优化、包装展示以及节材节能、新材料使用等重点环节，大力发展与工业生产相关的电子信息、机械装备、轻工纺织、新材料等研发设计，加快工业设计技术产品推广应用。提高工业设计的自主创新能力。鼓励科研机构、设计单位、高等学校开展基础性、通用性、前瞻性的工业设计研究；整合现有资源、建立实用、高效的工业设计基础数据库。鼓励企业联合有关高校、工业设计企业建立企业设计中心，支持工业设计创新成果产业化，鼓励工业企业将可外包的设计业务发包给工业设计企业，扩大工业设计服务市场。支持工业企业和工业设计企业加强多种形式合作，通过设计创新，促进工业企业的产品升级换代、市场开拓和品牌建设。建立完善工业设计公共服务平台。大力推动莆田市政府与中国工业设计协会共建的“中国鞋业研发设计中心”平台建设。提升莆田制鞋产业集群发展水平。深化闽台闽港工业设计产业合作，推动通讯产品、小家电、照明产品、钟表等领域工业设计项目对接；支持福建轻工业联合会、福州瑞达集团等单位与中国工业设计协会、台湾、香港有关机构联合组建福建省工业设计中心。重点扶持漳州灿坤、厦门路达、松霖科技、拙雅科技等一批工业设计龙头企业，着力培育 100 家工业设计企业，提升我省工业设计水平。

（三）金融服务

鼓励和引导银行金融机构加大对重点产业信贷投放。完善银行业中小企业信贷专营机构，开展金融产品创新，满足企业合理资金需求。积极发展股权投资基金、金融控股公司、资产管理公司、金融租赁公司、财务公司等新型金融机构。扶持中小企业信用担保机构发展，充分发挥担保公司的融资担保和省级再担保公司的信用增级、分担风险的功能，引导金融机构与担保公司互信合作，促进金融机构加大对先进制造业信贷支持力度。拓宽企业融资渠道。积极培育优质上市后备企业资源，加快推进有条件的企业在国内主板、中小企业板、创业板及境外资本市场上市融资；推动符合条件的企业发行企业短期融资券、中期票据、企业债、公司债、中小企业集合债券等各类债券；强化保险融资功能，推进保险业介入中小企业信贷融资渠道，拓宽保险资金应用渠道。推进闽台金融机构双向互设或开展股份合作，打造福州、厦门区域金融服务中心；推动两岸合资的产业投资基金、创业投资基金等股权投资基金发展，建设海峡两岸股权交易市场；支持厦门探索引进台湾兴柜交易机制，推动设立柜台交易市场。积极发展包括新台币在内的离岸金融业务，扩大两岸货币双向兑换，推动两岸银行卡联网通用和结算，建立两岸货币清算机制。

（四）科技服务

加快科技服务基础设施建设。大力推进工程技术研发基地建设，建设一批工程技术研究中心、科技企业孵化器、生产力促进中心。加快精细化工、电子产业、生物医药、海洋技术等中试平台及产业化基地建设，推动福建戴姆勒研发中心、泉州微软技术中心等企业研发机构和国家大学科技园福建分园（南安市高技术企业孵化基地）、新罗“6·18”项目成果转化创业园建设。构建技术成果转化服务体系。建立和完善技术经纪人制度，加快发展技术经纪服务。以营造自主创新制度环境和促进技术转移为主线，加快科技评估、技术产权交易、技术推广以及节能服务等专业化科技服务机构的建立。支持发展面向生产过程的检索、分析、测试、计量、数据加工、分析检测等业务，构建多领域、网络化的技术成果转化服务体系，推动先进制造业创新发展。

（五）外包服务

支持企业开展多形式业务外包。鼓励发展信息技术外包服务（ITO）、业务流程外包服务（BPO）、知识流程外包服务（KPO）和合同研发外包（CRO），扩大服务对象和业务规模。培育一批服务外包龙头企业。引进先进的管理方式和经营理念，扶持一批由制造企业中剥离形成的专业化信息服务企业，重点促进制造业商务流程外包、研发设计外包、软件服务外包、后台服务外包发展，提升外包业务承接能力，承接研发中心、总部企业、金融财务管理等服务外包业务，充分发挥福建省软件国际合作联盟，福建省软件外包产业联盟等中介组织作用，鼓励龙头企业联合中小企业“抱团”结成外包团队，拓展国内外市场。推进外包公共服务平台建设。依托国家级和省级高新技术园区、工业投资区，建设服务外包示范区和服务外包基地，支持外包人才培训和实训基地建设，提高信息服务及外包公共服务平台和项目分包平台的服务能力。

（六）软件和信息技术应用服务

大力开发推广工业应用软件。加快发展与制造业发展密切相关的软件和信息技术应用产业，着力推动应用软件、集成电路设计和信息技术服务外包等产业发展，应用软件重点支持面向工业的下一代互联网、移动互联、物联网、“三网融合”等支撑技术开发，引导企业产品向服务延伸，集成电路设计产业重点发展工业控制等领域 IC 设计技术，围绕消费类电子、通信、计算机、光电与平板显示、汽车电子等重点产业，大力发展高性能专用芯片设计技术，重点突破平板电脑主控芯片、新一代数字音视频偏解码芯片、高清数字电视专用芯片、数字对讲机芯片等主流电子信息应用领域的 IC 设计技术。推进“两化”融合服务。支持福大自动化等龙头企业开发具有行业特色的工业应用软件，加强工业软件在我省石化、建材、轻工、冶金、船舶、汽车等传统产业改造的推广应用，推动工业企业实现研发设计数字化、装备制造智能化、生产过程自动化和经营管理信息化。加快推进福建 IC 和厦门 IC 平台等 IC 设计公共服务平台建设，降低企业研发难度和成本，提升市场竞争力。

第六章　环境保护

海峡西岸经济区生态环境质量总体良好。随着工业发展加速，与生态安全格局、资源环境承载能力的矛盾加剧，部分地区生态环境问题已经显现，若不能加快转变发展方式，推动科学发展，将会对生态环境产生累积性、复合型的不良影响。因此，必须围绕先进制造业基地发展，着重从节能减排、资源综合利用、发展循环经济和加速淘汰落后等方面，加快建立健全节能减排与循环经济工作机制，全面推进节能降耗工作，发展绿色低碳产业，促进产业结构战略性调整和升级。

一、开展绿色低碳生产

加快工业结构优化升级，严把项目建设资源消耗关和环境保护关，提高投资项目资源环境准入门槛，严控高消耗、高排放行业过快增长。积极发展低消耗、高效益的高新技术产业和战略新兴产业，运用高新技术和先进适用技术对纺织、轻工、冶金、建材、林产等传统优势产业进行改造提升，提高有效利用资源和环境保护的能力。重点推进节能装备、新兴节能材料、大气污染防治技术设备与材料、水污染防治技术设备与材料、固体废物处理装置技术设备、噪声与振动治理技术设备、生态环境保护与修复技术设备、资源循环利用技术与装备、固体废弃物资源化产品、再生资源制品、再制造产品、有机废弃物资源化产品等应用与利用，降低生产能耗和提高资源利用率。优化企业生产运行方式，实现从末端治理向预防和生产全过程控制转变，努力实现污染物的减量化、资源化和无害化。重点在火电、石化、冶金、建材、轻纺、煤炭等高能耗、高物耗、高污染的行业以及污染企业较为集中区域全面推行清洁生产。

二、施行节能减排专项

注重源头控制，加快淘汰落后产能，有效降低能源消耗，减少二氧化硫、化学需氧量、氨氮、氮氧化物等主要污染物排放。着力推动工业节能。以提高能源利用效率为核心，组织实施节能核心技术、关键设备、最优流程等重大科技专项，制定和实施主要耗能产品的能耗定额标准，实施固定资产投资项目节能评估和审查，限制高耗能行业发展。在石化与化学制品、冶金、建材、纺织等重点高耗能产业推动节能技术、设备和措施，重点加快工业锅炉和窑炉等通用设备、电机系统等的节能改造。鼓励利用清洁能源。利用风能、太阳能、生物质能、地热能等清洁能源和可再生能源，优化能源结构，推广使用太阳能光伏照明系统，推进生物质能发电、垃圾发电建设，积极发展沿海风电，提高清洁能源占比。严格控制污染排放。对新建、扩建增加氨氮、总磷等主要污染物排放的项目，对废水排放量较大的制浆造纸、制革、农药、印染、纺织、石化、黑色金属冶炼与压延加工业等行业及高耗水行业依法严格审批。加快淘汰落后产能。建立完善落后产能退出机制和长效机制，制定实施水泥、铁合金、造纸、皮革、印染等淘汰落后产能计划，安排专项资金支持淘汰落后产能，加强已淘汰落后产能企业的日常监管。

三、推进资源集约节约利用

加强矿产、水、土地等自然资源的综合利用、工业“三废”的资源化利用和再生资源回收利用，提高资源综合回收利用率和重点行业资源循环利用水平。推动资源节约利用。加强钢铁、有色金属、石化、化工、建材、轻工、纺织等重点行业的能源、水资源消耗管理，减少自然资源消耗。加强资源循环利用。推动不同行业合理延伸产业链，实施循环式生产，强化对冶金、化工等行业产生的大宗工业固体废物和有机废水的资源化利用和综合利用，推进企业废物“零排放”。重点支持粉煤灰、煤矸石、冶炼渣、化工渣、石材渣等在制造水泥以及新型建筑材料方面的应用；鼓励脱硫石膏、化工磷石膏等合成石膏替代天然石膏的资源化利用；加强废金属、废纸、废塑料、废旧轮胎、废弃电子电器产品、废旧机电产品、废弃包装物等的回收和循环利用。完善再生资源回收体系。有效开展废旧物资的回收和再利用，支持开展汽车零部件、工程机械等废旧机电产品再制造。倡导工业节约用水。按照“以水定供、以供定需”的原则，调整产业结构和布局，推广工业节水新技术、新工艺和新设备，强化节水管理，重点抓好纺织、石化、造纸、钢铁等高耗水行业的节水工作，全面推行中水利回用。强化土地节约集约利用。引导工业企业向工业园区集中，按照行业、产业、单位面积投资额确定建设项目供地数量，提高单位面积土地投入强度和产出率。加强项目用地跟踪管理，严格控制限制性产业项目供地。充分利用荒草地、工矿废弃地等闲置土地，用于工业企业和园区建设，实现土地的节约集约利用。

四、促进产业与生态环境保护协调发展

全面落实科学发展观，引导区域产业结构升级，优化空间开发合理布局，实施资源环境战略性保护。强化区域产业布局规划的实施和管理。以生态功能区划为指导，充分考虑生态功能划分和生态环境容量，在加快产业发展过程中引导资源开发利用项目、拟建工程项目合理布局，对在建或已建成的与功能区定位不一致的或可能导致生态功能破坏的工程建设项目，应限期取缔或搬迁，恢复生态环境功能。建立行业节能减排和环境保护监管体系。落实节能减排目标责任制，强化企业节能减排主体责任，督促制定并实施节能减排计划和管理措施，加快营造有利于节能减排和循环经济发展的体制环境、政策环境，全面推进节能减排管理。加强工业项目环保控制。严格环境准入，认真执行固定资产投资项目节能评估审查制度、行业规划和建设项目环境影响评价制度，全面加强对企业新建、扩建项目节能减排目标的监督管理。优化空间开发格局。加强生态敏感区保护，推进生态工业园区建设，统筹区域产业发展规模，推进产业结构优化升级，科学利用环境资源，提升区域资源环境对重点产业发展的支撑能力。

第七章　保障措施

一、强化组织保障

加强规划实施的组织领导，围绕建设海峡西岸先进制造业基地的总体目标，强化产业政策引导、规划指导，增强规划约束力。加强组织领导，成立由主要领导挂帅的先进制造业基地建设领导小组，定期研究推进先进制造业基地建设工作，建立健全工业重大项目联席会议制度以及重点项目省、市分级管理制度，落实工作责任，加强信息交流和项目协调运作，确保先进制造业基地建设目标的实现。加强规划衔接，重点推进与区域发展规划、主体功能规划、城市总体规划、产业发展规划、交通布局规划、土地利用总体规划等专项规划的相互衔接，引导先进制造业相对集聚、有序发展。加强规划评估，搞好规划宣传，动员和组织各方面力量积极参与规划的实施，制定相应工作任务和配套政策，形成共同推动先进制造业基地发展的合力；做好规划实施情况的经常性评估检查，定期发布重点招商引资项目以及项目实施进展情况，根据国内外经济发展态势与国家产业政策，对本规划实行动态调整、

滚动发展，发挥规划对先进制造业基地建设的引导作用。

二、强化土地保障

贯彻落实《国务院关于促进节约集约用地的通知》（国发[2008]3 号），结合《福建省工业项目建设用地控制指标》（闽国土资综[2008]199 号）精神，强化工业用地调控与管理，合理利用土地资源，提高工业用地节约集约水平。保障重点项目供地，优先保障高新技术产业、战略性新兴产业等先进制造业重大项目用地需求，对重点工业投资项目，根据技术含量、投资强度需要予以优先安排用地，对省级以上重点项目，各地安排用地指标确有困难的，由省级政府给予适当支持。加强用地规模集聚，合理开发利用低丘缓坡地和沿海滩涂资源，拓展工业发展用地空间。有效整合各类开发区、工业园区，鼓励优势特色产业、关联产业与配套企业向工业园区、开发区集聚，并纳入当地城市规划管理。加强用地效益考核，建立节约集约用地指标体系，合理确定单位土地投入强度、产出效益等指标。沿海各类开发区、十大新增长区域主体园区内工业建筑容积率一般应大于 0.6，单位土地平均投资强度应达 3000 万元/公顷以上，平均产值（或销售收入）应达 3000 万元/公顷以上，促进建设用地的高效利用。

三、强化资金保障

加大财政、金融对先进制造业基地建设的支持力度，推动企业规模化发展，壮大先进制造业发展规模。加大财政扶持，采取贷款贴息、补助和奖励等方式，加大对工业产业重点领域科技创新、技术改造和节能减排等投入；捆绑集中使用省级、市级财政安排的科技费用以及技改、产学研资金，重点用于企业技术进步投入，推动企业产品创新、技术创新；加强财政资金使用考核，提高财政资金投入使用效率。落实税收扶持，全面落实高新技术企业税收优惠政策、自主创新产品政府采购政策、企业研发费用税前加计扣除政策，支持民营企业产品和服务纳入政府采购范围；落实增值税转型改革政策，允许一般纳税人企业抵扣其购进或自制机器设备等固定资产所发生的进项税额。加大金融扶持，充分发挥间接与直接融资的主渠道作用，强化金融体制创新，扩大社会融资总量，争取国家和省内金融机构支持，优化企业资本形成机制，引导和鼓励企业通过股份制改造、股票上市等渠道，在资本市场融资；支持创业投资机构加大对新兴产业股权投资，推进企业资本证券化，支持新兴产业、企业在境内外上市融资和发行企业债券等方式筹集发展资金，切实做好后备上市企业的组织、协调和指导工作，努力形成“培育一批、改制一批、辅导一批、申报一批、上市一批”的梯次推进格局，壮大“海西板块”；发展融资担保公司，支持企业通过融资租赁、经营租赁等形式，拓宽筹融资渠道；设立产业基金、创投基金，引导社保基金、海外资金、民间资金投入先进制造业。引导企业并购重组，支持企业利用资本市场开展并购重组，强化风险监控，完善交易管理，着力打造一批主业突出、核心竞争力强的大型企业（集团）。

四、强化人才保障

围绕先进制造业基地发展需要，优化人才引进、培育机制，实施引进高层次创业创新人才扶持政策，培养新型产业人才队伍。培育创新人才，实施海西高端创新创业人才培养工程，在全省工业领域重点培养一批具有世界领先水平的科技领军人才、一批具有国内一流水平的科技专家和一批省内一流水平的科技带头人。依托国家和省级重大科研项目、重点学科、重点实验室，采取产学研对接等方式，推进“领军人才＋创新团队＋载体平台”培养模式，建设一支高素质的创新型人才队伍。培育创业人才，围绕重点产业、产业园区、企业孵化器等创业载体，引导创业人才加强原始创新、集成创新和关键共性技术研发，促进技术转移和成果转化。加强海西工研院等一批研发机构建设，培养造就一批高层次创业人才和创业团队。培育高技能人才，实施高技能人才培养工程，加强示范性实训基地、技能型紧缺人才、企业诊断与管理人才培养基地建设，开展职业技能竞赛，强化社会化技能鉴定，构建高技能人才培养体系，提高劳动者职业技能水平。

到 2015 年企业研发人员达到 10 万人；高层次创新科技人才 5000 人；重点产业领域急需紧缺专门人才 43 万人；企业经营管理人才 95 万人；专业技术人员 230 万人；高技能人才 100 万人。

五、强化服务保障

继续强化政府的社会管理、公共服务职能，营造有利于先进制造业基地发展的服务体系。实施项目带动，建立健全重大项目储备库管理机制，策划生成和推进一批符合科学发展要求的重大项目投资；强化与央企、台企、民企对接，抓住两岸签订 ECFA 机遇，率先落实早收清单，落实产业发展差别化政策，促进央企、台企、民企对接项目落地，推动临港重化工业、战略性新兴产业、先进装备制造业等重大投资项目滚动发展。加强项目跟踪，对符合先进制造业发展布局要求、具有较强产业关联带动作用的“龙头”骨干项目，强化投资项目跟踪服务，引导意向项目促谈判、谈判项目促签约、签约项目促实施，真正落实专人跟踪管理、协调服务，提高项目履约率。改进项目管理，深化行政审批制度改革，加大产业政策引导、监督力度，抓紧制订支持先进制造业加快发展的政策措施，简化行政审批程序，清理规范涉企收费行为，有效控制涉企检查，优化产业发展环境。创新园区服务，加强各类投资区、产业集聚区配套设施建设，统筹园区基础设施、公共设施、商务设施，提升工业聚集能力和集约化发展水平，建设一批综合配套能力强的现代工业园区。加强行业协调和自律，强化职工保障性住房建设，维护企业、职工的合法权益，为先进制造业基地建设提供保障。

六、强化运行保障

完善工业经济运行监测与预测，加强煤电油运的综合协调，把握煤电油运、重要生产资料动态变化情况，提高工业运行调节的前瞻性和时效性。强化电力调度。加强电力运行监控，合理安排机组检修，科学制定调度方案。优化水火电调度，强化电力需求侧管理，配合推进电网建设，力争消除“卡脖子”现象，确保电力供应。强化煤炭调运。加强煤炭生产管理，稳定煤炭生产规模，保障自产煤炭的稳定供应。加强煤炭供、需、存监测，继续执行电煤库存考核管理办法，加强与重点产煤省份和大型煤炭集团沟通联系，建立省外煤炭供应基地，做好应急储备煤炭计划调度。强化油气保障。加强对全省和各设区市市场需求量、供应量及中石化、中石油福建企业、民营批发企业采购、销售和库存情况的监测和预警，确保成品油库存。强化运输保障。加强与各运输部门的联系衔接，协调运输部门做好运力保障，确保重要物资运输需要。进一步加强与铁路部门沟通联系，协调南昌铁路局继续加大对我省运力倾斜支持，确保煤炭、成品油、水泥、化肥等重要物资运输的需要。

到 2015 年一次能源消费总量达到 13700 万吨标煤，其中煤炭 10000 万吨、石油 1910 万吨、天然气 600 万吨；电力装机规模达到 5200 万千瓦以上。

◆福建省人民政府办公厅关于进一步促进小额贷款公司发展的意见

闽政办〔2011〕154号

各市、县（区）人民政府，平潭综合实验区管委会，省人民政府各部门、各直属机构，各大企业，各高等院校：

为进一步贯彻落实中国银监会、中国人民银行《关于小额贷款公司试点的指导意见》（银监发[2008]23号）精神，提升小额贷款公司发展水平，增强小额贷款公司防范风险能力，促进县域经济发展，现提出如下意见：

一、完善融资服务，降低融资成本

（一）小额贷款公司要以服务中小企业和“三农”的方向，发放贷款应坚持“小额、分散”的原则。鼓励小额贷款公司面向微小型企业、农户、个体工商户提供贷款服务，着力扩大客户数量和服务覆盖面

（二）银行业金融机构要支持小额贷款公司发展，把其作为服务小企业和“三农”的有益补充

小额贷款公司可按规定从不超过两家银行业金融机构融入不超过资本净额50%的资金，利率原则上以同期“上海银行间同业拆放利率”为基准加点确定，具体利率和期限由双方自主协商。

（三）小额贷款公司要积极创新服务方式，充分发挥自身“小额、分散、便捷”的优势，努力拓展应收账款、仓单、订单、股权、商标权、收费权、在建工程、存货等贷款品种和抵质押方式，加大对农户和微小型企业的贷款支持

（四）鼓励小额贷款公司与运作规范的融资性担保机构建立战略合作关系，支持小额贷款公司与融资性担保机构联合开展对中小企业和“三农”的无抵押贷款

二、加大扶持力度，营造发展环境

（一）参照《财政部　国家税务总局关于农村金融有关税收政策的通知》（财税[2010]4号）的有关规定，自2009年1月1日至2013年12月31日，对小额贷款公司农户小额贷款的利息收入，免征营业税；对小额贷款公司农户小额贷款的利息收入在计算应纳税所得额时，按90%计入收入总额

（二）为更好地体现服务中小企业和“三农”的政策导向，自2011年1月1日至2013年12月31日，对贷款余额的70%用于单户贷款余额100万元以下的小额贷款公司，其缴纳的企业所得税地方留成部分和营业税，可由同级财政按其50%给予奖励；涉及省级负担部分，由市县先行垫付，年终通过上下级财政结算下达

（三）人民银行辖内分支机构要积极为小额贷款公司查询客户信用报告提供便利，帮助和指导小额贷款公司加快信贷管理台账系统建设，不断完善小额贷款公司网络系统，解决小额贷款公司接入征信系统通道的技术和身份认证问题

三、加强监督管理，引导有序发展

（一）建立健全小额贷款公司监管机制和体系，切实加强对小额贷款公司的监管，防范小额贷款公司经营风险

小额贷款公司试点工作联席会议成员单位要按照各自职责做好小额贷款公司的监督管理工作，形成监管合力。省经贸委要牵头负责小额贷款公司监督管理和风险防范，指导、督促各设区市政府和注册地县级政府按照风险处置承诺函要求，切实担负起小额贷款公司的属地监管和风险处置工作。各级各有关部门要加强小额贷款公司监管队伍建设，充实监管力量，努力提高监管水平。

（二）联席会议办公室要积极发挥牵头协调作用，会同有关部门积极引导小额贷款公司规范经营、稳健发展，加强运行监测和分析，适时组织现场检查

（三）建立健全小额贷款公司业务监管体系和信息报送系统

小额贷款公司须按有关规定向有关部门报送业务经营情况。各级经贸部门要加强对小额贷款公司业务经营数据的统计分析与监测，及时提示预警风险。

（四）各级各有关部门要高度关注小额贷款公司的经营风险，加强贷款集中度管理，加强贷款发放与使用的合规性、真实性检查；要严防小额贷款公司非法集资、非法吸收和变相吸收存款、暴力收贷、违规放贷、账外经营、抽逃资本金等违法违规行为。对小额贷款公司违法违规行为，实行“一票否决制”，取消扶持政策享受资格，并依法依规严肃处理

二〇一一年六月三十日

◆福建省人民政府关于促进总部经济发展的意见

闽政〔2011〕75号

各市、县（区）人民政府，平潭综合实验区管委会，省人民政府各部门、各直属机构，各大企业，各高等院校：

为加快我省总部经济发展，不断提升城市综合竞争能力，推进福建科学发展、跨越发展，现就促进我省城市总部经济发展有关政策提出以下指导意见：

一、总体思路

按照市场主导与政府引导相结合、壮大总量与优化结构相结合、大力引进与重点培育相结合、循序渐进与创新突破相结合的原则，扶持总部经济发展，尤其是要大力培育和发展金融服务、现代物流、国际会展等服务业总部企业。一是积极争取省外企业在我省设立总部机构、地区总部机构或职能型总部机构，着力争取闽资为主民营企业总部回归和台资总部企业入驻。二是积极扶持省内现有总部企业发展。三是积极引导总部在省外的企业在我省新设独立法人资格的子公司，或将已在我省设立的分支机构改制为子公司。

二、扶持政策

（一）积极争取引进总部企业

1.认定条件。各地要充分发挥比较优势，因地制宜地确定本地区引进总部企业的对象、类型。对在我省新注册设立的且同时具备以下基本条件的企业，可认定为新引进的总部企业。

（1）在我省境内工商登记注册，具有独立法人资格，实行统一核算，并在我省境内汇总缴纳企业所得税。

（2）总部企业投资或授权管理和服务的企业不少于3个。

（3）营业收入中来自下属企业和分支机构的比例不低于20%。

（4）实际到位注册资本金不低于5000万元人民币，对于服务类中介组织、研发机构、软件、动漫创意、文化产业等总部可适当降低条件，年度入库税收（不含海关税收）不低于1000万元人民币。

2.扶持政策。

（1）开办补助。对新引进的总部企业，根据总部类别、企业类型、实际到位注册资本金，划分不同档次，可给予实际到位注册资本金的1%-3%开办补助，补助金额最高不超过1000万元，从企业入驻后上缴我省地方级收入中的增值税、营业税和企业所得税（以下涉及的地方税收贡献额均按照本口径执行）中分年安排。

（2）办公用房补助。对新引进的总部企业，其本部租用自用办公用房，可按租金市场指导价的30%-40%一次性给予12-18个月的租金补助。其本部新建或购置自用办公房产，自新建成或购置之月起3年内，可按该房产实际入库的房产税的30%-40%给予补助。每个总部企业享受的办公用房补助原则上最高累计不超过500万元，从企业入驻后对地方税收贡献额中分年安排。

（3）经营贡献奖励。对新引进的总部企业，自认定当年起，可按该企业地方税收贡献额，前2年给予60%-80%奖励，后3年给予30%-40%奖励。5年后可继续享受本地现有总部企业的奖励政策。

（4）规费减免或返还。对新引进的总部企业，自认定当年起，其应缴纳的行政事业性收费属于地方政府审批权限范围内的部分，前2年可全部免收或返还，后3年减半征收或返还。5年后可继续享受本地现有总部企业的奖励政策。

（5）人才激励。对新引进的总部企业的高层次管理和技术领军人才，可根据不同级别按其当年在本地缴纳的个人所得税地方留成部分的50%，给予住房和生活补助。总部企业的高层次管理和技术领军人才，由各地研究认定。对符合《中共福建省委办公厅　省人民政府办公厅关于印发〈福建省引进高层次创业创新人才暂行办法〉等三个文件的通知》（闽委办[2010]2 号）及各地、各部门有关规定条件的各类人才，可给予享受相应待遇。

（二）积极扶持省内现有总部企业发展

1. 认定条件。各地要鼓励本地现有龙头骨干企业将总部建在福建，支持其在福建做强做大，认定条件参照新引进总部企业的条件，结合当地实际自行确定。

2. 扶持政策。

（1）支持建设总部大楼。各地要制订具体的土地优惠政策，规划优质地段，支持现有龙头骨干企业在福建建设总部大楼。

（2）经营贡献奖励。支持在福建组建具有独立法人资格的总部营销中心，凡将分布各地企业生产的产品集中在总部营销中心销售并开票的，可按其缴纳的税收贡献额地方分成部分给予奖励。各地可根据企业规模、新增税收贡献额，研究制订具体奖励标准。

（3）人才激励。对本地现有总部企业的高层次管理和技术领军人才，可根据不同级别原则上按不超过其当年在本地缴纳的个人所得税地方留成部分的50%，给予住房和生活补助。总部企业的高层次管理和技术领军人才，由各地研究认定。对符合《中共福建省委办公厅　省人民政府办公厅关于印发〈福建省引进高层次创业创新人才暂行办法〉等三个文件的通知》（闽委办[2010]2 号）及各地、各部门有关规定条件的各类人才，可给予享受相应待遇。

（三）积极引导省外企业在我省新设子公司或将分支机构改制为子公司

各地要引导总部在省外的企业，实行“母子”公司制，鼓励其在我省设立子公司，而非分支机构。要全面调查了解总部在省外并已在本地区设立分支机构的具体情况，掌握其税源状况及在本地区纳税情况，加强统计分析，对不同类型和规模的分支机构进行分类梳理，重点关注税源较大的分支机构，积极引导其改制为子公司。

对省外企业在我省新设子公司或将分支机构改制为子公司的，可给予以下扶持政策。

1. 经营贡献奖励。自新设子公司或将分支机构改制为子公司当年起，其对我省税收贡献额100 万元以上且年度环比新增税收贡献额 30 万元以上的，前 2 年可按该新增量的 60%-80%给予奖励，后 3 年可按该新增量的 30%-40%给予奖励。奖励期限暂定为 5 年。

2. 规费减免或返还。自新设子公司或将分支机构改制为子公司当年起，其应缴纳的行政事业性收费属于地方政府审批权限范围内的部分，前 2 年可全部免收或返还，后 3 年减半征收或返还。

三、相关要求

（一）要进一步优化总部经济发展环境，各地可在注册登记、年检、行政审批、财政资金补助、进出口、出入境、产权保护、用地、用工、子女入学等方面为总部企业提供更加便捷的服务

（二）本指导意见涉及的扶持政策，与我省出台的其他优惠政策类同的，企业可以按照就高的原则申请享受，也可以自愿选择一项享受，但不重复享受

（三）本指导意见涉及的各项奖励、补助资金，按属地原则，由企业所在县（市、区）财政负责兑付

企业缴纳的税费，涉及省级、设区市级集中一定比例的，按奖励金额同比例返还给县（市、区）。

（四）各地出台扶持总部企业发展的政策，主要是吸引省外、境外企业来闽落户

省内现有总部企业在本省范围内重新变更注册地的，不享受新引进总部企业的扶持政策和其他优惠政策。

（五）我省国有及国有控股企业应将总部设在省内，其高管人员及总部中层管理人员应在总部领取薪酬并享受省内现有总部企业人才激励政策

（六）各设区市人民政府和平潭综合实验区管委会应根据本指导意见，10 月底以前制订或完善出台促进本地区总部经济发展的具体实施办法或细则，报备省政府后再下发执行

本文件为指导性意见，具体执行以各地实际出台政策为依据。

福建省人民政府

二〇一一年八月二十日

祝 贺 单 位

单位名称：中国邮政储蓄银行福州市分行
地　　址：福州市华林路 133 号

单位名称：福建省罗源县供电有限公司
地　　址：罗源县凤山镇岐阳小区 5 号

单位名称：福建省闽南建筑工程有限公司
地　　址：泉州惠安县净峰镇湖街

单位名称：中国人民财产保险股份有限公司诏安支公司
地　　址：诏安县南诏镇梅园北路 131 号

单位名称：福建省永富建设集团有限公司
地　　址：福州市仓山区南台路 38 号 2 号楼三层

单位名称：福建晋兴集团有限公司
地　　址：晋江市罗山镇福埔龙寿路
电　　话：0595-88188888

单位名称：香港贝琪国际集团有限公司
　　　　　厦门元贝琪服饰有限公司
地　　址：厦门市前埔西三路 288 号五楼
电　　话：0592-5049088
传　　真：0592-5141765
邮　　箱：beissy@beissy.com
网　　址：www.beissy.com

福建诏安工业园区

2010年，诏安工业园区努力贯彻胡锦涛总书记来闽考察重要讲话精神，紧紧围绕“海西建设、漳州先行、诏安崛起”的发展思路和“十一五”既定目标，深入贯彻省委、省政府的决策部署，坚持发展不动摇，全力推进“五大战役”更好更快更有效实施，取得了良好的效果。

【经济运行】2010年，诏安工业园区完成固定资产投资62284万元、税收收入6791万元，工业增加值为89575万元（工业总产值29.50亿元，其中，规模以上工业总产值为28.60亿元）。三项指标中的固定资产投资增长90%，比年均增长目标（26%）高出64个百分点；财政收入增长93.1%，比年均增长目标（26%）高出67.1个百分点。

【招商引资】全区新签约项目33个，其中，投资上亿元的有6个，新签项目中已办营业执照33个，其中，外资项目3个，注册资本870万美元，总投资1250万美元；内资项目30个，注册资本7.53亿元人民币，投资总额25亿元。

福建省莆田市海源实业有限公司

海源公司海水育苗、养殖基地分布图

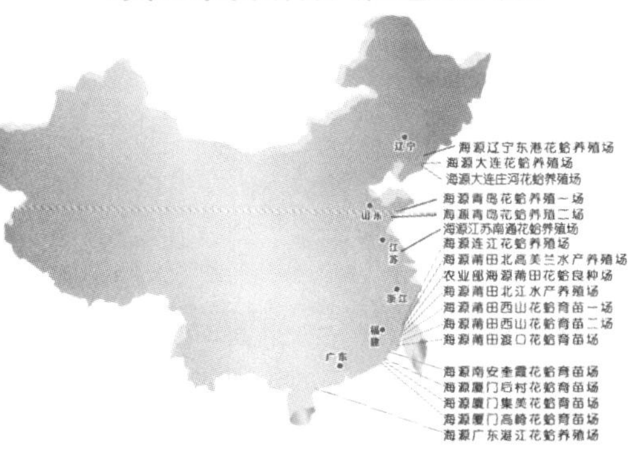

福建省莆田市海源实业有限公司创建于1997年，主要从事花蛤育苗，拥有国家级“花蛤良种场”，与中科院海洋所共建水产良种繁育基地。在我国辽宁、山东、江苏、福建、广东等地建设有水产养殖场12个，养殖面积3.2万多亩。目前，公司生产的花蛤苗种产量约占全国产量的50%，是国内较大的花蛤苗种生产企业。

公司长期与中科院海洋所、福建省水产所等科研院所建立紧密的产学研合作，坚持走科技创新的发展道路。先后承担科技部星火计划“菲律宾蛤仔良种培育、养殖及加工产业开发”、成果转化“菲律宾蛤仔大水面人工育苗成果转化与应用示范”及省、市重大、重点项目十多项。技术成果荣获2009年度国家科技进步二等奖，2008年度福建省科技进步三等奖。2006-2011年，公司蝉联福建省农业产业化重点龙头企业；系福建省创新型（试点）企业、福建省科技富民工程示范单位、农业部认定的“水产健康养殖示范区”、福建省海洋与渔业龙头企业；获得无公害产品产地认定和无公害农产品证书；公司生产的“西海岸”花蛤苗获“福建名牌产品”称号。公司董事长林秋云被选为中国贝类学会理事、省政协委员、市人大代表、省劳动模范。

近年来，公司引进硬壳蛤养殖并进行规模化苗种生产，开展波纹巴非蛤人工育苗技术研究。积极发挥龙头企业的带动和辐射效应，生产的花蛤苗种，带动省内外1万多农户养殖致富。

闽东丛贸船舶实业有限公司

闽东丛贸船舶实业有限公司前身系国有企业福安造船厂(创办于1958年)、福安拆船厂(创办于1982年)，1999年8月引进民营资本改制重组的船舶企业，从事船舶建造、改装、维修、拆解生产经营。是中国船舶工业行业协会理事单位、福建省船舶工业行业协会常务理事单位、中国拆船协会副会长单位。公司拥有进出口经营权，是宁德、福安两级船舶重点企业，闽东首家得到福建海事局生产技术条件认可和福建省口岸与海防办批准的“外轮维修定点企业”、福建省口岸与台办批准的“台轮维修定点企业”。具备国舫科工委关于《船舶生产企业生产条件基本要求》的“一级Ⅱ类钢质船舶生产能力”的资质。

公司注册资本10560万元，净资产20多亿元。占地面积30.53万平方米，建有内场作业区108300平方米，拥有10万吨级、6万吨级、1.2万吨级干船坞各一座，5万吨级、3万吨级、1.5万吨级船台各一座，拆解6万吨废钢船天然船坞一座，靠泊5万吨级船舶修船码头一座，5000吨级多用途集装箱码头正在建设中。配有300T、200T、100T、50T造船龙门吊，16T通用门式起重机；各种造船、检验检测设备齐全。钢材预处理生产线、船体放样车间、数控切割下料车间、船体分段制造车间与场地配套设施。布局按照现代造船模式精心设计、物流顺畅、工艺先进。

公司技术力量雄厚，先后从上海、大连、福州等地大型造船企业引进中、高级生产、技术、管理人才，拥有一支技术精、素质高、经验丰富的专业技术队伍，船舶建造工程成立项目班子管理，配备船体、船电、轮机等专业技术与检验工程师，采用先进的管理机制和造船模式，推行先进的“分段预舾装、壳舾涂一体化、精度造船、模块造船”工艺，建立完善的工程管理、质量保证，环境安全管理体系，先后维修、建造过3000-88950吨级集装箱船、散货船、油船、化学品船等各类船舶。公司具备建造5000-100000吨级集装箱船、散货船、油轮和高附加值的化学品船的生产能力。首造两艘16000吨级货船于2005年11月16日胜利下水；2008年以来，先后动工建造720TEU集装箱船、80100DWT散货船、26000DWT散货船、57300DWT散货船，公司进入一个新的发展时期。

发展企业，回报社会、造福桑梓。近年来，公司先后捐款支持贫困落后地区、灾后恢复生产、扶助贫困学生，支持福安六中、甘棠中心校、中心幼儿园、甘坪村、甘下疏港改造、公益事业建设资金达2000多万元。2007年以来，公司投资兴办船舶职业技术学校。同时，与有关单位、学校联合举办各种短期船舶技术培训班，培训各种船舶技术生产人员。

公司先后多次荣获农行福建省分行“AAA级信用企业”、宁德分行“优质客户”、“先进企业”、“文明单位”、“明星企业”、“安全、环保先进企业”、“重合同守信用单位”、“诚信私营企业”、“福建省诚信经营示范单位”、“福建省私营企业100强”、“福建省最佳信用企业”等荣誉称号。

公司本着“制造精细、检验严格、质量可靠、服务至上”的宗旨，以建造5000-100000吨级集装箱船、散货船、油船、化学品船为核心，以产品质量为生命线，以“质量求生存、以高效求发展、以环保求未来”，竭诚为广大中外客户提供优质服务，朝着现代化企业的发展目标倾心打造企业品牌。

◆2007年12月 刘丛生董事长随同温家宝总理出访俄罗斯

◆中国CCS总裁李科俊先生莅临公司检查指导工作

福建宏丰实业集团有限公司

公司简介

福建宏丰实业集团有限公司是“福建宏丰实业集团”的母公司，该公司由“福建省顺昌宏丰钢铁有限公司”名称变更而来。公司始建于1999年8月，是以生产钢筋混凝土用热轧钢筋（含钢坯）为主的钢铁企业，具有年产40万吨钢铁的生产能力。公司产品注册商标为“宏丰”牌，生产的主要产品为HRB335、HRB400(Φ10-Φ25)钢筋混凝土用热轧钢筋，2010年，该产品被福建省人民政府评为“福建名牌产品”。2003-2010年连续八年被认定为南平市“守合同　重信用”企业；被顺昌县农村信用社联合社评定为“AAA级信用企业”；2005年，公司通过ISO9001：2000国际质量管理体系认证；2005年起，“宏丰”牌商标连续被福建省工商行政管理局评定为“福建省著名商标”；2009年，“宏丰”字号被福建省工商行政管理局认定为“福建省企业知名字号”。

地址：顺昌县双溪街道文新村
邮编：353200
电话：0599-7857666

宁德市华信担保有限公司

宁德市华信担保有限公司是唯一一家市本级为中小企业提供信用担保的非盈利性融资担保机构。成立于2005年12月，现有注册资本达10100万元，由宁德市经贸委和宁德市各行业实力强的企业主共同出资组建，按照“风险共担、利益共享”的原则，与宁德市建行、宁德市工行、宁德市农发行、宁德市中行、宁德市兴业银行、宁德市蕉城区农村信用联社等金融机构以及福建省中小企业再担保公司均有良好的合作关系。是福建省信用担保协会、宁德市融资担保协会副会长企业，被中国人民银行福州中心支行、福建省经济贸易委员会、中国银行业监督管理委员会福建监管局联合授予首批信用等级AA+中小企业融资性担保机构。

良好的业绩支撑

公司成立以来，经营业绩持续增长。2007年担保总额达2亿多元，2008年达到5亿多元，2009年达6亿元，2010年将达到10亿元，2011年将完成20亿元的担保额。担保品种日趋丰富，实现了从单一流贷担保，向国际、国内贸易融资贷款担保，工程履约担保和农民工工资担保的拓展；服务面不断扩大，不仅为股东企业提供融资担保，还发展了一批基金会员企业，遍布全市九个县市区，充分实现了服务宁德中小企业的经营理念。

严谨的风险控制

公司有一套科学、严谨、独特的风险控制体系：一是项目评审机制。设立了担保评审委员会，制定了《宁德市华信担保公司担保业务评审委员会工作规则》，对项目的评审做了详细的规范；二是项目担保审批程序。制定了《担保实施细则》、《担保责任追究制度》，规定了相应的项目担保审批程序。三是反担保机制。制定了《反担保措施实施管理办法》，对反担保的主体、经济能力、代偿责任等都作了明确的规定。四是项目保后跟踪管理机制。制定了《保后管理细则》，对跟踪管理内容、要求、责任等作了规定。规范的法人治理结构和规范的领导体制与决策程序，有效控制担保决策中可能出现的潜在风险；完善的规章和管理制度，规范了业务操作程序；科学的内部机构之间相互制衡机制和独有的内部审计机构，加强了担保业务的监督与约束；创新独有的以物权为核心、信用保证为补充的反担保措施，使风险进一步得到有效防范。

优质的服务质量

公司实行担保业务办理限时承诺制，所有业务限时办理，逾期将追究责任；实行申请材料审查与申请企业现场审查同步进行，加快业务办理时间，最大限度地方便客户办理担保手续；实行主动深入中小企业的工作制度，及时了解企业需求、及时进行保后跟踪，指导企业加强经营管理，当好中小企业发展的“助推器”，促进银行、担保机构和中小企业三赢。

规范的经营管理

本着“精简高效、权责明晰、合作严谨、运行畅通”的原则，采用现代企业管理制度模式，实行董事会领导下的总经理负责制，内部设有客户部、业务部、财务部、风险控制部、总经理办公室以及监事会、担保评审委等内设机构。公司管理团队精干，综合素质较高，均具有本科以上学历，80%以上人员系财务、金融专业和工商管理专业毕业。在经营管理上，一是制度健全，建立一套科学的规章和管理制度：从人事、劳动、行政、财务到经营管理过程各环节；二是操作过程严格严谨，担保审查审批严格按照《担保实施细则》操作；三是监督与检查机制完善，每年进行财政审查审计、监事会例查与年查。

独有的企业特点

一是企业性质不同。公司是政府与企业共同出资的担保机构，与其它担保机构不同，公司的宗旨是服务中小企业发展，为中小企业解决融资担保难、贷款难问题，是在政府指导下的市场化运作，而不是完全的市场化运作。因此，公司的经营管理和风险防范得到了宁德市委、市政府更加有效的指导与监督，有关扶持政策的落实力度也更大。二是经营目的不同。章程明确规定公司开始盈利三年内不分红，税后利润全部转入风险准备金，增加抗风险能力；三是股东构成不同。公司的股东都是规模以上企业，且绝大多数是闽东各行业龙头企业的法人，资产强信誉好，有实力。四是经营模式不同。不同于其它担保机构，它不是仅限于在某一行业内的封闭式经营，而是面对各行业的开放式经营。因此，当在一定时期内某一行业不景气时公司经营不受大的影响，可以有效防御行业不景气造成的风险。五是企业层次不同。不仅与银行合作为中小企业提供融资担保，还是福建省中小企业再担保公司首家合作担保机构，从而使公司实现了信用等级的提升和担保实力的显著增强，迈向了更高的层次。

COMPANY PROFILE

企业概况

神州电子始创于1999年，是我国数字电视机顶盒的主要供应商，公司位于海峡西岸经济中心的福建省泉州经济技术开发区，是国家火炬计划重点高新技术企业、国家首批卫星电视广播地面接收设备定点生产企业。主要致力于数字电视机顶盒、卫星地面接收设备及嵌入式软件的研发、制造、销售和服务。

神州电子作为数字电视机顶盒和卫星地面接收设备专业供应商，多年以来致力于产品的研发设计，神州电子技术中心研发团队由多年从事数字电视机顶盒研发设计的专家和工程师组成，拥有从项目产品软件开发到整机系统解决方案设计的丰富经验和能力。先后承担了国家火炬计划产业化项目、国家电子信息发展基金项目、电子信息产业振兴和技改中央投资项目以及省、市重大科技专项项目。

神州电子与国内外高校、研究机构、方案供应商携手合作建立了多种模式的产学研合作关系。神州电子已获IS09001：2008、CCC、CE、ROHS以及国家广电总局广播器材入网证等多项产品认证。参与制订、修订多项国家标准和行业标准，拥有近百项专利和软件著作权。多项产品分别获得“福建省优秀新产品”、“福建省自主创新产品”等称号。公司制造中心拥有先进的生产设备和检测设备，年产数字电视机顶盒400万台，产品销往欧洲、北美、亚洲、中东、非洲等三十多个国家及我国国内二十多个省、市。

神州电子依托本公司数字电视产品研发实力，凭借多年出口产品生产制造经验，积极参加我国有线数字电视平移和广播电视村村通直播卫星电视广播工程的建设，是国家发改委、国家广电总局“广播电视村村通直播卫星电视广播地面接收设备招标项目”第一、二、三期的中标企业，是吉林、广西、安徽、福建、辽宁、黑龙江、河南、海南等省有线电视机顶盒的设备供应商。

神州电子一如既往秉承“诚信、专业、创新、服务”的企业精神，为全球客户提供专业的产品、技术和服务。

雪津啤酒
SEDRIN
真情的味道
海西迎宾酒
CIFIT
第十五届投洽会唯一指定啤酒 • 2011年
海交会唯一指定啤酒
著名歌星 周华健
雪津啤酒
SEDRIN
麦之初

金融闪耀人文光辉

农行泉州分行行长林国开获评“功勋之星企业家”》

开展员工形象服务礼仪培训

中国农业银行股份有限公司泉州分行（以下简称“泉州农行”）总资产规模近600亿元，经营业绩连年位居全省乃至全国农行系统前列，是泉州区域举足轻重的金融骨干与主力军，备受社会各界的广泛称道和信任。

责无旁贷　力助泉州做大做强

近年来泉州城市现代化、工业新型化进程提速，为充分发挥金融机构的“供血”职能，泉州农行积极响应福建省委省政府“大干150天”号召，对接泉州市政府“百千万亿倍增计划”，通过加强政银合作、参与银团贷款，共建立项目储备库71个，涉及总投资1779.76亿元，配套贷款1088.97亿元，用心解决中小企业融资难问题，2010年末，小企业贷款余额38.54亿元，比2009年初增加16.85亿元，增幅达77.7%；提供个贷、电子银行、个人外汇理财、基金等产品套餐，力促“藏富于民”；将全辖分理处升格为二级支行，对全部网点进行硬软件改造。此外，撒网式建设离行式、附行式自助银行，广布自助机具、转帐电话等便携式自助设备，植入国际先进金融服务模式，有力促升泉州金融服务现代化水平。

主动担当　服务“三农”做细做精

泉州农行发扬“服务‘三农’的责任担当精神”，开创服务“三农”的“泉州农行模式”。2009年3月，林国开行长为带头人的泉州农行新一届党委班子成立，引领全行着眼于做精做细“三农”金融服务，研究制定了“5+2一百千万”系列工程推进规划，县域支行经营活力不断增强，服务“三农”力度越来越大。在泉州市委市政府大力支持下，研发了全国第一张经过国家人力资源与社会保障部、中国人民银行批准，兼具社会保障、金融支付功能的金穗惠农社会保障卡，助农实现“一卡在手，保障不愁”。在条件成熟的乡镇逐步推广新农村建设个人住房贷款业务和新农村建设开发贷款，推进城镇化和社会主义新农村建设。以惠农卡为载体稳步发展小额农户贷款，全行农户小额贷款授信已达3.6万户，授信额度12.78亿元，贷款户数3.1万户，贷款余额12.52亿元。同时，积极在“三农”产品创新上下功夫，有力支持了当地农业生产的现代化、产业化、规模化。

泉州分行先后被全国金融工委授予“金融五一劳动奖状”称号，被中国经济贸易促进会授予“中国诚信建设优秀单位”；获评“福建省第十届文明单位”；被农总行、泉州市评为“服务三农先进单位”。

2011年是“十二五”规划的开局年，泉州农行将秉持“人文金融、关怀民生”的经营理念，做大做强有农行特色的金融服务品牌，给力海西跨越、泉州腾飞。

立足泉州给力海西

“金博士”品牌摘取“共和国60年自主创新品牌20强”和“共和国60年60个财金创新品牌”等多项荣誉，本行行长林国开在颁奖典礼上作获奖感言

泉州农行员工耐心为客户讲解识别假币的技巧

全国政协李金华副主席挥毫鼓励农行：“服务三农　功德无量”

农行青年志愿者热情为农民讲解金融知识

福建省副省长张志南、农总行朱洪波副行长等领导观看农行员工为农民现场激活金穗惠农—社会保障卡

第一次拿到金穗惠农—社会保障卡的潮乐村农民发出会心的微笑

中国农业银行股份有限公司泉州分行

荣誉证书

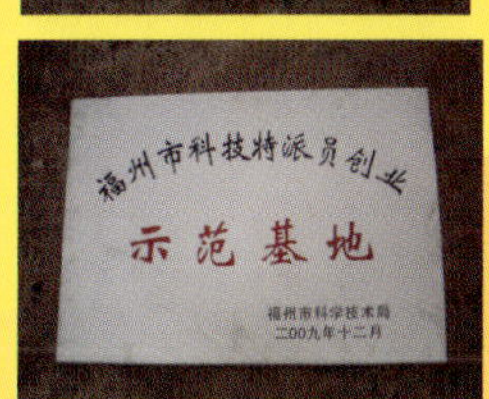

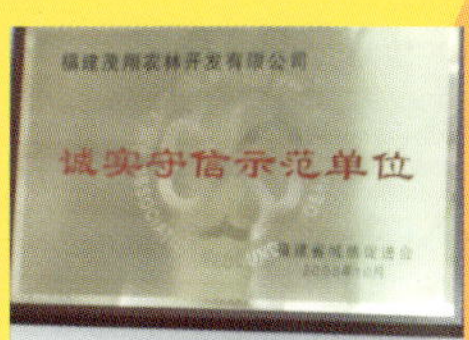

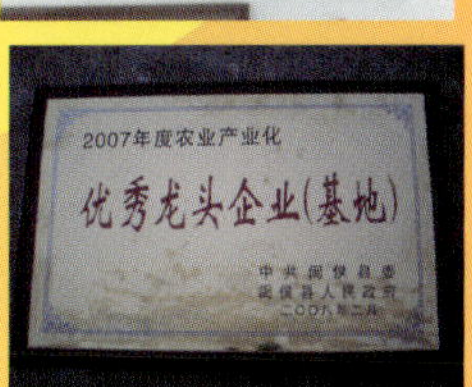

企业简介

福建茂翔农林有限公司成立于1999年，租赁了使用权为50年的国有林地1000亩，由叶光钿董事长自已投资300万元，国外女儿支助200万元，办起了以种植养殖为基础的生态农业基地。从原来的一片荒山到至今的花果飘香，家禽满山，洒下了汗水，获得了成功。现公司资产已超千万元。受到了省、市、县有关部门的好评和支持。被福州市政府评为“农业产业化龙头企业”、“福州市科技特派员创业基地”，闽侯县政府评为“先进龙头企业基地”，福建省诚信促进会评为“诚实守信示范单位”，福建省海峡品牌发展研究院列入“福建特色品牌示范基地”。叶光钿董事长是福建省海西创业专家团聘任常委，福建省工商报聘任理事。

公司现以基地型向新型农业发展，发挥了龙头企业的作用，建立科学化，体系化，模式化引导农户，带动农村经济不断拓展现代农业。与当地村委联手对接，引进资金技术和项目，提供市场信息，安排和转移富余劳动力。和村民共建了存栏1000只的养猪场以及年产值5000万元的橄榄加工厂。帮助农户就业致富。在福州设立了自产自销窗口，为公司和农户提供产品销售服务。公司经过努力和政府的协调，与台湾省蔬果花卉产业科技发展协会共建农业科研示范基地，引进台湾新、奇、特品种进行试种，成功后推广给农户，并定期培训，促进了福建省的农业发展，使农业的科技发展走上一个新里程。

种植养殖为基础的生态农业基地

福建茂翔农林有限公司

福州富成味精食品有限公司是2001年12月由协力投资有限公司并购福州市味精厂创办的外商独资企业。

公司成立以来，坚持“科学创新，拼搏奋进”、“争先、实干、奉献、为民”的管理理念及企业文化，不断开发新产品，通过引进及自主开发，在国内首创微生物深层发酵生产法，相继成功开发了L-苏氨酸、L-精氨酸、L-谷氨酰胺等一系列氨基酸产品。

为适应企业发展需要，2007年初总部投资2亿多元人民币在福州连江经济开发区征地200亩，建设氨基酸工业园区。2010年，公司主产品L-苏氨酸产量1万多吨；产品产值近2亿元；L-苏氨酸出口量近5000吨，出口创汇近1000万美元；利税近百万元。

公司积极为员工谋取福利，2010年度公司为职工缴纳各种保险费用近200万元。公司高度重视环保工作，为保证职工和周边居民的生活质量，购买新型设备，引进新技术，聘请专家进行指导，对操作人员进行专业培训，环保项目总投资达3000万元，现各种排放指标完全达到要求，并且已经通过福州市环保局验收。2011年初，公司引进了新技术，主产品L-苏氨酸成本逐步降低，产量大幅提高。

今后，公司仍将致力于氨基酸产品的创新与发展，坚持“质量第一、诚信客户”的宗旨，与国内外同行真诚合作，共同进步，共享成功。

福安市鑫茂冷轧硅钢有限公司

福安市鑫茂冷轧硅钢有限公司位于环三都澳经济发展核心区，由万鼎硅钢集团有限公司投资建设。公司成立于2003年9月，注册资本金2.6亿元，占地961亩，2009年12月一期工程正式投产。主营业务为冷轧硅钢的生产、销售，其母公司万鼎硅钢集团是目前国内较大的民营硅钢生产销售企业，与武钢、首钢、马钢及中信银行、建设银行等银企建立了长期合作伙伴关系。

鑫茂冷轧硅钢项目系福建省重点项目，规划总投资16.8亿元，年产冷轧硅钢及其深加工产品65万吨，设计年产值超过44亿元人民币。一期工程规划投资5亿元，年产冷轧硅钢15万吨，二期50万吨高效电机定转子深加工项目在全力推进，预计2012年4月投产，投资3.8亿元；三期工程规划投资8亿元，2013年年底投产。

厦门市龙图车轮有限公司

厦门市龙图车轮有限公司成立于1996年，属民营股份制企业，位于厦门海沧区新阳工业区，长期与厦门厦工机械股份有限公司合作，专业生产各种装载机车轮轮辋。在与厦工集团合作过程中，公司不断革新生产技术，现在全国同行制造业领域中处于领先地位，具备各类工程机械轮辋10万件年生产能力。

2003年，公司通过ISO9001：2000质量管理体系认证，2009年，公司注册“龙图”商标。现公司拥有大型设备五台、630吨油压机三台、400吨压力机一台。2011年3月，公司研制出一台在全省乃至全国技术领先的特大型油压机，其公称压力可达3200吨，具有3.2米×2.4米的超大工作台，油压行程1米，可以压制各种冷作件、油罐封头、重型机械平衡铁等相关大小型产品配件。

公司本着弘扬“积极开拓进取，追求卓越创新”的企业宗旨，以“诚信、共赢”为经营理念，不断开拓进取，以适应日新月异的机械市场需求，并与海内外各界同仁共创美好明天。